U0837974

中经财税培训

财务、税务和法务工作者的实践指南

案头典藏工具书

# 增值税专用发票
## 虚开的判定与预防

第二版

赵清海　魏民　魏景峰◎主编

中国经济出版社
CHINA ECONOMIC PUBLISHING HOUSE
北　京

**图书在版编目（CIP）数据**

增值税专用发票虚开的判定与预防/赵清海，魏民，魏景峰主编. —2版.
—北京：中国经济出版社，2019.6（2024.12重印）
ISBN 978-7-5136-5569-9

Ⅰ.①增… Ⅱ.①赵… ②魏…③魏… Ⅲ.①增值税—发票—研究—中国 Ⅳ.①F812.42

**中国版本图书馆CIP数据核字（2019）第039399号**

责任编辑　夏军城
责任印制　马小宾
封面设计　任燕飞

**出版发行**　中国经济出版社
**印 刷 者**　天津嘉恒印务有限公司印刷
**经 销 者**　各地新华书店
**开　　本**　710mm×1000mm　1/16
**印　　张**　35.75
**插　　页**　0.5
**字　　数**　612千字
**版　　次**　2019年6月第2版
**印　　次**　2024年12月第4次
**定　　价**　98.00元
**广告经营许可证**　京西工商广字第8179号

**中国经济出版社** **网址** www.economyph.com **社址** 北京市东城区安定门外大街58号 **邮编** 100011
本版图书如存在印装质量问题，请与本社销售中心联系调换（联系电话：010-57512564）

**版权所有　盗版必究**（举报电话：010-57512600）

**国家版权局反盗版举报中心**（举报电话：12390）　　服务热线：010-57512564

# 《增值税专用发票虚开的判定与预防》（第二版）编委会

## 主　编

**赵清海**

北京德和衡（上海）律师事务所律师、税务师，专业从事虚开增值税专用发票案件的办理（尤其擅长行政阶段涉嫌虚开案件的办理），著有《增值税专用发票虚开的判定与预防》。

**魏　民**

会计师，就职于国家税务总局石家庄市税务局第一税务分局。长期于税务一线从事税源管理和纳税评估工作，积累了丰富的实践经验。具有扎实的财税理论功底，深厚的实践积累，经手解决一批复杂疑难财税问题，成效显著。

**魏景峰**

前优秀公诉人，现就职于北京合弘威宇律师事务所。具有最高检、市院、基层院、市纪委等机关单位工作经历。独著《热点疑难刑事案件破解思路十八讲》，参著国家重点出版项目《北京大学法学百科全书》，在法学核心期刊、国家级期刊发表论文十余篇。

# 副主编

**刘　宇**

国家税务总局兼职教师，国家税务总局首批增值税专家库专家成员，中央财经大学税务与教育方向研究员，中国社会科学院研究生院、中国人民大学公共管理学院硕士生导师，中国财经大学“互联网+财税”联盟专家委员。

**刘　剑**

全国税务系统先进工作者、江苏省税务局“百名征收能手”“百名纳税服务能手”。精通财税政策和相关法律知识，在税务风险管理、虚开发票风险防范等领域有深入研究。于《中国税务报》《中国财政》《注册税务师》《中国会计报》《税收征纳》《中国税务》（杂志）等报刊发表专业文章百余篇，编辑出版财税法律专业书籍5本。

**秦　燕**

从事税务稽查、风险管理工作多年，江苏省税务局“百名稽查能手”，理论和实践经验丰富。于《中国财政》《中国税务报》《注册税务师》《中国会计报》《税收征纳》《海峡财经导报》等报刊发表专业文章百余篇，编辑出版财税专业书籍多本。

# 编　委

**殷增华**

法学硕士，具有丰富的行业从业经历，现于云南省高级人民法院刑庭从事审判工作。

**张晓凯**

西南政法刑法学硕士，目前就职于内蒙古伊敏律师事务所。曾于基层、省级检察机关公诉部门工作多年，多次获省级优秀公诉人，十佳公诉人等荣誉称号。

**吴　迪**

现供职于北京市第一中级人民法院刑二庭，具有十年刑事审判工作经验。经手办理一审和二审经济犯罪和职务犯罪案件800余件，撰写案例曾被最高人民法院的《人民法院案例选》采用。

**陈　实**

现任沈阳市人民检察院公诉一处员额检察官，先后获得“沈阳市十佳公诉人”“辽宁省十佳公诉人”“全国优秀公诉人”荣誉称号。

**邓　森**

西北政法大学财税法方向法律硕士、财税法律师、北京盈科（昆明）律师事务所合伙人、财税法律事务部副主任，专注于财税一体化服务的实践与研究，担任多家企业的常年财税法顾问，为股权投融资、并购重组、不良资产处理等多种业务提供财税法一体化服务，代理大量涉税争议案件。

**阴亚微**

江苏大学法学院学士，北京德和衡（上海）律师事务所实习律师。对事务所代理的涉嫌虚开案件办理、数据核实、文书修改等提供支持，负责本书图表的制作等相关工作。

**王　倩**

武汉大学刑法学硕士，北京德和衡（上海）律师事务所实习律师，熟练掌握增值税相关法律法规，对增值税稽征原理、要求等有较深入的理解，参与了本书相关图表的制作审核。

**王先查**

致力于税法特别是增值税相关法规的学习研究，对增值税的原理和制度设计有深入的理解，参与编写本书第六章第一节内容。

**沈怡君**

主持参与“校园快递代取服务法律风险及防控问题研究”等多项科研课题项目，获“挑战杯”全国竞赛江苏省三等奖、“星光杯”一等奖。参与了本书图表的制作。

# 前 言

什么是真实交易？什么是虚开？虚开增值税专用发票对国家增值税税款有何影响？增值税专用发票虚开的根源何在？虚开增值税专用发票罪是目的犯、结果犯、行为犯，还是危险犯？……一系列问题，需要我们系统学习财税司法理论知识，深入钻研提升业务技能，系统研究思考税法内在机理。

实务中，常有误将单独虚伪表意、人为设计的交易认定为非真实交易，将充其量为错开的案件判定为虚开的情况，甚至将上游的逃避追缴欠税认定为虚开（走逃票），这直接威胁交易安全。“三流一致”的观念仍然盛行，对现代民商制度产生冲击……

《增值税专用发票虚开的判定与预防》第一版于2016年出版发行，市场反应很好，受到广大财务、税务和法务工作者的欢迎。为进一步深入剖析税法适用、真实交易、虚开以及判定方法、虚开增值税专用发票的根源及对国家增值税税款的影响、虚开增值税专用发票罪与虚开发票罪以及其他关联罪名的区分要点等税务、司法实务中易引起分歧争论的关键因素展开深度缕析，《增值税专用发票虚开的判定与预防》（第二版）结合有关增值税法律法规政策规定、法学基本原理及司法实践要求，通过大量的案例调研，从理论和实证角度对增值税专用发票虚开的相关法律、税务、司法问题给予体系化归纳分析、总结提炼，便于财务、税务和法务工作者解决实践中常见问题，破除相关困惑疑难，提升对财税司法理论素养。

本书写作过程中，魏民、刘宇、刘剑三位一并参与第四章写作，并审读了全稿，倾注了大量心血，确保了全书按计划顺利完成；魏景峰提供了第八章的样稿，笔者在此框架基础上做了相应修改，魏景峰深厚且契合司法实践的刑法功底为本书的完成做出了重要贡献；熊樟林老师为第五章第二节提供了基础样稿，笔者在此基础上完成该节的写作，熊樟林老师的行政法造诣为本书增添了不少光彩。殷增华、陈实、吴迪、秦燕、邓森、张晓凯、王倩、阴亚微、王先查、沈怡君等为本书的写作、修改也付出了大量的心血，同时感谢王家欣在第一版写作过程中给予的大力协助。本书的所有章节最终由赵清海律师执笔把关，读者朋友有关增值税专用发票虚开的理论和实务问题，可通过微信等方式联系赵清海律师咨询。

本书写作过程中得到以上各位的大力协助，大大减轻了笔者的写作负担，最终让本书得以顺利完成，在此一并感谢！

由于笔者水平有限，书中错误在所难免，敬请广大读者朋友批评指正，以期后期完善。

赵清海

2019．6

# 目录

# 第一章　税法基础

## 第一节　税法概念

### 一、税收

**（一）税收**

税收是指国家为实现其职能，凭政治权力按照法律规定，通过税收工具强制地、无偿地参与国民收入和社会产品的分配和再分配取得财政收入的一种形式。通俗表达是：通过合同（这个合同就是税法）约定，个人、法人、其他组织将一定的社会产品分配给国家，国家以此作为资金来源为社会提供公共服务、满足社会群体的共同需要。

税收有其他资金筹集方式难以比拟的优点，主要有：

（1）不会引发通货膨胀。

（2）来源相对稳定。

（3）政府没有额外负担。

（4）可以借助税收进行经济宏观调控。

**（二）税收的特点**

1. 契约下的“取之于民，用之于民”

社会成员通过合同（法律）表明其愿意承担纳税义务，并以此作为获取公共服务的对价之一。这种合同是一种保险，确保其在需要公共服务的时候能够获得公共服务。

法律作为一种特殊形式的契约，只要在其管辖范围之内，就得受其约束，税法是这种特殊契约的一部分。

社会成员承担着一种义务，即“依法缴税的义务”。社会成员享有接受公共服务的权利，国家享有收取税款的权利。社会成员违反纳税义务（税收违法），便会受到制裁。当然，社会成员承担的契约义务不仅指纳税义务，还包括法律规定的其他义务。

社会成员不得因某个国家机构没有履行职责而拒绝履行纳税义务。这种情况下，社会成员可以通过其他途径（如行政复议、行政诉讼、举报等途径解决）。国家机构也不得因为某个社会成员没有履行纳税义务而不对其提供公共服务（国家可以通过税收征管方面的法律强令纳税人履行义务）。国家机构不履行职责的法律责任和社会成员不履行纳税义务的法律责任是独立的，各自承担各自的责任。

合同法的不安抗辩权、同时履行抗辩权、先履行抗辩权不适用于税法。法律作为一种特殊合同，不仅包括税法，还包括其他法律。法律体现的是公共意志，而非单个意志的简单相加。

2. 固定性

税收的固定性是税收法定原则的基本要义之一。税收只能以法律形式规定经济组织和个人在什么情况下应该纳税、缴纳多少税款。纳税义务人在取得了税法规定的应税收入、发生了应税行为、拥有应税财产或其他符合缴纳税款的条件成立时，必须依据税法的规定计算缴纳税款，不得自行改变标准。税务机关不得随意改变税率、征税对象，不得随意减免税款或给纳税人额外税收义务。

税收的变动，相当于国家和公民之间契约的变动，原则上应当由代议机关予以变动（我国为全国人民代表大会及其常委会）。

综上所述，税收是指国家为向社会提供公共产品、满足社会共同需要，按照法律规定参与社会产品的分配取得财政收入的一种国家收入分配形式。纳税义务，本质来源于信守契约这个基本原则。

## 二、税收的分类

根据不同的分类标准，税收可分为：

### （一）直接税和间接税

通常将纳税义务人和负税人同为一体的税种叫作直接税，如所得税、财产税；将纳税义务人和负税人分离的税种叫作间接税，如增值税。所谓纳税义务人，是指依据税法规定直接负有纳税义务的单位和个人。所谓负税人，是指实际负担税款的单位和个人。

纳税义务人如果通过一定途径将支付的税款转嫁出去，纳税义务人就不是负税人；否则，纳税义务人就是负税人。

从立法意图角度看，立法拟让税收负担不由纳税人直接承受，而可以转嫁给别人的税种为间接税；凡立法者意图使纳税义务人自行承担税负，而并非转嫁给别人的税种，为直接税。

**（二）价内税和价外税**

所谓价内税，是指在征税对象价格之中包括税款的税种，最典型的是消费税；所谓价外税，是指税款独立于征税对象价格之外的税种，最典型的是增值税。

价外税相对容易转嫁，价内税较难转嫁。

**（三）独立税和附加税**

不依附其他税种依靠课税标准独立征税的税种，是独立税，绝大多数税种是独立税。以其他税为课税标准的税种为附加税，如我国的城市维护建设税、教育费附加。

**（四）从价税和从量税**

一般认为，凡是以征税对象的价值为标准计征的税种，为从价税；凡是以征税对象的量（如体积、重量）而不是以征税对象的价值为标准计征的税种，为从量税。

**（五）商品税、所得税、财产税、其他税**

商品税是指以商品、劳务、服务为征税对象，并以商品、劳务和服务的流转额为计税依据所课征的税种统称。

所得税，是指以个人或单位、其他组织所得（利润或净赚）为征税对象的税种。

财产税，是指对自然人、法人或其他组织在某一时点占有或控制的财产为征税对象的 类税收统称。

其他税种，是指以上述三种征税对象之外的其他对象为征税对象的税种。

**（六）中央税、地方税、共享税**

税收收入归中央的税种，是中央税；税收收入归地方的税种，为地方税；税收收入为中央和地方共享的税种，为共享税。

关于税收分配，马斯格雷夫提出七原则：

（1）以收入再分配为目标的累进税应划归中央。

（2）作为经济稳定手段的税应划归中央，而具有周期性稳定特征，收入起伏不大的税应划归地方。因为稳定经济系全国性职责，应由中央政府履行。

（3）地区间分布不均的税源应当划归中央，否则会引起资源在地区间的异常流动。

（4）课征于流动性生产要素的税种应当划归中央，否则会引起资源在地区间异常流动，扭曲经济。

（5）依附于居住地的税种最好划归地方。

（6）课征于非流动性生产要素的税种应当划归地方，因为不会引起资源在地区间异常流动。

（7）受益性税收和费用对各级政府都适用。

## 三、税法概念

税法是调整广义的税收法律关系的法律规范的总称。狭义的税收法律关系，仅仅指税收征纳法律关系。本节的该部分仅仅介绍广义的税收法律关系概念与划分，下一节详细介绍狭义的税收法律关系。

什么是广义的税收法律关系？

所谓广义的税收法律关系，是指国家税收活动中的权利义务关系，主要包括以下几个方面：

### （一）税收征纳法律关系

所谓税收征纳法律关系，是指税务机关与负有纳税义务（或扣缴义务）的自然人、法人或其他组织相互之间因为征税、纳税而发生的各种关系，包括在税收征纳过程中所发生的纳税人认定关系、税款缴纳关系、票证管理关系等。

本书中所指的税法，主要指以税收征纳法律关系为调节对象的法律规范的总称。税收征纳法律关系包括税收征纳实体法律关系与税收征纳程序法律关系。

税收征纳实体法律关系是指税收征纳法律关系主体的实体权利义务关系，主要包括纳税主体、征税客体、计税依据、税率、减税、免税、退税、纳税环节、纳税期限等，是纳税人负担纳税义务的依据。

税收征纳程序法律关系是指税收征纳法律关系主体的程序权利义务关系，

主要包括表明身份制度、听取陈述和申辩、职能分离制度、听证制度、税务登记制度、纳税申报制度、账簿管理制度、核定征收制度、欠税管理制度、税款的退还与追征制度、税收保全和强制执行制度、稽查程序等。

**（二）税务行政法律关系**

税务行政法律关系，是指上、下级税收征收机关之间、同级的税收征收机关之间以及税收征收机关与国家之间在国家税收活动中的权利义务关系。

**（三）税收宪法关系**

税收宪法关系，是指公民与国家就税收活动形成的宪法层面的权利义务关系，含公民赋予特定机关对税收法律的违宪审查。

**（四）涉外（国际）税收债权债务法律关系**

包括以涉外（国际）税收债权债务法律关系为主的税收法律关系和以国际税收分配法律关系为主的税收法律关系。

**（五）税务行政诉讼法律关系**

这里主要是指税务行政复议、税务行政诉讼。

## 第二节　税收征纳法律关系

税收征纳法律关系，即税务机关与负有纳税义务（或扣缴义务、代征代缴义务）的自然人、法人或其他组织相互之间因为征税、纳税而发生的各种权利义务关系，包括在税收征纳过程中所发生的纳税人认定关系、税款缴纳关系、票证管理关系等。

税收征纳法律关系，包括税收实体法律关系与税收程序法律关系。调整税收实体法律关系的法律为税收实体法，调整税收程序法律关系的法律为税收程序法。

### 一、税收征纳法律关系的性质

关于税收法律关系的性质，有两种学说，即债务关系说与权力关系说。

**（一）债务关系说与权力关系说简介**

权力关系说的代表人物是德国行政法学家 Otto Mayer，他认为应把税收征纳法律关系理解为国民对国家课税权的服从关系，税法虽可构成特别行政法的一种，但其构成独立部门法的理论必然性就不存在了。①

权力关系说重视征收机关在税收征纳法律关系中优越于人民的地位，其以行政权力为中心构建税法体系，忽视对纳税人权利的保护；在制度上，权力关系说认为税收债权必须经税务机关的行政行为方可成立。

1919 年，德国制定《帝国税收通则》，该法第 81 条规定："税收债务在法律规定的课税要件充分时成立。"以此为契机，Albert Hensel 在 1924 年出版的《税法》一书中诠释第 81 条时认为："法律行为的成立须以满足法定要件为前提。"后来学者进一步提出了债务关系说，认为税收法律关系是一种公法上的债权债务关系。

债务关系说强调征税主体与纳税人关系对等，重视纳税人权利保护，以税法构成要件和依法纳税构建税法体系；在制度上，债务关系说认为当税法规定的构成要件齐备时，税收债务即宣告成立，税务机关的行政行为不过是确认该债务的存在和确保该债务的履行。

尽管存在争议，但不是说权力关系说不承认税收实体法是一种债权债务关系，只是认为这种债务的发生以行政行为确认作为根据；债务关系说也并不否认税收程序法领域的权力服从性。

### （二）权力关系说与债务关系说论战的演进（如表 1-1 所示）

**表 1-1　权力关系说与债务关系说比较**

| 分类 | 本质 | 体系构成 | 主要态度 | 成立要件 | 备注 |
|---|---|---|---|---|---|
| 权力关系说 | 国民对国家课税权的服从关系 | 以行政权力为中心构建税法体系 | 忽略纳税人权利保护 | 税收债权必须经税务机关的行政行为方可成立 | 不否认税收实体法是一种债权债务关系 |
| 债务关系说 | 债权债务关系 | 以税法构成要件和依法纳税构建税法体系 | 重视纳税人权利保护 | 税法规定的构成要件齐备时，税收债务即宣告成立 | 不否认税收程序法领域的权力服从性 |

① 刘剑文，熊伟．税法基础理论［M］．北京：北京大学出版社，2014：62.

日本学者金子宏主张，税收实体法律关系的性质应遵从债务关系说，税收程序法律关系的性质应遵从权力关系说。

我们认为，税收实体法律关系的性质应遵从债务关系说，但税收程序也并非只能服从；对于严重违反正当程序的征税行为，行政相对人有通过正当途径抗辩的权利。

我国学者刘剑文教授认为“税法的研究必须以实体法为核心”①，程序权力需置于实体法的约束之下。

我国的税收实体法律关系主要遵从债务关系说，最为典型的是纳税义务发生时间规定与《税收征管法》中关于代位权、撤销权的规定。无论是保障纳税人的合法权益，还是保障国家税款的顺利入库，抑或是提高纳税人的税收遵从，都有重要意义。

## 二、税收征纳法律关系的主体

税收征纳法律关系的主体，是指税收征纳法律关系中依法享有权利和承担义务的当事人，通常一方为代表国家行使征税权利的税务机关，另一方为纳税人（或扣缴义务人）。

### （一）征税主体

只有国家才能成为征税主体，但是具体履行职务的时候，只有税务局（国税、地税，目前国地税已经合并）、海关才能代国家行使公法意义上的征税权，即国家授权税务局、海关代其行使征税权利。为了表达方便，我们将行使征税权利的海关、税务部门统称为税务机关。

税务机关接受国家的委托对纳税人行使征税权利，相对国家而言，税务机关行使征税权利是一种义务，对国家的义务；相对纳税人而言，税务机关依法征收税款是一种权利。由于依法征税既是对纳税人的权利，又是对国家的义务，故这种权利未经国家允许，税务机关不得放弃，系税务机关的职权。

国家税务机关、纳税人三者之间的关系，见图 1-1。

国家与税务机关：公法意义上的委托关系，委托内容为代征税款。税务机关的义务是代国家征收税款；税务机关的权利是享有保障税款征收的一系列权利。

---

① 刘剑文．财政税收法［M］．北京：法律出版社，2014，117 页．

税务机关和纳税人之间：公法意义上的债务关系，即税务机关享有对纳税人征收税款的权利；纳税人享有税款缴纳过程中的依法、程序保障等权利，国家负有提供公共服务、保障基本权利的义务。

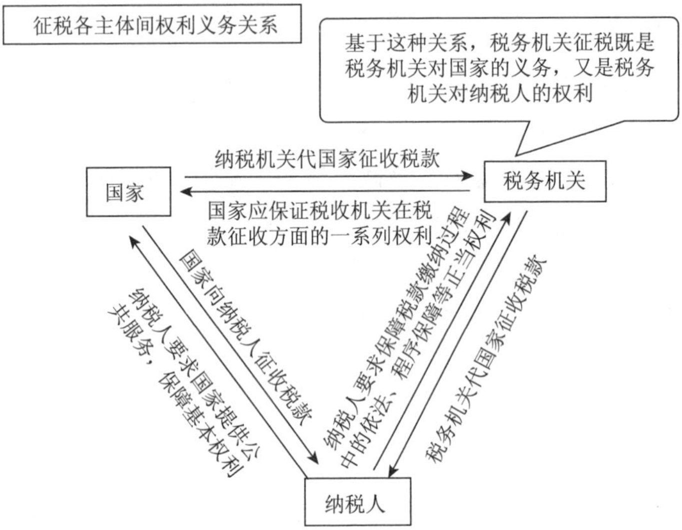


**图 1-1　征税各主体间的权利义务关系**

这里需要强调的是，增值税的纳税人本质上也是代国家征收税款，但是增值税的纳税人的这种代征权利明显不同于税务机关的代征权利。税务机关行使代征权利有国家赋予的行政权力予以支撑，且有刑事手段作为后盾；而增值税纳税人的代征权利，在相对方拒绝履行的时候，增值税纳税人只能自行先予以垫付，再通过民事诉讼途径追偿。

**（二）纳税主体与扣缴义务人、代征代缴义务人**

纳税人，是指依法负有纳税义务的单位和个人，和税务机关之间是直接的税收征纳法律关系。

扣缴义务人，是指依法负有代扣代缴、代收代缴义务的单位和个人。

扣缴义务人包括代扣代缴人和代收代缴（代征税款）人。

代扣代缴是指支付人在向经济往来中纳税人支付款项时，从所支付的款项中依法直接扣收税款代为缴纳。

代收代缴人是指与纳税人有经济业务往来，依法向纳税人收取税款并代为缴纳的单位和个人。

为了形象地说明这个问题，举例如下：A 公司员工王某每个月工资 1 万元，王某是纳税义务人，有向国家缴纳个人所得税的义务，而 A 公司是扣缴义务人。

委托加工应交消费税是最典型的代收代缴例子，消费税由受托加工企业代收代缴。这种方式适用于对零星分散、不易控制的税源征收管理。

代征代缴义务人，是指税务机关依照法律、行政法规委托的单位和人员或法律、行政法规直接委托非经济往来中代为征收税款的单位或个人。我国的车辆购置税就是由税务机关委托交通管理部门代征代缴的，这里的交通管理部门就是代征代缴义务人。

代收代缴义务人和代征代缴义务人都是代国家征收税款，但有明显区别：代收代缴义务人与纳税人有经济往来，其代为征收的税款系对应的经济活动发生的税款；代征代缴义务与纳税人没有经济往来或虽然有经济往来，但是代为征收的税款和该经济往来无关。增值税一般纳税人本质就是代收代缴义务人。

这里要特别强调的是，扣缴义务人一旦代扣、代收税款或代征代缴义务人一旦代为征收了税款，纳税人的纳税义务即告完成，税务机关不得因为扣缴义务人或代征代缴义务人将税款私吞等因素而再次向纳税人征收税款，有退税义务时不得因此拒绝退税。

扣缴义务人、代收代缴义务人并非税收征纳法律关系中的征税主体，这是因为：当纳税人拒绝配合缴纳税款时，两者无法直接以税务机关具有的权力保障税款的实现。

## 三、税收征纳法律关系的内容

法律关系的内容是指法律关系主体所享有的权利和承担的义务，税收征纳法律关系的内容是指税收征纳法律关系的主体所享有的权利和承担的义务。征税主体的权利是纳税主体的义务，征税主体的义务是纳税主体的权利，权利与义务相对应。

### （一）征税主体的权利义务

征税主体对国家的权利主要体现在：获得征收税款的权利、获得国家赋予其保障征收税款的权利；征税主体对国家的义务主要体现在必须依法征收税款，即对纳税人征税的权利不得放弃（职权），但这个不是狭义的税收法律关系的内容，而是税收行政法律关系的内容。狭义的税收法律关系是指税收征纳关系，即征税主体与纳税人、扣缴义务人、代征代缴义务人的关系。依据《税收征管法》对权利义务进行分类汇总，具体如下：

1. 征税主体的权利（如表1-2所示）

**表1-2　征税主体职权**

<table>
<tr><th>权利</th><th colspan="2">主要内容</th><th>相关法条</th></tr>
<tr><td rowspan="3">税务管理权</td><td colspan="2">办理税务登记</td><td>《税收征管法》第十五条</td></tr>
<tr><td colspan="2">审核纳税申报</td><td>《税收征管法》第二十五条</td></tr>
<tr><td colspan="2">管理有关发票事宜等</td><td>《税收征管法》第二十一条</td></tr>
<tr><td rowspan="2">税收征收权（最基本权利）</td><td colspan="2">依法征收税款</td><td>《税收征管法》第二十八条</td></tr>
<tr><td colspan="2">在法定权限范围内依法自行确定税收征管方式或时间、地点等</td><td>《税收征管法》第三条</td></tr>
<tr><td rowspan="4">税收检查权</td><td rowspan="4">根据法律规定有权对纳税人相关材料进行查验登记</td><td>财务会计核算</td><td>《税收征管法》第五十四条</td></tr>
<tr><td>发票使用</td><td>《税收征管法》第五十四条</td></tr>
<tr><td>其他纳税情况</td><td>《税收征管法》第五十四条</td></tr>
<tr><td>应税商品货物或其他财务进行查验登记等</td><td>《税收征管法》第五十四条</td></tr>
<tr><td rowspan="2">税务违法处理权</td><td colspan="2">有权对违反税法的纳税人采取行政强制措施</td><td>《税收征管法》第四十条</td></tr>
<tr><td colspan="2">对情节严重、触犯刑律的，移送有关机关依法追究其刑事责任</td><td>《税收征管法》第七十七条</td></tr>
<tr><td>税收行政立法权</td><td colspan="2">被授权的税务机关有权在授权范围内依照一定程序制定税收行政规章及其他规范性文件，做出行政解释等</td><td>《税收征管法》第三条</td></tr>
<tr><td>代位权和撤销权</td><td colspan="2">在特定情况下依法行使代位权和撤销权的权利</td><td>《税收征管法》第五十条</td></tr>
</table>

2. 征税主体的义务（如表1-3所示）

**表1-3　征税主体义务**

| 义务 | 相关法条 |
|---|---|
| 不得违反法律、行政法规的规定开征、停征、多征或少征税款，或擅自决定税收优惠 | 《税收征管法》第三条 |

续表

| 义务 | 相关法条 |
|---|---|
| 应当将征收的税款和罚款、滞纳金按时足额并依照预算级次入库，不得截留和挪用 | 《税收征管法》第五十三条 |
| 应当依照法定程序征税，依法确定有关税收征收管理的事项 | 《税收征管法》第三条 |
| 应当依法办理减税、免税等税收优惠，对纳税人的咨询、请求和申诉做出答复处理或报请上级机关处理 | 《税收征管法》第三十三条 |
| 应当按照规定付给扣缴义务人代扣、代收税款的手续费，且不得强行要求非扣缴义务人代扣、代收税款 | 《税收征管法》第三十条 |
| 应当严格按照法定程序实施和解除税收保全措施，如因税务机关的原因，致使纳税人的合法权益遭受损失的，税务机关应当依法承担赔偿责任 | 《税收征管法》第三十八条、三十九条 |
| 要广泛宣传税收法律、行政法规，普及纳税知识，无偿提供纳税咨询服务 | 《税收征管法》第七条 |
| 税务机关的工作人员在征收税款和查处税收违法案件时，与纳税人、扣缴义务人或者税收违法案件有利害关系的，应当回避 | 《税收征管法》第十二条 |

## （二）纳税主体的权利义务

1. 纳税主体的权利（如表1-4所示）

**表1-4　纳税主体的权利**

| 权利 | 相关法条 |
|---|---|
| 知情权 | 《税收征管法》第八条 |
| 保密权 | 《税收征管法》第八条 |
| 税收监督权 | 《税收征管法》第十三条 |
| 纳税申报方式选择权 | 《税收征管法》第二十六条 |
| 申请延期申报权 | 《税收征管法》第二十七条 |
| 申请延期缴纳税款权 | 《税收征管法》第三十一条 |
| 申请退还多缴税款权 | 《税收征管法》第五十一条 |
| 依法享受税收优惠权 | 《税收征管法》第八条 |
| 委托税务代理权 | 《税收征管法》第八十九条 |
| 陈述权与申辩权 | 《税收征管法》第八条 |

续表

| 权利 | 相关法条 |
|---|---|
| 对未出示税务检查证和税务检查通知书的拒绝检查权 | 《税收征管法》第五十九条 |
| 税收法律救济权 | 《税收征管法》第八十八条 |
| 依法要求听证权 | 《国家税务总局关于纳税人权利与义务的公告》（国家税务总局公告 2009 年第 1 号） |
| 索取有关税收凭证的权利 | 《税收征管法》第三十四条 |

这里没有将税收筹划列入纳税主体的权利，是因为税法无权干预行为人对税收法律事实的选择，税收法律事实不属于税法调整的范围。除了明显没有商业目的而仅为了避税需要做纳税调整，税法原则上只能基于行为人既定的税收法律事实做税法上的评价，且即使是避税，充其量也只能做特别纳税调整而禁止评价为违法行为。故税收筹划是不言而喻的权利，无须规定。

2. 纳税主体的义务（如表 1-5 所示）

**表 1-5 纳税主体的义务**

| 义务 | 法条 |
|---|---|
| 依法进行税务登记 | 《税收征管法》第十五条 |
| 依法设置账簿、正确核算并保管账簿和有关资料、按规定开具使用取得发票 | 《税收征管法》第十九条、第二十一条 |
| 财务会计制度和会计核算软件备案 | 《税收征管法》第二十条 |
| 按照规定安装、使用税控装置 | 《税收征管法》第二十三条 |
| 按时、如实申报 | 《税收征管法》第二十五条 |
| 按时缴纳税款 | 《税收征管法》第三十一条 |
| 代扣、代收税款 | 《税收征管法》第四条 |
| 接受依法检查 | 《税收征管法》第五十六条 |
| 及时提供信息 | 《税收征管法》第十六条、第三十条 |
| 报告其他涉税信息 | 《税收征管法》第十七条、第四十八条 |

## 四、税收实体法律关系（税收之债）的形成、变更 、消灭

法律关系的形成、变更和消灭必须基于一定的条件，其中最为重要的两个条件就是法律事实和法律规范。

税收实体法律关系的发生、变更、消灭有其自身的特点，有别于民事法律关系以意思表示为基础的发生、变更、消灭。所谓事实模式，是指法律规范所规定的、能够引起法律关系形成、变更和消灭的客观情况和现象，包括事件和行为；法律规范是国家制定和认可的，以国家强制力保障实施的社会规范。法律规范的标准逻辑结构为：事实模式+法律后果。具体案件事实符合法律规范的事实模式是法律规范适用的原因，法律规范适用是具体案件事实发生的结果，绝对禁止以因为果。这里需要注意的是，不少法理学教程将法律规则的逻辑结构归纳为“行为模式+法律后果”，实际上，事实模式中的事实，既包括法律行为，也包括法律事件。故法律规则的逻辑结构不仅包括“行为模式+法律后果”，也包括“事件模式+法律后果”。

**（一）税法适用的基本逻辑模式**

为了表达方便，我们以“行为模式+法律后果”展开分析。实际上，税法规范包括了大量“事件模式+法律后果”的条文，在分析其基本逻辑模式的时候，可以直接参考“行为模式+法律后果”。

1. 法律适用的基本模式

任何一个法律适用都是一个演绎的三段论，以法律规范为大前提，具体法律事实为小前提，最终适用结果为结论。

（1）法律推理三段论基础

法律推理通常系充分必要条件的命题，为了表达方便，可以转化为简单命题的三段论，见图 1-2。

三段论一：

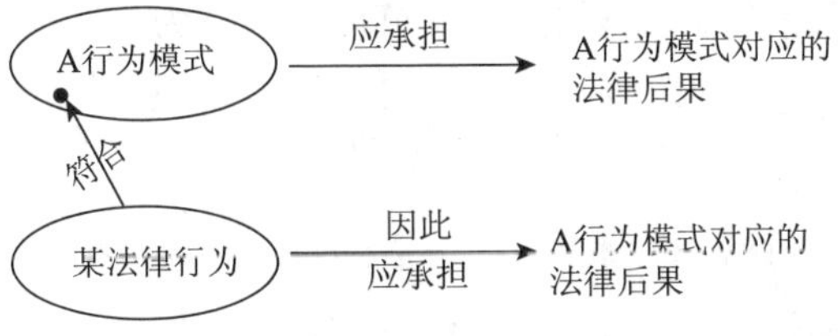


**图 1-2　行为应适用该法律规范的逻辑**

大前提（全称肯定命题）：所有实施了符合 A 行为模式的行为的主体，都得承担 A 行为模式对应的法律后果。所谓符合 A 行为模式，是指具体行为的属性比对上了 A 行为模式的特有属性。

小前提：某主体是实施了符合 A 行为模式的行为的主体。

结论：该主体得承担 A 行为模式对应的法律后果，见图 1-3。

三段论二：

大前提（全称肯定命题）：所有承担 A 行为模式对应的法律后果的主体，都必须是实施了符合 A 行为模式的行为的主体（该命题也可以表达为：所有没有实施符合 A 行为模式的行为的主体，都不得承担 A 事实行为对应的法律后果）。

小前提：某主体不是实施了符合 A 行为模式的行为的主体。

结论：该主体不承担 A 行为模式对应的法律后果。

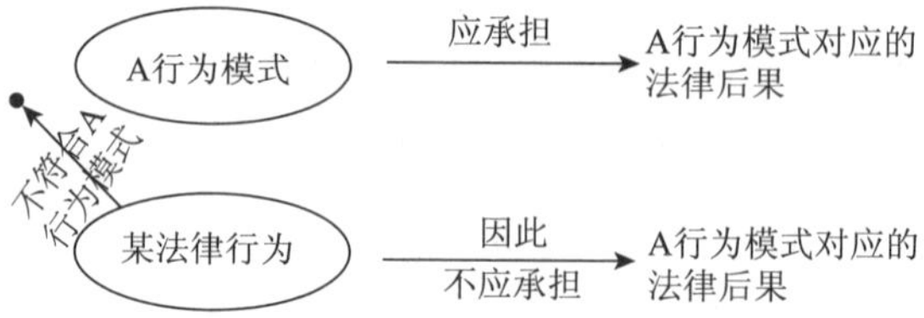


**图 1-3　行为不应适用该法律规范的逻辑**

（2）法律适用过程

在代入三段论之前，应当先行审查小前提的行为，即先行确定主体的行为，然后根据主体的行为找寻对应的法律规范，具体如下：

第一步：先行审查并且确定主体的行为。

这样做的目的是防止先入为主，因为任何代入法律适用的行为，都是过去的行为，都是依据证据还原的事实。

第二步：找出是否有对应的法律规范规定的行为与主体的行为要件吻合。

第三步：最后代入三段论，法律关系得以形成。

示例：

李四的行为系非法故意剥夺他人生命的行为。

非法故意剥夺他人生命的行为构成故意杀人罪。

所以，李四的行为构成故意杀人罪。

2. 税法适用的基本模式

税法适用与一般法律适用的基本模式一样，都是典型的三段论。

税法的基本逻辑结构也是“事实模式+法律后果”。我们将税法上的事实模式称为税收事实模式，将对应的法律后果称为税收法律后果。增值税基本上是基于民事法律行为（销售或进口）而征收。

（1）税法适用三段论（主要基于增值税）：

三段论一：所有实施了符合 A 民事法律行为模式的行为的主体，都应当承担 A 民事法律行为模式对应的税法上的法律后果。

某主体是实施了符合 A 民事法律行为模式的行为的主体。

所以，该主体应当承担 A 民事法律行为模式对应的税法上的法律后果，见图 1-4、图 1-5。

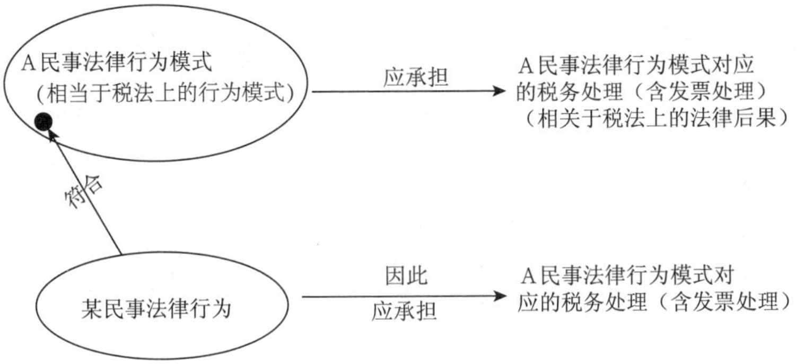


**图 1-4　行为应适用税法规范**

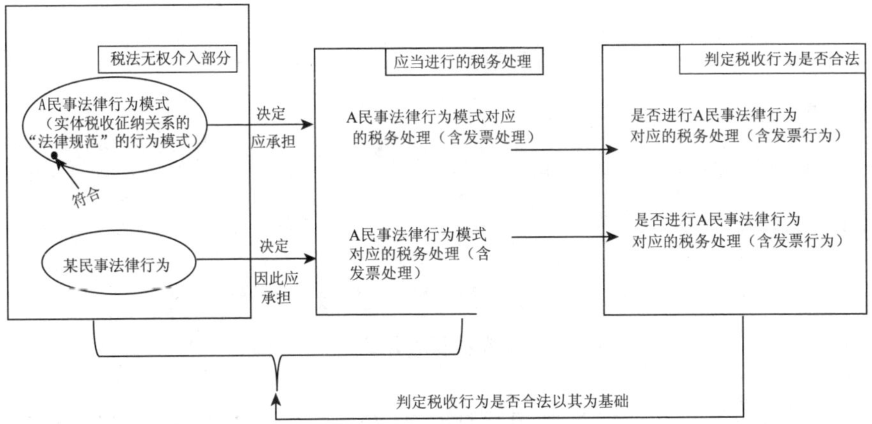


**图 1-5　判定税收行为是否合法的基础**

税收征纳实体法律关系而言，当征税对象契合 A 税收事实模式时，如果行为人承担了A税收事实模式对应的法律后果，即为合法行为；如果逃避A税收事实模式对应的法律后果，则为税收违法行为。

三段论二：所有未实施符合A民事法律行为模式的行为主体，都不承担A民事法律行为对应的税法上的法律后果。

某主体未实施符合A民事法律行为模式的行为。

所以，该主体不承担A民事法律行为模式对应的税法上的法律后果，见图1-6、图1-7。

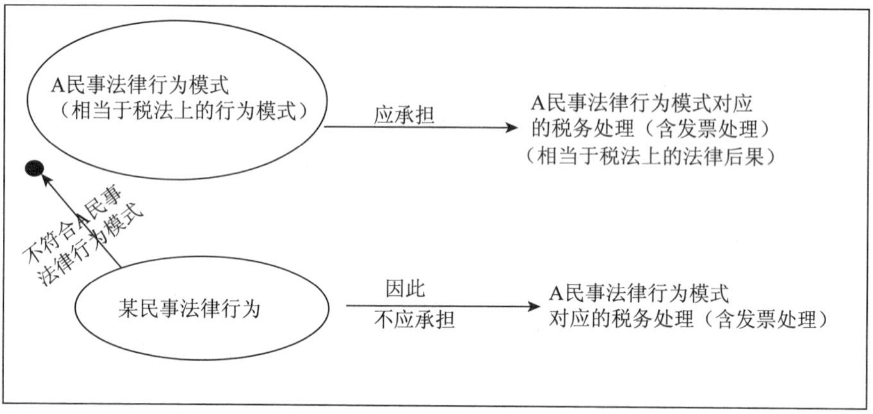


**图1-6　行为不应适用该税收法律规范**

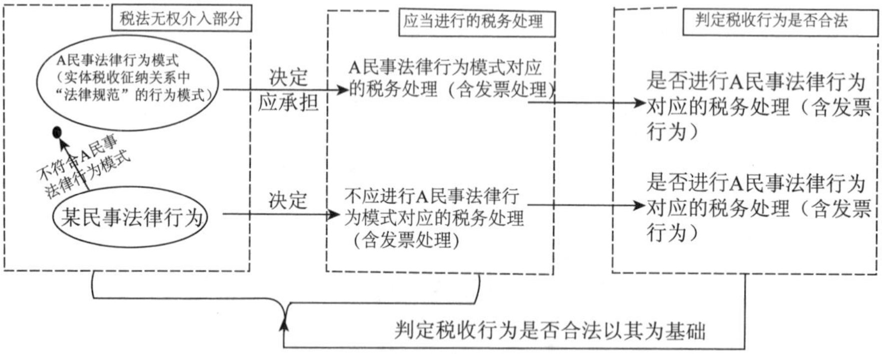


**图1-7　判定税收行为是否合法的基础**

如果明知实际并未发生某民事法律行为，行为人对其开具或接受发票，除另有规定外，应为虚开。

（2）税法适用过程

a. 先确定特定主体的具体民事法律行为。

b. 判断特定主体的具体民事法律行为是否符合对应的民事法律行为模式。

c. 特定主体的具体民事法律行为符合对应的民事法律行为模式，发生相应的税法上的法律后果；特定主体的具体案件事实不符合对应的民事法律行为模式，不发生相应的税法上的法律后果。

**（二）税收实体法律关系的形成**

税收实体法律关系的形成与一般法律的适用逻辑基本相同，所谓税收实体法律关系的形成，是指特定的法律事实（事件和行为，在增值税法律中指民事法律行为）符合税法规定的发生税收征纳法律关系的条件（税收事实模式），从而在税收实体法律关系主体之间形成权利义务关系（税收法律后果）。

主体（单位、个人或其他组织）发生符合税法规定的征税要件（税收事实模式）事实，形成税收实体法律关系；要防止以因为果（给定税收实体法律关系要求行为人发生税收法律事实），实务中常出现这样以因为果的情况。

推论过程：主体的事实已经确定，根据税法规定予以三段论。

发生了符合税法规定的征税要件具体事实的人，应当对其征税。

行为人 A 发生符合税法规定的征税要件具体事实的人。

所以，应当对行为人 A 予以征税。

具体到税法规范中，如行为人销售了一批货物，取得价款 100 万元，我们需要将行为人的这个销售行为代入税法关系中，看对应的税法规范是否有对应的征税要件与行为人的行为吻合；如吻合，则行为人的行为符合税法规定的征税要件，予以征税，税收实体法律关系得以形成。

这里提及一个非常重要的问题，即税收法律事实决定税收实体法律关系，要防止以税收实体法律关系来决定税收法律事实。通俗地说，即税收法律事实决定纳税义务（含发票行为），见图 1-8。

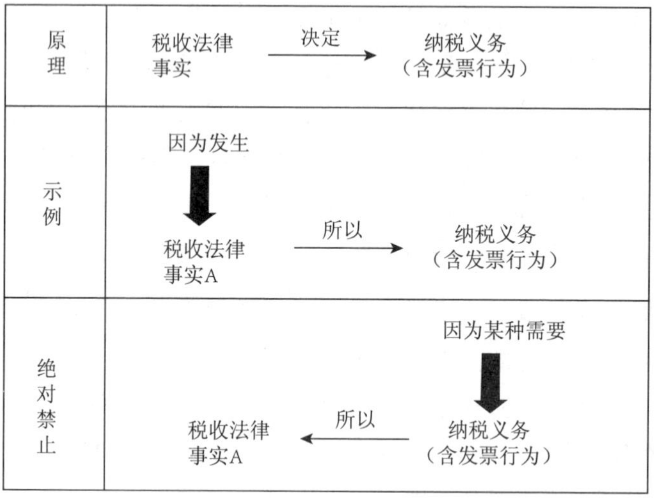


**图 1-8　税收法律事实决定纳税义务（含发票行为）**

税收法律事实决定纳税义务（含发票行为）中的“含发票行为”包括接受发票及抵扣行为等，下同。

1. 形式符合税法规定不得评价为税法上的违法行为

形式符合税法规定就不得评价为税法上的违法行为，这在税收法规中非常普遍，也是共识。因为一旦突破这个底线，交易安全将荡然无存，而且也不符合法理，以相关规定为例：

（1）消费税批复及案例

国税函〔2002〕166号规定：“对啤酒生产企业销售的啤酒，不得以向其关联企业的啤酒销售公司销售的价格作为确定消费税税额的标准，而应当以其关联企业的啤酒销售公司对外的销售价格（含包装物及包装物押金）作为确定消费税税额的标准，并依此确定该啤酒消费税单位税额”。

依该批复举例：A公司对C公司销售啤酒价格为甲类啤酒的价格，需要缴纳消费税每吨250元；为了降低消费税适用税率，A公司按照乙类啤酒的价格（比甲类啤酒价格低）销售给其实际控制的B公司，然后由B公司以甲类啤酒的价格再销售给C公司，如此，消费税为每吨220元。

两种交易安排比较：

原交易：A公司→C公司（甲类啤酒价格，消费税为每吨250元）

设计后交易：A公司→B公司（乙类啤酒价格，消费税为每吨220元）

→C 公司（虽然为甲类啤酒价格，但是这里不再需要缴纳消费税）

设计后交易仅为了少缴纳消费税，不得因此认定“A 公司开票给 B 公司，B 公司开票给 C 公司，系虚开行为”。国家税务总局的意见仅做纳税调整，即按照关联企业对外销售价格确定消费税税率。

（2）《企业所得税法》及《企业所得税法实施条例》

《中华人民共和国企业所得税法》第四十七条规定：企业实施其他不具有合理商业目的的安排而减少其应纳税收入或者所得额的，税务机关有权按照合理方法调整。

《中华人民共和国企业所得税法实施条例》第一百二十条规定：企业所得税法第四十七条所称不具有合理商业目的，是指以减少、免除或者推迟缴纳税款为主要目的。

实务中经常出现这样的情况：本来 A 公司销售给 C 公司其产品或服务，因出于某种目的，A 公司改为先销售给 B 公司，再由 B 公司销售给 C 公司。通常税务机关，只要求做纳税调整，而不认定其为违法行为。

（3）《特别纳税调整实施办法（试行）》（国税发〔2009〕2 号）

第九十二条　税务机关可依据所得税法第四十七条及所得税法实施条例第一百二十条的规定对存在以下避税安排的企业，启动一般反避税调查：

（一）滥用税收优惠；

（二）滥用税收协定；

（三）滥用公司组织形式；

（四）利用避税港避税；

（五）其他不具有合理商业目的的安排。

纳税人不具有合理商业目的，以减少、免除或者推迟缴纳税款为主要目的的，充其量税务机关启动反避税调查，且反避税调查主要针对跨境贸易或支付，极少对国内交易发起反避税调查。即使行为构成避税，充其量是作纳税调整，而不得评价为违法行为。

（4）《一般反避税管理办法（试行）》（国家税务总局令 2014 年第 32 号）

该文件第二条第二款规定：

下列情况不适用本办法：

（一）与跨境交易或者支付无关的安排；

（二）涉嫌逃避缴纳税款、逃避追缴欠税、骗税、抗税以及虚开发票等税收违法行为（形式不符合税法规定）。

避税安排具有以下特征：

（一）以获取税收利益为唯一目的或者主要目的；

（二）以形式符合税法规定但与其经济实质不符的方式获取税收利益。

可以看出，判断税法上的合法与否，只能基于形式。只要形式符合税法规定，就不得判定为税收违法行为，充其量为避税。

实务中常出现这样的情况：B 公司拥有财政补贴（如在税收洼地），本来 A 公司直接销售给 C 公司产品，为了减少税款，A 公司改为先销售给 B 公司，再由 B 公司销售给 C 公司，未见认定为逃税或虚开。

为什么形式符合税法规定就不得判定税收违法行为？因为税收法律事实决定纳税义务（含发票行为）。一旦突破这个红线，整个市场交易安全将受到影响。

2. 税收法律事实的有无决定纳税义务（含发票行为）的有无

譬如，王某中了 500 万元福利彩票，所以王某需要缴纳 100 万元的个人所得税；

禁止如下认定模式：

因为需要王某缴纳 100 万元的个人所得税，所以王某得去中 500 万元福利彩票。王某没有中 500 万元福利彩票，导致王某少缴纳 100 万元的个人所得税，所以认定王某逃税 100 万元。

3. 税收法律事实决定纳税义务（开票行为）

譬如，甲卖给乙一件物品，卖价 1 万元。设物品实际市场价为 5 万元，则只能按照 1 万元作为计税基础来进行合法性评价。

禁止如下认定模式：

该物品市场价 5 万元，而甲只卖了 1 万元，国家税款减少，所以认定甲逃税。当然，行为人以明显低于市场价格交易而缺乏正当理由的，可以要求予以纳税调整，但是禁止评价为违法行为。

为达到同一个商业目的，行为人有 A、B、C 三种商业模式，分别需要缴纳税款 1 万元、10 万元、100 万元。行为人有权选择其中任何一种商业模式，不得以此作税收违法性评价。①

禁止如下认定模式：

行为人选择商业模式 A，基于行为人选择 C 模式，将缴纳税款 100 万元，认定行为人逃税 99 万元（100 万-1 万），如图 1-9 所示。

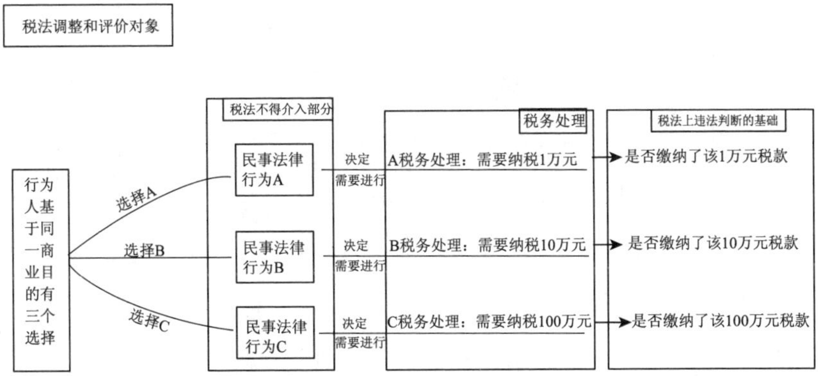


**图 1-9　基于行为人交易模式税务处理**

当然，行为人如果没有合理的商业目的，仅仅为了减少税款而选择不必要的商业模式安排，则可以按照实质重于形式要求补税（反避税），但不得评价为违法行为。

4. 每个税收法律事实都必须有合法对应的税收处理方式

（1）不得基于税收法律事实直接认定税收处理违法，只能基于对税收法律事实的税收处理来判定税收处理是否合法（见图 1-10）。

因为某种税收法律事实，所以需要进行某种税收处理方式；而不能是因为需要适用某税收处理方式，所以行为人要具备某种税收法律事实。“如金子宏认为，税法中的课税要件是将私人经济活动或经济现象定型化，这些经济活动或经济现象首先受私法的规范，而私法赋予其可选择法律形式的机会。

① “20 世纪 70 年代以前，英国一直遵循‘The Duke of Westminster’原则，尊重纳税人自由选择交易行为的权利。”“虽然有 Westminster 原则的存在，美国税务局如欲不认可纳税人交易行为的法律性质，仍可从一般的普通法规则中寻求依据。此暂且称为 Westminster 原则之例外，在英国税收实践中，主要有两项规则可得适用：虚伪表示规则（the doctrine of the sham）和代理规则（the doctrine of the agency），但也仅仅是用于反避税而并非用于判定税收违法行为。”引自刘剑文，熊伟：《税法基础理论》，北京大学出版社，2004 年 9 月第 1 版，148 页。王文钦：《英国判例法上反避税政策的演变》，载《中外法学》1999 年第 1 期。说明：笔者认为，以上两个例外原则用于反避税而并非税收违法行为判定

如果纳税人选择的法律形式避开课税要件而达到经济目的，此种减少或排除税收负担的现象则为税收规避。”①（见图 1-10）

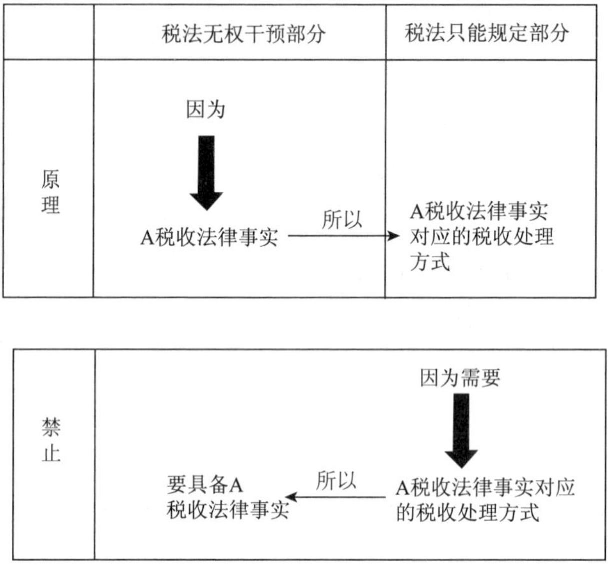


**图 1-10　税收法律事实决定纳税义务（含发票行为）**

所谓违反税法，是指税法规定对某税收法律事实应该进行某税收处理，行为人没有进行税法所要求的税收处理。

税法的调整和评价对象是“对税收法律事实的税收处理”，禁止评价税收法律事实本身是否合法。

示例：

假设王某违法所得 100 万，没有缴税，不能因为王某违法所得 100 万元是违法的，而认定王某没有缴税的行为也是违反税法的。

应当评价违法所得是否应当缴纳税款。如果应当缴纳税款而没有缴纳，则违法；如果违法所得本身不需要缴纳税款，则不缴纳税款合法。

再如，行为人生产销售假冒伪劣产品，正常纳税。不能认为其生产销售假冒伪劣产品是违法的，进而认定其税收处理违法。应当评价行为人对其生产销售假冒伪劣产品的税收处理是否合法。

① 刘剑文，熊伟．税法基础理论［M］．北京：北京大学出版社，2004：150-151.

另外，税收法律事实合法不代表税收处理行为就合法。如正常经营而逃税，经营行为本身合法，而税收处理违法。

（2）税收法律事实必须有合法的税收处理方式

如果一个税收法律事实，尤其是一个民商行为，无论如何进行税法处理都是违法的，则相当于税法禁止行为人出现某种税收法律事实本身。

再进一步，如果一个民商行为，无论对其如何进行税法处理，都被认为违反税法，则相当于税法直接禁止行为人从事某民商行为本身。这突破了税法所能调整的底线，将会冲击交易安全，扰乱法律和市场秩序，见图 1-11。

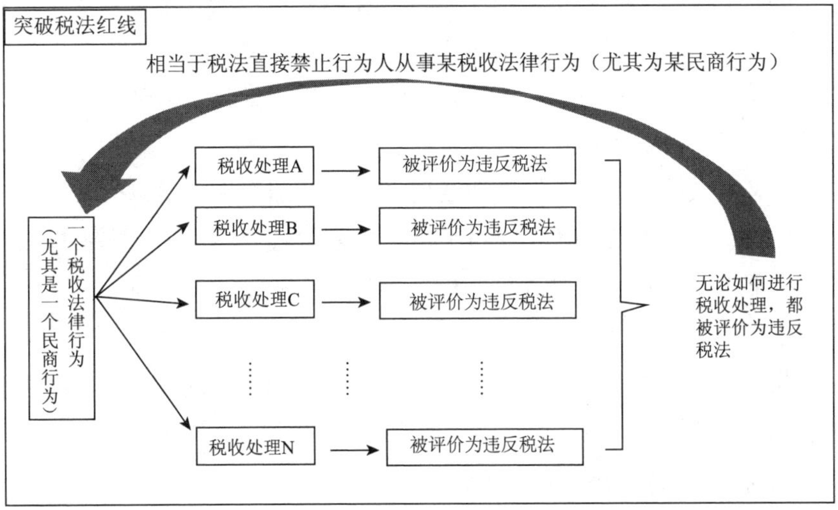


**图 1-11　征税对象需对应合法的税务处理模式**

除纳税调整之外，税法不得评价行为人为什么选择 B 交易模式而不是 A 交易模式；即使是特别纳税调整，也不得对其认定为违法行为。如果行为人选择了某种交易模式，则税法只能考虑：就行为人选择的交易模式，该如何开具发票？如何接受发票及抵扣？如何进行税收处理？

### （三）税收实体法律关系的变更

税收实体法律关系的变更，是指税收实体法律关系的主体、内容的变更，一般不涉及客体的变更。

1. 税收实体法律关系主体的变更

税收实体法律关系主体的变更，是指作为税收实体法律关系的主管税务机关或纳税义务的变更。

（1）主管税务机关的变更

基于某些情况，原本由A税务机关实施征税的，变更为B税务机关征税。“营改增”后，原本由地税部门征收的营业税，改为由国税部门征收的增值税；国地税合并后，原本由国地税各自征税的，统一由税务局予以征税。

（2）纳税义务人的变更

纳税义务人发生特定情形，原纳税义务由其他纳税主体予以承担，如纳税人发生合并、分立等情况。

《税收征管法》第四十八条　纳税人有合并、分立情形的，应当向税务机关报告，并依法缴清税款。纳税人合并时未缴清税款的，应当由合并后的纳税人继续履行未履行的纳税义务；纳税人分立时未缴清税款的，分立后的纳税人对未履行的纳税义务应当承担连带责任。

纳税义务人的变更，不仅包括纳税义务主体的变更，还包括救济主体的变更。例如，A税务机关对B公司予以了税务行政处罚，B公司被C公司吸收合并，那么C公司可以对A税务机关提起行政复议。

2. 税收实体法律关系内容的变更

税收实体法律关系内容的变更，包括纳税金额的变更，如减税、免税，也包括税收债务履行期间、履行地点的变更。

**（四）税收实体法律关系的消灭**

税收实体法律关系的消灭，是指税收债权债务不复存在。

税收实体法律关系的内容基于法律规定，只能基于法律规定的方式消灭。主要包括：

1. 履行

基于履行而消灭，通常是指依法缴纳税款。

2. 抵消

民法上的抵消是指二人互负债务的时候，各自以其债权偿还对方的债务，而令其债务与对方的债务在同等金额内互相消灭。

增值税以其留抵税额抵消增值税欠税是典型的抵消。《税收征管法实施细则》第七十九条规定：当纳税人既有应退税款又有欠缴税款的，税务机关可以将应退税款和利息先抵扣欠缴税款；抵扣后有余额的，退还纳税人。

3. 免除

税收债务的免除，通常是指申请免税。

《税收征管法》第三十三条　纳税人依照法律、行政法规的规定办理减税、免税。

地方各级人民政府、各级人民政府主管部门、单位和个人违反法律、行政法规规定，擅自作出的减税、免税决定无效，税务机关不得执行，并向上级税务机关报告。

4. 时效

时效，是指税收债务经过一定时间，不再需要履行的情况。

《税收征管法》第五十二条　因税务机关的责任，致使纳税人、扣缴义务人未缴或者少缴税款的，税务机关在三年内可以要求纳税人、扣缴义务人补缴税款，但是不得加收滞纳金。

因纳税人、扣缴义务人计算错误等失误，未缴或者少缴税款的，税务机关在三年内可以追征税款、滞纳金；有特殊情况的，追征期可以延长到五年。

## 五、税收筹划和税收违法行为的区别

如何界定税收筹划与逃税、虚开，给出明确而清晰的区分方法，在实务中极为重要。即使是税务师职业资格考试教程，也说“税收筹划目前尚无权威的定义”。[①] 出现这种情况，和税法、法学知识及思维的融合欠缺有关。

### （一）税收筹划

通过调整税收法律事实本身而让行为人少缴纳、不缴纳税款的行为，是税收筹划。

税法适用的基本逻辑：

所有发生符合税法规定的征税要件具体事实（税收法律事实）的主体，都应当对其征税。

行为主体发生了符合税法规定的征税要件具体事实的主体。

所以，应当对行为主体予以征税。

税收筹划中，行为主体选择承担更低税款的税收法律事实，即在不同交

① 全国税务师职业资格考试教材组．全国税务师职业资格考试教材：涉税服务实务［M］．北京：中国税务出版社，2018：396.

易模式中，选择了承担更低税款的交易模式；但是，对交易模式的税收处理符合税法规定。① “北野弘久认为，避税理论上是介于节税与偷税之间的行为。但就实践而言，从纳税人权利保护的角度出发，‘避税行为有不应该接受任何法律性谴责的理由’”。需要注意的是，避税区别于税收筹划，避税的要点在于行为人设计的交易模式，本身毫无商业意义，缺乏商业实质。

**（二）税收违法行为**

实务中，税收筹划与税收违法行为尤其逃避税款的税收违法行为的界限经常被混淆。

税收违法行为的本质，是对行为人的税收处理不符合税法的规定，即在税收法律事实已经确定的情况下，对已经确定的税收法律事实的税收处理不符合税法规定。

税法上的违法评价，只能基于已经确定的税收法律事实，不得评价税收法律事实本身是否合法，且税收法律事实的合法与否、合理与否均与税法的违法评价没有因果关系。

如果行为人的税收法律事实是B，但是通过虚假手段伪装成A，则属于典型的税收违法行为。实体上的税收违法行为通常有以下几种情况：

1. 掩饰已经发生的税收法律事实的真实情况

最常见的是纳税人伪造、变造、隐匿、擅自销毁账簿、记账凭证，或者在账簿上多列支出或者不列、少列收入，或者虚假申报。这些都是在税收法律事实已经确定的情况下，掩饰真实的税收法律事实行为。

2. 伪造并未发生的税收法律事实

这主要见于虚开，行为人并未发生相应的交易。通过伪造相关证据，用于证明发生了相应的税收法律事实，进而达成不缴纳或少缴纳税款的目的。如行为人将交易情况完整地体现在账册上。

3. 拒绝对已经发生的税收法律事实依法处理

例如，经税务机关通知申报而拒不申报、抗税、拒绝缴纳税款、逃避追缴欠税等。

总之，税收筹划是选择或改变税收法律事实，税收处理所依据的税收法律事实是符合事实的，且符合法律规定；税收违法行为，是掩饰已经发生的

---

① 刘剑文，熊伟．税法基础理论［M］．北京：北京大学出版社，2004：168.

税收法律事实真实情况，或伪造并未发生的税收法律事实等等，总之，是指对税收法律事实的处理不符合规定。

## 第三节　税收实体法的构成要素

税收实体法规定税收法律关系主体实体上的权利义务，主要内容包括征税主体、纳税主体、税目、计税依据、税源、税率、税收优惠、纳税期限、纳税环节等，具体规定何种人纳税义务何时发生、何时缴纳税款、缴纳多少税款等。这些就是税收实体法的构成要素，是决定征税主体能否征税以及纳税主体是否成立的必要条件。由于已经介绍了税收实体法要素中的主体以及主体所享有的权利和承担的义务，故本节主要介绍税收实体法的其他构成要素。

### 一、征税对象

征税对象也叫课税对象或征税客体，是指税法中规定的征税的目的物，解决对什么征税的问题，是国家据以征税的依据，是区别一种税与另外一种税最重要的标志。

征税对象按其性质的不同，通常可划分为流转额、所得额、财产、资源、特定行为等五大类，对应地划分为流转税（以流转额为征税对象的税种）、财产税（以财产为征税对象的税种）、资源税（以资源为征税对象的税）、特定行为税（以特定行为为征税对象的税种）；另外，也有以其他税种的税款为征税的税种，如附加税（城建和教育费附加）。

任何一个税种，都是首先有其征税对象，且通常据此划定该税种的基本征税范围，进而使得一税种区别于其他税种。在此基础上，得以规定税目、计税依据、税源、税率、税收优惠、纳税期限、纳税环节等税种的其他要素。

这里附带提一下增值税的征税对象. 不能将增值额界定为增值税的征税对象，实际上，增值税征税对象是终端消费产品，只是每次购销中，假定购买者用于最终消费而先行予以征税，并由销售方代收税款；如果购买方并未用于最终消费，则国家予以退税（直接退成现金或从应当上交国家的代收税款中扣除）。在上下游税率一致的情况下，增值税看似是以增值额为征税对象征收的税种。

增值税之特殊，不仅在于征税对象，更重要的是其征收方式。

1. 计税依据

计税依据又叫税基，是指据以计算征税对象应纳税款的直接数量依据。它解决对征税对象课税的计算问题，用计税依据乘以税率即为应当缴纳的税款。举例来说，消费税（部分应税消费品）的计税依据为销售应税消费品的销售价格，销售价格乘以税率就是应当缴纳的消费税。

“计税依据在表现形态上一般有两种：一种是价值形态，即以征税对象的价值作为计税依据。在这种情况下，课税对象和计税依据一般是一致的，如所得税的课税对象是所得额，计税依据也是所得额。另一种是实物形态，是以课税对象的数量、重量、容积、面积等作为计税依据。”①

计税依据是课税对象的数量体现，例如，消费税的征税对象是应税消费品，计税依据是销售应税消费品的数量或销售收入。

征税对象解决对什么征税的问题，计税依据则是在确定了征税对象之后，解决如何计算应当缴纳的税款问题。

这里提一下，增值税一般纳税人应纳税额的本质是代收义务方对代收税款的结算，其应纳税额=代收的款项（销项税额）-国家应当退还的税款（进项税额）。增值税的实质应纳税额等于终端销售（销售给消费者）收入乘以终端销售环节的税率。

2. 税源

税源是指税收收入的来源或源泉。实务中所说的税源，是指与各个税种征税对象密切相关的生产、销售、利润等一定时期内的数量状况。各个税种都有具体的征税对象，各有不同的具体税源。另外，税源是指税收的最终来源，即税收的最终归宿。

这个概念主要应用于税务部门的税收管理。一般来说，税务机关通常会重点监控重点税源，确保重大税款收入不流失。

3. 税目

税目是指课税对象的具体化，是在课税对象已经确定的情况下，规定课税对象的具体范围。消费税的征税对象是《消费税暂行条例》规定的应税消

① 全国税务师职业资格考试教材编写组．2018 年全国税务师执业资格教材：税法（Ⅰ）［M］．北京：中国税务出版社，2018：27.

费品，而具体税目是应税消费品的具体范围。消费税的税目有 15 个，即烟、酒、高档化妆品、贵重首饰及珠宝玉石、鞭炮焰火、成品油、摩托车、小汽车、高尔夫球及球具、高档手表、游艇、木制一次性筷子、实木地板、电池、涂料。

税法在规定税目时，通常会对税目做详细注释，如消费税税目中的“高档化妆品”，税法会具体规定什么是高档化妆品。

## 二、税率

税率，是指计税依据与应纳税额之间的比例，是计算税额的一个比例值。计税依据乘以税率就是应纳税额。

税率分为定额税率、比例税率、累进税率。定额税率适用于计税依据为物理形态，此为从量计征；比例税率和累进税率适用于计税依据为价值形态，此为从价计征。

1. 比例税率

所谓比例税率，是指当计税依据为价值形态时，规定一个百分比，以该计税依据的价值乘以该百分数，即为应纳税额。

例如，某应税消费品生产销售环节的销售价格为 100 万元，计税依据为销售价格 100 万元，税率为 10%，则应纳税额为 10 万元（100 万元×10%）。

比例税率有根据具体产品确定的（如消费税的比例税率、资源税的比例税率），有根据行业确定的（如增值税），有根据不同地区差异确定的，也有给定一定幅度的。

这里附带提一下增值税，一个产品的形成无论经历多少个环节、无论产品由多少个成分组成，无论中间的税率如何变化，该产品的所有组成成分、产品本身的增值税应纳税额之和理论上应当正好等于“终端含税销售价格×该环节的增值税税率”，公式表达为：终端含税售价/（1+该环节增值税税率）×该环节增值税税率。

2. 累进税率

累进税率是指就同一征税对象，随着计税依据数额的增大，征收比例随之增高的税率。根据累进幅度不同，累进税率分为全累和超累；根据累进依据的性质，累进税率分为率累和额累。

（1）全额累进税率

所谓全额累进税率，是指当计税依据达到某个数额的时候，计税依据全部均适用较高的新一档税率。

（2）超额累进税率

所谓超额累进税率，是指当计税依据达到某个数额的时候，计税依据中超过该节点的部分适用新一档税率。

个人所得税中工资薪金所得税率就是典型的超额累进税率。

（3）超率累进税率

所谓超率累进税率，是指以课税对象数额的相对率为累进依据，计税依据超过某个相对率的部分，适用较高的税率。我国的土地增值税税率是典型的超率累进税率。

超倍累进税率，是特殊的超额累进税率。所谓超倍累进税率，是指以课税对象数额相当于计税基数的倍数为累进依据，对超过特定倍数部分适用新的高税率。

（4）全率累进税率

所谓全率累进税率，是指按征税对象相对比例划分征税级距，对纳税人的征税对象全部数额按与之相适应的级距税率计征的一种累进税率。

3. 定额税率

所谓定额税率，是指当计税依据为物理形态时，直接根据课税对象的计量单位规定固定的征税数额。例如，对汽油、柴油征收消费费，是按照每升汽油征收多少税款来计算应纳税额。在定额税率情况下，应纳税额大小只和课税对象的数量有关，和课税对象的价值及销售价格无关。

定额税率可以分为单一定额税率和差别定额税率，差别定额税率又分为地区差别定额税率和分类分项定额税率。

另外，还有一些税率，如名义税率和实际税率、边际税率和平均税率、零税率和负税率等。

## 三、税收优惠

税收优惠是国家运用税收政策对某一部分特定企业和课税对象给予减轻或免除税收负担的一种措施。税收优惠应当基于法律规定，法律授权国务院，由国务院制定行政法规规定税收优惠政策。

税收优惠主要包括减税（包括直接减税或间接减税）和免税，这里需要强调一点，增值税的出口退税不属于税收优惠措施，而是基于目的地原则的一种应然选择。所谓减税，是指从应纳税额中减征部分税款；免税，是指免除纳税人的税款缴纳义务。

在减税、免税中，有直接予以减免税的，有先予以收取相应的税款，而后返还相应税款。增值税的即征即退、先征后退、先征后返本质上属于一种财政补贴，和我们通常所说的减免税还是有一定区别。

### （一）税基式减免、税率式减免、税额式减免

税收减免包括税基式减免、税率式减免、税额式减免，其中以税基式减免运用最为广泛。

1. 税基式减免

税基式减免是指直接减小计税依据的减税、免税。包括起征点、免征额、项目扣除和跨期结转。起征点是指如果征税对象没有达到一定数量，可以不予征税；达到该数量后，就征税对象的全部予以征税。免征额是指征税对象中的一部分不予作为计税依据而不予征税，对该部分之外的数量予以征税。

这里需要说明的是，增值税的免税是对结算金额的免除。除非销售者面向终端销售，否则增值税的免税通常会导致多缴纳税款，多缴纳的税款为基于免税而不能抵扣的进项。

加计扣除、减计收入属于税基式减免，但是加速折旧属于递延缴纳税款的一种特殊优惠。

2. 税率式减免

所谓税率式减免，是指直接降低相应税率的税款减免，出口货物的零税率不属于税收优惠政策。例如，对于国家重点扶持的高新技术企业，适用15%的所得税税率，这个相比于25%的所得税税率，属于税率式减免。

3. 税额式减免

所谓税额式减免，是指以直接减少应纳税额的方式实行的税款减免，包括全部免征、减半征收、核定减免率等。最典型的是企业所得税的“两免三减半”。

### （二）减免税的分类

1. 法定减免

所谓法定减免，是指基于各种税的基本法规规定的减税、免税。

2. 临时减免

所谓临时减免，是指由于纳税人税款缴纳困难而给予的税款减免，一般需要通过审批。

3. 特定减免

所谓特定减免，是指基于各种税的基本法规规定之外减税、免税，通常以单行文件的方式规定。

## 四、纳税环节

纳税环节是指征税对象应当缴纳税款的环节。广义的纳税环节是指全部征税对象在生产、流通过程中的分布情况，如资源税分布在生产环节、所得税分布在分配环节。狭义的纳税环节仅指商品税在流转过程中应当缴纳税款的环节，具体指每一税种应当缴纳税款的环节。

根据纳税环节的多少，可以将税收课征分为两类：一次课征制和多次课征制。一次课征制是指同一个税种在商品流转的全过程中选择某一个环节课征的税款征收制度，如车辆购置税；多次课征制是指同一税种在商品流转全过程中选择两个或两个以上的环节课征的税款征收制度，最典型的是营业税。

这里需要说明的是，增值税是形式上的多次课征制实质上的一次课征制。所谓形式上的多次课征制，是指增值税看起来在生产销售的每个环节都课征税款，即环环征税；所谓实质上的一次课征制，是指增值税在产品进入终端消费者之前，都是予以退税的，即环环退税，直到终端消费者那里；如果流通过程中发生跨境，则应当予以零税率处理，以确保最终消费地的国家对其行使税收收益权。

## 五、纳税期限

纳税期限是指纳税人向国家缴纳税款的期限。基于不同的税种性质和不同情况的纳税人，纳税期限不尽相同。

目前我国税收纳税期限有三种形式：

### （一）按期纳税

所谓按期纳税，是指根据纳税义务的发生时间，通过确定一定的纳税间隔期，实行按日纳税。例如，增值税的纳税间隔期为 1 日、3 日、5 日、10 日、15 日、一个月、一个季度。

需要注意，纳税期限和申报税款期限是两个概念。纳税期限是指计算计税依据的时间范围，而申报税款期限是指纳税期限满后，多久后去缴纳税款。

例如，以一个月为增值税纳税期限的，一般纳税人需要以每个月为单位计算增值税的应纳税额（计算该月的销项税额、进项税额、留抵税额等），1个月是纳税期限；而申报税款期限是在该1个月满后次月的15天之内申报纳税并结清上个月的税款。

**（二）按次纳税**

所谓按次纳税，是指根据纳税行为发生次数确定纳税期限。即以此为依据计算计税依据金额的大小，如个人所得税中的劳务报酬所得、车辆购置税等。

**（三）按年纳税**

所谓按年纳税，是指以年为时间范围计算计税依据。最典型的是企业所得税、房产税。

最后强调一点，增值税的纳税期限是一种结算期限，并不属于严格意义上的计税依据计算期限。即在这个时间范围内，纳税人代国家收了多少增值税税款（你应该交还给国家的税款）、预先垫付了多少增值税税款（国家应该退还给纳税人多少税款），然后计算一下纳税人应该给国家缴纳多少税款。例如，2018年7月，纳税人代国家收取了100万元的增值税税款（销项税额），累计代垫付税款中国家有85万元还没有退给纳税人，那么纳税人就应该给国家交还15万元（纳税人应该上交给国家的100万元税款-国家应该退给纳税人的85万元税款）。

## 第四节　重要税收程序制度

税收程序法的内容非常宽泛，既包括纳税人的税务登记制度、账簿凭证管理制度、纳税申报制度，也包括税款征收、税务稽查、税收保全、强制执行等制度。本书主要介绍涉嫌虚开认定的一些重要行政程序。这些程序关系虚开认定以及相应处理的行政处罚是否被撤销或被宣告无效，以及行政程序与刑事程序对接的一些问题；同时，关系到纳税人基本行政救济权利和刑事辩护权利。

## 一、正当程序原则

### (一)正当程序原则的基本内容

2004年，国务院在《全面推进依法行政实施纲要》中提出正当程序原则，该文件所指的正当程序应当指广义的正当程序原则，对应部分内容如下：

“程序正当。行政机关实施行政管理，除涉及国家秘密和依法受到保护的商业秘密、个人隐私之外，应当公开，注意听取公民、法人和其他组织的意见；要严格遵循法定程序，依法保障行政管理相对人、利害关系人的知情权、参与权和救济权。行政机关工作人员履行职责，与行政管理相对人存在利害关系时，应当回避。”

这里所说的正当程序原则，是指狭义的正当程序原则，即正当程序原则的最初内涵，它是自然正义最基本的要求（正当程序原则内涵后来扩展到包括公开、公正、公平和参与等现代民主程序原则；最初正当法律程序主要适用于司法领域，之后其适用领域扩展到行政领域和其他所有国家公权力领域，甚至扩展适用社会公权力领域）。

正当程序原则对于防止公权力滥用、保障实体权利、保障人权有着极为重要的意义，是社会主义人民民主专政的应有之义。

正当程序原则（即狭义正当程序原则），是指如果具体行政行为可能对自然人、法人或其他组织的合法权益造成不利影响，除了法律基于特别考虑而有特别规定外，应当事先告知行政相对人，向其说明行政行为的根据和理由，并且听取其陈述和申辩。实施该具体行政行为的公职人员如果与该具体行政行为有利害关系，则应当予以回避。这里我们引用××市一中院一段经典判决表述：

“正当程序原则的要义在于，做出任何使他人遭受不利影响的行使权力的决定前，应当听取当事人的意见。正当程序原则是裁决争端的基本原则及最低的公正标准，其在我国行政处罚法、行政许可法等基本行政法律规范中均有体现。作为最基本的公正程序规则，只要成文法没有排除或另有特殊情形，行政机关都要遵守。即使法律中没有明确的程序规定，行政机关也不能认为自己不受程序限制，甚至连最基本的正当程序原则都可以不遵守。应该说，对于正当程序原则的适用，行政机关没有自由裁量权。只是在法律未对正当程序原则设定具体的程序性规定时，行政机关可以就履行正当程序的具体方式做出选择。”

主要要求：

1. 自己不做自己的法官（裁判员）

实施具体行政行为的公职人员如果与该具体行政行为有利害关系，应当予以回避。

相关规定如下：

《中华人民共和国税收征收管理法实施细则》第八条

税务人员在核定应纳税额、调整税收定额、进行税务检查、实施税务行政处罚、办理税务行政复议时，与纳税人、扣缴义务人或者其法定代表人、直接责任人有下列关系之一的，应当回避：

（一）夫妻关系；

（二）直系血亲关系；

（三）三代以内旁系血亲关系；

（四）近姻亲关系；

（五）可能影响公正执法的其他利害关系。

《税务工作稽查规程》第七条

税务稽查人员有《税收征管法细则》规定回避情形的，应当回避。

被查对象要求税务稽查人员回避的，或者税务稽查人员自己提出回避的，由稽查局局长依法决定是否回避。稽查局局长发现税务稽查人员有规定回避情形的，应当要求其回避。稽查局局长的回避，由所属税务局领导依法审查决定。

《行政处罚法》第四十二条第（四）项

（四）听证由行政机关指定的非本案调查人员主持；当事人认为主持人与本案有直接利害关系的，有权申请回避。

2. 说明依据和理由

说明依据和理由是陈述、申辩权利的基础，因为行政相对人只有在充分了解拟做出的对自己不利的具体行政行为所依据的证据、案件事实和对应的法律依据，才能够有针对性地进行陈述、申辩，进而才能发表有价值的意见，从而让行政相对人的陈述、申辩权利落在实地而不至于流于形式。

相关规定：

《税务稽查工作规程》第五十一条　拟对被查对象或者其他涉税当事人做

出税务行政处罚的，向其送达《税务行政处罚事项告知书》，告知其依法享有陈述、申辩及要求听证的权利。《税务行政处罚事项告知书》应当包括以下内容：

（一）认定的税收违法事实和性质；

（二）适用的法律、行政法规、规章及其他规范性文件；

（三）拟做出的税务行政处罚；

（四）当事人依法享有的权利；

（五）告知书的文号、制作日期、税务机关名称及印章；

（六）其他相关事项。

《税务稽查工作规程》并未说明拟做出《税务处理决定书》时应当告知行政相对人拟做出的对自己不利的具体行政行为所依据的证据、案件事实和对应的法律依据和陈述申辩的权利，但是并不意味着税务机关不需要说明根据和理由。

3. 听取陈述和申辩

行政机关拟做出对行政相对人不利的具体行政行为的，应当告知行政相对人陈述、申辩的权利，并且听取行政相对人的陈述、申辩。

那么如何理解听取行政相对人的陈述和申辩？我们认为，主要包括以下几点：

（1）行政机关对拟做出的对行政相对人不利的具体行政行为，应当详细告知其事实根据、证据、法律依据，这是听取陈述、申辩的前提。只有行政相对人充分了解拟做出的具体行政行为的事实根据、证据和法律依据，行政相对人才可能真正行使陈述、申辩的权利而不至于流于形式。

（2）行政机关对拟做出的对行政相对人不利的具体行政行为，应当告知其享有陈述申辩的权利。

（3）行政机关对行政相对人的陈述、申辩内容，应当在相应的行政文书中予以回应。这点法律上没有相关规定，但是我们认为法律上可以考虑对此予以相关规定；否则，难以保障行政相对人的陈述、申辩权利。

相关规定：

《税收征收管理法》第八条第四款：

纳税人、扣缴义务人对税务机关所做出的决定，享有陈述权、申辩权；依法享有申请行政复议、提起行政诉讼、请求国家赔偿等权利。

我们认为这里准确的表达应为：纳税人、扣缴义务人对税务机关拟做出的决定，享有陈述权、申辩权；对已经做出的决定，依法享有申请行政复议、提起行政诉讼、请求国家赔偿等权利。

《税务稽查工作规程》第五十二条　对被查对象或者其他涉税当事人的陈述、申辩意见，审理人员应当认真对待，提出判断意见。

对当事人口头陈述、申辩意见，审理人员应当制作《陈述申辩笔录》，如实记录，由陈述人、申辩人签章。

另外，《税务稽查工作规程》第五十一条对税务机关应当告知其享有陈述、申辩的权利也做了规定。

《税务稽查工作规程》第五十三条　被查对象或者其他涉税当事人要求听证的，应当依法组织听证。听证主持人由审理人员担任。

听证依照国家税务总局有关规定执行。

**（二）正当程序原则与实务**

1.《税务处理决定书》

从目前的税务实践来看，有的税务机关拟做出《税务处理决定书》时，既未告知纳税人享有陈述、申辩的权利，也没有告知纳税人拟做出的《税务处理决定书》的事实根据、证据和法律依据。

实务中也有《税务处理决定书》不引用相关法律条文或错误引用法律条文的情况。

《国家税务总局关于印发〈税务稽查工作规程〉的通知》(国税发〔2009〕157号）中《税务稽查工作规程》第五十五条规定：《税务处理决定书》《税务行政处罚决定书》《不予税务行政处罚决定书》《税务稽查结论》引用的法律、行政法规、规章及其他规范性文件，应当注明文件全称、文号和有关条款。

最高人民法院审判委员会讨论通过2014年12月25日发布的第41号指导案例明确指出：行政机关做出具体行政行为时未引用具体法律条款，且在诉讼中不能证明该具体行政行为符合法律的具体规定，应当视为该具体行政行为没有法律依据，适用法律错误。

我们认为：法院不能自行补正相关或代行政机关进行法律解释，也不宜忽视实质的法律效果而直接判决违法，而宜对行政机关予以释明，经释明后行政机关仍旧不能提供准确的法律依据，则应当判决具体行政行为没有法律依据。

2.《已证实虚开通知单》

税务实践中，税务机关拟做出《已证实虚开通知单》时，通常既未告知纳税人享有陈述、申辩的权利，也没有告知纳税人拟做出的《已证实虚开通知单》的事实根据、证据和法律依据，有时甚至并未直接送达给受票方，而是下游税务机关拟以《已证实虚开通知单》为证据对下游做出不利行政行为的时候，才予以交付给下游企业。有的下游税务机关，甚至拒绝将《已证实虚开通知单》交给下游企业。

非但如此，《已证实虚开通知单》本身并未指出，对基于什么事实、证据、法律依据而认定上游企业开具给下游企业的增值税专用发票系虚开的专用发票，也没有告知下游企业对此享有复议、诉讼的权利。

我们认为，如果《已证实虚开通知单》可以作为证据或执法依据的话，那么：

(1)《已证实虚开通知单》系具体行政行为确认行为

关于行政确认的概念，根据司法实践，通常是指行政主体依法对行政相对人的法律地位、法律关系或有关法律事实进行甄别，给予确定、认可、证明（或者否定）并予以宣告的行政行为。

行政确认包括对法律事实的确认，这点最高人民法院也有指导案例。最高人民法院审判委员会讨论通过，2016 年 5 月 20 日发布的第 59 号指导案例中，最高人民法院明确指出："对公安机关消防机构而言，备案结果中有抽查是否合格的评定，实质上是一种行政确认行为，即公安机关消防机构对行政相对人的法律事实、法律关系予以认定、确认的行政行为。一旦消防设施被消防机构评定为合格，那就视为消防机构在事实上确认了消防工程质量合格，行政相关人也将受到该行为的拘束。"

故如果《已证实虚开通知单》可以作为证据使用的话，《已证实虚开通知单》确认了一种法律事实，即《已证实虚开通知单》记载的发票系虚开的发票。

(2)《已证实虚开通知单》对开票方和受票方的利益必然产生不利影响

依据《发票管理办法》第三十七条、《国家税务总局关于纳税人善意取得虚开增值税专用发票已抵扣税款加收滞纳金问题的批复》(国税函〔2007〕1240 号)、《国家税务总局关于〈国家税务总局关于纳税人取得虚开的增值税专用发票处理问题的通知〉的补充通知》(国税发〔2000〕182 号)、《国家税务总局关于纳税人善意取得虚开的增值税专用发票处理问题的通知》(国税发〔2000〕187 号)及《国家税务总局关于纳税人取得虚开的增值税专用发票处理问题的通知》(国税发〔1997〕134 号)、《增值税暂行条例》第九条、国家税务总局公告 2012 年第 33 号,《已证实虚开通知单》可能会导致开票方被罚款、被追究责任、最起码会导致受票方补缴税款等，受票方也将面临补缴税款的后果。

(3)如果《已证实虚开通知单》不能复议或诉讼

《已证实虚开通知单》如果不能复议或诉讼，就意味着税务机关的权力不受限制，公民随时可能遭受较大影响而缺乏救济途径。

实务中，《已证实虚开通知单》叫作《已涉嫌虚开通知单》更加合适。下游税务机关甚至司法机关通常将《已证实虚开通知单》当作认定上游企业给下游企业开具发票的行为系虚开行为的铁证，我们认为这样不妥。

3.《涉嫌犯罪案件情况的调查报告》《稽查意见》

这类文书经常出现在涉税犯罪的案卷中，有时侦查机关、检察院、法院以此为证据而认定《涉嫌犯罪案件情况的调查报告》、《稽查意见》中认定的事实。

《涉嫌犯罪案件情况的调查报告》应当与《税务处理决定书》、《税务行政处罚决定书》的复印件一并移送，且应当在《税务处理决定书》、《税务行政处罚决定书》生效之后才能移送。

《涉嫌犯罪案件情况的调查报告》应理解为《税务处理决定书》、《税务行政处罚决定书》的情况说明，依附于《税务处理决定书》、《税务行政处罚决定书》而存在，其不应独立存在（除非是根据线索移送)。《涉嫌犯罪案件情况的调查报告》、《稽查意见》均为税务机关的意见性证据，和《税务稽查报告》一样，均为过程性意见而非结论性意见；当然，如果税务机关是以线索移送的，则《涉嫌犯罪案件情况的调查报告》应理解为对线索的情况说明。

涉嫌虚开的案件一旦涉嫌刑事犯罪，在涉案税额大到纳税人无力提供担保的时候，不宜做出《税务处理决定书》、《税务行政处罚决定书》、《已证实虚开通知单》等对案件事实做出评判的文件；而应当直接移送公安机关，防止变相剥夺纳税人的辩护权。

4.《税务行政处罚决定书》

实务中，税务机关做出《税务行政处罚决定书》可能的错误在于听证时间的把握。

《税务行政处罚听证程序实施办法（试行）》第四条规定：要求听证的当事人，应当在《税务行政处罚事项告知书》送达后三日内向税务机关书面提出听证；逾期不提出的，视为放弃听证权利。

当事人要求听证的，税务机关应当组织听证。

这里有四点需要注意：

（1）听证的提出时间以听证申请文书邮寄出的当天为准。例如，当事人1月15日收到《税务行政处罚事项告知书》，1月17日邮寄了听证申请，1月20日税务机关收到听证申请，即“在《税务行政处罚事项告知书》送达后三日内向务税务机关书面提出听证”。

（2）三日应当从次日开始计算。例如，1月15日税务机关做出《税务行政处罚事项告知书》，应当从1月16日开始计算三日期限。

（3）三日，到底是工作日还是自然日，缺乏明确规定。为保险起见，行政相对人在3个自然日内提出书面申请为好。税务机关需等到3个工作日满了之后的一定时间（邮寄在途时间）来判断纳税人是否提出了听证申请。

（4）纳税人提出听证申请，应当在快递单上写明“对×××《税务行政处罚事项告知书》的听证申请”，目的是保留证据。

如果纳税人在规定期限内提出听证申请，而税务机关在收到听证申请之前已经做出《税务行政处罚决定书》。相当于剥夺了纳税人的听证权利，很可能导致《税务行政处罚决定书》严重程序违法而被撤销。

5. 涉嫌虚开案件中的行政相对人

行政相对人不仅包括作为行政行为对象的自然人、法人或其他组织，还包括权益受该行政行为影响的利害关系人。

例如，某公安机关对李四做出行政处罚决定。该处罚决定认定李四从张三处购买假币，尽管处罚决定只发给了李四，但张三也是相对人。

在对合性的行为中，对一方的某种行为存在与否以及定性必然会影响另外一方的权益。在这种情况下，我们认为应当保障各方的权利。

（1）认定开票方虚开，应当同时听取受票方的陈述、申辩，且将相应的文书同时送达受票方，并告知其享有复议和行政诉讼的权利。尽管认定开票方虚开是针对开票方，但明显确认了一个对受票方不利的事实，即受票方在与开票方没有真实交易的情况下，接受了开票方的发票并予以税前扣除或抵扣。

（2）认定受票方虚开，应当同时听取开票方的陈述、申辩，且将相应的文书同时送达开票方，告知其享有复议和行政诉讼的权利。尽管认定受票方虚开而要求其补缴税款是针对受票方，但是同时确认了一个对开票方不利的事实，即开票方在没有真实交易的情况下，为受票方开具了增值税专用发票。

当然，如果不影响对方的权利，则可以不必如此。例如，甲方认为双方均无真实交易的意思，而实际上乙方是有真实交易的意思。我们认为在这种情况下，应当认定甲方虚开的未遂，不会影响有真实交易意思一方的权益。

（3）当认定企业虚开，且金额足以涉嫌犯罪时，应当允许可能因认定虚开而被追究刑事责任者陈述、申辩，且赋予其复议、诉讼的权利。

如果认定虚开涉嫌刑事犯罪，应移送司法机关，理论上税务机关不宜再做出任何关于事实认定和定性的评价。

## 二、行、刑衔接问题

### （一）公安机关等税务机关出具《税务行政处罚决定书》或《税务处理决定书》之后再予以立案；否则，公安机关不接收

1. 行政处理与刑事指控的冲突

当税务机关先行做出《税务行政处罚决定书》或《税务处理决定书》后，纳税人面临两种选择：

（1）依法提起行政复议或行政诉讼

在受票方涉嫌虚开的情况下，税务部门通常会同时出具《税务处理决定书》，也就是说，纳税人需要先行缴纳税款或提供担保并得到税务机关的确认，而后者可提起行政复议；对行政复议结果不服的，纳税人可以提起行政诉讼。

《关于司法机关在刑事诉讼税务机关能否就征税行为受理申请复议的请示》的批复（国税函〔1998〕343 号）规定：对在税务案件处理过程中，同时涉及行政复议和刑事侦查、审判程序时，行政程序和刑事程序哪个程序优先的问题，目前尚无明确的法律法规。根据《中华人民共和国税收征收管理法》《行政复议条例》及《税务行政复议规则》的法规，当事人对税务机关做

出的征税行为不服提起行政复议，复议申请符合法定条件的，复议机关应当受理。

在这种情况下，如果不予受理的话，将会引发一种严重的后果：即税务机关可以在毫无证据的情况下认定虚开。

如此可行的话，税务机关可以在没有任何证据的情况下以《税务行政处罚决定书》《税务处理决定书》认定企业虚开，而后刑事诉讼机构直接以《税务行政处罚决定书》《税务处理决定书》作为构成虚开增值税专用发票罪的最有力证据。也就是说，如此可行的话，税务机关相当于以剥夺当事人救济权的方式获得了滥用权力的自由。

实务中，通常不会等到对税务机关具体行政行为的救济结束，税务机关就会将案件移送公安机关。这种情况下，公安机关该立案还是不该立案？

如果公安机关予以当即立案，而纳税人尚在行政复议或行政诉讼中，上级税务机关或行政审判庭认定不构成虚开，公安机关如何处理？

如果公安机关等到对税务机关具体行政行为的救济结束，纳税人在此期间逃往国外或串供等，如何处理？这里需要说明，《税收征收管理法》草案（征求意见稿）第七十一条规定："纳税人欠缴税款未结清，又不提供纳税担保的，税务机关可以决定不准纳税人或者其法定代表人、主要税收利益相关人出境；税务机关立案查处涉嫌重大税收违法情形的，可以决定不准纳税人或者其法定代表人、财产实际拥有者或者管理者、直接责任人出境。对决定不准出境的人员，税务机关应当按照规定及时通知出入境边防检查机关予以协助，或者提请公安机关出入境管理机构不予签发出（国）境证件。"

当然，复议机关也可能中止审理，等待公安机关先行处理。在这种情况下，《税务行政处罚决定书》或《税务处理决定书》由于正在救济过程中，公安机关不能将《税务行政处罚决定书》或《税务处理决定书》作为认定案件事实的证据。中止审理通常参照《行政复议法实施条例》第四十一条第（七）项"案件审理。需要以其他案件的审理结果为依据，而其他案件尚未审结的"，规定考虑对税务机关具体行政行为的审理需要以刑事案件为前提，故可先移送公安机关，等待刑事处理结果来决定是否做出《税务行政处罚决定书》或《税务处理决定书》。

（2）没能提起行政复议或行政诉讼

没能提起行政复议或行政诉讼的原因，主要是纳税人缺乏担保或税款以获得救济的资格。

一旦《税务行政处罚决定书》或《税务处理决定书》认定虚开且纳税人错失了救济机会，如涉税金额巨大的话，后果通常严重。

如果《税务处理决定书》认定企业虚开的同时，要求企业补缴巨额税款，尤其是在缺乏依据的情况下，令企业补缴企业难以补缴的税款但是不给予行政处罚，从而让企业失去救济的能力。

认定虚开的《税务处理决定书》一旦没有了救济，即使全案没有其他证据，法院也缺乏勇气去推翻。即使允许当事人提供证据去推翻，也相当于将本应由公诉机关承担的举证责任转嫁给被告人。即如果行政相对人有能力救济，需要行政机关证明具体行政行为所依据的事实、依据成立；如果行政相对人没有能力救济，则需要被告人证明具体行政行为所依据的事实、依据不成立，这个难度通常更大。即使能够证明，法院也未必敢于不采纳具体行政行为已经认定的事实（行政诉讼例外）。

**（二）下游公安机关等上游税务机关发出《已证实虚开通知单》后再予以立案**

曾经接到一个令笔者震惊的问题，大意是：只有《已证实虚开通知单》和增值税专用发票能否认定虚开增值税专用发票的事实？

我们认为，以《已证实虚开通知单》作为认定案件事实的证据，是一种严重冲击正当程序原则、剥夺辩护权利的行为，与现代法治文明背道而驰。建议以违反正当程序原则否决其作为证据的效力。

**（三）税务机关出具《涉嫌犯罪案件情况的调查报告》《稽查意见》或《税务稽查报告》，但是既未出具《税务行政处罚决定书》，也未出具《税务处理决定书》**

税务机关出具的《涉嫌犯罪案件情况的调查报告》不宜作为认定案件事实的证据，充其量只能说明案件调查过程。《稽查意见》属于典型的意见性认定证据，可以供侦查机关参考；而《税务稽查报告》不仅属于意见性证据，且是非结论性意见、仅是过程性意见。

**（四）如果涉嫌虚开的行为涉嫌犯罪，理论上税务机关不宜做出任何对案件事实、定性方面的评价文书，应当直接移送司法机关**

国务院《行政执法机关移送涉嫌犯罪案件的规定》明确了行政执法机关

在依法查处违法行为过程中，发现违法事实涉嫌构成犯罪，依法需要追究刑事责任的，必须依照规定向公安机关移送。行政执法机关对应当向公安机关移送的涉嫌犯罪案件，不得以行政处理代替移送。

只有行政处罚的行政行为本身不构成犯罪，处罚过后，基于同一案件事实的金额、数量以及其他金额的遗漏，重新审查事实认为涉嫌犯罪而后移送的，或者依据法律规定可以先给予行政处罚的，人民法院判处罚金时，行政机关已经给予当事人罚款的，应当折抵相应的罚金。

从理论上看，“税务机关对涉嫌虚开犯罪的事实，一般不宜做出任何对案件事实、定性方面的评价文书，而应当直接移送司法机关”，理由：

一是虚开是重罪，一旦税务机关做出了《税务处理决定书》，则纳税人可能因为无力补缴税款、提供担保而丧失救济权利，并因此实质性地丧失辩护权利。因为纳税人无论如何辩护，通常都难以对抗使其失去救济机会的《税务处理决定书》。

二是在案例处理过程中，纳税人可能利用机会订立攻守同盟、毁灭或伪造证据甚至逃跑。

三是一旦纳税人提起复议，无论是复议机关还是公安机关，都将处于两难境地。倘若行政程序优先，则等同于行政程序代替刑事审判；倘若刑事程序优先，则税务机关没有必要出具“对案件事实、定性方面的评价文书”，甚至可能实质上剥夺纳税人的行政复议、行政诉讼权利。更为严重的是，纳税人提供担保的，可能因为刑事审判周期过长，导致在后续进行的行政程序中担保超过担保期限。如果司法机关直接以处于救济状态的行政文书作为定案依据，则实质上完全剥夺了纳税人的行政救济权利及刑事辩护权利。在这种情况下，税务机关的权力基本上不受限制，可以在没有任何证据的情况下给任意行政相对人认定巨额虚开。

四是税务机关完全可以等刑事案件先行处理后，再根据刑事案件处理结果决定是否给予行政处罚或做出《税务处理决定书》。如此则可使行政程序与刑事程序实现良好衔接，解决以上矛盾，防止对纳税人基本权利的冲击。

当然，从现实的角度来看，最佳的方案是：应当允许税务机关先行出具《税务处理决定书》、《税务行政处罚决定书》，除非纳税人没有担保能力。即使如此，也应当在刑事诉讼程序中实质性审查《税务处理决定书》、《税务行政处罚决定书》，防止实质性剥夺纳税人的救济权利和辩护权。允许以《税务处理决定书》、《税务行政处罚决定书》的无效或撤销作为出罪的证据，禁止将《税务处理决定书》、《税务行政处罚决定书》作为入罪的证据，从而更好地保障公民、法人或其他组织的基本权利。

## 三、如果征税的具体行政行为无效，其救济权利的行使是否需要清税前置

尽管新的《税收征收管理法》草案对提起行政复议不再要求清税前置，但是草案对于复议结果不服而提起的诉讼，依旧要求清税前置。

所谓税务争议的清税前置，是指纳税人产生纳税争议时，应当先行补缴税款或提供担保并得到税务机关的确认，方可享有对应救济权利的一种制度。

### （一）清税前置的相关规定及可能的演变

1. 清税前置相关规定

（1）《税收征收管理法》第八十八条第一款

纳税人、扣缴义务人、纳税担保人同税务机关在纳税上发生争议时，必须先依照税务机关的纳税决定缴纳或者解缴税款及滞纳金或者提供相应的担保，然后可以依法申请行政复议；对行政复议决定不服的，可以依法向人民法院提起诉讼。

（2）《税收征收管理法实施细则》第六十一条

《税收征收管理法》第三十八条、第八十八条所称担保，包括经税务机关认可的纳税保证人为纳税人提供的纳税保证，以及纳税人或者第三人以其未设置或者未全部设置担保物权的财产提供的担保。

纳税保证人，是指在中国境内具有纳税担保能力的自然人、法人或者其他经济组织。

法律、行政法规规定的没有担保资格的单位和个人，不得作为纳税担保人。

（3）《税收征收管理法实施细则》第六十二条

纳税担保人同意为纳税人提供纳税担保的，应当填写纳税担保书，写明担保对象、担保范围、担保期限和担保责任以及其他有关事项。担保书须经纳税人、纳税担保人签字盖章并经税务机关同意，方为有效。

纳税人或者第三人以其财产提供纳税担保的，应当填写财产清单，并写明财产价值以及其他有关事项。纳税担保财产清单须经纳税人、第三人签字

盖章并经税务机关确认，方为有效。

(4)《税务行政复议规则》第十四条

行政复议机关受理申请人对税务机关下列具体行政行为不服提出的行政复议申请：

（一）征税行为，包括确认纳税主体、征税对象、征税范围、减税、免税、退税、抵扣税款、适用税率、计税依据、纳税环节、纳税期限、纳税地点和税款征收方式等具体行政行为，征收税款、加收滞纳金，扣缴义务人、受税务机关委托的单位和个人做出的代扣代缴、代收代缴、代征行为等。

(5)《税务行政复议规则》第三十三条

申请人对本规则第十四条第（一）项规定的行为不服的，应当先向行政复议机关申请行政复议；对行政复议决定不服的，可以向人民法院提起行政诉讼。

申请人按照前款规定申请行政复议的，必须依照税务机关根据法律、法规确定的税额、期限，先行缴纳或者解缴税款和滞纳金，或者提供相应的担保，才可以在缴清税款和滞纳金以后或者所提供的担保得到做出具体行政行为的税务机关确认之日起60日内提出行政复议申请。

申请人提供担保的方式包括保证、抵押和质押。做出具体行政行为的税务机关应当对保证人的资格、资信进行审查，对不具备法律规定资格或者没有能力保证的，有权拒绝。做出具体行政行为的税务机关应当对抵押人、出质人提供的抵押担保、质押担保进行审查，对不符合法律规定的抵押担保、质押担保，不予确认。

(6)《纳税担保试行办法》全文

该文由国家税务总局发布，文号为国家税务总局令第11号，发布时间为2005年5月24日，开始实施时间为2005年7月1日。

2. 法律动态

《税收政管理法》草案（征求意见稿）第一百二十六条：

纳税人、扣缴义务人、纳税担保人同税务机关在纳税和直接涉及税款的行政处罚上发生争议时，可以依法申请行政复议；对行政复议决定不服的，应当先依照复议机关的纳税决定缴纳、解缴税款或者提供相应的担保，可以依法向人民法院起诉。

对税务机关做出第一款以外的与征收税款金额无关的处罚决定、强制执行措施或者税收保全措施不服的，可以依法申请行政复议，也可以依法向人民法院起诉。

### （二）对无效行政行为救济权利的行使是否需要清税前置的探讨

对于无效征税行为，纳税人享有救济权利，应无须清税前置；如果允许构成无效行政行为的征税行为以清税前置作为其救济条件，无异于赋予了税务机关滥用职权的自由。

清税前置应是保障国家税款征收的手段，而绝不是保障税务机关滥用权力的保护伞。

如果税务机关对一个自然人、法人、其他组织出具一份《税务处理决定书》，哪怕补缴税款的理由荒谬、程序不合法、毫无证据，只要要求补缴的税款金额达到行政相对人无法承受的地步就无法享有救济权利的话，后果可想而知。因为这样的话，税务机关的权力将难以制约。

1. 什么是无效政行为

所谓无效行政行为，是指行政行为具有重大而明显的违法，该违法客观上、形式上显而易见、极易辨认，而且其违法非常严重。违法的明显性和严重性是无效行政行为的两个主要特征。

《行政诉讼法》第七十五条规定：行政行为有实施主体不具有行政主体资格或者没有依据等重大且明显违法情形，原告申请确认行政行为无效的，人民法院判决确认无效。

2. 无效行政行为的判断

《最高人民法院关于适用〈中华人民共和国行政诉讼法〉的解释》第九十九条规定：

有下列情形之一的，属于行政诉讼法第七十五条规定的“重大且明显违法”：

（一）行政行为实施主体不具有行政主体资格；

（二）减损权利或者增加义务的行政行为没有法律规范依据；

（三）行政行为的内容客观上不可能实施；

（四）其他重大且明显违法的情形。

(1) 行政行为实施主体不具有行政主体资格

地域管辖错误、应当经过重大案件审理委员会审理而并未经过重大案件审理委员会审理的税务具体行政行为，应当属于行政行为主体不具有行政主体资格。

（2）减损权利或者增加义务的行政行为没有法律规范依据

主要包括两种情况，一是没有任何法律依据；二是虽然有规范性文件作为法律依据，但是该规范性文件与上位法有直接冲突。

（3）行政行为的内容客观上不可能实施；

例如，对一个刚刚开业一年而一年收入只有 100 万元的公司，课征 100 亿元的税款，应该属于这种类型。尤其是税务机关为了滥用清税前置而无依据地课征相对人不可能缴纳的税款、也不可能提供相应担保的征税行为，也应当认定为这种情况。

（4）其他重大且明显违法的情形

最高人民法院行政审判庭编著的《最高人民法院行政诉讼法司法解释理解与适用》(2018 年 4 月版）对该项做了讲解。税务行政执法中，引用该条项最可能的理由是“行政行为的实施将严重损害公共利益或他人合法权益”。

遗憾的是，司法解释中并未将没有事实依据、严重程序违法的具体行政行为直接列入无效行政行为之列。

3. 无效具体行政行为与清税前置条件

一般认为，对无效行政行为行政相对人具有抵抗权。当然，这个权利只能在有绝对把握确信其无效，且逼不得已、不行使抵抗权就会导致严重的难以挽回的损害时行使。我国法律并没有规定行政相对人的抵抗权。

倘若任何性质的征税行为，都需要清税前置才能予以救济，税务机关的权力将不受限制。

对于属于无效行政行为的征税行为（尤其是税务机关滥用清税前置来剥夺纳税人救济权的)，法院可以进行目的限缩解释而给予救济权利，让清税前置的目的成为保障国家税款而不是用来鼓励税务机关滥用权力。尽管理论上如此，但是实务中，法院未必敢对此进行目的限缩解释。建议纳税人在遭遇纳税争议时，及时提供纳税担保以保障救济权利，防止错失救济权利而引发严重的后果。

# 第二章　真实交易的判定

## 第一节　传统“三流一致”介绍

所谓“三流一致”，是指发票流、资金流、货物流应当统一，具体是指一张发票上的收款方、发货方、销售方（发票抬头上的销售方）应为同一主体，且付款方、收货方、购买方（发票抬头上的购买方）也应为同一主体。其推论基础是：既然发票抬头的销售方和购买方之间为真实交易双方，那么销售方应该会直接把货物发给购买方，货款应由购买方直接支付给销售方。若三流不一致，则有可能面临虚开的判定而遭受不利的法律后果。

### 一、“三流一致”的由来

#### （一）资金流一致的渊源

1995年10月18日，国家税务总局出台了国税发〔1995〕192号文，该文规定：

纳税人购进货物或应税劳务，支付运输费用，所支付款项的单位，必须与开具抵扣凭证的销货单位、提供劳务的单位一致，才能够申报抵扣进项税额，否则不予抵扣。

该文表达的意思是：

“所支付款项的单位，必须与开具抵扣凭证的销货单位、提供劳务的单位一致。”很显然，能够与“开具抵扣凭证的销货单位、提供劳务的单位”一致的只能是收款方而不是付款方，因为销售方不可能给购买方支付相应货款，见图2-1。

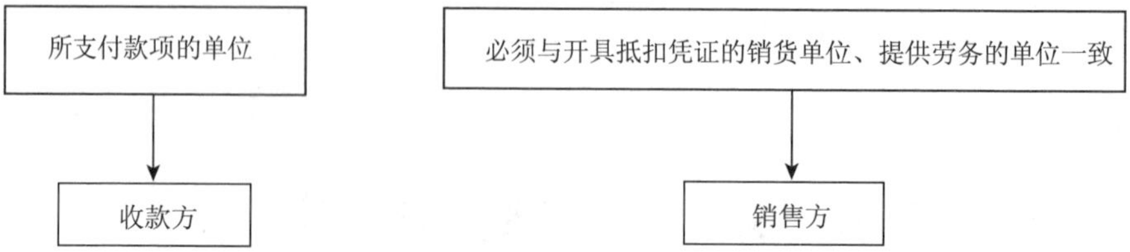


**图 2-1　192 号文资金流要求**

从语法上来看,“所支付款项的单位”，是指款项支付的对象，即“向谁支付”的“谁”。

故这句话的准确意思是：

应由销售方而非其他人收取货款，付款方取得的抵扣凭证才能予以抵扣进项税额。这里强调的是收款方与销售方一致。

目前普遍认为，该款是资金流一致的源头。该文的意思并非是说资金流不一致就是虚开，而是强调收款方与销售方的一致性；“所支付款项的单位”应当解释为收款权利方。在行政复议实践中，国家税务总局否认了资金流不一致就是虚开的说法。

**（二）货物流一致的来源**

国税发〔1995〕192 号文也有这么一项（该项已经作废）

“准予计算进项税额扣除的货运发票，其发货人、收货人、起运地、到达地、运输方式、货物名称、货物数量、运输单价、运费金额等项目的填写必须齐全，与购货发票上所列的有关项目必须相符，否则不予抵扣。”

笔者反复查阅该条文，发现该项仅仅是用来规范运输发票的。

**（三）发票流一致**

发票流一致是理所应当的，问题是：发票流应与谁保持一致？是与货物流一致，还是与资金流一致？

“三流一致”系对国税发〔1995〕192 号文的误解。对 2014 年第 39 号公告的解读中国家税务总局明确指出：“本公告是对纳税人的某一种行为不属于虚开增值税专用发票所做的明确，目的在于既保护好国家税款安全，又维护好纳税人的合法权益。换一个角度说，本公告仅仅界定了纳税人的某一行为不属于虚开增值税专用发票，并不意味着非此即彼，从本公告并不能反推出不符合三种情形的行为就是虚开。”即“三流一致”的不是虚开，三流不一致的也未必是虚开。

## 二、“三流一致”的具体表现

假设 A 公司开具发票给 B 公司，发票抬头为：销售方为 A 公司，购买方为 B 公司。

**（一）货物流一致的要求：A 公司→B 公司**

1. A 公司必须足量发货到 B 公司，少发货或未发货则货物流不一致

例如，A 公司销售给 B 公司一批货物，价税合计 113 万元，B 公司付款后 A 公司即开具了发票。后因市场行情发生变化，两家公司解除了合同，最终没有交付货物。按照该观点，这属于货物流不一致。

2. 直接发货人只能是 A 公司（包括他人代发或指定他人发货），直接收货人只能是 B 公司（包括他人代收或指定他人接收货物）

例如，A 公司销售给 B 公司一批货物，价税合计 113 万元，B 公司依约支付了 113 万元的款项。A 公司由于货源短缺，让 W 公司代为发出价税合计 113 万元的货物（货物与发票记载吻合）。按照该观点，属于货物流不一致，见图 2-2。

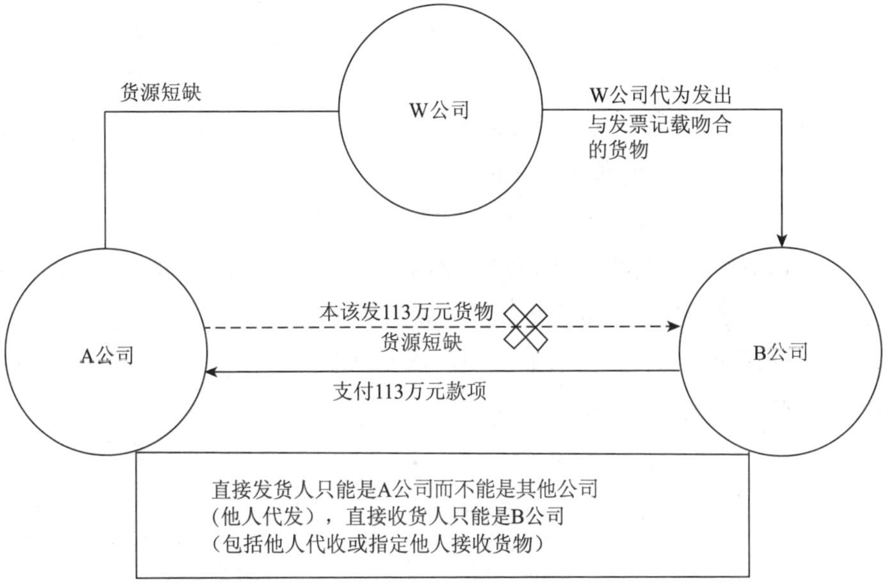


**图 2-2　传统“三流一致”对直接收货人和直接发货人的要求**

实务中不乏这样的情况：A 公司与供应商 K 公司约定，让 K 公司直接将货物发送给 B 公司，被认定虚开。

如果 A 公司将货物发送至 C 公司，或者发送至其他人，也属于货物流不一致。

3. A 公司与 B 公司之间不能插入其他单位（物流公司除外）

例如，A 公司将一批货物销售给 B 公司，由于某种原因，货物先由 W 公司存放一段时间，然后由 W 公司直接交付给 B 公司，这也是货物流不一致，见图 2-3。

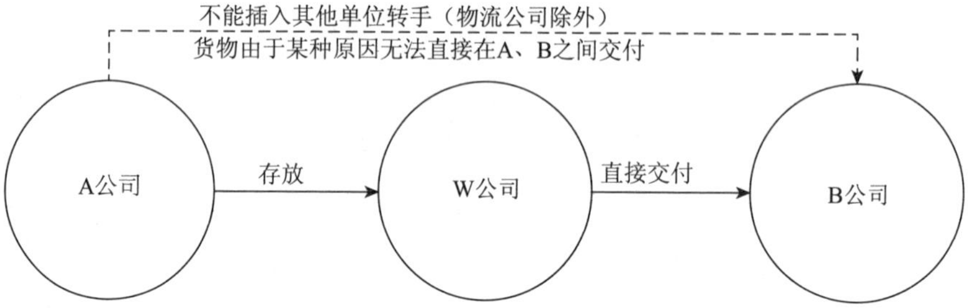


**图 2-3　传统“三流一致”禁止中间插入环节**

4. A 公司必须对货物享有所有权

例如，B 公司从 A 公司采购一批货物，为了保证货物流一致，B 公司付款后，派车从 A 公司的仓库直接提货。A 公司所在的税务机关发出《已证实虚开通知单》，理由是“A 公司仓库的货物并不是 A 公司自己的，而是 C 公司放在 A 公司以 A 公司的名义销售的”。

5. B 公司收到的货物必须是 A 公司交付的货物

A 公司销售一批货物给 B 公司，交由李四负责运输给 B 公司，李四得知 Y 公司也需要这批货物，中途将这批货物销售给了 Y 公司；然后李四低价采购了一批同样的货物，交付给 B 公司。依据该观点，这种情况也会因货物流不一致而被认定虚开，见图 2-4。

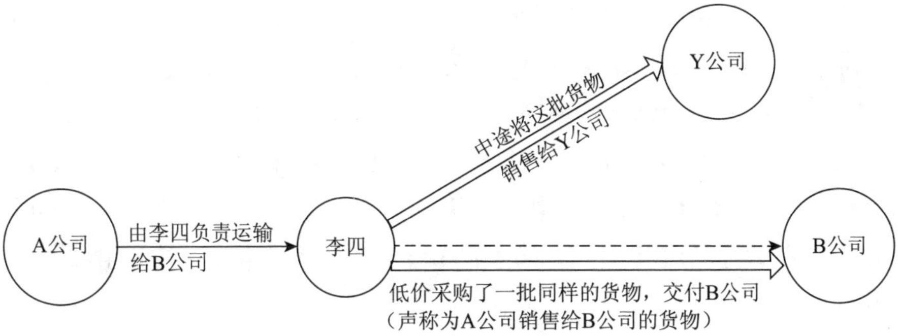


**图 2-4　中间掉包情形**

**（二）资金流一致的要求：B 公司→A 公司**

1. 货款必须足额支付，少支付或未支付则资金流不一致

例如，A 公司销售一批货物给 B 公司，价税合计 113 万元，发票上开具的价税合计金额为 113 万元（其中税额 13 万元）。后因为纠纷问题诉至法院，在法院的主持下，双方达成了支付 70 万元货款的调解协议。按照资金流一致要求，这种情况属于虚开。

2. 直接支付货款的必须是 B 公司（不能代为支付），直接接受货款的必须是 A 公司（不能由其他人接受该款项）（见图 2-5）

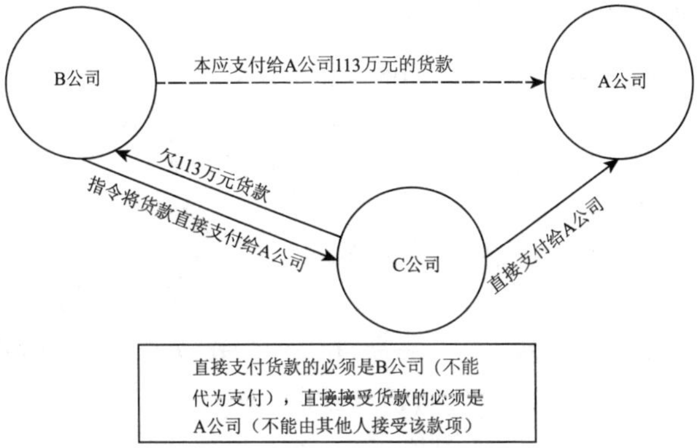


**图 2-5　传统“三流一致”规定的直接收款方和直接付款方**

例如，B 公司本应支付给 A 公司 113 万元的货款，由于 C 公司正好欠 B 公司 113 万元的货款，于是 B 公司指令 C 公司将货款直接支付给 A 公司。按照要求，该种情况也属于资金流不一致。

例如，A 公司欠银行 113 万元，B 公司需要支付给 A 公司 113 万元，如果 B 公司此时将货款直接支付给银行。按照要求，这也属于资金流不一致。

3. 货款从 B 公司到 A 公司不能插入其他环节（见图 2-6）

例如，A 公司销售一批货物给 B 公司，价税合计 113 万元，发票上开具的价税合计金额为 113 万元（其中税额 13 万元）。因为某些原因，B 公司将货款给了 W 公司，由 W 公司代为支付给 A 公司。按照要求，这种情况属于资金流不一致。

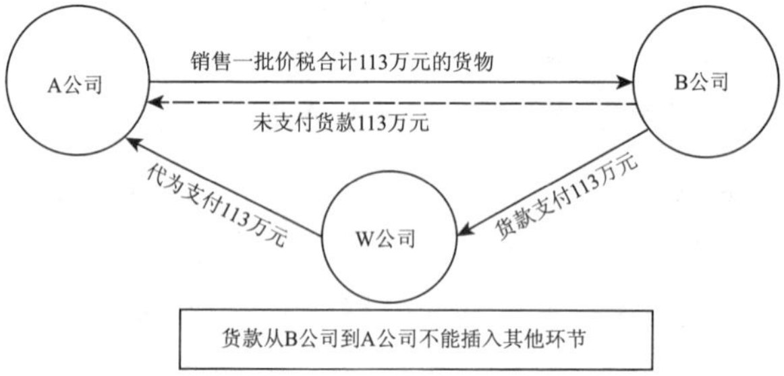


**图 2-6　传统“三流一致”要求款项支付不能插入中间环节**

## 三、“三流一致”基础分析

### （一）“三流一致”示意图

当 A 销售货物给 B 公司时，如图 2-7 所示。

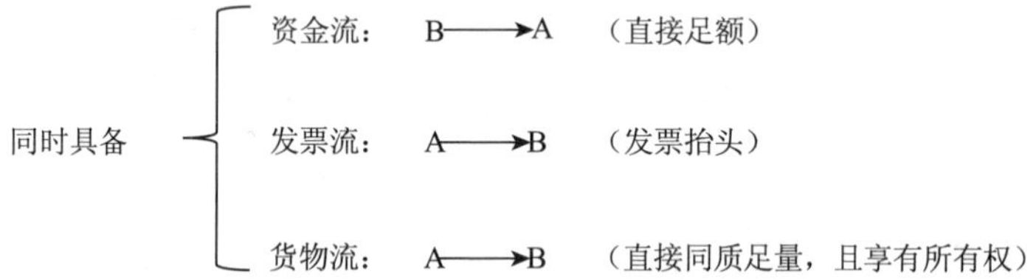


**图 2-7　传统“三流一致”示意**

实务中也有谈及“四流一致”的，即同时要求合同流一致。

### （二）“三流一致”的税法根基分析

税收法律事实（具体征税对象在私法上的法律形式，如交易模式等）决定纳税义务（含发票行为）而不是纳税义务（含发票行为）决定税收法律事实。当然，如果纳税人的经济行为明显缺乏商业目的仅为了少缴纳税款时，可能被认定为避税，但是不得以此作为违法性评价的依据。这里需要强调的是，要严禁将实质重于形式用于判断纳税相关行为的违法性，只有在必要时将其作为纳税调整判断的基础。

例如，税法不能规定：纳税人今天必须挣 100 万元，否则按照逃税处理。“如果纳税人挣了一百万，就得缴纳相应的税款；如果没有挣到 100 万元，不足部分应该计算应纳税额从而认定纳税人逃税”。当然，税法可以规定：纳税人今天如果挣了 100 万元，纳税人该如何纳税，如何开票。因为税收法律事实（包括应税行为、应税财产等情况）先于纳税义务发生；在纳税义务发生之前，税法尚未介入，见图 2-8。

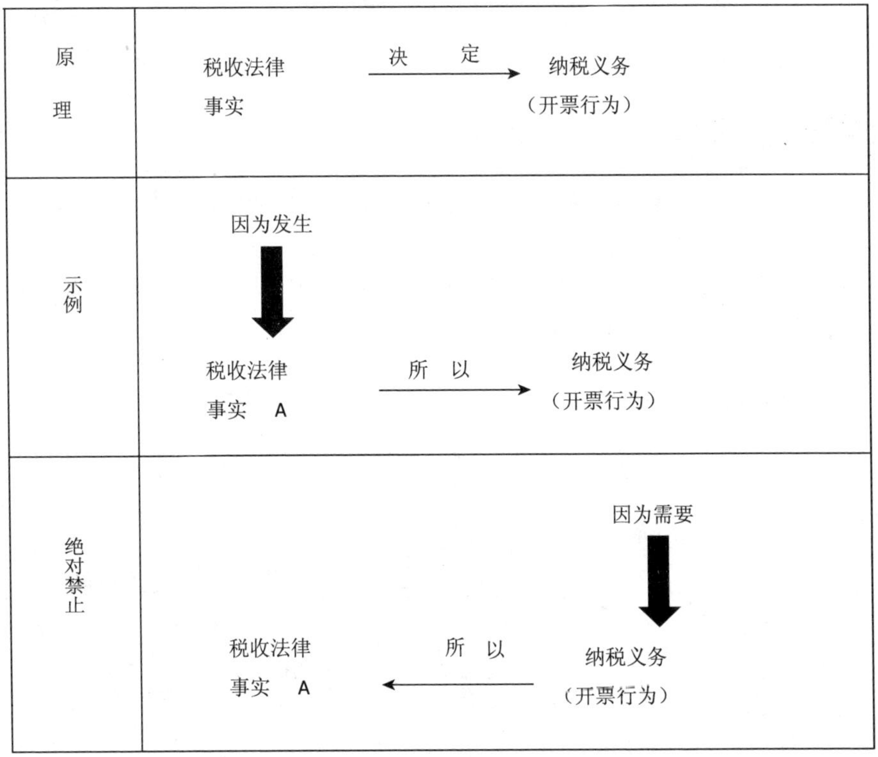


**图 2-8　税收法律事实决定纳税义务**

税法必须给所有征税对象一个合法的税务处理方式，税法不能规定“如果你从事了某民商行为，那么无论你怎么进行税收处理都是违法的”。税法调整税收法律关系，而不是调整民商法律关系。如果税法规定“如果你从事了某民商行为，那么无论你怎么进行税收处理都是违法的”，则相当于直接判定该民商行为本身违反税法，见图 2-9。

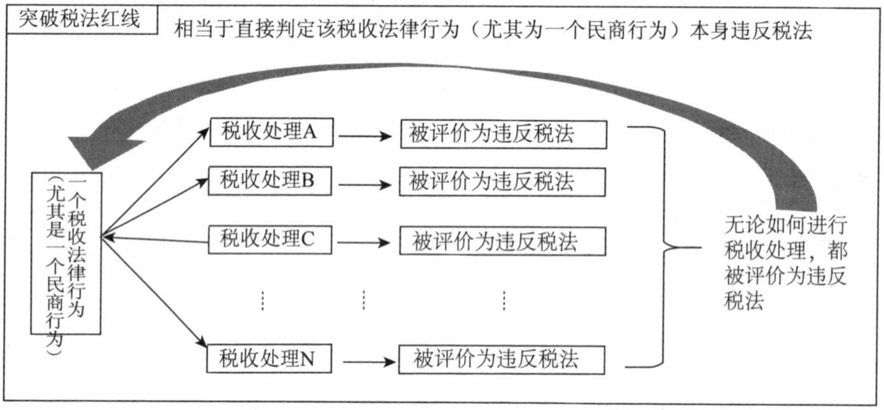


**图 2-9　征税对象必须有合法的税务处理方式**

另外，税法对不同的民商行为进行税法处理时，应尽量避免出现当事人因从事某民商行为就出现重大的税收不利行为的规范，见图 2-10。

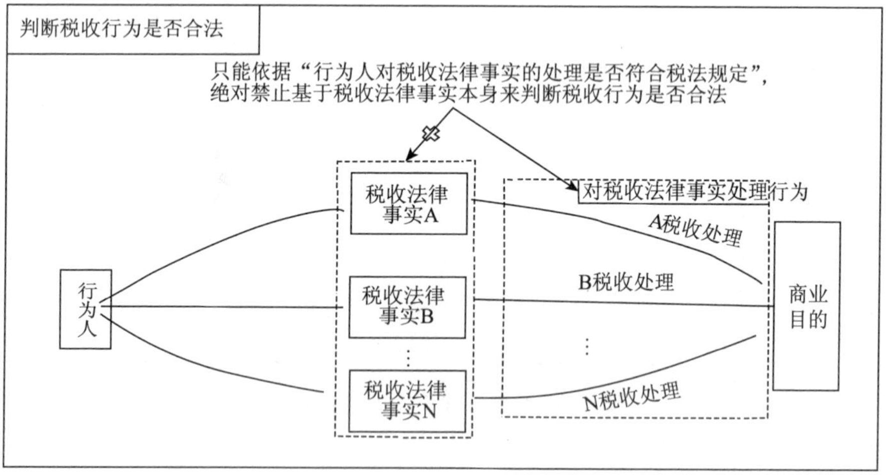


**图 2-10　税收行为是否合法的判定依据**

判断税收行为是否合法只能依据“行为人对税收法律事实的处理是否符合税法规定”，而绝对禁止基于税收法律事实本身来判断税收行为是否合法。

1. 税法可以规定“发票流必须与资金流一致”，但无权规定“资金流必须与发票流一致”

税法无权规范行为人该如何支付货款。因为规范货款支付、资金流的走向是民商法的调整范围，不是税法的调整范围。

这里需要提及的是，资金回流是用来证明“行为人掩饰没有缔约意思，拿回表象上的付款”，而不是说资金回流本身就是虚开。只有当资金回流是付款的必要条件时，才可能和虚开有关。

2. 税法可以规定“发票流必须与货物流一致”，但无权规定“货物流必须与发票流一致”

税法无权规范纳税人该如何交付货物，因为如何交付货物是民商法的调整范围。税法调整的是税收关系，而不是民商关系。

如果行为人出现“资金流与货物流不一致”，该如何开具发票？

举例如下：

A 公司销售给 B 公司一批货物，价税合计 113 万元，B 公司将该批货物销售给了 C 公司，价税合计 226 万元，货物由 A 公司直接发给 C 公司。B 公司向 A 公司支付 110 万元款项后，发现没有现金了，而 A 公司严格要求款到发货，C 公司要求货到付款。于是 B 公司向某贷款公司求助，该贷款公司发放了金额 2 万元的贷款给 B 公司，款项由贷款公司直接打入 A 公司账户；同时 B 公司采购员李四自己付了 1 万元给了 A 公司，可视为李四将该 1 万元借给了 B 公司，并由 B 公司将该 1 万元支付给了 A 公司，见图 2-11。

那么发票该如何开具？有以下几种方向：

（1）遵循货物流规则（即发票由 A 公司开给 C 公司，发票抬头：A 公司是销售方，C 公司是购买方）

这里涉及一个开票金额问题，如果发票开票金额为 113 万元，而 C 公司实际支付的金额远超 113 万元；如果开票金额为 226 万元，A 公司实际收款金额又远远小于 226 万元。显此，这么开是错误的。

（2）遵循资金流规则（发票由 A 公司开给 B 公司和贷款公司）

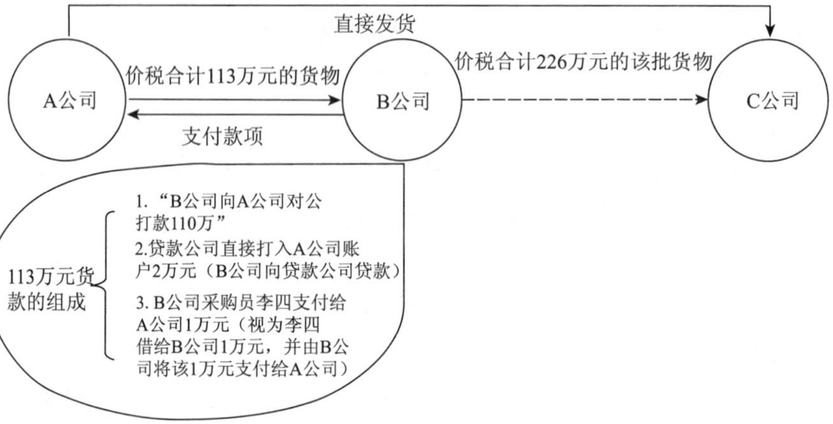


**图 2-11　上述案例案情关系示意**

A 公司先给 B 公司开具 110 万元的发票，再给贷款公司开具 2 万元的发票。这种处理方式显然不合理。如果按这种方式，在按揭贷款买房的情况下，贷款部分的发票需要开具给银行。

单纯遵循资金流规则或货物流规则不现实，同时遵循资金流和货物流规则更不可能。因为在资金流和货物流不一致的情况下，遵循资金流规则则必然排斥货物流规则，遵循货物流规则则必然排斥资金流规则。

此外，这里还涉及另一问题，即如何解决预先开具发票的问题？在预先开发票的情况下，要求货物流或资金流也遵循发票方向，显然脱离实际，且会导致税法干预民商行为的情况出现。

## 四、"三流一致"标准将冲击交易安全

### （一）货物流一致的要求：A 公司→B 公司

1. A 公司必须足量交付给 B 公司，少交付或不交付则货物流不一致

这显然不合现实，销售方可能会因为违约、不可抗力、变更合同条款、退货等多种情况而不向购买方交付已经开具发票的货物。再者，即使先足量交货而后开具发票，也可能发生退货等情况。

(1)《增值税专用发票使用规定》第十一条

专用发票应按下列要求开具：按照增值税纳税义务的发生时间开具。对不符合上列要求的专用发票，购买方有权拒收。

（2）《增值税暂行条例》第九条

纳税人购进货物、劳务、服务、无形资产、不动产，取得的增值税扣税凭证不符合法律、行政法规或者国务院税务主管部门有关规定的，其进项税额不得从销项税额中抵扣。

也就是说，纳税义务发生之时必须开具发票。

（3）增值税纳税义务的发生时间（如表 2-1 所示）

**表 2-1　增值税义务发生时间**

| 序号 | 方式 | 增值税纳税义务发生时间 |
| --- | --- | --- |
| a | 直接收款方式销售 | 不论货物是否发出，均为收讫销售款或取得索取销售款凭据当天 |
| b | 赊销和分期收款方式 | 合同约定的收款日期当天（如果有合同且合同约定明确） |
| c | 提供建筑服务、租赁服务采取预收款方式 | 收到预收款当天 |

如果 A 公司必须足量交付货物给 B 公司，少交或不交则货物流导致不一致，则为虚开或不能抵扣，那么：

在行为人采取上述模式交易的情况下，如果纳税义务产生时间先于货物发出时间，则发票应先于货物发出开具。这意味着，纳税人不得通过合同条款来减小交易量，不得解除合同，不能违约，也不能遭遇其他不能履约的情况，否则：

货物流不一致，即为虚开增值税专用发票（或不能抵扣）。

显然，这里税法已经干预到了民商领域，即只要行为人出现上述情况就难逃虚开增值税发票的追诉。

2. 直接发货人只能是 A 公司而不能是其他公司（禁止他人代发），直接收货人只能是 B 公司（禁止他人代收或指定他人接收货物）

（1）先开具发票情况

如广州 C 公司从新疆 B 公司采购一批货物，B 公司的供应商正好是位于广州的 A 公司。按照这个要求，货物必须先由广州 A 公司运输到新疆 B 公司并入库，然后从新疆 B 公司运输到广州 C 公司。

如果因已经开具了发票，而要求行为人必须货物直接交付，明显脱离实际。况且税法不得要求行为人从事或不该从事什么民商行为。

（2）先发货情况

如广州 A 公司销售一批货物给新疆 B 公司，价税合计 113 万元，B 公司转手将该批货物销售给广州 C 公司，价税合计 150 万元。货物已经由 A 公司直发给广州 C 公司。如果按照货物流规则开具发票（A 公司开票给 C 公司），那么问题来了：

开票金额如何确定？如果开票金额为 113 万元，而 C 公司实际支付了 150 万元；如果开票金额为 150 万元，可 A 公司才收到 113 万元。

也就是说，如果要求发票抬头上的购买方必须是直接收货人的话，有些情况下根本无法开具发票；如果先开具发票，则会导致税法的调整范围冲击到民商领域。

（3）以实务中常见交易为例（见图 2-12）

山西 A 公司销售给上海 B 公司 10 万吨煤炭，总价为 7100 万元；

上海 B 公司将该批煤炭销售给新疆 C 公司，总价为 7200 万元；

新疆 C 公司将该批煤炭销售给广西 D 公司，总价为 7300 万元；

广西 D 公司将批煤炭销售给黑龙江 E 公司，总价为 7400 万元；

黑龙江 E 公司将该批煤炭销售给陕西 F 公司，总价为 7500 万元。

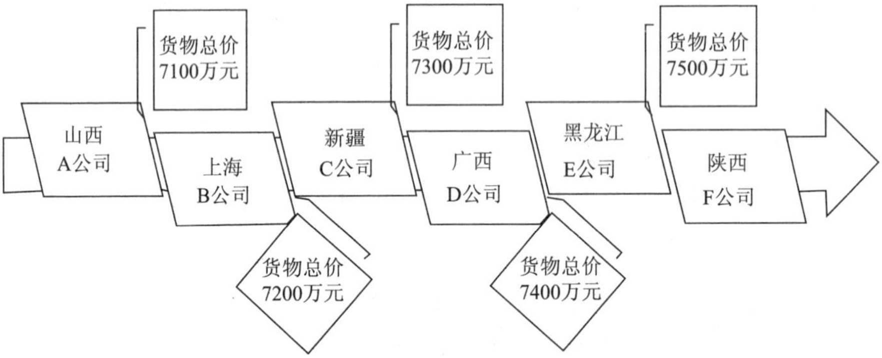


**图 2-12 传统“三流一致”对直接收货人和直接发货人的要求**

如果预先开具发票，为了确保货物流一致，必须是：

山西 A 公司装货后，将 10 万吨煤炭从山西运输到上海 B 公司，由上海 B 公司入库；

上海 B 公司装货后，将该 10 万吨煤炭从上海运输到新疆 C 公司，由新疆 C 公司入库；

新疆 C 公司装货后，将该 10 万吨煤炭从新疆运输到广西 D 公司，由广西 D 公司入库；

广西 D 公司装货后，将该 10 万吨煤炭从广西运输到黑龙江 E 公司，由黑龙江 E 公司入库；

黑龙江 E 公司装货后，将该 10 万吨煤炭从黑龙江运输到陕西 F 公司，由陕西 F 公司入库。

如此要求货物流之一致，岂非荒谬？

好吧，就算不允许先于发货开具发票（当然，这个是不现实的，因为有时发货之前纳税义务已经发生），那么上述情况下：

上述交易，如果山西 A 公司将货物直接发给陕西 F 公司，发票该如何开具？如果按照 7500 万元的价格开具，而陕西 A 公司实际只收到 7100 万元的货款；如果按照 7100 万元的价格开具，而陕西 F 公司实际支付了 7500 万元的货款。

3. A 公司与 B 公司之间不能插入其他单位（物流公司除外）（见图 2-13）

例如，A 公司销售一批货物给 B 公司，价税合计 113 万元。货物在运输过程中出现状况，需要在 Y 公司暂放几天，由 Y 公司将货物交付给 B 公司。Y 公司收取 A 公司仓储费 5000 元。

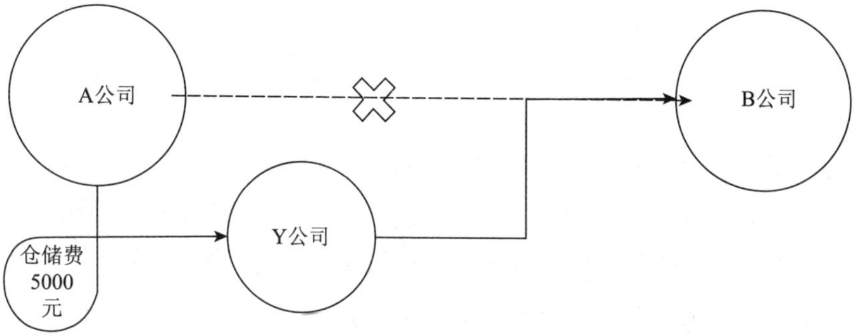


**图 2-13　传统“三流一致”要求，不能插入其他单位（物流公司除外）**

本例中，如果先开具发票（A 公司开具给 B 公司，价税合计 113 万元），则货物不得停放 Y 公司。显然不合理，税法无权决定行为人如何做出民商行为。

本例中，如果先发出货物后开票，按照货物流一致的要求，发票应该由A公司开给Y公司，Y公司开给B公司。那么开票金额是多少？这又是一个问题（见图2-14）。

4. A公司必须对货物享有所有权（见图2-14）

该要求会威胁交易安全，因为购买方根本无从判断销售方对其发出的货物是否具有所有权。

例如，B公司从A公司采购一批货物，价税合计11300万元 。对B公司而言，付款给A公司了，A公司确保B公司收到符合约定条件的货物就可以了。

实务中，经常有自然人挂靠A公司名下，以A公司的名义向B公司销售货物，货物所有权根本不在A公司；另外，A公司的供应商可能采取保留所有权的方式销售货物给A公司。

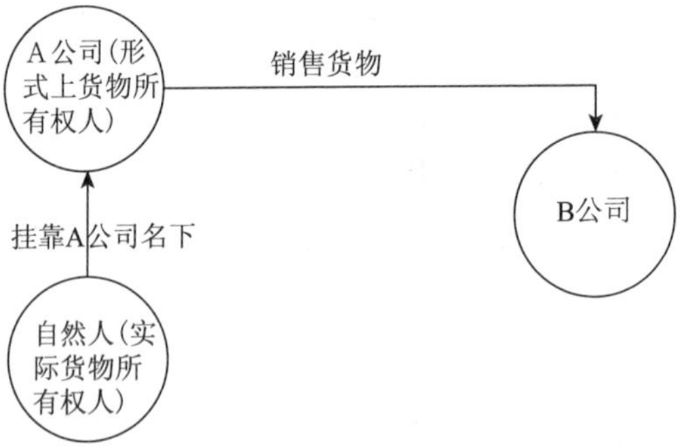


**图2-14 传统“三流一致”要求，销售方必须对货物享有所有权**

倘若要求A公司必须拥有货物的所有权，则整个市场的交易安全将受到威胁。诚如上面所列举的案例，B公司去A公司的仓库提货，也会以货物流不一致而被认定为虚开（B公司从A公司取得的专用发票不能抵扣）。

税法无权禁止A公司对其不享有所有权的货物予以交易，税法只能规定这种交易如何开票和纳税。

5. B公司收到的货物必须是A公司交付的货物，不允许有中间人

例如，A公司销售给B公司一批货物，承运方W公司也销售该货物。运输途中，W公司发现K公司需要这批货物，于是将这批货物销售给了K公

司，然后自行采购了一批货物交付给 B 公司，告知其是 A 公司的发货，见图 2–15。

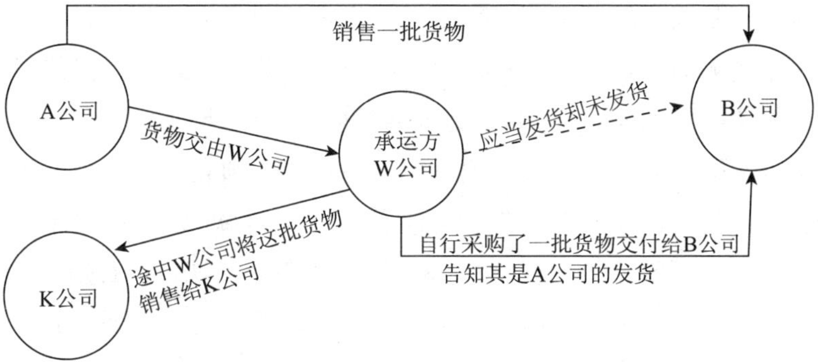


**图 2–15 传统“三流一致”要求，必须是直接交付的货物，不允许有中间人**

按照“三流一致”，本例当属于货物流不一致。

这明显属于税法干预民商领域；税法无权禁止这种交货方式，税法只需回答在这种情况下如何开票。

**（二）资金流一致的要求：B 公司→A 公司**

1. 货款必须足额支付，少支付或未支付都属于资金流不一致

根据该要求，货款没有足额支付，也属于资金流不一致。当然，在真实交易存在的情况下，货款没有足额支付容易被误判为多开。

在以直接收款方式销售货物、赊销或分期收款方式销售货物、委托其他纳税人代销货物、销售应税劳务、金融商品转让等情况下，经常会出现尚未足额收款而纳税义务已经发生（即应当开具增值税专用发票）的情况。

（1）预先开具发票

按照该要求，如果销售方预先开具了增值税专用发票，纳税人不得进行债权豁免、司法调解、债务重组等导致实际支付货款减少的行为；否则就是资金流不一致而被认定虚开增值税专用发票。

（2）先支付货款

税法规定在先支付货款的情况下，按照实际支付的货款金额开具增值税专用发票应该没有什么问题，税法无权规定纳税人支付多少货款。

2. 直接支付货款的必须是B公司（不能代为支付），直接接受货款的必须是A公司（不能由其他人接受该款项）

在预先开具发票的情况下，税法无权规定纳税人支付货款的方式。税法不得基于纳税人的民商行为本身来判断纳税人税收行为违法，只能对已经做出的民商行为，纳税人对其税收处理是否符合规定予以评价。

如果要求资金流与发票流必须对应，在纳税人预先开票的情况下，则剥夺了纳税人让他人代为付款（如让金融公司代为付款）、特定主体接受款项（如债权让渡）的权利。最典型的情况：票据本身并非现金，而是一种债权凭证。如果非要资金流一致的话，在预先开具发票的情况下，则无异于禁止票据支付。

这里同样涉及一个问题：如果发票开具在后，当资金流不一致时，如何开具发票？例如，纳税人购买一套房子1000万元，有900万元是由贷款银行直接付给开发商，剩下100万元由纳税人父母代为支付。试问：开发商如何开票？如此，开发商只能给银行开其900万元的发票，给纳税人具开100万元的发票。显然不合常理。

3. 货款在B公司到A公司之间不能插入其他环节

实务中，确实存在以此认定为虚开的情况。

实际上，购买方与销售方中间插入中间环节的情况很多。严格来说，转账过程中，也插入了银行环节。员工出差去酒店住宿，发票通常开给单位，款项通常由个人先行垫付，而后由单位报销。如果严格遵循该要求，就无所谓报销，因为报销本身插入了一个中间环节（先行垫付款项而后按照发票报账）。

现实中有这样的情况：张三本应支付货款给王五，结果张三将货款转李四，由李四代为支付。税务机关以资金流不一致认定为虚开增值税专用发票。

由此不难看出，“三流一致”本身不太现实，以三流是否一致作为虚开的判定标准不合理。

## 第二节　实际经营活动的本质

实际经营活动，也称真实交易或实际经营业务等。发票的开具通常基于实际经营活动。什么是实际经营活动、如何判定实际经营活动，是不容回避的问题。

## 一、作为应税行为的经营活动，应是私法上的行为

税法通常不会将公法意义上的行为作为应税行为。例如，税法不会将法院审理案件的行为、行政机关实施行政管理的行为、检察院提起公诉的行为、监察委实施的监察行为、代议机关实施的立法行为、军队实施的国家保卫行为等公法上的行为作为应税行为。

《发票管理办法》第三条规定：本办法所称发票，是指在购销商品、提供或者接受服务以及从事其他经营活动中，开具、收取的收付款凭证。该办法第十九条规定，销售商品、提供服务以及从事其他经营活动的单位和个人，对外发生经营业务收取款项，收款方应当向付款方开具发票；特殊情况下，由付款方向收款方开具发票。可见，发票基于经营活动而开具。

《增值税暂行条例》第一条规定：在中华人民共和国境内销售货物或者加工、修理修配劳务（以下简称劳务），销售服务、无形资产、不动产以及进口货物的单位和个人，为增值税的纳税人，应当依照本条例缴纳增值税。显然，这些都是私法上的行为。从该规定来看，增值税的征税范围也基于经营活动。

**（一）私法上的行为分类（见图 2-16）**

所谓私法上的行为，是指平等关系主体的自然人、法人、其他组织在意志和认识支配下的外部举动。

根据我国《民法总则》的立法目的，这里所说的“平等关系主体”，是指先界定公法的调整领域（公权领域），然后非属公法调整领域的，都合乎“平等主体关系”。①

私法上的行为包括不影响民事法律关系的行为和影响民事法律关系的行为。影响民事法律关系的行为包括民事法律行为和事实行为。

① 蔡立东．“平等主体关系说”的弃与留—未来，《民法典》调整对象条款之抉择［J］．法学论坛，2015（2）．

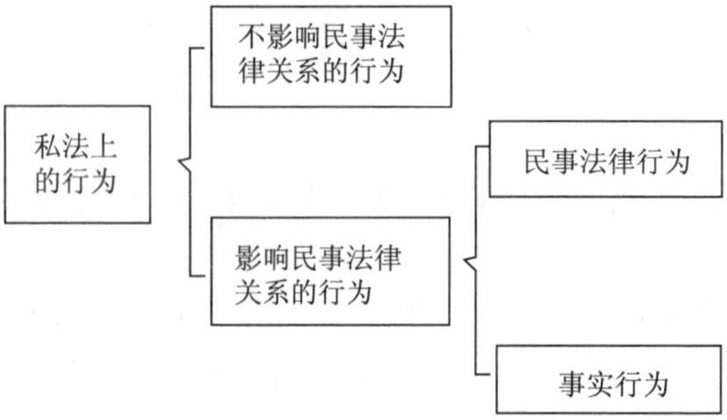


**图 2-16　私法上的行为分类**

1. 不影响民事法律关系的行为

例如，朋友之间请客吃饭。对于这种行为，不直接产生民事关系，只要法律没有禁止，法律就不干预、调整但保护。法律保护行为人自由，自由的行使以不能妨害他人的权利和自由为限，这是法律的基本价值取向。

2. 民事法律行为

《民法总则》第一百三十三条规定：民事法律行为是民事主体通过意思表示设立、变更、终止民事法律关系的行为。

民事法律关系，是指由民事法律规范调整所形成的以民事权利和民事义务为核心内容的社会关系，是民法所调整的平等主体之间的人身关系和财产关系在法律上的体现。①

关于民事法律行为，读者朋友可以阅看《民法总则》第六章，这里不做过多介绍。需要说明的是，民事法律行为不仅包括契约成立过程中的意思表示和意思受领（并非所有民事法律行为都有意思受领，有些民事法律行为无须意思受领，如抛弃动产所有权），还包括设立、变更、终止民事法律关系过程中的具体行为，如买卖合同中的交付行为。

3. 事实行为

事实行为，是指不以意思表示而设立变更终止民事法律关系的行为。最典型的是不当得利、无因管理、民事侵权等行为。

**（二）什么是权利、义务**

现代经济、法律的核心是权利义务，它是现代社会得以正常运转的前提。

---

① 王利民．民法［M］．北京：中国人民大学出版社，2017：34.

这里所说的权利是指进入法律层面的权利而并非自然权利，即法律赋予一个人的利益，这种利益可以要求他人为或不为一定行为（包括自己可以在一定限度内为或不为一定行为而不被干预），国家以国家力量保障这种利益。

权利不仅包括基于私法产生的权利，如物权、债权；也包括基于公法产生的权利，如行政复议的权利、选举权、辩护权。

权利既包括实体法上的权利，如所有权；也包括程序上的权利，如听证权。

权利既包括对世权，如物权；也包括相对权，如债权。

义务是与权利对应的概念，是指单位、个人或其他组织应当为或不为一定行为的强制性要求。义务是必要的，是权利得以保障的前提。

### （三）民事权利义务

1. 什么是民事权利义务

民事权利，是指平等主体的自然人、法人、其他组织依法（也包括受法律保护的约定）享有并受法律保护的要求他人为或不为一定行为的利益（也可以是自己实施或不实施一定行为的利益）。

民事权利主要包括物权、债权、知识产权、人身权、继承权。这里需要说明的一点是：私法是法无禁止均可为，公法是法无授权即禁止。

民事义务是指平等主体的自然人、法人、其他组织依法（也包括受法律保护的约定）应当为或不为一定行为的强制性要求。

民事权利是民事义务的目的，民事义务是民事权利的保障。

这里需要说明的是，财产性权利除法律或约定有特殊禁止或限制外，行为人通常是可以转让的①（放弃也是理所应当的，不能放弃的权利不再属于权利，而是一种义务②），不需要经过权利的相对方（即义务方）同意，及时通知即可。③ 而义务可以由他人承受，前提是作为相对方的权利人同意。④ 权

① 参见《合同法》第七十九条 。

② 根据《民法总则》第一百三十条、第一百三十一条的规定，权利自愿行使，义务必须履行。

③ 《合同法》第八十条 债权人转让权利的，应当通知债务人。未经通知，该转让对债务人不发生效力。债权人转让权利的通知不得撤销，但经受让人同意的除外。

④ 《合同法》第八十四条 债务人将合同的义务全部或者部分转移给第三人的，应当经债权人同意。

利义务的概括转让也需要相对方同意。①

在把握权利义务让渡时，需把握一个基本精神，即未经他人同意，不得给他人施加负担或不利。

2. 债的相对性（见图 2-17）

债，尤其是作为合同的债，通常严格限定在债权人和债务人之间。判断合同之中的债权人和债务人，是判断真实交易的根基所在。

例如，李四销售给王五一批货物，李四让张三代为发货，合同关系依旧在李四和王五之间，真实交易也发生在李四和王五之间。履约如发生问题，只有李四、王五能够基于合同相对性要求对方承担违约责任。

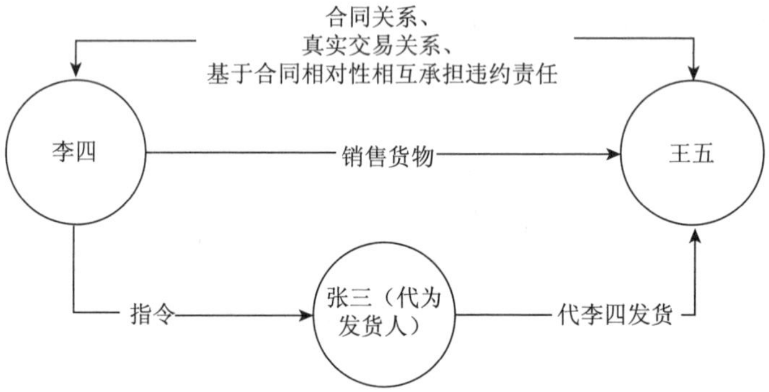


**图 2-17　债的相对性**

另外，在为第三人利益订立的合同或第三人履行的合同中，均为如此。②未经他人同意，不得为他人设定义务或施加不利。

实际经营活动中体现了主要民事法律关系的合同行为，该行为的核心是要约与承诺。要约与承诺发生在谁和谁之间，法律就保护谁和谁之间的关系，即谁承诺谁负责，向谁承诺就向谁负责。

## 二、实际经营活动的本质

正如《发票管理办法》第三条所言，发票的开具总是建立在一定经营活

① 《合同法》第八十九条　权利和义务一并转让的，适用本法第七十九条、第八十一条至第八十三条、第八十五条至第八十七条的规定。

② 参见《合同法》第六十四条、第六十五条、第一百二十一条。

动基础上。为此，需要对开具发票的经营活动的具体性质予以界定。

**（一）增值税一般征税范围内的实际经营活动的本质判断**

增值税的征税范围很广，包括销售货物、提供加工和修理修配劳务、销售服务（交通运输服务、邮政服务、电信服务、建筑服务、金融服务、现代服务、生活服务等）、销售无形资产、销售不动产、进口货物。

上述征税范围系“平等主体的自然人、法人、其他组织通过意思表示设立、变更、终止民事权利义务的行为”。显然，它们都是民事法律行为，而且基本都是合同法上的合同行为。核心显然不是货物、服务等的直接交付，而是“意思表示基础上的权利义务设立、变更、终止的过程”。当然，应当根据具体经营活动本身直接予以判断。

例如，销售货物，购销双方以购销的意思表示设立彼此的权利义务。在合同中：

销售方负有向购买方交付货物的义务，购买方负有向销售方支付货款的义务。

销售方享有收取货款的权利，购买方享有收取货物的权利。

买卖合同中，购买方收货的权利可以放弃，可以让渡给第三方。

销售方享有的收款权利，可以放弃，也可以转让。当然，交付义务或付款义务，也可以由第三方代为完成，只要对方同意，见图2-18。

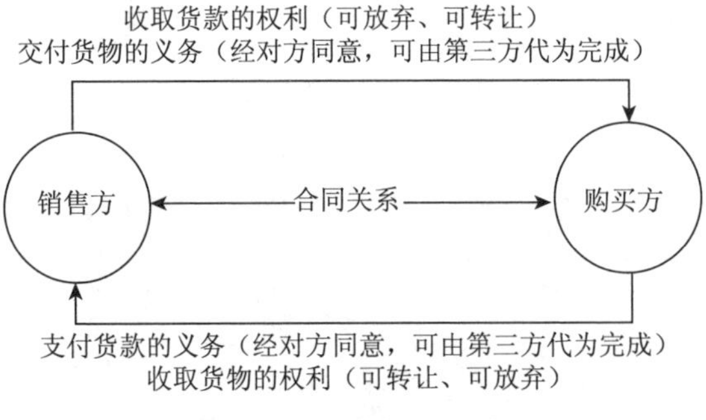


**图2-18　权利义务示意**

**（二）征税范围内的特殊应税行为的本质判断**

增值税的征税范围一般是基于民事法律行为。然而，有一些情况，应税行为本身不是民事法律行为，但是也需要缴纳增值税。例如，因为管理不善而导致货物毁损、灭失，本质上也是一种应税行为，视同消费而不是销售。

## 三、不得以货物、款项的直接交付对象来判断实际经营活动

增值税的征税范围，除有特殊规定外，基本上都是民事法律行为，且主要是合同法调整的行为。所谓民事法律行为，是以意思表示为基础的设立、变更、终止民事权利义务关系的行为。权利可以全部放弃或部分放弃、转让，义务可以由他人承受；合同可以是为第三人利益设计，也可以是第三人履行。

### （一）无法根据货物流来判断交易是否真实

我们所说的真实交易，是指以所开具的发票作为参照的真实交易。

传统的“三流一致”观认为，货物流一致才是真实交易，真实交易发生在货物流一致的双方之间。假设发票抬头上的销售方是A公司、购买方是B公司，即A公司向B公司销售了一批货物。

1. 关于“A公司必须足量发货给B公司，少发或未发则货物流不一致”

第一，即使A公司未发货给B公司，也不得因此否定A、B公司之间的真实交易，见图2-19。

当A、B公司达成订立买卖合同的一致意思表示后，先开具发票，后续如果基于某些原因并未足量交付货物，或双方之间协商变更协议，[①] 或法院撤销、变更协议或宣告协议无效等，[②] 仅以A公司未足量发货给B公司认定A、B公司之间不具有发票记载事项的真实交易（或实际经营活动）显然不妥，尤其是以此判定A公司就该交易本身开具给B公司的发票系虚开发票。

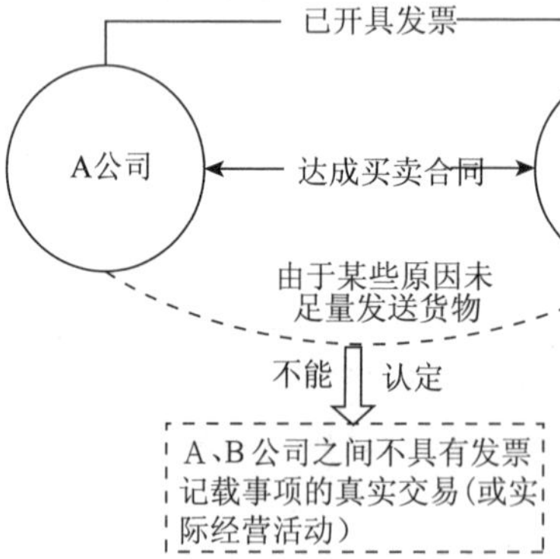


**图2-19 传统“三流一致”要求，必须足量发货**

---

① 《合同法》第七十七条 当事人协商一致，可以变更合同。

② 参见《合同法》第五十四条。

购销关系是民事法律行为，而民事法律行为的本质是在意思表示基础上的权利义务设立、变更、终止过程。

第二，即使“A 公司足量发货至 B 公司，A、B 公司之间也未必是真实交易”，见图 2-20。

假设 A 公司给 B 公司虚开价税合计 113 万元的增值税专用发票，并进行了资金回流操作。案发后，在审查起诉阶段，A 公司向 B 公司补充发出了与发票对应的货物。此时，我们不能认为 A、B 公司就所开具的增值税专用发票存在真实交易。

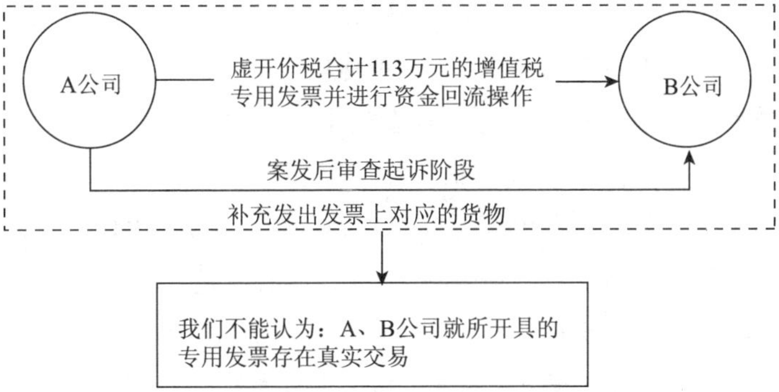


**图 2-20　即使足量发货也未必是真实交易**

显然，在发票开具之时甚至发票开具之后相当长一段时间，A、B 公司就发票记载事项均无设立对应权利义务的真实意思。即使案发后，A、B 公司之间也并未设立对应的权利义务的真实意思，只是为了逃避法律处罚而做了补救措绝。

2. 关于“直接发货人只能是 A 公司而不能是其他公司（禁止他人代发），直接收货人只能是 B 公司（禁止他人代收或指定他人接收货物）”

第一，直接收、发货人之间未必是交易的相对方，见图 2-21。

假设 A 公司销售一批货物给 B 公司，价税合计 113 万元，B 公司将该批货物销售给 C 公司，价税合计 226 万元，C 公司又将该批货物销售给 D 公司，价税合计 339 万元，货物由 A 公司直接发送给 D 公司。我们不能说 A 公司与 D 公司之间存在真实交易。如果说 A 公司与 D 公司就该批货物发生真实交易，试问 A、D 公司之间的交易金额是多少？

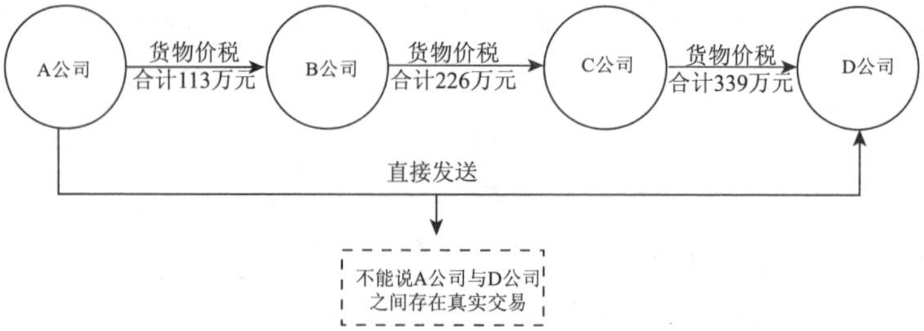


**图 2-21　直接收、发货人之间未必是交易的相对方**

第二，非直接收发货人之间未必不是真实交易的相对方。

货物直发的长链交易，尤其是在提单背书交货模式交易中，经常会出现，并非直接收、发货人双方却是真实交易的相对方。

作为销售方来说，并不关心货物发给谁，其更关心的是货款，只要能收到货款，让把货物发给谁就发给谁；作为购买方来说，对于货物是不是由卖家亲自发出并不在乎，其在乎的是确保收到符合要求的货物。

物权的转移方式有多种，如指示交付、占有改定、简易交付、现实交付等，非独现实交付才是交付。

3. 关于“A 公司与 B 公司之间不能插入其他转手单位（物流公司不排斥）”

第一，未插入中间方未必是真实交易，见图 2-22。

假设 A 公司为 B 公司虚开了价税合计 113 万元的专用发票，正好有一批与发票对应的货物由 W 公司销售给 K 公司。为了应付税务机关查处，A 公司答应帮 W 公司承运该批货物，货物由 A 公司发给 B 公司，B 公司办理入库后，以 W 公司的名义发给 K 公司。

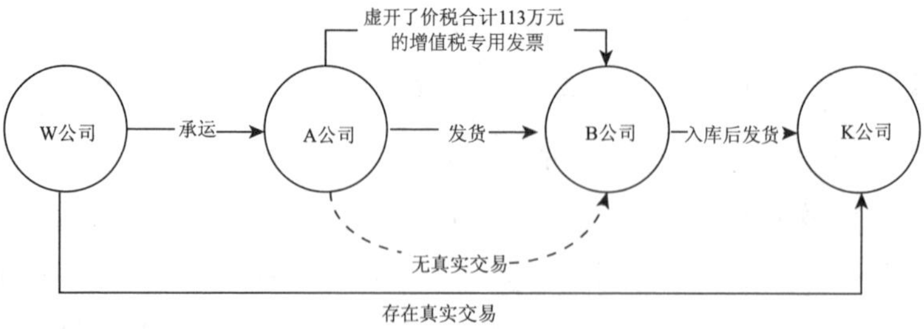


**图 2-22　未插入中间方未必是真实交易**

该事例中，A、B 公司之间足量发送了货物，并未插入中间环节；但是，A、B 公司之间依然没有真实购销关系。

第二，插入中间环节未必不是真实交易。

承上例，W 公司和 K 公司之间虽然插入 A、B 两家公司，但 W 公司和 K 公司之间依旧具有真实的购销关系。

4. 销售方必须对货物享有所有权（见图 2-23）

《合同法》第一百三十二条　出卖的标的物，应当属于出卖人所有或者出卖人有权处分。

第一，对出卖的标的物拥有所有权的未必是销售方。最常见的例子是代销、挂靠。

第二，出卖的标的物没有所有权的未必不是销售方。最常见的例子也是代销、挂靠。

以上 2 种情况统一举例说明：

假设 A 公司委托 B 公司以 B 公司的名义销售一批货物给 C 公司，系典型的隐名代理。C 公司一开始并不知道 A、B 公司之间的委托关系，只认可 B 公司为合同相对方。本例中，尽管出售之时该批货物的所有权属于 A 公司，但买卖关系却是 B、C 公司之间。①

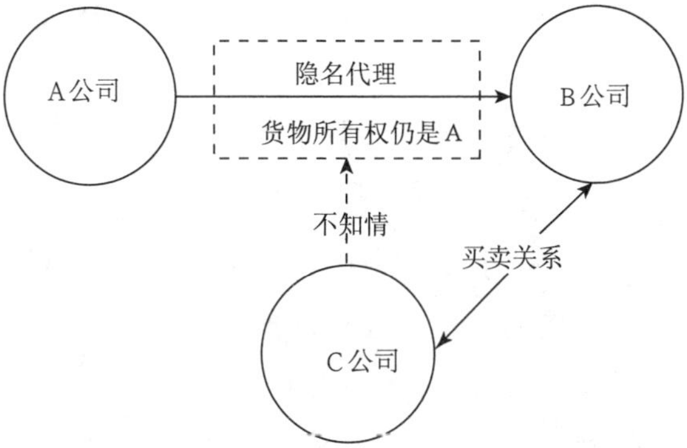


**图 2-23　传统“三流一致”要求，销售方对货物享有所有权**

5. 售货方收到的货物必须是购货方交付过来的货物，不允许有中间人

第一，无中间人的未必是真实交易。如前所述，为了应对虚开而中间过

① 参见《合同法》第四百零二条、第四百零三条。

货的，尽管没有中间人，依旧不是真实交易。

第二，有中间人的未必不是真实交易。最常见的为运输公司丢失或损坏货物，重新采购货物予以赔偿。

**（二）无法根据资金流一致来判断交易是否真实**

1. 关于“货款必须足额支付，少支付或未支付也属于资金流不一致”

第一，在对开、环开情况下，货款同样可以足额支付。

第二，货款没有足额支付或未支付未必不是真实交易。

实务中常见的债务重组、司法调解、破产清算情况就是例子。

假设 A 公司销售给 B 公司一批货物，货物发出后，A 公司为 B 公司开具了 113 万元的增值税专用发票。后来 B 公司由于财务危机未及时支付货款，诉至法院，在法院的调解下，B 公司向 A 公司支付了 58 万元了结彼此的债权债务，不能因此而认定开票之时 A、B 公司之间不存在 113 万元的真实交易。

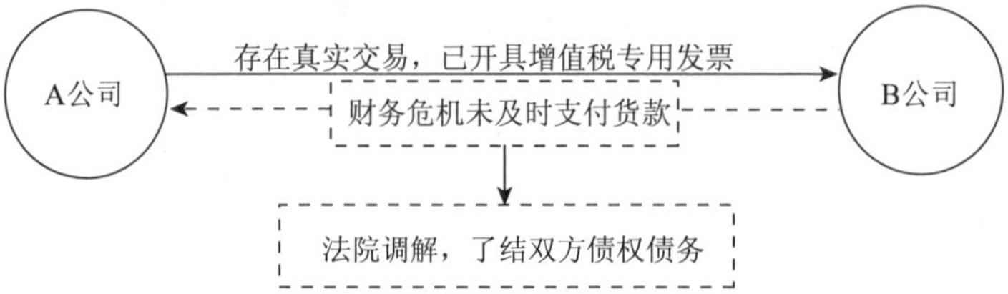


**图 2-24　传统“三流一致”要求，货款必须足额支付**

2. 关于“直接支付货款的必须是购货方（不能代为支付），直接接受货款的必须是销售方（不能其他人接受该款项）”

第一，直接收、付款双方未必是真实交易的相对方，见图 2-24。

最典型的例子就是按揭买房。有时贷款由银行直接发放给房屋的卖家，但是我们不能说房屋买卖在银行和商家之间。非但付款方未必是买家，收款方也未必是卖家，买断型应收账款保理就是典型事例。

第二，真实交易的相对方未必直接收付款。实务中第三人代为收款、付款非常普遍。卖家未必亲自收款，买家也未必直接付款。

3. 货款在购售双方之间不能插入其他环节

第一，插入其他环节的未必不是真实交易。最常见的例子是乘客购买公交车票，让其他人把票款递给收款人。

第二，没有插入其他环节未必是真实交易。按揭买房，银行将款项直接划转给卖家，我们不能因为没有中间环节就认为银行和商家是商品房买卖合同关系。

## 四、根据合同确定真实交易

### （一）合同成立并生效，则真实交易存在

为什么税务机关允许纳税人在货款未付、货物未发的情况下提前开票？

原因在于尽管货款尚未支付、货物尚未发出，但是真实交易已经发生。即发票记载的事项、发票抬头上的开票方与受票方已经确立了对应的权利义务关系。

### （二）代为收发货、代为收付款、指示交付等问题得以迎刃而解

例如，A 公司销售给 B 公司一批货物，即使货物交付是他人代 A 公司发出，或他人代 B 公司收货，真实交易依旧在 A、B 公司之间，发票应当由 A 公司开给 B 公司。

款项支付同样，无论货款是 A 公司直接收取，还是他人代 A 公司收取，抑或别人代 B 公司付款，真实交易依旧在 A、B 公司之间，发票应当由 A 公司开给 B 公司。

### （三）保障增值税税款的需要

真实交易的本质是合同成立并生效。至于合同的变更，发票开具之时合同已经变更的，按照已经变更的合同来确定发票的开具。发票开具之后合同变更的，不影响对之前已经开具发票性质的判定。

### （四）合同的撤销、解除、宣告无效等问题将迎刃而解

发票拟开具之时合同已经撤销、解除、宣告无效的，应当根据撤销、解除、宣告无效的法律后果来判定发票的开具。发票开具之后合同撤销、解除、宣告无效的，不影响对之前已经开具发票性质的认定。正是基于真实合同关系，国家对开票方销项税额的收取才有保障。即使销售方放弃债权导致无力缴纳销项税额，国家也可以基于真实交易而行使代位权（进项税额是国家对企业的负债）。

另外，在国际增值税征纳过程中，确定购销交易中的客户（用于判定消费），最重要的标准就是商业协议（不仅仅指书面协议）；当然，在确定最终消费地时，会考虑货物的实际使用者，不会基于资金直接支付来判断客户或最终消费地。增值税的境内流转，购买方也是以假定消费者的身份出现的，即假定购买方是消费者。购买方缴纳增值税税款（即进项税额），由销售方代收（即销项税额）。如果并非用于消费，则予以退税（即抵扣，从应当足额交还给国家的销项税额扣除国家应当退还的进项税额）。

其他经营活动可以参考买卖合同。因为经营活动的本质就是买卖合同，以义务购买权利，购买方的义务就是销售方的权利，购买方的权利就是销售方的义务；当然，经营特殊货物基于增值税原理另有规定的，从其规定。

## 第三节　代理及相关民事法律行为与真实交易

“在现代分工的社会，从事交易活动，事必躬亲，殆不可能，假手他人，实有必要。”① 在以法人为交易主体的交易中，法人不可能事事自己处理，而只能由特定的人代表法人代为处理。即使在自然人、其他组织进行的经济活动中，由他人代为处理也非常常见。

可以说，没有代理，社会就无法正常运转。然而，我们在考量增值税发票的开具时，却常常忽略这个问题。

王泽鉴教授认为，民法上的代理仅仅指直接代理，不包括间接代理，也不包括挂靠。我国的《民法总则》采用大陆法系的代理显名主义，认为狭义上的代理仅仅指直接代理。

### 一、直接代理

#### （一）直接代理概述

所谓直接代理，即平等关系主体之间，以他人的名义实施民事法律行为，法律效果归属于他人的法律制度。

根据我国《民法总则》的立法目的，这里所说的“平等关系主体”，既包括先界定公法的调整领域（公权领域），也包括非属公法调整领域主体，两

① 王泽鉴．债法原理［M］．北京：北京大学出版社，2017：265.

者都合乎“平等主体关系”。①

直接代理具有以下特点：

1. 行为人（代理人）是以他人（被代理人）的名义实施民事法律行为

如果行为人（代理人）以自己的名义进行活动，则不属于直接代理。

2. 行为人以被代理人的名义为被代理人实施民事法律行为。

如果行为人以他人的名义为自己活动，即使对外法律后果归属于他人，也不是直接代理，应隶属于挂靠。

3. 行为人以被代理人的名义实施的民事法律行为，对内、对外的法律效力（这里是指民事法律行为的法律效力，不包括侵权等非民事法律行为的法律效力）均由被代理人承担，见图 2-25。

如果以他人名义实施民事法律行为，对内效果需要行为人自己承担，则是挂靠。

如果对外效果需要行为人自己承担，则是间接代理或挂靠（相对方选择行为人作为合同相对方）。②

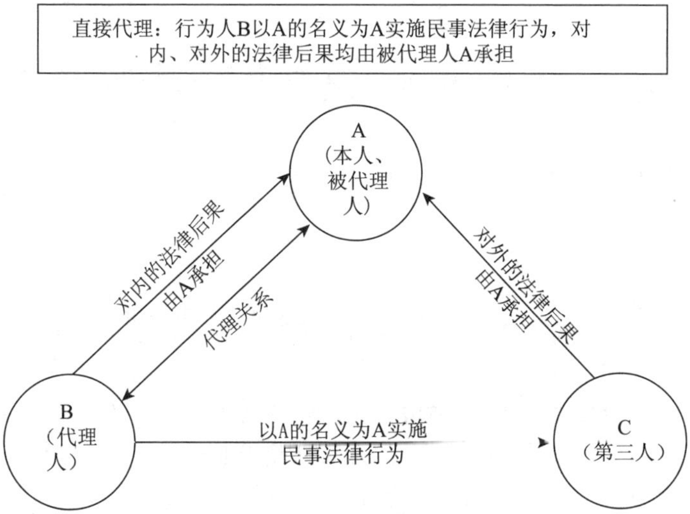


**图 2-25　直接代理民事法律关系**

① 蔡立东．“平等主体关系说”的弃与留—未来，《民法典》调整对象条款之抉择［J］．法学论坛，2015（2）．

② 参考《合同法》第四百零二条、四百零三条的规定。

根据《民法总则》第一百三十三条的规定，民事法律行为不仅仅包括意思表示的作出和接受（合同的签订），还包括设立、变更、终止民事权利义务的具体行为（私法上契约的履行、变更等具体行为）。

**（二）直接代理与真实交易的关系**

为表述方便，以下交易购销双方分别设定为B、A公司。

1. 货物流领域常见误区

错把代为交付当作直接交付人自己的交付，错把代为收货视为直接收货人自己的收货，具体表现如下：

第一，直接发货人只能是A公司而不能是其他公司（不能是他人代发），直接收货人只能是B公司（不能是他人代收或指定他人接收货物），见图2-26。

实际上，在契约指向A、B公司时，无论是直接代理，还是间接代理，抑或是挂靠行为，其他人的交货在外在契约关系都是代A公司交货，应当理解为A公司自己发货给B公司。其他人的收货在外在契约关系上都是代B公司收货，应当理解为B公司自己收取A公司的货物。

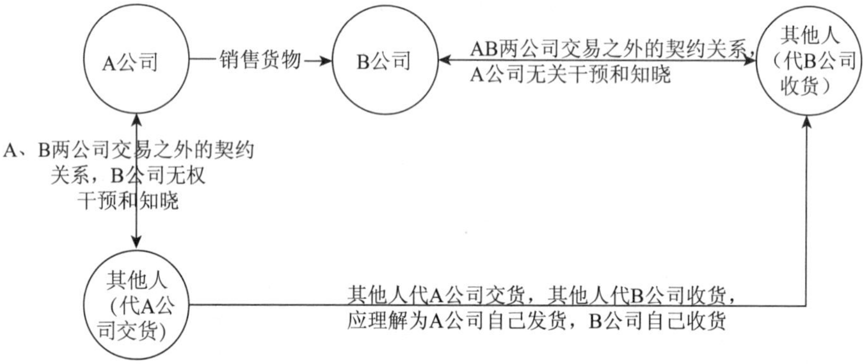


**图2-26 传统“三流一致”要求不能他人代发，不能他人代收或指定他人接收货物**

第二，A公司与B公司之间不能插入其他中间人（物流公司不排斥）。

中间人充其量是充当辅助人角色，本质上代为占有，并不改变所有权转移的方向。当然，这种辅助占有可以自己的名义，也可以运输公司的名义，也可以所有人的名义。实际上，物流公司本质也是代为完成货物交付或货物接受义务。

第三，B 公司收到的货物必须是 A 公司交付的货物，不允许中间人转手，见图 2-27。

最经典的例子是货物运输途中，货物毁损灭失情况下，赔偿人予以实物赔偿被认为是虚开。显然这不合理，因为中间人的赔偿义务履行要么是代上家交付货物，要么是货物已经交付完成的单纯赔偿，并不影响货物流本身。

另外，实务中也可能出现错把代为处分行为当作没有真实货物交易。例如，A 公司销售给 B 公司一批货物，B 公司付款给 A 公司后，A 公司依法开具了增值税专用发票。后 B 公司不想要该批货物，请求 A 公司代其销毁。

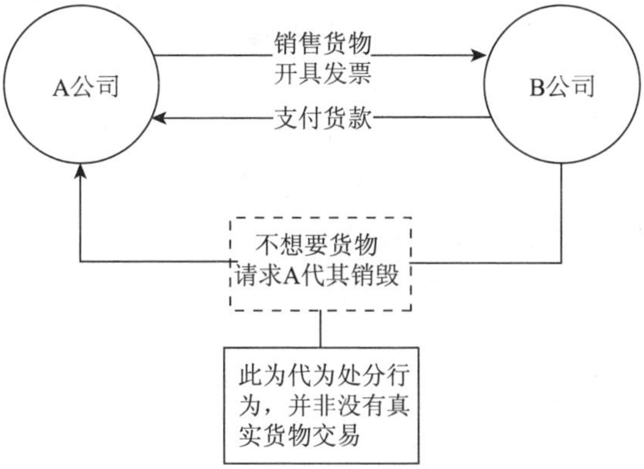


**图 2-27　传统“三流一致”要求，A 公司交付的货物不允许中间人转手**

2. 资金流领域常见误区

错把代为支付当作直接付款人自己的支付，错把代为收款人当作直接收款人是税务实践中经常犯的错误。具体体现如下：

第一，直接支付货款的必须是 B 公司（不能代为支付），直接接受货款的必须是 A 公司（不能其他人接受该款项），见图 2-28。

他人代 B 公司支付款项，本质上是 B 公司付款而不是代理人付款，最常见的是银行代买家将款项直接汇给卖房者，不能因此说房款支付人是银行而不是买家。

他人代为接受款项，本质上是 A 公司接受款项，最常见的是应收账款保理行为。

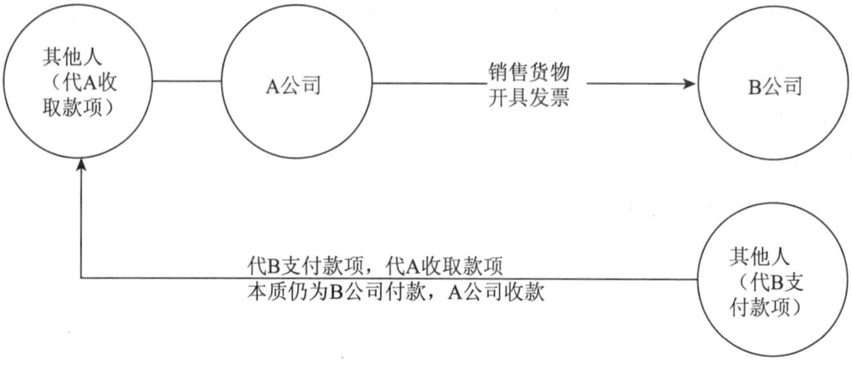


**图 2-28　传统“三流一致”要求不能代为支付，不能代为接受款项**

第二，货款在 B 公司到 A 公司过程中不能插入其他环节。

实际上，中间环节不过代为收取或代为转交。

直接代理，真实交易发生在被代理人与第三人之间，除另有规定外，发票上的抬头应该是被代理人和第三人。

## 二、间接代理

### （一）间接代理概述

所谓间接代理，即平等主体之间，以自己的名义实施民事法律行为，法律效果直接或经由代理人归属于被代理人的代理，见图 2-29。

《合同法》第四百零二条、四百零三条，以及该法第二十二章“行纪合同”对间接代理有明确规定。

合同法第四百零二条、第四百零三条依据英美法系的等同论，简言之，“通过他人去做的行为视同自己做的一样”。①《合同法》第四百零二条、第四百零三条主要解决的是当时普遍存在的外贸代理问题，但从外贸代理的实践来看，外贸代理中更多的是挂靠行为。

间接代理的特点：

1. 行为人（代理人）以自己（代理人）的名义实施民事法律行为

如果行为人（代理人）以他人的名义进行活动，则不属于间接代理，而

---

① ［英］施米托夫．国际贸易法文选［M］．北京：赵秀文选译，中国大百科全书出版社，1993：381.

是直接代理或者挂靠。

2. 行为人以自己的名义为被代理人实施民事法律行为

如果行为人以他人的名义为自己活动，即使对外法律后果归属于他人，也不是直接代理，应隶属于挂靠。

3. 行为人以自己的名义实施的民事法律行为，最终的法律效果由被代理人承担

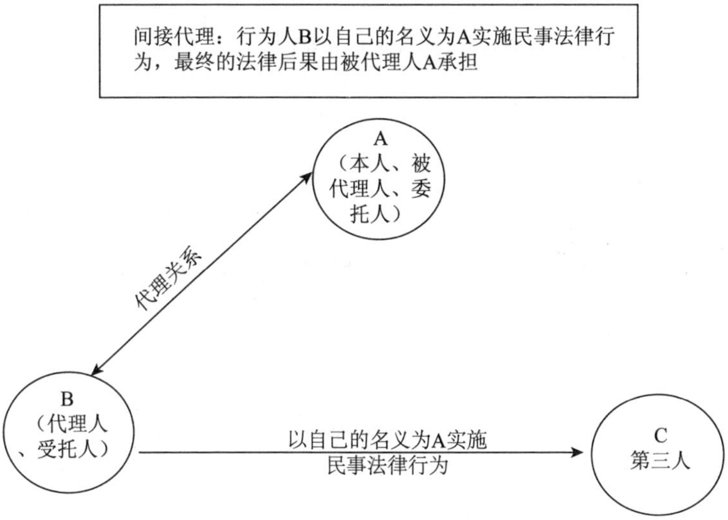


**图 2-29　间接代理**

有关间接代理,《合同法》有两条特别重要的规定：

第四百零二条　受托人以自己的名义，在委托人的授权范围内与第三人订立的合同，第三人在订立合同时知道受托人与委托人之间代理关系的，该合同直接约束委托人和第三人，但有确切证据证明该合同只约束受托人和第三人的除外。(见图 2-30)

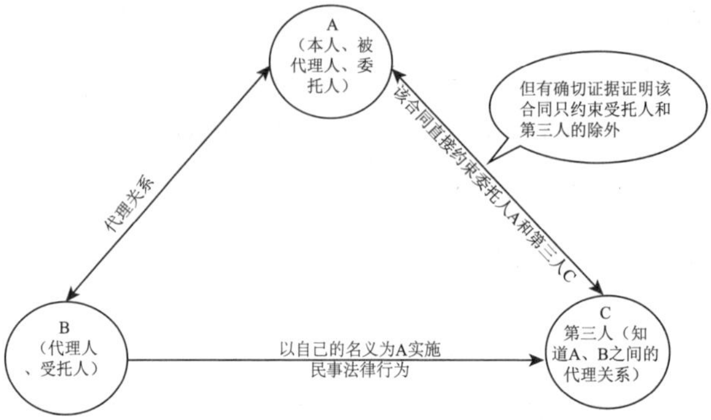


**图 2-30 《合同法》第四百零二条诠释**

第四百零三条　受托人以自己的名义与第三人订立合同时，第三人不知道受托人与委托人之间的代理关系的，受托人因第三人的原因对委托人不履行义务，受托人应当向委托人披露第三人，委托人因此可以行使受托人对第三人的权利，但第三人与受托人订立合同时如果知道该委托人就不会订立合同的除外。(见图 2-31、图 2-32)

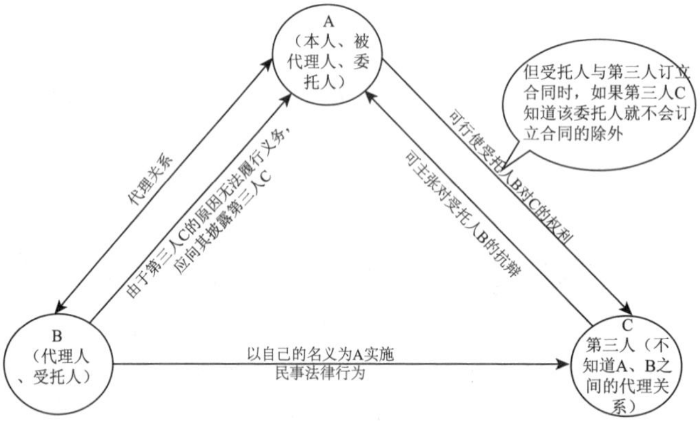


**图 2-31 《合同法》第四百零三条诠释一**

受托人因委托人的原因不履行对第三人的义务，受托人应当向第三人披露委托人，第三人因此可以选择受托人或者委托人作为相对人主张其权利，但第三人不得变更选定的相对人。

委托人行使受托人对第三人的权利的，第三人可以向委托人主张其对受托人的抗辩。第三人选定委托人作为其相对人的，委托人可以向第三人主张其对受托人的抗辩以及受托人对第三人的抗辩。

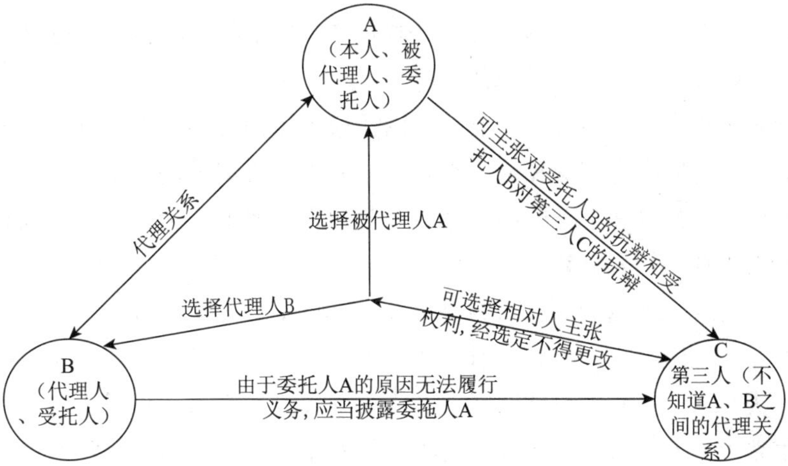


**图 2-32 《合同法》第四百零三条诠释二**

## （二）间接代理与真实交易的关系

实务中的确出现过基于间接代理而认定虚开的情况，法院直接越过代理人判定背后的被代理人才是交易的相对方。基于《合同法》第四百零二条、第四百零三条的规定，间接代理对真实交易判断的影响较大，有几个常见的误区：

1. 越过代理人直接判定背后的被代理人是交易的相对方

例如，A 公司平时销售货物给李四，不开具发票。一日，B 公司找到李四，告知李四 B 公司可以帮其代为从 A 公司购买，且支付的价格比李四从 A 公司直接购买便宜，同样不开具发票。李四同意从 B 公司购买。

（1）调整前交易：A 公司→李四（“三流一致”）

（2）调整后交易：A 公司→B 公司→李四（见图 2-33）

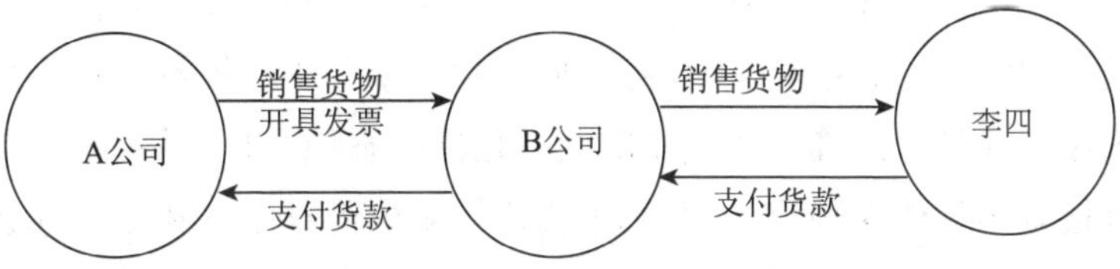


**图 2-33 调整后的交易关系**

调整后的交易，B 公司与李四之间实际上为代理关系，但是按照增值税的相关规定，应当评价为销售关系。因为基于商业外观主义，B 公司收取李四的款项并对李四交付货物。

2.《合同法》第四百零二条、第四百零三条对真实交易判定的风险

(1) 相对人知悉代理关系的情况

受托人以自己的名义，在委托人的授权范围内与第三人订立的合同，第三人在订立合同时知道受托人与委托人之间的代理关系的，且无证据证明该合同只约束受托人和第三人的除外，此时如果发票上的抬头为相对人和受托人，相对人和受托人容易陷入风险。

(2) 相对人不知道受托人与委托人之间的代理关系的情况

当受托人因第三人的原因对委托人不履行义务，受托人向委托人披露第三人，委托人行使介入权的时候，合同关系转为委托人和相对人之间。如果此前发票上的抬头为受托人和相对人，发票是否需要重新开具？如果此时发票尚未开具，发票该如何开具？

当受托人因委托人的原因对第三人不履行义务，受托人向第三人披露委托人，第三人选择委托人作为合同相对方，合同关系转为委托人和相对人之间。如果此前发票上的抬头为受托人和相对人，那么发票是否需要重新开具？如果此时发票尚未开具，发票该如何开具？

我们认为，发票的开具应当按照发票开具时的合同相对关系指向来决定。

## 三、挂靠

### (一) 挂靠概述

1. 挂靠的定义

实务中，不少人常以最高人民法院研究室的《〈关于如何认定以“挂靠”有关公司名义实施经营活动并让有关公司为自己虚开增值税专用发票行为的性质〉征求意见的复函》(法研〔2015〕58 号) 进行抗辩。实际上，该批复适用的条件非常严格，抗辩有时风险非常大。而有效的抗辩，首先应当明确概念的内涵、外延，准确运用该文的前提是要熟悉什么是挂靠。

笔者检索相关法律规定，只发现中华人民共和国住房和城乡建设部建筑市场监管司《关于印发〈建筑工程施工转包违法分包等违法行为认定查处管理办法（试行）〉释义的通知》对挂靠有过定义。该文第十条规定：本办法所称挂靠，是指单位或个人以其他有资质的施工单位的名义，承揽工程的行

为。该文法律位阶过低，适用范围太过狭窄。

结合多位学者的观点主张，一言以蔽之，挂靠即经他人同意，以他人之名为自己实施的民事法律行为（本书主要指经营活动的挂靠）。为表述方便和利于对比，以最终法律后果的归属为基础，我们将挂靠人叫作本人，以与代理的本人（被代理人）对应，见图 2-34。

2. 挂靠的特点

（1）挂靠需要经过被挂靠人同意

经被挂靠人同意是挂靠的必要条件，否则就不是挂靠，而是侵权甚至涉嫌诈骗。

（2）挂靠是以被挂靠人的名义行事

如果以自己的名义行事，就无所谓挂靠。这里的行事，主要指与第三人交易。

（3）挂靠是以被挂靠人的名义为本人行事

挂靠必须是本人以他人的名义为自己行事而不是为他人行事。如果是以他人的名义为他人行事，便是直接代理。

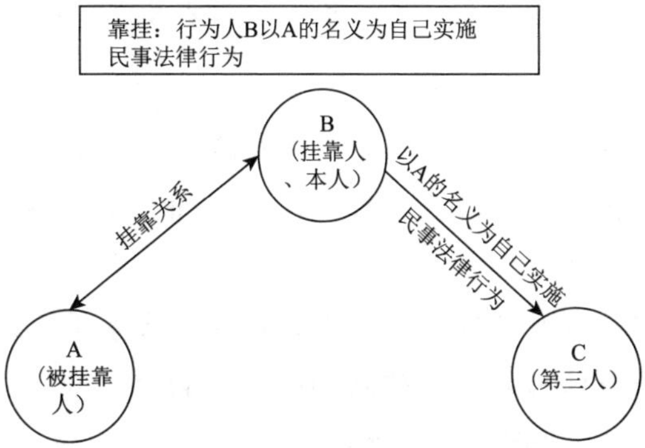


**图 2-34　挂靠**

### （二）挂靠的分类

1. 根据挂靠行为是否违法，分为非法挂靠、合法挂靠

私法领域禁止的挂靠，公法领域法律没有授权的挂靠，均为非法挂靠。

合法挂靠，包括私法领域未被禁止的挂靠、公法领域中明确授权的挂靠。

2. 根据第三人是否知道挂靠人，挂靠可以分为隐名挂靠、显名挂靠

（1）隐名挂靠

是指第三人在交易时，并不知道本人的挂靠。实务中的非恶意取得虚开的发票大部分产生于隐名挂靠。实务中，税务机关有时将这种情况下取得的发票定性为善意取得虚开的增值税专用发票，这会冲击交易安全。

（2）显名挂靠

是指第三人在交易时，已经知道本人的挂靠。我国的间接代理制度（隐名代理）移植于英美法系的间接代理制度，其理论基础为“等同论”，经典表述是:“通过他人实施的行为等同于自己亲自实施的行为。”在等同论基础上“代理人”是“表面上”或“名义上”的合同当事人，而身份不公开的被代理人是“实质上”的合同当事人。①

实务中，税务机关有时直接将这类情况下的发票抬头理解为被挂靠人与第三人开具发票的行为，从而定性为虚开。

我们认为，这种做法不妥。因为税法不能剥夺行为人选择与谁缔约的权利。

3. 根据业务本身，挂靠分为买方挂靠、卖方挂靠、买卖同时挂靠（经营挂靠）、其他挂靠

买方挂靠是指以他人的名义购买；卖方挂靠是指以他人的名义销售；买卖同时挂靠（经营挂靠），是指购销均以同一个他人的名义进行；其他挂靠，是指除以上三种挂靠之外的挂靠。

买方挂靠在实务中极易被误判为让他人为自己虚开，卖方挂靠极易被误判为代开，买卖同时挂靠在长链交易中极易导致被挂靠公司被误判为虚开。另外，挂靠处理不当也极易导致税款损失。

### （三）挂靠与真实交易判定

1. 挂靠的法理解析

根据商业外观主义，对于商事交易中公示于外的事实，如该事实与真实情形不符，则应对信赖该外观事实而为行为的人加以保护，以维护交易的安全。换句话说，名义上的缔约人是合同的责任主体。

---

① 徐海燕．英美代理法研究［M］．北京：法律出版社，2000：162.

《合同法》第四百零二条、第四百零三条很好地体现了这一原则，但是对于第四百零二条中的“但有确切证据证明该合同只约束受托人和第三人的除外”的举证责任，值得商榷，尤其是在非书面缔约合同的情况下。

我们认为，对于挂靠的合同相对方确认，应当基于以下原则进行：

第一，相对方不知道背后的挂靠关系存在的情况下，应当参考《合同法》第四百零三条的规定来确认合同相对方。

第二，相对方知道背后挂靠关系的情况下，合同关系确定在谁和谁之间有待商榷，但是第三人明确表示合同关系指向的，应当尊重第三人的意思。

在三方约定合同关系确定在挂靠人与第三人之间时，除了另有规定的外，原则上不得将发票上的抬头确定为被挂靠人与第三人。

司法实践中，对于挂靠关系的合同，有的法院参考隐名代理（间接代理）处理。

另外，进出口代理的设立的初衷是挂靠，用于解决进出口申报问题，这和国内合同法上的代理不太一致。不过出口环节的“四自三不见”视为对“被代理人”出口退税持间接故意（“四自三不见”，是指自带客户、自带货源、自带汇票、自行报关，不见出口货物、不见供货货主、不见外商）。

1997 年，时任中国对外经济贸易合作部条约法律司司长的张月姣在《国际贸易》上撰文称：“真正意义上的外贸代理制，是指有外贸经营权的公司，企业（代理人），根据无外贸经营权的公司，企事业单位及个人（被代理人）的委托，办理进出口业务的一种法律制度。外贸代理制的产生是以我国外贸经营权的审批制为基础的。依照我国现行的有关法律、法规的规定，任何公司，企事业单位及个人在取得外贸经营权之前，不能与外商订立进出口合同，从事对外贸易业务，只能通过已经取得外贸经营权的公司、企业进行办理。因此，在我国目前的外贸代理制度下，代理关系并非完全出于双方当事人的自愿，代理人也仅以自己的名义对外订立进出口合同。这不仅与国际上通行的外贸代理制度有所不同，也与我国民法通则规定的代理制度有所区别。总之，外贸代理制是中国现存外贸体制的产物，它与一般通行的民商事件代理制度有所不同，是富有中国特色的一种代理制度。”

2. 参照《营业税改征增值税试点实施办法》

《营业税改征增值税试点实施办法》规定：单位以承包、承租、挂靠方式经营的，承包人、承租人、挂靠人（以下统称承包人）以发包人、出租人、被挂靠人（以下统称发包人）名义对外经营并由发包人承担相关法律责任的，以该发包人为纳税人（隐名挂靠）。否则，以承包人为纳税人（显名挂靠）。

实际上，以本人名义对外经营根本不是挂靠，但是由本人对外承担相关法律责任的挂靠倒是可能存在。不过该规定至少印证了一个基本原则：名义交易方在谁和谁之间，一般来说真实交易就应当判定在谁和谁之间。

### 四、直接代理、间接代理、挂靠的区分别（如表 2-2 所示）

表 2-2　直接代理、间接代理、挂靠的区别

| | 特点 | 行为人服务对象 | 行事人是否是名义上的人 | 备注 |
|---|---|---|---|---|
| 直接代理 | 以他人名义为他人行事 | 他人 | 不是 | 法律效果由本人承担 |
| 间接代理 | 以自己名义为他人行事 | 他人 | 是 | 行事《合同法》第四百零二条、第四百零三条 |
| 挂靠 | 以他人名义为自己行事 | 自己 | 不是 | 法律缺乏明确规定，可参见《合同法》第四百零二条、第四百零三条 |
| 承包经营 | 以他人名义为自己行事 | 自己 | 不是 | 发包人要求承包人完成一定的任务 |
| 承租经营 | 以他人名义为自己行事 | 自己 | 不是 | 承包人需要缴纳固定金额或浮动金额的租金 |

理解代理制度对理解增值税制度设计非常重要，因为增值税制度本身就是一种特别的代理制度；一般纳税人扮演的是代国家征收增值税税款，代最终消费者预先暂垫增值税税款的角色。

## 第四节　非通谋的虚伪意思表示下的真实交易判定

民事法律行为设立、变更、终止民事权利义务是以意思表示为基础。然而，实务中由于种种因素，表意方未必是真实意思表示。经常出现真意保留、欺诈、胁迫、通谋虚伪意思表示、无效合意等情况。本节主要阐述单独虚伪意思表示情况下的真实交易判定。

本节示意图、表格中货物流、资金流，均为义务指向而非直接交付。

## 一、单独虚伪意思表示

单独虚伪意思表示，是指行为人故意隐瞒真实意图，而以其他意思为意思表示。涉嫌虚开案件中，单独虚伪意思表示并不少见，甚至出现双方均为虚伪意思表示而无通谋。

### （一）买方单独虚伪意思表示

1. 无卖方员工串通的买方单独虚伪意思表示

（1）例一

B 公司与 A 公司签订买卖合同，约定 B 公司向 A 公司采购一批货物，价税合计 1130 万元；合同签订之后，B 公司支付订金 50 万元，A 公司先行开具发票并予以备货。发货期将至，B 公司不同意支付余款，要求解除合同。A 公司不同意退还订金，于是 B 公司拒绝配合冲红。A 公司诉至法院要求 B 公司继续履行合同。B 公司承认，签约时，并没有履约的打算。只欲取得 A 公司的发票予以抵扣，再配合对方冲红并做进项转出，见图 2-35。

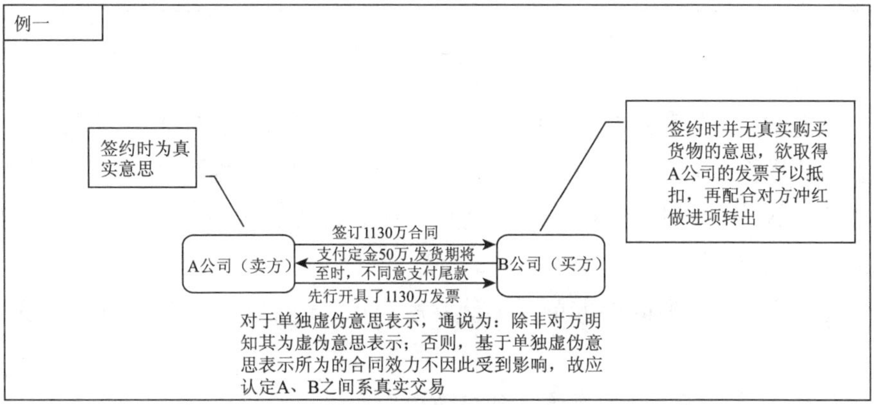


**图 2-35　例一案情关系示意**

该例中，B 公司并无真实购买 A 公司货物的意思，却对 A 公司谎称购买 A 公司的货物以获取 A 公司的增值税专用发票。对于单独虚伪意思表示，通说认为除非对方明知其为虚伪意思表示，否则，基于单独虚伪意思表示所为的合同效力不因此受影响。故我们认为，应认定 A、B 公司之间系真实交易。

（2）例二

B公司与A公司签订买卖合同，约定B公司向A公司采购一批货物，价税合计1130万元；合同签订之后，B公司支付订金50万元，A公司先行开具发票并予以备货。A公司发货之后，B公司以500万元将货物低价处理后，卷款潜逃，见图2-36。

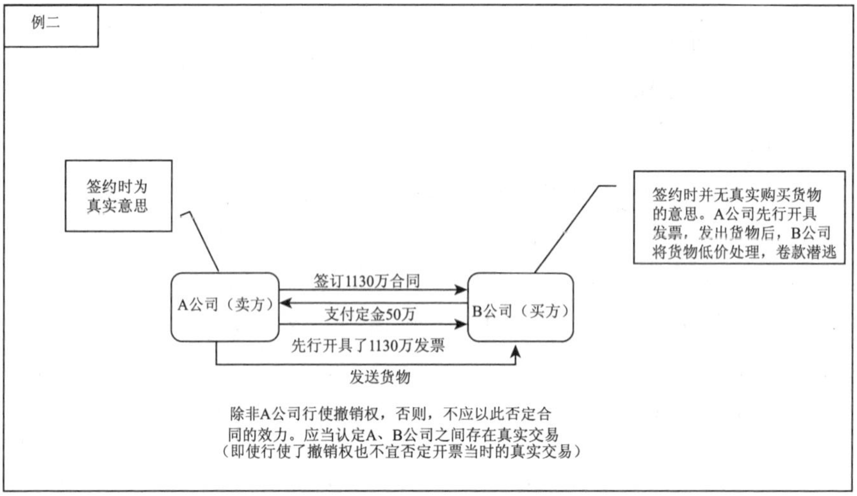


**图2-36　例二案情关系示意**

该例中，B公司并无真实购买A公司货物的意思，但对A公司谎称购买A公司的货物。除非A公司行使撤销权，否则，不应以此否定合同的效力。应当认定A、B公司之间存在真实交易（即使行使了撤销权也不宜否定开票当时的真实交易）。

无卖方员工串通的买方单独虚伪意思表示，通常见于合同诈骗中的买方诈骗。

2. 和卖方员工串通的买方单独虚伪意思表示

张三是A公司的销售人员。在开展销售业务过程中，张三发现客户甲不需发票。于是告知甲，A公司有一批货物，原本价税合计1130万元，不开发票只需1100万元。张三和甲达成合意后，找到B公司，让B公司代开一张价税合计1130万元的发票。

张三持B公司盖章的合同找到A公司负责人，谎称货物销售给B公司，价税合计1130万元，A公司予以盖章确认。货物发出后，张三告知甲已经发货。甲将货款转至张三个人账户，并收取了货物。张三将甲支付给自己款项中的 1070 万元转至 B 公司账户，B 公司共向 A 公司支付 1130 万元货款，A 公司向 B 公司开具了价税合计 1130 万元的增值税专用发票，见图 2-37。

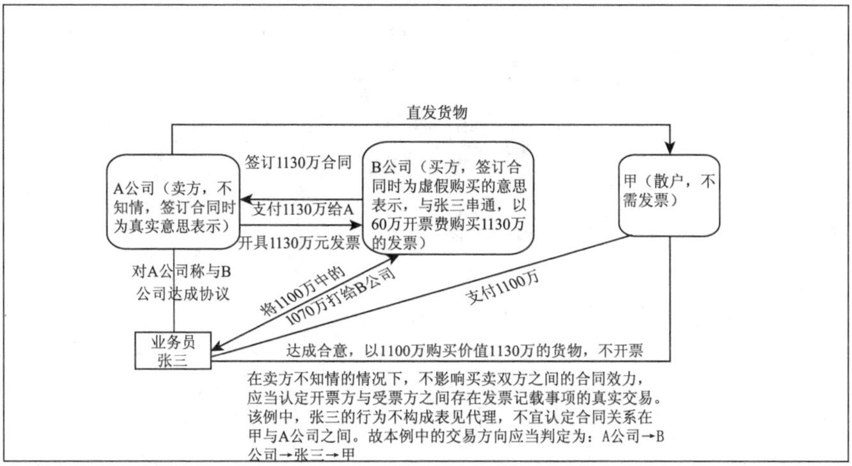


**图 2-37　卖方员工串通的买方单独虚伪意思表示案情关系**

该例中，A 公司的业务员告诉甲，货物是 A 公司出售，却对 A 公司声称货物卖给 B 公司。合同在 A、B 公司之间签订，发票由 A 公司开给 B 公司。

（1）A 公司看来的四流指向，如图 2-38 所示

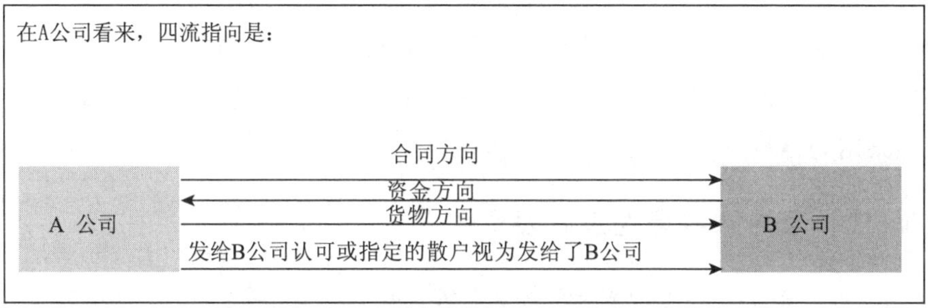


**图 2-38　A 公司视角的四流指向**

（2）B 公司看来的四流指向，如图 2-39 所示

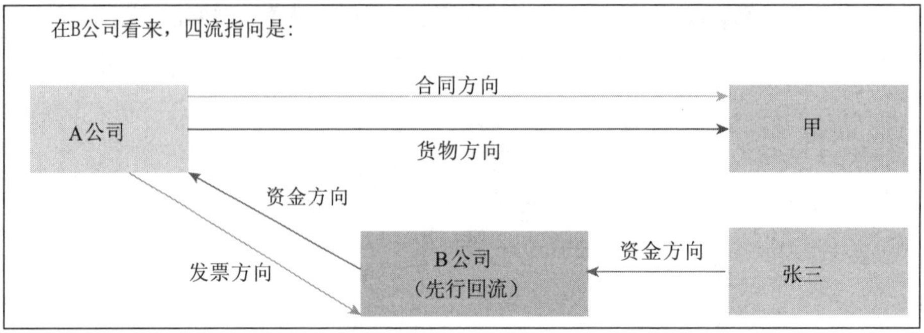


**图 2-39　B 公司视角的四流指向**

（3）甲看来的四流指向，如图 2-40 所示

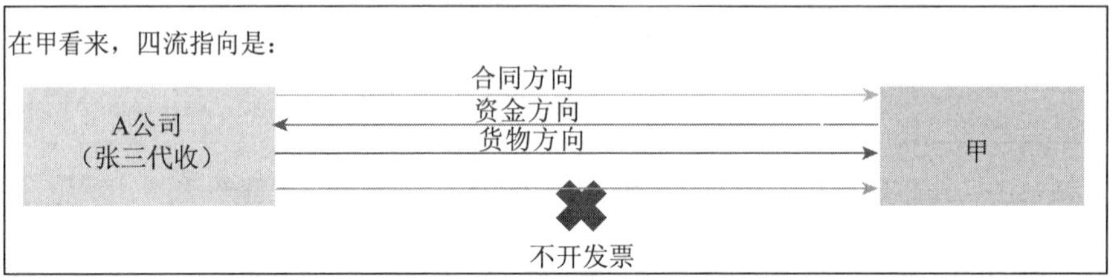


**图 2-40　甲视角的四流指向**

该例中，买方系典型的虚伪意思表示，且有卖方的员工予以串通。我们认为，在卖方不知情的情况下，不影响买卖双方之间的合同效力，应当认定开票方与受票方之间存在发票记载事项的真实交易。该例中，张三的行为不构成表见代理，不宜认定合同关系在甲与 A 公司之间。故本例中的交易方向应当判定为：A 公司→B 公司→张三→甲。

## （二）卖方单独虚伪意思表示

1. 无买方员工串通的卖方单独虚伪意思表示

B 公司与 A 公司签订买卖合同，约定 B 公司向 A 公司采购一批货物，价税合计 1130 万元；合同签订之后，B 公司支付了订金 50 万元，然而，A 公司并无发货之打算。A 公司不同意退还订金，B 公司拒绝配合冲红。B 公司诉至法院要求 A 公司继续履行合同。A 公司承认，并无销售货物之意。

该例中，作为卖方的 A 公司并无销售货物之意，显然系单独虚伪的意思表示。我们认为，除非受票方明知开票方为虚伪意思表示，否则应当认为双方之间的合同有效。

2. 和买方员工串通的单独虚伪意思表示

李四是A公司的采购人员，A公司需要一批W货物，市场价格为1130万元。李四以1020万元的价格从自然人王五处采购，但无法取得发票。于是，李四找到L公司，让L公司与A公司签订了购销合同。合同签订后，A公司收到了该批货物（实际上是李四从王五处采购的货物），并支付给了L公司价税合计1130万元的货款。L公司扣除40万元的开票费之后，将余款1090万元退给了李四。李四将其中的1020万元支付给王五，见图2-41。

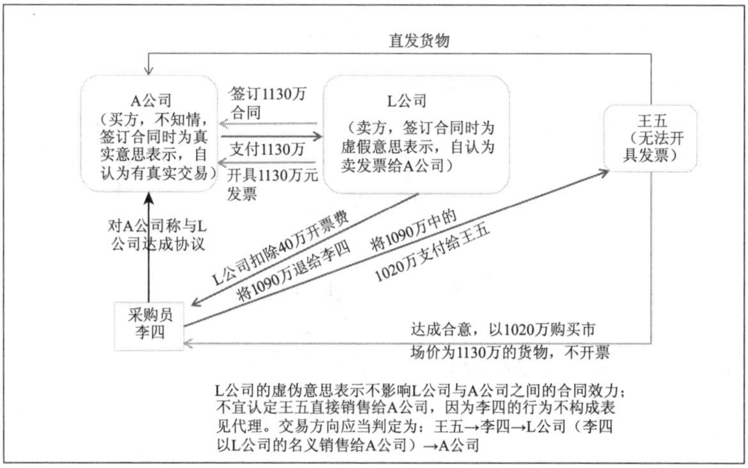


**图2-41　和买方员工串通的单独虚伪意思表示案情关系**

（1）L公司看来的四流指向，如图2-42所示

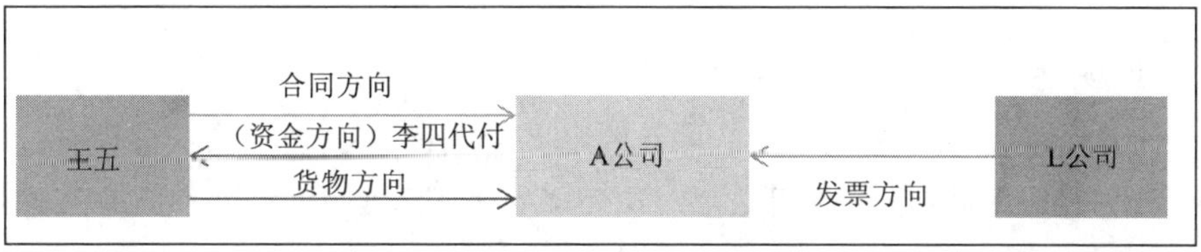


**图2-42　L公司视角的四流指向**

（2）A公司看来的四流指向，如图2-43所示

**图 2-43　A 公司视角的四流指向**

(3) 王五看来的四流指向，如图 2-44 所示

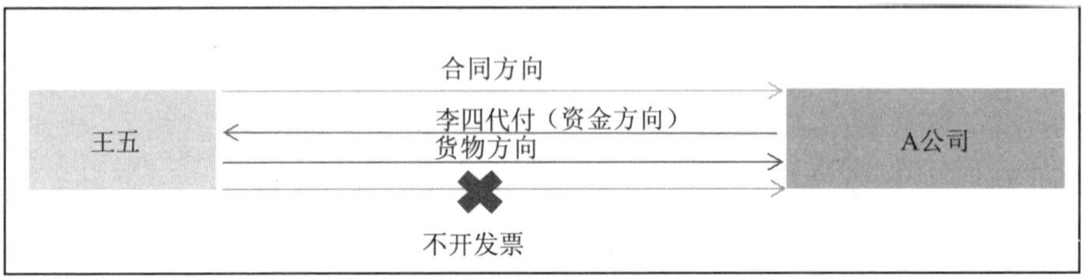


**图 2-44　王五视角的四流指向**

该例中，L 公司显然系典型的单独虚伪意思表示。L 公司自认为卖发票给 A 公司，而 A 公司自认为和 L 公司是真实交易。我们认为，L 公司的虚伪意思表示不影响 L 公司与 A 公司之间的合同效力。不宜认定王五直接销售给 A 公司，因为李四的行为不构成表见代理。交易方向应当判定为：

王五→李四→L 公司（李四以 L 公司的名义销售给 A 公司）→A 公司

## (三) 买卖双方均为单独虚伪意思表示（无通谋）

1. 例一

B 公司与 A 公司签订买卖合同，约定 B 公司向 A 公司采购一批货物，价税合计 1130 万元。合同签订之后，B 公司支付了订金 40 万元，但 A 公司并无发货之打算，B 公司亦并无采购之意思，彼此均认为对方是打算真实交易。发货期将至，合同项下的货物价格上涨，B 公司诉至法院，要求 A 公司履约。经法院查证，A、B 公司当时均误以为对方系真实意思，而双方均为虚伪意思表示，发票已经开具并予以抵扣，见图 2-45。

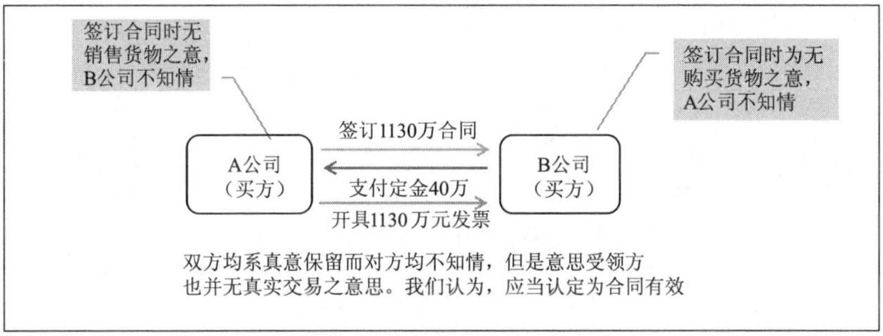


**图 2-45　案例一案情关系示意**

该例中，双方均系真意保留而对方均不知情，但是意思受领方并无真实交易之意思。我们认为，应当认定为合同有效。

2. 例二：

李四负责 A 公司的购销业务。张三有一批货物拟销售。李四找到张三，拟将张三的货物销售给王五，而实际操作如下：

李四与 K 公司合谋，制作销售合同并告之 A 公司，K 公司销售一批货物给 A 公司，价税合计 1130 万元。该批货物由 A 转售购买方 B 公司，价税合计 1150 万元。K 公司为 A 公司开具了价税合计 1130 万元的增值税专用发票，A 公司为 B 公司开具了价税合计 1150 万元的增值税专用发票。K 公司为 A 公司出具了货权转移凭证，李四提供了送货单且 B 公司在送货单上签字。后经查证，该批货物由张三直接发给王五。

（1）张三、李四、王五、K 公司、B 公司看来的四流方向，见图 2-46

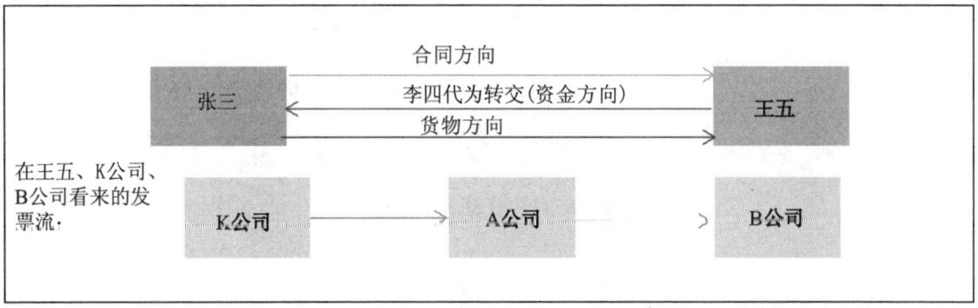


**图 2-46　张三、李四、王五、K 公司、B 公司视角的四流指向**

该例中，B 公司支付的款项，由李四打回给 B 公司，A 公司客观无法知道，即使知道也无法干预。

(2) A 公司看来的四流方向，如图 2-47

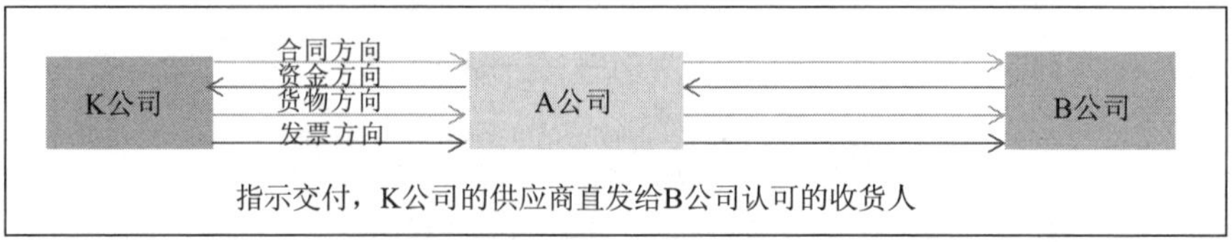


**图 2-47　A 公司视角的四流指向**

该例中，K 公司和 B 公司均系真意保留，但是意思受领方系真实意思表达。应认定 K 公司→A 公司→B 公司系真实交易，完整交易流程应当认定为：张三→李四→K 公司（李四以 K 公司的名义将货物销售给 A 公司）→A 公司→B 公司→李四→王五（李四以自己的名义将货物销售给王五）。

该例中，A 公司处于非常危险的境地，因为张三、李四、王五、K 公司、B 公司均会供述为虚开，即供述 K 公司与 A 公司之间没有真实交易、B 公司与 A 公司之间也没有真实交易。但在 A 公司看来，交易方向是 K 公司→A 公司→B 公司，见图 2-48。

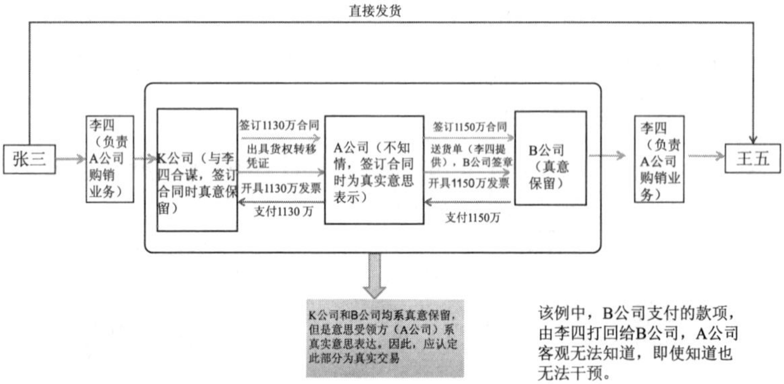


**图 2-48　完整交易流程示意**

## 二、复杂的四自交易

所谓四自交易，是指中间人自带货源、自带客户、自垫付资金、自催货款的交易，实务中这种情况并不少见。

假设张三为 B 公司的总经理、B 公司煤炭购销人员，负责从 A 公司采购煤炭。为了获取更大利益，张三向 A 公司散户客户宣称，可以通过 B 公司以更优惠的价格购得 A 公司的煤炭，且可以从 A 公司提货。

经过统计，张三争取到 A 公司散户客户累计 10 亿元采购订单。张三告知这些散户，从 B 公司采购只需要 9.7 亿元，但需通过张三控制的私人账户付款，且不能开具发票。

于是，散户将 9.7 亿元陆续打在张三的账户。张三让 B 公司与 A 公司签订价税合计 10 亿元购销合同，B 公司取得向 A 公司提取 10 亿元煤炭的权利。

如此一来，B 公司积压了价税合计 10 亿元的增值税专用发票（A 公司开具）。

张三找到李四，让李四注册成立 C 公司，并办理一般纳税人资格登记。

张三所在的 B 公司从 A 公司采购货物后，让 C 公司向 B 公司支付货款，向 C 公司开具了对应的增值税专用发票，并向 C 公司提供了货权转移凭证。

时隔不久，张三向李四提供送货单，送货单标注收货客户为 D 公司。D 公司王五来 C 公司核对收货情况确认收货。

D 公司付款后，C 公司根据收货金额向 D 公司开具对应的增值税专用发票。

经查证发现，C 公司向 B 公司采购货物的货款有一部分由李四向 C 公司支付，且作为张三对李四的借款处理，张三需向李四支付利息（即张三以李四的名义将款项出借给 C 公司）；一部分款项系由张三以刷卡的方式完成，视为 C 公司向 B 公司支付，B 公司向 A 公司支付；同时，C 公司欠张三对应的款项。

另据查证，C 公司收取 D 公司的现金货款，除扣除不定点位（价税合计的 3~4 个点之间），余款通过李四控制的银行卡返回 D 公司实际控制人账户或 D 公司对公账户。扣除 C 公司实际经营的日常花销外，余额用于冲抵张三对李四尚未归还的借款。

经查证，未见 B 公司对 C 公司资金回流。

经查证，送货单下的货物确系 B 公司从 A 公司采购的货物及 C 公司从 A 公司采购的货物，直接收货人大部分并非 D 公司，而是散户。

该例涉及以下几个问题：

**（一）交易方向争议**

关于交易方向，有两种观点。

1. 第一种观点认为的交易方向（见图 2-49）

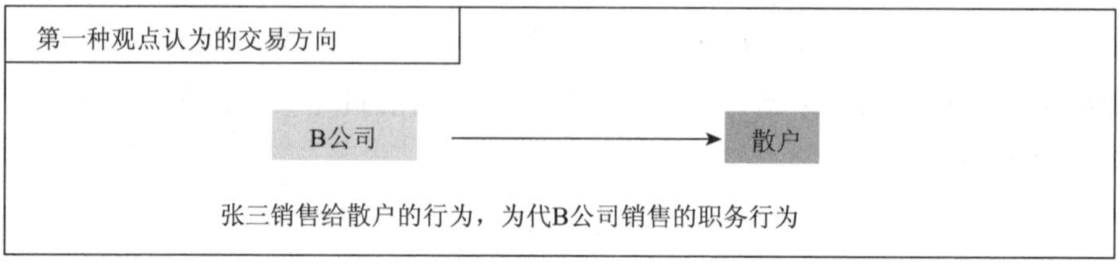


**图 2-49　第一种观点认为的交易方向**

2. 第二种观点认为的交易方向（见图 2-50）

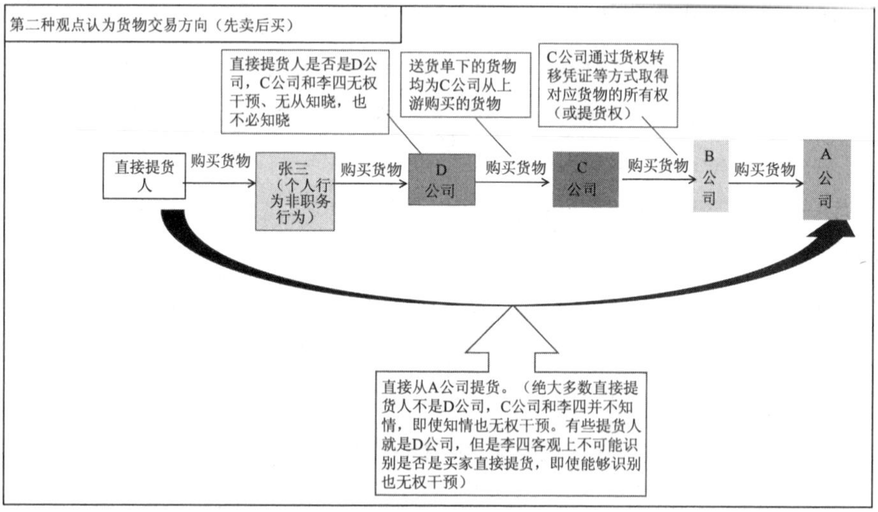


**图 2-50　第二种观点认为的交易方向**

## （二）第二种观点下的四流方向

1. 销售方向（见图 2-51）

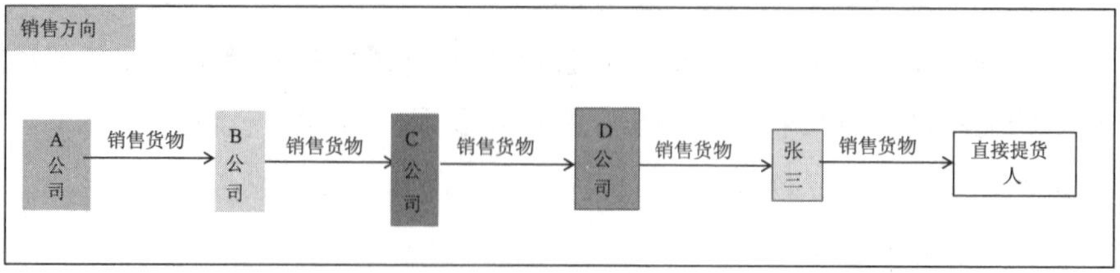


**图 2-51　第二种观点下的销售方向**

2. 资金流（见图 2-52）

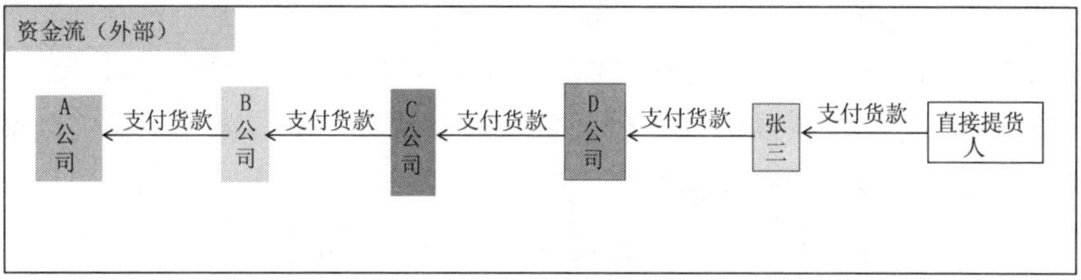


**图 2-52　第二种观点下的资金流方向**

3. 货物流（见图 2-53）

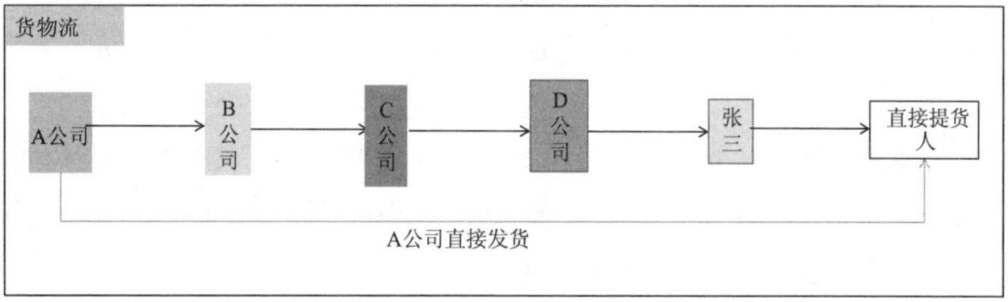


**图 2-53　第二种观点下的货物流方向**

4. 发票流（见图 2-54）

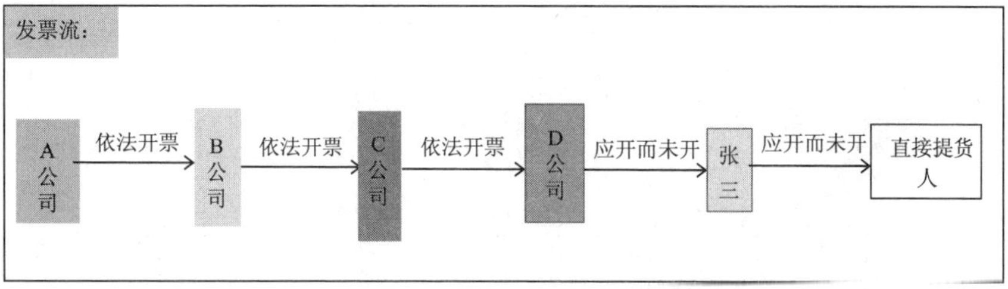


**图 2-54　第二种观点下的发票流方向**

**（三）通过李四控制的银行卡返款 D 公司实际控制人账户或 D 公司对公账户的行为是否为资金回流（见图 2-55）**

我们认为，李四控制的银行卡返款 D 公司实际控制人账户或 D 公司对公账户的行为不宜认定为资金回流，理由是：

第一，C 公司向 A 公司和 B 公司采购货物所支付的货款由两部分组成。第一部分为张三借款给 C 公司（代刷卡支付）；第二部分为张三以李四的名义借款给 C 公司。因此，实则为张三借款给 C 公司用来采购货物。

第二，C 公司收到 D 公司支付的货款后，对张三进行还款。张三以李四的名义接受 C 公司对自己的还款。

第三，李四控制的账户（实为张三所有）分两部分：一是按照张三的意思支付，不仅汇给王五，也汇给 B 公司。二是剩余部分用于冲抵张三对李四的欠款。

张三对李四的欠款：由李四汇入 C 公司作为采购资本的款项，实际上只是以李四的名义代张三汇入，故该款项作为张三对李四的借款。该款项同时汇入 B 公司用于购买货物。该款项借贷关系为李四→张三→C 公司；款项流动方向是李四→张三→C 公司。本例中由李四直接汇入 C 公司也可。

第二种观点据此认为 C 公司汇入李四控制账户款项已然不为 C 公司所有，而是 C 公司对张三的还款。该款项已为张三所有，张三如何支配李四无权干涉，但需要留存部分款项用于冲抵欠款。

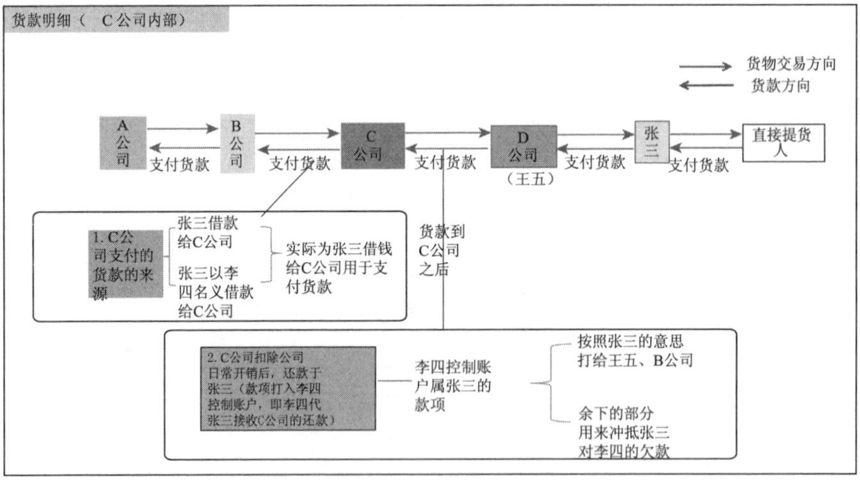


**图 2-55　上述案例货款明细**

**（四）扣留的 3~4 个点是否系开票费**

第二种交易观点认为：由于张三与李四之间存在债权债务关系，李四代张三支付时预留了一部分款项用于冲抵欠款。李四留存时并非有固定要求，只需总量上基本保障李四对外借款的安全即可。

我们认为，即使B公司并无向C公司销售的真实意思，D公司也无意从C公司真正购买货物，但B公司与C公司之间的交易，系典型的B公司真意保留；C公司与D公司之间的交易，系D公司真意保留。

**（五）交易的完整过程**

A公司原本直接销售给散户，后B公司让A公司的散户都挂靠自己名下。先从A公司采购货物，再降低一定点数销售给散户，不开票也不报税，货物由A公司直发给散户。由此提高了销量，增加了流动资金。相当于以差价获取对应的增值税专用发票，上游是正常销售，下游自认为是购买发票。

在此模式中，A公司自认为是正常贸易，按照合同约定发给指定的收货人。而在B公司看来，在向A公司购买发票（即B公司自认为和A公司没有真实交易，只是让A公司为自己虚开，向其购买发票）。在此种模式下，控方并未将A公司作为为B公司虚开处理，也未将B公司从A公司取得发票作为让他人为自己虚开处理。

张三本想直接向下传导至D公司——让D公司向B公司采购货物，为D公司增加进项。但D公司的实际控制人王五并不放心B公司，所以在B公司和D公司之间插入了C公司，利用李四的资金。

演进过程如下：

1. 原始销售模式：A公司→散户（见图2-56）

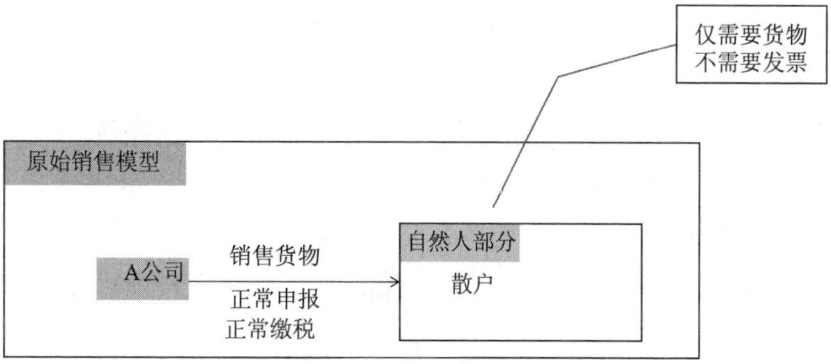


**图2-56　原始销售模式示意**

2. A 模式（插入 B 公司）：A 公司→B 公司（正常开票和报税）→张三（没有开票和报税）→散户（见图 2-57）

这里张三销售给散户的行为是否系职务行为，需要根据案情具体分析。

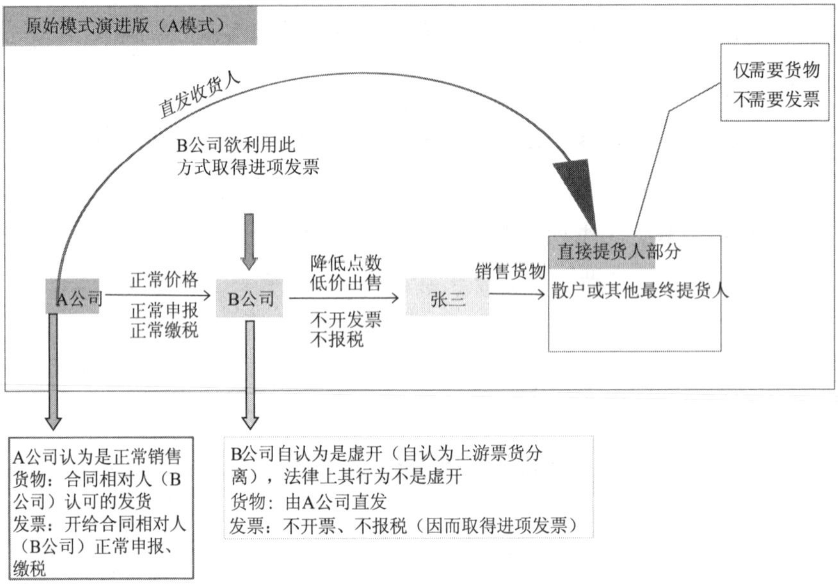


**图 2-57　插入 B 公司后的 A 模式示意**

3. 向下游移植（见图 2-58）

A 公司→B 公司（正常开票和报税）→D 公司→张三（没有开票和报税）→散户。张三本意欲将 A 模式移植至 D 公司，即张三挂靠在 D 公司名下向 B 公司采购。但王五并不放心 B 公司，担心款项拿不回来。

4. 插入 C 公司，利用李四的资金（见图 2-59）

即 B 公司以 A 模式从 A 公司购进货物，D 公司也以同样的模式从 C 公司购进货物：A 公司→B 公司（正常开票和报税）→C 公司（正常开票和报税）→D 公司（正常开票和报税）→张三（没有开票和报税）→散户。插入 C 公司不仅包括 A 模式，也包括一些正常购销。由 A 公司直接发货给散户或其他最终提货人。

引入 C 公司，乃是考虑到李四不愿意参与虚开，而张三欲利用其资金，故而需要设计一个复杂的交易让李四确信 C 公司和上下游都是真实交易。如果李四愿意参与虚开的话，则 C 公司的环节是完全多余的，直接按照图 2-58

的模式即可。因为：张三李四的往来时间以及张三与D公司实际控制人的往来时间，均早于李四和D公司实际控制人的往来时间。

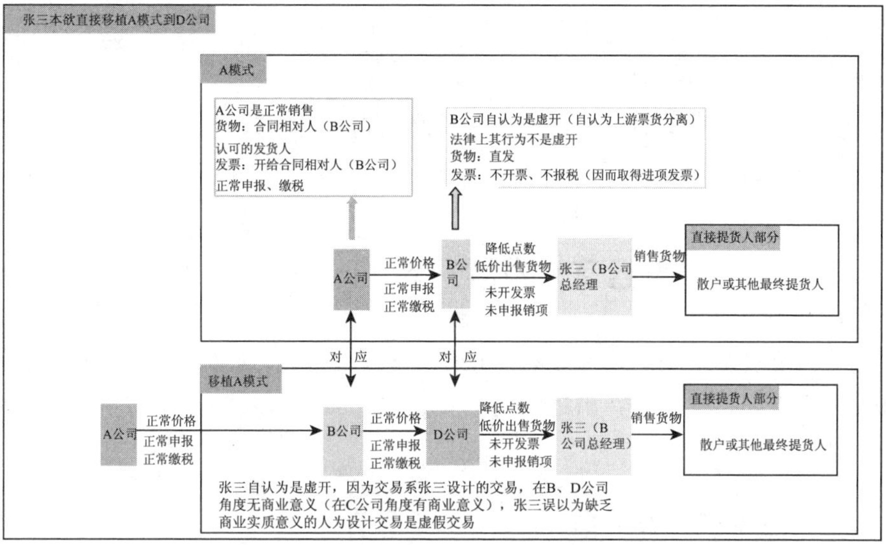


图 2-58　原本预想A模式向下移植示意

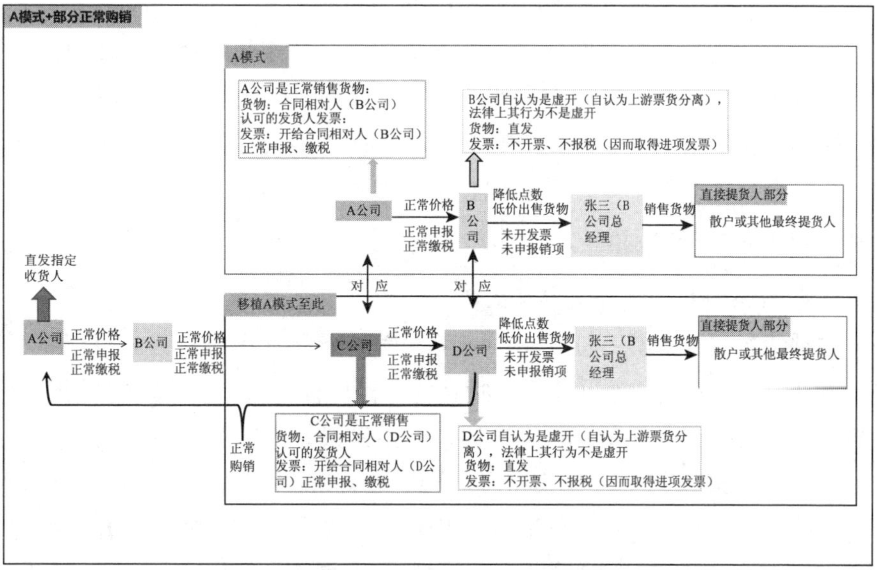


图 2-59　利用李四资金移植A模式示意

当然，实务中情况纷繁复杂，全案的重点在于：张三将货物销售给直接提货人的行为是否系B公司的职务行为？如果张三将货物销售给直接提货人的行为系B公司的职务行为，那么，C公司是否知道张三已经代表B公司将货物销售给了直接提货人？

实务中，此类案例非常常见，容易导致先入为主或轻信口供而导致冤案错案，应当慎重审查。

## 第五节　发票开具的一般原则

除另有规定或基于特殊交易习惯外，发票应基于真实交易而开具。主要涉及三个问题：一是发票由谁开具给谁；二是发票金额的确定；三是发票项目的选择。

### 一、发票的开具方向

发票该由谁开具给谁，是指发票上的销售方和购买方应该填写谁。一项交易发生会涉及合同流、发票流、资金流、货物流。

发票的开具方向是遵循合同流还是货物流、抑或是资金流？合同流、资金流、货物流三者经常出现不一致的情况，故而要求同时符合二流或三流一致一般不现实。我们认为，除另有规定，应该严格按照合同流方向来开具发票。所谓合同流，是指合同的相对性约束在谁和谁之间。

#### （一）依据货物流开具发票

1. 纳税义务先于货物发出发生

这种情况下，发票一旦开具，纳税人就不能调整货物发送方向，很不经济。例如，A公司销售给B公司一批货物，价税合计113万元，B公司支付货款后，A公司即给B公司开具了增值税专用发票。稍后B公司找到了下一买家C公司。如果B、C公司相距遥远而A、C公司距离很近，明显由A公司直接发货给C公司更为经济。如果依据货物流来开具发票，则意味着税法禁止A公司发货给C公司，显然这不属于税法的调整范围，见图2-60。

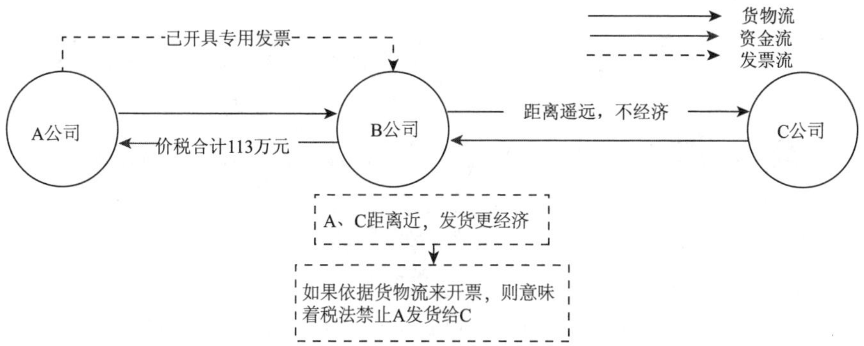


**图 2-60　依据货物流开具发票，一旦开具纳税人无法调整货物发送方向**

同时，难以确定开票金额。例如，上例中，A 公司将货物直接发给 C 公司，而 B 公司将货物销售给 C 公司的价格为 226 万元。如果 A 公司将发票开给 C 公司，则无法确定开票金额：按照 113 万元开具发票，C 公司实际支付了 226 万元；按照 226 万元开具，A 公司实际上只收到 113 万元，见图 2-61。

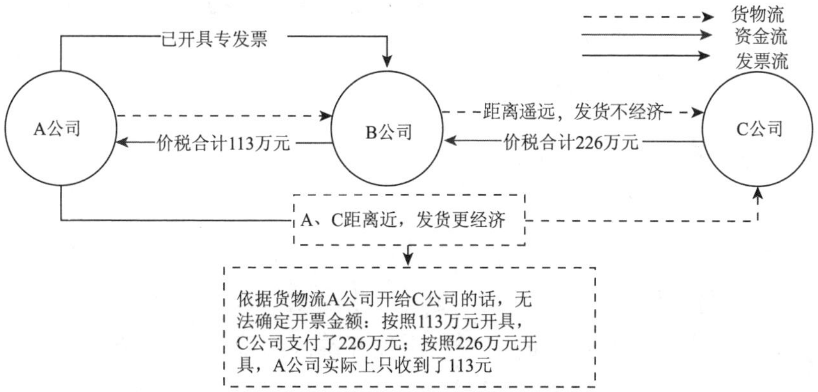


**图 2-61　依据货物流开具发票难以确定开票金额**

2. 既无法反映真实交易情况，也无法确定开票金额

例如，A 公司销售货物给 B 公司，价税合计 11300 万元；B 公司销售给 C 公司，价税合计 12000 万元；C 公司销售给 D 公司，价税合计 13000 万元；D 公司销售给 E 公司，价税合计 14000 万元。假定其为大宗交易，最终 E 公司直接从 A 公司提货，交付模式为提单背书。显然，尽管本例中货物由 A 直接发给 E 公司，但发票却不能由 A 公司直接开具给 E 公司，见图 2-62。

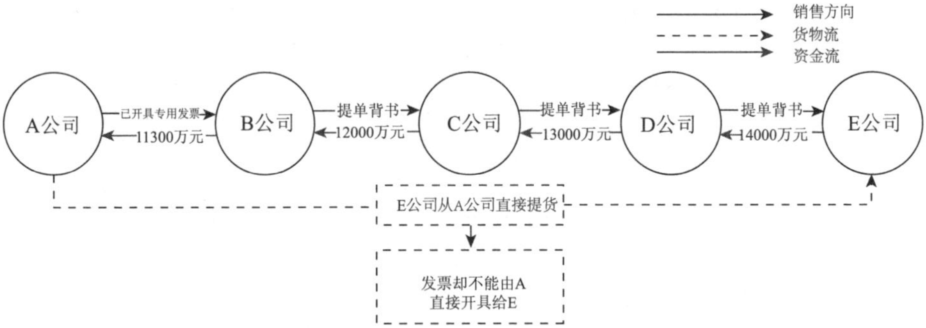


**图 2-62　以货物流为依据开具发票，无法反映真实交易情况，也无法确定开票金额**

第一，无法确定开票金额。由于开票方收款和受票方付款金额不一，无法确定开票金额。

第二，如果发票由 A 公司开具给 E 公司，意味着之前环节都无须开具发票。这显然和增值税制度的设计相违背，不能保障抵扣链条的连续性。

第三，明显和真实交易冲突，因为 A 公司与 E 公司之间不存在买卖关系。

直接交付本身难以确定，容易导致混乱。例如，物流公司作为交易过程的一个插入环节，如以货物流原则为依据，则需先开给物流公司，物流公司再开给下家。

**（二）依据资金流方向开具发票**

1. 纳税义务先于款项支付

在这种情况下，发票开具会先于款项支付，依据资金流方向开具发票无异于税法对民商行为做出规范。再者，应收账款保理、贷款支付等情况普遍存在，以此要求发票开具方向实为禁止先开票的纳税人进行应收账款保理和贷款支付。这样的要求显然会妨碍金融业的发展。同时，让企业在发生诉讼、财务危机情况下的诉讼调解、债务重组陷于尴尬，剥夺了企业变更合同内容的权利。

2. 后开具发票情况

即使后开具发票，以资金流方向来决定发票的开具方向也不合理。最为典型的就是按揭贷款的情况下，开发商不可能把发票开给银行。

由此可以看出，发票由谁开给谁不能基于货物流，也不能基于资金流，发票的开具应基于合同流。

### （三）基于合同流确定发票开具方向

我们认为，发票由谁开给谁原则上应当按照根据合同流确定，理由如下：

1. 除特殊情况外，纳税义务不可能先于合同成立

现代经营活动的本质是合同关系，是以意思表示为基础的权利义务设立、变更、终止过程。在以现代经营活动作为开票基础的情况下，纳税义务不可能先于合同成立，更不可能出现先依法开具发票，后出现对应合同成立的情况。完全符合税收法律事实决定纳税义务（含发票行为）的税法基本原则，不会影响行为人对民商活动的选择。

法律不会禁止尚未发货、尚未付款情况下的开票行为，只会禁止没有实际经营活动的开票行为（不考虑不征税发票）。实际经营活动（除了基于增值税原理及特别规定），基本上都是合同关系。当然，对不以合同为开票基础的情况，直接以开票基础本身来判定开票方向即可。例如，实行统一核算的设有两个分支机构的单位，货物从一个机构移送到另外一个机构（本质上是税款的内部分配问题）。

2. 依据合同流确定发票开具方向可操作性强，也不存在开票金额问题

实务中，判断合同的相对性非常简单。例如，A 公司销售给 B 公司一批货物，无论由谁发给谁、资金由谁支付给谁，都非常容易判断交易的相对方在谁和谁之间。

示例如下：

A 公司销售给 B 公司，价税合计 110 万元；B 公司销售给 C 公司，价税合计 120 万元；C 公司销售给 D 公司，价税合计 130 万元。

假设发票开具之时，合同的权利义务依旧，无论是否足额付款，发票开具的金额都是：A 公司开具给 B 公司 110 万元，B 公司开具给 C 公司 120 万元，C 公司开具给 D 公司 130 万元。在税收利益链中，贡献大的地区享有对应的增值税税收收益，见图 2-63。

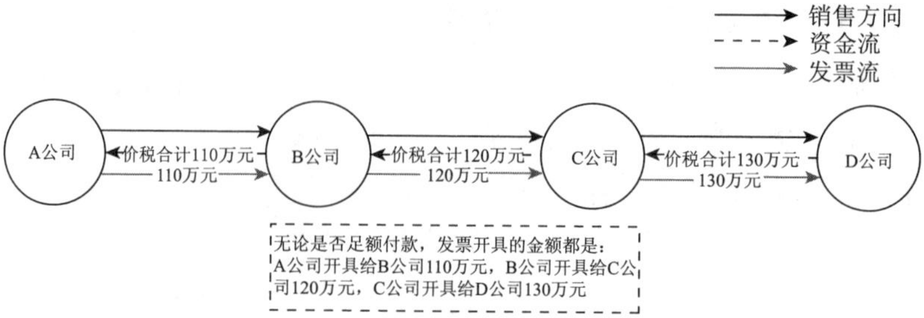


**图 2-63　依据合同流确定发票开具方向**

而依据资金流、货物流来开具发票，显然会让开具金额难以确定。例如，如果A直接发货给D，若按照货物流来开票就无法确定开票金额；在存在贷款支付的情况下，则需要把发票开给银行这样显然不合常理的要求。

再者，发票开具之时，如果当事人之间变更合同内容，基于合同按照变更后的合同内容开具发票即可；如果开具发票后合同内容发生变更，则调整发票即可（多开了予以冲红，少开了予以追加）。

3. 依据合同流来确定发票开具方向，不会冲击企业的私权利

税法不得规范商事主体的商业行为，不得对企业如何交付货物、是否交付货物、是否支付款项、如何支付款项、商业模式的选择等予以规范。按照合同流开具发票，企业如何从事民商行为，税法都不会直接将其作为税收违法的依据。

例如：税法可以规定，纳税人没有发货不得开票，但是不得规定“开票后的没有发货是违法行为”（这里的评价对象是“没有发货”），更不得规定开票后该如何发货。税法可以规定，纳税人没有付款不得开票，但是不得规定“开票后没有付款是违法行为”（这里的评价对象是“没有付款”），更不得规定开票后如何付款。

税法可以规定，没有完成交易不得开票，但是不得规定“开票后必须完成交易”（这里的评价对象是“必须完成交易”），更不得规定开票后如何完成交易。

在以合同关系作为开票基础的情况下，只能是合同关系已经存在，即当事人之间，就开具发票上记载的事项，已经有设立对应权利义务关系的意思表示（合同成立）。至于合同是否可能被撤销、合同是否有效、后续是否真的履行、如何履行，这些都不是税法该关注的。这里需要说明的是，合同的成

立和约束不一定需要双方意思表示一致；即使一方意思表示真实，另外一方系欺诈，也不影响开票的基础。

4. 现代交易的本质是意思表示基础上的设立、变更、终止民事权利义务的过程，而非货物、资金的直接交付

尽管对一些非交易事项也予以征税成立，但现代民商交易的本质是意思表示基础上的设立、变更、终止民事权利义务的过程。

以货物流、资金流来判断真实交易明显脱离实际；对真实交易为基础的发票该由谁开给谁进行判定，只能由真实交易本身的相对方来界定发票的开具方向。真实的交易相对方，毫无疑问是合同的相对方。

例如，A 销售给 B，B 销售给 C，C 销售给 D，D 销售给 E。无论货物是由 A 直接发给 E，还是 A 先发货给 B，B 再发货给 C，C 再发货给 D，D 再发货给 E，或其他直发组合，毫无疑问真实交易的相对方是“A 与 B 之间、B 与 C 之间、C 与 D 之间、D 与 E 之间”（因为合同相对关系如此）；而不可能说在“A 与 E 之间、A 与 C 之间、A 与 D 之间、B 与 D 之间、B 与 E 之间、C 与 E 之间”（因为那不是合同相对关系）。

5. 《发票管理办法》对收款方、付款方的规定

《发票管理办法》第十九条　销售商品、提供服务以及从事其他经营活动的单位和个人，对外发生经营业务收取款项，收款方应当向付款方开具发票；特殊情况下，由付款方向收款方开具发票。

该条中的收款方、付款方是指基于合同（所欲开具发票上记载事项）的收款权利方、付款义务方，和谁直接收款、直接付款无关。

## 二、发票开具的金额和发票开具原则

### （一）发票开具的金额问题

实务中经常会出现合同成立后，当事人协商变更合同条款或基于司法机关的判决调整合同金额、或者基于其他原因导致货物的发货数量、货款金额发生变动的情况。那么，我们应该如何确定发票开具金额？我们认为应当以发票开具当时合同所约定的对价金额为准。

在发票开具之前，如果合同经过协议调整、司法调整、或者发生了债务重组，开具发票之时应该严格以开票当时的合同内容为准。如果发票开具在

前，则应当予以调整，少开的予以增加，多开的予以冲红。

如果开具发票时对所付款项附有部分或全部返回的义务，除另有规定外，确定开票金额时应当扣除附带义务的返款金额。

### （二）发票开具的原则

1. 特殊规定和处理优先原则

法律、行政法规、财政部以及国家税务总局对特定事项有专门规定的，优先适用该专门规定；海关总署在其职权范围对发票类凭证的开具另有规定的，从其规定。

例如，以收取手续费的方式销售代销产品；特别情况下由付款方向收款方开具发票。

另外，对于增值税的视同销售，笔者认为应当由销售方向相对方开具发票，防止抵扣链条的中断以及增值税税款收益在不同区域之间的异常流转。

在旅客运输合同等特殊交易中，发票（车票）的相对方通常为乘坐运输工具的本人。

在一些费用报销业务中，如酒店住宿费用报销。尽管系个人住宿，合同相对人在个人与酒店之间，但是发票依旧是酒店开具给拟给予报销的单位。

2. 主要权利义务对应原则

销售商品、提供服务，由商品销售或提供服务产生收取款项的权利的一方向因为购买商品、接受服务而产生支付款项义务的一方开具发票。

这个原则极为重要，因为所有的交易行为均是建立在权利义务基础上，而非货物、服务直接交付的基础上。通俗来说，以谁的名义进行交易并由谁承担责任，发票就由谁开具给谁。在发票的开具方向以及金额上，应当重点参考所欲开具的发票所记载内容的合同交易相对方。

如果觉得难以判断，最简单的办法，当这个交易发生违约，该由谁起诉谁承担违约责任。

示例一

A 公司向 B 公司销售一台贵重设备，价税合计 2260 万元，B 公司向银行申请贷款支付该设备价款，并由银行直接将款项支付给 A 公司；A 公司系贸易公司，故 A 公司从远在千里之外的 C 公司采购该设备交付给 B 公司，货物由 C 公司直接运输给 B 公司。该例中，发票应当由 A 公司开具给 B 公司，C 公司开具给 A 公司，见图 2-64。

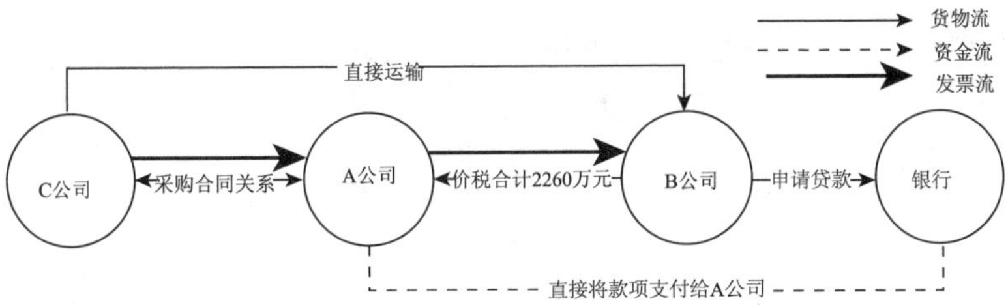


**图 2-64　示例一中的合同关系**

示例二

广州 A 公司委托广州 B 运输公司承运一批从新疆发往广州的货物；B 公司承接业务后，发现一家关系不错的 C 运输公司正好有一批空车从新疆返回广州，故让 C 公司来运输这批货物。B 公司自行和 C 公司结算，与 A 公司无关。在该例中，发票应当由 C 公司开具给 B 公司，B 公司开具给 A 公司，见图 2-65。

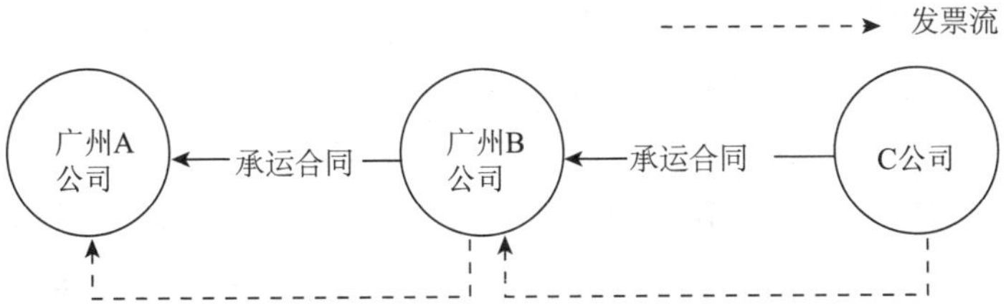


**图 2-65　示例二中的合同关系**

示例一中，如果 A 公司没有收到货款，只能起诉 B 公司，而不能起诉银行；B 公司没有收到货物，只能起诉 A 公司，而不能起诉 C 公司。

另外要说明一点，基于《产品质量法》的规定，消费者虽然可以就产品质量问题起诉生产商，但很难说这是一种完全的主合同义务。因为产品的交付义务依旧是销售者承担，这只是法律的一个特殊规定，很难说是基于直接的契约关系。（见图 2-67）

3. 以发票开具当时的权利义务为准，尊重商业外观主义原则

即发票开具的当时，权利义务由谁指向谁，发票就由谁开具给谁；开票

时确定的交易金额是多少，就开具多少。

示例一

A 公司委托 B 公司以 B 公司的名义向 C 公司采购产品，因为 C 公司未能及时收到货款，故 B 公司向 C 公司披露了 A 公司。C 公司选择向 A 公司主张权利，B 公司退出合同关系，见图 2-66。

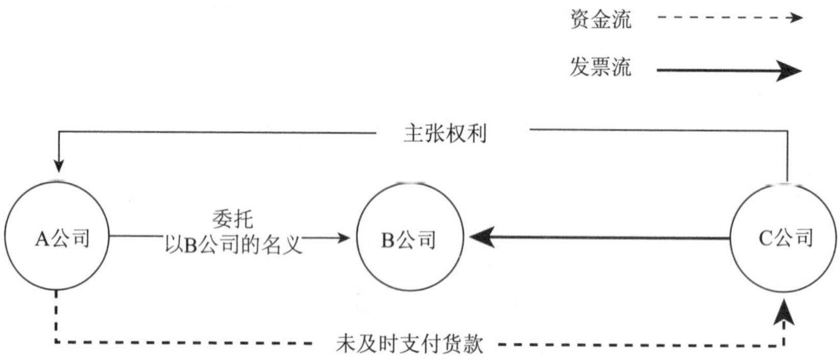


**图 2-66　发票开具当时的权利义务为发票开具依据**

笔者认为，尽管 B 公司和 C 公司签订合同时，知道将来可能不再作为合同相对方，但仍旧应当由 C 公司向 B 公司开具专用发票；否则，合同法的隐名代理制度将遭受冲击。

示例二

A 公司委托 B 公司以 B 公司的名义向 C 公司采购产品；C 公司知道实际购买方是 A 公司，但是 C 公司订立合同时明确表示该合同只约束 C 公司和 B 公司，那么发票只能由 C 公司开具给 B 公司，见图 2-67。

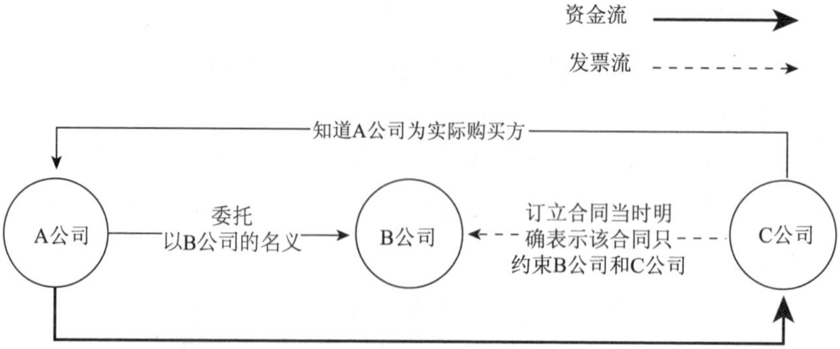


**图 2-67　明确表示合同约束方的发票开具**

企业在购买产品和服务或提供产品和服务时，只需考虑缔约当时的权利义务相对方是谁即可。不需要去审查对方是否存在代理行为、信托行为，也不可能去审查实际付款人或交货人是谁。

# 第三章　增值税基础知识

## 第一节　增值税概述

增值税的概念是由耶鲁大学的亚当斯提出，他将工资、租金、利息和利润的总和列为营业毛利，认为营业毛利正好体现了国民所得的增加部分。①

为了彻底明了虚开发票尤其是虚开增值税专用发票的根源、真正掌握虚开增值税专用发票对国家增值税税款的影响，我们首先需明白什么是增值税、它的基本原理。

一个理想状态的增值税，应当是：

无论产品形成经过多少环节，由多少部件构成，组成部分来自多少地区，环节的税率是多少，该产品及其组成部分所经历的全部环节的增值税理论应纳税额之和应为“该产品的最终销售价（不含税价）×最终销售环节的增值税税率”，不应超过这个金额（不考虑小规模纳税人）。需注意的是，这里的最终销售，不包括纳税人使用后再去销售。即这一销售是进入生活消费或视同生活消费的情况（一般来说，产品销售给自然人，视为生活消费，故我们提及个人消费时，一般是指生活消费）。

增值税是征收面非常广的税种，与我们每一个人都息息相关。例如，消费者购买一部手机 2260 元，消费者为国家贡献了增值税税款 260 元，具体为 2260 元/（1+13%）×13%＝260 元。消费者对国家贡献的税收金额＝该货物或服务的购买价/（1+税率）×税率

### 一、增值税传统定义

传统观点认为：增值税是以单位和个人生产经营过程中取得的增值额为

---

① 全国人大常委会预算工作委员会．增值税法律制度比较研究［M］．北京：中国民主法制出版社，2010：2.

课税对象征收的一种税。① 全国人大常委会预算工作委员会认为："简单地讲，增值税就是对货物流转或劳务提供过程中实现的增值额课征的税收。"②《国际增值税/货物与劳务税指南》亦持这种观点，该文指出：增值税基本上是对生产流通的各个环节的增值额征收的税收。③ 笔者认为，增值税的课税对象不是增值额，而是产品进入最终消费环节的销售价格。

传统理论认为，增值额是纳税人在生产经营过程中新创造的价值，即货物价值（C+V+M）扣除生产资料转移价值（C）之后的余额（V+M）。对于增值额，可以看作是购销差价，即因提供货物和劳务而取得的收入价格（不包括该货物和劳务的购买者应付的增值税）与该货物和劳务外购成本（不包括为这些外购项目所支付的增值税）之间的差额。④ 通俗地讲，假定一批货物销售价格为 200 万元，为生产这批货物的购进为成本为 80 万元，那么该批货物的增值额就是 120 万元（200 万元-80 万元）。增值税即是以 120 万元为课税对象征收的税种。

**（一）增值额的分类**

增值额包括理论增值额和法定增值额，基于传统观点对增值税的理解，这种分类有利于我们了解掌握增值税的分类、了解增值税改革的进程。

1. 理论增值额

理论增值额是指纯粹理论意义上的增值额度，是指企业在生产过程中新创造的价值，如表 3-1 所示。

---

① 全国税务师职业资格考试教材编写组．税法（Ⅰ）［M］．北京：中国税务出版社，2016：63.

② 全国人大常委会预算工作委员会．增值税法律制度比较研究［M］．北京：中国民主法制出版社，2010：2.

③ 经济合作与发展组织．国际增值税/货物与劳务税指南，2017.

④ 全国人大常委会预算工作委员会．增值税法律制度比较研究［M］．北京：中国民主法制出版社，2010：2-3.

**表 3-1　不同角度对增值额的理解**

| 角度 | 对增值额的理解 |
| --- | --- |
| 概念上 | 理论增值额是企业在生产经营过程中新创造的价值 |
| 从一个生产经营单位来看 | 增值额是指该单位销售产品收入额扣除为生产经营这种产品而外购的那部分货物价款后的余额 |
| 从一项货物来看 | 增值额是该产品经历的生产和流通的各个环节所创造的增值额之和，也就是该项货物的最终销售价值 |

任何一批产品只要这一阶段的销售需要缴纳增值税，那么该批货物至该阶段，连同之前所有增值额之和正好等于该阶段它的不含税销售价，可增可减。例如，A 公司以 100 万元（不含税）价格将一批产品销售给 B 公司，B 公司以 200 万元（不含税）价格将该批产品销售给 C 公司，C 公司以 300 万元的（不含税）价格将该批产品销售给 D 公司……A 公司销售给 B 公司时，该产品的全部增值额（连同以前的）共计 100 万元，正好等同于 A 公司销售给 B 公司的该产品不含税售价；B 公司销售给 C 公司时，该产品的全部增值额（连同以前的）共计 200 万元，正好等同于 B 公司销售给 C 公司的该产品不含税售价；C 公司销售给 D 公司时，该产品的全部增值额（连同以前的）共计 300 万元，正好等同于 C 公司销售给 D 公司的该产品不含税售价……以此类推，见图 3-1。

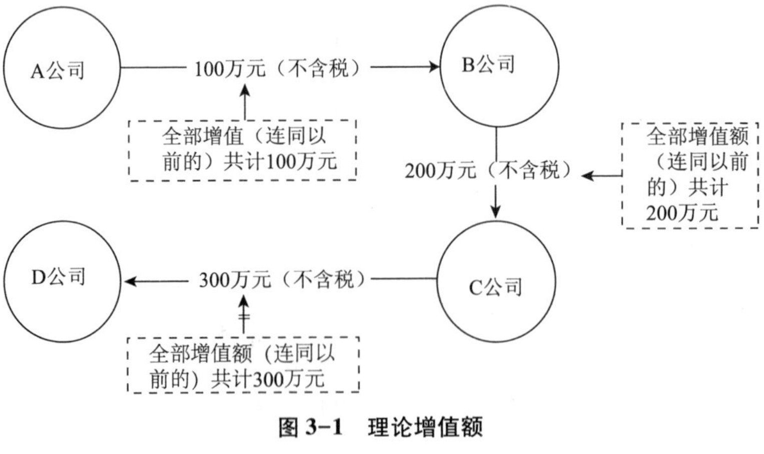


**图 3-1　理论增值额**

表 3-2　各环节增值额与价格的关系

单位：元

| 项目的各个环节 | 不含税的销售价格 | 增值额 |
|---|---|---|
| 制造环节 | 600 | 600 |
| 批发环节 | 750 | 150 |
| 零售环节 | 1000 | 250 |
| 合计 | 2350 | 1000 |

如表 3-2 所示，某产品最终不含税销售价格为 1000 元，这 1000 元是由制造、批发和零售这三个环节共同创造的。假设每一环节都没有其他物质消耗，都是该环节新创造的价值，那么该产品在三个环节中创造的增值额之和就是该货物的最终销售额。任何一个销售阶段的不含税销售价格就是截至该阶段该产品的全部增值额（连同以前的）。

2. 法定增值额（如表 3-3 所示）

法定增值额，是指各国根据各自的国情、政策要求，在规定扣除范围时，对外购固定资产的不同处理方式确定的不同增值额。假定某企业报告期货物销售额为 78 万元，从外单位购入原材料等流动资产价款 24 万元，购入机器设备的固定资产价款为 40 万元，当期计入成本的折旧费用为 5 万元。

表 3-3　不同国别的法定增值额①

单位：万元

| 国　别 | 货物销售额 | 允许扣除的外购流动资产价款 | 允许扣除的外购固定资产价款 | 法定增值额 |
|---|---|---|---|---|
| 甲国 | 78 | 24 | 0 | 54 |
| 乙国 | 78 | 24 | 5 | 49 |
| 丙国 | 78 | 24 | 40 | 14 |

### （二）基于增值额理论对增值税分类

基于不同国别法定增值额，根据对外购固定资产处理方式不同，将增值税划分为生产型增值税、收入型增值税、消费型增值税。

1. 生产型增值税

计算增值额时不允许扣除任何外购固定资产价款，法定增值额为工资、利息、租金、利润和折旧额之和，如我国 2009 年增值税改革之前的增值税计

① 全国税务师职业资格考试教材编写组．税法（I）［M］．北京：中国税务出版社，2017：64.

征方式。该类增值税征收方式存在重复征税的弊端，增加了企业投资成本，不利于扩大投资。由于该类增值税计征方式相当于以国内生产总值为计税依据，故称之为生产型增值税。

2. 收入型增值税

计算增值额时只允许扣除外购固定资产的当期折旧部分价款，法定增值额相当于工资、利息、租金、利润之和，增值额相当于国民收入部分，以此增值额征收的增值税即收入型增值税。该类型增值税计征方式消除了重复征税，但在实践中难以操作。

3. 消费型增值税

计算增值额时允许扣除当期外购固定资产的全部价款，增值额相当于国民消费资料价值的部分，以此增值额征收的增值税即消费型增值税，如我国2009年全面推行的增值税计征方式。该类增值税为消费型增值税，理论上能彻底消除重复征税，有助于投资、加速设备更新和推动技术进步。

## 二、对增值税概念的深入理解

### （一）以增值额定义增值税只能建立在单一税率基础上

1. 从单个销售环节分析

假设A公司销售某产品不含税价格为200万元，A公司为生产这种产品购进生产资料不含税价格为100万元。假定A公司无其他购进和销售，购进货物依法取得进项凭证且可以抵扣。

情况一：A公司销售货物的增值税税率为13%，而对应购进部分的税率为9%。如果课税对象为增值额，A公司应纳税额为（200万元-100万元）×13%=13万元；实际上，A公司应纳税额=（200万元×13%）-（100万元×9%）=17万元。

情况二：A公司销售货物的增值税税率为9%，而对应购进部分的税率为13%。如果课税对象为增值额，A公司应纳税额为（200万元-100万元）×9%=9万元；实际上，A公司应纳税额=(200万元×9%)-(100万元×13%)=5万元。

设上游环节不含税销售额为$S$，对应税率为s；下游环节不含税销售额为$X$，对应税率为x；则$Ss-Xx=(S-X)x$，在$S$不等于零的情况下，s必须等于x。即只有在上下游税率一致的情况下，该环节的增值税才能表现为以增值额为课税对象。

2. 从整个生产流通环节来看

如图 3-2 所示，假定货物流经 $n$ 个环节或 $n$ 个组成部分到达消费者手中，第一个环节（组成部分，下同）的销项为 $A_1$，第二个环节的销项为 $A_2$，第三个环节的销项为 $A_3$……第 $n$ 个环节的销项为 $A_n$。在抵扣链条中，上一个环节的销项税额就是下一个环节的进项税额，即增值税的应纳税额 = 销项税额 - 进项税额，故而则该产品各个环节的增值税应纳税额之和为：

$$A_1 + (A_2 - A_1) + (A_3 - A_2) + \cdots(A_n - A_{(n-1)}) = A_n$$

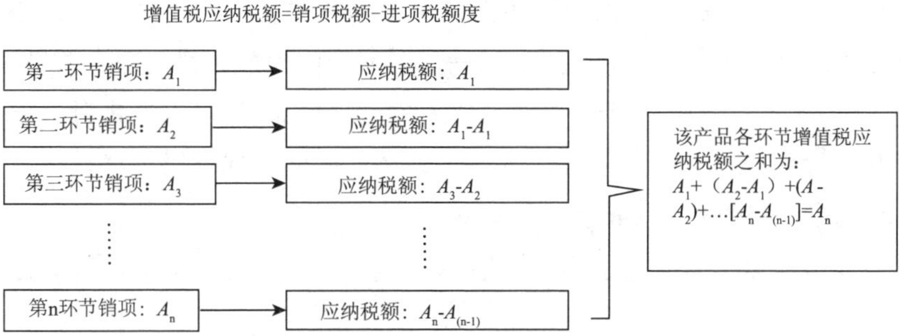


**图 3-2　该产品各个生产流通环节增值税应纳税额之和**

设第一个环节的不含税销售额为 $X_1$，税率为 $s_1$；第二个环节的不含税销售额为 $X_2$，税率为 $s_2$……以此类推，如果增值税的课税对象是增值额，则每个环节的税率必须相同，但明显不现实，因为至少还有零税率。

## （二）什么是增值税？

如图 3-3 所示，假设张三去超市买了一桶康师傅方便面，含税价格为 4.52 元（货物价格 4 元，增值税 0.52 元）。由于张三在这一环节消费了方便面，故张三支付的 0.52 元增值税税款不能予以抵扣。

如果该超市消费（指生活消费）了该桶方便面，其购进时的含税价格为 3.39 元（超市取得了专用发票，其中含增值税税款 0.39 元）。由于超市消费了该方便面，0.39 元的增值税税款也不能抵扣。

如果超市上游批发商的购进价格为 2.26 元，并且取得了专用发票……

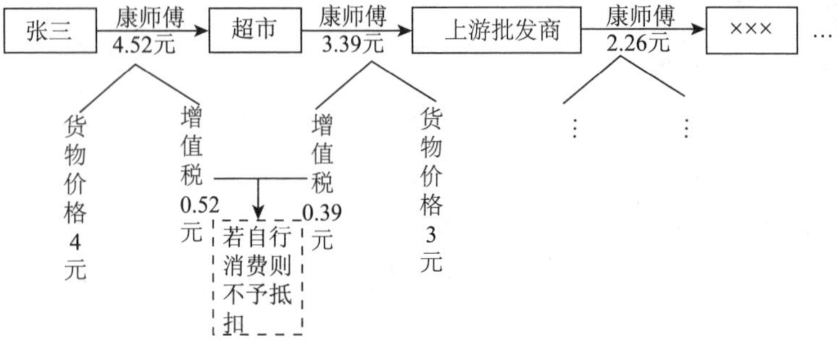


**图 3-3　增值税计算原理**

增值税是对货物与劳务的最终消费课征的税收。尽管每个纳税人必须就其应税交易缴纳增值税，但实际上只是代国家征收税款，代消费者缴纳税款。纳税人在生产经营的每一个环节所征收的税款都全部包含于消费者所支付的价格中，纳税人已经缴纳的税款都将从消费者那里得到补偿，消费者才是增值税的最终负担者实际负担者。①

1. 假定购买者用于消费（生活消费，下同），如果不是用于消费则予以退税

凡购买产品，均应按照其不含税价格和对应的税率缴纳增值税。例如，A公司销售一批货物给 B 公司，不含税价格为 100 万元，税率为 13%，则应对B 公司征收 13 万元的增值税（100 万元×13%）。

如图 3-4 所示，如果 B 公司将购进的货物用于生产经营，那么 B 公司缴纳的税款应当予以退还，退还的方式有两种：一种是从足额上缴给国家的代征增值税税款中扣除，即抵扣；另一种退税方式是直接退还现金。

如果 B 公司将购进的货物用于消费，② 则该笔税款不予退还。

① 全国人大常委会预算工作委员会．增值税法律制度比较研究［M］．北京：中国民主法制出版社 2010：2，5.

② 这里的消费指包括家庭生活在内的个人消费，包括拟制为生活消费情形，用于免费项目、集体福利、简易征税、管理不善导致的毁损等进项税额不能抵扣的项目。

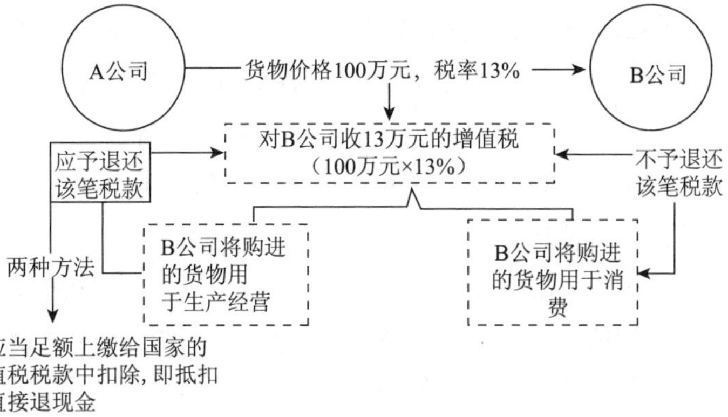


**图 3-4　假定购买者用于消费（生活消费，下同），如果不是用于消费则予以退税**

2. 通常由销售方代征，并将代征的税款足额缴还国家

承上例，A 公司在收取 100 万元货款时，需代国家收取 13 万元的增值税税款，即 A 公司向 B 公司收取 113 万元的款项（100 万元的货款+13 万元的增值税税款）。

需注意：如果国家对销售方掌控力弱甚至缺乏掌控力，则不宜由销售方代征。例如，进口环节的增值税，由于销售方位于国外，不宜由销售方代征。当购买方为扣缴义务人时，通常是由于国家对销售方的掌控力弱。

3. 结算代征税款和应退税款

承上例，B 公司将货物销售给了 C 公司，不含税价格为 200 万元，增值税税率为 13%。B 公司在收取 C 公司 200 万元货款时，需要代国家征收 26 万元（200 万元×13%）的增值税税款，故而 B 公司当向 C 公司收取款项 226 万元（200 万元货款+26 万元的增值税税款）。

假定 B 公司无其他进项税额和销项税额，本期结算时：

B 公司代征的 26 万元增值税税款（销项税额）应足额缴还给国家，同时国家也应退还 B 公司 13 万元的增值税税款（进项税额）。于是，从应当足额缴还给国家的代征税款中扣除国家应当退还给 B 公司的垫付税款，B 公司只需要缴纳 13 万元（26 万元-13 万元）给国家即可。

由此可见，增值税是以产品购买价格为计税依据，在进入最终流通环节（以下简称个人消费环节或生活消费环节）之前，环环征税、环环退税直至进入个人消费（含家庭生活消费）环节而不再退税的税种。

**（三）准确理解增值税概念的意义**

准确理解增值税的概念，对理解增值税的政策法规极为重要。

第一，准确理解增值税概念，有助于理解增值税抵扣链条中间环节的逃税行为，通常不会导致国家整体税款的损失，但可能会导致国家税款在不同税务机关之间异常流转。

第二，准确理解增值税概念，有助于理解外购货物的进项税额的抵扣以该货物继续在增值税领域流转为前提。如果取得该进项的货物未经实质加工直接进行了生活消费（或者直接进入了非增值税领域），则该进项不得抵扣，已经抵扣的应当予以转出；如果外购货物经过实质加工转变为其他货物，但在该环节退出了增值税抵扣链条，则应当作视同销售处理。

第三，准确理解增值税概念，有助于理解实务中判断一个产品的进项是否不得抵扣。理解为何应重点考虑该进项的载体是否实质性为企业的生产经营做出贡献。

例如，某外购消费品如果用作企业员工的个人消费，则应当作进项转出（或不得抵扣）；如果专门用作劳动保护，则进项准予抵扣。

第四，准确理解增值税概念，有助于防范虚开或增值税偷逃税带来的国家增值税税款流失。

在防范虚开方面，应重点保障据以抵扣的进项得以获得足额对应的税款入库；在防范逃税方面，应重点把控终端环节。

第五，准确理解增值税概念，有助于一些重要公式的推导，如出口退税的公式推导，进而准确地判断骗取出口退税的实质。

**（四）基于增值税标准定义下的增值税计税原理**

1. 按照销售额计算增值税税款（国家应享受的总体增值税税收）

例如，A贸易公司购进一批产品不含税价为1000万元，增值税税率为13%（价税合计1130万元，其中增值税130万元，货物价格1000万元），销售给B公司不含税价格为2000万元，增值税税率为13%。对于这次销售，A公司先按照2000万元计算该货物截至该阶段增值税税负即260万元（2000万元×13%），然后扣除其预先垫付的增值税税款130万元（1000万元×13%），见图3-5。

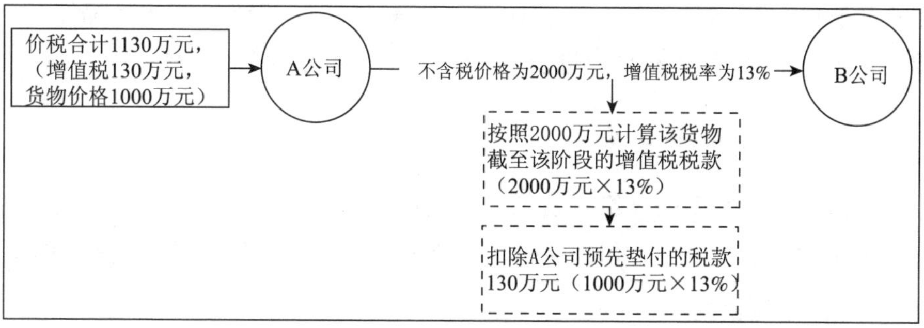


**图 3-5 按照销售额计算增值税税款**

2. 实行税款抵扣制度，扣除之前环节已纳增值税税款

上例中，A 公司在计算应纳税额时，应扣除该产品之前环节已经缴纳的税款 130 万元，从而计算出 A 公司销售该批产品应纳税额为 130 万元，即 260 万元（该产品在该阶段的整体税负）-130 万元（之前环节已经缴纳的增值税税款）。

3. 环环纳税，环环抵扣

产品（货物或应税服务）只要发生销售行为，就要按照销售额计算增值税税款，再扣除之前环节已纳税款。每销售一次，就要按照上述方法计算并缴纳一次；上一环节少缴纳多少税款，下一环节通常就会多缴纳多少税款。

4. 增值税纳税人并不负担税收

销售方向购买方收取的价款，包括了该产品的整体增值税税负，价税分离，且单独计算。增值税税款支出随销售环节逐渐向下转移，直到该产品进入消费领域或非增值税应税领域。承接该产品的纳税人就是该产品增值税税负的最终承担者。

例如，A 公司以 100 万元（不含税）价格将产品销售给 B 公司，增值税税率是 13%，则 A 公司向 B 公司收取的价款为 113 万元（包含了该货物 13 万元的增值税税款），A 公司将增值税税款转移给了 B 公司。

再如，A 公司向 B 公司销售一批食品，B 公司转手 C 公司，C 公司再向 D 公司销售。以此类推，最后该批食品到了 K 手上。K 不再用于销售而是用于食用，则 K 是该批食品增值税税负的最终承担者。

整个过程中，谁购买产品，谁就先暂时负担增值税税款（代增值税税款的实际负担者预先垫付）。当产品向他人流转时，增值税税负也一并转嫁（固定资产所包含的增值税税款，实际上也随着固定资产所生产的产品予以转嫁)。实际上，纳税人在抵扣进项税额时，增值税税负已经转移了。

## 三、增值税的优缺点

增值税是对产品的最终消费课征的税收，是产品所经历的生产和流通全部环节所缴纳的增值税之和，理论上等于终端不含税售价×终端增值税税率。

### （一）增值税的优点

1. 税收中性

（1）避免重复征税，有利于社会化大生产的开展

增值税施行环环征收、环环抵扣的征收制度，仅在最终消费环节全额征税，有效避免了重复征税。增值税的课征与商品流转环节相适应，税额大小不受流转环节影响，税负在各环节合理分配，有利于促进生产的专业化和分工，适应了社会化大生产的需要。

从单个企业来看，增值税税负的高低不受外购部分价值所占比重的影响；从产品来看，一种产品无论由多个生产者共同完成，还是由单一厂家完成，只要在最终消费环节的价格相同，那么该产品的增值税税负就相同，从而有利于产品生产的分工协作。

（2）进出口环节

出口产品零税率是消费地原则在跨境贸易中的具体体现，有利于不同税收制度国家之间公平竞争。

对进口货物按照国内增值税税率征税，有利于进口货物与国产货物之间的公平竞争。

2. 有利于财政收入的稳定

增值税的普遍征收使增值税税源充足、税基广阔，确保了财政收入的充足；增值税税收的实现是以对终端消费的普遍征收为基础，不受制企业的盈亏状况，从而保障了财政收入的稳定性。

3. 征管上相互制约，税负上向后转嫁

增值税一般实行凭票抵扣，发票让买卖双方相互制约；销售方开具的增值税专用发票既是销售方的销项税额，又是购买方的进项税额，从而将增值税税负传导到最终消费者。在这个链条中，上一环节少缴纳多少税款，下一个环节就会多缴纳多少税款。

由于增值税的税负层层转嫁，增值税纳税人不负担增值税税款，使增值税成为了“没有痛觉的收入来源”。

### （二）增值税不足之处

1. 增值税的累退性

由于增值税以终端消费产品为税基，而收入越高，通常消费支出比例越低，从而导致低收入者的增值税负担高于高收入者，有悖于公平原则。实务中，为了减少这种影响，会对部分生活必需品实行免税。

2. 管理成本较高

增值税的本质是对终端消费征收的价外税，当增值税中间环节嵌入增值税税收优惠或者同一家企业既对终端消费者销售，又向纳税人销售，容易引发虚开，进而导致增值税税款的流失。

## 四、增值税征管基本原则

基于增值税的实质定义，我们需要掌握增值税征管的基本原则。

### （一）对最终消费的普遍征收原则

增值税征管基本原则在所有司法管辖区通常是相同的，旨在根据目的地原则在其所在辖区对最终消费征税。① 增值税的总体目标是对私人最终消费的普遍征收，包括家庭的最终消费。当然，实践中，许多增值税制度不仅让个人消费承担增值税，而且也增加了涉及非商业活动的各种实体的增值税负担。作为对最终个人消费广泛征收的税种，增值税区别于针对特定消费形式的消费税，如购买汽油或一次性筷子。

对最终消费普遍征收原则的必然结果是增值税的负担不应依赖于企业。实践中，如果企业获得全部或部分用于企业所有者私人消费的商品、服务或无形资产，则增值税制度必须确定是否或在多大程度上将购买视为企业经营目的或私人消费。②

对最终消费普遍征收原则非常重要，它不仅是增值税的本质要求，而且是理解中性原则及目的地原则的基础。另外，只有熟悉该原则，才能理解增值税为什么环环征税、环环抵扣，才能知悉抵扣、出口退税的本质，才能熟

① 经济合作与发展．国际增值税/货物与劳务税指南，2017

② 经济合作与发展组织．国际增值税/货物和劳务税指南，2017

悉增值税进项税额、销项税额、应纳税额的基本原理，才能掌握增值税专用发票虚开的根源，才能深入地分析起征点、简易征税、免税、小规模纳税人等概念。

**（二）税收中性原则**

增值税税收中性化体现在许多方面，包括营建公平公正的税收环境，消除企业不适当的税负和不合理的成本。税收中性原则有助于确保政府取得适当收入。

增值税税收中性原则的基本要求是：企业的经营决策不应考虑增值税本身的规定，这要求税负原则上不得及于企业，最为重要的是保障企业进项税额抵扣的权利。

增值税税收中性原则的根本保障在于“对最终消费的普遍征收原则”。基于对最终消费普遍征收原则，购买方购进货物支付的增值税税款，如果继续用于生产经营，则应当退还其支付的增值税税款。最终实现税负由最终消费者承担，保障企业负担的增值税税款得到补偿。增值税只有普遍征收才能确保中立性，倘若一部分纳税人不缴纳增值税而另一部分必须缴纳，相当于以财政补贴一部分纳税人在同等利润、同等购进的情况下，以更低的价格销售货物，显然不利于公平竞争。

**（三）目的地原则**

最终消费普遍征收原则为核心增值税原则和具体制度奠定了基础，并与国际贸易相关。与增值税国际适用有关的经济政策的根本问题在于增值税征税是由原产地或目的地管辖区来征收。根据目的地原则，税收最终只会对征税管辖区内发生的最终消费征收，从而将在某一管辖区内的所有企业竞争置于平等地位。①

目的地原则在增值税征管中的应用体现在国际贸易中实现中立。根据目的地原则，出口原则上应当适用零税率，并且按照与国内供应相同的税率征税。因此，与供应有关的全部税收由其管辖范围内适用的规则决定，且和所有收入归于向最终消费者供应的管辖范围。②

增值税作为一种消费税，收入应计入最终消费所在的司法管辖区。世贸

---

① 经济合作与发展组织．国际增值税/货物与劳务税指南，2017

② 经济合作与发展组织．国际增值税/货物和劳务税指南，2017

组织“补贴和反补贴措施协定”指出：“……出口产品免除出口产品在用于国内消费时由同类产品承担的关税或税收，或以不在已经累计的数额不应被视为补贴。”①

在国际货物贸易方面，实施目的地原则理论上相对直接，在实践中通常有效，这在很大程度上是由于边界管制或财政边界的存在。当一项交易涉及将货物从一个司法管辖区移到另一个司法管辖区时，货物通常会在交货地点被征税。出口货物在出口环节实施零税率，而进口货物与买方管辖范围内的同等国内货物具有相同的增值税。进口增值税一般在征收关税的同时征收。允许扣除进口产生的增值税，如同国内供应的进项税抵扣一样，确保了中立性并限制了与国际贸易有关的扭曲。②

另外，我们认为：根据增值税的本质，指南中“目的地原则”，译为“消费地原则”更加准确。

## 第二节　增值税纳税义务人和扣缴义务人

增值税的纳税义务人（简称纳税人）非常特别，实际上扮演着代收代缴的角色（代收代缴义务人）；增值税的代扣代缴者，是原理意义上的纳税义务人。尽管每个纳税人必须就其应税交易缴纳增值税，但实际上只是代国家征收税款，代消费者缴纳税款。纳税人在生产经营的每一环节所征的税款全部包含在消费者所支付的价格中，纳税人已经缴纳的税款在每次销售时都将从消费者那里得到补偿。最终消费者才是增值税的最终负担者实际负担者。③

### 一、纳税人和扣缴义务人、负税人

所谓纳税人，也叫纳税义务人，是税法上规定的直接负有纳税义务的单位和个人。简单而言，就是谁有缴纳税收的义务，谁就是纳税人。

扣缴义务人，是指负有代为收取税款或代为扣取税款并缴纳法定职责之义务人。通常所说的代扣代缴，就是扣缴义务人的义务。

---

① 参见世界贸易组织（WTO）《补贴和反补贴协议》。

② 经济合作与发展组织．国际增值税/货物和劳务税指南，2017

③ 全国人大常委会预算工作委员会．增值税法律制度比较研究［M］．北京：中国民主法制出版社，2008：5.

负税人，是实际负担税款的单位和个人。负税人包括临时负税人和最终负税人（这样划分便于理解增值税的本质）。所谓临时负税人，是临时负担税款而后将该负担转嫁给别人的单位和个人；所谓最终负税人，是最终负担税款无法再将负担予以转嫁的单位和个人。

例如，企业发放工资时，企业代税务机关扣除员工应当缴纳的个人所得税并代员工将代扣的个人所得税缴纳给税务机关。这里，员工是纳税人，企业是扣缴义务人。

增值税纳税人购进可以抵扣进项税额的产品后，在进项税额抵扣之前为临时负税人；在货物用于销售且将进项税额予以实际抵扣之后，临时负税人转变为纳税人（在进项抵扣之后货物销售之前，我们可以称之为推定纳税人；如果最终不是用于生产销售，则已经抵扣的进项税额需要作转出处理）。

增值税最典型的特点是纳税人和负税人绝对分离。

名义上的增值税纳税人并非是理论意义上的纳税人，增值税理论意义上的纳税人实际上是增值税负税人。①

## 二、增值税的纳税人和扣缴义务人

### （一）增值税如何征收

增值税的总体目标是对最终消费的广泛征税，这里的最终消费原则是指个人消费，区别于企业的生产消费。然而实践中，不少增值税制度不仅让私人消费负担增值税，而且增加了非商业活动中各种实体的增值税负担。

1. 增值税的中间环节

假设 A 公司销售给 B 公司一批货物，价税合计 113 万元，A 公司向 B 公司开具了价税合计 113 万元的专用发票（其中含增值税 13 万元），B 公司是一般纳税人。

图 3-6 可表示 A、B 与国家之间权利义务关系：

① 赵清海、王家欣著．增值税专用发票虚开的判定与预防［M］．北京：中国经济出版社，2016：10.

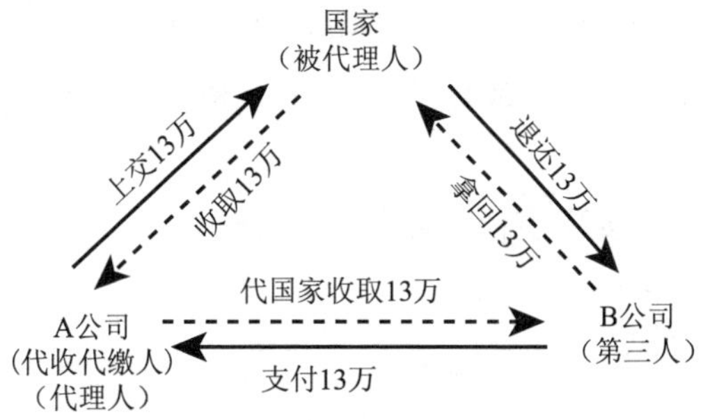


**图 3-6　中间环节权利义务关系**

注：内圈箭头代表权利，箭头指向对应的义务人（付款人）。

外圈箭头代表义务，箭头指向对应的权利人（收款人）。

国家和 A 公司之间是代理和被代理的关系。A 公司代国家收取 B 公司的 13 万元增值税税款，国家委托 A 公司代其收取 13 万元的增值税税款（B 预先垫付的增值税税款），A 公司代收的税款应足额交还给国家。

A 公司和 B 公司之间是代理人和相对人关系. A 公司在享有收取 B 公司 100 万元货款权利的同时，负有代国家向 B 公司收取 13 万元增值税税款的义务（这种代收相对于 B 公司是权利，对国家则是必须履行的义务），A 公司代为国家行使了该权利。

B 公司在承担对 A 公司支付 100 万元货款义务时，同时负有向 A 公司交付 13 万元增值税税款的义务，对 A 公司履行了该义务视同为对国家履行了该义务。

当 B 公司的购进用于生产经营时：国家负有退还 13 万元增值税税款的义务；B 公司享有要求国家退还 13 万元增值税税款的权利。退还的主要方式为从 B 公司代收的国家税款中予以扣除（抵扣）。

从图 3-6 可以清晰地看出：A 公司作为一般纳税人，实际上充当了代收代缴角色，B 公司是代垫付角色。A 公司代国家收取税款，B 公司代最终消费者预先垫付税款。

需要注意，在该环节中，由于产品尚未进入最终消费环节，国家并未实质征收到税款。国家享有收取 A 公司 13 万元税款权利的同时，也负有对 B 公司退还 13 万元税款的义务。

2. 进入终端环节

承接图 3-6，该阶段，A、B 公司、国家均没有实际收取税款。为了进一步说明，假定C公司将货物以339万元的价格销售给李四（开具普通发票或不开具发票）。李四将该批货物用于消费，国家真正享受收取增值税税款权利。

（1）李四将39万元增值税税款交给C公司，C公司将39万元增值税税款交给国家（见图3-7）

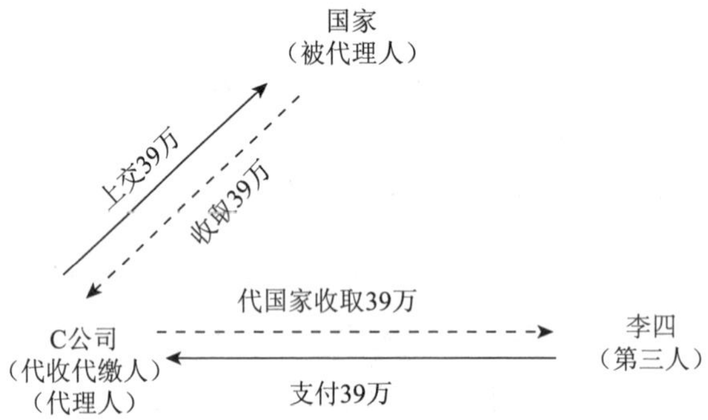


**图3-7　终端环节中的权利义务关系**

（2）C公司购进时已支付26万元的增值税税款

图3-7中，C公司收取39万元增值税款后，将税款全额上缴国家（同时向国家索要其预先垫付的26万元增值税税款）。而此时国家不必退还39万元增值税税款给李四，因为货物已退出流通领域。国家享受的增值税税款正好等于不含税购买价与税率的乘积，即339万元/（1+13%）×13%＝39万元。

**（二）增值税的纳税人和扣缴义务人**

1. 增值税纳税人和扣缴义务人纳税原理

销售产品时，购买方均被假定为最终消费者，需要预先垫付增值税税款。如果所购买的产品并非用于最终消费，国家需退还税款。但一般来说，国家不可能在每次购买产品时都去直接征税。而由销售方代为征收，按照一定的期限集中缴纳给国家。通常将代为征收税款并集中缴纳给国家的销售方，作为纳税人。故增值税纳税人的本质是代国家收取增值税税款的代理人。

国家选择代理人代为征收税款，应确保代理人可控且方便管理。如果代理人难以管控，则难以保证其代为收取的税款进入国库。此时，国家要么委托可信任的机构代为征收税款，购买方向国家委托的机构缴纳税款，购买方成为名义上的纳税人；要么购买方向主管税务机关缴纳增值税税款，此时，购买方为扣缴义务人（代扣代缴增值税）。

最为典型的是，进口环节的增值税缴纳。进口时，销售方在境外，国家不可能委托境外的销售方（或出口方）代征税款（这种情况下，如果委托销售方代征税款，销售方代收税款后多半不会上交），故国家委托海关代为征收税款。此时，进口方自己缴纳增值税税款，进口方是纳税人。

另外，对境外的单位或者个人，在境内设立经营机构且在境内提供应税劳务的，国家委托其境内代理人代为征收增值税税款，是为扣缴义务人；境内没有代理人的，该类单位或个人在境内销售服务、无形资产或不动产的，购买者需自行把税款缴纳给税务机关，此时购买者为扣缴义务人。代理人作为扣缴义务人时，代理人担当代为征收税款角色；购买人为扣缴义务人时，购买人自行缴纳税款给税务机关。

2. 增值税纳税人和扣缴义务人相关规定

（1）增值税纳税人基本规定

《增值税暂行条例》第一条　在中华人民共和国境内销售货物或者加工、修理修配劳务（以下简称劳务），销售服务、无形资产、不动产以及进口货物的单位和个人，为增值税的纳税人，应当依照本条例缴纳增值税。

《增值税暂行条例实施细则》第八条对境内销售货物的规定为“销售货物的起运地或者所在地在境内”，对境内提供加工修理修配劳务规定为“提供的应税劳务发生在境内”。

该条文系增值税纳税人的一般规定，在境内销售货物或者加工、修理修配劳务，销售服务、无形资产、不动产的，由境内的销售方代为征收国家增值税税款，国家对其可控，故以销售方为纳税人（代收税款的人）。

进口货物的出口方在境外，国家不可能委托其代收增值税税款，故进口方为纳税人，向海关缴纳增值税税款。根据国税发〔1993〕155 号的规定，进口货物的收货人或办理报关手续的单位和个人，为进口货物增值税、消费税的纳税义务人。

之所以没有规定进口劳务、服务、无形资产、不动产，立法者可能是基于以下考虑，如表 3-4 所示。

**表 3-4　没有规定进口劳务、服务、无形资产、不动产的可能原因**

<table>
<tr><th></th><th>相关内容</th><th colspan="3">适用</th></tr>
<tr><td rowspan="5">没有规定进口劳务、服务、无形资产、不动产的解释</td><td rowspan="3">劳务、服务</td><td rowspan="2">劳务、服务如果在境外发生</td><td>销售方在境外</td><td>不属于征税范围</td></tr>
<tr><td>销售方在境内</td><td>属于跨境应税行为，理论上适用零税率</td></tr>
<tr><td colspan="2">劳务、服务如果在境内发生</td><td>直接适用“提供的应税劳务发生在境内”，不存在劳务进口报关问题</td></tr>
<tr><td>无形资产（无形资产的引进通常不会以进口申报的方式引进，而以其他方式，如协议的方式引进）</td><td colspan="2">如果由境外向境内提供无形资产</td><td>由购买人作为扣缴义务人</td></tr>
<tr><td colspan="4">在目前的科技水平下，不动产不存在进口的问题</td></tr>
</table>

《增值税暂行条例》第二十条　增值税由税务机关征收，进口货物的增值税由海关代征。个人携带或者邮寄进境自用物品的增值税，连同关税一并计征。具体办法由国务院关税税则委员会会同有关部门制定。

基于消费地原则，产品在境外消费的，不宜征收任何增值税，在境内消费的，征收该产品所有环节的增值税。产品在哪个国家和地区最终消费，则增值税的全部收益归该国或该地区所有。依据该原则可以简单推导：

流入境内的（包括境内到境内、境外到境内），按照该国税率征税；境内到境外，零税率（不在本国消费，确保国内对其不征收任何增值税）；境外到境外，不属于增值税征税范围。

（2）代理进口的纳税义务人确定

《国家税务总局关于印发〈增值税问题解答（之一）〉的通知》，即国税函发〔1995〕288 号第四条规定如下：

代理进口货物的行为，属于增值税条例所称的代购货物行为，应按增值税代购货物的征税规定执行。但鉴于代理进口货物的海关完税凭证有的开具给委托方，有的开具给受托方的特殊性，对代理进口货物，以海关开具的完税凭证上的纳税人为增值税纳税人。即对报关进口货物，凡是海关的完税凭证开具给委托方的，对代理方不征增值税；凡是海关的完税凭证开具给代理方的，对代理方应按规定征收增值税。

前文提及，增值税一般纳税人的本质是代国家征收税款，购买方代消费者预先垫付增值税税款。货物进口时，不可能让出口方代为征收税款，故确定进口环节的纳税人，本质上是确认谁被拟定为进口环节税法意义上的“买方”。确定代理进口环节纳税人比较特殊，不是“谁是纳税人就把缴款书开给谁并由谁抵扣”，而是“缴款书开给谁并由谁抵扣谁就是纳税人”。

海关代国家征收税款，进口方将增值税税款缴纳给海关。如果货物取得方将货物用于生产经营，增值税税款不会流失。

例如，A 公司是进口方，倘若缴款书开给 A 公司。假设进口缴纳的增值税税款为 $X$，海关原税款为 $H$，A 公司主管税务机关原税款为 a，进口业务发生后，增值税税款为 $(H+X)+(a-X)=H+a$，见表 3-5。

进口货物如果用于生产经营，海关缴款书开给不同的一般纳税人对国家增值税税款没有影响。当然，没有影响的前提是：抵扣的一方必须缴纳增值税税款（防止影响税款缴纳能力）。

**表 3-5　A 公司为进口方，缴款书开给 A 公司时的增值税款确定**

| 进口货物应用于生产经营（A 公司为进口方），进口缴纳增值税为 X | | | |
|---|---|---|---|
| | 海关原税款为 H | A 公司主管税务机关原税款为 a | 增值税税款 |
| 倘若缴款书开给 A 公司 | $H+X$ | $a-X$ | $(H+X)+(a-X)=H+a$ |

假设海关将缴款书开给 B 公司，B 公司原税款为 $b$，则开给 A 公司时三家税款为 $H+a+b$；开给 B 公司时，三家税款为 $(H+X)+a+(b-X)=H+a+b$，见表 3-6。

**表 3-6　A 公司是进口方，缴款书开给 B 公司时的增值税税款**

| 进口货物应用于生产经营（A 公司为进口方），进口缴纳增值税为 X | | | | |
|---|---|---|---|---|
| | 海关原税款为 $H$ | $A$ 公司主管税务机关原税款为 $a$ | $B$ 公司主管税务机关原税款为 $b$ | 增值税税款 |
| 缴款书开给 $A$ 公司 | $H+X$ | $a-X$ | $b$ | $(H+X)+(a-X)+b=H+a+b$ |

续表

| | | | | |
|---|---|---|---|---|
| 缴款书开给B公司 | $H+X$ | $a$ | $b-X$ | $(H+X)+a+(b-X)=H+a+b$ |

进口货物用于最终消费而缴款书开给其他人的情况下，国家税款可能流失。

假设李四是进口方，李四所在的主管税务机关原增值税税款为 $L$，海关原税款为 $H$，进口缴纳的增值税税款为 $X$。如果缴款书开给李四，则李四的主管税务机关和海关应收税款为 $H+X+L$，见表3-7。

**表3-7　李四是进口方，缴款书开给李四时的增值税税款**

| 进口货物用于最终消费（李四为进口方），进口缴纳增值税为 $X$ | | | |
|---|---|---|---|
| | 海关原税款为 $H$ | 李四主管税务机关原增值税税款为 $L$ | 增值税税款 |
| 缴款书开给李四（客观上不能开给个人） | $H+X$ | $L$ | $H+X+L$ |

如果缴款书开给B公司，假设B公司主管税务机关的原税款为 $b$；在开给李四的情况下，增值税税款之和为 $H+X+L+b$；开给B公司的情况下，增值税税款之和为 $H+X+L+(b-X)=H+L+b$，见表3-8。

**表3-8　李四是进口方，缴款书开给B公司时的增值税税款**

| 进口货物用于最终消费（李四为进口方），进口缴纳增值税为 $X$ | | | | |
|---|---|---|---|---|
| | 海关原税款为 $H$ | 李四主管税务机关原增值税税款为 $L$ | $B$ 公司主管税务机关的原税款为 $b$ | 增值税税款 |
| 缴款书开给李四（客观上不能开给个人） | $H+X$ | $L$ | $b$ | $H+X+L+b$ |
| 缴款书开给 $B$ 公司 | $H+X$ | $L$ | $b-X$ | $H+X+L+(b-X)=H+L+b$ |

在这种情况下，国家增值税税款流失 X 元，相当于票货分离导致的税收损失。

但是，由于自然人无法申报进口，客观上不可能将增值税专用缴款书开给个人。在这种情况下，增值税专用缴款书只能开给名义上的申报人。为保持抵扣链条的延续性，应由名义上的申报人予以抵扣，并由名义上的申报人根据收取（含代自己支付）的款项向自然人开具普通发票。

从现行规定来看，缴款书既可以开给名义上的申报人，也可以开给收货人或货主，并由取得缴款书的一方依法予以抵扣。我们认为，为保持抵扣链条的连续性，体现经济活动的实质，应将缴款书一律开给名义申报人，并由名义申报人予以抵扣；货物不属于名义申报人的，由名义申报人对货主再次开具发票。例如，李四以 A 公司的名义进口一批货物。从法理上看，海关应将缴款书开给 A 公司，A 公司再给李四开具增值税普通发票。

（3）承包经营、承租经营、挂靠经营的纳税人认定

在承包经营、承租经营、挂靠经营情况下，需确认谁是合同的相对方。在中华人民共和国境内销售货物或者加工、修理修配劳务（以下简称劳务），销售服务、无形资产、不动产以及进口货物的单位和个人，为增值税的纳税人，应当依法缴纳增值税。

大陆法系民商法，依据商业行为人的行为外观认定其效果意思。行为人公示事项与事实不符时，交易相对人可依外观公示主张权利，这就是著名的商业外观主义原则。该原则着眼于对商业交易行为的合理推定，目的在于保护不特定第三人的利益和社会交易安全。当交易相对方基于合理理由相信是在和谁交易，即使背后的交易相对方不是对方，也应当认定其基于合理理由确信的相对方为交易相对方，通常推定名义上的交易相对方为实际交易相对方。

我们认为：以谁的名义对外交易（购销），除了基于《合同法》第四百零八条、第四百零三条之外的特殊规定外，谁就是合同的相对方（承担合同责任，享受合同权利），谁就是纳税人（或纳税人的相对方）。

《增值税暂行条例实施细则》第十条　单位租赁或者承包给其他单位或者个人经营的，以承租人或者承包人为纳税人。

《营业税改征增值税试点实施办法》第二条　单位以承包、承租、挂靠方式经营的，承包人、承租人、挂靠人（以下统称承包人）以发包人、出租人、被挂靠人（以下统称发包人）名义对外经营并由发包人承担相关法律责任的，

以该发包人为纳税人。否则，以承包人为纳税人。

（4）资产管理产品运营中的纳税人

财税〔2017〕2号规定：

2017年7月1日（含）以后，资管产品运营过程中发生的增值税应税行为，以资管产品管理人为增值税纳税人，按照现行规定缴纳增值税。

对资管产品在2017年7月1日前运营过程中发生的增值税应税行为，未缴纳增值税的，不再缴纳；已缴纳增值税的，已纳税额从资管产品管理人以后月份的增值税应纳税额中抵减。

（5）建筑企业集团纳税人的特殊规定

国家税务总局公告2017年第11号规定：建筑企业与发包方签订建筑合同后，以内部授权或者三方协议等方式，授权集团内其他纳税人（以下称“第三方”）为发包方提供建筑服务，并由第三方直接与发包方结算工程款的，由第三方缴纳增值税并向发包方开具增值税发票，与发包方签订建筑合同的建筑企业不缴纳增值税。发包方可凭实际提供建筑服务的纳税人开具的增值税专用发票抵扣进项税额。

（6）增值税的扣缴义务人

《增值税暂行条例》第十八条　中华人民共和国境外的单位或者个人在境内销售劳务，在境内未设有经营机构的，以其境内代理人为扣缴义务人；在境内没有代理人的，以购买方为扣缴义务人。

《营业税改征增值税试点实施办法》第六条　中华人民共和国境外（以下称境外）单位或者个人在境内发生应税行为，在境内未设有经营机构的，以购买方为增值税扣缴义务人。财政部和国家税务总局另有规定的除外。

中华人民共和国境外的单位或者个人在境内销售劳务，在境内未设有经营机构的，如果有代理人，该代理人代收税款比该单位或个人代收税款更可靠；如果没有代理人，则购买方应向税务机关缴纳税款。

## 三、一般纳税人和小规模纳税人

### （一）增值税一般纳税人纳税原理

所谓一般纳税人，是指以一般计税方法作为计算增值税应纳税额的增值税纳税人。增值税一般纳税人本质是代国家征收税款，代最终消费者预先垫付税款。举例如下：

A 公司销售一批货物给 B 公司，售价为 113 万元（不含税价 100 万元，增值税税款 13 万元），如 A 公司购进该货物的价格是 56. 5 万元（不含税价格 50 万元，增值税税款 6. 5 万元）。

B 公司将该批货物销售给 C 公司，售价为 226 万元（不含税价格为 200 万元，增值税税款 26 万元）。

如图 3-8 所示，对 A 公司而言，向 B 公司收取的 13 万元增值税税款为销项税额，这是 A 公司代国家收取的税款；A 购进该批货物所支付的 6. 5 万元的税款是进项税额，为 A 公司代最终承担该批货物税负的人（最后一个买家）预先垫付的。

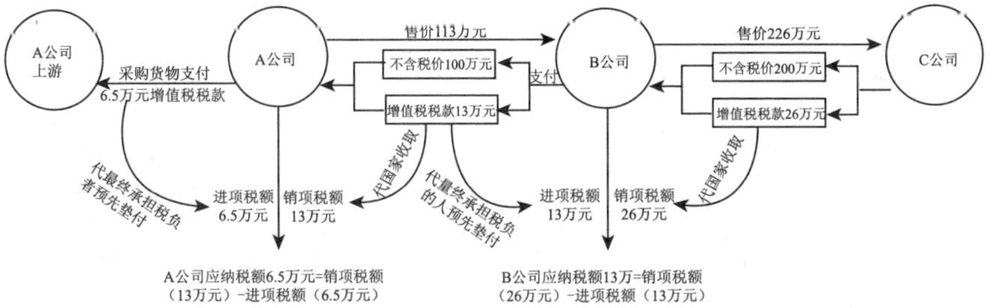


**图 3-8　增值税一般纳税人纳税原理**

对 B 公司而言，向 A 公司支付的 13 万元增值税税款是其就这批货物的进项税额，是代最终承担该批货物上税负的人（最终购买者）预先垫付的税款。B 公司向 C 公司收取的 26 万元增值税税款是其就这批货物的销项税额，是代国家收取的税款。B 公司代国家收取的 26 万元增值税税款扣除其预先垫付的 13 万元，余额应当返还给国家，这一余额是 B 公司就这批货物的应纳税额。

增值税应纳税额=销项税额-进项税额

所谓销项税额，是代国家征收的增值税税款，应足额交还给国家。

所谓进项税额，是购进产品时代最终消费者预先垫付的增值税税款。如购进的产品并未用于最终消费，该款项应当退还购买方。

所谓应纳税额，是应该交还国家的税款与国家应该退的税款结算金额，多退少补，即应当交还国家的扣除国家应该退还的金额。如为正数，则该数字为纳税人应当补交的税款；如为负数，则是国家应该退还纳税人的税款。

以“增值税应纳税额=销项税额-进项税额”计算增值税应纳税额的增值税纳税人为一般纳税人；采用简易计税方法的增值税纳税人为小规模纳税人。

## （二）一般纳税人和小规模纳税人的划分

1. 增值税一般纳税人和小规模纳税人的区别（如表 3-9 所示）

**表 3-9 增值税一般纳税人和小规模纳税人的区别**

| | 一般纳税人 | | 小规模纳税人 | |
|---|---|---|---|---|
| 登记范围 | 应当登记为一般纳税人 | 年应税销售额超过财政部、国家税务总局规定的小规模纳税人标准（以下简称规定标准）的，除依法不得登记为一般纳税人外，应当向主管税务机关办理一般纳税人登记。<br>从事成品油零售的加油站。<br>享受免税优惠的国有粮食购销企业。<br>其他必须申请一般纳税人资格认定的情形 | 可以作为小规模纳税人（小规模纳税人标准） | 标准：年应征增值税销售额 500 万元及以下。<br>具体注释：<br>年应税销售额，是指纳税人在连续不超过 12 个月或四个季度的经营期内累计应征增值税销售额，包括纳税申报销售额、稽查查补销售额、纳税评估调整销售额。<br>销售服务、无形资产或者不动产（以下简称应税行为）有扣除项目的纳税人，其应税行为年应税销售额按未扣除之前的销售额计算。纳税人偶然发生的销售无形资产、转让不动产的销售额，不计入应税行为年应税销售额。<br>经营期，是指在纳税人存续期内的连续经营期间，含未取得销售收入的月份或季度。<br>纳税申报销售额，是指纳税人自行申报的全部应征增值税销售额，其中包括免税销售额和税务机关代开发票销售额。“稽查查补销售额”和“纳税评估调整销售额”计入查补税款申报当月（或当季）的销售额，不计入税款所属期销售额 |
| 登记范围 | 可以申请一般纳税人资格认定 | 年应税销售额未超过规定标准的纳税人，会计核算健全，能够提供准确税务资料的，可以向主管税务机关办理一般纳税人登记。<br>所谓会计核算健全，是指能够按照国家统一的会计制度规定设置账簿，根据合法、有效凭证进行核算 | 只能认定为小规模纳税人 | A. 自然人。<br>B. 已经选择按照小规模纳税人纳税的非企业性单位。<br>C. 已经选择按照小规模纳税人纳税的不经常发生应税行为的企业。<br>D. 年应税销售额超过规定标准但不经常发生应税行为的单位和个体工商户可选择按照小规模纳税人纳税 |
| 税率或征收率 | 13%、9%、6%、0（均为税率） | | 3%、5%、0%（均为征收率） | |
| 使用发票 | 专用发票，但是有些情况下只能开具普通发票 | | 普通发票，但是可以申请税务机构代开专用发票，目前已经在试点部分小规模 纳税人自行开具增值税专用发票 | |
| 账务处理 | 购货所付的增值税不计入成本 | | 购货所付的增值税计入成本 | |
| 应交增值税 | 销项税额-进项税额 | | 含税销售额/（1+征收率）×征收率 | |

2. 一般纳税人的登记

表 3-10 根据国家税务总局令第 43 号、国家税务总局公告 2019 年第 4 号等相关规定制作。

**表 3-10　一般纳税人的认定程序**

| | 具体内容 | | |
| --- | --- | --- | --- |
| 一般纳税人的登记范围 | 应当登记 | （1）增值税纳税人年应税销售额超过财政部、国家税务总局规定的小规模纳税人标准的（除另有规定外）。<br>（2）从事成品油销售的加油站。<br>（3）享受免税优惠的国有粮食购销企业。<br>（4）其他依法必须申请一般纳税人资格登记的 | |
| | 可登记 | 年应税销售额未超过财政部、国家税务总局规定的小规模纳税人标准以及新开业的纳税人。对于提出申请并符合条件的纳税人，主管税务机关应当为其办理一般纳税人资格认定 | （1）能够按照国家统一的会计制度规定设置账簿，根据合法、有效凭证核算，能够提供准确税务资料。<br>（2）所谓会计核算健全，是指能够按照国家统一的会计制度规定设置账簿，根据合法、有效凭证进行核算 |
| | 不办理一般纳税人登记 | （1）个体工商户以外的自然人。<br>（2）选择按照小规模纳税人纳税的非企业性单位（即行政单位、事业单位、军事单位、社会团体和其他单位）。<br>（3）选择按照小规模纳税人纳税的不经常发生应税行为的企业。不经常发生应税行为的企业指非增值税纳税人；不经常发生应税行为指偶然发生增值税应税行为 | |
| | 应当登录 | 主动申请 | 纳税人在年应税销售额超过规定标准的月份（或季度）的所属申报期结束后 15 日内，纳税人向主管税务机关填报《增值税一般纳税人登记表》，如实填写固定生产经营场所等信息，并提供税务登记证件 |

续表

<table>
<tr><th></th><th colspan="3">具体内容</th></tr>
<tr><td rowspan="4">一般纳税人的登记范围</td><td rowspan="2">应当登录</td><td>被动申请</td><td>（1）未按规定时限办理的，主管税务机关应当在规定时限结束后 5 日内制作《税务事项通知书》，告知纳税人应当在 5 日内向主管税务机关办理相关手续。<br>（2）《税务事项通知书》中，需告知纳税人的内容应当包括：纳税人年应税销售额已超过规定标准，应在收到《税务事项通知书》后 5 日内向税务机关办理增值税一般纳税人登记手续或者选择按照小规模纳税人纳税的手续；逾期未办理的，自通知时限期满的次月起按销售额依照增值税税率计算应纳税额，不得抵扣进项税额，直至纳税人办理相关手续为止</td></tr>
<tr><td>应当申请而未申请认定的后果</td><td>纳税人销售额超过小规模纳税人标准，未申请办理一般纳税人认定手续的，按照销售额依照增值税税率纳税，不得抵扣进项税额，也不得使用专用发票（但另有规定的除外）</td></tr>
<tr><td>可以申请认定（新开业以及会计健全但未超过小规模纳税人标准）登记</td><td colspan="2">纳税人向主管税务机关填报《增值税一般纳税人登记表》，如实填写固定生产经营场所等信息，并提供税务登记证件</td></tr>
<tr><td>税务机关处理</td><td colspan="2">（1）纳税人填报内容与税务登记信息一致的，主管税务机关当场登记。<br>（2）纳税人填报内容与税务登记信息不一致，或者不符合填列要求的，税务机关应当场告知纳税人需要补正的内容</td></tr>
<tr><td colspan="2">登记为一般纳税人后</td><td colspan="2">纳税人登记为一般纳税人后，不得转为小规模纳税人，国家税务总局另有规定的除外。<br>按照《国家税务总局关于小规模纳税人免征增值税政策有关征管问题的公告》规定，转登记日前连续 12 个月（以 1 个月为 1 个纳税期）或者连续 4 个季度（以 1 个季度为 1 个纳税期）累计销售额未超过 500 万元的一般纳税人，在 2019 年 12 月 31 日前，可选择转登记为小规模纳税人</td></tr>
<tr><td>不必登记说明</td><td colspan="3">年应税销售额超过规定标准的纳税人符合本办法第四条第一项规定的，应当向主管税务机关提交书面说明</td></tr>
</table>

根据国家税务总局公告 2011 年第 71 号，纳税人迁移经营地点涉及需要办理税务注销登记的，其增值税一般纳税人资格保留，办理税务注销登记前尚未抵扣的进项税额允许继续抵扣。

3. 一般纳税人的辅导期管理（如表 3-11 所示）

**表 3-11　一般纳税人的辅导期管理**

<table>
<tr><td colspan="7">一般纳税人的辅导期管理</td></tr>
<tr><td>项目</td><td colspan="2">适用范围</td><td colspan="2">纳税辅导期</td><td colspan="2">发售专用发票</td></tr>
<tr><td rowspan="2">区分</td><td>新认定为一般纳税人的小型商贸批发企业</td><td>认定办法第十三条第一款所称的“小型商贸批发企业”，是指注册资金在 80 万元（含 80 万元）以下、职工人数在 10 人（含 10 人）以下的批发企业（只从事出口贸易，不需要使用增值税专用发票的企业除外）</td><td>3 个月</td><td>纳税辅导期自主管税务机关制作《税务事项通知书》的当月起执行</td><td>领购专用发票的最高开票限额不得超过十万元</td><td rowspan="2">辅导期纳税人专用发票的领购实行按次限量控制，主管税务机关可根据纳税人的经营情况核定每次专用发票的供应数量，但每次发售专用发票数量不得超过 25 份。<br>辅导期纳税人领购的专用发票未使用完而再次领购的，主管税务机关发售专用发票的份数不得超过核定的每次领购专用发票份数与未使用完的专用发票份数的差额</td></tr>
<tr><td>国家税务总局规定的其他一般纳税人</td><td>认定办法第十三条所称“其他一般纳税人”，是指具有下列情形之一的一般纳税人：<br>（一）增值税偷税数额占应纳税额的 10% 以上并且偷税数额在 10 万元以上的。<br>（二）骗取出口退税的。<br>（三）虚开增值税扣税凭证的。<br>（四）国家税务总局规定的其他情形</td><td>6 个月</td><td>纳税辅导期自主管税务机关制作《税务事项通知书》的次月起开始执行</td><td>专用发票最高开票限额应根据企业实际经营情况重新核定</td></tr>
</table>

续表

| 项目 | 适用范围 | 纳税辅导期 | 发售专用发票 |
|---|---|---|---|

<table>
<tr><td rowspan="4">统一规定（不区分新认定为一般纳税人的小型商贸批发企业和国家税务总局规定的其他一般纳税人）</td><td>抵扣进项税额</td><td colspan="2">（1）辅导期纳税人取得的增值税专用发票（以下简称专用发票）抵扣联、海关进口增值税专用缴款书以及运输费用结算单据应当在交叉稽核比对无误后，方可抵扣进项税额。<br>（2）辅导期纳税人应当在“应交税金”科目下增设“待抵扣进项税额”明细科目，核算尚未交叉稽核比对的专用发票抵扣联、海关进口增值税专用缴款书以及运输费用结算单据（以下简称增值税抵扣凭证）注明或者计算的进项税额。<br>（3）辅导期纳税人取得增值税抵扣凭证后，借记“应交税金——待抵扣进项税额”明细科目，贷记相关科目。交叉稽核比对无误后，借记“应交税金——应交增值税（进项税额）”科目，贷记“应交税金——待抵扣进项税额”科目。经核实不得抵扣的进项税额，红字借记“应交税金——待抵扣进项税额”，红字贷记相关科目</td></tr>
<tr><td>预缴增值税</td><td colspan="2">（1）辅导期纳税人一个月内多次领购专用发票的，应从当月第二次领购专用发票起，按照上一次已领购并开具的专用发票销售额的3%预缴增值税，未预缴增值税的，主管税务机关不得向其发售专用发票。<br>（2）辅导期纳税人按第1条规定预缴的增值税可在本期增值税应纳税额中抵减，抵减后预缴增值税仍有余额的，可抵减下期再次领购专用发票时应当预缴的增值税。<br>（3）纳税辅导期结束后，纳税人因增购专用发票发生的预缴增值税有余额的，主管税务机关应在纳税辅导期结束后的第一个月内，一次性退还纳税人</td></tr>
<tr><td rowspan="2">其他规定</td><td colspan="2">辅导期考察：<br>是否存在逃税；逃避追缴欠税；骗取出口退税；抗税或者其他需要立案查处的税收违法行为</td></tr>
<tr><td>纳税辅导期的结束与重新开始</td><td>（1）未发现纳税人存在偷税、逃避追缴欠税、骗取出口退税、抗税或其他需要立案查处的税收违法行为的：从期满的次月起不再实行纳税辅导期管理，主管税务机关应制作、送达《税务事项通知书》，告知纳税人。<br>（2）主管税务机关发现辅导期内纳税人存在偷税、逃避追缴欠税、骗取出口退税、抗税或其他需要立案查处的税收违法行为的，从期满的次月起按照本规定重新实行纳税辅导期管理，主管税务机关应制作、送达《税务事项通知书》，告知纳税人</td></tr>
</table>

# 第三节　增值税的纳税范围

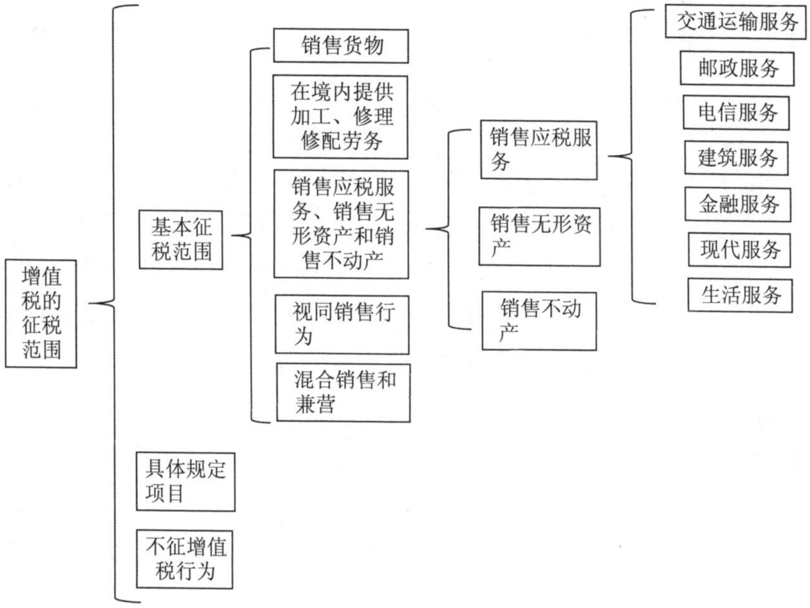


**图 3-9　增值税的纳税范围**

## 一、理论基础

### （一）对最终消费的普遍征收

增值税不同于直接向终端收取的零售税，也不同于针对特定消费的消费税，例如，购买汽油或高档化妆品。增值税的设计特征是税收通过分阶段收集，供应链中每一环节都参与税收过程。在上下游税率一致的情况下，看似是对增值额征收的税款。在这方面，增值税不同于零售销售税（RST）——单阶段征收。

1. 分阶段征集

某一产品经 $n$ 个环节，最终到达消费者手中、设第一个环节不含税销售额为 $X_1$，税率为 $S_1$，增值税应纳税额为 $Y_1$；第二个环节不含税销售额为 $X_2$，税率为 $S_2$，增值税应纳税额为 $Y_2$……第 $n$ 个环节的销售价格为 $X_n$，税率

为 $S_n$，增值税应纳税额为 $Y_n$，则各个环节的增值税应纳税额分别是：

第一个环节应纳税额：$Y_1 = X_1 \times S_1$（第一个环节无进项，增值税始于没有进项，终于无销项）

第二个环节应纳税额：$Y_2 = X_2 \times S_2$（销项税额）$- X_1 \times S_1$（进项税额）

第三个环节应纳税额：$Y_3 = X_3 \times S_3$（销项税额）$- X_2 \times S_2$（进项税额）

……

第 n 个环节应纳税额：$Y_n = X_n \times S_n - X_{n-1} \times S_{n-1}$

该产品所有环节的增值税应纳税额之和正好等于 $X_n \times S_n$。当产品出口时，应当确保产品不含增值税（目的地原则），即应当确保产品所有环节的增值税应纳税额之和为 0，即确保 $X_n \times S_n = 0$。要确保增值税应纳额之和为 0，有两种方式，要么使不含税销售额为 0，这显然不现实；要么使 $S_n$（出口环节的税率）为 0，这正是出口产品增值税零税率的内在机理。

2. *看似对增值额征税*

当施行单一税率时（我们假定只有一档税率 r），各环节应纳税额分别为：$X_1 \times r$，$(X_2 - X_1) \times r$，$(X_3 - X_2) \times r$，$(X_n - X_{n-1}) \times r$。其中，$X_1$，$(X_2 - X_1)$，$(X_3 - X_2)$ …… $(X_n - X_{n-1})$ 就是增值额（购销差价），如图 3-10 所示。

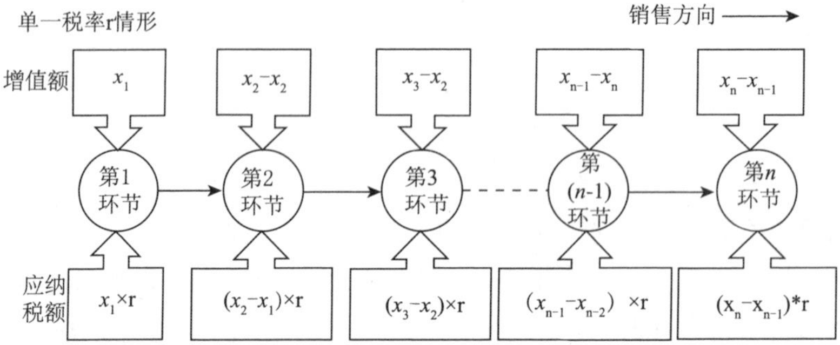


**图 3-10　单一税率情况下增值税似为对增值额征税**

对最终消费的普遍征收是增值税的首要特征，是增值税中立原则的基础，目的地原则正是基于此而来。对最终消费的普遍征收原则在确定增值税征税范围时具有非常重要的意义。对于不可能构成终端消费品的交易对象，不宜纳入增值税的征税范围。具体到实务中，对最终虽非用于私人消费，流入非经营活动的产品，也可能处于课税范围之中。

3. 分阶段征集增值税的实现

承接图 3-12：

（1）第 1 个环节

纳税人无进项税额，向主管税务机关缴纳 $X_1 \times S_1$（即 $A_1$）的增值税税款。

该环节中，纳税人代国家收取的 $X_1 \times S_1$（即 $A_1$）增值税税款，应当足额交还国家。由于无代垫增值税税款，故不存在退税问题。结算应当缴纳给国家的税款金额为 $X_1 \times S_1$（即 $A_1$），即增值税应纳税额。

（2）第 2 个环节

纳税人该环节应纳税额为 $X_2 \times S_2$（销项税额）$- X_1 \times S_1$（进项税额），缴纳给主管税务机关。

该环节中，纳税人代国家收取的 $X_2 \times S_2$ 增值税税款（即销项税额，应当足额交还国家，由其主管税务机关收取）；而纳税人代垫的 $X_1 \times S_1$ 增值税税款国家应当退还（即进项税额，由纳税人主管税务机关负责退还）。结算后纳税人应当向主管税务机关缴纳的税款金额为 $X_2 \times S_2$（销项税额）$- X_1 \times S_1$（进项税额），即增值税应纳税额。

（3）第 3 个环节

该环节纳税人应纳税额为 $X_3 \times S_3$（销项税额）$- X_2 \times S_2$（进项税额），缴纳给主管税务机关。

该环节中，纳税人代国家收取的 $X_3 \times S_3$ 增值税税款（即销项税额，应当足额交还国家，由其主管税务机关收取）；而纳税人代垫的 $X_2 \times S_2$（即进项税额，由其主管税务机关负责退还）。故结算后纳税人应当给其主管税务机关缴纳的税款金额为 $X_3 \times S_3$（销项税额）$- X_2 \times S_2$（进项税额），即增值税应纳税额。

……

（n）第 $n$ 个环节

该环节纳税人应纳税额为（$X_n \times S_n - X_{n-1} \times S_{n-1}$），缴纳给其主管税务机关。

该环节中，纳税人代国家收取的 $X_n \times S_n$ 增值税税款（即销项税额，应当足额交还国家，由其主管税务机关收取）；而纳税人代垫的 $X_{n-1} \times S_{n-1}$（即进项税额，由其主管税务机关负责退还）。故结算后纳税人应当给其主管税务机关缴纳的税款金额为（$X_n \times S_n - X_{n-1} \times S_{n-1}$），即增值税应纳税额。

为方便表述，我们设第一个环节的销项税额 $X_1 \times S_1$ 为 $A_1$，第二个环节的销项税额 $X_2 \times S_2$ 为 $A_2$，第三个环节为销项税额 $X_3 \times S_3$ 为 $A_3$，最后一个环节的销项税额 $X_n \times S_n$ 为 $A_n$(下家没有销项，即下家自己消费了)。这里强调两点：一是增值税始于无进项，终于无销项；二是购进产品缴纳税款是缴纳给上游税务机关（由卖家代收），而退税是由纳税人主管税务机关负责。正是基于上游税务机关收取买方税款，而本地税务机关退还购进税款的制度设计，让增值税税款根据不同地区的增值贡献予以分配，见图 3-11。

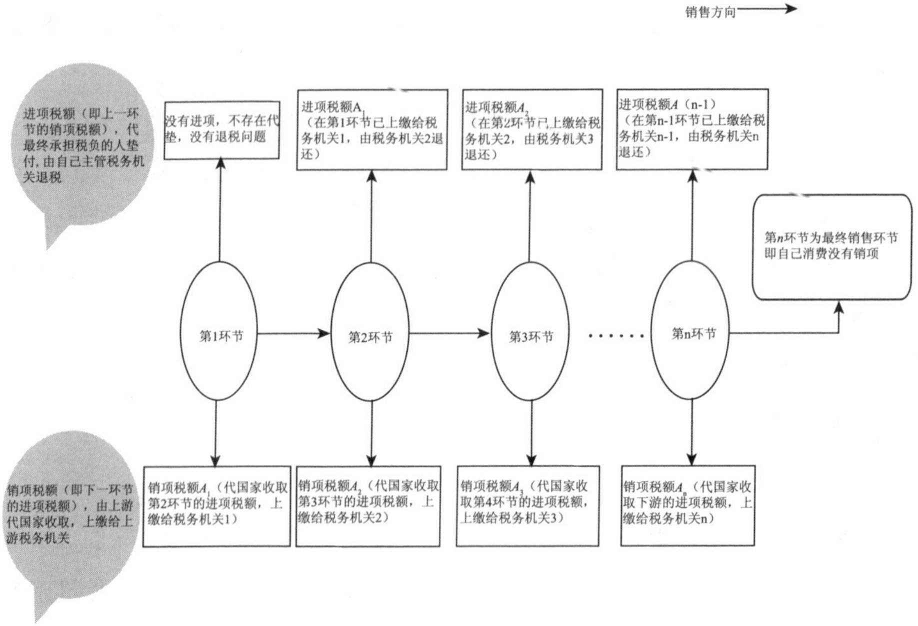


**图 3-11　分阶段征集增值税**

### （二）跨司法辖区的增值税税收收益分配：目的地原则（消费地原则）

需要说明的是，尽管增值税税收收益在不同司法辖区的分配采用的是消费地原则，但在同一司法辖区不同地区间的增值税税收分享，我国采用的是生产地原则。

增值税制度执行需要税收收益分配规则，以实现对最终消费的普遍征收。这些税收规则不仅适用于涉及最终消费的企业对消费者的供应，而且适用于企业对企业的供应，即使这些供应不涉及最终消费。企业对企业的供应情况下，税收收益分配原则有助于税收最终目标的实现，即对最终消费的普遍征收。

目的地原则是对消费地原则的具体执行，也可以将目的地原则直接理解为消费地原则，即只有最终消费产品的司法辖区对产品的增值税享有税收收益，其他司法辖区不宜对其征收增值税。为方便理解，下文举例说明消费地原则。

假设一箱方便面流经 N 个国家，最终到了居住澳大利亚的消费者戴维手中（在澳大利亚用于消费），不含税价格为 400 元，澳大利亚的增值税税率为 10%。消费地原则意味着：该箱方便面所有组成成分、所有生产流通环节的增值税应纳税额之和正好等于 40 元（400 元×10%），40 元的增值税由澳大利亚享有。

消费地原则是确定增值税税收管辖以及零税率的决定性因素。体现在增值税具体规则中，是指对境内的界定，即对于本应征收增值税的交易，由于消费地不在境内，而不予征收增值税或者适用零税率。

1. B2B 供应下的消费地判定

B2B（Business-to-business supplies），是指企业对企业的产品供应。由于在销售过程中，难以判断购买方是否用于个人消费，故假定购买方为消费者，即假定的消费者。大多数情况下，供应商并不知道或无法确定产品商业用途或最终消费发生地。当客户不在本司法辖区内时，暂时推定消费地不在本司法辖区，对出口货物适用零税率；以客户实际经营所在地暂时代替消费地（即暂定的假定消费地，Proxies），以保持增值税的中立性。

《国际增值税/货物和劳务税指南》认为，当产品的购买方只有一个生产经营地点或只在一个司法辖区内拥有生产、经营地点时：应以商业协议确定的客户实际经营地所在的司法辖区作为假定消费地（主规则）；当产品的购买方在多个司法辖区拥有生产、经营地点，应根据直接使用法、直接提供法、再次分配法来确定假定消费地。

我们认为，就消费地国家享有增值税税款而言，直接适用“以商业协议确定的客户实际经营地所在的司法辖区作为假定消费地”；就增值税的分阶段收集税款而言，也应以商业协议为基础确定假定消费地。

当 A 公司销售给 B 公司某产品，以购买方 B 公司作为假定消费地，购买方B公司所在的司法辖区享有征税权。

(1) 多次转售（含实质加工后转售）情况

上例中，即使存在多处转售情况，也应首先以购买方B公司所在的司法辖区作为假定消费地（即该司法辖区享有该产品的增值税征税权）。

如果A公司在甲国，B公司在乙国，则对A公司的销售行为按照零税率征收增值税税款，对B公司按照进口该产品征收增值税（由购买方直接向当局缴纳）；如果B公司将该产品转售给丙国的C公司，则对B公司销售给C公司的行为适用零税率，对C公司按照进口该产品征收增值税（由购买方直接向当局缴纳）。

(2) 购买方非基于买卖合同关系将所购产品交付他人处分，视同销售

这里主要是指基于信托关系、代理关系、挂靠关系、赠予关系、划拨给子公司、直接提供给其他生产经营分支机构等机构用于处分。我们认为，在这种情况下，应当按照移送方基于内部管理（含集团内部管理）、商业协议中应当收取的价款或被分摊的对应费用，在税法上视同销售处理，将相对方作为客户对待（即可以判定接受方视同购买，移送方视同销售）。

例如，丙国的C公司，以乙国的B公司名义，从A公司购进W产品。基于挂靠协议，B公司从A购买W产品后，直接交付给C公司使用。B公司向A公司支付了购买款200万元，C公司基于挂靠而取得该产品支付了对价205万元。我们认为，应当按照A公司销售给B公司（价格为200万元）、B公司销售给C公司（价格为205万元）处理。将B公司所在辖区作为假定消费地，甲国对A公司适用零税率，乙国对B公司的购进行为征税；乙国将B公司移送给C公司处分的行为按照零税率处理，丙国对C公司的购进行为进行征税（丙国为假定消费地）。

又如，乙国的B公司有多个生产经营地，分别位于C、D、E国，B公司从甲国的A公司购买产品后，直接交给位于D国的机构使用。

一方向一方交付产品，仅仅是交付使用权，构成租赁关系的，应当按照销售租赁服务征收增值税（由接收方的司法辖区对接收方企业征收）。

对于将产品直接交付其他关联公司或其他辖区的分支机构，未合理分摊相关费用的，应当合理分摊，由接收方当局对接收方按照分摊金额征收增值税，提供方当局就分摊部分按照零税率处理。对将产品直接交付给非关联机构而没有收取相应对价的，应考察是否有正当理由。如果系附带于其他产品

的销售上，则应当按照公允价值予以分摊，由接受方当局对接受方按照分摊金额征收增值税，提供方当局就分摊部分按照零税率处理；如果无正当理由，则应当按照公允价值视同销售处理，提供方当局对该视同销售按照零税率处理；如果有正当理由，我们认为，应当按照0元销售产品处理。

当接受方企业将产品用于消费而未被发现时，可能导致该辖区的税款损失，即使缴纳了税款也会如此（因为抵扣了不该抵扣的进项）。

对于不动产、土地使用权、自然资源开采权等特殊产品，不难界定假定消费地。对于产品流转过程，我们认为应当遵循基于商业协议确定的客户作为暂定消费地。因为作为经营使用的不动产、土地使用权、自然资源开采权，最终也将价值转移到其他产品而流转到其他地方。

2. B2C供应的消费地确定

B2C（Business-to-consumer supplies），是指企业对消费者的直接销售。只有到了这一环节，增值税税款才能真正实现；也只有这个环节确定的消费所在地。才是真正的消费地，该地所属的司法辖区对该产品享有征税权。

下文简单介绍《国际增值税/货物和劳务税指南》判定该情况下最终消费地的方法：

（1）当场消费：在物理上易于识别的地方进行的产品提供以及通常在执行供应的人员和消费者（现场供应品）在场的情况下物理上执行的同一时间和地点消耗的产品，消费供应时所在的司法管辖区（实际供应地）以及执行供应的人在最终消费时所在的地点。

（2）对于先买而后可以带走消费、持续一定时间的消费、远程消费，以购买人经常居住地所在的司法辖区作为消费地。

（3）其他类型的服务，如果消费方式比较特殊，则应当根据合理的方法确定最终消费地。

我们认为，在B2C情况下，购买方购买当时位于哪个司法辖区，哪个司法辖区应先视为消费地；如果产品需要带到境外消费，则予以退税，此时另外一方的司法辖区享有征税权。如李四在法国购买了某产品，应当在法国先行缴纳增值税；如果将该产品带入中国境内，则法国一方予以退税，中国一方予以征税。如果该产品直接在法国使用，尽管李四不是法国公民，法国一方依旧享有征税权。在远程服务情况下，例如，中国境内的B公司销售位于法国的王五某产品，则王五应当首先在法国境内缴纳增值税。如果将该产品带出法国到日本消费，则法国予以退税（我们认为，应当根据该产品的贬值情况进行部分退税），而日本境内根据残余价值进行征税。

这里有一个基本规则，即以商业协议确定的客户为基本规则。只要商业协议决定移送产品的处分权利，就应当按照对价作为销售处理，并按照购买方（或接受方）所在地的辖区作为消费地。

**（三）基于税款分配的生产地原则**

基于税款分配的生产地原则，是指在国内增值税税收收益分配中，谁贡献的销项大，谁就享有更多的收益。该原则对于提高地方政府招商引资的积极性、刺激经济发展有积极的作用。但是也会产生一些弊端，例如，地方政府为了获得更高的税收收益，可能会放任企业的虚开，甚至可能以财政补贴为诱饵，从而侵蚀下游地区的税收收益。

基于增值税税款分配的生产地原则，可以简单概括为“谁贡献大，谁就享受得多”。

该原则主要用于确定，对企业对企业之间的供应行为，哪些应当作为销售处理，进而获得相应的税收收益；也有利于确定企业对个人的产品供应。

1. B2B 下的购销双方确定

（1）以购销协议为主确定接受方客户的原则

位于一个司法辖区不同地区的生产经营机构之间提供产品时，应当根据购销协议的达成来确定销售方以及购买方。这里不仅指独立的商事主体，也包括应当办理纳税登记、临时纳税登记的情况。

例如，A 公司在甲、乙、丙、丁县均有分支机构，当总部机构将产品移送到甲机构用于销售，甲分支机构开拓业务，将产品销售给 W 市的 B 公司。我们认为，应当由总部给甲分支机构开具增值税专用发票，甲分支机构给 B 公司开具增值税专用发票。

再如，A 公司销售给 B 公司，B 公司销售给 C 公司，C 公司销售给 D 公司……X 公司销售给 Y 公司。发票应当依照合同方向依次开具，即 A 公司按照 A、B 公司之间购销合同的对价金额开具增值税专用发票给 B 公司，B 公司按照 B、C 公司之间购销合同的对价金额开具增值税专用发票给 C 公司，C 公司应当按照 C、D 公司之间购销合同的对价金额开具增值税专用发票给 D 公司……X 公司按照 X、Y 公司之间购销合同的对价金额开具增值税专用发票给 Y 公司。

（2）基于其他协议的产品移送（用于处分）

这里主要是指基于信托关系、代理关系、挂靠关系、赠予关系、划拨给子公司、直接提供给其他生产经营分支机构等机构用于处分的情况。

在这种情况下，应当视作移送方基于内部管理（含集团内部管理）、商业协议中应当收取的价款或被分摊的对应费用，在税法上按照销售处理；将相对方作为客户对待（可判定接受方视同购买，移送方视同销售），并按照相应的金额开具对应的增值税专用发票。

例如，B公司以A公司的名义进口一批货物，海关专用缴款书原则上应当开具给A公司，A公司再开具给B公司。

挂靠情形下，亦应当做类似处理。

2. B2C下的购销双方确定

我们认为，应当按照供应合同来确定购销双方，发票的开具也应当基于供应合同。

## 二、我国增值税的征税范围

### （一）在中华人民共和国境内销售货物（如表3-12所示）

表3-12 增值税征税范围之在境内销售货物

| 类别 | 内容 | 出处 |
|---|---|---|
| 销售货物 | “在境内”的界定：在中华人民共和国境内销售货物是指销售货物的起运地或者所在地在境内 | 《增值税暂行条例实施细则》第八条 |
| | “销售”的界定：销售货物是指有偿转让货物的所有权。本细则所称有偿，是指从购买方取得货币、货物或者其他经济利益 | 《增值税暂行条例实施细则》第三条第一款 |
| | “货物”的界定：货物是指有形动产，包括电力、热力、气 体在内 | 《增值税暂行条例实施细则》第二条第一款 |

境内的界定，关系货物的增值税的最终受益司法辖区，无论是B2B供应，还是B2C供应。销售开始时，动产所在地（或起运地）实际商业协议销售方位于境内，当商业协议上的购买方为境外方时，适用零税率；当商业协议上的购买方为境内方时，为国内一般购销业务。由于海关管制，一般来说，不存在购销双方都是境外而货物所在地或起运地在境内的情况（在多环节贸易的情况下，

直接将货物放在海关特定监管区替代出口，依旧应当进行进出口申报）。

销售的界定，一则用于界定消费地，二则在国内分配增值税税收时，用于界定各地区贡献。

在判定交易真实性时，一定要遵循商业外观主义，即以购销双方的合同相对性为判定基础，否则容易导致抵扣链条中断或漏征、多征税款或误判虚开。例如，李四以B公司的名义从A公司购进货物，应当认定：货物所有权由A公司转给B公司，B公司再转给李四。

### （二）在境内提供加工、修理修配劳务（如表3-13所示）

表3-13 增值税征税范围之在境内提供加工、修理修配劳务

| 类别 | 内容 | 出处 |
|---|---|---|
| 在境内提供加工、修理修配劳务 | “在境内”的界定：在中华人民共和国境内提供加工、修理修配劳务 | 《增值税暂行条例实施细则》第八条 |
| | “提供加工、修理修配劳务”的界定：指有偿提供加工、修理修配劳务。单位或者个体工商户聘用的员工为本单位或者雇主提供加工、修理修配劳务，不包括在内 | 《增值税暂行条例实施细则》第三条 |
| | “加工、修理修配劳务”的界定：“加工”，是指委托方提供原料及主要材料，受托方按照委托方的要求，制造货物并收取加工费的业务。“修理修配”，是指受托对损伤和丧失功能的货物进行修复，使其恢复原状和功能的业务 | 《增值税暂行条例实施细则》第二条第一款 |
| | 特别规定：供电企业利用自身输变电设备对并入电网的企业自备电厂生产的电力产品进行电压调节，属于提供加工劳务。对于上述供电企业进行电力调压并按电量向电厂收取的并网服务费，应当征收增值税 | 《增值税暂行条例》第一条　国税函〔2009〕641号 |

加工修理修配劳务为现场提供的劳务。无论是在B2B还是B2C情境下，如果劳务发生地（提供加工修理、修配劳务可以识别的物理场景，即现场）在境内，提供方和接受方都为境内企业。根据商业协议来判定，整个购销链条中，一定有一环节的卖家在境内（提供方），一定有一环节的买家在境内（即劳务接受方）；但是，劳务提供方也未必是劳务接受方的卖家，劳务接受方未必是劳务提供方的买家。故以劳务发生地来确定境内，可能会导致重复征税。例如，中国的A公司系劳务提供方，将劳务销售给法国的B公司，而法国的B公司将该劳务销售给中国的C公司。

## （三）境内销售应税服务、销售无形资产和销售不动产（如表 3-14 所示）

**表 3-14　增值税纳税范围之在境内销售应税服务、销售无形资产和销售不动产**

<table>
<tr><th>类别</th><th colspan="4">内容</th><th>出处</th></tr>
<tr><td rowspan="13">销售应税服务、销售无形资产和销售不动产</td><td rowspan="13">一般规定</td><td rowspan="6">销售服务、无形资产或者不动产，是指有偿提供服务、有偿转让无形资产或者不动产，但属于下列非经营活动的情形除外</td><td rowspan="3">行政单位收取的同时满足以下条件的政府性基金或者行政事业性收费</td><td>由国务院或者财政部批准设立的政府性基金，由国务院或者省级人民政府及其财政、价格主管部门批准设立的行政事业性收费</td><td rowspan="6">财税〔2016〕36号附件1：《营业税改征增值税试点实施办法》第十条</td></tr>
<tr><td>收取时开具省级以上（含省级）财政部门监（印）制的财政票据</td></tr>
<tr><td>所收款项全额上缴财政</td></tr>
<tr><td colspan="2">单位或者个体工商户聘用的员工为本单位或者雇主提供取得工资的服务</td></tr>
<tr><td colspan="2">单位或者个体工商户为聘用的员工提供服务</td></tr>
<tr><td colspan="2">财政部和国家税务总局规定的其他情形</td></tr>
<tr><td colspan="3">各党派、共青团、工会、妇联、中科协、青联、台联、侨联收取党费、团费、会费，以及政府间国际组织收取会费，属于非经营活动，不征收增值税</td><td>财税〔2016〕68号第五条</td></tr>
<tr><td>有偿的界定</td><td colspan="2">是指从购买方取得货币、货物或者其他经济利益</td><td>财税〔2016〕36号附件1：《营业税改征增值税试点实施办法》第十条</td></tr>
<tr><td rowspan="4">在境内的界定</td><td colspan="2">服务（租赁不动产除外）或者无形资产（自然资源使用权除外）的销售方或者购买方在境内</td><td rowspan="4">《营业税改征增值税试点实施办法》第十二条</td></tr>
<tr><td colspan="2">所销售或者租赁的不动产在境内</td></tr>
<tr><td colspan="2">所销售自然资源使用权的自然资源在境内</td></tr>
<tr><td colspan="2">财政部和国家税务总局规定的其他情形</td></tr>
</table>

续表

| 类别 | 内容 | | | 出处 |
|---|---|---|---|---|
| 销售应税服务、销售无形资产和销售不动产 | 一般规定 | 不属于在境内销售服务或者无形资产的情形 | 境外单位或者个人向境内单位或者个人销售完全在境外发生的服务<br>境外单位或者个人向境内单位或者个人销售完全在境外使用的无形资产<br>境外单位或者个人向境内单位或者个人出租完全在境外使用的有形动产<br>财政部和国家税务总局规定的其他情形 | 财政部、国家税务总局《关于全面推开营业税改增值税试点的通知》（财税〔2016〕36号）附件1：《营业税改征增值税试点实施办法》第十三条 |
| | | | 境外单位或者个人为出境的函件、包裹在境外提供的邮政服务、收派服务<br>境外单位或者个人向境内单位或者个人提供的工程施工地点在境外的建筑服务、工程监理服务；<br>境外单位或者个人向境内单位或者个人提供的工程、矿产资源在境外的工程勘察勘探服务；<br>境外单位或者个人向境内单位或者个人提供的会议展览地点在境外的会议展览服务 | 《国家税务总局关于营改增试点若干征管问题的公告》国家税务总局公告2016年第53号第一条 |
| | 应税服务 | 交通运输服务 | 交通运输服务，是指利用运输工具将货物或者旅客送达目的地，使其空间位置得到转移的业务活动。包括陆路运输服务、水路运输服务、航空运输服务和管道运输服务<br>陆路运输服务，是指通过陆路（地上或者地下）运送货物或者旅客的运输业务活动，包括铁路运输服务和其他陆路运输服务。出租车公司向使用本公司自有出租车的出租车司机收取的管理费用，按照陆路运输服务缴纳增值税<br>水路运输服务，是指通过江、河、湖、川等天然、人工水道或者海洋航道运送货物或者旅客的运输业务活动。水路运输的程租、期租业务，属于水路运输服务 | 财政部、国家税务总局《关于全面推开营业税改增值税试点的通知》(财税〔2016〕36号）附件1：《营业税改征增值税试点实施办法》第十条 |

续表

| 类别 | 内容 | | | 出处 |
|---|---|---|---|---|
| 销售应税服务、销售无形资产和销售不动产 | 应税服务 | | 航空运输服务，是指通过空中航线运送货物或者旅客的运输业务活动。<br>航空运输的湿租业务，属于航空运输服务。<br>管道运输服务，是指通过管道设施输送气体、液体、固体物质的运输业务活动。无运输工具承运业务，按照交通运输服务缴纳增值税 | 财政部、国家税务总局《关于全面推开营业税改增值税试点的通知》 |
| | | 邮政服务 | 邮政普遍服务，是指函件、包裹等邮件寄递，以及邮票发行、报刊发行和邮政汇兑等业务活动。<br>函件，是指信函、印刷品、邮资封片卡、无名址函件和邮政小包等。<br>包裹，是指按照封装上的名址递送给特定个人或者单位的独立封装的物品，其重量不超过50千克，任何一边的尺寸不超过150厘米，长、宽、高合计不超过三百厘米。<br>邮政特殊服务，是指义务兵平常信函、机要通信、盲人读物和革命烈士遗物的寄递等业务活动。<br>其他邮政服务，是指邮册等邮品销售、邮政代理等业务活动 | |
| | | 电信服务 | 基础电信服务，是指利用固网、移动网、卫星、互联网，提供语音通话服务的业务活动，以及出租或者出售带宽、波长等网络元素的业务活动。<br>增值电信服务，是指利用固网、移动网、卫星、互联网、有线电视网络，提供短信和彩信服务、电子数据和信息的传输及应用服务、互联网接入服务等业务活动。<br>卫星电视信号落地转接服务，按照增值电信服务缴纳增值税 | |

续表

| 类别 | 内容 | | | 出处 |
|---|---|---|---|---|
| 销售应税服务、销售无形资产和销售不动产 | 应税服务 | 建筑服务 | 工程服务，是指新建、改建各种建筑物、构筑物的工程作业，包括与建筑物相连的各种设备或者支柱、操作平台的安装或者装设工程作业，以及各种窑炉和金属结构工程作业。<br>安装服务，是指生产设备、动力设备、起重设备、运输设备、传动设备、医疗实验设备以及其他各种设备、设施的装配、安置工程作业，包括与被安装设备相连的工作台、梯子、栏杆的装设工程作业，以及被安装设备的绝缘、防腐、保温、油漆等工程作业。<br>固定电话、有线电视、宽带、水、电、燃气、暖气等经营者向用户收取的安装费、初装费、开户费、扩容费以及类似收费，按照安装服务缴纳增值税。<br>修缮服务，是指对建筑物、构筑物进行修补、加固、养护、改善，使之恢复原来的使用价值或者延长其使用期限的工程作业。<br>装饰服务，是指对建筑物、构筑物进行修饰装修，使之美观或者具有特定用途的工程作业。<br>其他建筑服务，是指上列工程作业之外的各种工程作业服务，如钻井（打井）、拆除建筑物或者构筑物、平整土地、园林绿化、疏浚（不包括航道疏浚）、建筑物平移、搭脚手架、爆破、矿山穿孔、表面附着物（包括岩层、土层、沙层等）剥离和清理等工程作业 | 国家税务总局《关于在境外提供建筑服务等有关问题的公告》（国家税务总局公告2016年第69号） |
| | | 金融服务 | 贷款服务：贷款，是指将资金贷与他人使用而取得利息收入的业务活动。<br>各种占用、拆借资金取得的收入，包括金融商品持有期间（含到期）利息（保本收益、报酬、资金占用费、补偿金等）收入、信用卡透支利息收入、买入返售金融商品利息收入、融资融券收取的利息收入，以及融资性售后回租、押汇、罚息、票据贴现、转贷等业务取得的利息及利息性质的收入，按照贷款服务缴纳增值税 | 财政部、国家税务总局《关于明确金融、房地产开发、教育辅助服务等增值税政策的通知》（财税〔2016〕140号） |

续表

| 类别 | 内容 | | | 出处 |
| --- | --- | --- | --- | --- |
| 销售应税服务、销售无形资产和销售不动产 | 应税服务 | 金融服务 | 融资性售后回租，是指承租方以融资为目的，将资产出售给从事融资性售后回租业务的企业后，从事融资性售后回租业务的企业将该资产出租给承租方的业务活动。<br>以货币资金投资收取的固定利润或者保底利润，按照贷款服务缴纳增值税。<br>直接收费金融服务：是指为货币资金融通及其他金融业务提供相关服务并且收取费用的业务活动。包括提供货币兑换、账户管理、电子银行、信用卡、信用证、财务担保、资产管理、信托管理、基金管理、金融交易场所（平台）管理、资金结算、资金清算、金融支付等服务。<br>保险服务：是指投保人根据合同约定，向保险人支付保险费，保险人对于合同约定的可能发生的事故因其发生所造成的财产损失承担赔偿保险金责任，或者当被保险人死亡、伤残、疾病或者达到合同约定的年龄、期限等条件时承担给付保险金责任的商业保险行为。包括人身保险服务和财产保险服务。<br>人身保险服务，是指以人的寿命和身体为保险标的的保险业务活动。<br>财产保险服务，是指以财产及其有关利益为保险标的的保险业务活动。<br>金融商品转让，是指转让外汇、有价证券、非货物期货和其他金融商品所有权的业务活动。<br>其他金融商品转让包括基金、信托、理财产品等各类资产管理产品和各种金融衍生品的转让 | 财政部、国家税务总局《关于明确金融、房地产开发、教育辅助服务等增值税政策的通知》（财税〔2016〕140号） |
| | | 现代服务 研发和技术服务 | 研发服务，也称技术开发服务，是指就新技术、新产品、新工艺或者新材料及其系统进行研究与试验开发的业务活动。<br>合同能源管理服务，是指节能服务公司与用能单位以契约形式约定节能目标，节能服务公司提供必要的服务，用能单位以节能效果支付节能服务公司投入及其合理报酬的业务活动 | 财政部、国家税务总局《关于全面推开营业税改征增值税试点的通》 |

续表

| 类别 | 内容 | | | | 出处 |
|---|---|---|---|---|---|
| | | | 研发和技术服务 | 工程勘察勘探服务，是指在采矿、工程施工前后，对地形、地质构造、地下资源蕴藏情况进行实地调查的业务活动。<br>专业技术服务，是指气象服务、地震服务、海洋服务、测绘服务、城市规划、环境与生态监测服务等专项技术服务 | |
| 销售应税服务、销售无形资产和销售不动产 | 应税服务 | 现代服务 | 信息技术服务 | 软件服务，是指提供软件开发服务、软件维护服务、软件测试服务的业务活动。<br>电路设计及测试服务，是指提供集成电路和电子电路产品设计、测试及相关技术支持服务的业务活动。<br>信息系统服务，是指提供信息系统集成、网络管理、网站内容维护、桌面管理与维护、信息系统应用、基础信息技术管理平台整合、信息技术基础设施管理、数据中心、托管中心、信息安全服务、在线杀毒、虚拟主机等业务活动。包括网站对非自有的网络游戏提供的网络运营服务。<br>业务流程管理服务，是指依托信息技术提供的人力资源管理、财务经济管理、审计管理、税务管理、物流信息管理、经营信息管理和呼叫中心等服务的活动。<br>信息系统增值服务，是指利用信息系统资源为用户附加提供的信息技术服务。包括数据处理、分析和整合、数据库管理、数据备份、数据存储、容灾服务、电子商务平台等 | （财税〔2016〕36号）附件1：《营业税改征增值税试点实施办法》 |
| | | | 文化创意服务 | 设计服务，是指把计划、规划、设想通过文字、语言、图画、声音、视觉等形式传递出来的业务活动。包括工业设计、内部管理设计、业务运作设计、供应链设计、造型设计、服装设计、环境设计、平面设计、包装设计、动漫设计、网游设计、展示设计、网站设计、机械设计、工程设计、广告设计、创意策划、文印晒图等。 | |

续表

| 类别 | 内容 | | | | 出处 |
|---|---|---|---|---|---|
| 销售应税服务、销售无形资产和销售不动产 | 应税服务 | 现代服务 | 文化创意服务 | 知识产权服务，是指处理知识产权事务的业务活动。包括对专利、商标、著作权、软件、集成电路布图设计的登记、鉴定、评估、认证、检索服务。<br>广告服务，是指利用图书、报纸、杂志、广播、电视、电影、幻灯、路牌、招贴、橱窗、霓虹灯、灯箱、互联网等各种形式为客户的商品、经营服务项目、文体节目或者通告、声明等委托事项进行宣传和提供相关服务的业务活动。包括广告代理和广告的发布、播映、宣传、展示等。<br>会议展览服务，是指为商品流通、促销、展示、经贸洽谈、民间交流、企业沟通、国际往来等举办或者组织安排的各类展览和会议的业务活动 | （财税〔2016〕36号）附件1：《营业税改征增值税试点实施办法》 |
| | | | 物流辅助服务 | 航空地面服务，是指航空公司、飞机场、民航管理局、航站等向在境内航行或者在境内机场停留的境内外飞机或者其他飞行器提供的导航等劳务性地面服务的业务活动。包括旅客安全检查服务、停机坪管理服务、机场候机厅管理服务、飞机清洗消毒服务、空中飞行管理服务、飞机起降服务、飞行通信服务、地面信号服务、飞机安全服务、飞机跑道管理服务、空中交通管理服务等。<br>通用航空服务，是指为专业工作提供飞行服务的业务活动，包括航空摄影、航空培训、航空测量、航空勘探、航空护林、航空吊挂播撒、航空降雨、航空气象探测、航空海洋监测、航空科学实验等。<br>港口码头服务，是指港务船舶调度服务、船舶通信服务、航道管理服务、航道疏浚服务、灯塔管理服务、航标管理服务、船舶引航服务、理货服务、系解缆服务、停泊和移泊服务、海上船舶溢油清除服务、水上交通管理服务、船只专业清洗消毒检测服务和防止船只漏油服务等为船只提供服务的业务活动 | |

续表

| 类别 | 内容 | | | | 出处 |
|---|---|---|---|---|---|
| 销售应税服务、销售无形资产和销售不动产 | 应税服务 | 现代服务 | 物流辅助服务 | 港口设施经营人收取的港口设施保安费按照港口码头服务缴纳增值税。<br>货运客运场站服务，是指货运客运场站提供货物配载服务、运输组织服务、中转换乘服务、车辆调度服务、票务服务、货物打包整理、铁路线路使用服务、加挂铁路客车服务、铁路行包专列发送服务、铁路到达和中转服务、铁路车辆编解服务、车辆挂运服务、铁路接触网服务、铁路机车牵引服务等业务活动。<br>打捞救助服务，是指提供船舶人员救助、船舶财产救助、水上救助和沉船沉物打捞服务的业务活动。<br>装卸搬运服务，是指使用装卸搬运工具或者人力、畜力将货物在运输工具之间、装卸现场之间或者运输工具与装卸现场之间进行装卸和搬运的业务活动。<br>仓储服务，是指利用仓库、货场或者其他场所代客储放、保管货物的业务活动。<br>收派服务，是指接受寄件人委托，在承诺的时限内完成函件和包裹的收件、分拣、派送服务的业务活动。<br>收件服务，是指从寄件人收取函件和包裹，并运送到服务提供方同城的集散中心的业务活动。<br>分拣服务，是指服务提供方在其集散中心对函件和包裹进行归类、分发的业务活动。<br>派送服务，是指服务提供方从其集散中心将函件和包裹送达同城的收件人的业务活动 | （财税〔2016〕36号）附件1：《营业税改征增值税试点实施办法》 |
| | | | 租赁服务 | 融资租赁服务，是指具有融资性质和所有权转移特点的租赁活动。即出租人根据承租人所要求的规格、型号、性能等条件购入有形动产或者不动产租赁给承租人，合同期内租赁物所有权属于出租人，承租人只拥有使用权，合同期满付清租金后，承租人有权按照残值购入租赁物，以拥有其所有权。无论出租人是否将租赁物销售给承租人，均属于融资租赁。<br>按照标的物的不同，融资租赁服务可分为有形动产融资租赁服务和不动产融资租赁服务。 | |

续表

| 类别 | 内容 | | | | 出处 |
|---|---|---|---|---|---|
| 销售应税服务、销售无形资产和销售不动产 | 应税服务 | 现代服务 | 租赁服务 | 融资性售后回租不按照本税目缴纳增值税。<br>经营租赁服务，是指在约定时间内将有形动产或者不动产转让他人使用且租赁物所有权不变更的业务活动。<br>按照标的物的不同，经营租赁服务可分为有形动产经营租赁服务和不动产经营租赁服务。<br>将建筑物、构筑物等不动产或者飞机、车辆等有形动产的广告位出租给其他单位或者个人用于发布广告，按照经营租赁服务缴纳增值税。<br>车辆停放服务、道路通行服务（包括过路费、过桥费、过闸费等）等按照不动产经营租赁服务缴纳增值税。<br>水路运输的光租业务、航空运输的干租业务，属于经营租赁。<br>光租业务，是指运输企业将船舶在约定的时间内出租给他人使用，不配备操作人员，不承担运输过程中发生的各项费用，只收取固定租赁费的业务活动。<br>干租业务，是指航空运输企业将飞机在约定的时间内出租给他人使用，不配备机组人员，不承担运输过程中发生的各项费用，只收取固定租赁费的业务活动 | （财税〔2016〕36号）附件1：《营业税改征增值税试点实施办法》 |
| | | | 鉴证咨询服务 | 认证服务，是指具有专业资质的单位利用检测、检验、计量等技术，证明产品、服务、管理体系符合相关技术规范、相关技术规范的强制性要求或者标准的业务活动。<br>鉴证服务，是指具有专业资质的单位受托对相关事项进行鉴证，发表具有证明力的意见的业务活动。包括会计鉴证、税务鉴证、法律鉴证、职业技能鉴定、工程造价鉴证、工程监理、资产评估、环境评估、房地产土地评估、建筑图纸审核、医疗事故鉴定等。<br>咨询服务，是指提供信息、建议、策划、顾问等服务的活动。包括金融、软件、技术、财务、税收、法律、内部管理、业务运作、流程管理、健康等方面的咨询 | |

续表

| 类别 | 内容 | | | | 出处 |
|---|---|---|---|---|---|
| 销售应税服务、销售无形资产和销售不动产 | 应税服务 | 现代服务 | | 翻译服务和市场调查服务按照咨询服务缴纳增值税 | （财税〔2016〕36号）附件1：《营业税改征增值税试点实施办法》 |
| | | | 广播影视服务 | 广播影视节目（作品）制作服务，是指进行专题（特别节目）、专栏、综艺、体育、动画片、广播剧、电视剧、电影等广播影视节目和作品制作的服务。具体包括与广播影视节目和作品相关的策划、采编、拍摄、录音、音视频文字图片素材制作、场景布置、后期的剪辑、翻译（编译）、字幕制作、片头、片尾、片花制作、特效制作、影片修复、编目和确权等业务活动。<br>广播影视节目（作品）发行服务，是指以分账、买断、委托等方式，向影院、电台、电视台、网站等单位和个人发行广播影视节目（作品）以及转让体育赛事等活动的报道及播映权的业务活动。<br>广播影视节目（作品）播映服务，是指在影院、剧院、录像厅及其他场所播映广播影视节目（作品），以及通过电台、电视台、卫星通信、互联网、有线电视等无线或者有线装置播映广播影视节目（作品）的业务活动 | |
| | | | 商务辅助服务 | 企业管理服务，是指提供总部管理、投资与资产管理、市场管理、物业管理、日常综合管理等服务的业务活动。<br>经纪代理服务，是指各类经纪、中介、代理服务。包括金融代理、知识产权代理、货物运输代理、代理报关、法律代理、房地产中介、职业中介、婚姻中介、代理记账、拍卖等。<br>货物运输代理服务，是指接受货物收货人、发货人、船舶所有人、船舶承租人或者船舶经营人的委托，以委托人的名义，为委托人办理货物运输、装卸、仓储和船舶进出港口、引航、靠泊等相关手续的业务活动。<br>代理报关服务，是指接受进出口货物的收、发货人委托，代为办理报关手续的业务活动。 | |

续表

<table>
<tr><th>类别</th><th colspan="4">内容</th><th>出处</th></tr>
<tr><td rowspan="6">销售应税服务、销售无形资产和销售不动产</td><td rowspan="6">应税服务</td><td rowspan="2">现代服务</td><td>商务辅助服务</td><td>人力资源服务，是指提供公共就业、劳务派遣、人才委托招聘、劳动力外包等服务的业务活动。<br>安全保护服务，是指提供保护人身安全和财产安全，维护社会治安等的业务活动。包括场所住宅保安、特种保安、安全系统监控以及其他安保服务</td><td rowspan="6">（财税〔2016〕36号）附件1：《营业税改征增值税试点实施办法》</td></tr>
<tr><td>其他现代服务</td><td>其他现代服务，是指除研发和技术服务、信息技术服务、文化创意服务、物流辅助服务、租赁服务、鉴证咨询服务、广播影视服务和商务辅助服务以外的现代服务</td></tr>
<tr><td rowspan="3">生活服务</td><td rowspan="2">文化体育服务</td><td>文化服务，是指为满足社会公众文化生活需求提供的各种服务。包括：文艺创作、文艺表演、文化比赛，图书馆的图书和资料借阅，档案馆的档案管理，文物及非物质遗产保护，组织举办宗教活动、科技活动、文化活动，提供游览场所。</td></tr>
<tr><td>体育服务，是指组织举办体育比赛、体育表演、体育活动，以及提供体育训练、体育指导、体育管理的业务活动</td></tr>
<tr><td>教育医疗服务</td><td>教育服务，是指提供学历教育服务、非学历教育服务、教育辅助服务的业务活动。<br>学历教育服务，是指根据教育行政管理部门确定或者认可的招生和教学计划组织教学，并颁发相应学历证书的业务活动。包括初等教育、初级中等教育、高级中等教育、高等教育等。<br>非学历教育服务，包括学前教育、各类培训、演讲、讲座、报告会等，教育辅助服务，包括教育测评、考试、招生等服务。<br>医疗服务，是指提供医学检查、诊断、治疗、康复、预防、保健、接生、计划生育、防疫服务等方面的服务，以及与这些服务有关的提供药品、医用材料器具、救护车、病房住宿和伙食的业务</td></tr>
</table>

续表

<table>
<tr><th>类别</th><th colspan="4">内容</th><th>出处</th></tr>
<tr><td rowspan="5">销售应税服务、销售无形资产和销售不动产</td><td rowspan="4">应税服务</td><td rowspan="4">生活服务</td><td>旅游娱乐服务</td><td>旅游服务，是指根据旅游者的要求，组织安排交通、游览、住宿、餐饮、购物、文娱、商务等服务的业务活动。<br>娱乐服务，是指为娱乐活动同时提供场所和服务的业务。具体包括：歌厅、舞厅、夜总会、酒吧、台球、高尔夫球、保龄球、游艺（包括射击、狩猎、跑马、游戏机、蹦极、卡丁车、热气球、动力伞、射箭、飞镖）</td><td rowspan="5">（财税〔2016〕36号）附件1：《营业税改征增值税试点实施办法》</td></tr>
<tr><td>餐饮住宿服务</td><td>餐饮服务，是指通过同时提供饮食和饮食场所的方式为消费者提供饮食消费服务的业务活动。<br>住宿服务，是指提供住宿场所及配套服务等的活动。包括宾馆、旅馆、旅社、度假村和其他经营性住宿场所提供的住宿服务</td></tr>
<tr><td>居民日常服务</td><td>居民日常服务，是指主要为满足居民个人及其家庭日常生活需求提供的服务，包括市容市政管理、家政、婚庆、养老、殡葬、照料和护理、救助救济、美容美发、按摩、桑拿、氧吧、足疗、沐浴、洗染、摄影扩印等服务</td></tr>
<tr><td>其他生活服务</td><td>其他生活服务，是指除文化体育服务、教育医疗服务、旅游娱乐服务、餐饮住宿服务和居民日常服务之外的生活服务</td></tr>
<tr><td>销售无形资产</td><td colspan="3">自然资源使用权，包括土地使用权、海域使用权、探矿权、采矿权、取水权和其他自然资源使用权。<br>其他权益性无形资产，包括基础设施资产经营权、公共事业特许权、配额、经营权（包括特许经营权、连锁经营权、其他经营权）、经销权、分销权、代理权、会员权、席位权、网络游戏虚拟道具、域名、名称权、肖像权、冠名权、转会费等</td></tr>
</table>

续表

| 类别 | 内容 | | 出处 |
|---|---|---|---|
| 销售应税服务、销售无形资产和销售不动产 | 销售不动产 | 销售不动产，是指转让不动产所有权的业务活动。不动产，是指不能移动或者移动后会引起性质、形状改变的财产，包括建筑物、构筑物等。<br>建筑物，包括住宅、商业营业用房、办公楼等可供居住、工作或者进行其他活动的建造物。<br>构筑物，包括道路、桥梁、隧道、水坝等建造物。<br>转让建筑物有限产权或者永久使用权的，转让在建的建筑物或者构筑物所有权的，以及在转让建筑物或者构筑物时一并转让其所占土地的使用权的，按照销售不动产缴纳增值税 | 《财政部、国家税务总局关于明确金融、房地产开发、教育辅助服务等增值税政策的通知》(财税〔2016〕140号) |

**表 3-14 说明：**

一是纳税人收取的行政事业性收费或政府性基金，属于非经营活动，很难说构成终端消费产品的组成部分，不应征收增值税。

二是单位或者个体工商户聘用的员工为本单位或者雇主提供取得工资的服务，没有必要征税。如果对员工提供给本单位的服务征收增值税不开具增值税专用发票，必然导致重复征税，不能抵扣的部分即为重复征税；如果开具增值税专用发票，既即增加管理成本，又必然引起同一主管税务机关的征收和抵扣，意义不大。

三是单位或者个体工商户为聘用的员工提供服务。这类服务，我们认为只有与其履行职责密切相关、构成员工提供职务性劳动的必要服务时，才能不征税。这种情况下，如果征税，“单位代收个人应当缴纳的税款，然后国家再对个人予以退税（同等金额的抵扣）；个人再代收单位应缴纳的税款，国家再对单位予以退税（同等金额的抵扣）”。显然不利于整体征管，提高了征管成本。

四是销售服务、无形资产、不动产的境内界定。对销售服务的境内界定，我国采用属人原则，即购销双方中只要有一方在境内，就属于我国增值税的征税范围。对出租完全在境外使用的动产、销售完全在境外使用的无形资产、服务，我们认为应当适用零税率或不予征税范围，即使购销双方均为境内企业或个人。“营改增”过程中只将境外企业的这类销售排除在征税范围之外，我们认为对境内企业的这部分销售也应当适用零税率以避免重复征税。

应严格遵循商业契约确定消费地原则。当购买方位于境内的时候，暂定为该境内消费。

**（四）视同销售行为（如表3-15所示）**

**表3-15　视同销售行为**

<table>
<tr><th>类别</th><th colspan="2">内容</th><th>规定出处</th></tr>
<tr><td rowspan="10">视同销售货物</td><td colspan="2">将货物交付其他单位或者个人代销</td><td rowspan="8">《增值税暂行条例实施细则》第四条</td></tr>
<tr><td colspan="2">销售代销货物</td></tr>
<tr><td>设有两个以上机构并实行统一核算的纳税人，将货物从一个机构移送其他机构用于销售，但相关机构设在同一县（市）的除外</td><td>（根据国税发〔1998〕137号，“用于销售”是指受货机构发生以下情形之一的经营行为：一、向购货方开具发票；二、向购货方收取货款）</td></tr>
<tr><td colspan="2">将自产或者委托加工的货物用于非增值税应税项目</td></tr>
<tr><td colspan="2">将自产、委托加工的货物用于集体福利或者个人消费</td></tr>
<tr><td colspan="2">将自产、委托加工或者购进的货物作为投资，提供给其他单位或者个体工商户</td></tr>
<tr><td colspan="2">将自产、委托加工或者购进的货物分配给股东或者投资者</td></tr>
<tr><td colspan="2">将自产、委托加工或者购进的货物无偿赠送其他单位或者个人</td></tr>
<tr><td colspan="2">无偿赠送粉煤灰</td><td>国家税务总局公告2011年第32号</td></tr>
<tr><td colspan="2">无偿赠送煤矸石</td><td>国家税务总局公告2013年第70号</td></tr>
</table>

续表

<table>
<tr><th>类别</th><th colspan="2">内容</th><th>规定出处</th></tr>
<tr><td rowspan="3">视同销售货物</td><td rowspan="3">纳税人受托代理销售二手车，凡不同时具备以下条件的，视同销售征收增值税</td><td>受托方不向委托方预付货款</td><td rowspan="3">国家税务总局公告2012年第23号</td></tr>
<tr><td>委托方将二手车销售统一发票直接开具给购买方</td></tr>
<tr><td>受托方按购买方实际支付的价款和增值税额（如系代理进口销售货物则为海关代征的增值税额）与委托方结算货款，并另外收取手续费</td></tr>
<tr><td>视同销售货物的例外</td><td colspan="2">药品生产企业销售自产创新药的销售额，为向购买方收取的全部价款和价外费用，其提供给患者后续免费使用的相同创新药，不属于增值税视同销售范围</td><td>财税〔2015〕4号</td></tr>
<tr><td>视同销售服务、无形资产或者不动产</td><td colspan="2">（1）单位或者个体工商户向其他单位或者个人无偿提供服务，但用于公益事业或者以社会公众为对象的除外。<br>（2）单位或者个人向其他单位或者个人无偿转让无形资产或者不动产，但用于公益事业或者以社会公众为对象的除外。<br>（3）财政部和国家税务总局规定的其他情形。<br>（4）试点纳税人销售电信服务时，附带赠送用户识别卡、电信终端等货物或者电信服务的，应将其取得的全部价款和价外费用进行分别核算，按各自适用的税率计算缴纳增值税</td><td>《营业税改征增值税试点实施办法》第十四条（财税〔2016〕36号）</td></tr>
<tr><td rowspan="2">视同销售服务、无形资产或者不动产的例外</td><td colspan="2">纳税人出租不动产，租赁合同中约定免租期的，不属于《营业税改征增值税试点实施办法》（财税〔2016〕36号）第十四条规定的视同销售服务</td><td>国家税务总局公告2016年第86号</td></tr>
<tr><td colspan="2">航空运输企业提供的旅客利用里程积分兑换的航空运输服务，不征收增值税</td><td>财税〔2013〕106号</td></tr>
</table>

**视同销售解析：**

1. 单位或个体工商户将货物交由他人代销或销售代销货物

从法理理解，这里的“代”是指隐名代理，例如，A公司将货物交给B公司代销（或B公司销售A公司交付过来的代销货物），B公司以自己的名义销售给C公司。由于名义上销售给C公司的人为B公司，故增值税专用发票应当由B公司开具给C公司。此时对于A、B公司之间而言，基于代理协议这个商业协议（尽管不是购销协议），发生了A公司让渡货物所有权给B公司，B公司支付对应的对价给A公司的情况，应当等同于A公司销售给B公司。

同理，在挂靠关系中，以被挂靠人的名义销售货物并开具专用发票的，挂靠人应当对被挂靠人做视同销售处理。例如，A公司以B公司的名义销售货物给C公司，发票由B公司开具给C公司，在这种情况下，A公司也应当对B公司做视同销售处理。

同理，代理购进（隐名代理）中对于代理人向被代理人移送货物，代理人应当对被代理人做视同销售处理；在挂靠购进中，挂靠人以被挂靠人的名义购进货物而取得货物的，被挂靠人应当对挂靠人做视同销售处理。

例如，B公司代李四从A公司购进货物，并将货物移送给李四，A公司将增值税专用发票开给B公司，B公司应当对李四做视同销售处理；李四以B公司的名义从A公司购进货物并取得该货物，A公司将增值税专用发票开给B公司，B公司也应当对李四做视同销售处理。

2. 设有两个以上机构并实行统一核算的纳税人，将货物从一个机构移送其他机构用于销售，但相关机构设在同一县（市）的除外

这个规定相对好理解，主要是考虑接受货物的分支机构对该销售所做的贡献，该税款应当由接受货物一方的税务机关享有。例如，A公司设有B、C两个分支机构，分别位于乙县和丙县。B分支机构将一批不含税价格为1000万元的货物移送给C分支机构，C分支机构以不含税价格2000万元将该批货物售出，假定税率均为13%。如果B分支机构将2000万元的销售作为自己的销售，对丙税务机关显然不公平。因为贡献是C分支机构做的，这样做使丙县税务机关流失130万元（2000万元×13%-1000万元×13%）的税收收益，如果B、C分支机构都在同一县级行政区域则不存在这个问题。

我们认为，在这种情况下，应当在分支机构之间开具增值税专用发票。

3. 将自产或者委托加工的货物用于非增值税应税项目、集体福利或个人消费

经实质加工的货物，如果在某环节退出增值税抵扣链条，即在这一环节

予以消费或视同消费，应当做视同销售处理。防止加工环节增值税税款的流失，防止外购货物与自产货物最终税负的不一致。

例如，A公司自产或委托加工某货物，如果要外购该货物，价税合计226万元（含增值税26万元）；而自产该批货物，耗用的购进价税合计113万元（其中含增值税13万元）。显然，如果只是做进项转出，相当于对实质加工的部分未征收增值税，只有做视同销售处理才能够解决这个问题。另外，增值税是对终端消费价值的征税，对于自己实质加工后的货物直接用于个人消费或视同消费，应当以加工之后的价值为最终税负的价值。因该批货物经过加工后的价值为200万元，该产品所有环节的增值税应纳税额之和应当为26万元（200万元×13%）而不是13万元（100万元×13%）。

4. 属于让渡所有权的行为，理应作为销售处理

将自产、委托加工或者购进的货物作为投资，提供给其他单位或者个体工商户。

将自产、委托加工或者购进的货物分配给股东或者投资者。

将自产、委托加工或者购进的货物无偿赠送其他单位或者个人。

我们认为，对无偿赠送给其他人单位或个人的视同销售，有待商榷。

5. 关于无偿赠送的探讨（含无偿赠送货物、不动产、无形资产，无偿提供服务或劳务）

我们认为，“无正当理由”比“无偿”更好。因为无偿赠送本质上是以0元销售，倘若基于正当理由的0元销售，不应对其做税收上的不利处理。而暗中收费的赠送是没有正当理由的“赠送”。

既然对有正当理由的合理低价可以不予调整，那么对于低价到零的情况是否有必要调整？例如，A公司基于正当理由将某价值1000元的货物以1元的价格销售给李四，此时只需要按照1元的销售额来征收增值税；如果直接赠送，则需要按照1000元的价格来征收增值税，这显然不合理。特别搭配销售，如买一赠一的情况下，这一问题显得尤为突出。

零售商开展促销活动，促销商品（包括有奖销售的奖品、赠品）应当依法纳税。我们认为，促销产品的价值，实际上在其他商品销售中已予以收回，对其予以征税实质是重复征税。

# 第四节　增值税税率、征收率

增值税税率事关消费者的最终税负和国家增值税税款收益的多寡，一般包括基本税率、低税率以及零税率。增值税的征收率是指对销售的产品，以一个较低的比率向国家缴纳增值税税款，而对于纳税人代为垫付的增值税税款，国家也不予退还。免税而不允许开具增值税专用发票可以理解为征收率为0%。财政部 税务总局 海关总署公告2019年第39号规定，自2019年4月1日起，纳税人发生增值税应税销售行为或者进口货物，原适用16%和10%税率的，税率分别调整为13%、9%。

## 一、增值税税率

1. 现行增值税税率档次（如表3-16所示）

增值税实行三档税率，分别为13%、9%、6%，同时对出口货物、部分跨境销售服务、无形资产实行零税率。

2. 增值税税率表

表3-16　增值税税率

| 税率 | | 行业 | 具体产品 | 相关依据 | |
|---|---|---|---|---|---|
| 基本税率 | 13% | 纳税人销售或进口绝大部分的货物；一般纳税人提供的加工、修理修配劳务；有形动产租赁，法律另有规定的除外 | | | 《增值税暂行条例》 |

续表

<table>
<tr><th colspan="2">税率</th><th>行业</th><th colspan="3">具体产品</th><th colspan="2">相关依据</th></tr>
<tr><td rowspan="6">低税率</td><td rowspan="6">9%</td><td rowspan="6">农业产品（种植业、养殖业、林业、牧业、水产业生产的各种植物、动物的初级产品）</td><td rowspan="6">植物类（包括人工种植和天然生长的各种植物的初级产品）</td><td rowspan="3">粮食</td><td>各种主食食科植物果实的总称。包括小麦、稻谷、玉米、高粱、谷子和其他杂粮（如大麦、燕麦等），以及经碾磨、脱壳等工艺加工后的粮食（如：面粉、米、玉米面、渣等）。切面、饺子皮、馄饨皮、面皮、米粉等粮食复制品</td><td></td><td rowspan="6">农业产品征税范围注释财税字〔1995〕52号</td></tr>
<tr><td>玉米浆、玉米皮、玉米纤维（又称喷浆玉米皮）和玉米蛋白粉不属于初级农产品，适用13%的税率。</td><td>国家税务总局公告2012年第11号</td></tr>
<tr><td>以粮食为原料加工的速冻食品、方便面、副食品和各种熟食品，不属于本货物的征税范围</td><td></td></tr>
<tr><td rowspan="3">蔬菜（可作副食的草本、木本植物的总称）</td><td>包括各种蔬菜、菌类植物和少数可作副食的木本植物。经晾晒、冷藏、冷冻、包装、脱水等工序加工的蔬菜、腌菜、咸菜、酱菜和盐渍蔬菜等</td><td></td></tr>
<tr><td>干姜、姜黄也属于本货物的征税范围</td><td>国家税务总局公告2010年第9号</td></tr>
<tr><td>各种蔬菜罐头（罐头是指以金属罐、玻璃瓶和其他材料包装，经排气密封的各种食品。下同）不属于本货物的征税范围</td><td></td></tr>
</table>

续表

| 税率 | | 行业 | 具体产品 | | | 相关依据 | |
|---|---|---|---|---|---|---|---|
| 低税率 | 9% | 农业产品（种植业、养殖业、林业、牧业、水产业生产的各种植物、动物的初级产品） | 植物类（包括人工种植和天然生长的各种植物的初级产品） | 烟叶 | 包括晒烟叶、晾烟叶和初烤烟叶 | | 农业产品征税范围注释财税字〔1995〕52号 |
| | | | | 茶叶 | 包括各种毛茶（如红毛茶、绿毛茶、乌龙毛茶、白毛茶、黑毛茶等） | | |
| | | | | | 精制茶、边销茶及掺兑各种药物的茶和茶饮料，不属于本货物的征税范围 | | |
| | | | | 园艺植物 | 包括可供食用的果实，如水果、果干（如荔枝干、桂圆干、葡萄干等），干果、果仁、果用瓜（如甜瓜、西瓜、哈密瓜等），以及胡椒、花椒、大料、咖啡豆等。经冷冻、冷藏、包装等工序加工的园艺植物 | | |
| | | | | | 各种水果罐头、果脯、蜜饯、炒制的果仁、坚果、碾磨后的园艺植物（如胡椒粉、花椒粉等），不属于本货物的征税范围 | | |
| | | | | 药用植物 | 药用植物是指用作中药原药的各种植物的根、茎、皮、叶、花、果实等。利用上述药用植物加工制成的片、丝、块、段等中药饮片 | | |
| | | | | | 中成药不属于本货物的征税范围 | | |

续表

| 税率 | | 行业 | 具体产品 | | | 相关依据 | |
|---|---|---|---|---|---|---|---|
| 低税率 | 9% | 农业产品（种植业、养殖业、林业、牧业、水产业生产的各种植物、动物的初级产品） | 植物类（包括人工种植和天然生长的各种植物的初级产品） | 料植物 | 指主要用作榨取油脂的各种植物的根、茎、叶、果实、花或者胚芽组织等初级产品，如菜子（包括芥菜子）、花生、大豆、葵花子、蓖麻子、芝麻子、胡麻子、茶子、桐子、橄榄仁、棕榈仁、棉籽等提取芳香油的芳香油料植物 | | 农业产品征税范围注释财税字〔1995〕52号 |
| | | | | 纤维植物 | 指利用其纤维作纺织，造纸原料或者绳索的植物，如棉（包括籽棉、皮棉、絮棉），大麻、黄麻、槿麻、苎麻、苘麻、亚麻、罗布麻、蕉麻、剑麻等。棉短绒和麻纤维经脱胶后的精干（洗）麻 | | |
| | | | | 糖料植物 | 主要用作制糖的各种植物，如甘蔗、甜菜等 | | |
| | | | | 林业产品 | 指乔木、灌木和竹类植物，以及天然树脂、天然橡胶、林业产品的征税范围包括：原竹、天然树脂、盐水竹笋、其他林业产品如竹笋、笋干、棕竹、棕榈衣、树枝、树叶、树皮、藤条等 | | |
| | | | | | 竹笋罐头、原木锯材不属于本货物的征税范围 | | |
| | | | | 其他植物 | 其他植物是指除上述列举植物以外的其他各种人工种植和野生的植物，如树苗、花卉、植物种子、植物叶子、草、麦秸、豆类、薯类、藻类植物等。干花、干草、薯干、干制的藻类植物，农业产品的下脚料等，也属于本货物的征税范围 | | |

续表

| 税率 | | 行业 | 具体产品 | | | 相关依据 | |
|---|---|---|---|---|---|---|---|
| 低税率 | 9% | 农业产品（种植业、养殖业、林业、牧业、水产业生产的各种植物、动物的初级产品） | 植物类（包括人工种植和天然生长的各种植物的初级产品） | 水产品 | 指人工放养和人工捕捞的鱼、虾、蟹、鳖、贝类、棘皮类、软体类、腔肠类、海兽类动物。本货物的征税范围包括鱼、虾、蟹、鳖、贝类、棘皮类、软体类、腔肠类、海兽类、鱼苗（卵）、虾苗、蟹苗、贝苗（秧），以及经冷冻、冷藏、盐渍等防腐处理和包装的水产品。干制的鱼、虾、蟹、贝类、棘皮类、软体类、腔肠类，如干鱼、干虾、干虾仁、干贝等，以及未加工成工艺品的贝壳、珍珠。<br>熟制的水产品和各类水产品的罐头，不属于本货物的征税范围 | | 农业产品征税范围注释财税字〔1995〕52号 |
| | | | | 畜牧产品 | 指人工饲养、繁殖取得和捕获的各种畜禽。兽类、禽类和爬行类动物；兽类、禽类和爬行类动物的肉产品；各种兽类、禽类和爬行类动物的肉类生制品；蛋类产品；经加工的咸蛋、松花蛋、腌制的蛋等；鲜奶。<br>用鲜奶加工的各种奶制品，如酸奶、奶酪、奶油等，各种肉类罐头、肉类熟制品，各种蛋类的罐头不属于本货物的征税范围 | | |

续表

<table>
<tr><th colspan="2">税率</th><th>行业</th><th colspan="3">具体产品</th><th colspan="2">相关依据</th></tr>
<tr><td rowspan="6">低税率</td><td rowspan="6">9%</td><td rowspan="4">农业产品（种植业、养殖业、林业、牧业、水产业生产的各种植物、动物的初级产品）</td><td rowspan="4">植物类（包括人工种植和天然生长的各种植物的初级产品）</td><td>动物皮张</td><td>指从各种动物（兽类、禽类和爬行类动物）身上直接剥取的，未经鞣制的生皮、生皮张；将生皮、生皮张用清水、盐水或者防腐药水浸泡、刮里、脱毛、晒干或者熏干，未经鞣制的，也属于本货物的征税范围</td><td></td><td rowspan="4">农业产品征税范围注释财税字〔1995〕52号</td></tr>
<tr><td>动物毛绒</td><td>动物毛绒是指未经洗净的各种动物的毛发、绒发和羽毛。<br>洗净毛、洗净绒等不属于本货物的征税范围。</td><td></td></tr>
<tr><td rowspan="2">其他动物组织</td><td>指上述列举以外的兽类、禽类、爬行类动物的其他组织，以及昆虫类动物。蚕茧、天然蜂蜜、动物树脂、其他动物组织</td><td></td></tr>
<tr><td>人工合成牛胚胎也属于其他动物组织。人工合成牛胚胎的生产过程属于农业生产，纳税人销售自产人工合成牛胚胎应免征增值税</td><td>国税函〔2010〕97号</td></tr>
<tr><td rowspan="2">食用植物油</td><td colspan="3">芝麻油、花生油、豆油、菜籽油、米糠油、葵花籽油、棉籽油、玉米胚油、茶油、胡麻油，以及以上述油为原料生产的混合油</td><td>《增值税部分货物征税范围注释》（国税发〔1993〕151号）</td><td rowspan="2">《财政部、国家税务总局关于简并增值税税率有关政策的通知》（财税〔2017〕37号）附件1</td></tr>
<tr><td colspan="3">杏仁油、葡萄籽油属于食用植物油，适用10%增值税税率</td><td>国家税务总局公告2014年第22号</td></tr>
</table>

续表

<table>
<tr><th colspan="2">税率</th><th>行业</th><th>具体产品</th><th colspan="2">相关依据</th></tr>
<tr><td rowspan="10">低税率</td><td rowspan="5">9%</td><td rowspan="3"></td><td>橄榄油可按照食用植物油9%的税率征收增值税</td><td>国税函〔2010〕144号</td><td rowspan="3">《财政部、国家税务总局关于简并增值税税率有关政策的通知》(财税〔2017〕37号)附件1</td></tr>
<tr><td>花椒油按照食用植物油9%的税率征收增值税</td><td>国家税务总局公告2011年第33号</td></tr>
<tr><td>茴油是八角树枝叶、果实简单加工后的农业产品，毛椰子油是椰子经初加工而成的农业产品，二者均属于农业初级产品，可按9%的税率征收增值税</td><td>国税函〔2003〕426号</td></tr>
<tr><td colspan="2">自来水、暖气、冷气、热水、煤气、石油液化气、天然气、二甲醚、沼气、居民用煤炭制品、食用盐。<br>图书、报纸、杂志、音像制品、电子出版物。<br>饲料、化肥、农药、农机、农膜</td><td colspan="2">财政部、国家税务总局《关于简并增值税税率有关政策的通知》(财税〔2017〕37号)附件一</td></tr>
<tr><td colspan="2">提供交通运输、邮政、基础电信、建筑、不动产租赁服务。<br>销售不动产、转让土地使用权</td><td colspan="2">(财税〔2016〕36号)附件1:《营业税改征增值税试点实施办法》</td></tr>
<tr><td rowspan="5">6%</td><td colspan="2">现代服务</td><td></td><td rowspan="5">(财税〔2016〕36号)附件1:《营业税改征增值税试点实施办法》</td></tr>
<tr><td colspan="2">增值电信服务</td><td>财税〔2014〕43号</td></tr>
<tr><td colspan="2">金融服务</td><td></td></tr>
<tr><td colspan="2">销售无形资产(转让土地使用权，增值税税率为9%)</td><td>(财税〔2016〕36号)附件1:《营业税改征增值税试点实施办法》</td></tr>
<tr><td colspan="2">生活服务</td><td></td></tr>
</table>

续表

| 税率 | 行业 | 具体产品 | 相关依据 |
|---|---|---|---|
| 零税率 | 纳税人出口货物，国务院另有规定的除外 | | 《增值税暂行条例》 |
| | 境内单位和个人跨境销售国务院规定范围内的服务、无形资产，主要包括国际运输服务、航天运输服务、向境外单位提供的完全在境外消费的下列服务：研发服务、合同能源管理服务、设计服务、广播影视节目（作品）的制作和发行服务、软件服务、电路设计及测试服务、信息系统服务、业务流程管理服务、离岸服务外包业务、转让技术。<br>按照国家有关规定应取得相关资质的国际运输服务项目，纳税人取得相关资质的，适用增值税零税率政策，未取得的，适用增值税免税政策 | | （财税〔2016〕36号）附件4:《跨境应税行为适用增值税零税率和免税政策的规定》 |
| | 境内的单位和个人取得交通部门颁发的国际班轮运输经营资格登记证或加注国际客货运输的水路运输许可证，并以水路运输方式提供国际运输服务的，适用增值税零税率政策。 | | 财税〔2014〕50号 |

3. 部分具体货物增值税税率规定（如表3-17所示）

**表3-17　部分具体货物增值税税率**

| 适用税率 | 货物名称 | 相关依据 |
|---|---|---|
| 13% | 自2009年1月1日起，金属矿采选产品、非金属矿采选产品增值，税税率为17%，2018年5月1日起为16%，2019年4月1日起为13% | 财税〔2008〕171号 |
| | 薄荷油不属于食用植物油的范围 | 国税函〔2001〕248号 |
| | 亚麻油系亚麻籽经压榨或溶剂提取制成的干性油，不属于《农业产品征税范围注释》所规定的“农业产品”的范围 | 国税函〔2005〕974号 |
| | 肉桂油、桉油、香茅油不属于《农业产品征税范围注释》所规定的“农业产品”的范围 | 国家税务总局公告2010年第5号 |
| | 环氧大豆油、氢化植物油不属于“食用植物油”的范围 | 国家税务总局公告2011年第43号 |
| | 天然二氧化碳不属于天然气，不应比照天然气征税 | 国税函〔2003〕1324号 |

续表

| 部分具体货物增值税税率适用 | | |
|---|---|---|
| 适用税率 | 货物名称 | 相关依据 |
| 13% | 桶装饮用水不属于自来水 | 国税函〔2008〕953号 |
| | 工业燃气不属于石油液化气范围 | 国税函〔1999〕343号 |
| | 硝酸铵 | 财税〔2007〕第007号 |
| | 日用“卫生用药”(如卫生杀虫剂、驱虫剂、驱蚊剂、蚊香、消毒剂等),不属于增值税“农药”的范围 | 国税发〔1995〕192号 |
| | 液氮容器 | 国税函〔2005〕944号 |
| | 豆腐皮 | |
| | 麦芽不属于《财政部、国家税务总局关于印发〈农业产品征税范围注释〉的通知》(财税字〔1995〕52号)规定的农业产品范围 | 国税函〔2009〕177号 |
| | 淀粉不属于农业产品的范围 | 国税函〔1996〕744号 |
| | 复合胶不属于《农业产品征税范围注释》(财税字〔1995〕52号)规定的“天然橡胶”产品 | 国税函〔2009〕453号 |
| | 水洗猪鬃,不属于农业产品征税范围,应按“洗净毛、洗净绒”征收增值税 | 国税函〔2006〕773号 |
| | 人发 | 国税函〔2009〕625号 |
| | 人体血液 | 国税函〔2009〕456号 |
| | 皂脚 | 国家税务总局公告2011年第20号 |

## 二、一般纳税人征收率(如表3-18所示)

**表3-18　一般纳税人征收率**

| 类别 | 内容 | 备注 | 法律出处 | |
|---|---|---|---|---|
| 一般纳税人可选择5%征收率 | 销售2016年4月30日前取得(不含自建)的不动产 | 以取得的全部价款和价外费用减去该项不动产购置原价或者取得不动产时的作价后的余额为销售额,按照5%的征收率计算应纳税额。纳税人应按照上述计税方法在不动产所在地预缴税款后,向机构所在地主管税务机关进行纳税申报 | 财税〔2016〕36号 | |

续表

| 类别 | 内容 | 备注 | 法律出处 |
| --- | --- | --- | --- |
| 一般纳税人可选择5%征收率 | 销售其2016年4月30日前自建的不动产 | 以取得的全部价款和价外费用为销售额，按照5%的征收率计算应纳税额。纳税人应按照上述计税方法在不动产所在地预缴税款后，向机构所在地主管税务机关进行纳税申报 | 财税〔2016〕36号 |
|  | 出租2016年4月30日前取得的不动产 | 纳税人出租其2016年4月30日前取得的与机构所在地不在同一县（市）的不动产，应按照上述计税方法在不动产所在地预缴税款后，向机构所在地主管税务机关进行纳税申报 | 财税〔2016〕36号 |
|  | 房地产开发企业销售自行开发的房地产老项目 |  | 财税〔2016〕68号 |
|  | 房地产开发企业出租自行开发的房地产老项目 |  | 财税〔2016〕68号 |
|  | 转让2016年4月30日前取得的土地使用权 | 以取得的全部价款和价外费用减去取得该土地使用权的原价后的余额为销售额 | 财税〔2016〕47号 |
|  | 2016年4月30日前签订的不动产融资租赁合同 |  |  |
|  | 2016年4月30日前取得的不动产提供的融资租赁服务 |  |  |
|  | 收取试点前开工的一级公路、二级公路、桥、闸通行费 | 一级公路、二级公路、桥、闸通行费可抵扣进项税额=一级公路、二级公路、桥、闸通行费发票上注明的金额/（1+5%）×5% |  |
|  | 提供劳务派遣服务、安全保护服务（含提供武装守护押运服务）选择差额纳税的 | 以取得的全部价款和价外费用，扣除代用工单位支付给劳务派遣员工的工资、福利和为其办理社会保险及住房公积金后的余额为销售额 | 财税〔2016〕47号 |
|  | 提供人力资源外包服务 | 纳税人提供人力资源外包服务，按照经纪代理服务缴纳增值税，其销售额不包括受客户单位委托代为向客户单位员工发放的工资和代理缴纳的社会保险、住房公积金 | 财税〔2016〕47号 |

续表

| 类别 | 内容 | 备注 | 法律出处 |
|---|---|---|---|
| 一般纳税人可选择3%征收率 | 销售自产的用微生物、微生物代谢产物、动物毒素、人或动物的血液或组织制成的生物制品 | | 财税〔2009〕9号、财税〔2014〕57号 |
| | 寄售商店代销寄售物品（包括居民个人寄售的物品在内） | | 国税函〔2009〕456号、国家税务总局公告2014年第36号 |
| | 典当业销售死当物品 | | |
| | 销售自产的县级及县级以下小型水力发电单位生产的电力 | | |
| | 销售自产的自来水 | | |
| | 销售自产的建筑用和生产建筑材料所用的砂、土、石料 | | |
| | 销售自产的以自己采掘的砂、土、石料或其他矿物连续生产的砖、瓦、石灰（不含黏土实心砖、瓦） | | |
| | 销售自产的商品混凝土（仅限于以水泥为原料生产的水泥混凝土） | | |
| | 单采血浆站销售非临床用人体血液 | | |
| | 药品经营企业销售生物制品 | | 国家税务总局公告2012年第20号 |
| | 提供城市电影放映服务 | | 财教〔2014〕56号 |
| | 光伏发电项目发电户销售电力产品 | | 国家税务总局公告2014年第32号 |
| | 自2015年9月1日起至2016年6月30日，增值税一般纳税人销售的库存化肥 | | 财税〔2015〕97号 |

续表

| 类别 | 内容 | 备注 | 法律出处 |
| --- | --- | --- | --- |
| 一般纳税人可选择3%征收率 | 销售自己使用过的固定资产，适用简易办法依照3%征收率减按2%征收增值税政策的，可以放弃减税，按照简易办法依照3%征收率缴纳增值税，并可以开具增值税专用发票 | | 国家税务总局公告2015年第90号 |
| | 兽用药品经营企业销售兽用生物制品 | | 国家税务总局公告2016年第8号 |
| | 公共交通运输服务。包括轮客渡、公交客运、地铁、城市轻轨、出租车、长途客运、班车 | | 财税〔2016〕36号附件2 |
| | 经认定的动漫企业为开发动漫产品提供的动漫脚本编撰、形象设计、背景设计、动画设计、分镜、动画制作、摄制、描线、上色、画面合成、配音、配乐、音效合成、剪辑、字幕制作、压缩转码（面向网络动漫、手机动漫格式适配）服务，以及在境内转让动漫版权（包括动漫品牌、形象或者内容的授权及再授权） | | 财税〔2016〕36号附件2、财税〔2016〕140号 |
| | 电影放映服务、仓储服务、装卸搬运服务、收派服务和文化体育服务（含纳税人在游览场所经营索道、摆渡车、电瓶车、游船等取得的收入） | | |
| | 以纳入营改增试点之日前取得的有形动产为标的物提供的经营租赁服务 | | |

续表

| 类别 | 内容 | 备注 | 法律出处 |
| --- | --- | --- | --- |
| 一般纳税人可选择3%征收率 | 纳入营改增试点之日前签订的尚未执行完毕的有形动产租赁合同 | | 财税〔2016〕36号附件2、财税〔2016〕140号 |
| | 以清包工方式提供的建筑服务 | 以清包工方式提供建筑服务，是指施工方不采购建筑工程所需的材料或只采购辅助材料，并收取人工费、管理费或者其他费用的建筑服务 | |
| | 为甲供工程提供的建筑服务 | 甲供工程，是指全部或部分设备、材料、动力由工程发包方自行采购的建筑工程 | |
| | 为建筑工程老项目提供的建筑服务 | 建筑工程老项目，是指：①建筑工程施工许可证注明的合同开工日期在2016年4月30日前的建筑工程项目；②未取得建筑工程施工许可证的，建筑工程承包合同注明的开工日期在2016年4月30日前的建筑工程项目 | |
| | 跨县（市）提供建筑服务 | 应以取得的全部价款和价外费用扣除支付的分包款后的余额为销售额，按照3%的征收率计算应纳税额。纳税人应按照上述计税方法在建筑服务发生地预缴税款后，向机构所在地主管税务机关进行纳税申报 | 财税〔2016〕36号附件2 |
| | 公路经营企业收取试点前开工的高速公路的车辆通行费 | 高速公路通行费可抵扣进项税额=高速公路通行费发票上注明的金额/（1+3%）×3% | 财税〔2016〕36号附件2 |
| | 中国农业发展银行总行及其各分支机构提供涉农贷款取得的利息收入 | | 财税〔2016〕3号 |
| | 农村信用社、村镇银行、农村资金互助社、由银行业机构全资发起设立的贷款公司、法人机构在县（县级市、区、旗）及县以下地区的农村合作银行和农村商业银行提供金融服务收入 | | 财税〔2016〕46号 |

续表

| 类别 | 内容 | 备注 | 法律出处 |
| --- | --- | --- | --- |
| 一般纳税人可选择3%征收率 | 对中国农业银行纳入“三农金融事业部”改革试点的各省、自治区、直辖市、计划单列市分行下辖的县域支行和新疆生产建设兵团分行下辖的县域支行（也称县事业部），提供农户贷款、农村企业和农村各类组织贷款取得的利息收入 | | 财税〔2016〕46号 |
| | 农村信用社、村镇银行、农村资金互助社、由银行业机构全资发起设立的贷款公司、法人机构所在地在县（含县级市、区、旗）及县以下地区的农村合作银行和农村商业银行的金融保险业收入 | | 银监函〔2016〕180号 |
| | 提供非学历教育服务 | | 财税〔2016〕68号 |
| | 提供教育辅助服务 | | 财税〔2016〕140号 |
| | 非企业性单位中的一般纳税人提供的研发和技术服务、信息技术服务、鉴证咨询服务，以及销售技术、著作权等无形资产 | | 国家税务总局公告2016年第54号 |
| | 非企业性单位中的一般纳税人提供技术转让、技术开发和与之相关的技术咨询、技术服务 | | |
| | 提供物业管理服务的纳税人，向服务接受方收取的自来水水费，以扣除其对外支付的自来水水费后的余额为销售额，按照简易计税方法依3%的征收率计算缴纳增值税 | | |

续表

| 类别 | 内容 | 备注 | 法律出处 |
| --- | --- | --- | --- |
| 一般纳税人可选择3%征收率 | 一般纳税人销售电梯的同时提供安装服务，其安装服务可以按照甲供工程选择适用简易计税方法计税 | | 国家税务总局公告2017年第11号 |
| | 建筑工程总承包单位为房屋建筑的地基与基础、主体结构提供工程服务，建设单位自行采购全部或部分钢材、混凝土、砌体材料、预制构件的，适用简易计税方法计税 | | 财税〔2017〕58号 |
| | 资管产品管理人运营资管产品过程中发生的增值税应税行为，暂适用简易计税方法，按照3%的征收率缴纳增值税 | | 财税〔2017〕56号 |
| | 生产销售和批发、零售抗癌药品 | 自2018年5月1日起，增值税一般纳税人生产销售和批发、零售抗癌药品，可选择按照简易办法依照3%征收率计算缴纳增值税。上述纳税人选择简易办法计算缴纳增值税后，36个月内不得变更 | 财税〔2018〕47号 |
| | 进口抗癌药品自2018年5月1日起，对进口抗癌药品，减按3%征收进口环节增值税。 | | |
| | 对中国邮政储蓄银行纳入“三农金融事业部”改革的各省、自治区、直辖市、计划单列市分行下辖的县域支行，提供农户贷款、农村企业和农村各类组织贷款（具体贷款业务清单见附件）取得的利息收入 | | 财税〔2018〕97号 |

续表

| 类别 | 内容 | 备注 | 法律出处 |
|---|---|---|---|
| 按照3%征收率减按2%征收 | 2008年12月31日以前未纳入扩大增值税抵扣范围试点的纳税人，销售自己使用过的2008年12月31日以前购进或者自制的固定资产 | 均不允许开专票 | 财税〔2008〕170号、财税〔2014〕57号 |
| | 2008年12月31日以前已纳入扩大增值税抵扣范围试点的纳税人，销售自己使用过的在本地区扩大增值税抵扣范围试点以前购进或者自制的固定资产 | | 财税〔2009〕9号、财税〔2014〕57号 |
| | 销售自己使用过的属于条例第十条规定不得抵扣且未抵扣进项税额的固定资产 | | |
| | 纳税人销售旧货 | | 国家税务总局公告〔2012〕1号、国家税务总局公告2014年第36号 |
| | 纳税人购进或者自制固定资产时为小规模纳税人，认定为一般纳税人后销售该固定资产 | | |
| | 一般纳税人销售自己使用过的、纳入营改增试点之日前取得的固定资产，按照现行旧货相关增值税政策执行 | | 财税〔2016〕36号附件2 |

## 三、小规模纳税人征收率（如表 3-19 所示）

**表 3-19　小规模纳税人征收率**

| 类别 | 内容 | 备注 | 法律出处 |
|---|---|---|---|
| 5% | 小规模纳税人提供劳务派遣服务，选择差额纳税的 | 以取得的全部价款和价外费用，扣除代用工单位支付给劳务派遣员工的工资、福利和为其办理社会保险及住房公积金后的余额为销售额 | 财税〔2016〕47号 |
| | 销售其取得（不含自建）的不动产（不含个体工商户销售购买的住房和其他个人销售不动产） | 应以取得的全部价款和价外费用减去该项不动产购置原价或者取得不动产时的作价后的余额为销售额，按照5%的征收率计算应纳税额。纳税人应按照上述计税方法在不动产所在地预缴税款后，向机构所在地主管税务机关进行纳税申报 | 财税〔2016〕36号 |
| | 销售其自建的不动产 | 应以取得的全部价款和价外费用为销售额，按照5%的征收率计算应纳税额。纳税人应按照上述计税方法在不动产所在地预缴税款后，向机构所在地主管税务机关进行纳税申报 | 财税〔2016〕36号 |
| | 单位和个体工商户出租不动产（不含个体工商户出租住房） | | 国家税务总局2016年第16号公告 |
| | 房地产开发企业中的小规模纳税人，出租自行开发的房地产项目 | 房地产开发企业中的小规模纳税人，出租自行开发的房地产项目，按照5%的征收率计算应纳税额。纳税人出租自行开发的房地产项目与其机构所在地不在同一县（市）的，应按照上述计税方法在不动产所在地预缴税款后，向机构所在地主管税务机关进行纳税申报 | 财税〔2016〕68号 |
| 3% | 小规模纳税人销售自己使用过的除固定资产以外的物品 | | 财税〔2009〕9号 |
| | 小规模纳税人提供劳务派遣服务以取得的全部价款和价外费用为销售额 | | 财税〔2016〕47号 |

续表

| 类别 | 内容 | 备注 | 法律出处 |
| --- | --- | --- | --- |
| 3% | 跨县（市）提供建筑服务 | 应以取得的全部价款和价外费用扣除支付的分包款后的余额为销售额，按照3%的征收率计算应纳税额。纳税人应按照上述计税方法在建筑服务发生地预缴税款后，向机构所在地主管税务机关进行纳税申报 | 财税〔2016〕36号 |
| 按照3%征收率减按2%征收 | 小规模纳税人（除其他个人外）销售自己使用过的固定资产，减按2%征收率征收增值税 | | 财税〔2009〕9号 |
| 其他规定 | 个体工商户出租住房，按照5%的征收率减按1.5%计算应纳税额 | | 国家税务总局2016年第16号公告 |

# 第五节 增值税税收优惠

增值税设立优惠制度的目的：一是克服或减少增值税累退性的影响。所谓增值税的累退性，是指增值税是对最终消费的普遍征收，是以消费为税基。由于高收入群体的消费支出比例低于低收入人群的消费支出比例，从而导致低收入人群的增值税负担高于高收入人群，有悖于公平原则。故对少数生活必需品采取税收优惠政策。二是鼓励或支持某些特殊交易项目或纳税人。

## 一、增值税税收优惠的类型

### （一）起征点

《增值税暂行条例实施细则》第三十七条规定：增值税起征点的适用范围限于个人。

增值税起征点的幅度规定如下：

（一）销售货物的，为月销售额5000~20000元；

（二）销售应税劳务的，为月销售额5000~20000元；

（三）按次纳税的，为每次（日）销售额300~500元。

前款所称销售额，是指本细则第三十条第一款所称小规模纳税人的销售额。

省、自治区、直辖市财政厅（局）和国家税务局应在规定的幅度内，根据实际情况确定本地区适用的起征点，并报财政部、国家税务总局备案。

**（二）免税**

增值税的免税，是指代收的增值税税款不必交还国家，而垫付的增值税税款国家也不必退税。增值税免税并非免除销项税额，而是“对于代国家收取的税款减除国家应当退还的差额”。这个差额可能是正数，也可能是负数。

增值税免税而不能开具增值税专用发票的情况下，只有在面向终端消费者销售时，纳税人才可能获益；当增值税免税而不能开具增值税专用发票，且销售对象为一般纳税人，该免税必然导致国家多征收增值税税款，多征收的部分为不能抵扣的进项税额。具体推导如下：

假定A公司享有免税政策，某产品进项税额为$J_A$，该批货物销售给B公司，销项税额为$X_A$，应纳税额为$Y_A$。假定B公司不能予以抵扣情况下的应纳税额为$Y_B$。

不免税情况下，A公司应纳税额为$Y_A=X_A-J_A$，B公司的应纳税额为$Y_B-X_A$。

免税情况下，A公司该项目的应纳税额为0，B公司的应纳税额为$Y_B$。

A公司应纳税额为：

免税应纳税额之和-不免税的应纳税额之和$=Y_B-[(Y_B-X_A)+(X_A-J_A)]=J_A$

显然，国家增值税税款收益增加$J_A$，因为享有增值税税收优惠政策不能抵扣进项税额。

因免税而不能开具增值税专用发票情况下，尽管结算差额部分不用交还国家，但是购买方应当抵扣而不能抵扣，导致了损失。可以用最简单的公式$X_A-(X_A-J_A)$表示，其中$X_A$是国家收取的，$(X_A-J_A)$是国家免去的税收，差额$J_A$为国家多收的。

当购买方是终端消费者时，情况会发生变化。假设B公司是终端消费者，则国家少收取税款$X_A-J_A$，结果可能是正数，也可能是负数。

也就是说，当销售方销售给一般纳税人时，免税而不能开具专用发票必然导致多征税；免税而销售给终端消费者时，纳税人有可能多缴也有可能少缴增值税。

### （三）即征即退、先征后退、先征后返、即征即返（以下简称即征即退）

所谓增值税的即征即退，是指增值税一般纳税人缴纳了增值税税款后，国家退还纳税人缴纳的超过一定界限的增值税，或者按照一定比例退还纳税人所缴纳的增值税的一种增值税税收优惠制度。

一般纳税人缴纳的增值税税款，不过是将代收的国家增值税税款，交还国家而已。国家对该部分税款予以部分或全部返还（或退还）给纳税人，本质上是一种财政补贴。

### （四）应纳税额固定扣减型增值税税收优惠政策

其他增值税税收优惠政策，主要基于退税，类似于财政补贴性质。

农产品收购发票和销售发票、小规模纳税人开具的增值税专用发票，虽然不属于增值税税收优惠政策范围，但却可能产生税收优惠一样的效果。主要体现在：

开票方开具发票，受票方抵扣金额大于开票方就开具发票所需要的实际缴纳金额，非常容易导致虚开。实务中，农产品收购发票的虚开是虚开的重要源头。

## 二、增值税免税的税收优惠政策①（见表 3-20 所示）

**表 3-20　增值税免税的税收优惠政策**

| 类别 | 具体内容 | 规定出处 |
|---|---|---|
| 《增值税暂行条例》规定免税项目 | 农业生产者销售的自产农产品 | 《增值税暂行条例》第十五条 |
| | 避孕药品和用具 | |
| | 古旧图书 | |
| | 直接用于科学研究、科学试验和教学的进口仪器、设备 | |

① 财税〔2019〕13 号与国家税务总局公告 2019 年第 4 号规定的新的税收优惠政策。

续表

| 类别 | 具体内容 | 规定出处 |
| --- | --- | --- |
| 《增值税暂行条例》规定免税项目 | 外国政府、国际组织无偿援助的进口物资和设备 | 《增值税暂行条例》第十五条 |
| | 由残疾人的组织直接进口供残疾人专用的物品 | |
| | 销售自己使用过的物品（指其他个人使用过的物品） | |
| | | |
| 蔬菜、鲜活肉蛋产品流通环节 | 自2012年1月1日起，对从事蔬菜批发、零售的纳税人销售的蔬菜免征增值税 | 财税〔2011〕137号 |
| | 自2012年10月1日起，免征部分鲜活肉蛋产品流通环节增值税 | 财税〔2012〕75号 |
| 农业生产 | 农膜 | 财税〔2001〕113号 |
| | 批发和零售的种子、种苗、农药、农机 | |
| | 自2008年6月1日起，纳税人生产销售和批发、零售有机肥产品免征增值税。<br>享受上述免税政策的有机肥产品是指有机肥料、有机—无机复混肥料和生物有机肥<br>财税〔2008〕56号规定享受增值税免税政策的有机肥产品中，有机肥料按《有机肥料》(NY525—2012）标准执行，有机—无机复混肥料按《有机—无机复混肥料》(GB18877—2009）标准执行，生物有机肥按《生物有机肥》(NY884—2012）标准执行。 | 财税〔2008〕56号、国家税务总局公告2015年第86号 |
| | 自2007年7月1日起，纳税人生产销售和批发、零售滴灌带和滴灌管产品免征增值税 | 财税〔2007〕83号 |
| | 农业机耕、排灌、病虫害防治、植物保护、农牧保险以及相关技术培训业务，家禽、牲畜、水生动物的配种和疾病防治 | 财税〔2016〕36号附件三 |
| | 岩桂油产品按照其生产原料及加工工艺，属于初级农业产品当中的“其他林业产品”，应按农业产品的有关规定征免增值税 | 国税函〔2002〕474号 |
| 饲料 | 免税饲料产品范围包括：单一大宗饲料、混合饲料、配合饲料、复合预混料、浓缩饲料 | 财税〔2001〕121号 |
| | 饲用鱼油是鱼粉生产过程中的副产品，主要用于水产养殖和肉鸡饲养，属于单一大宗饲料。经研究，自2003年1月1日起，对饲用鱼油产品按照现行“单一大宗饲料”的增值税政策规定，免予征收增值税 | 国税函〔2003〕1395号 |

续表

| 类别 | 具体内容 | | 规定出处 |
|---|---|---|---|
| 小微企业 | 小规模纳税人发生增值税应税销售行为，合计月销售额未超过10万元（以1个季度为1个纳税期的，季度销售额未超过30万元，下同）的，免征增值税。小规模纳税人发生增值税应税销售行为，合计月销售额超过10万元，但扣除本期发生的销售不动产的销售额后未超过10万元的，其销售货物、劳务、服务、无形资产取得的销售额免征增值税。适用增值税差额征税政策的小规模纳税人，以差额后的销售额确定是否可以享受本公告规定的免征增值税政策 | | 国家税务总局公告2019年第4号 |
| | 对月销售额10万元以下（含本数）的增值税小规模纳税人，免征增值税 | | 财税〔2019〕13号 |
| 供热企业 | 自2016年1月1日至2018年供暖期结束，对供热企业向居民个人（以下统称居民）供热而取得的采暖费收入免征增值税 | | 财税〔2016〕94号 |
| 向农村居民提供生活用水 | 对饮水工程运营管理单位向农村居民提供生活用水取得的自来水销售收入，免征增值税。对于既向城镇居民供水，又向农村居民供水的饮水工程运营管理单位，依据向农村居民供水收入占总供水收入的比例免征增值税 | | 财税〔2016〕19号 |
| 国有粮食购销企业 | 国有粮食购销企业必须按顺价原则销售粮食。对承担粮食收储任务的国有粮食购销企业销售的粮食免征增值税。对其他粮食企业经营粮食，除下列项目免征增值税外，一律征收增值税：军队用粮、救灾救济粮、水库移民口粮。对销售食用植物油业务，除政府储备食用植物油的销售继续免征增值税外，一律照章征收增值税 | | 财税字〔1999〕198号 |
| | 财税字〔1999〕198号第一条规定的增值税免税政策适用范围由粮食扩大到粮食和大豆，并可对免税业务开具增值税专用发票 | | 财税〔2014〕38号 |
| | 发票开具 | 享受免税优惠的国有粮食购销企业可继续使用增值税专用发票。自1999年8月1日起，凡国有粮食购销企业销售粮食，暂一律开具增值税专用发票。国有粮食购销企业开具增值税专用发票时，应当比照非免税货物开具增值税专用发票，企业记账销售额为“价税合计”数 | 国税明电〔1999〕10号 |
| | | 凡享受免征增值税的国有粮食购销企业，均按增值税一般纳税人认定，并进行纳税申报、日常检查及有关增值税专用发票的各项管理 | 国税函〔1999〕560号 |

续表

| 类别 | 具体内容 | | 规定出处 |
|---|---|---|---|
| 国有粮食购销企业 | 发票开具 | 自2002年6月1日起，对中国储备粮总公司及各分公司所属的政府储备食用植物油承储企业，按照国家指令计划销售的政府储备食用植物油，可比照国家税务总局（国税明电〔1999〕10号）及国家税务总局（国税函〔1999〕560号）的有关规定执行，允许其开具增值税专用发票并纳入增值税防伪税控系统管理 | 国税函〔2002〕531号 |
| | 国家商品储备管理单位及其直属企业承担商品储备任务，从中央或者地方财政取得的利息补贴收入和价差补贴收入免征增值税优惠 | | 财税〔2016〕36号 |
| 电影发展 | 对电影制片企业销售电影拷贝（含数字拷贝）、转让版权取得的收入，电影发行企业取得的电影发行收入，电影放映企业在农村的电影放映收入，2014年1月1日至2018年12月31日免征增值税 | | 财教〔2014〕56号 |
| 经营性文化事业单位转制为企业 | 党报、党刊将其发行、印刷业务及相应的经营性资产剥离组建的文化企业，自注册之日起所取得的党报、党刊发行收入和印刷收入免征增值税 | | 财税〔2019〕16号 |
| 有线电视收视费 | 2017年1月1日至2019年12月31日，对广播电视运营服务企业收取的有线数字电视基本收视维护费和农村有线电视基本收视费，免征增值税 | | 财税〔2019〕17号 |
| 合同能源管理服务 | 符合条件的节能服务公司实施合同能源管理项目中提供的应税服务 | 节能服务公司实施合同能源管理项目相关技术，应当符合国家质量监督检验检疫总局和国家标准化管理委员会发布的《合同能源管理技术通则》（GB/T24915—2010）规定的技术要求 | 财税〔2016〕36号附件3 |
| | | 节能服务公司与用能企业签订《节能效益分享型》合同，其合同格式和内容，符合《中华人民共和国合同法》和国家质量监督检验检疫总局和国家标准化管理委员会发布的《合同能源管理技术通则》（GB/T24915—2010）等规定 | |

续表

| 类别 | 具体内容 | 规定出处 |
| --- | --- | --- |
| 技术转让、技术开发服务 | 纳税人提供技术转让、技术开发和与之相关的技术咨询、技术服务 | 财税〔2016〕36号附件3 |
| 残疾人相关政策 | 供残疾人专用的假肢、轮椅、矫形器（包括上肢矫形器、下肢矫形器、脊椎侧弯矫形器），免征增值税 | 财税字〔1994〕60号 |
| | 残疾人员本人为社会提供的服务，免征增值税 | 财税〔2016〕36号附件3 |
| | 残疾人个人提供的加工、修理修配劳务，免征增值税 | 财税〔2016〕52号 |
| 专供少数民族饮用的边销茶 | 对国家定点企业（名单见文件中的附件）生产和经销单位经销的专供少数民族饮用的边销茶，免征增值税。财税〔2011〕89号规定的增值税政策执行至2018年12月31日 | 财税〔2011〕89号、财税〔2016〕73号 |
| 医疗行业 | 医疗机构提供的医疗服务免征增值税 | 财税〔2016〕36号附件3 |
| | 对非营利性医疗机构自产自用的制剂，免征增值税 | 财税〔2000〕42号 |
| | 自2016年1月1日至2018年12月31日，继续对国产抗艾滋病病毒药品免征生产环节和流通环节增值税 | 财税〔2016〕97号 |
| | 对血站供应给医疗机构的临床用血免征增值税 | 财税字〔1999〕264号 |
| | 2019年2月1日至2020年12月31日，医疗机构接受其他医疗机构委托，按照不高于地（市）级以上价格主管部门会同同级卫生主管部门及其他相关部门制定的医疗服务指导价格（包括政府指导价和按照规定由供需双方协商确定的价格等），提供《全国医疗服务价格项目规范》所列的各项服务，可适用《营业税改征增值税试点过渡政策的规定》（财税〔2016〕36号印发）第一条第（七）项规定的免征增值税政策 | 财税〔2019〕20号 |
| 军队相关 | 为部队生产的武器及其零配件、弹药、军训器材、部队装备（指人被装、军械装备、马装具，下同），免征增值税。军需工厂、物资供销单位生产、销售、调拨给公安系统和国家安全系统的民警服装，免征增值税 | 财税字〔1994〕11号 |
| | 军事工厂生产销售给公安系统、司法系统和国家安全系统的武器装备免征增值税 | |
| | 军事工厂之间为了生产军品而相互提供货物以及为了制造军品相互提供的专用非标准设备、工具、模具、量具等免征增值税 | |

续表

| 类别 | 具体内容 | | 规定出处 |
|---|---|---|---|
| 一般纳税人可选择3%征收率 | 军队空余房产租赁收入 | | 财税〔2016〕36号附件3 |
| | 随军家属就业 | 为安置随军家属就业而新开办的企业，自领取税务登记证之日起，其提供的应税服务3年内免征增值税。享受税收优惠政策的企业，随军家属必须占企业总人数的60%（含）以上，并有军（含）以上政治和后勤机关出具的证明 | |
| | | 从事个体经营的随军家属，自办理税务登记事项之日起，其提供的应税服务3年内免征增值税。随军家属必须有师以上政治机关出具的可以表明其身份的证明。按照上述规定，每一名随军家属可以享受一次免税政策 | |
| | 军队转业干部就业 | 从事个体经营的军队转业干部，自领取税务登记证之日起，其提供的应税服务3年内免征增值税 | |
| | | 为安置自主择业的军队转业干部就业而新开办的企业，凡安置自主择业的军队转业干部占企业总人数60%（含）以上的，自领取税务登记证之日起，其提供的应税服务3年内免征增值税 | |
| 交通工具和运输服务 | 从2001年1月1日起对铁路系统内部单位为本系统修理货车的业务免征增值税 | | 财税〔2001〕54号 |
| | 自2000年4月1日起，对生产销售的支线飞机（包括运十二、运七系列、运八、运五飞机）免征增值税 | | 财税字〔2000〕51号 |
| | 农五系列飞机适用《关于国产支线飞机免征增值税的通知》（财税字〔2000〕51号）的规定免征国内销售环节增值税，其生产所需进口尚不能国产化的零部件免征进口环节增值税 | | 财税〔2002〕97号 |
| | 台湾航运公司、航空公司从事海峡两岸海上直航、空中直航业务在大陆取得的运输收入免征增值税 | | 财税〔2016〕36号附件3 |
| | 纳税人提供的直接或者间接国际货物运输代理服务免征增值税 | | |

续表

| 类别 | 具体内容 | 规定出处 |
| --- | --- | --- |
| 交通工具和运输服务 | 黄金生产和经营单位销售黄金（不包括以下品种：成色AU9999、AU9995、AU999、AU995；规格为50克、100克、1千克、3千克、12.5千克的黄金，以下简称标准黄金）和黄金矿砂（含伴生金），免征增值税；进口黄金（含标准黄金）和黄金矿砂免征进口环节增值税 | 财税〔2002〕142号 |
| | 财税〔2002〕142号第一条所称伴生金，是指黄金矿砂以外的其他矿产品、冶炼中间产品和其他可以提炼黄金的原料中所伴生的黄金 | 国家税务总局公告2011年第8号 |
| 铂金 | 对进口铂金免征进口环节增值税 | 财税〔2003〕86号 |
| 熊猫普制金币 | 自2012年1月1日起，对符合条件的纳税人销售的熊猫普制金币免征增值税 | 财税〔2012〕97号 |
| 交易所 | 上海期货交易所会员和客户通过上海期货交易所销售标准黄金（持上海期货交易所开具的黄金结算专用发票），发生实物交割但未出库的，免征增值税 | 财税〔2008〕5号 |
| | 上海期货交易所会员和客户，通过上海期货交易所进行黄金期货交易并发生实物交割的，卖方会员或客户按交割结算价向上海期货交易所开具普通发票，对其免征增值税 | 国税发〔2008〕46号 |
| | 会员单位通过钻交所进口销往国内市场的毛坯钻石，免征国内环节增值税；国内开采或加工的钻石，通过钻交所销售的，在国内销售环节免征增值税 | 国税发〔2006〕131号 |
| | 对国内钻石开采企业通过上海钻石交易所销售的自产毛坯钻石实行免征增值税政策 | 财税〔2006〕65号 |
| 教育 | 从事学历教育的学校提供的教育服务 | 财税〔2016〕36号附件3 |
| | 政府举办的从事学历教育的高等中等和初等学校（不含下属单位），举办进修班、培训班取得的全部归该学校所有的收入 | |
| | 政府举办的职业学校设立的主要为在校学生提供实习场所并由学校出资自办、由学校负责经营管理、经营收入归学校所有的企业，从事《销售服务、无形资产或者不动产注释》中"现代服务"（不含融资租赁服务、广告服务和其他现代服务）、"生活服务"（不含文化体育服务、其他生活服务和桑拿、氧吧）业务活动取得的收入 | |

续表

<table>
<tr><th>类别</th><th colspan="2">具体内容</th><th>规定出处</th></tr>
<tr><td rowspan="3">教育</td><td colspan="2">对按照国家规定的收费标准向学生收取的高校学生公寓住宿费收入，自2016年5月1日起，在营改增试点期间免征增值税</td><td>财税〔2016〕82号</td></tr>
<tr><td colspan="2">对高校学生食堂为高校师生提供餐饮服务取得的收入，自2016年5月1日起，在营改增试点期间免征增值税</td><td>财税〔2016〕82号</td></tr>
<tr><td colspan="2">学生勤工俭学提供的服务</td><td>财税〔2016〕36号附件3</td></tr>
<tr><td rowspan="5">利息收入</td><td colspan="2">自2017年1月1日至2019年12月31日，对经省级金融管理部门（金融办、局等）批准成立的小额贷款公司取得的农户小额贷款利息收入，免征增值税</td><td rowspan="5">财税〔2018〕91号</td></tr>
<tr><td colspan="2">自2017年12月1日至2019年12月31日，对金融机构向农户、小型企业、微型企业及个体工商户发放小额贷款取得的利息收入，免征增值税</td></tr>
<tr><td rowspan="3">自2018年9月1日至2020年12月31日，对金融机构向小型企业、微型企业和个体工商户发放小额贷款取得的利息收入，免征增值税。金融机构可以选择以下两种方法之一适用免税</td><td>对金融机构向小型企业、微型企业和个体工商户发放的，利率水平不高于人民银行同期贷款基准利率150%（含本数）的单笔小额贷款取得的利息收入，免征增值税；高于人民银行同期贷款基准利率150%的单笔小额贷款取得的利息收入，按照现行政策规定缴纳增值税</td></tr>
<tr><td>对金融机构向小型企业、微型企业和个体工商户发放单笔小额贷款取得的利息收入中，不高于该笔贷款按照人民银行同期贷款基准利率150%（含本数）计算的利息收入部分，免征增值税；超过部分按照现行政策规定缴纳增值税</td></tr>
<tr><td>金融机构可按会计年度在以上两种方法之间选定其一作为该年的免税适用方法，一经选定，该会计年度内不得变更。</td></tr>
</table>

续表

| 类别 | 具体内容 | 规定出处 |
| --- | --- | --- |
| 金融同业往来利息收入 | 金融机构与人民银行所发生的资金往来业务。包括人民银行对一般金融机构贷款，以及人民银行对商业银行的再贴现等 | 财税〔2016〕36号附件3 |
| | 银行联行往来业务。同一银行系统内部不同行、处之间所发生的资金账务往来业务 | |
| | 金融机构间的资金往来业务。是指经人民银行批准，进入全国银行间同业拆借市场的金融机构之间通过全国统一的同业拆借网络进行的短期（一年以下含一年）无担保资金融通行为 | |
| | 属于财税〔2016〕36号附件三 第一条第（二十三）项所称的金融同业往来利息收入：同业存款、同业借款、同业代付、买断式买入返售金融商品、持有金融债券、同业存单、质押式买入返售金融商品、持有政策性金融债券；商业银行购买央行票据、与央行开展货币掉期和货币互存等业务属于财税〔2016〕36号附件三第一条第（二十三）款第1项所称的金融机构与人民银行所发生的资金往来业务；境内银行与其境外的总机构、母公司之间，以及境内银行与其境外的分支机构、全资子公司之间的资金往来业务属于财税〔2016〕36号附件三第一条第（二十三）款第2项所称的银行联行往来业务 | 财税〔2016〕70号、财税〔2016〕46号 |
| 金融商品转让收入 | 合格境外投资者（QFII）委托境内公司在我国从事证券买卖业务 | 财税〔2016〕36号附件3 |
| | 香港市场投资者（包括单位和个人）通过沪港通买卖上海证券交易所上市A股 | |
| | 对香港市场投资者（包括单位和个人）通过基金互认买卖内地基金份额 | |
| | 证券投资基金（封闭式证券投资基金，开放式证券投资基金）管理人运用基金买卖股票、债券个人从事金融商品转让业务 | |
| | 对香港市场投资者（包括单位和个人）通过深港通买卖深交所上市A股取得的差价收入，在营改增试点期间免征增值税 | 财税〔2016〕127号 |
| | 对内地个人投资者通过深港通买卖香港联交所上市股票取得的差价收入，在营改增试点期间免征增值税 | |
| | 对内地单位投资者通过深港通买卖香港联交所上市股票取得的差价收入，在营改增试点期间按现行政策规定征免增值税 | |
| | 人民币合格境外投资者（RQFII）委托境内公司在我国从事证券买卖业务，以及经人民银行认可的境外机构投资银行间本币市场取得的收入属于《过渡政策的规定》第一条第（二十二）款所称的金融商品转让收入 | 财税〔2016〕70号 |

续表

| 类别 | 具体内容 | 规定出处 |
| --- | --- | --- |
| 保险公司 | 保险公司开办的一年期以上人身保险产品取得的保费收入。一年期以上人身保险，是指保险期间为一年期及以上返还本利的人寿保险、养老年金保险，以及保险期间为一年期及以上的健康保险 | 财税〔2016〕36号附件3 |
| | 保险公司开办一年期以上返还性人身保险产品，按照以下规定执行。<br>保险公司开办一年期以上返还性人身保险产品，在保险监管部门出具备案回执或批复文件前依法取得的保费收入，属于《财政部、国家税务总局关于一年期以上返还性人身保险产品营业税免税政策的通知》（财税〔2015〕86号）第一条、《营业税改征增值税试点过渡政策的规定》（财税〔2016〕36号印发）第一条第（二十一）项规定的保费收入。<br>保险公司符合财税〔2015〕86号第一条、第二条规定免税条件，且未列入财政部、税务总局发布的免征营业税名单的，可向主管税务机关办理备案手续。<br>保险公司开办一年期以上返还性人身保险产品，在列入财政部和税务总局发布的免征营业税名单或办理免税备案手续后，此前已缴纳营业税中尚未抵减或退还的部分，可抵减以后月份应缴纳的增值税 | 财税〔2019〕20号 |
| | 境内保险公司向境外保险公司提供的完全在境外消费的再保险服务，免征增值税。试点纳税人提供再保险服务（境内保险公司向境外保险公司提供的再保险服务除外），实行与原保险服务一致的增值税政策。再保险合同对应多个原保险合同的，所有原保险合同均适用免征增值税政策时，该再保险合同适用免征增值税政策。否则，该再保险合同应按规定缴纳增值税 | 财税〔2016〕68号 |
| 被撤销金融机构 | 被撤销金融机构以货物、不动产、无形资产、有价证券、票据等财产清偿债务 | 财税〔2016〕36号附件3 |

续表

| 类别 | 具体内容 | | 规定出处 |
| --- | --- | --- | --- |
| 中小企业信用担保或者再担保业务 | 同时符合下列条件的担保机构从事中小企业信用担保或者再担保业务取得的收入（不含信用评级、咨询、培训等收入）3年内免征增值税 | 已取得监管部门颁发的融资性担保机构经营许可证，依法登记注册为企（事）业法人，实收资本超过2000万元。<br>平均年担保费率不超过银行同期贷款基准利率的50%。平均年担保费率=本期担保费收入/（期初担保余额+本期增加担保金额）×100%。<br>连续合规经营2年以上，资金主要用于担保业务，具备健全的内部管理制度和为中小企业提供担保的能力，经营业绩突出，对受保项目具有完善的事前评估、事中监控、事后追偿与处置机制。<br>为中小企业提供的累计担保贷款额占其两年累计担保业务总额的80%以上，单笔800万元以下的累计担保贷款额占其累计担保业务总额的50%以上。<br>对单个受保企业提供的担保余额不超过担保机构实收资本总额的10%，且平均单笔担保责任金额最多不超过3000万元人民币。<br>担保责任余额不低于其净资产的3倍，且代偿率不超过2%担保机构免征增值税政策采取备案管理方式。符合条件的担保机构应到所在地县（市）主管税务机关和同级中小企业管理部门履行规定的备案手续，自完成备案手续之日起，享受3年免征增值税政策。3年免税期满后，符合条件的担保机构可按规定程序办理备案手续后继续享受该项政策 | 财税〔2016〕36号附件3 |
| 农户及小微企业融资担保及再担保 | 自2018年1月1日至2019年12月31日，纳税人为农户、小型企业、微型企业及个体工商户借款、发行债券提供融资担保取得的担保费收入，以及为上述融资担保（以下称“原担保”）提供再担保取得的再担保费收入，免征增值税。再担保合同对应多个原担保合同的，原担保合同应全部适用免征增值税政策。否则，再担保合同应按规定缴纳增值税 | | 财税〔2017〕90号 |

续表

| 类别 | 具体内容 | 规定出处 |
|---|---|---|
| 保险公司 | 托儿所、幼儿园提供的保育和教育服务 | 财税〔2019〕20号 |
| | 养老机构提供的养老服务 | |
| | 残疾人福利机构提供的育养服务 | |
| | 婚姻介绍服务 | |
| | 殡葬服务 | |
| | 家政服务企业由员工制家政服务员提供家政服务取得的收入 | |
| | 福利彩票、体育彩票的发行收入 | |
| | 行政单位之外的其他单位收取的符合《试点实施办法》第十条规定条件的政府性基金和行政事业性收费 | |
| | 纪念馆、博物馆、文化馆、文物保护单位管理机构、美术馆、展览馆、书画院、图书馆在自己的场所提供文化体育服务取得的第一道门票收入 | |
| | 寺院、宫观、清真寺和教堂举办文化、宗教活动的门票收入 | |
| | 2016年5月1日起，社会团体收取的会费，免征增值税 | 财税〔2017〕90号 |
| | 2018年1月1日起至2020年12月31日，免征图书批发、零售环节增值税 | 财税〔2018〕53号 |
| | 2018年1月1日起至2020年12月31日，对科普单位的门票收入，以及县级及以上党政部门和科协开展科普活动的门票收入免征增值税 | |
| 个人 | 涉及家庭财产分割的个人无偿转让不动产、土地使用权 | 财税〔2016〕36号附件3 |
| | 个人转让著作权 | |
| | 个人销售自建自用住房 | |
| | 个人将购买2年以上（含2年）的住房对外销售的，免征增值税。上述政策适用于北京市、上海市、广州市和深圳市之外的地区 | |
| | 个人将购买2年以上（含2年）的普通住房对外销售的，免征增值税。上述政策仅适用于北京市、上海市、广州市和深圳市 | |
| | 其他个人采取一次性收取租金的形式出租不动产，取得的租金收入可在租金对应的租赁期内平均分摊，分摊后的月租金收入不超过10万元的，免征增值税 | 国家税务总局公告2019年第4号 |

续表

| 类别 | 具体内容 | 规定出处 |
| --- | --- | --- |
| 个人 | 其他个人采取预收款形式出租不动产，取得的预收租金收入，可在预收款对应的租赁期内平均分摊，分摊后的月租金收入不超过10万元的免征增值税。 | 国家税务总局公告2019年第4号 |
| 住房、土地使用权 | 为了配合国家住房制度改革，企业、行政事业单位按房改成本价、标准价出售住房取得的收入，将土地使用权转让给农业生产者用于农业生产。<br>2018年12月31日前，公共租赁住房经营管理单位出租公共租赁住房纳税人采取转包、出租、互换、转让、入股等方式将承包地流转给农业生产者用于农业生产，免征增值税。<br>土地所有者出让土地使用权和土地使用者将土地使用权归还给土地所有者。<br>县级以上地方人民政府或自然资源行政主管部门出让、转让或收回自然资源使用权（不含土地使用权） | 财税〔2016〕36号附件3 |
| 科技企业孵化器、大学科技园、众创空间 | 2019年1月1日至2021年12月31日，对国家级、省级科技企业孵化器、大学科技园和国家备案众创空间自用以及无偿或通过出租等方式提供给在孵对象使用的房产、土地，免征房产税和城镇土地使用税；对其向在孵对象提供孵化服务取得的收入，免征增值税 | 财税〔2018〕120号 |
| 对武汉军运会执行委员会 | 对执委会取得的电视转播权销售分成收入、国际军事体育理事会（以下简称国际军体会）世界赞助计划分成收入（货物和资金），免征应缴纳的增值税。<br>对执委会市场开发计划取得的国内外赞助收入、转让无形资产（如标志）特许权收入和销售门票收入，免征应缴纳的增值税。<br>对执委会取得的与中国集邮总公司合作发行纪念邮票收入、与中国人民银行合作发行纪念币收入，免征应缴纳的增值税。<br>对执委会取得的来源于广播、因特网、电视等媒体收入，免征应缴纳的增值税。对执委会赛后出让资产取得的收入，免征应缴纳的增值税、土地增值税。<br>对执委会为举办武汉军运会进口的国际军体会或国际单项体育组织指定的，国内不能生产或性能不能满足需要的直接用于武汉军运会比赛的消耗品，免征关税、进口环节增值税和消费税。享受免税政策的进口比赛用消耗品的范围、数量清单，由执委会汇总后报财政部有关部门审核确定 | 财税〔2018〕119号 |

续表

| 类别 | 具体内容 | 规定出处 |
| --- | --- | --- |
| 对武汉军运会执行委员会 | 对执委会进口的其他特需物资，包括：国际军体会或国际单项体育组织指定的、我国国内不能生产或性能不能满足需要的体育竞赛器材、医疗检测设备、安全保障设备、交通通讯设备、技术设备，在武汉军运会期间按暂准进口货物规定办理，武汉军运会结束后复运出境的予以核销；留在境内或做变卖处理的，按有关规定办理正式进口手续，并照章缴纳关税、进口环节增值税和消费税 | 财税〔2018〕119号 |
| 境外机构投资境内债券市场 | 2018年11月7日起至2021年11月6日止，对境外机构投资境内债券市场取得的债券利息收入暂免征收企业所得税和增值税。<br>上述暂免征收企业所得税的范围不包括境外机构在境内设立的机构、场所取得的与该机构、场所有实际联系的债券利息 | 财税〔2018〕108号 |
| 全国社会保障基金理事会管理的全国社会保障基金的有关投资业务 | 对社保基金会、社保基金投资管理人在运用社保基金投资过程中，提供贷款服务取得的全部利息及利息性质的收入和金融商品转让收入，免征增值税 | 财税〔2018〕94号 |
| 住房、土地使用权 | 对北京冬奥组委取得的电视转播权销售分成收入、国际奥委会全球合作伙伴计划分成收入（实物和资金），免征应缴纳的增值税。<br>对北京冬奥组委市场开发计划取得的国内外赞助收入、转让无形资产（如标志）特许权收入和销售门票收入，免征应缴纳的增值税。<br>对北京冬奥组委取得的与中国集邮总公司合作发行纪念邮票收入、与中国人民银行合作发行纪念币收入，免征应缴纳的增值税。<br>对北京冬奥组委取得的来源于广播、互联网、电视等媒体收入，免征应缴纳的增值税。<br>对外国政府和国际组织无偿捐赠用于北京2022年冬奥会的进口物资，免征进口关税和进口环节增值税。<br>对以一般贸易方式进口，用于北京2022年冬奥会的体育场馆建设所需设备中与体育场馆设施固定不可分离的设备以及直接用于北京2022年冬奥会比赛用的消耗品，免征关税和进口环节增值税。享受免税政策的奥运会体育场馆建设进口设备及比赛用消耗品的范围、数量清单由北京冬奥组委汇总后报财政部有关部门审核确定 | 财税〔2017〕60号 |

续表

| 类别 | 具体内容 | 规定出处 |
| --- | --- | --- |
| 住房、土地使用权 | 对北京冬奥组委进口的其他特需物资，包括：国际奥委会或国际单项体育组织指定的，国内不能生产或性能不能满足需要的体育器材、医疗检测设备、安全保障设备、交通通信设备、技术设备，在运动会期间按暂准进口货物规定办理，运动会结束后留用或做变卖处理的，按有关规定办理正式进口手续，并照章缴纳进口税收，其中进口汽车以不低于新车90%的价格估价征税。上述暂准进口的商品范围、数量清单由北京冬奥组委汇总后报财政部有关部门审核确定。<br>对北京冬奥组委再销售所获捐赠物品和赛后出让资产取得收入，免征应缴纳的增值税、消费税和土地增值税。免征北京冬奥组委向分支机构划拨所获赞助物资应缴纳的增值税，北京冬奥组委向主管税务机关提供“分支机构”范围的证明文件，办理减免税备案。<br>对国际奥委会、国际单项体育组织和其他社会团体等从国外邮寄进口且不流入国内市场的、与北京2022年冬奥会有关的文件、书籍、音像、光盘，在合理数量范围内免征关税和进口环节增值税。合理数量的具体标准由海关总署确定。对奥运会场馆建设所需进口的模型、图纸、图板、电子文件光盘、设计说明及缩印本等规划设计方案，免征关税和进口环节增值税。<br>对北京冬奥组委取得的餐饮服务、住宿、租赁、介绍服务和收费卡收入，免征应缴纳的增值税。<br>根据中国奥委会、主办城市、国际奥委会签订的《北京2022年冬季奥林匹克运动会主办城市合同》（以下简称《主办城市合同》）规定，北京冬奥组委全面负责和组织举办北京2022年冬残奥会，其取得的北京2022年冬残奥会收入及其发生的涉税支出比照执行北京2022年冬奥会的税收政策 | 财税〔2017〕60号 |
| 对国际奥委会、中国奥委会、国际残疾人奥林匹克委员会、中国残奥委员会、北京冬奥会测试赛赛事组委会实行的税收政策 | 对国际奥委会取得的与北京2022年冬奥会有关的收入免征增值税、消费税、企业所得税。对国际奥委会取得的国际性广播电视组织转来的中国境内电视台购买北京2022年冬奥会转播权款项，免征应缴纳的增值税。<br>对按中国奥委会、主办城市签订的《联合市场开发计划协议》和中国奥委会、主办城市、国际奥委会签订的《主办城市合同》规定，中国奥委会取得的由北京冬奥组委分期支付的收入、按比例支付的盈余分成收入免征增值税、消费税和企业所得税 | |

续表

| 类别 | 具体内容 | 规定出处 |
| --- | --- | --- |
| | 对国际残奥委会取得的与北京 2022 年冬残奥会有关的收入免征增值税、消费税、企业所得税和印花税。<br>对中国残奥委会根据《联合市场开发计划协议》取得的由北京冬奥组委分期支付的收入免征增值税、消费税、企业所得税和印花税。<br>北京冬奥会测试赛赛事组委会取得的收入及发生的涉税支出比照执行北京冬奥组委的税收政策 | |
| 对北京 2022 年冬奥会、冬残奥会、测试赛参与者实行的税收政策 | 企业根据赞助协议向北京冬奥组委免费提供的与北京 2022 年冬奥会、冬残奥会、测试赛有关的服务，免征增值税。免税清单由北京冬奥组委报财政部、税务总局确定。<br>对受北京冬奥组委邀请的，在北京 2022 年冬奥会、冬残奥会、测试赛期间临时来华，从事奥运相关工作的外籍顾问以及裁判员等外籍技术官员取得的由北京冬奥组委、测试赛赛事组委会支付的劳务报酬免征增值税和个人所得税。<br>对在北京 2022 年冬奥会、冬残奥会、测试赛期间裁判员等中方技术官员取得的由北京冬奥组委、测试赛赛事组委会支付的劳务报酬，免征应缴纳的增值税。<br>免征北京 2022 年冬奥会、冬残奥会、测试赛参与者向北京冬奥组委无偿提供服务和无偿转让无形资产的增值税 | 财税〔2017〕60 号 |
| 企业集团内单位（含企业集团）之间的资金无偿借贷 | 自 2019 年 2 月 1 日至 2020 年 12 月 31 日，对企业集团内单位（含企业集团）之间的资金无偿借贷行为，免征增值税 | 财税〔2019〕20 号 |

## 三、增值税即征即退税收优惠政策（如表 3-21 所示）

**表 3-21 增值税即征即退税收优惠政策**

| 类别 | 具体内容 | | 出处 |
| --- | --- | --- | --- |
| 宣传文化增值税优惠政策 | 实行增值税即征即退政策 | 享受本通知第一条第（一）项、第（二）项规定的增值税先征后退政策的纳税人，必须是具有相关出版物出版许可证的出版单位（含以“租型”方式取得专有出版权进行出版物印刷发行的出版单位）。承担省级及以上出版行政主管部门指定出版、发行任务的单位，因进行重组改制等原因尚未办理出版、发行许可证变更的单位，经财政部驻各地财政监察专员办事处（以下简称财政监察专员办事处）省级出版行政主管部门核准，可以享受相应的增值税先征后退政策 | 财税〔2018〕53 号 |
| | 实行增值税即征即退 100% 的政策 | 中国共产党和各民主党派的各级组织的机关报纸和机关期刊，各级人大、政协、政府、工会、共青团、妇联、残联、科协的机关报纸和机关期刊，新华社的机关报纸和机关期刊，军事部门的机关报纸和机关期刊 | |
| | | 上述各级组织不含其所属部门。机关报纸和机关期刊增值税先征后退范围掌握在一个单位一份报纸和一份期刊以内 | |
| | | 专为少年儿童出版发行的报纸和期刊，中小学的学生课本 | |
| | | 专为老年人出版发行的报纸和期刊 | |
| | | 少数民族文字出版物 | |
| | | 盲文图书和盲文期刊。经批准在内蒙古、广西、西藏、宁夏、新疆 5 个自治区内注册的出版单位出版的出版物 | |
| 动漫产业增值税优惠政策 | 实行增值税即征即退政策 | 2018 年 5 月 1 日至 2019 年 3 月 31 日，对动漫企业增值税一般纳税人销售其自主开发生产的动漫软件，按照 16% 的税率征收增值税后，对其增值税实际税负超过 3% 的部分，实行即征即退政策。2019 年 4 月 1 日至 2020 年 12 月 31 日，按照 13% 的税率征收增值税后，对其增值税实际税负超过 3% 的部分，实行即征即退政策。 | 财政部、税务总局、海关总署公告 2019 年第 39 号，财税〔2018〕38 号 |

续表

| 类别 | 具体内容 | | 出处 |
|---|---|---|---|
| 光伏电增值税优惠政策 | 实行增值税即征即退50%的政策 | 2016年1月1日至2018年12月31日，对纳税人销售自产的利用太阳能生产的电力产品 | 财税〔2016〕81号 |
| 管道运输服务增值税优惠政策 | 实行增值税即征即退政策 | 一般纳税人提供管道运输服务，对其增值税实际税负超过3%的部分实行增值税“即征即退”政策 | |
| 融资租赁业务增值税优惠政策 | 实行增值税即征即退政策 | 经人民银行、银监会或者商务部批准从事融资租赁业务的试点纳税人中的一般纳税人，提供有形动产融资租赁服务和有形动产融资性售后回租服务，对其增值税实际税负超过3%的部分实行增值税“即征即退”政策。商务部授权的省级商务主管部门和国家经济技术开发区批准的从事融资租赁业务和融资性售后回租业务的试点纳税人中的一般纳税人，2016年5月1日后实收资本达到1.7亿元的，从达到标准的当月起按照上述规定执行；2016年5月1日后实收资本未达到1.7亿元但注册资本达到1.7亿元的，在2016年7月31日前仍可按照上述规定执行，2016年8月1日后开展的有形动产融资租赁业务和有形动产融资性售后回租业务不得按照上述规定执行 | 财税〔2016〕36号 |
| 关于资源综合利用及其他产品增值税政策 | 实行增值税即征即退政策 | （1）以工业废气为原料生产的高纯度二氧化碳产品。<br>（2）以垃圾为燃料生产的电力或者热力。<br>（3）以煤炭开采过程中伴生的舍弃物油母页岩为原料生产的页岩油。<br>（4）以废弃沥青混凝土为原料生产的再生沥青混凝土。<br>（5）采用旋窑法工艺生产并且生产原料中掺兑废渣比例不低于30%的水泥（包括水泥熟料） | 财税〔2015〕78号 |
| | 实行增值税即征即退50%的政策 | （1）以退役军用发射药为原料生产的涂料硝化棉粉。<br>（2）对燃煤发电厂及各类工业企业产生的烟气、高硫天然气进行脱硫生产的副产品。<br>（3）以废弃酒糟和酿酒底锅水为原料生产的蒸汽、活性炭、白碳黑、乳酸、乳酸钙、沼气 | |

续表

| 类别 | 具体内容 | | 出处 |
| --- | --- | --- | --- |
| 关于资源综合利用及其他产品增值税政策 | 实行增值税即征即退50%政策规定出处：财税〔2015〕78号 | （4）以煤矸石、煤泥、石煤、油母页岩为燃料生产的电力和热力。 | 财税〔2015〕78号 |
| 调整完善资源综合利用产品及劳务增值税政策 | 实行增值税即征即退100%的政策 | （1）利用工业生产过程中产生的余热、余压生产的电力或热力。<br>（2）以餐厨垃圾、畜禽粪便、稻壳、花生壳、玉米芯、油茶壳、棉籽壳，三剩物、次小薪材、含油污水、有机废水、污水处理后产生的污泥、油田采油过程中产生的油污泥（浮渣），包括利用上述资源发酵产生的沼气为原料生产的电力、热力、燃料。<br>（3）以污水处理后产生的污泥为原料生产的干化污泥、燃料。<br>（4）以废弃的动物油、植物油为原料生产的饲料级混合油。<br>（5）以回收的废矿物油为原料生产的润滑油基础油、汽油、柴油等工业油料。<br>（6）以油田采油过程中产生的油污泥（浮渣）为原料生产的乳化油调和剂及防水卷材辅料。<br>（7）以人发为原料生产的档发 | 财税〔2015〕78号 |
| | 实行增值税即征即退50%的政策 | （1）以三剩物、次小薪材和农作物秸秆3类农林剩余物为原料生产的木（竹、秸秆）纤维板、木（竹、秸秆）刨花板，细木工板、活性炭、栲胶、水解酒精、炭棒。<br>（2）以沙柳为原料生产的箱板纸。<br>（3）以蔗渣为原料生产的蔗渣浆、蔗渣刨花板及各类纸制品。<br>（4）以粉煤灰、煤矸石为原料生产的氧化铝、活性硅酸钙。<br>（5）利用污泥生产的污泥微生物蛋白。<br>（6）以煤矸石为原料生产的瓷绝缘子、煅烧高岭土。 | |

续表

| 类别 | 具体内容 | | 出处 |
|---|---|---|---|
| 调整完善资源综合利用产品及劳务增值税政策 | 实行增值税即征即退50%的政策 | (7) 以废旧电池、废感光材料、废彩色显影液、废催化剂、废灯泡(管)、电解废弃物、电镀废弃物、废线路板、树脂废弃物、烟尘灰、湿法泥、熔炼渣、河底淤泥、废旧电机、报废汽车为原料生产的金、银、钯、铑、铜、铅、汞、锡、铋、碲、铟、硒、铂族金属,其中综合利用危险废弃物的企业必须取得危险废弃物综合经营许可证。<br>(8) 以废塑料、废旧聚氯乙烯(PVC)制品、废橡胶制品及废铝塑复合纸包装材料为原料生产的汽油、柴油、废塑料(橡胶)油、石油焦、碳黑、再生纸浆、铝粉、汽车用改性再生专用料、摩托车用改性再生专用料、家电用改性再生专用料、管材用改性再生专用料、化纤用再生聚酯专用料(杂质含量低于0.5毫克/克、水分含量低于1%)、瓶用再生聚对苯二甲酸乙二醇酯(PET)树脂(乙醛质量分数小于等于1微克/克)及再生塑料制品。<br>(9) 以废弃天然纤维、化学纤维及其制品为原料生产的纤维纱及织布、无纺布、毡、粘合剂及再生聚酯产品。<br>(10) 以废旧石墨为原料生产的石墨异形件、石墨块、石墨粉和石墨增碳剂 | 财税〔2015〕78号 |
| 风力发电增值税优惠政策 | 实行增值税即征即退50%的政策 | 自2015年7月1日起,对纳税人销售自产的利用风力生产的电力产品 | 财税〔2015〕74号 |
| 集成电路企业 | 退还 | 对国家批准的集成电路重大项目企业(具体名单见附件)因购进设备形成的增值税期末留抵税额(以下称购进设备留抵税额)准予退还。购进的设备应属于《中华人民共和国增值税暂行条例实施细则》第二十一条第二款规定的固定资产范围 | 财税〔2011〕107号 |
| 新型墙体材料增值税优惠政策 | 实行增值税即征即退50%的政策 | 纳税人销售自产的列入本通知所附《享受增值税即征即退政策的新型墙体材料目录》的新型墙体材料 | 财税〔2015〕73号 |

续表

| 类别 | 具体内容 | | 出处 |
|---|---|---|---|
| 软件产品 | 实行增值税即征即退政策 | （1）增值税一般纳税人销售其自行开发生产的软件产品，按13%税率征收增值税后，对其增值税实际税负超过3%的部分实行即征即退政策。<br>（2）增值税一般纳税人将进口软件产品进行本地化改造后对外销售，其销售的软件产品可享受本条第一款规定的增值税即征即退政策 | 财税〔2011〕100号 |
| 煤层气抽采 | 实行增值税先征后退政策 | 煤层气抽采企业的增值税一般纳税人抽采销售煤层气实行增值税先征后退政策 | 财税〔2007〕16号 |
| 黄金交易增值税优惠政策 | 实行增值税即征即退政策 | 黄金交易所可享受增值税即征即返的优惠政策，同时免征城市建设维护税、教育费附加。 | 国税发明电〔2002〕47号 |
| 飞机维修劳务 | 实行增值税即征即退政策 | 对飞机维修劳务增值税实际税负超过6%的部分实行即征即退政策 | 财税〔2000〕102号 |
| 铂金 | 依照公式计算退还 | （1）对中博世金科贸有限责任公司通过上海黄金交易所销售的进口铂金，以上海黄金交易所开具的上海黄金交易所发票（结算联）为依据，实行增值税即征即退政策。即征即退的税额计算公式为：<br>进口铂金平均单价=Σ｛[（当月进口铂金报关单价×当月进口铂金数量）+上月末库存进口铂金总价值]／（当月进口铂金数量+上月末库存进口铂金数量）｝<br>金额=销售数量×进口铂金平均单价/（1+13%）<br>即征即退税额=金额×13%<br>（2）国内铂金生产企业自产自销的铂金也实行增值税即征即退政策 | 财税〔2003〕86号 |

续表

| 类别 | 具体内容 | | 出处 |
|---|---|---|---|
| 利用石脑油和燃料油生产乙烯芳烃类产品 | 计算退还 | 2014年3月1日起，对外购用于生产乙烯、芳烃类化工产品（以下简称特定化工产品）的石脑油、燃料油（以下简称2类油品），且使用2类油品生产特定化工产品的产量占本企业用石脑油、燃料油生产各类产品总量的50%（含）以上的企业，其外购2类油品的价格中消费税部分对应的增值税额，予以退还。<br>予以退还的增值税额=已缴纳消费税的2类油品数量×2类油品消费税单位税额×13%。<br>对符合本通知第一条规定条件的企业，在2014年2月28日前形成的增值税期末留抵税额，可在不超过其购进2类油品的价格中消费税部分对应的增值税的规模下，申请一次性退还。<br>2类油品的价格中消费税部分对应的增值税，根据国家对2类油品开征消费税以来企业购进的已缴纳消费税的2类油品数量和消费税单位税额计算。<br>增值税期末留抵税额，根据主管税务机关认可的增值税纳税申报表的金额计算 | 财税〔2014〕17号 |
| 促进残疾人就业 | 限额即征即退 | 对安置残疾人的单位和个体工商户（以下简称纳税人），实行由税务机关按纳税人安置残疾人的人数，限额即征即退增值税的办法。<br>安置的每位残疾人每月可退还的增值税具体限额，由县级以上税务机关根据纳税人所在区县（含县级市、旗，下同）适用的经省（含自治区、直辖市、计划单列市，下同）人民政府批准的月最低工资标准的4倍确定 | 财税〔2016〕52号 |

## 四、增值税应纳税额固定扣减型税收优惠政策（所表 3–22 所示）

表 3–22　增值税应纳税额固定扣减型税收优惠政策

| 类别 | 具体内容 | | 规定出处 |
|---|---|---|---|
| 扶持自主就业退役士兵创业就业 | 定额扣减 | 自主就业退役士兵从事个体经营的，自办理个体工商户登记当月起，在 3 年（36 个月，下同）内按每户每年 12000 元为限额依次扣减其当年实际应缴纳的增值税、城市维护建设税、教育费附加、地方教育附加和个人所得税。限额标准最高可上浮 20%，各省、自治区、直辖市人民政府可根据本地区实际情况在此幅度内确定具体限额标准 | 财税〔2019〕21 号 |
| 税控设备和技术维护费全额抵减 | 定额扣减 | 增值税纳税人 2011 年 12 月 1 日以后缴纳的技术维护费（不含补缴的 2011 年 11 月 30 日以前的技术维护费），可凭技术维护服务单位开具的技术维护费发票，在增值税应纳税额中全额抵减，不足抵减的可结转下期继续抵减。技术维护费按照价格主管部门核定的标准执行 | 财税〔2019〕21 号 |
| 重点群体创业就业 | 定额扣减 | （1）增值税纳税人 2011 年 12 月 1 日（含，下同）以后初次购买增值税税控系统专用设备（包括分开票机）支付的费用，可凭购买增值税税控系统专用设备取得的增值税专用发票，在增值税应纳税额中全额抵减（抵减额为价税合计额），不足抵减的可结转下期继续抵减。增值税纳税人非初次购买增值税税控系统专用设备支付的费用，由其自行负担，不得在增值税应纳税额中抵减。<br>（2）增值税纳税人 2011 年 12 月 1 日以后缴纳的技术维护费（不含补缴的 2011 年 11 月 30 日以前的技术维护费），可凭技术维护服务单位开具的技术维护费发票，在增值税应纳税额中全额抵减，不足抵减的可结转下期继续抵减。技术维护费按照价格主管部门核定的标准执行 | 财税〔2012〕15 号 |

续表

| 类别 | 具体内容 | | 规定出处 |
|---|---|---|---|
| 重点群体创业就业 | 定额扣减 | (1) 建档立卡贫困人口、持就业创业证(注明“自主创业税收政策”或“毕业年度内自主创业税收政策”)或就业失业登记证(注明“自主创业税收政策”)的人员,从事个体经营的,自办理个体工商户登记当月起,在3年(36个月,下同)内按每户每年12000元为限额依次扣减其当年实际应缴纳的增值税、城市维护建设税、教育费附加、地方教育附加和个人所得税。限额标准最高可上浮20%,各省、自治区、直辖市人民政府可根据本地区实际情况在此幅度内确定具体限额标准。<br>纳税人年度应缴纳税款小于上述扣减限额的,减免税额以其实际缴纳的税款为限;大于上述扣减限额的,以上述扣减限额为限。<br>上述人员具体包括:①纳入全国扶贫开发信息系统的建档立卡贫困人口;②在人力资源社会保障部门公共就业服务机构登记失业半年以上的人员;③零就业家庭、享受城市居民最低生活保障家庭劳动年龄内的登记失业人员;④毕业年度内高校毕业生。高校毕业生是指实施高等学历教育的普通高等学校、成人高等学校应届毕业的学生;⑤毕业年度是指毕业所在自然年,即1月1日至12月31日。 | 财税〔2019〕22号 |

续表

| 类别 | 具体内容 | | 规定出处 |
|---|---|---|---|
| 重点群体创业就业 | 定额扣减 | （2）企业招用建档立卡贫困人口，以及在人力资源社会保障部门公共就业服务机构登记失业半年以上且持就业创业证或就业失业登记证（注明“企业吸纳税收政策”）的人员，与其签订1年以上期限劳动合同并依法缴纳社会保险费的，自签订劳动合同并缴纳社会保险当月起，在3年内按实际招用人数予以定额依次扣减增值税、城市维护建设税、教育费附加、地方教育附加和企业所得税优惠。定额标准为每人每年6000元，最高可上浮30%，各省、自治区、直辖市人民政府可根据本地区实际情况在此幅度内确定具体定额标准。城市维护建设税、教育费附加、地方教育附加的计税依据是享受本项税收优惠政策前的增值税应纳税额。<br>按上述标准计算的税收扣减额应在企业当年实际应缴纳的增值税、城市维护建设税、教育费附加、地方教育附加和企业所得税税额中扣减，当年扣减不完的，不得结转下年使用。本通知所称企业是指属于增值税纳税人或企业所得税纳税人的企业等单位 | 财税〔2019〕22号 |

# 第六节　增值税应纳税额的计算

所谓应纳税额，指纳税人应当缴纳的税款金额。一般而言，应纳税额等于计税依据乘以税率。增值税是纳税人代国家征收税款（销售时），代最终消费者暂时垫付税款（购买时）。代国家征收的税款，应当足额交还国家。我们将代国家征收的税款叫作销项税额；代最终消费者暂时垫付税款，当纳税人购买产品用于生产经营时，国家应当退还该税款，我们将代最终消费者暂时垫付的税款叫作进项税额。结账期（纳税申报期），纳税人应当交还国家的税款（销项税额）减去国家应当退还的税款（进项税额），即为结算后应当上交国家的税款（应纳税额）。故增值税一般纳税人应纳税额为销项税额-进项税额。有时为了征管便利，会采取另外一种方法计算“结算后应当交给国家的税款”。即以销售方实际收取的价税合计款项/（1+征收率）作为结算后应当上交国家的税款，对应的进项税额不予退还。在采用征收率计税情况下，如果产品销售给一般纳税人，则不予抵扣的进项税额为国家多收取的税款。

因此，一般纳税人应纳税额（一般计税方法）=销项税额-进项税额。

一般纳税人简易计税方法：应纳税额=销售额（价税合计）/（1+征收率）×征收率，对应的进项税额不能抵扣，当征收率为零的时候，实为不得开具专用发票的免税。

小规模纳税人应纳税额=销售额（价税合计）/（1+征收率）×征收率，对应的进项税额不能抵扣。当征收率为零的时候，实为不得开具专用发票的免税。

另外，增值税应纳税额有时也通过差额纳税计算，计算公式为：（销售价格-购进价格）×税率。理论上，在购销税率一致情况下，计算出来的应纳税额与一般计算方法一样。但是，当下游为一般纳税人且购进后用于生产经营，如果不允许按照销售价格开具专用发票的话，国家就会多收取增值税税款。

## 一、增值税应纳税额的计算（如表3-23所示）

**表3-23　增值税应纳税额的计算**

| 类别 | 内容 | 备注 |
|---|---|---|
| 一般纳税人增值税应纳税额的一般计算方法 | 应纳税额=当期销项税额-进项税额 | 当期销项税额小于当期进项税额不足抵扣时，其不足部分可以结转下期继续抵扣 |
| 一般纳税人应纳税额简易计税方法 | 应纳税额=销售额×征收率 | |
| 小规模纳税人应纳税额的计算公式 | 应纳税额=销售额×征收率 | |

续表

<table>
<tr><th>类别</th><th colspan="2">内容</th><th>备注</th></tr>
<tr><td>按照3%征收率减按2%征收</td><td colspan="2">销售额=含税销售额/（1+3%）<br>应纳税额=销售额×2%</td><td rowspan="2">具体规定见税率和征收率相关章节</td></tr>
<tr><td>按照5%的征收率减按1.5%计算应纳税额</td><td colspan="2">销售额=含税销售额/（1+5%）<br>应纳税额=销售额×1.5%</td></tr>
<tr><td rowspan="2">转让不动产缴纳增值税差额扣除</td><td rowspan="2">纳税人以契税计税金额进行差额扣除</td><td>2016年4月30日及以前缴纳契税的，增值税应纳税额=［全部交易价格（含增值税）-契税计税金额（含营业税）］/（1+5%）×5%</td><td rowspan="2">国家税务总局公告2016年第73号</td></tr>
<tr><td>2016年5月1日及以后缴纳契税的，增值税应纳税额=［全部交易价格（含增值税）/（1+5%）-契税计税金额（不含增值税）］×5%</td></tr>
</table>

需要注意的是，当销售额为含税销售额时，应换算为不含税销售额，换算公式为：

简易计税方法的不含税销售额=含税销售额/（1+征收率）

一般计税方法的不含税销售额=含税销售额/（1+税率）

## 二、增值税应纳税额的计算——销项税额

### （一）销项税额、销售额及计算公式

1. 基本概念

销售额为纳税人发生应税销售行为收取的全部价款和价外费用，但不包括收取的销项税额。纳税人发生应税销售行为，按照销售额和《增值税暂行条例》第二条规定的税率计算收取的增值税额，为销项税额。

2. 销项税额计算公式（如表3-24所示）

《增值税暂行条例》第六条规定，销售额为纳税人发生应税销售行为收取的全部价款和价外费用，但是不包括收取的销项税额。

销售额以人民币计算。纳税人以人民币以外的货币结算销售额的，应当

折合成人民币。《增值税暂行条例》第五条规定，纳税人发生应税销售行为，按照销售额和本条例第二条规定的税率计算收取的增值税额，为销项税额。

销项税额计算公式：销项税额=销售额×税率

**表 3-24　销项税额计算公式**

| 类别 | 内容 | 备注 | 出处 |
|---|---|---|---|
| 一般销项税额计算公式 | 销项税额=销售额×税率 | | 财税〔2016〕36号附件1、《中华人民共和国增值税暂行条例》 |
| 销项税额组成计算公式 | 销项税额=组成计税价×税率<br>组成计税价格=成本×（1+成本利润率） | 纳税人发生应税行为价格明显偏低或者偏高且不具有合理商业目的的，或者发生视同销售服务、无形资产或者不动产行为而无销售额 | |
| 含销项税额销售额与不含销项税额销售额的换算 | 销售额=含税销售额/（1+税率） | 适用纳税人采用销售额和销项税额合并定价方法 | |

### （二）销售额的确定

1. 一般销售额的确定

根据《增值税暂行条例》第六条，销售额为纳税人发生应税销售行为收取的全部价款和价外费用，但是不包括收取的销项税额。

销售额=全部价款+价外费用，价外费用为含税销售额，应当换算为不含税销售额，如表3-25所示。

**表 3-25　价外费用相关规定**

| 类别 | 内容 | | 出处 |
|---|---|---|---|
| “价外费用”的相关规定（含部分具体规定） | | 价外费用包括价外向购买方收取的手续费、补贴、基金、集资费、返还利润、奖励费、违约金、滞纳金、延期付款利息、赔偿金、代收款项、代垫款项、包装费、包装物租金、储备费、优质费、运输装卸费以及其他各种性质的价外收费 | 《增值税暂行条例实施细则》第十二条 |

续表

<table>
<tr><th>类别</th><th colspan="3">内容</th><th>出处</th></tr>
<tr><td rowspan="9">“价外费用”的相关规定（含部分具体规定）</td><td rowspan="6"></td><td colspan="2">未退还的经营保证金</td><td>国税函〔2004〕416号</td></tr>
<tr><td colspan="2">煤炭生产企业用自备铁路专用线运输煤炭取得的“铁路支线维护费”是在销售煤炭环节收取的，属于增值税条例规定的价外费用</td><td>国税函〔1996〕561号</td></tr>
<tr><td colspan="2">供电企业收取的电费保证金，凡逾期（超过合同约定时间）未退还的，一律并入价外费用缴纳增值税</td><td>国家税务总局令第10号</td></tr>
<tr><td colspan="2">机场集团有限公司向驻场单位转供自来水、电、天然气属于销售货物行为，其同时收取的转供能源服务费属于价外费用，应一并征收增值税。</td><td>国税函〔2009〕537号</td></tr>
<tr><td colspan="2">纳税人为销售货物而出租出借包装物收取的押金，单独记账核算的，不并入销售额征税。但对因逾期未收回包装物不再退还的押金，应按所包装货物的适用税率征收增值税<br>纳税人为销售货物出租出借包装物而收取的押金，无论包装物周转使用期限长短，超过一年（含一年）以上仍不退还的均并入销售额征税</td><td>国税发〔1993〕154号、国税函〔2004〕827号</td></tr>
<tr><td colspan="2">从1995年6月1日起，对销售除啤酒、黄酒外的其他酒类产品而收取的包装物押金，无论是否返还以及会计上如何核算，均应并入当期销售额征税</td><td>国税发〔1995〕192号</td></tr>
<tr><td rowspan="3"></td><td colspan="2">受托加工应征消费税的消费品所代收代缴的消费税</td><td rowspan="3">《增值税暂行条例实施细则》第十二条</td></tr>
<tr><td>同时符合以下条件的代垫运输费用</td><td>（1）承运部门的运输费用发票开具给购买方的。<br>（2）纳税人将该项发票转交给购买方的</td></tr>
<tr><td>同时符合以下条件代为收取的政府性基金或者行政事业性收费</td><td>（1）由国务院或者财政部批准设立的政府性基金，由国务院或者省级人民政府及其财政、价格主管部门批准设立的行政事业性收费。<br>（2）收取时开具省级以上财政部门印制的财政票据。<br>（3）所收款项全额上缴财政</td></tr>
</table>

续表

| 类别 | 内容 | | 出处 |
|---|---|---|---|
| | | 销售货物的同时代办保险等向购买方收取的保险费，以及向购买方收取的代购买方缴纳的车辆购置税、车辆牌照费 | 《增值税暂行条例实施细则》第十二条 |
| “价外费用”的相关规定（含部分具体规定） | | 已退还的经营保证金 | 国税函〔2004〕416号 |
| | | 自2013年2月1日，纳税人取得的中央财政补贴，不属于增值税应税收入，不征收增值税 | 国家税务总局公告2013年第3号 |
| | | 对农村电管站在收取电价时一并向用户收取的农村电网维护费（包括低压线路损耗和维护费以及电工经费）免征增值税。对其他单位收取的农村电网维护费免征增值税 | 国税函〔2009〕591号 |
| | | 各燃油电厂从政府财政专户取得的发电补贴不属于规定的价外费用 | 国税函〔2006〕1235号 |
| | | 根据《国务院关于加强城市供水节水和水污染防治工作的通知》(国发〔2000〕36号）的规定，对各级政府及主管部门委托自来水厂（公司）随水费收取的污水处理费，免征增值税 | 财税〔2001〕97号 |
| | 营改增相关规定 | 价外费用，是指价外收取的各种性质的收费，但不包括以下项目：<br>（1）代为收取并同时符合以下条件规定的政府性基金或者行政事业性收费：①由国务院或者财政部批准设立的政府性基金，由国务院或者省级人民政府及其财政、价格主管部门批准设立的行政事业性收费；②收取时开具省级以上（含省级）财政部门监（印）制的财政票据；③所收款项全额上缴财政。<br>（2）以委托方名义开具发票代委托方收取的款项。 | 财税〔2016〕36号附件一 |

2. “营改增”全额、差额计税销售额的确定（如表3-26所示）

除特殊规定规定为差额计税的情况，均为全额计算销售额，故表3-27只对全额计算销售额时容易混淆的情形予以介绍。

**表 3-26　差额计税销售额扣除凭证的相关规定**

| 分类 | 内容 | | 出处 |
|---|---|---|---|
| 全额计算销售额 | 贷款服务 | 以提供贷款服务取得的全部利息及利息性质的收入为销售额 | 财税〔2016〕36号附件2、财税〔2017〕58号 |
| | 直接收费金融服务 | 以提供直接收费金融服务收取的手续费、佣金、酬金、管理费、服务费、经手费、开户费、过户费、结算费、转托管费等各类费用为销售额 | |
| 差额销售额 | 金融商品转让 | 按照卖出价扣除买入价后的余额为销售额。转让金融商品出现的正负差，按盈亏相抵后的余额为销售额。若相抵后出现负差，可结转下一纳税期与下期转让金融商品销售额相抵，但年末仍出现负差的，不得转入下一个会计年度。金融商品的买入价，可以选择按照加权平均法或者移动加权平均法进行核算，选择后36个月内不得变更。<br>金融商品转让，不得开具增值税专用发票 | |
| | 经纪代理服务 | 以取得的全部价款和价外费用，扣除向委托方收取并代为支付的政府性基金或者行政事业性收费后的余额为销售额。向委托方收取的政府性基金或者行政事业性收费，不得开具增值税专用发票 | |
| | 融资租赁和融资性售后回租业务 | 经人民银行、银监会或者商务部批准从事融资租赁业务的试点纳税人，提供融资租赁服务，以取得的全部价款和价外费用，扣除支付的借款利息（包括外汇借款和人民币借款利息）、发行债券利息和车辆购置税后的余额为销售额。<br>经人民银行、银监会或者商务部批准从事融资租赁业务的试点纳税人，提供融资性售后回租服务，以取得的全部价款和价外费用（不含本金），扣除对外支付的借款利息（包括外汇借款和人民币借款利息）、发行债券利息后的余额作为销售额。<br>试点纳税人根据2016年4月30日前签订的有形动产融资性售后回租合同，在合同到期前提供的有形动产融资性售后回租服务，可继续按照有形动产融资租赁服务缴纳增值税 | |

续表

| 分类 | 内容 | | | 出处 |
|---|---|---|---|---|
| 差额销售额 | 融资租赁和融资性售后回租业务 | 继续按照有形动产融资租赁服务缴纳增值税的试点纳税人，经人民银行、银监会或者商务部批准从事融资租赁业务的，根据2016年4月30日前签订的有形动产融资性售后回租合同，在合同到期前提供的有形动产融资性售后回租服务，可以选择以下方法之一计算销售额： | （1）以向承租方收取的全部价款和价外费用，扣除向承租方收取的价款本金，以及对外支付的借款利息（包括外汇借款和人民币借款利息）、发行债券利息后的余额为销售额。纳税人提供有形动产融资性售后回租服务，计算当期销售额时可以扣除的价款本金，为书面合同约定的当期应当收取的本金。无书面合同或者书面合同没有约定的，为当期实际收取的本金。试点纳税人提供有形动产融资性售后回租服务，向承租方收取的有形动产价款本金，不得开具增值税专用发票，可以开具普通发票。<br>（2）以向承租方收取的全部价款和价外费用，扣除支付的借款利息（包括外汇借款和人民币借款利息）、发行债券利息后的余额为销售额。<br>（3）经商务部授权的省级商务主管部门和国家经济技术开发区批准的从事融资租赁业务的试点纳税人，2016年5月1日后实收资本达到1.7亿元的，从达到标准的当月起按照上述（1）、（2）点规定执行；2016年5月1日后实收资本未达到1.7亿元但注册资本达到1.7亿元的，在2016年7月31日前仍可按照上述（1）、（2）点规定执行，2016年8月1日后开展的融资租赁业务和融资性售后回租业务不得按照上述（1）、（2）点规定执行。 | 财税〔2016〕36号附件2、财税〔2017〕58号 |

续表

| 分类 | 内容 | | 出处 |
| --- | --- | --- | --- |
| | | （4）自2018年1月1日起，金融机构开展贴现、转贴现业务，以其实际持有票据期间取得的利息收入作为贷款服务销售额计算缴纳增值税。此前贴现机构已就贴现利息收入全额缴纳增值税的票据，转贴现机构转贴现利息收入继续免征增值税 | |
| | 航空运输企业的销售额 | 不包括代收的机场建设费和代售其他航空运输企业客票而代收转付的价款 | |
| | 客运场站服务 | 试点纳税人中的一般纳税人（以下简称一般纳税人）提供客运场站服务，以其取得的全部价款和价外费用，扣除支付给承运方运费后的余额为销售额 | 财税〔2016〕36号附件2、财税〔2017〕58号 |
| | 旅游服务 | 试点纳税人提供旅游服务，可以选择以取得的全部价款和价外费用，扣除向旅游服务购买方收取并支付给其他单位或者个人的住宿费、餐饮费、交通费、签证费、门票费和支付给其他接团旅游企业的旅游费用后的余额为销售额。选择上述办法计算销售额的试点纳税人，向旅游服务购买方收取并支付的上述费用，不得开具增值税专用发票，可以开具普通发票 | |
| | 劳务派遣 | 一般纳税人提供劳务派遣服务，可以按照财税〔2016〕36号的有关规定，以取得的全部价款和价外费用为销售额，按照一般计税方法计算缴纳增值税 | 财税〔2016〕47号 |
| | 人力资源外包 | 纳税人（一般纳税人）提供人力资源外包服务，按照经纪代理服务缴纳增值税，其销售额不包括受客户单位委托代为向客户单位员工发放的工资和代理缴纳的社会保险、住房公积金 | 财税〔2016〕47号 |
| | 建筑服务 | 一般纳税人提供建筑服务，适用一般计税方法计税的，按现行规定需要预缴增值税时，纳税人应以取得的预收款（全部价款和价外费用）扣除支付的分包款后的余额，适用2%的预征率计算预缴税款，向建筑服务发生地或机构所在地税务机关预缴税款 | 国家税务总局公告2016年第17号、财税〔2017〕58号、财税〔2016〕36号文附件2 |

续表

<table>
<tr><th>分类</th><th colspan="3">内容</th><th>出处</th></tr>
<tr><td rowspan="4"></td><td rowspan="2">房地产开发企业一般纳税人销售房地产</td><td colspan="2">房地产开发企业中的一般纳税人销售其开发的房地产项目（选择简易计税方法的房地产老项目除外），以取得的全部价款和价外费用，扣除受让土地时向政府部门支付的土地价款后的余额为销售额。“向政府部门支付的土地价款”，包括土地受让人向政府部门支付的征地和拆迁补偿费用、土地前期开发费用和土地出让收益等</td><td rowspan="2">财税〔2016〕36 号附件 2、国家税务总局公告 2016 年第 18 号、财税〔2016〕140 号</td></tr>
<tr><td>房地产开发企业（包括多个房地产开发企业组成的联合体）受让土地向政府部门支付土地价款后，设立项目公司对该受让土地进行开发，同时符合下列条件的，可由项目公司按规定扣除房地产开发企业向政府部门支付的土地价款</td><td>（1）房地产开发企业、项目公司、政府部门三方签订变更协议或补充合同，将土地受让人变更为项目公司。<br>（2）政府部门出让土地的用途、规划等条件不变的情况下，签署变更协议或补充合同时，土地价款总额不变。<br>（3）项目公司的全部股权由受让土地的房地产开发企业持有</td></tr>
<tr><td>证券登记结算公司</td><td colspan="2">中国证券登记结算公司的销售额，不包括以下资金项目：按规定提取的证券结算风险基金；代收代付的证券公司资金交收违约垫付资金利息；结算过程中代收代付的资金交收违约罚息</td><td>财税〔2016〕39 号</td></tr>
<tr><td>电信企业为公益性机构接受捐款</td><td colspan="2">电信企业通过手机短信公益特服号为公益机构接受捐款提供服务，如果捐款人索取增值税专用发票的，应按照捐款人支付的全部价款和价外费用，扣除支付给公益性机构捐款后的余额开具增值税专用发票。</td><td>国家税务总局公告 2014 年第 26 号</td></tr>
</table>

续表

| 分类 | 内容 | | 出处 |
|---|---|---|---|
| | 教辅机构为境外单位提供境内考试服务 | 境外单位通过教育部考试中心及其直属单位在境内开展考试，教育部考试中心及其直属单位提供的教育辅助服务，以取得的考试费收入扣除支付给境外单位考试费后的余额为销售额，按提供“教育辅助服务”缴纳增值税；就代为收取并支付给境外单位的考试费统一扣缴增值税 | 国家税务总局公告 2016 年第 69 号 |
| | 签证代理服务 | 纳税人提供签证代理服务，以取得的全部价款和价外费用，扣除向服务接受方收取并代为支付给外交部和外国驻华使（领）馆的签证费、认证费后的余额为销售额 | 国家税务总局公告 2016 年第 69 号 |
| | 代理进口 | 代理进口按规定免征进口增值税的货物，销售额不包括向委托方收取并代为支付的货款 | 国家税务总局公告 2016 年第 69 号 |
| | 境外航段机票代理服务 | 自 2018 年 1 月 1 日起，航空运输销售代理企业提供境外航段机票代理服务，以取得的全部价款和价外费用，扣除向客户收取并支付给其他单位或者个人的境外航段机票结算款和相关费用后的余额为销售额 | 财税〔2017〕90 号 |

3. 具体销售额的确定（如表 3-27 所示）

**表 3-27　具体销售额的确定**

| 类别 | 内容 | 备注 | 出处 |
|---|---|---|---|
| 混合销售（指一项销售行为既涉及服务又涉及货物） | 从事货物的生产、批发或者零售的单位和个体工商户的混合销售行为，按照销售货物缴纳增值税；其他单位和个体工商户的混合销售行为，按照销售服务缴纳增值税 | 从事货物的生产、批发或者零售的单位和个体工商户，包括以从事货物的生产、批发或者零售为主，并兼营销售服务的单位和个体工商户在内 | 财税〔2016〕36 号附件 1 第四十条 |
| | 一般纳税人销售自产机器设备的同时提供安装服务，应分别核算机器设备和安装服务的销售额，安装服务可以按照甲供工程选择适用简易计税方法计税。纳税人对安装运行后的机器设备提供的维护保养服务，按照“其他现代服务”缴纳增值税。 | | 国家税务总局公告 2018 年第 42 号 |

续表

| 类别 | 内容 | 备注 | 出处 |
| --- | --- | --- | --- |
| 混合销售(指一项销售行为既涉及服务又涉及货物) | 纳税人销售活动板房、机器设备、钢结构件等自产货物的同时提供建筑、安装服务,不属于《营业税改征增值税试点实施办法》(财税〔2016〕36号文件印发)第四十条规定的混合销售,应分别核算货物和建筑服务的销售额,分别适用不同的税率或者征收率 | | 国家税务总局公告2017年第11号 |
| 兼营非应税劳务 | 分别核算货物或应税劳务和非应税劳务的销售额。<br>不分别核算或者不能准确核算的,其非应税劳务应与货物或应税劳务一并征收增值税 | | 《增值税暂行条例实施细则》第六条 |
| 纳税人发生价格明显偏低并无正当理由或者有本细则第四条所列视同销售货物行为而无销售额者,按下列顺序确定销售额 | 按纳税人最近时期同类货物的平均销售价格确定。<br>按其他纳税人最近时期同类货物的平均销售价格确定。<br>按组成计税价格确定。组成计税价格的公式为:组成计税价格=成本×(1+成本利润率) | 纳税人因销售价格明显偏低或无销售价格等原因,按法规需组成计税价格确定销售额的,其组价公式中的成本利润率为10% | 《增值税暂行条例》、国税发〔1993〕154号 |
| 视同销售固定资产销售额的确定 | 发生细则第四条规定固定资产视同销售行为,对已使用过的固定资产无法确定销售额的,以固定资产净值为销售额 | | 财税〔2008〕170号 |

续表

<table>
<tr><th>类别</th><th colspan="3">内容</th><th>备注</th><th>出处</th></tr>
<tr><td rowspan="3">纳税人发生应税行为价格明显偏低或者偏高且不具有合理商业目的的，或者发生本办法第十四条所列视同销售服务、无形资产或者不动产行为而无销售额的，主管税务机关有权按照下列顺序确定销售额：</td><td colspan="3">按照纳税人最近时期销售同类服务、无形资产或者不动产的平均价格确定</td><td></td><td rowspan="3">财税〔2016〕36号附件1</td></tr>
<tr><td colspan="3">按照其他纳税人最近时期销售同类服务、无形资产或者不动产的平均价格确定</td><td></td></tr>
<tr><td colspan="3">按照组成计税价格确定。组成计税价格的公式为：组成计税价格=成本×（1+成本利润率）</td><td>成本利润率由国家税务总局确定。不具有合理商业目的，是指以谋取税收利益为主要目的，通过人为安排，减少、免除、推迟缴纳增值税税款，或者增加退还增值税税款</td></tr>
<tr><td rowspan="3">特殊销售行为的销售额的确定</td><td rowspan="3">折扣销售行为</td><td>折扣销售（商业折扣）</td><td>企业为促进商品销售而在商品价格上给予的价格扣除属于商业折扣。</td><td>如果销售额和折扣额在同一张发票上的“金额”栏分别注明的，可按折扣后的销售额征收增值税。未在同一张发票“金额”栏注明折扣额，而仅在发票的“备注”栏注明折扣额的，折扣额不得从销售额中减除</td><td>国税发〔1993〕154号、国税函〔2010〕56号</td></tr>
<tr><td>销售折扣（现金折扣）</td><td>债权人为鼓励债务人在规定的期限内付款而向债务人提供的债务扣除属于现金折扣</td><td>应当按扣除现金折扣前的金额确定销售商品收入金额，现金折扣在实际发生时作为财务费用扣除</td><td>国税函〔2008〕875号</td></tr>
<tr><td>实物折扣（买一赠一）</td><td>企业以买一赠一等方式组合销售本企业商品的，不属于捐赠</td><td>按照正品的销售额和赠品的正常销售额合计作为计税销售额（实务中部分税务机关不认可该观点）</td><td>国税函〔2008〕875号</td></tr>
</table>

续表

<table>
<tr><th>类别</th><th colspan="3">内容</th><th>备注</th><th>出处</th></tr>
<tr><td rowspan="6">特殊销售行为的销售额的确定</td><td rowspan="2">以旧换新行为</td><td>一般货物</td><td>纳税人采取以旧换新方式销售货物，应按新货物的同期销售价格确定销售额</td><td></td><td>国税发〔1993〕154 号</td></tr>
<tr><td>金银首饰</td><td>对金银首饰以旧换新业务，可以按销售方实际收取的不含增值税的全部价款征收增值税</td><td></td><td>财税字〔1996〕74 号</td></tr>
<tr><td>还本销售行为</td><td colspan="2">纳税人采取还本销售方式销售货物，不得从销售额中减除还本支出</td><td></td><td>国税发〔1993〕154 号</td></tr>
<tr><td>以物易物</td><td colspan="2">纳税人对外捐赠应税产品的，以及采取“以物易物”方式销售的产品，按纳税人销售同类材料、产品的市场价格计算销售收入。以物易物双方都应作购销处理，以各自发出的货物核算销售额并计算销项税额，以各自收到的货物按规定核算购货额并计算进项税额</td><td></td><td>国税发〔1993〕23 号</td></tr>
<tr><td>销售退回或折让</td><td>一般计税方法</td><td>纳税人适用一般计税方法计税的，因销售折让、中止或者退回而退还给购买方的增值税额，应当从当期的销项税额中扣减</td><td>纳税人发生应税行为，开具增值税专用发票后，发生开票有误或者销售折让、中止、退回等情形的，应当按照国家税务总局的规定开具红字增值税专用发票；未按照规定开具红字增值税专用发票的，不得扣减销项税额或者销售额</td><td>财税〔2016〕36 号附件 1</td></tr>
</table>

续表

| 类别 | 内容 | 备注 | 出处 |
| --- | --- | --- | --- |
| 直销企业销售额的确定 | 直销企业先将货物销售给直销员，直销员再将货物销售给消费者的，直销企业的销售额为其向直销员收取的全部价款和价外费用。直销员将货物销售给消费者时，应按照现行规定缴纳增值税 |  | 国家税务总局公告 2013 年第 5 号 |
|  | 直销企业通过直销员向消费者销售货物，直接向消费者收取货款，直销企业的销售额为其向消费者收取的全部价款和价外费用 |  |  |
| 包装物押金问题处理 | 一般货物 1 年以内且未超过企业规定期限，单独核算者，不并入销售额征税 |  | 国税函〔2004〕827 号 |
|  | 一般货物 1 年以内且未超过企业规定期限，应并入销售额征税 |  |  |
|  | 一般货物 1 年以上，应并入销售额征税（特殊放宽期限的要经税务机关批准） |  |  |
|  | 对销售啤酒、黄酒以外的其他酒类的包装物押金，无论是否返还以及会计上如何核算，均需计入销售额计税 |  |  |
| 转贴现业务销售额的确定 | 自 2018 年 1 月 1 日起，金融机构开展贴现、转贴现业务，以其实际持有票据期间取得的利息收入作为贷款服务销售额计算缴纳增值税。此前贴现机构已就贴现利息收入全额缴纳增值税的票据，转贴现机构转贴现利息收入继续免征增值税 |  | 财税〔2017〕58 号 |

续表

| 类别 | 内容 | | 备注 | 出处 |
|---|---|---|---|---|
| 限售股买入价的确定 | 单位将其持有的限售股在解禁流通后对外转让的 | （1）上市公司实施股权分置改革时，在股票复牌之前形成的原非流通股股份，以及股票复牌首日至解禁日期间由上述股份孳生的送、转股，以该上市公司完成股权分置改革后股票复牌首日的开盘价为买入价 | | 国家税务总局公告 2016 年第 53 号 |
| | | （2）公司首次公开发行股票并上市形成的限售股，以及上市首日至解禁日期间由上述股份孳生的送、转股，以该上市公司股票首次公开发行（IPO）的发行价为买入价 | | |
| | | （3）因上市公司实施重大资产重组形成的限售股，以及股票复牌首日至解禁日期间由上述股份孳生的送、转股，以该上市公司因重大资产重组股票停牌前一交易日的收盘价为买入价 | | |
| 发卡机构、清算机构和收单机构提供银行卡跨机构资金清算服务 | （1）发卡机构以其向收单机构收取的发卡行服务费为销售额，并按照此销售额向清算机构开具增值税发票 | | | 国家税务总局公告 2017 年第 11 号 |

**续表**

<table>
<tr><th>类别</th><th colspan="2">内容</th><th>备注</th><th>出处</th></tr>
<tr><td>发卡机构、清算机构和收单机构提供银行卡跨机构资金清算服务</td><td colspan="2">（2）清算机构以其向发卡机构、收单机构收取的网络服务费为销售额，并按照发卡机构支付的网络服务费向发卡机构开具增值税发票，按照收单机构支付的网络服务费向收单机构开具增值税发票。清算机构从发卡机构取得的增值税发票上记载的发卡行服务费，一并计入清算机构的销售额，并由清算机构按照此销售额向收单机构开具增值税发票。<br>（3）收单机构以其向商户收取的收单服务费为销售额，并按照此销售额向商户开具增值税发票。</td><td></td><td>国家税务总局公告 2017 年第 11 号</td></tr>
<tr><td>房地产开发企业</td><td>房地产开发企业中的一般纳税人（以下简称一般纳税人）销售自行开发的房地产项目，适用一般计税方法计税，按照取得的全部价款和价外费用，扣除当期销售房地产项目对应的土地价款后的余额计算销售额</td><td>销售额=（全部价款和价外费用-当期允许扣除的土地价款）/（1+9%）</td><td></td><td>国家税务总局公告 2016 年第 18 号、财税〔2018〕32 号、国家税务总局公告 2016 年第 86 号</td></tr>
</table>

续表

| 类别 | 内容 | | 备注 | 出处 |
|---|---|---|---|---|
| 房地产开发企业 | 当期允许扣除的土地价款按照以下公式计算：当期允许扣除的土地价款＝（当期销售房地产项目建筑面积/房地产项目可供销售建筑面积）×支付的土地价款 | 当期销售房地产项目建筑面积，是指当期进行纳税申报的增值税销售额对应的建筑面积。房地产项目可供销售建筑面积，是指房地产项目可以出售的总建筑面积，不包括销售房地产项目时未单独作价结算的配套公共设施的建筑面积。支付的土地价款，是指向政府、土地管理部门或受政府委托收取土地价款的单位直接支付的土地价款 | “当期销售房地产项目建筑面积”“房地产项目可供销售建筑面积”，是指地上建筑面积，不包括地下车位建筑面积 | 国家税务总局公告2016年第18号、财税〔2018〕32号、国家税务总局公告2016年第86号 |

4. 差额计税销售额扣除凭证的相关规定（如表3-28所示）

**表3-28　差额计税销售额扣除凭证的相关规定**

| 分类 | 内容 | 出处 |
|---|---|---|
| 试点纳税人按照财税〔2016〕36号附件2第4-10款的规定从全部价款和价外费用中扣除的价款，应当取得符合法律、行政法规和国家税务总局规定的有效凭证。否则，不得扣除 | （1）支付给境内单位或者个人的款项，以发票为合法有效凭证。<br>（2）支付给境外单位或者个人的款项，以该单位或者个人的签收单据为合法有效凭证，税务机关对签收单据有疑义的，可以要求其提供境外公证机构的确认证明。<br>（3）缴纳的税款，以完税凭证为合法有效凭证。<br>（4）扣除的政府性基金、行政事业性收费或者向政府支付的土地价款，以省级以上（含省级）财政部门监（印）制的财政票据为合法有效凭证。<br>（5）国家税务总局规定的其他凭证。<br>（6）纳税人取得的上述凭证属于增值税扣税凭证的，其进项税额不得从销项税额中抵扣 | 财税〔2016〕36号附件2 |

5. 扣减当期销项税额的规定

依据《中华人民共和国增值税暂行条例实施细则》第十一条，小规模纳税人以外的纳税人（以下简称一般纳税人）因销货退回或折让而退还给购买方的增值税额，应从发生销货退回或折让当期的销项税额中扣减。

## 三、增值税应纳税额的计算——进项税额

进项税额之所以允许抵扣，是因为该部分税款当由最终购买人负担。纳税人购进产品时所支付的进项税额，不过是代最终购买人预先垫付增值税税款。

### （一）准予从销项税额中抵扣的进项税额（如表3-29所示）

**表3-29　准予从销项税额中抵扣的进项税额**

| 类别 | 内容 | 备注 | 出处 |
| --- | --- | --- | --- |
| 抵扣凭证 | 从销售方取得的增值税专用发票（含税控机动车销售统一发票，下同）上注明的增值税额 | | 财税〔2017〕90号 |
| | 从海关取得的海关进口增值税专用缴款书上注明的增值税额 | | |
| | 购进农产品，除取得增值税专用发票或者海关进口增值税专用缴款书外，按照农产品收购发票或者销售发票上注明的农产品买价和13%的扣除率计算的进项税额。计算公式为：进项税额＝买价×扣除率 | 购进农产品，按照《农产品增值税进项税额核定扣除试点实施办法》抵扣进项税额的除外 | |
| | 从境外单位或者个人购进劳务、服务、无形资产或者境内的不动产，自税务机关或者代扣代缴义务人取得的代扣代缴税款的完税凭证上注明的增值税额 | | |

续表

| 类别 | 内容 | 备注 | 出处 |
| --- | --- | --- | --- |
| 抵扣凭证 | 增值税一般纳税人支付的道路、桥、闸通行费，暂凭取得的通行费发票（不含财政票据，下同）上注明的收费金额的 | 高速公路通行费可抵扣进项税额=高速公路通行费发票上注明的金额/(1+3%)×3%<br>一级公路、二级公路、桥、闸通行费可抵扣进项税额=一级公路、二级公路、桥、闸通行费发票上注明的金额/(1+5%)×5%。 | 财税〔2017〕90号 |
| 抵扣凭证 | 自2009年1月1日起，增值税一般纳税人（以下简称纳税人）购进（包括接受捐赠、实物投资，下同）或者自制（包括改扩建、安装，下同）固定资产发生的进项税额（以下简称固定资产进项税额），可根据《中华人民共和国增值税暂行条例》和《中华人民共和国增值税暂行条例实施细则》的有关规定，凭增值税专用发票、海关进口增值税专用缴款书和运输费用结算单据（以下简称增值税扣税凭证）从销项税额中抵扣，其进项税额应当记入“应交税金——应交增值税（进项税额）”科目 | | 财税〔2008〕170号 |
| | 纳税人允许抵扣的固定资产进项税额，是指纳税人2009年1月1日以后（含2009年1月1日，下同）实际发生，并取得2009年1月1日以后开具的增值税扣税凭证上注明的或者依据增值税扣税凭证计算的增值税税额 | | 财税〔2008〕170号 |
| | 增值税一般纳税人自用的应征消费税的摩托车、汽车、游艇，其进项税额准予从销项税额中抵扣。 | | 财税〔2016〕36号 |

续表

| 类别 | 内容 | 备注 | 出处 |
| --- | --- | --- | --- |
| 抵扣凭证 | 新疆伊犁喀什河尼勒克一级水电站跨尼勒克沟输水管道虽运用“倒吸虹”原理输送水源，但该输水管道仍属于《固定资产分类与代码》（GB/T14885—1994）中的“输水管道（代码099101）”，根据《中华人民共和国增值税暂行条例》《中华人民共和国增值税暂行条例实施细则》和《财政部、国家税务总局关于固定资产进项税额抵扣问题的通知》(财税〔2009〕113 号)的有关规定,其增值税进项税额可在销项税额中抵扣 |  | 税总函〔2013〕642 号 |
|  | 煤炭采掘企业购进的下列项目,其进项税额允许从销项税额中抵扣:①巷道附属设备及其相关的应税货物、劳务和服务;②用于除开拓巷道以外的其他巷道建设和掘进,或者用于巷道回填、露天煤矿生态恢复的应税货物、劳务和服务 |  | 财税〔2015〕117 号 |
| 不动产进项税额抵扣 | 自 2019 年 4 月 1 日起,《营业税改征增值税试点有关事项的规定》(财税〔2016〕36 号印发)第一条第(四)项第 1 点、第二条第(一)项第 1 点停止执行,纳税人取得不动产或者不动产在建工程的进项税额不再分 2 年抵扣。此前按照上述规定尚未抵扣完毕的待抵扣进项税额,可自 2019 年 4 月税款所属期起从销项税额中抵扣。 |  | 财政部、税务总局、海关总署公告 2019 年第 39 号 |

续表

| 类别 | 内容 | 备注 | 出处 |
| --- | --- | --- | --- |
| | 纳税人租入固定资产、不动产,既用于一般计税方法计税项目,又用于简易计税方法计税项目、免征增值税项目、集体福利或者个人消费的,其进项税额准予从销项税额中全额抵扣 | 自 2018 年 1 月 1 日起 | 财税〔2017〕90 号 |
| 用途改变的抵扣规定 | 按照《增值税暂行条例》第十条和上述第 5 点不得抵扣且未抵扣进项税额的固定资产、无形资产、不动产,发生用途改变,用于允许抵扣进项税额的应税项目,可在用途改变的次月按照下列公式,依据合法有效的增值税扣税凭证,计算可以抵扣的进项税额:<br>可以抵扣的进项税额=固定资产、无形资产、不动产净值/(1+适用税率)×适用税率 | | 财税〔2016〕36 号 |
| 建筑业进项税额抵扣的特殊规定 | 建筑企业与发包方签订建筑合同之后,以内部授权或者第三方协议等方式,授权集团内其他纳税人为发包方提供建筑服务,并由第三方直接与发包方结算工程款的,由第三方向发包方开具增值税发票,发包方可凭实际提供建筑服务的纳税人开具的增值税专用发票抵扣进项税 | | 财税〔2016〕36 号 |
| 关于项目运营方利用信托资金融资过程中增值税进项税额抵扣问题 | 项目运营方利用信托资金融资进行项目建设开发是指项目运营方与经批准成立的信托公司合作进行项目建设开发,信托公司负责筹集资金并设立信托计划,项目运营方负责项目建设与运营,项目建设完成后,项目资产归项目运营方所有。该经营模式下项目运营方在项目建设期内取得的增值税专用发票和其他抵扣凭证,允许其按现行增值税有关规定予以抵扣 | 自 2010 年 10 月 1 日起施行。此前未抵扣的进项税额允许其抵扣,已抵扣的不作进项税额转出 | 国家税务总局公告 2010 年第 8 号 |

续表

| 类别 | 内容 | 备注 | 出处 |
| --- | --- | --- | --- |
| 其他通信设备的抵扣问题 | 蜂窝数字移动通信用塔(杆),属于《固定资产分类与代码》(GB/T 14885-1994)中的“其他通信设备”(代码 699),其增值税进项税额可以按照现行规定从销项税额中抵扣 | | 国家税务总局公告 2015 年第 90 号 |
| 进口环节进项税额的抵扣 | 对海关代征进口环节增值税开具的增值税专用缴款书上标明有两个单位名称,既有代理进口单位名称,又有委托进口单位名称的,只准予其中取得专用缴款书原件的一个单位抵扣税款。申报抵扣税款的委托进口单位,必须提供相应的海关代征增值税专用缴款书原件、委托代理合同及付款凭证,否则,不予抵扣进项税额 | | 国税发〔1996〕32 号 |
| | 从境外单位或者个人购进服务、无形资产或者不动产,自税务机关或者扣缴义务人取得的解缴税款的完税凭证上注明的增值税额 | | 财税〔2016〕36 号 |
| 税控设备抵扣 | 增值税一般纳税人购置税控收款机所支付的增值税税额(以购进税控收款机取得的增值税专用发票上注明的增值税税额为准),准予在该企业当期的增值税销项税额中抵扣 | | 财税〔2004〕167 号 |
| | 增值税小规模纳税人或营业税纳税人购置税控收款机,经主管税务机关审核批准后,可凭购进税控收款机取得的增值税专用发票,按照发票上注明的增值税税额,抵免当期应纳增值税或营业税税额,或者按照购进税控收款机取得的普通发票上注明的价款,依下列公式计算可抵免税额:<br>可抵免税额=价款/(1+17%)×17%<br>当期应纳税额不足抵免的,未抵免部分可在下期继续抵免 | | 财税〔2004〕167 号 |
| | 税控收款机购置费用达到固定资产标准的,应按固定资产管理,其按规定提取的折旧额可在企业计算缴纳所得税前扣除;达不到固定资产标准的,购置费用可在所得税前一次性扣除 | | 财税〔2004〕167 号 |

续表

| 类别 | 内容 | 备注 | 出处 |
| --- | --- | --- | --- |
| 税控设备抵扣 | 增值税纳税人2011年12月1日(含,下同)以后初次购买增值税税控系统专用设备(包括分开票机)支付的费用,可凭购买增值税税控系统专用设备取得的增值税专用发票,在增值税应纳税额中全额抵减(抵减额为价税合计额),不足抵减的可结转下期继续抵减。增值税纳税人非初次购买增值税税控系统专用设备支付的费用,由其自行负担,不得在增值税应纳税额中抵减 | | 财税〔2012〕15号 |
| | 增值税纳税人2011年12月1日以后缴纳的技术维护费(不含补缴的2011年11月30日以前的技术维护费),可凭技术维护服务单位开具的技术维护费发票,在增值税应纳税额中全额抵减,不足抵减的可结转下期继续抵减。技术维护费按照价格主管部门核定的标准执行 | | 财税〔2012〕15号 |
| 其他抵扣规定 | 自2019年4月1日至2021年12月31日,允许生产、生活性服务业纳税人按照当期可抵扣进项税额加计10%,抵减应纳税额(以下称加计抵减政策)。 | | 财政部、税务总局、海关总署公告2019年第39号 |
| | 纳税人自办理税务登记至认定或登记为一般纳税人期间,未取得生产经营收入,未按照销售额和征收率简易计算应纳税额申报缴纳增值税的,其在此期间取得的增值税扣税凭证,可以在认定或登记为一般纳税人后抵扣进项税额 | | 国家税务总局公告2015年第59号 |
| | 增值税一般纳税人(原纳税人)在资产重组过程中,将全部资产、负债和劳动力一并转让给其他增值税一般纳税人(新纳税人)并按程序办理注销税务登记的,其在办理注销登记前尚未抵扣的进项税额可结转至新纳税人处继续抵扣 | | 国家税务总局公告2012年第55号 |

## （二）不得从销项税额中抵扣的进项税额（如表3-30所示）

**表3-30　不得从销项税额中抵扣的进项税额**

| 类别 | 内容 | 备注 | 出处 |
| --- | --- | --- | --- |
| 不得从销项税额中抵扣的进项税额 | 用于简易计税方法计税项目、免征增值税项目、集体福利或者个人消费的购进货物、加工修理修配劳务、服务、无形资产和不动产。其中涉及的固定资产、无形资产、不动产，仅指专用于上述项目的固定资产、无形资产（不包括其他权益性无形资产）、不动产 | 固定资产，是指使用期限超过12个月的机器、机械、运输工具以及其他与生产经营有关的设备、工具、器具等有形动产 | 财税〔2017〕90号、财税〔2016〕36号 |
| | 非正常损失的购进货物，以及相关的加工修理修配劳务和交通运输服务 | 非正常损失，是指因管理不善造成货物被盗、丢失、霉烂变质，以及因违反法律法规造成货物或者不动产被依法没收、销毁、拆除的情形<br>对于企业由于资产评估减值而发生流动资产损失，如果流动资产未丢失或损坏，只是由于市场发生变化，价格降低，价值量减少，则不属于《中华人民共和国增值税暂行条例实施细则》中规定的非正常损失，不作进项税额转出处理 | 财税〔2016〕36号，国税函〔2002〕1103号，国税发〔2009〕10号，财政部、税务总局、海关总署公告2019年第39号 |
| | 非正常损失的在产品、产成品所耗用的购进货物（不包括固定资产）、加工修理修配劳务和交通运输服务 | | |
| | 非正常损失的不动产，以及该不动产所耗用的购进货物、设计服务和建筑服务 | | |
| | 非正常损失的不动产在建工程所耗用的购进货物、设计服务和建筑服务。纳税人新建、改建、扩建、修缮、装饰不动产，均属于不动产在建工程 | | |
| | 购进的贷款服务、餐饮服务、居民日常服务和娱乐服务 | 自2019年4月1日起，纳税人购进国内旅客运输服务的进项税额允许抵扣 | |
| | 财政部和国家税务总局规定的其他情形 | | |
| | 纳税人接受贷款服务向贷款方支付的与该笔贷款直接相关的投融资顾问费、手续费、咨询费等费用，其进项税额不得从销项税额中抵扣 | | 财税〔2016〕36号 |
| | 免税货物恢复征税后，其免税期间外购的货物，一律不得作为当期进项税额抵扣 | 恢复征税后收到的该项货物免税期间的增值税专用发票，应当从当期进项税额中剔除 | 国税发〔1996〕155号 |

续表

| 类别 | 内容 | 备注 | 出处 |
| --- | --- | --- | --- |
| 不得从销项税额中抵扣的进项税额 | 有下列情形之一者,应当按照销售额和增值税税率计算应纳税额,不得抵扣进项税额,也不得使用增值税专用发票:<br>(一)一般纳税人会计核算不健全,或者不能够提供准确税务资料的。<br>(二)应当办理一般纳税人资格登记而未办理的 | | 财税〔2016〕36号 |
| | 纳税人因进货退货或折让而收回的增值税,应从发生进货退货或折让当期的进项税额中扣减 | | 《中华人民共和国增值税暂行条例实施细则》 |
| | 因购买货物而从销售方取得的各种形式的返还资金,均应依所购货物的增值税税率计算应冲减的进项税额,并从其取得返还资金当期的进项税额中予以冲减 | | 财税〔2016〕106号 |

## (三)不得从销项税额中抵扣的进项税额的确定(如表3-31所示)

**表3-31 不得从销项税额中抵扣的进项税额的确定**

| 类别 | 内容 | | 规定出处 |
| --- | --- | --- | --- |
| 基本规定 | 兼营简易计税方法计税项目、免征增值税项目 | 不得抵扣的进项税额=当期无法划分的全部进项税额×(当期简易计税方法计税项目销售额+免征增值税项目销售额)/当期全部销售额 | |
| 基本规定 | 已抵扣进项税额的购进货物、劳务、服务发生不得抵扣情形 | 已抵扣进项税额的购进货物、劳务、服务发生不得抵扣情形的,应当将该项进项税额从当期的进项税额中扣除。<br>无法确定该项进项税额的,按照当期实际成本计算应扣减的进项税额。 | 财税〔2016〕36号 |
| | 已抵扣进项税额的固定资产、无形资产或者不动产发生不得抵扣情形 | 不得抵扣的进项税额=固定资产、无形资产或者不动产净值×适用税率 | |

续表

| 类别 | 内容 | 出处 |
|---|---|---|
| 供电企业规定 | 对供电企业收取的免征增值税的农村电网维护费,不应分摊转出外购电力产品所支付的进项税额 | 国税函〔2005〕778号 |

## (四)增值税期末留底税额(如表3-32所示)

**表3-32 增值税期末留底税额**

| 类别 | 内容 | 出处 |
|---|---|---|
| 一般纳税人注销时留抵税额的处理 | 一般纳税人注销或被取消辅导期一般纳税人资格,转为小规模纳税人时,其存货不作进项税额转出处理,其留抵税额也不予以退税。 | 财税〔2005〕165号 |
| 经营地点迁移的一般纳税人留抵税额转移 | 增值税一般纳税人(以下简称纳税人)因住所、经营地点变动,按照相关规定,在工商行政管理部门作变更登记处理,但因涉及改变税务登记机关,需要办理注销税务登记并重新办理税务登记的,在迁达地重新办理税务登记后,其增值税一般纳税人资格予以保留,办理注销税务登记前尚未抵扣的进项税额允许继续抵扣。 | 财税〔2012〕15号 |
| 纳税人资产重组中增值税留底税额转移 | 增值税一般纳税人(以下称原纳税人)在资产重组过程中,将全部资产、负债和劳动力一并转让给其他增值税一般纳税人(以下称新纳税人),并按程序办理注销税务登记的,其在办理注销登记前尚未抵扣的进项税额可结转至新纳税人处继续抵扣。 | 国家税务总局公告2012年第55号 |
| 纳税人资产重组中增值税留底税额转移 | 增值税一般纳税人(以下称原纳税人)在资产重组过程中,将全部资产、负债和劳动力一并转让给其他增值税一般纳税人(以下称新纳税人),并按程序办理注销税务登记的,其在办理注销登记前尚未抵扣的进项税额可结转至新纳税人处继续抵扣。 | 国家税务总局公告2012年第55号 |

续表

| 类别 | 内容 | 出处 |
|---|---|---|
| 留抵税额抵减欠税 | 对纳税人因销项税额小于进项税额而产生期末留抵税额的,应以期末留抵税额抵减增值税欠税 | 国税发〔2004〕112 号 |
| 留抵税额抵减查补税款 | 增值税一般纳税人拖欠纳税检查应补缴的增值税税款,如果纳税人有进项留抵税额,可按照《国家税务总局关于增值税一般纳税人用进项留抵税额抵减增值税欠税问题的通知》(国税发〔2004〕112 号)的规定,用增值税留抵税额抵减查补税款欠税 | 国税函〔2005〕169 号 |
| 退还部分行业增值税期末留抵税额 | 退还增值税期末留抵税额的行业包括装备制造等先进制造业、研发等现代服务业和电网企业 | 财税〔2018〕70 号 |
| 营改增试点纳税人挂账留抵税额 | 原增值税一般纳税人兼有销售服务、无形资产或者不动产的,截至纳入营改增试点之日前的增值税期末留抵税额,不得从销售服务、无形资产或者不动产的销项税额中抵扣 | 财税〔2016〕36 号、国家税务总局公告 2016 年第 75 号 |

## 第七节　增值税纳税义务的发生时间、地点和预缴

### 一、增值税纳税义务的发生时间

增值税纳税义务的发生时间,是指增值税纳税义务人、扣缴义务人应承担纳税义务、扣缴义务的时间。增值税纳税人、扣缴义务人必须按此时间计算应缴税款和应扣缴税款。目前增值税纳税义务发生时间是以权责发生制为主、收付实现制为辅的原则确定,如表 3-33 所示。

**表 3–33　增值税纳税义务发生时间的确定**

| 类别 | | | 内容 | 出处 |
| --- | --- | --- | --- | --- |
| 基本规定 | | 纳税人销售货物或者应税服务 | 为收讫销售款项或者取得销售款项凭据的当天 | 《增值税暂行条例》第十九条、财税〔2016〕36号 |
| | | | 先开具发票的，为开具发票的当天 | |
| | | 进口货物 | 为报关进口的当天 | |
| 具体规定 | 销售货物 | 直接收款方式 | 无论货物是否发出，均为收到销售款或者取得索取销售款发票凭据的当天；先开具发票的，为开具发票的当天<br>纳税人生产经营活动中采取直接收款方式销售货物，已将货物移送对方并暂估销售收入入账，但既未取得销售款或取得索取销售款凭据也未开具销售发票的，其增值税纳税义务发生时间为取得销售款或取得索取销售款凭据的当天；先开具发票的，为开具发票的当天。 | 国家税务总局公告2011年第40号、《增值税暂行条例实施细则》第三十八条 |
| | | 托收承付和委托银行收款方式 | 为发出货物并办妥托收手续的当天 | |
| | | 赊销和分期收款方式 | 为书面合同约定的收款日期的当天；无书面合同的或者书面合同没有约定收款日期的，为货物发出的当天 | |
| | 委托其他纳税人代销货物 | | 为收到代销单位的代销清单或者收到全部或者部分货款的当天。未收到代销清单及货款的，为发出代销货物满180天的当天 | |
| | 销售应税劳务 | | 为提供劳务合同同时收讫销售款或者取得索取销售款的凭据的当天 | |
| | 视同销售货物 | | 为货物移送的当天 | |

续表

| 分类 | 内容 | | 出处 |
|---|---|---|---|
| 具体规定 | 采取预收款方式提供租赁服务 | 为收到预收款的当天 | 财税〔2016〕36号 |
| | 金融商品转让 | 为金融商品所有权转移的当天 | |
| | 视同销售服务、无形资产或者不动产 | 纳税人发生本办法第十四条规定情形(视同销售服务、无形资产、不动产)的,其纳税义务发生时间为服务、无形资产转让完成的当天或者不动产权属变更的当天 | |
| | 增值税扣缴义务发生时间 | 增值税扣缴义务发生时间为纳税人增值税纳税义务发生当天 | |
| | 银行贷款利息收入 | 银行提供贷款服务按期计收利息的,结息日当日计收的全部利息收入,均应计入结息日所属期的销售额,按照现行规定计算缴纳增值税 | 国家税务局公告2016年第53号 |
| | 金融企业逾期贷款利息 | 金融企业发放贷款后,自结息日起90天内发生的应收未收利息按现行规定缴纳增值税,自结息日起90天后发生的应收未收利息暂不缴纳增值税,待实际收到利息时按规定缴纳增值税 | 财税〔2016〕140号 |
| | 建筑业质押金、保证金 | 纳税人提供建筑服务,被工程发包方从应支付的工程款中扣押的质押金、保证金,未开具发票的,以纳税人实际收到质押金、保证金的当天为纳税义务发生时间 | 国家税务总局公告2016年第69号 |
| | 单用途商业预付卡(以下简称单用途卡)业务 | 单用途卡发卡企业或者售卡企业(以下统称售卡方)销售单用途卡,或者接受单用途卡持卡人充值取得的预收资金,不缴纳增值税。售卡方可按照本公告第九条的规定,向购卡人、充值人开具增值税普通发票,不得开具增值税专用发票 | |
| | | 售卡方因发行或者销售单用途卡并办理相关资金收付结算业务取得的手续费、结算费、服务费、管理费等收入,应按照现行规定缴纳增值税 | |

## 二、增值税纳税期限（如表 3-34 所示）

**表 3-34 增值税纳税期限的相关规定**

| 类别 | 增值税纳税期限 | 出处 |
| --- | --- | --- |
| 传统增值税纳税人 | 分别为 1 日、3 日、5 日、10 日、15 日、1 个月或者 1 个季度。纳税人的具体纳税期限，由主管税务机关根据纳税人应纳税额的大小分别核定，不能按照固定期限纳税的，可以按次纳税。纳税人以 1 个月或者 1 个季度为 1 个纳税期的，自期满之日起 5 日内预缴税款，于次月 1 月日起 15 日内申报纳税并结清上月应纳税款 | 《增值税暂行条例》第二十三条 |
| | 以 1 个季度为纳税期限的规定仅适用于小规模纳税人。小规模纳税人的具体纳税期限，由主管税务机关根据其应纳税额的大小分别核定 | 《增值税暂行条例实施细则》第三十九条 |
| 营改增纳税人 | 分别为 1 日、3 日、5 日、10 日、15 日、1 个月或者 1 个季度。纳税人的具体纳税期限，由主管税务机关根据纳税人应纳税额的大小分别核定。以 1 个季度为纳税期限的规定适用于小规模纳税人、银行、财务公司、信托投资公司、信用社，以及财政部和国家税务总局规定的其他纳税人。不能按照固定期限纳税的，可以按次纳税 | 财税〔2016〕36 号 |
| | 纳税人以 1 个月或者 1 个季度为 1 个纳税期的，自期满之日起 15 日内申报纳税；以 1 日、3 日、5 日、10 日或者 15 日为 1 个纳税期的，自期满之日起 5 日内预缴税款，于次日 1 月起 15 日内申报纳税并结清上月应纳税款 | |
| | 扣缴义务人解缴税款的期限，按照前两款规定执行 | |
| 按季申报纳税人 | 以 1 个季度为纳税为纳税期限的增值税纳税人，其取得的全部增值税应税收入、消费税应税收入，均可以 1 个季度为纳税期限 | 国家税务总局公告 2016 年第 53 号 |
| 扣缴义务人 | 扣缴义<br>务人解缴税款的期限，依照纳税人的纳税期限规定执行 | 《增值税暂行条例》第二十三条 |
| 进口货物 | 纳税人进口货物，应当自海关填发海关进口增值税专用缴款书之日起 15 日内缴纳税款 | 《增值税暂行条例》第二十四条 |

## 三、增值税纳税地点(如表 3-35 所示)

表 3-35 增值税纳税地点

| 类别 | 内容 | | | 出处 |
| --- | --- | --- | --- | --- |
| 固定业户 | 传统业务 | 一般规定 | 固定业户应当向其机构所在地主管税务机关申报纳税。总机构和分支机构不在同一县(市)的,应当分别向各自所在地的主管纳税机关申报纳税。经财政部和国家税务总局或者其授权的财政和税务机关批准,可以由总机构汇总向总机构所在地的主管税务机关申报纳税 | 《增值税暂行条例》 |
| | | | 自 2017 年 11 月 1 日起,纳税人同时申请汇总缴纳增值税和消费税的,在汇总纳税申请资料中予以说明即可,不需要就增值税、消费税分别报送申请资料 | 国家税务总局公告 2017 年第 36 号 |
| | | 到外县(市)销售货物或者应税劳务 | 应当向其机构所在地的主管税务机关报告外出经营事项,并向其机构所在地的主管税务机关申报纳税 | 《增值税暂行条例》 |
| | | | 未报告的,应当向销售地或者劳务发生地的主管税务机关申报纳税 | |
| | | | 未向销售地或者劳务发生地的主管税务机关申报纳税的,由其机构所在地的主管税务机关补征税款 | |
| | | 临时到外省市销售货物 | 必须向经营地税务机关出示《外出经营活动税收管理证明》回原地纳税,需要向购货方开具专用发票的,亦回原地补开 | 国税发〔1995〕87 号 |
| | 营改增业务 | 一般规定 | 固定业户应当向其机构所在地或者居住地主管税务机关申报纳税。总机构和分支机构不在同一县(市)的,应当分别向各自所在地的主管税务机关申报纳税;经财政部和国家税务总局或者其授权的财政和税务机关批准,可以由总机构汇总向总机构所在地的主管税务机关申报纳税 | 财税〔2016〕36 号 |
| | | | 自 2017 年 11 月 1 日起,纳税人同时申请汇总缴纳增值税和消费税的,在汇总纳税申请资料中予以说明即可,不需要就增值税、消费税分别报送申请资料 | 国家税务总局公告 2017 年第 36 号 |
| 非固定业户 | 应当向应税行为发生地主管税务机关申报纳税 | | | 《增值税暂行条例》、财税〔2013〕106 号 |
| | 未申报纳税的,由其机构所在地或者居住地主管税务机关补征税款 | | | |

续表

| 类别 | 内容 | 出处 |
|---|---|---|
| 进口货物 | 应当向报关地海关申报纳税 | 《增值税暂行条例》 |
| 其他个人提供建筑服务,销售或者租赁不动产,转让自然资源使用权 | 其他个人提供建筑服务,销售或者租赁不动产,转让自然资源使用权,应向建筑服务发生地、不动产所在地、自然资源所在地主管税务机关申报纳税 | 财税〔2013〕106号 |
| 扣缴义务人 | 扣缴义务人应当向其机构所在地或者居住地主管税务机关申报缴纳扣缴的税款 | |

## 四、增值税的预缴的相关规定(如表3-36所示)

**表3-36　增值税的预缴相关规定**

| 分类 | 内容 | | | 出处 |
|---|---|---|---|---|
| 房地产开发企业 | 一般纳税人采取预收款方式销售自行开发的房地产项目 | 预缴税款 | 一般纳税人采取预收款方式销售自行开发的房地产项目,应在收到预收款时按照3%的预征率预缴增值税。<br>应预缴税款按照以下公式计算:应预缴税款=预收款/(1+适用税率或征收率)×3%。<br>适用一般计税方法计税的,按照9%的适用税率计算;适用简易计税方法计税的,按照5%的征收率计算。<br>一般纳税人应在取得预收款的次月纳税申报期向主管税务机关预缴税款 | 国家税务总局公告2016年第18号 |
| 建筑服务 | 一般纳税人跨县(市)提供建筑服务 | 适用一般计税方法计税的 | 纳税人应以取得的全部价款和价外费用扣除支付的分包款后的余额,按照2%的预征率在建筑服务发生地预缴税款后,向机构所在地主管税务机关进行纳税申报 | 财税〔2016〕36号、国家税务总局公告2016年第17号 |

续表

<table>
<tr><th>分类</th><th colspan="3">内容</th><th>出处</th></tr>
<tr><td rowspan="5">建筑服务</td><td>一般纳税人采取预收款方式销售自行开发的房地产项目</td><td>选择适用简易计税方法计税的</td><td>应以取得的全部价款和价外费用扣除支付的分包款后的余额为销售额，按照3%的征收率计算应纳税额。纳税人应按照上述计税方法在建筑服务发生地预缴税款后，向机构所在地主管税务机关进行纳税申报</td><td rowspan="7">财税〔2016〕36号、国家税务总局公告2016年第17号</td></tr>
<tr><td colspan="2">小规模纳税人(以下简称小规模纳税人)跨县(市)提供建筑服务</td><td>应以取得的全部价款和价外费用扣除支付的分包款后的余额为销售额，按照3%的征收率计算应纳税额。纳税人应按照上述计税方法在建筑服务发生地预缴税款后，向机构所在地主管税务机关进行纳税申报</td></tr>
<tr><td colspan="3">纳税人跨县(市、区)提供建筑服务，按照以下公式计算应预缴税款：<br>(一)适用一般计税方法计税的，应预缴税款=(全部价款和价外费用-支付的分包款)/(1+9%)×2%。<br>(二)适用简易计税方法计税的，应预缴税款=(全部价款和价外费用-支付的分包款)/(1+3%)×3%</td></tr>
<tr><td colspan="3">纳税人应按照工程项目分别计算应预缴税款，分别预缴。</td></tr>
<tr><td colspan="3">纳税人跨县(市、区)提供建筑服务，向建筑服务发生地主管税务机关预缴的增值税税款，可以在当期增值税应纳税额中抵减，抵减不完的，结转下期继续抵减。纳税人以预缴税款抵减应纳税额，应以完税凭证作为合法有效凭证</td></tr>
<tr><td rowspan="2">销售不动产</td><td rowspan="2">一般纳税人</td><td>销售其2016年4月30日前取得(不含自建)的不动产</td><td>可以选择适用简易计税方法，以取得的全部价款和价外费用减去该项不动产购置原价或者取得不动产时的作价后的余额为销售额，按照5%的征收率计算应纳税额。纳税人应按照上述计税方法在不动产所在地预缴税款后，向机构所在地主管税务机关进行纳税申报</td></tr>
<tr><td>销售其2016年4月30日前自建的不动产</td><td>可以选择适用简易计税方法，以取得的全部价款和价外费用为销售额，按照5%的征收率计算应纳税额。纳税人应按照上述计税方法在不动产所在地预缴税款后，向机构所在地主管税务机关进行纳税申报。<br>销售其2016年5月1日后取得(不含自建)的不动产，应适用一般计税方法以取得的全部价款和价外费用为销售额计算应纳税额。纳税人应以取得的全部价款和价外费用减去该项不动产购置原价或者取得不动产时的作价后的余额，按照5%的预征率在不动产所在地预缴税款后，向机构所在地主管税务机关进行纳税申报</td></tr>
</table>

续表

<table>
<tr><th>类别</th><th colspan="3">具体内容</th><th>出处</th></tr>
<tr><td rowspan="5">销售不动产</td><td rowspan="2">一般纳税人</td><td>销售其2016年5月1日后取得(不含自建)的不动产,应适用一般计税方法</td><td>以取得的全部价款和价外费用为销售额计算应纳税额。纳税人应以取得的全部价款和价外费用减去该项不动产购置原价或者取得不动产时作价后的余额,按照5%的预征率在不动产所在地预缴税款后,向机构所在地主管税务机关进行纳税申报</td><td rowspan="6">财税〔2016〕36号、国家税务总局公告2016年第17号</td></tr>
<tr><td>销售其2016年5月1日后自建的不动产,应适用一般计税方法</td><td>以取得的全部价款和价外费用为销售额计算应纳税额。纳税人应以取得的全部价款和价外费用,按照5%的预征率在不动产所在地预缴税款后,向机构所在地主管税务机关进行纳税申报</td></tr>
<tr><td rowspan="2">小规模纳税人①</td><td>销售其取得(不含自建)的不动产(不含个体工商户销售购买的住房和其他个人销售不动产)</td><td>应以取得的全部价款和价外费用为销售额,按照5%的征收率计算应纳税额。纳税人应按照上述计税方法在不动产所在地预缴税款后,向机构所在地主管税务机关进行纳税申报</td></tr>
<tr><td>销售其自建的不动产</td><td>应以取得的全部价款和价外费用为销售额,按照5%的征收率计算应纳税额。纳税人应按照上述计税方法在不动产所在地预缴税款后,向机构所在地主管税务机关进行纳税申报</td></tr>
<tr><td colspan="2">个体工商户销售购买的住房</td><td>应按照附件3《营业税改征增值税试点过渡政策的规定》第五条 的规定征免增值税。纳税人应按照上述计税方法在不动产所在地预缴税款后,向机构所在地主管税务机关进行纳税申报</td></tr>
<tr><td>不动产经营租赁服务</td><td>一般纳税人</td><td>出租其2016年4月30日前取得的与机构所在地不在同一县(市)的不动产</td><td>可以选择适用简易计税方法,按照5%的征收率计算应纳税额,应按照上述计税方法在不动产所在地预缴税款后,向机构所在地主管税务机关进行纳税申报</td></tr>
</table>

① 根据国家税务总局公告2019年第4号,按照现行规定应当预缴增值税税款的小规模纳税人,凡在预缴地实现的月销售额未超过10万元的,当期无需预缴税款。本公告下发前已预缴税款的,可以向预缴地主管税务机关申请退还。

续表

<table>
<tr><th>类别</th><th colspan="3">具体内容</th><th>出处</th></tr>
<tr><td rowspan="2">不动产经营租赁服务</td><td>一般纳税人</td><td>出租其2016年5月1日后取得的、与机构所在地不在同一县(市)的不动产</td><td>应按照3%的预征率在不动产所在地预缴税款后,向机构所在地主管税务机关进行纳税申报</td><td rowspan="2">财税〔2016〕36号、国家税务总局公告2016年第17号</td></tr>
<tr><td colspan="2">小规模纳税人出租与机构所在地不在同一县(市)的不动产</td><td>应按照5%的征收率计算应纳税额,在不动产所在地预缴税款后,向机构所在地主管税务机关进行纳税申报</td></tr>
<tr><td rowspan="3">邮政企业增值税征收管理</td><td colspan="3">各省、自治区、直辖市和计划单列市邮政企业(以下称总机构)应当汇总计算总机构及其所属邮政企业(以下称分支机构)提供邮政服务的增值税应纳税额,抵减分支机构提供邮政服务已缴纳(包括预缴和查补,下同)的增值税额后,向主管税务机关申报纳税</td><td rowspan="3">国家税务总局公告2014年第5号</td></tr>
<tr><td colspan="3">总机构发生除邮政服务以外的增值税应税行为,按照增值税条例、试点实施办法及相关规定就地申报纳税</td></tr>
<tr><td colspan="3">分支机构提供邮政服务,按照销售额和预征率计算应预缴税额,按月向主管税务机关申报纳税,不得抵扣进项税额。计算公式为:应预缴税额=(销售额+预订款)×预征率。<br>销售额为分支机构对外(包括向邮政服务接受方和本总、分支机构外的其他邮政企业)提供邮政服务取得的收入;预订款为分支机构向邮政服务接受方收取的预订款。<br>销售额不包括免税项目的销售额;预订款不包括免税项目的预订款</td></tr>
<tr><td rowspan="3">电信企业增值税征收管理</td><td colspan="3">各省、自治区、直辖市和计划单列市电信企业(以下简称总机构)应当汇总计算总机构及其所属电信企业(以下简称分支机构)提供电信服务及其他应税服务的增值税应纳税额,抵减分支机构提供电信服务及其他应税服务已缴纳(包括预缴和查补,下同)的增值税额后,向主管税务机关申报纳税。</td><td rowspan="3">国家税务总局公告2014年第26号</td></tr>
<tr><td colspan="3">总机构发生除电信服务及其他应税服务以外的增值税应税行为,按照增值税条例及相关规定就地申报纳税。</td></tr>
<tr><td colspan="3">分支机构提供电信服务及其他应税服务,按照销售额和预征率计算应预缴税额,按月向主 管税务机关申报纳税,不得抵扣进项税额。计算公式为:<br>应预缴税额=(销售额+预收款)×预征率<br>销售额为分支机构对外(包括向电信服务及其他应税服务接受方和本总机构、分支机构外的其他电信企业)提供电信服务及其他应税服务取得的收入;预收款为分支机构以销售电信充值卡(储值卡)、预存话费等方式收取的预收性质的款项<br>销售额不包括免税项目的销售额;预收款不包括免税项目的预收款</td></tr>
</table>

续表

| 分类 | 内容 | | 出处 |
| --- | --- | --- | --- |
| 电力产品增值税征收与缴纳 | 发电企业（电厂、电站、机组，下同）生产销售的电力产品 | 独立核算的发电企业生产销售电力产品，按照现行增值税有关规定向其机构所在地主管税务机关申报纳税；具有一般纳税人资格或具备一般纳税人核算条件的非独立核算的发电企业生产销售电力产品，按照增值税一般纳税人的计算方法计算增值税，并向其机构所在地主管税务机关申报纳税 | 国家税务总局令第10号 |
| | | 不具有一般纳税人资格且不具有一般纳税人核算条件的非独立核算的发电企业生产销售的电力产品，由发电企业按上网电量，依核定的定额税率计算发电环节的预缴增值税，且不得抵扣进项税额，向发电企业所在地主管税务机关申报纳税。计算公式为：预征税额＝上网电量×核定的定额税率 | |
| | 供电企业销售电力产品，实行在供电环节预征、由独立核算的供电企业统一结算的办法缴纳增值税 | 独立核算的供电企业所属的区县级供电企业，凡能够核算销售额的，依核定的预征率计算供电环节的增值税，不得抵扣进项税额，向其所在地主管税务机关申报纳税；不能核算销售额的，由上一级供电企业预缴供电环节的增值税。计算公式为：预征税额＝销售额×核定的预征率 | |
| | | 供电企业随同电力产品销售取得的各种价外费用一律在预征环节依照电力产品适用的增值税税率征收增值税，不得抵扣进项税额 | |
| | 实行预缴方式缴纳增值税的发、供电企业按照隶属关系由独立核算的发、供电企业结算缴纳增值税 | 独立核算的发、供电企业月末依据其全部销售额和进项税额，计算当期增值税应纳税额，并根据发电环节或供电环节预缴的增值税税额，计算应补（退）税额，向其所在地主管税务机关申报纳税。计算公式为：应纳税额＝销项税额－进项税额应补（退）税额＝应纳税额－发（供）电环节预缴增值税额 | |
| | | 独立核算的发、供电企业当期销项税额小于进项税额不足抵扣，或应纳税额小于发、供电环节预缴增值税税额形成多交增值税时，其不足抵扣部分和多交增值税额可结转下期抵扣或抵减下期应纳税额 | |
| | 发、供电企业的增值税预征率（含定额税率，下同），应根据发、供电企业上期财务核算和纳税情况、考虑当年变动因素测算核定 | 跨省、自治区、直辖市的发、供电企业增值税预征率由预缴增值税的发、供电企业所在地和结算增值税的发、供电企业所在地省、自治区、直辖市、计划单列市税务局共同测算，报国家税务总局核定 | |

续表

<table>
<tr><th>分类</th><th colspan="2">内容</th><th>出处</th></tr>
<tr><td rowspan="4">电力产品增值税征收与缴纳</td><td colspan="2">省、自治区、直辖市范围内的发、供电企业增值税预征率由省、自治区、直辖市、计划单列市税务局核定发、供电企业预征率的执行期限由核定预征率的税务机关根据企业生产经营的变化情况确定</td><td rowspan="4"></td></tr>
<tr><td colspan="2">不同投资、核算体制的机组，由于隶属于各自不同的独立核算企业，应按上述规定分别缴纳增值税</td></tr>
<tr><td colspan="2">对其他企事业单位销售的电力产品，按现行增值税有关规定缴纳增值税</td></tr>
<tr><td colspan="2">实行预缴方式缴纳增值税的发、供电企业，销售电力产品取得的未并入上级独立核算发、供电企业统一核算的销售收入，应单独核算并按增值税的有关规定就地申报缴纳增值税</td></tr>
<tr><td rowspan="5">金融机构从事的实物黄金交易业务</td><td rowspan="5">实行金融机构各省级分行和直属一级分行所属地市级分行、支行按照规定的预征率预缴增值税，由省级分行和直属一级分行统一清算缴纳的办法</td><td>发生实物黄金交易行为的分理处、储蓄所等应按月计算实物黄金的销售数量、金额，上报其上级支行</td><td rowspan="5">国税发〔2005〕178号</td></tr>
<tr><td>各支行、分理处、储蓄所应依法向机构所在地主管税务局申请办理税务登记。各支行应按月汇总所属分理处、储蓄所上报的实物黄金销售额和本支行的实物黄金销售额，按照规定的预征率计算增值税预征税额，向主管税务机关申报缴纳增值税。<br>预征税额=销售额×预征率</td></tr>
<tr><td>各省级分行和直属一级分行应向机构所在地主管税务局申请办理税务登记，申请认定增值税一般纳税人资格。按月汇总所属地市分行或支行上报的实物黄金销售额和进项税额，按照一般纳税人方法计算增值税应纳税额，根据已预征税额计算应补税额，向主管税务机关申报缴纳。<br>应纳税额=销项税额-进项税额<br>应补税额=应纳税额-预征税额<br>当期进项税额大于销项税额的，其留抵税额结转下期抵扣，预征税额大于应纳税额的，在下期增值税应纳税额中抵减</td></tr>
<tr><td>从事实物黄金交易业务的各级金融机构取得的进项税额，应当按照现行规定划分不可抵扣的进项税额，作进项税额转出处理</td></tr>
<tr><td>预征率由各省级分行和直属一级分行所在地省级国家税务局确定</td></tr>
</table>

续表

| 分类 | 内容 | 出处 |
| --- | --- | --- |
| 金融机构销售贵金属产品增值税 | 金融机构从事经其行业主管部门(中国人民银行或中国银行业监督管理委员会)允许的金、银、铂等贵金属交易业务,可比照《国家税务总局关于金融机构开展个人实物黄金交易业务增值税有关问题的通知》(国税发〔2005〕178号)规定,实行金融机构各省级分行和直属一级分行所在地市级分行、支行按照规定的预征率预缴增值税,省级分行和直属一级分行统一清算缴纳的办法 | 国家税务总局公告2013年第13号 |
| | 经其行业主管部门允许,是指金融机构能够提供行业主管部门批准其从事贵金属交易业务的批复文件,或向行业主管部门报备的备案文件,或行业主管部门未限制其经营贵金属业务的有关证明文件 | |

## 第八节　增值税出口退税公式的推导

增值税税款征收真正实现是在货物进入个人消费领域这一环节。根据目的地原则(直译过来是目的地原则,笔者认为消费地原则的表述更能体现本质),如果货物不在境内消费(如出口),不应当对其征收增值税,应当适用零税率。

需要明确的是:不是适用零税率才退还所支付的进项税额,而是因为产品在该环节没有被用于消费。由于我国退还内销货物进项税额的主要方式是从缴纳给国家的销项税额中予以扣除,即间接退税(抵扣)。由于出口货物税率极低(理论上应当是零税率),导致大量留抵税额(未被抵扣完的进项税额)的产生。如果退还出口货物进项税额也采用间接退税的话,会占用企业大量的流动资金。

## 一、生产企业出口退税公式的推演

### (一)生产企业增值税应纳税额的分析

1. 基本公式(见图 3-12)

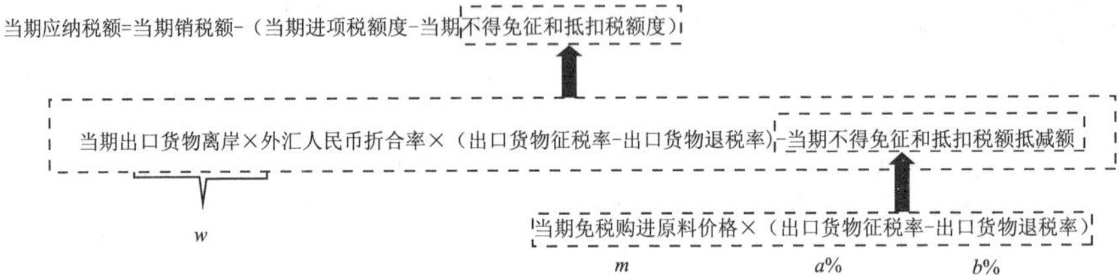


**图 3-12　生产企业出口退税公式**

2. 基本公式的数学倒推

设当期免税购进原材料价格为 $m$，出口货物征税率为 $a\%$，出口货物退税率为 $b\%$，$w$(出口货物离岸价) = 当期出口货物离岸价 × 外汇人民币折合率，$k = w$(出口金额) $- m$ (免税购进原材料的金额)，代入公式：

当期不得免征和抵扣税额 $= w \times (a\% - b\%) - m \times (a\% - b\%)$

$= (w - m) \times (a\% - b\%) = k \times (a - b)\%$ 。

当期应纳税额 = 当期销项税额 -(当期进项税额 - 当期不得免征和抵扣税额) = 当期销项税额(即内销货物的销项税额) -[当期进项税额 $- k \times (a - b)\%$] = 当期销项税额 $+ k \times (a - b)\%$ - 当期进项税额，$k$ 为剔除免税购进原材料价格后的金额。

毋庸置疑，当对一货物按照某一金额征收 $a\%$ 的税款再按照这一金额退还 $b\%$ 税款，实际上是对该货物按照 $(a - b)\%$ 的税率征收税款。该货物实际承担的税款 $= k \times (a\% - b\%) = k \times (a - b)\%$，也就是说：$k \times (a - b)\%$ 本质上是一个对出口货物征收的价内销项，税率为 $(a - b)\%$ 。

3. 生产企业出口的增值税应纳税额公式

应纳税额 = 当期内销销项 + 当期外销销项(即价内销项，类似于出口关税) - 当期进项税额。在计算当期外销销项(价内销项)时，需剔除免税购进原材料的价格。

## (二)免抵退税

1. 留抵税额

(1)本质(如表 3-37 所示)

**表 3-37　留抵税额的本质**

| 种类 | 实质 | 处理方法 |
| --- | --- | --- |
| 销项税额 | 代国家收取的增值税 | 足额上交给国家 |
| 进项税额 | 预先垫付的增值税 | 足额退还 |
| 应纳税额 | 余额 | 足额上交国家的销项税额,扣除国家应当退还的进项税额,余额上交给国家 |
| 留抵税额 | 差额:应纳税额为负数(未抵扣完的进项税额) | 国家应当退还给纳税人的进项税额,大于纳税人应当足额上交给国家的销项税额 |

(2)对比(如表 3-38 所示)

**表 3-38　国际通行做法与我国留抵税额处理方式**

| | 处理原则 | 具体操作 |
| --- | --- | --- |
| 国际通行做法① | 设定未抵扣完进项税额退税金额的最低值 | 未抵扣完的进项税额低于最低值时,纳税人不得申请退税而准予结转下期 |
| | 设定强制结转期间 | 纳税人未抵扣完的进项税款在强制结转期间内不得退税,结转期终了时仍有未抵扣完的进项税款的,纳税人可申请退税 |
| 我国 | 结转以后期间抵扣(间接退税) | 从应当上交国家的代收增值税税款中扣除应当退还的部分 |
| | 直接退税② | |

所谓直接退税,是指国家将暂时垫付的税款直接用现金的方式退还给纳税人;间接退税,是指从应当上交给国家的代收增值税税款中扣除应当退还的部

① 全国人大常委会预算工作委员会．增值税法律制度比较研究[M]．北京:中国民主法制出版社,2010:109.

② 财政部、税务部总局、海关总署公告2019年第39号规定。自2019年4月1日起,试行增值税期末留抵税额退税制度。符合条件的纳税人,可以向主管税务机关申请退还增量留抵税额。

分。虽然结果基本相同,但是间接退税占用了企业大量的流动资金,影响企业的生产经营。

2. 免抵退税额的本质分析

(1)免抵退税额的计算

当期免抵退税额=当期出口货物的离岸价×外汇人民币折合率×出口货物退税率-当期免抵退税抵减额

当期免抵退税额抵减额=当期免税购进原材料价格×出口货物退税率

故当期免抵退税额= $w \times b\% - m \times b\% = (w - m) \times b\% = k \times b\%$

需注意的是，这里的免抵退税额相当于“可以直接退税的未抵扣完的进项税额的最高值”，即当期最高的直接退税金额。未抵扣完的进项税额（当期期末留抵税额）不超过该值的，全额直接退税；超过该值的，留待下期间接退税。

（2）免抵退税额本质理解

留抵税额可以退税的金额不得超过免抵退税额，超过的部分，以后结算；而退税就要耗用留抵税额，没有留抵税额无法退税。

若当期期末留抵税额≤当期免抵退税额，则当期应退税额=当期期末留抵税额

当期免抵税额=当期免抵退税额-当期应退税额。可以简单理解为：可以退税的留抵税额没有超过设定的当期最高限额（免抵退税额），故当期都可以退税。

若当期期末留抵税额>当期免抵退税额，则当期应退税额=当期免抵退税额

当期免抵税额=0，余额为剩余的留抵税额。可以简单理解为：可以退税的留抵税额超过设定的当期最高限额（免抵退税额），故而超过部分以后结算，没有超过的部分当期退税。

## 二、免抵退税额的简单算法

### （一）生产企业退税公式

1. 计算当期的应纳税额（结算金额）

应纳税额=当期内销的销项税额+出口销项税额（价内销项，相当于出口关税）-当期进项税额

出口销项税额=剔除免税购进原材料后的出口货物离岸价×征退税率差（出口货物征税率-出口货物退税率）。

这里需注意两点：

一是出口货物征税率理论上应当为零税率，这里用“出口货物征税率”和“出口货物退税率”掩盖了征收类似出口关税性质的税收本质（实际按照增值税计算）。

二是出口退税不是一种税收优惠，而是基于消费地原则和抵扣的一个必须选择。当然，我国的出口退税政策相对比较特殊。退税部分未必是针对出口货物所包含的增值税退税；有时，根据出口退税公式计算予以退税的部分，包括了国内业务部分的购进退税。

2. 计算留抵税额（国家对企业的负债）

当期留抵税额=期初留抵税额-当期应纳税额

计算出来的留抵税额即为国家对企业当期的负债，该负债的实质：企业代最终消费者预先垫付的增值税税款，国家应当予以退税。退税方式包括两种：一是直接退税；二是冲抵企业代收应当上交国家的税款（即抵扣销项税额）。

3. 计算免抵退税额（国家当期应当用现金直接偿还的最高限额）

（1）免抵退原理

出口退税的思路：当期进项税额连同期初的留抵税额，首先冲抵国内销项税额和出口销项税额，余额就是留抵税额。出口退税设定了一个限额，每一期可以在限额之内退现，剩余的留待下一个纳税期处理。

（2）免抵退税额的计算

免抵退税额=剔除免税购进原材料后的出口货物离岸价×出口货物退税率

国家对企业的负债（留抵税额，即国家应当退还给企业的税款金额）中，免抵退税额范围内，国家先直接以现金偿还给企业，超过部分下期结算。

4. 应退税额计算（国家当期需要用现金偿还的金额）

比较免抵退税额和留抵税额，选取较小的值，即为国家应退税额。如果留抵税额超过免抵退税，企业当期还剩有留抵税额，表示国家对企业的负债尚未结清，留待下期结算。

**（二）免抵退的本质**

根据现行规定，免抵退是指对出口货物免征增值税，相应的进项税额抵减应纳增值税额，未抵减完的部分予以退还。

这里继续沿用上述参数表达，即企业当期外销货物价格为 $w$，其中免税购进原材料价格为 $m$，$w-m=k$。对于 $m$ 这个价格免征增值税，同时对 $w$ 所含的对应进项 $(w-m)\times b\%$，即 $k\times b\%$ 抵减应纳增值税额，未抵减完的部分予以退还。

$k\times b\%$ 先抵减内销货物的应纳税额，这一部分在税法上叫作免抵额，会计科目上叫作出口抵减内销产品应纳税额。如果抵减不完，余额退税。

1. 出口货物对应的进项一定就是 $k\times b\%$ 吗？

假定一项出口货物的价格因为国际市场上突然紧俏或者由于谈判技巧等原因，原本打算定价 $k$ 元的货物，上涨为出口价格 $c$ 元。从免抵退角度来理解的话，出口货物对应的进项税额便增加为 $c\times b\%$ 元。就是说，为生产出口货物所耗用的物质包含的进项随着出口价格的变动而变动。举例说明：

A 公司当期出口货物 FOB 价格为 1000 万元，货物名称为电子产品 v，生产该电子产品的固定成本为 100 万元（价税合计 113 万元），当期购进原材料价税合计 226 万元（其中增值税税款 26 万元），购进其他为生产经营服务的材料取得进项 1.3 万元。出口货物征税率为 13%，出口货物退税率为 10%。

按照免抵退的假设，该出口货物所含进项税额为 1000 万元×10%＝100 万元。但 A 公司进项总税额才 40.3 万元，请问出口货物对应的进项税额 100 万元的来源？

应纳税额＝0（内销销项）+30（外销销项）−40.3 万元＝−10.3 万元

期末留抵税额＝10.3 万元，免抵退税额＝1000 万元×10%＝100 万元

应退税额＝10.3 万元，免抵税额＝100 万元−10.3 万元＝89.7 万元

会计分录：

（1）不予免征和抵扣税额

借：主营业务成本 30 万元（价内销项部分）

　贷：应交税金—应交增值税—进项税额转出 30 万元

（2）应退税额

借：其他应收款—应收出口退税款 10.3 万元

　贷：应交税费—应交增值税（出口退税）10.3 万元

（3）免抵税额：

借：应交税金—应交增值税—出口抵减内销应纳税额（免抵额）89.7 万元

　贷：应交税金—应交增值税—出口退税（免抵额）89.7 万元

2. 免抵税额是出口退税金额抵减内销产品应纳税额吗?

举例说明:

A 公司专门从事自产货物出口业务，生产 L 产品，当期购进设备价税合计 1130 万元（其中增值税税款 130 万元），当期出口货物 FOB 价格为 3000 万元，A 公司内销货物。当期购进原材料价税合计 339 万元（其中含增值税税款 39 万元）。假定 A 公司之前无留抵税额，假定出口货物征税率为 13%，出口货物退税率为 10%。

当期应纳税额=0+3000 万元×（13%-10%）-（130 万元+39 万元）= 90 万元-169 万元=-79 万元

A 公司期初无留抵税额，故当期留抵税额为 79 万元，免抵退税额为 3000 万元×10%＝300 万元。当期应退税额为 79 元，出口抵减内销应纳税额为 221 万元，真有这么多内销的应纳税额吗?

3. 征退税率差计算出来的金额是进项转出吗?

举例说明:

A 公司专门从事自产货物出口业务，生产 L 产品，当期购进设备价税合计 113 万元（其中增值税税款 13 万元），当期出口货物 FOB 价格为 3 亿元，A 公司无内销货物。当期购进原材料价税合计 339 万元（其中含增值税税款 39 万元）。假定 A 公司之前无留抵税额，以后也不打算开展内销业务。假定出口货物征税率为 13%，出口货物退税率为 10%。

征退税率差计算的应当用于进项转出的金额为：30000 万元×（13%-10%）= 900（万元）。也就是说，应当进项转出 900 万元。可是，该企业当期进项税总额才 52 万元（13 万元+39 万元）。

很显然，公式中所谓的进项税额转出，并非是真正意义上的进项转出，而是实际意义上的出口关税。

综上所述，免抵退税无非是：先对出口货物按照征退税率差征收了一道价内销项（类似于出口关税），再合并计算应纳税额，根据期初留抵税额和当期应纳税额计算出当期留抵税额；对于当期留抵税额，当期直接退税最高限额内的直接退税，限额之外的部分本期不能直接退税（结转下期结算）。

这里需说明外贸企业的出口退税，外贸企业的出口退税直接按照出口产品购进价格（不含税金额）予以计算，即直接按照购进不含税金额乘以出口货物退税率，外贸企业免税购进货物不参与计算。

## 三、骗取出口退税对国家增值税税款的影响

### （一）无进项虚开情况骗取出口退税对国家税款的影响

1. 简单公式推演

根据上文所设的参数，出口货物征税率为万元 $a\%$，出口货物退税率为 $b\%$，不含免税购进原材料的 FOB 价格为 $k$。设企业骗取出口退税的金额为 $t$ 元。我们来核算骗取出口退税的影响；

应纳税额 = 内销销项 + $(a-b)\% \times k$ − 当期进项税额

免抵退税额 = $k \times b\%$，如果要骗取出口退税 $t$ 元，则 $k \times b\%$ 的金额至少不少于 $t$ 元。设 $k_1$ 为 $k \times b\%$ 等于 $t$ 时不包括免税购进原材料的 FOB 价格：

$k_1 \times b\% - k \times b\% = t$

$k_1 \times b\% = k \times b\% + t$

$k_1 = (k \times b\% + t)/b\%$

$k_1 = k + t/b\%$

$k_1 - k = t/b\%$

就是说，当行为人骗取出口退税金额为 $t$ 元时，相应不包括免税购进原材料的 FOB 价格将增加 $t/b\%$ 元。不难推断，当不包括免税购进原材料的 FOB 价格增加 1 元时，应纳税额将增加 $(a-b)\%$ 元。故而，当行为人骗取出口退税金额为 $t$ 元时，应纳税额至少增加：$(t/b\%) \times (a-b)\% > 0$。

结论：当行为人试图骗取出口退税 t 元时，国家应纳税额至少增加 $(t/b\%) \times (a-b)\%$ 元。

2. 案例测试

假设 A 公司为生产型出口企业，因为固定资产占比很高，故产生留抵税额 1.6 亿元。A 公司当期无对外出口业务，但因留抵税额太多，企业需要流动资金。于是 A 公司伪造了出口 10 亿元产品的出口合同，获取出口退税 1.2 亿元。

该例中，行为人虽然获取了 1.2 亿元的退税款，但却损失了 1.6 亿元的进项税额，而该 1.6 亿元本质上系国家对企业的负债。该企业的行为，本质上系用 1.6 亿元的进项税额套现了 1.2 亿元的现金。

### （二）进项虚开情况下的骗取出口退税

企业通过进项虚开手段骗取出口退税，相当于以虚开的进项税额抵扣并且少抵扣了“扣除免税购进金额后的出口离岸价格 * 征退税率差”数额的税额。

# 第四章　增值税专用发票

## 第一节　发票简介

《发票管理办法》第三条规定，发票是指在购销商品、提供或者接受服务以及从事其他经营活动中，开具、收取的收付款凭证。

### 一、发票性质

发票，实质是当事人以意思表示为基础，在设立、变更、终止民事权利义务关系的过程中，记载意思表示的凭证，是收取款项权利和支付款项义务的凭证，同时也是控税凭证。具体体现为以下几点：

#### （一）发票是记载当事人意思表示的凭证

发票记载内容应当与意思表示内容一致，除有特别规定外，不得开具与意思表示不一致的发票。

1. 发票上的购销双方应当为购销契约所约束的双方

譬如，发票上记载的销售方为A公司、购买方为B公司，则契约上以合同相对性约束的购销双方应当是A公司和B公司，且契约中的销售方应当是A公司，购买方应当是B公司，另有规定的除外。

2. 发票上记载的内容应当与权利义务的内容一致

发票上记载的标的物（货物或应税劳务等）、规格型号、单位、数量、单价应当与权利义务的内容一致，即与合同约定的一致，另有规定的除外。

3. 发票应当基于合同成立而开具

明知拟开具的发票上的购销双方均无设立对应的权利义务的真实意思表示的时候，禁止开具相应的发票，另有规定的除外。

#### （二）发票重点体现收取款项权利和支付款项义务

合法开具的发票可以证明就某项合同内容，发票上的购销双方有过对应的约定，未必能证明已经实际支付款项，也未必能用于证明没有支付款项。

当然，虚开发票的时候，购销双方就发票记载事项，并无相应的约定。

这一点明显不同于收据，基于真实意思表示而出具的收据，可以用于证明已经支付了相应的款项。

### （三）发票是控税凭证

开具发票时，应当基于真实交易本身正确选择税率，确保相应交易的适用税率准确。

## 二、发票分类

考虑到第十届全国人大常委会第十九次会议（2005 年 12 月 29 日）对“出口退税、抵扣税款的其他发票”的立法解释，我们将虽不是发票，但是具有出口退税、抵扣税款功能的收付款凭证或完税凭证也纳入发票的范围。

### （一）可抵扣税款发票和不可抵扣税款发票

可抵扣税款发票最重要的特征是，基于凭证上的税款支付义务或货款或产品应付款（以下简称货款）支付义务真实，行为人可以根据发票本身记载的税额或依据税法规定的方法计算的税额，作为可以抵扣的增值税进项税额或可以用于直接冲减应纳税额（非增值税）。可抵扣税款发票，包括可以出口退税的收付款凭证或完税凭证，如表 4-1 所示。

表 4-1　可抵扣凭证

<table>
<tr><th>序号</th><th>内容</th><th>规定出处</th><th>备注</th></tr>
<tr><td>1</td><td>增值税专用发票</td><td rowspan="4">《中华人民共和国增值税暂行条例》</td><td></td></tr>
<tr><td>2</td><td>海关进口增值税专用缴款书</td><td></td></tr>
<tr><td>3</td><td>农产品收购发票或者销售发票</td><td></td></tr>
<tr><td>4</td><td>完税凭证</td><td>纳税人凭完税凭证抵扣进项税额的，应当具备书面合同、付款证明和境外单位的对账单或者发票。资料不全的，其进项税额不得从销项税额中抵扣</td></tr>
<tr><td>5</td><td>机动车销售统一发票</td><td>《财政部、国家税务总局关于全面推开营业税改征增值税试点的通知》（财税〔2016〕36 号）</td><td></td></tr>
</table>

续表

| 序号 | 内容 | 规定出处 | 备注 |
| --- | --- | --- | --- |
| 6 | 通行费增值税电子普通发票 | 财税〔2017〕90号 | 2019年1月1日起，只有桥、闸通行费可以抵扣，高速公路、一级、二级公路通行费发票不再作为抵扣凭证 |
| 8 | 通行费发票 | | |
| 8 | 出口企业转内销证明 | | 以上面注明的税额抵扣 |

财政部、税务总局、海关总署公告2019年第39号，将增值税电子普通发票才及注明旅客身份信息的航空运输电子客票行程单、铁路车票公路、水路等其他客票等纳入抵扣。

**（二）纳入增值税管理新系统的发票和未纳入增值税管理新系统的发票（如表4-2所示）**

表4-2 纳入增值税管理新系统的发票

发票的分类

| 系统 | 分类 | | 出处 | 备注 |
|---|---|---|---|---|
| 增值税发票管理新系统 | 增值税专用发票 | 三联版 | 税总货便函〔2017〕127号 | |
| | | 六联版 | | |
| | 增值税普通发票 | 增值税普通发票（折叠票） | 税总货便函〔2017〕127号 | |
| | | 增值税普通发票（卷票） | 税总货便函〔2017〕127号 | |
| | | 增值税电子普通发票 | 税总货便函〔2017〕127号 | |
| | 机动车销售统一发票 | | 税总货便函〔2017〕127号 | |
| | 二手车销售统一发票 | | 国家税务总局公告2017年第45号 | |

| 系统 | 分类 | | 出处 | 备注 |
|---|---|---|---|---|
| 非增值税发票管理新系统 | 通用机打发票 | 平推式 | 国税发〔2009〕142号 | |
| | | 卷式 | | |
| | 通用定额发票 | | | |
| | 航空运输电子客票行程单 | | | |
| | 通行费发票 | | 财税〔2017〕90号 | 从2019年1月1日起，只有桥、闸通行费可以抵扣，高速公路、一级、二级公路通行费发票不再作为抵扣凭证 |
| | | | | |
| | | | | |
| | 客运（定额）发票 | | 国家税务总局公告2016年第23号 | |
| | 门票 | | 国家税务总局公告2016年第23号 | |

## 三、发票基础知识

1. 发票的管理机构

《发票管理办法》第四条规定，国务院税务主管部门统一负责全国的发票管理工作。省、自治区、直辖市税务机关依据各自的职责，共同做好本行政区域内的发票管理工作。

2. 发票的印制

《发票管理办法》第七条规定，增值税专用发票由国务院税务主管部门确定的企业印制；其他发票，按照国务院税务主管部门的规定，由省、自治区、直辖市税务机关确定的企业印制。禁止私自印制、伪造、变造发票。

《发票管理办法》第十三条规定，发票应当使用中文印制。民族自治地方的发票，可以加印当地一种通用的民族文字。有实际需要的，也可以同时使用中、外两种文字印制。

3. 发票监制章

《发票管理办法》第十条规定，发票应当套印全国统一的发票监制章。全国统一的发票监制章的式样和发票版面印刷的要求，由国务院税务主管部门确定。发票监制章由省、自治区、直辖市税务机关制作。禁止伪造发票监制章。

4. 发票基本联次

《发票管理办法实施细则》第三条规定，发票的基本联次包括存根联、发票联、记账联。存根联由收款方或开票方留存备查；发票联由付款方或受票方作为付款原始凭证；记账联由收款方或开票方作为记账原始凭证。

省以上税务机关可根据发票管理情况以及纳税人经营业务需要，增减除发票联以外的其他联次，并确定其用途。

5. 发票的基本内容

《发票管理办法实施细则》第四条规定，发票的基本内容包括发票名称、发票代码和号码、联次及用途、客户名称、开户银行及账号、商品名称或经营项目、计量单位、数量、单价、大小写金额、开票人、开票日期、开票单位（个人）名称（章）等。

省以上税务机关可根据经济活动以及发票管理需要，确定发票的具体内容。

6. 冠名发票

《发票管理办法实施细则》第五条规定，有固定生产经营场所、财务和发票管理制度健全的纳税人，发票使用量较大或统一发票式样不能满足经营活动需要的，可以向省以上税务机关申请印有本单位名称的发票。

7. 发票的开具

《发票管理办法》第十九条规定，销售商品、提供服务以及从事其他经营活动的单位和个人，对外发生经营业务收取款项，收款方应当向付款方开具发票；特殊情况下，由付款方向收款方开具发票。《发票管理办法实施细则》第二十四条规定，《办法》第十九条所称的特殊情况下，由付款方向收款方开具发票，是指下列情况：

（一）收购单位和扣缴义务人支付个人款项时；

（二）国家税务总局认为其他需要由付款方向收款方开具发票的。

《发票管理办法》第二十二条规定，开具发票应当按照规定的时限、顺序、栏目，全部联次一次性如实开具，并加盖发票专用章。任何单位和个人不得有下列虚开发票行为：

（一）为他人、为自己开具与实际经营业务情况不符的发票；

（二）让他人为自己开具与实际经营业务情况不符的发票；

（三）介绍他人开具与实际经营业务情况不符的发票。

《发票管理办法实施细则》第二十八条规定，单位和个人在开具发票时，必须做到按照号码顺序填开，填写项目齐全，内容真实，字迹清楚，全部联次一次打印，内容完全一致，并在发票联和抵扣联加盖发票专用章。

## 四、发票票样及其解析

### （一）可抵扣税款发票票样及解析

1. 增值税专用发票（见图 4-1）

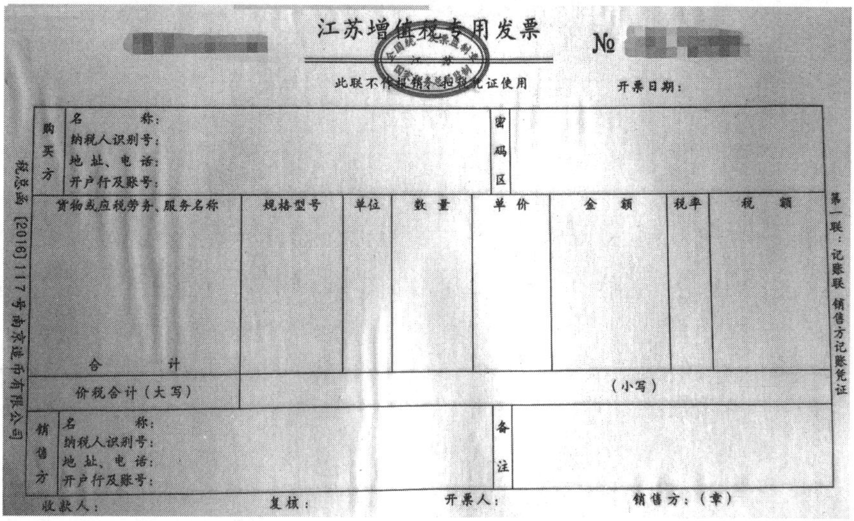

江苏增值税专用发票

№

此联不作报销、扣税凭证使用　　开票日期：

| 购买方 | 名　　称：<br>纳税人识别号：<br>地址、电话：<br>开户行及账号： | 密码区 | |
|---|---|---|---|

| 货物或应税劳务、服务名称 | 规格型号 | 单位 | 数量 | 单价 | 金额 | 税率 | 税额 |
|---|---|---|---|---|---|---|---|
| 合　　计 | | | | | | | |
| 价税合计（大写） | | | | | （小写） | | |

| 销售方 | 名　　称：<br>纳税人识别号：<br>地址、电话：<br>开户行及账号： | 备注 | |
|---|---|---|---|

收款人：　　复核：　　开票人：　　销售方：（章）

税总函［2016］117号南京造币有限公司

第一联：记账联　销售方记账凭证

图 4-1　增值税专用发票票样

2. 海关进口增值税专用缴款书（见图 4-2）

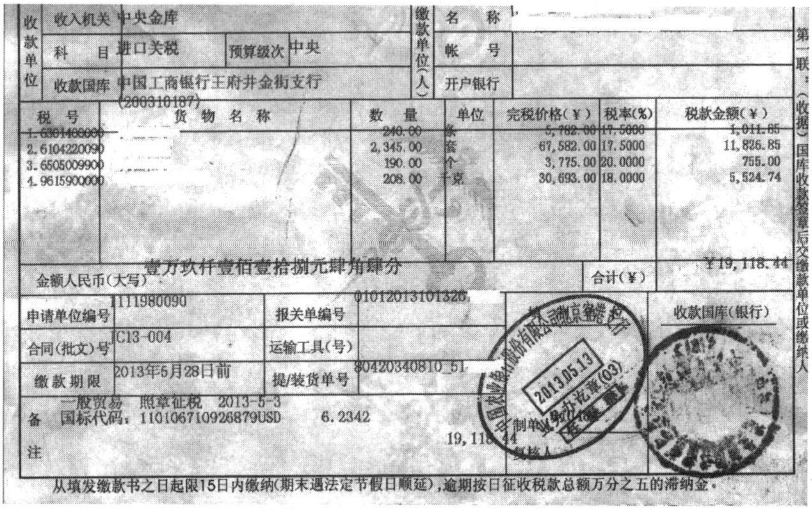

| 收款单位 | | | 缴款单位（人） | |
|---|---|---|---|---|
| 收入机关 | 中央金库 | | 名　称 | |
| 科　目 | 进口关税 | 预算级次　中央 | 帐　号 | |
| 收款国库 | 中国工商银行王府井金街支行（200310187） | | 开户银行 | |

| 税　号 | 货物名称 | 数　量 | 单位 | 完税价格（¥） | 税率（%） | 税款金额（¥） |
|---|---|---|---|---|---|---|
| 1.6301400000 | | 240.00 | 条 | 5,782.00 | 17.5000 | 1,011.65 |
| 2.6104220090 | | 2,345.00 | 套 | 67,582.00 | 17.5000 | 11,826.85 |
| 3.6505009900 | | 190.00 | 个 | 3,775.00 | 20.0000 | 755.00 |
| 4.9615900000 | | 208.00 | 千克 | 30,693.00 | 18.0000 | 5,524.74 |
| 金额人民币（大写） | 壹万玖仟壹佰壹拾捌元肆角肆分 | | | | 合计（¥） | ¥19,118.44 |

| | | | | |
|---|---|---|---|---|
| 申请单位编号 | 1111980090 | 报关单编号 | 01012013101326 | 收款国库（银行） |
| 合同（批文）号 | IC13-004 | 运输工具（号） | | |
| 缴款期限 | 2013年5月28日前 | 提/装货单号 | 80420340810_51 | |
| 备注 | 一般贸易　照章征税　2013-5-3<br>国标代码：110106710926879USD　6.2342<br>19,118.44 | | 制单人<br>复核人 | |

从填发缴款书之日起限15日内缴纳（期末遇法定节假日顺延），逾期按日征收税款总额万分之五的滞纳金。

第一联：（收据）国库收款签章后交缴款单位或缴纳人

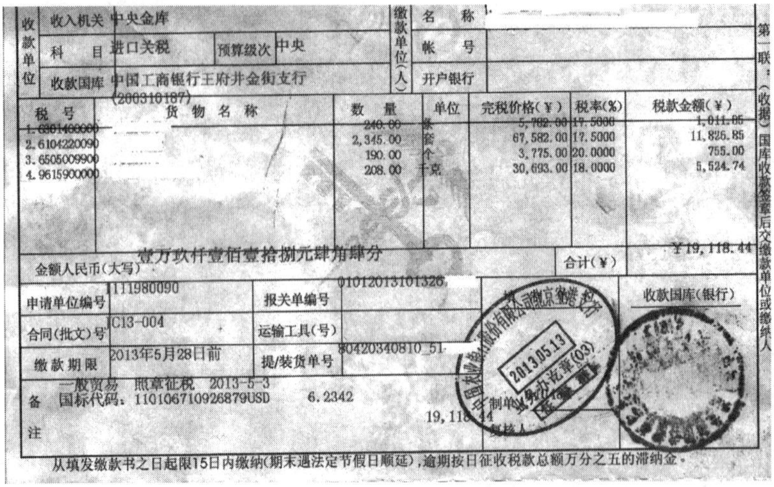

| | | | | | |
|---|---|---|---|---|---|
| 收款单位 | 收入机关 | 中央金库 | | 缴款单位(人) | 名称 |
| | 科目 | 进口关税 | 预算级次 中央 | | 帐号 |
| | 收款国库 | 中国工商银行王府井金街支行(200310187) | | | 开户银行 |

| 税号 | 货物名称 | 数量 | 单位 | 完税价格(¥) | 税率(%) | 税款金额(¥) |
|---|---|---|---|---|---|---|
| 1.6301400000 | | 240.00 | 条 | 5,782.00 | 17.5000 | 1,011.85 |
| 2.6104220090 | | 2,345.00 | 套 | 67,582.00 | 17.5000 | 11,826.85 |
| 3.6505009900 | | 190.00 | 个 | 3,775.00 | 20.0000 | 755.00 |
| 4.9615900000 | | 208.00 | 千克 | 30,693.00 | 18.0000 | 5,524.74 |

金额人民币(大写) 壹万玖仟壹佰壹拾捌元肆角肆分　合计(¥) ¥19,118.44

| | | | |
|---|---|---|---|
| 申请单位编号 | 1111980090 | 报关单编号 | 01012013101326 |
| 合同(批文)号 | IC13-004 | 运输工具(号) | |
| 缴款期限 | 2013年5月28日前 | 提/装货单号 | 80420340810_51 |

备注：一般贸易　照章征税　2013-5-3
国标代码：110106710926879USD　6.2342
19,118.44

制单人　复核人　收款国库(银行)

第一联：(收据)国库收款签章后交缴款单位或缴纳人

从填发缴款书之日起限15日内缴纳(期末遇法定节假日顺延)，逾期按日征收税款总额万分之五的滞纳金。

图 4-2　海关进口增值税专用缴款书票样

目前，海关进口增值税专用缴款书均通过 H2000 通关系统开具，H883 通关系统已退出实际运行。

为强化对海关进口增值税的抵扣管理，增值税一般纳税人进口货物时应准确填报企业名称，确保海关缴款书上的企业名称与税务登记的企业名称一致。税务机关将进口货物取得的属于增值税抵扣范围的海关缴款书信息与海关采集的缴款信息进行稽核比对。经稽核比对相符后，可作为进项税额在销项税额中抵扣。

3. 农产品收购发票票样（一般农产品收购发票使用增值税普通发票，见图 4-3）

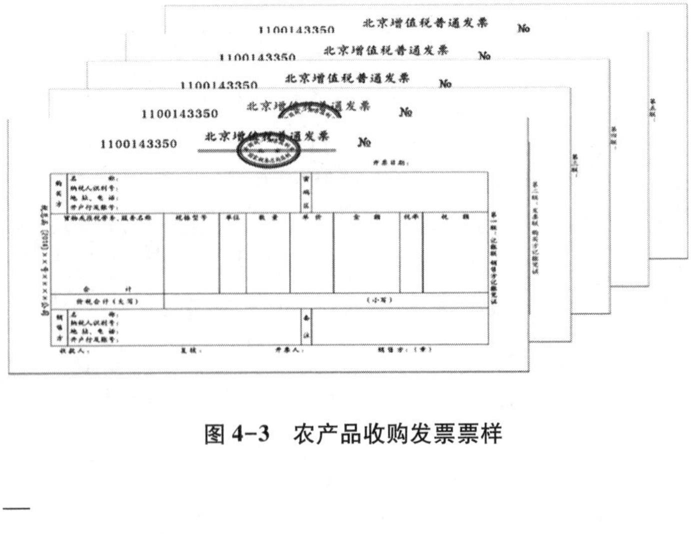

1100143350　北京增值税普通发票　№

图 4-3　农产品收购发票票样

农产品收购发票指涉农企业从农业生产者或合作社直接购买免税农产品而开具的收购发票。

《财政部、国家税务总局关于简并增值税税率有关政策的通知》(财税〔2017〕37号)规定，取得（开具）农产品销售发票或收购发票的，以农产品销售发票或收购发票上注明的农产品买价和11%的扣除率计算进项税额(2019年4月1日以后调整为9%)。买价，是指纳税人购进农产品在农产品收购发票或者销售发票上注明的价款和按照规定缴纳的烟叶税。

营业税改征增值税试点期间，纳税人购进用于生产销售或委托受托加工17%（2019年4月1日以后调整为13%）税率货物的农产品维持原扣除力度不变。

4. 农产品销售发票票样（一般农产品销售发票使用增值税普通发票，见图4-4）

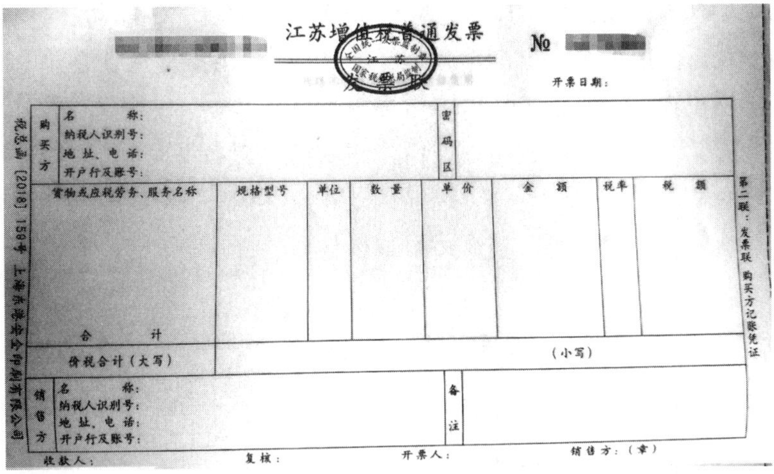

江苏增值税普通发票 No

发票联

开票日期：

| 购买方 | 名称：<br>纳税人识别号：<br>地址、电话：<br>开户行及账号： | 密码区 | | | | | |
|---|---|---|---|---|---|---|---|
| 货物或应税劳务、服务名称 | 规格型号 | 单位 | 数量 | 单价 | 金额 | 税率 | 税额 |
| 合计 | | | | | | | |
| 价税合计（大写） | | | | （小写） | | | |
| 销售方 | 名称：<br>纳税人识别号：<br>地址、电话：<br>开户行及账号： | 备注 | | | | | |

收款人：　复核：　开票人：　销售方：（章）

税总函〔2018〕159号 上海东港安全印刷有限公司

第二联：发票联 购买方记账凭证

图4-4　农产品销售发票票样

农产品销售发票指农业生产者销售自产农产品享受免征增值税政策而开具的普通发票（包括向税务机关申请代开的普通发票）。

《财政部、国家税务总局关于简并增值税税率有关政策的通知》(财税〔2017〕37号）规定，从按照简易计税方法依照3%征收率计算缴纳增值税的小规模纳税人取得增值税专用发票的，以增值税专用发票上注明的金额和11%的扣除率计算进项税额。

5. 完税凭证（税收缴款凭证）（见图 4-5）

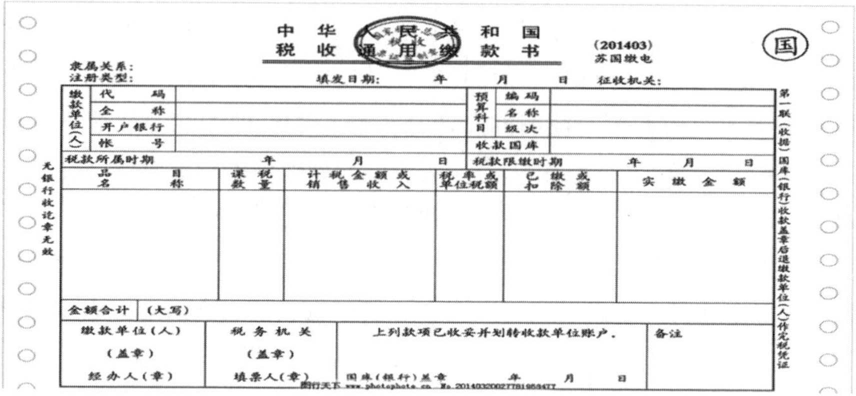


图 4-5　完税凭证（税收缴款凭证）票样

接受境外单位或者个人提供的应税服务，从税务机关或者境内代理人取得的解缴税款的中华人民共和国税收缴款凭证（以下简称税收缴款凭证）上注明的增值税额。

纳税人凭税收缴款凭证抵扣进项税额的，应当具备书面合同、付款证明和境外单位的对账单或者发票。资料不全的，其进项税额不得从销项税额中抵扣。

6. 机动车销售统一发票票样（见图 4-6）

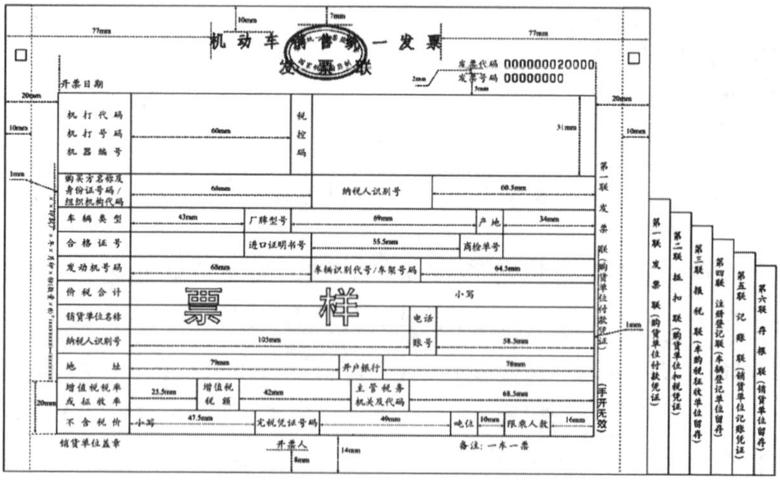


图 4-6　机动车销售统一发票票样

7. 通行费发票（见图 4-7）

**图 4-7 通行费发票票样**

2018 年 1 月 1 日起，纳税人支付的道路、桥、闸通行费，按照以下规定抵扣进项税额：

（1）公路通行费发票

纳税人支付的道路通行费，按照收费公路通行费增值税电子普通发票上注明的增值税额抵扣进项税额。

2018 年 1 月 1 日至 6 月 30 日，纳税人支付的高速公路通行费，如暂未能取得收费公路通行费增值税电子普通发票，可凭取得的通行费发票（不含财政票据，下同）上注明的收费金额按照下列公式计算可抵扣的进项税额：

高速公路通行费可抵扣进项税额 = 高速公路通行费发票上注明的金额/（1+3%）×3%。

2018 年 1 月 1 日至 12 月 31 日，纳税人支付的一级、二级公路通行费，如暂未能取得收费公路通行费增值税电子普通发票，可凭取得的通行费发票上注明的收费金额按照下列公式计算可抵扣进项税额：

一级、二级公路通行费可抵扣进项税额=一级、二级公路通行费发票上注明的金额/（1+5%）×5%。

（2）桥、闸通行费发票

纳税人支付的桥、闸通行费，暂凭取得的通行费发票上注明的收费金额按照下列公式计算可抵扣的进项税额：

桥、闸通行费可抵扣进项税额=桥、闸通行费发票上注明的金额/（1+5%）×5%。

8. 通行费电子普通发票（见图4-8）

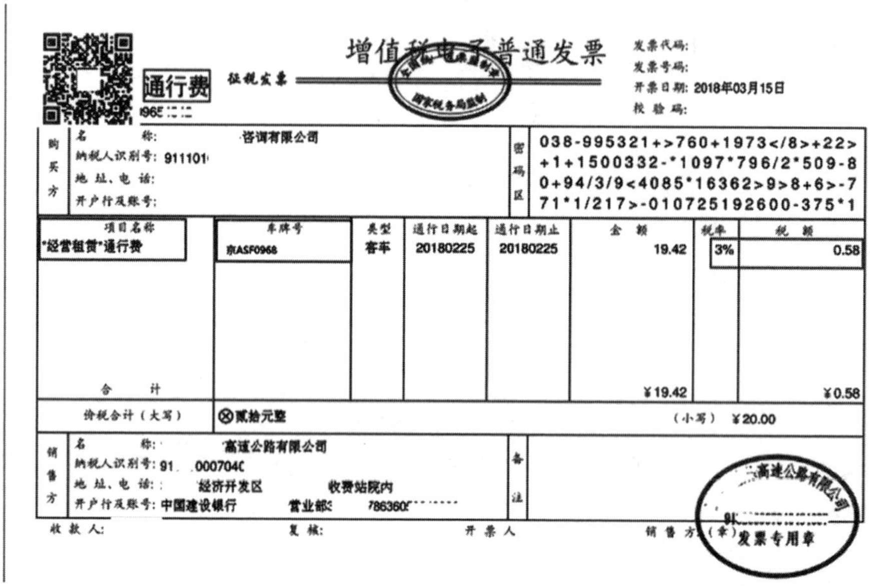
增值税电子普通发票

通行费　征税发票

发票代码：
发票号码：
开票日期：2018年03月15日
校验码：

| | | | |
|---|---|---|---|
| 购买方 | 名称：咨询有限公司<br>纳税人识别号：911101<br>地址、电话：<br>开户行及账号： | 密码区 | 038-995321+>760+1973</8>+22><br>+1+1500332-*1097*796/2*509-8<br>0+94/3/9<4085*16362>9>8+6>-7<br>71*1/217>-010725192600-375*1 |

| 项目名称 | 车牌号 | 类型 | 通行日期起 | 通行日期止 | 金额 | 税率 | 税额 |
|---|---|---|---|---|---|---|---|
| *经营租赁*通行费 | 京ASF0968 | 客车 | 20180225 | 20180225 | 19.42 | 3% | 0.58 |
| 合计 | | | | | ¥19.42 | | ¥0.58 |
| 价税合计（大写） | ⊗贰拾元整 | | | | （小写）¥20.00 | | |

| | | | |
|---|---|---|---|
| 销售方 | 名称：高速公路有限公司<br>纳税人识别号：91 000704C<br>地址、电话：经济开发区 收费站院内<br>开户行及账号：中国建设银行 营业部 786360 | 备注 | |

收款人：　复核：　开票人：　销售方：（章）

图4-8　通行费电子普通发票票样

纳税人支付的道路通行费，按照收费公路通行费增值税电子普通发票上注明的增值税额抵扣进项税额。

通行费电子普通发票的规定如下。

增值税一般纳税人取得符合规定的通行费电子发票后，应当自开具之日起360日内登录本省（区、市）增值税发票选择确认平台，查询、选择用于申报抵扣的通行费电子发票信息。

按照有关规定不适用网络办税的特定纳税人，可以持税控设备前往主管国税机关办税服务厅，由税务前台办理确认。

收费公路通行费增值税进项税额抵扣政策按照国务院财税主管部门有关规定执行。

增值税一般纳税人申报抵扣的通行费电子发票进项税额，在纳税申报时应当填写在增值税纳税申报表附列资料（二）(本期进项税额明细）“认证相符的增值税专用发票”相关栏次中。

单位和个人可以登录全国增值税发票查验平台（https：//inv-veri. chinatax. gov. cn)，对通行费电子发票进行查验。

**（二）其他发票票样介绍及解析**

普通发票的版面设计各省市大体相同略有区别，下面以河北省税务局和江苏省税务局印制的部分发票为例进行介绍。

1. 通用机打发票（见图 4-9)

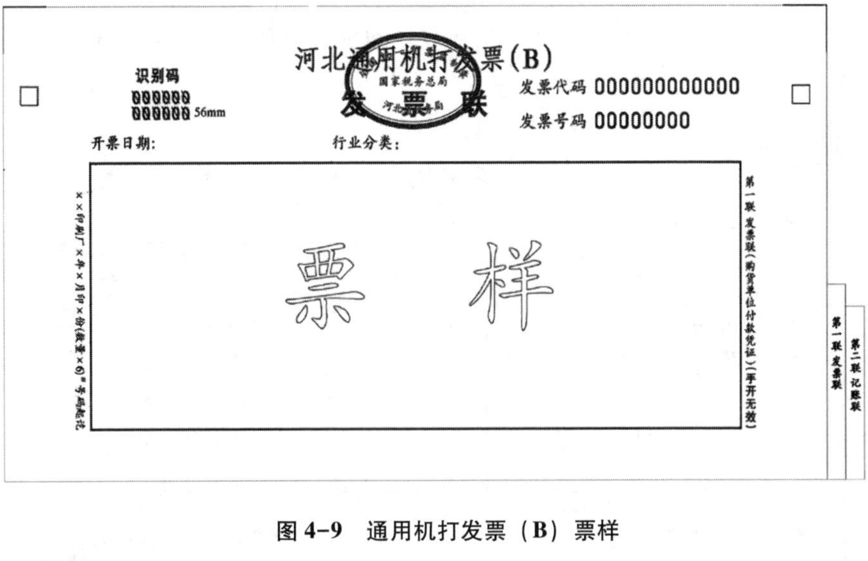


图 4-9　通用机打发票（B）票样

2. 通用手工发票（见图 4-10）

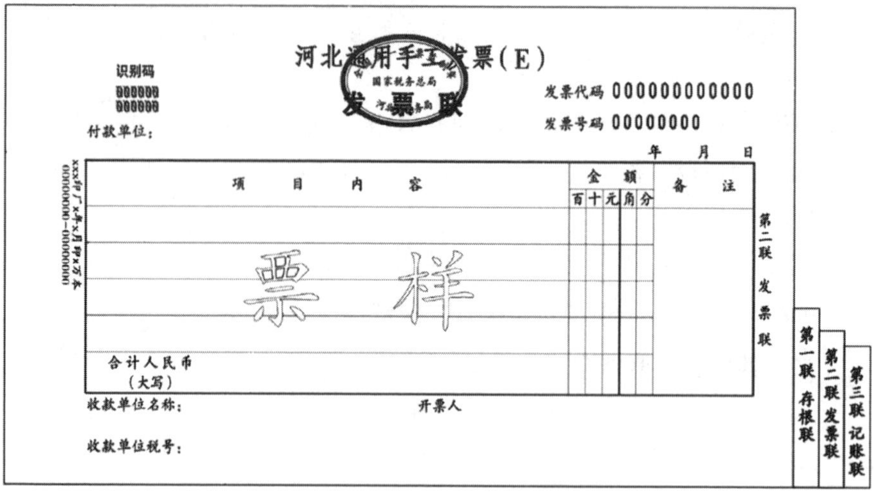


图 4-10　通用手工发票（E）票样

注意，部分省市取消了手工发票，具体情况以所在省市税务局规定为准。

3. 增值税电子普通发票（见图 4-11）

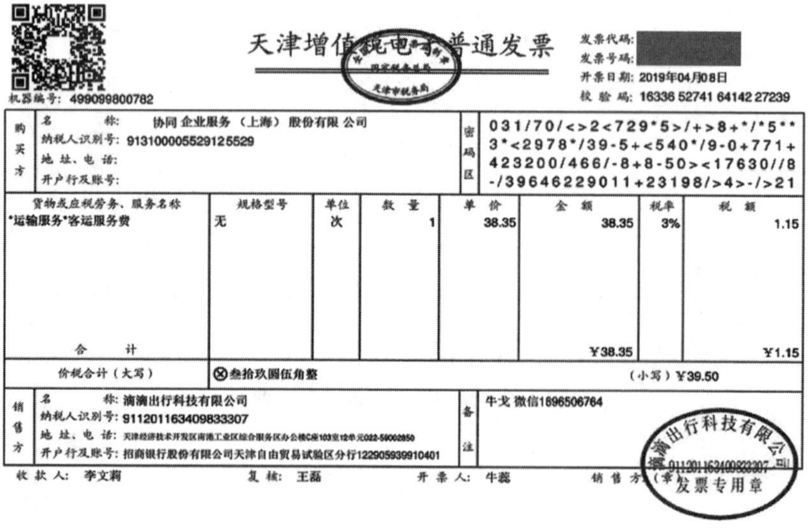


图 4-11　增值税电子普通发票票样

4. 二手车销售统一发票（见图 4-12）

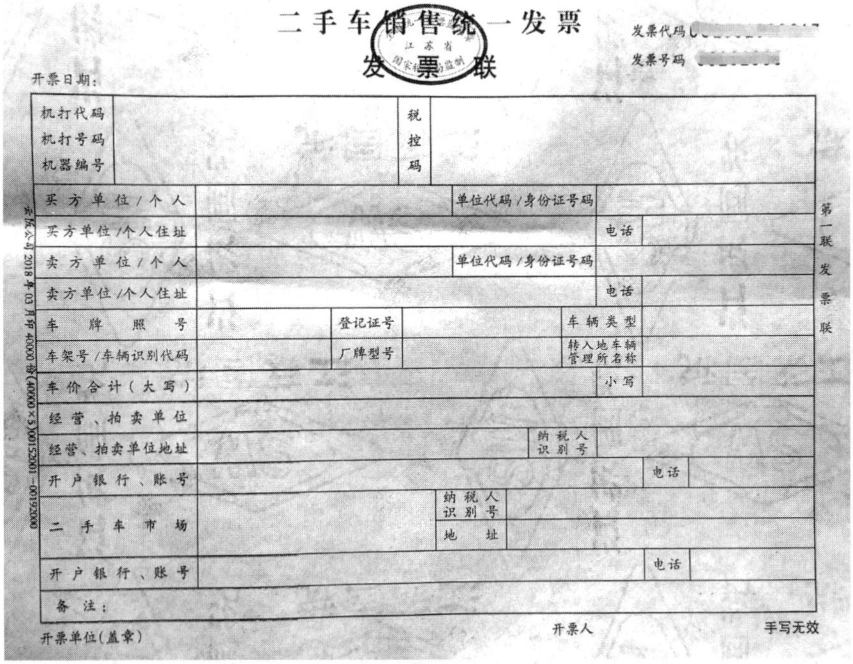

二手车销售统一发票

发票联

发票代码

发票号码

开票日期：

| | | | | | |
|---|---|---|---|---|---|
| 机打代码<br>机打号码<br>机器编号 | | 税控码 | | | |
| 买方单位/个人 | | 单位代码/身份证号码 | | | |
| 买方单位/个人住址 | | | 电话 | | |
| 卖方单位/个人 | | 单位代码/身份证号码 | | | |
| 卖方单位/个人住址 | | | 电话 | | |
| 车牌照号 | 登记证号 | | 车辆类型 | | |
| 车架号/车辆识别代码 | 厂牌型号 | | 转入地车辆管理所名称 | | |
| 车价合计（大写） | | | 小写 | | |
| 经营、拍卖单位 | | | | | |
| 经营、拍卖单位地址 | | 纳税人识别号 | | | |
| 开户银行、账号 | | | 电话 | | |
| 二手车市场 | | 纳税人识别号 | | | |
| | | 地址 | | | |
| 开户银行、账号 | | | 电话 | | |
| 备注： | | | | | |

第一联 发票联

开票单位(盖章)　　开票人　　手写无效

图 4-12　二手车销售统一发票票样

《国家税务总局关于增值税发票管理若干事项的公告》（国家税务总局公告 2017 年第 45 号）规定，将二手车销售统一发票纳入增值税发票管理新系统。2018 年 4 月 1 日起，二手车交易市场、二手车经销企业、经纪机构和拍卖企业应当通过增值税发票管理新系统开具二手车销售统一发票。二手车销售统一发票“车价合计”栏次仅注明车辆价款。二手车交易市场、二手车经销企业、经纪机构和拍卖企业在办理过户手续过程中收取的其他费用，应当单独开具增值税发票。通过增值税发票管理新系统开具的二手车销售统一发票与现行二手车销售统一发票票样保持一致。发票代码编码规则调整为：第 1 位为 0，第 2~5 位代表省、自治区、直辖市和计划单列市，第 6~7 位代表年度，第 8~10 位代表批次，第 11~12 位为 17。发票号码为 8 位，按年度、分批次编制。单位和个人可以登录全国增值税发票查验平台（https：//inv-veri. chinatax. gov. cn），对增值税发票管理新系统开具的二手车销售统一发票信息进行查验。

5. 通用定额发票（见图 4-13）

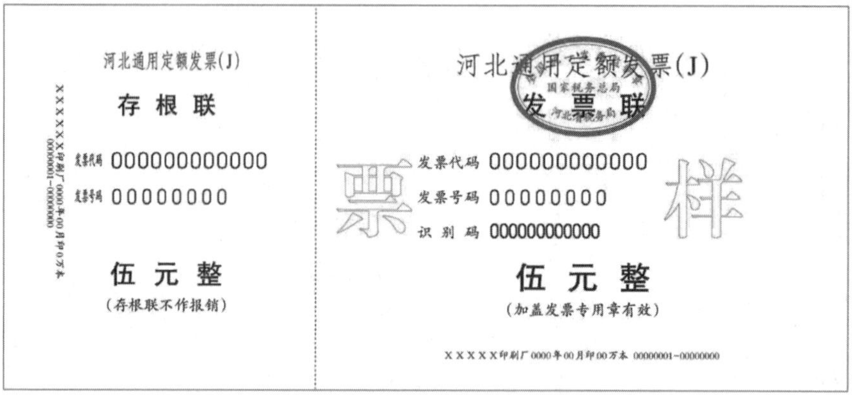


图 4-13 通用定额发票（J）票样

6. 通用定额发票（见图 4-14）

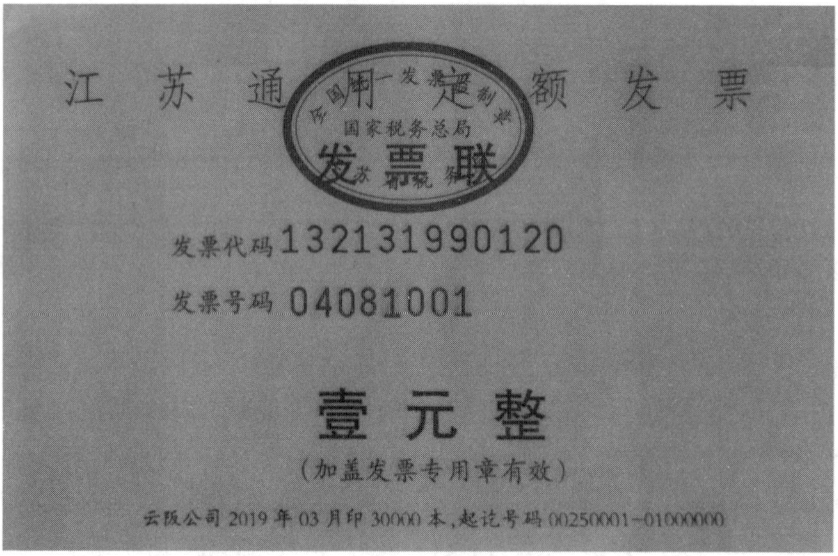


图 4-14 通用定额发票（K）票样

7. 通用机打发票（见图 4-15）

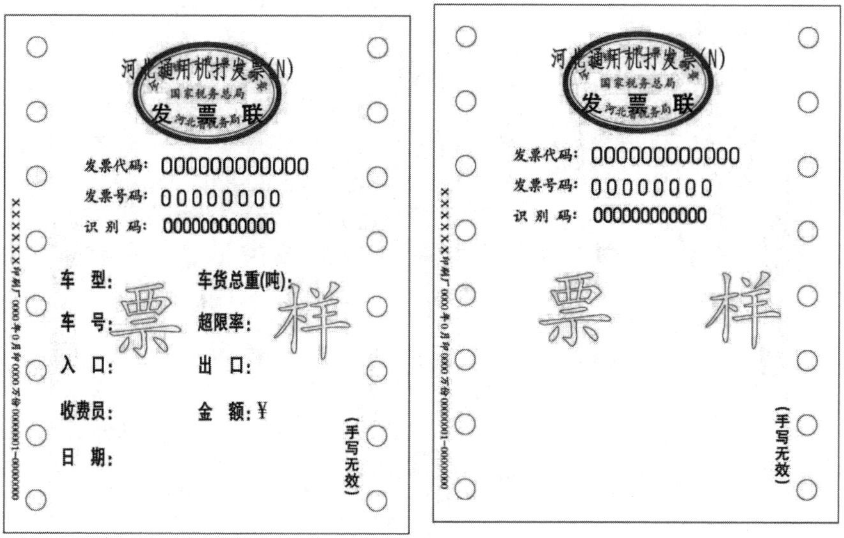


图 4-15　通用定额发票（L）票样

8. 汽车客票（机打）（见图 4-16）

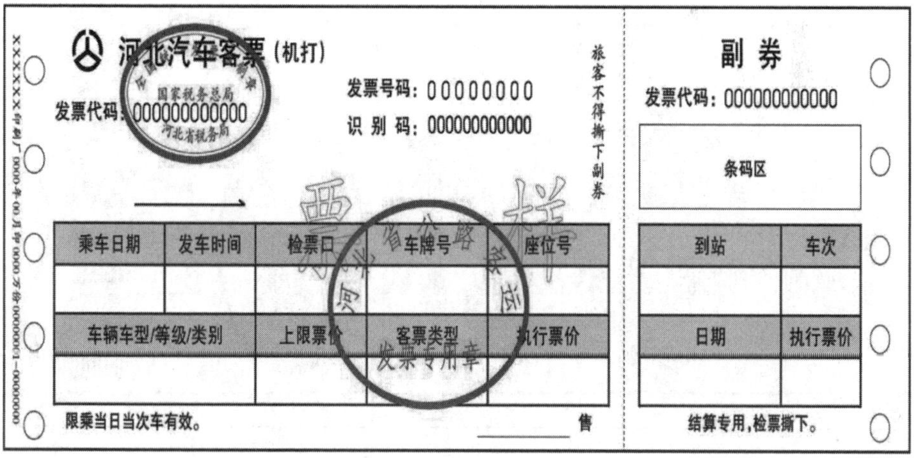


图 4-16　汽车客票票样

9. 汽车客票（热敏）（见图 4-17）

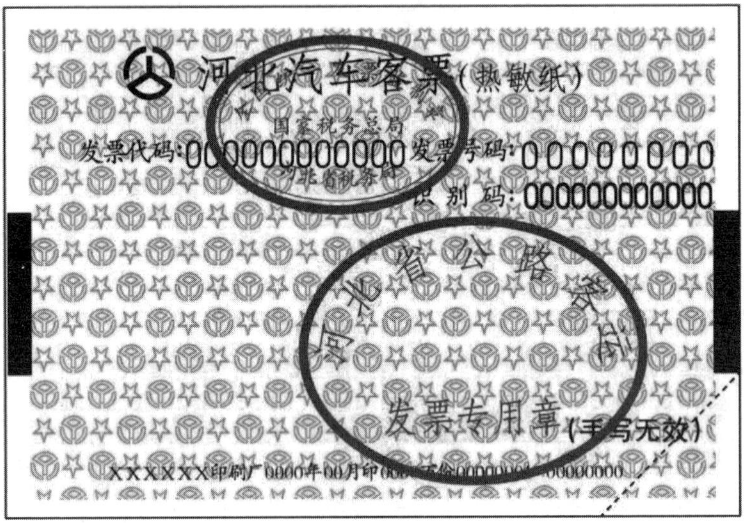


图 4-17　汽车客票（热敏）票样

10. 汽车客票（定额）（见图 4-18）

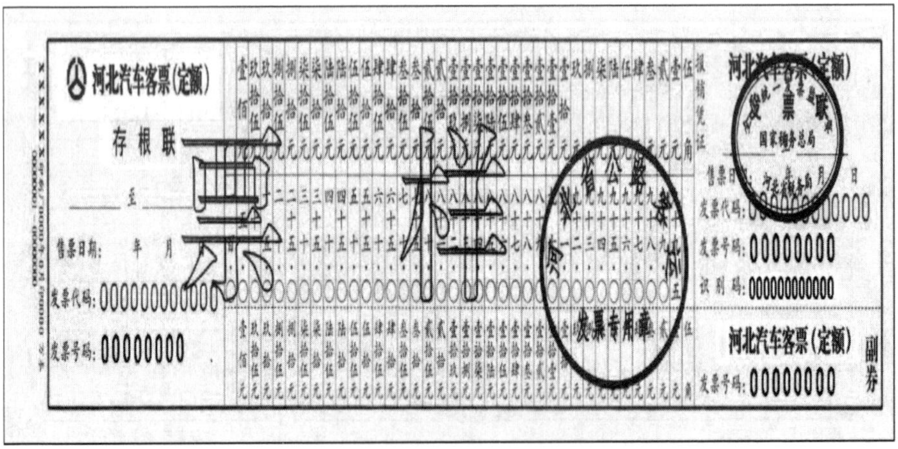


图 4-18　汽车客票（机打）票样

11. 出租车发票（见图 4-19）

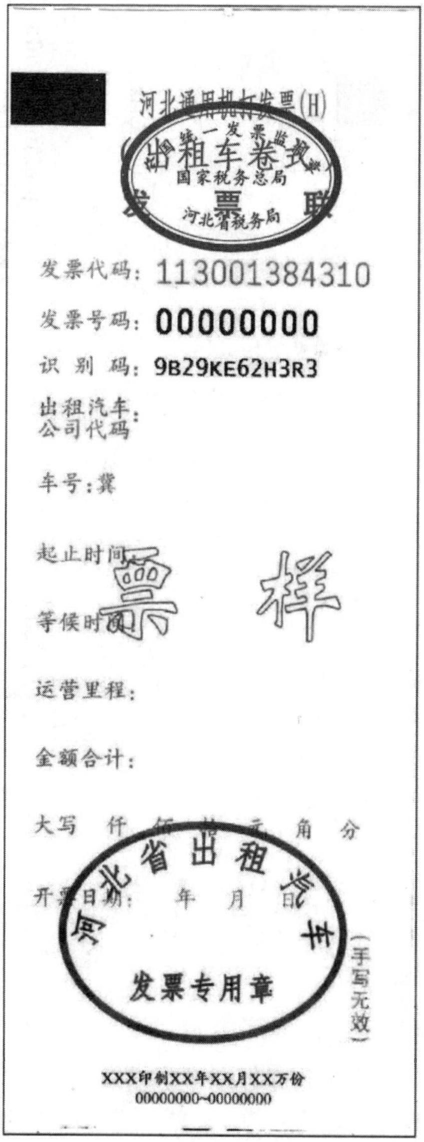
[redacted]

河北通用机打发票(H)

出租车卷式

全国统一发票监制章
国家税务总局
河北省税务局

发票联

发票代码：113001384310

发票号码：00000000

识别码：9B29KE62H3R3

出租汽车公司代码：

车号：冀

起止时间：

等候时间：

运营里程：

金额合计：

大写 仟 佰 拾 元 角 分

开票日期： 年 月 日

河北省出租汽车
发票专用章

（手写无效）

XXX印制XX年XX月XX万份
00000000~00000000

票样

**图 4-19 出租车发票**

12. 门票（01）（见图 4-20）

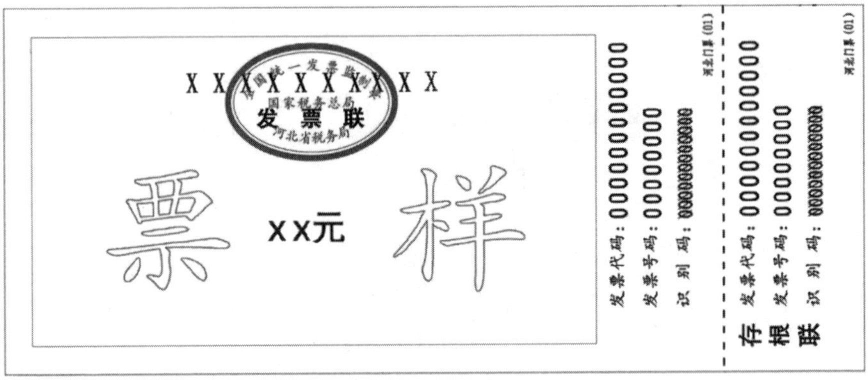


**图 4-20　门票票样**

13. 门票（02）（见图 4-21）

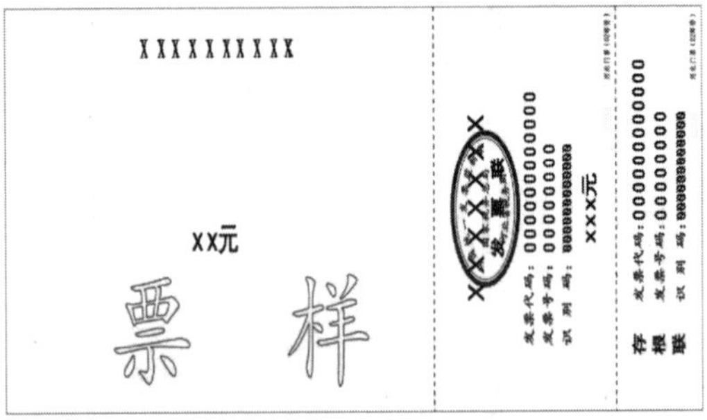


**图 4-21　门票票样**

## （三）发票真伪查询

1. 纳入增值税管理新系统发票的查询

增值税专用发票、增值税普通发票、机动车销售统一发票、二手车销售统一发票等纳入增值税管理新系统的发票，登录全国增值税发票查验平台（https：//inv-veri. chinatax. gov. cn），可以很方便地查验发票信息。

2. 未纳入增值税管理新系统发票的查询

通用机打发票等未纳入增值税管理新系统发票如何查询？有 3 种办法，一是登录所在省市税务局网站进行查询；二是拨打“12366”热线进行查询，三是直接携带发票原件到主管税务机关进行鉴定。

# 第二节　增值税专用发票概念和本质

## 一、增值税专用发票的概念

### （一）增值税专用发票简介

增值税专用发票是增值税一般纳税人销售产品开具的发票，是购买方支付增值税税额并可按照有关规定将其作为进项税额予以抵扣当期的销项税额的凭证。以下以事例说明。

A 公司向 B 公司销售货物，价税合计 113 万元（含增值税 13 万元），B 公司向 A 公司支付价款 113 万元；B 公司再将该批货物销售给 C 公司，价税合计 226 万元，C 公司向 B 公司支付价款 226 万元。

这里，A 公司向 B 公司开具一张特别发票，发票上注明不含税价格为 100 万元，增值税税款 13 万元，价税合计 113 万元。A 公司主管税务机关以这张发票作为计算 A 公司该次销售销项的依据，B 公司的主管税务机关作为其计算 B 公司可以进项抵扣销项的重要依据。B 公司向 C 公司开具一张特别发票，发票上注明不含税价格为 200 万元，增值税税款 26 万元，价税合计 226 万元。B 公司的主管税务机关以该发票作为计算 B 公司该次销售销项的主要依据，C 公司的主管税务机关作为计算 C 公司可以进项予以抵扣销项的依据。这种特别发票就是增值税专用发票。

### （二）增值税专用发票票面（见图 4-22）

该发票的基本联次为三联：发票联、抵扣联、记账联。发票联，作为购买方核算采购成本和增值税进项税额的记账凭证；抵扣联，作为购买方报送主管税务机关认证和留存备查的凭证；记账联，作为销售方核算销售收入和增值税销项税额的记账凭证。

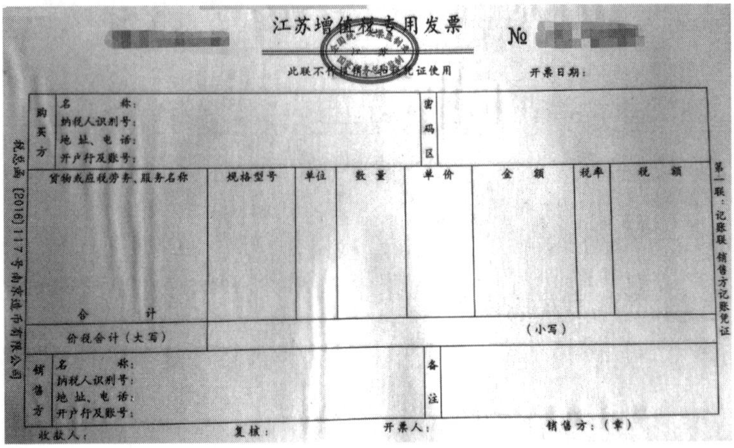


**图 4-22　增值税专用发票票样**

## 二、增值税专用发票的本质

《发票管理办法》第二条：本办法所称发票，是指在购销商品、提供或者接受服务以及从事其他经营活动中，开具、收取的收付款凭证。增值税专用发票作为发票的下位概念，也是一种收付款凭证。

收付款凭证是指记录应收应付的凭证。从发票本身来看，是记载应收应付，而不是记载实收实付，故发票不宜单独作为付款的证据，而需要结合交易本身来判断。

### （一）从专用发票的开具来看

增值税专用发票应当在纳税义务发生之时开具，预先开具专用发票的，纳税义务发生时间为发票开具时。具体如下：

1. 发生应税销售行为

为收讫销售款项或取得索取销售款项凭据的当天；预先开具发票的，为开具发票的当天。

根据《增值税暂行条例实施细则》，收讫销售款项或者取得索取销售款项凭据的当天，按销售结算方式的不同，纳税人增值税纳税义务发生时间具体为：①采取直接收款方式销售货物，无论货物是否发出，均为收到销售款或者取得索取销售款凭据的当天；②采取托收承付和委托银行收款方式销售货物，为发出货物并办妥托收手续的当天；③采取赊销和分期收款方式销售货物，为书面合同约定的收款日期当天，无书面合同或者书面合同没有约定收款日期的，为货物发出当天；④采取预收货款方式销售货物，为货物发出的当天，但生产销售生产工期超过 12 个月的大型机械设备、船舶、飞机等货物，为收到预收款或者书面合同约定的收款日期当天；⑤委托其他纳税人代销货物，为收到代销单位的代销清单或者收到全部或者部分货款的当天。未收到代销清单及货款的，为发出代销货物满 180 天当天；⑥销售应税劳务，为提供劳务同时收讫销售款或者取得索取销售款的凭据的当天。

2. 纳税人发生应税行为

纳税义务发生时间为收讫销售款项或者取得索取销售款项凭据的当天；预先开具发票的，为开具发票的当天。

收讫销售款项，是指纳税人销售服务、无形资产、不动产过程中或者完成后收到款项。

取得索取销售款项凭据的当天，是指书面合同确定的付款日期；未签订书面合同或者书面合同未确定付款日期的，为服务、无形资产转让完成的当天或者不动产权属变更的当天。

3. 纳税人提供租赁服务并采取预收款方式

其纳税义务发生时间为收到预收款的当天。

4. 纳税人从事金融商品转让

纳税义务发生时间为金融商品所有权转移的当天。

专用发票的开具，要么是基于合同成立而先予开具，要么是基于收款权利已经发生（或曰对方付款义务已经发生）而予以开具，要么是根据视同销售之“销售”已经完成而开具。

在基于合同成立而开具的情况下，开票方和受票方已经就收款权利和付款义务达成协议；在视同销售的情况下，拟制的收款权利已经发生（或曰对方付款义务已经发生），因为视同销售已经完成。

也就是说，专用发票应是记载真实收款权利和付款义务的凭证。即在购销合同中，发票上的销售方有权向发票上的购买方收取发票上记载的货款以及对应的增值税税款；发票上的购买方有义务向发票上的销售方支付发票上记载的货款以及对应的增值税税款。

**（二）从增值税原理来看**

从增值税的原理来看，专用发票的开具不仅意味着销售方有权向购买方收取发票上记载的价税合计金额款项以及购买方有义务向销售方支付发票上记载的价税合计金额款项；同时意味着：销售方对国家支付发票上对应的税款义务已经发生。在购买方将所购买的产品继续用于生产流通的情况下，国家对购买方的退税义务也已经发生。

1. 中间链条

假设当A公司销售给B公司价税合计113万元的货物（其中增值税税款13万元），A公司为B公司开具了价税合计113万元的增值税专用发票，发票上记载货款100万元，增值税税款13万元。A公司收取的113万元款项中，有13万元是代国家征收的增值税税款，应当足额上交国家；B公司支付的113万元款项中，有13万元是代最终消费者预先垫付的增值税税款。如果B公司并未将所购进产品用于消费而是用于生产经营，则国家应当退还增值税税款，从B公司代征而应当交还给国家的增值税税款中予以扣除。

尽管每个纳税人都必须就其应税交易缴纳增值税，但实际上只是代国家征收税款，代消费者缴纳税款。

需要注意的是，实务中的退税审查，基本上是以发票作为证据来审查。发票是真的，即推定以下法律关系同时成立。

（1）国家与A公司之间：代理人与被代理人关系

国家有向A公司收取13万元增值税税款的权利，A公司有向国家缴纳13万元增值税税款的义务。因为A公司的纳税义务已经发生，A公司只是代国家收取税款，理应将税款交还被代理人。

（2）A公司与B公司之间：代理人与第三人关系

B公司购买货物被假定为消费者而应当缴纳增值税税款，应缴纳的增值税税款由A公司代国家收取；A公司向B公司收取增值税税款，是基于代理人（纳税义务人）角色。

A公司具有向B公司收取13万元增值税税款的权利，B公司有向A公司支付13万元增值税税款的义务。纳税义务通常是基于付款义务而确定。另外，在预先开具发票的情况下，B公司对应的增值税税款的支付义务也应当予以先发生；否则，B公司有向国家退还税款的权利而没有对A公司支付税款的义务，显然权利义务不对等。

（3）国家与B公司之间：税法上的债权债务关系

B公司与国家实际上是税法上的债权债务关系，B公司购买货物时即产生应缴增值税税款义务，应缴增值税税款由销售方代为收取；B公司如果不将所购货物用于最终消费，则国家应当退还增值税税款，退还的方式是从B公司应当上缴的代征增值税税款中予以扣除（抵扣）。

B公司具有向国家申请退还给13万元增值税税款的权利，国家有对B公司退还13万元增值税税款的义务。故B公司可以凭借该专用发票做进项抵扣。

基于真实交易的专用发票一旦开具，国家、A公司、B公司三方权利义务即告发生。

在整个税务循环中，A公司有权向B公司收取13万增值税税款，国家有权向A公司收取13万元税款，B公司有权向国家拿回13万元税款（方式为从代国家收取的26万元增值税税款中扣除，因为B公司以价税合计226万元的价格销售给C公司，其中含增值税税款26万元）。

注意一个重要的细节：国家对A公司的权利无绝对保障，但是B公司据此对国家的权利却是有绝对保障的。只要国家对A公司基于增值税专用发票享有该权利，则B公司对国家就有相应的权利；A公司对国家的义务未必能履行，但是国家据此对B公司的义务必须履行。

也就是说，只要A公司向B公司开具了一张增值税专用发票并且具有真实交易，B公司就可以依据该专用发票向国家索要同等金额的款项（索要的方式是从本应交还给国家的增值税税款中扣除）。

这一点类似支票的兑现银行并不审查开票人银行存款余额是否充足，而审查支票的开具背后是否存在真实交易。

增值税专用发票制度这一点值得商榷，这种设计存在两个问题：一是B公司可能会通过伪造A、B公司之间存在真实交易而据以抵扣税款；二是即使A、B公司之间存在真实交易，但是代理人A公司并未将税款足额上缴。

更为严重的是国家的退款义务是形式审查，即审查发票本身而非审查真实交易。

这就带来一个问题，即B公司甚至连真实交易的凭据都懒得伪造，直接让A公司为其虚开发票，从而抵扣进项税款。这在手工开票时代并不少见。

从征管的角度看，应当允许购买方将增值税税款汇总缴纳给上游的税务机关，再根据缴税凭证予申请退税。

2. 链条终端

假定C公司将货物以339万元的价格销售给李四（开具普通发票或不开具发票），李四将该批货物最终用于消费，国家真正享受增值税税款权利。基于代理关系（间接代理）解析，具体如图4-23：

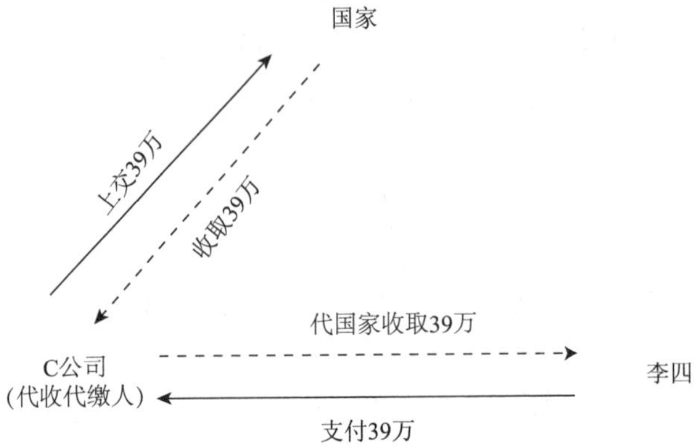


**图 4-23 增值税抵扣终端环节权利义务关系**

实务中，对 C 公司销售方向的审查，主要还是依靠发票，这点值得商榷。

(1) C 公司与国家之间：代理人与被代理人的关系

李四将 39 万元增值税税款支付给 C 公司，因为 C 公司代国家征收该笔增值税税款，C 公司作为代理人理应将 39 万元增值税税款交给作为被代理人的国家。C 公司购进该批货物时已经支付了 26 万元的增值税税款需要予以退还。

(2) C 公司与李四之间：代理人与第三人的关系

李四购买货物时，应缴纳增值税税款；C 公司作为国家的代理人，代国家收取李四应当负担的增值税税款 26 万元。

(3) 国家与李四之间：税法上的债权债务关系

李四购买货物用于自身消费，国家对其所支付的 39 万元增值税税款不负有退还义务，国家增值税税款收入在这个环节予以实现。国家享受的增值税税款金额正好等于不含税购买价和税率的乘积，即 339 万元/（1+13%）×13%=39 万元。

增值税专用发票是一种收付款凭证，本质是记载购销双方的合同关系以及国家、购买方、销售方三方在增值税税款方面的权利义务关系的凭证。增值税专用发票的本质是记载以下关系的收付款凭证：①购销双方的民事法律关系；②购买方与国家的增值税税收债权债务关系；③销售方代国家征收增值税税款关系；④销售方与国家之间的代理关系。

# 第三节 增值税专用发票的开具、使用

## 一、增值税专用发票的领购（如表 4-3 所示）

表 4-3 增值税专用发票的领购

<table>
<tr><th>项目</th><th colspan="2">内容</th><th>出处</th></tr>
<tr><td rowspan="7">领购手续</td><td rowspan="4">需要领购发票的单位和个人,应当持税务登记证件、经办人身份证明、按照国务院税务主管部门规定式样制作的发票专用章的印模,向主管税务机关办理发票领购手续。<br>主管税务机关根据领购单位和个人的经营范围和规模,确认领购发票的种类、数量以及领购方式,在 5 个工作日内发给发票领购簿</td><td>经办人身份证明是指经办人的居民身份证、护照或者其他能证明经办人身份的证件</td><td rowspan="5">《中华人民共和国发票管理办法》《中华人民共和国发票管理办法实施细则》</td></tr>
<tr><td>发票专用章是指用票单位和个人在其开具发票时加盖的有其名称、税务登记号、发票专用章字样的印章</td></tr>
<tr><td>领购方式是指批量供应、交旧购新或者验旧购新等方式</td></tr>
<tr><td>发票领购簿的内容应当包括用票单位和个人的名称、所属行业、购票方式、核准购票种类、开票限额、发票名称、领购日期、准购数量、起止号码、违章记录、领购人签字(盖章)、核发税务机关(章)等内容</td></tr>
<tr><td>单位和个人领购发票时,应当按照税务机关的规定报告发票使用情况,税务机关应当按照规定进行查验</td><td>发票使用情况是指发票领用存情况及相关开票数据</td></tr>
<tr><td>一般纳税人凭《发票领购簿》、IC 卡和经办人身份证明领购专用发票</td><td></td><td rowspan="2">国税发〔2006〕156 号</td></tr>
<tr><td>新办纳税人首次申领增值税发票主要手续包括发票票种核定、增值税专用发票(增值税税控系统)最高开票限额审批、增值税税控系统专用设备初始发行、发票领用等涉税事项</td><td>纳税人原使用的增值税税控系统金税盘(卡)、税控盘,需置换为增值税发票系统升级版专用设备。增值税发票系统升级版服务单位按照优惠价格(报税盘价格)对原金税盘(卡)、税控盘进行置换</td></tr>
</table>

续表

<table>
<tr><th>项目</th><th colspan="2">内容</th><th>出处</th></tr>
<tr><td rowspan="3">领购手续</td><td>税务机关为符合本公告第一条规定的首次申领增值税发票的新办纳税人办理发票票种核定，增值税专用发票最高开票限额不超过10万元，每月最高领用数量不超过25份；增值税普通发票最高开票限额不超过10万元，每月最高领用数量不超过50份。各省税务机关可以在此范围内结合纳税人税收风险程度，自行确定新办纳税人首次申领增值税发票票种核定标准</td><td>第一条规定：同时满足下列条件的新办纳税人首次申领增值税发票，主管税务机关应当自受理申请之日起2个工作日内办结，有条件的主管税务机关当日办结：（一）纳税人的办税人员、法定代表人已经进行实名信息采集和验证（需要采集、验证法定代表人实名信息的纳税人范围由各省税务机关确定）；（二）纳税人有开具增值税发票需求，主动申领发票；（三）纳税人按照规定办理税控设备发行等事项</td><td>国家税务总局公告2018年第29号、国家税务总局公告2015年第19号</td></tr>
<tr><td colspan="2">自2007年9月1日起，原省、地市税务机关的增值税一般纳税人专用发票最高开票限额审批权限下放至区县税务机关。地市税务机关对此项工作要进行监督检查。<br>区县税务机关应结合本地实际情况，从加强发票管理和方便纳税人的要求出发，采取有效措施，合理简化程序、办理专用发票最高开票限额审批手续</td><td>国税函〔2007〕918号</td></tr>
<tr><td colspan="2">一般纳税人申请专用发票（包括增值税专用发票和货物运输业增值税专用发票，下同）最高开票限额不超过10万元的，主管税务机关不需事前进行实地查验。各省税务机关省国税机关可在此基础上适当扩大不需事前实地查验的范围，实地查验的范围和方法由各省税务机关省国税机关确定</td><td>国家税务总局公告2014年第19号</td></tr>
<tr><td>需临时使用发票</td><td>需要临时使用发票的单位和个人，可以凭购销商品、提供或者接受服务以及从事其他经营活动的书面证明、经办人身份证明，直接向经营地税务机关申请代开发票。依照税收法律、行政法规规定应当缴纳税款的，税务机关应当先征收税款，再开具发票。税务机关根据发票管理的需要，可以按照国务院税务主管部门的规定委托其他单位代开发票。禁止非法代开发票</td><td>书面证明是指有关业务合同、协议或者税务机关认可的其他资料</td><td>《中华人民共和国发票管理办法》《中华人民共和国发票管理办法实施细则》</td></tr>
</table>

续表

<table>
<tr><th>项目</th><th colspan="2">内容</th><th>出处</th></tr>
<tr><td rowspan="7">临时到本省、自治区、直辖市以外从事经营活动</td><td colspan="2">临时到本省、自治区、直辖市以外从事经营活动的单位或者个人，应当凭所在地税务机关的证明，向经营地税务机关领购经营地的发票</td><td rowspan="7">《中华人民共和国发票管理办法》《中华人民共和国发票管理办法实施细则》</td></tr>
<tr><td colspan="2">临时在本省、自治区、直辖市以内跨市、县从事经营活动领购发票的办法，由省、自治区、直辖市税务机关规定</td></tr>
<tr><td rowspan="3">税务机关对外省、自治区、直辖市来本辖区从事临时经营活动的单位和个人领购发票的，可以要求其提供保证人或者根据所领购发票的票面限额以及数量交纳不超过1万元的保证金，并限期缴销发票</td><td>保证人，是指在中国境内具有担保能力的公民、法人或者其他经济组织</td></tr>
<tr><td>保证人同意为领购发票的单位和个人提供担保的，应当填写担保书。担保书内容包括：担保对象、范围、期限和责任以及其他有关事项</td></tr>
<tr><td>担保书须经购票人、保证人和税务机关签字盖章后方为有效</td></tr>
<tr><td>按期缴销发票的，解除保证人的担保义务或者退还保证金；未按期缴销发票的，由保证人或者以保证金承担法律责任</td><td>由保证人或者以保证金承担法律责任，是指由保证人缴纳罚款或者以保证金缴纳罚款</td></tr>
<tr><td colspan="2">税务机关收取保证金应当开具资金往来结算票据</td></tr>
</table>

## 二、增值税专用发票的使用（如表 4-4 所示）

**表 4-4　增值税专用发票的使用规定**

<table>
<tr><th>项目</th><th colspan="2">内容</th><th>出处</th></tr>
<tr><td rowspan="3">增值税专用发票使用规定</td><td rowspan="3">一般纳税人应通过增值税防伪税控系统（以下简称防伪税控系统）使用专用发票。使用，包括领购、开具、缴销、认证纸质专用发票及其相应的数据电文</td><td>本规定所称防伪税控系统，是指经国务院同意推行的，使用专用设备和通用设备、运用数字密码和电子存储技术管理专用发票的计算机管理系统</td><td rowspan="3">国税发〔2006〕156 号</td></tr>
<tr><td>本规定所称专用设备，是指金税卡、IC 卡、读卡器和其他设备</td></tr>
<tr><td>本规定所称通用设备，是指计算机、打印机、扫描器具和其他设备</td></tr>
<tr><td>联次</td><td>专用发票由基本联次或者基本联次附加其他联次构成，基本联次为三联：发票联、抵扣联和记账联。发票联，作为购买方核算采购成本和增值税进项税额的记账凭证；抵扣联，作为购买方报送主管税务机关认证和留存备查的凭证；记账联，作为销售方核算销售收入和增值税销项税额的记账凭证。其他联次用途，由一般纳税人自行确定</td><td></td><td>国税发〔2006〕156 号</td></tr>
<tr><td>初始发行</td><td>一般纳税人领购专用设备后，凭《增值税专用发票最高开票限额申请单》《发票领购簿》到主管税务机关办理初始发行</td><td>本规定所称初始发行，是指主管税务机关将一般纳税人的下列信息载入空白金税卡和 IC 卡的行为。<br>（一）企业名称。<br>（二）税务登记代码。<br>（三）开票限额。<br>（四）购票限量。<br>（五）购票人员姓名、密码。<br>（六）开票机数量。<br>（七）国家税务总局规定的其他信息。<br>一般纳税人发生上列第一、三、四、五、六、七项信息变化，应向主管税务机关申请变更发行；发生第二项信息变化，应向主管税务机关申请注销发行</td><td>国税发〔2006〕156 号</td></tr>
</table>

续表

| 项目 | 内容 | | 出处 |
|---|---|---|---|
| | 会计核算不健全，不能向税务机关准确提供增值税销项税额、进项税额、应纳税额数据及其他有关增值税税务资料的。上列其他有关增值税税务资料的内容，由省、自治区、直辖市和计划单列市国家税务局确定 | | |
| | 应当办理一般纳税人资格登记而未办理的 | | |
| | 有《中华人民共和国税收征收管理法》规定的税收违法行为，拒不接受税务机关处理的 | | |
| 一般纳税人有下列情形之一的，不得使用增值税专用发票： | 有下列行为之一，经税务机关责令限期改正而仍未改正的：<br>（1）虚开增值税专用发票。<br>（2）私自印制增值税专用发票。<br>（3）向税务机关以外的单位和个人买取增值税专用发票。<br>（4）借用他人增值税专用发票。<br>（5）未按《增值税专用发票使用规定》第十一条开具增值税专用发票。<br>（6）未按规定保管增值税专用发票和专用设备。<br>（7）未按规定申请办理防伪税控系统变更发行。<br>（8）未按规定接受税务机关检查 | 有下列情形之一的，为“未按规定保管专用发票和专用设备”：<br>（一）未设专人保管专用发票和专用设备。<br>（二）未按税务机关要求存放专用发票和专用设备。<br>（三）未将认证相符的专用发票抵扣联、《认证结果通知书》和《认证结果清单》装订成册。<br>（四）未经税务机关查验，擅自销毁专用发票基本联次 | 税总便函〔2017〕127号、国税发〔2006〕156号 |
| | 有上列情形的，如已领取增值税专用发票，主管税务机关应暂扣其结存的增值税专用发票和税控专用设备 | | |

续表

| 项目 | 内容 | | 出处 |
| --- | --- | --- | --- |
| 有下列情形之一者，应按销售额依照增值税税率计算应纳税额，不得抵扣进项税额，也不得使用增值税专用发票 | 一般纳税人会计核算不健全，或者不能够提供准确税务资料的 | | 《中华人民共和国增值税暂行条例实施细则》 |
| | 除本细则第二十九条规定外，纳税人销售额超过小规模纳税人标准，未申请办理一般纳税人认定手续的 | 第二十九条　年应税销售额超过小规模纳税人标准的其他个人按小规模纳税人纳税；非企业性单位、不经常发生应税行为的企业可选择按小规模纳税人纳税 | |

## 三、增值税专用发票的开具及不能开具（如表 4-5 所示）

**表 4-5　增值税专用发票的开具及不能开具**

| 项目 | 内容 | 出处 |
| --- | --- | --- |
| 发票开具的基本规定 | 纳税人销售货物或者应税劳务，应当向索取增值税专用发票的购买方开具增值税专用发票，并在增值税专用发票上分别注明销售额和销项税额 | 《中华人民共和国增值税暂行条例》 |
| | 纳税人提供应税服务，应当向索取增值税专用发票的接受方开具增值税专用发票，并在增值税专用发票上分别注明销售额和销项税额 | 财税〔2016〕36 号 |
| | 增值税一般纳税人销售货物、提供加工修理修配劳务和发生应税行为，使用新系统开具增值税专用发票、增值税普通发票、机动车销售统一发票、增值税电子普通发票 | |
| | 纳入新系统推行范围的小规模纳税人，使用新系统开具增值税普通发票、机动车销售统一发票、增值税电子普通发票 | |

续表

| 项目 | 内容 | 出处 |
| --- | --- | --- |
| 发票开具的基本规定 | 纳入增值税小规模纳税人自开增值税专用发票试点的小规模纳税人需要开具增值税专用发票的，可以通过新系统自行开具。<br>纳入增值税小规模纳税人自开增值税专用发票试点的小规模纳税人销售其取得的不动产，需要开具增值税专用发票的，仍须向税务机关申请代开 | 税总便函〔2017〕127号 |
| | 销售商品、提供服务以及从事其他经营活动的单位和个人，对外发生经营业务收取款项，收款方应当向付款方开具发票；特殊情况下，由付款方向收款方开具发票。<br>所有单位和从事生产、经营活动的个人在购买商品、接受服务以及从事其他经营活动支付款项，应当向收款方取得发票。取得发票时，不得要求变更品名和金额 | |
| | 增值税纳税人购买货物、劳务、服务、无形资产或不动产，索取增值税专用发票时，须向销售方提供购买方名称（不得为自然人）、纳税人识别号或统一社会信用代码、地址电话、开户行及账号信息，不需要提供营业执照、税务登记证、组织机构代码证、开户许可证、增值税一般纳税人资格登记表等相关证件或其他证明材料。<br>个人消费者购买货物、劳务、服务、无形资产或不动产，索取增值税普通发票时，不需要向销售方提供纳税人识别号、地址电话、开户行及账号信息，也不需要提供相关证件或其他证明材料 | |
| | 纳税人应在发生增值税纳税义务时开具发票 | |
| | 单位和个人在开具发票时，必须做到按照号码顺序填开，填写项目齐全，内容真实，字迹清楚，全部联次一次打印，内容完全一致，并在发票联和抵扣联加盖发票专用章 | |
| | 开具发票应当使用中文。民族自治地方可以同时使用当地通用的一种民族文字 | |
| | 税务总局编写了《商品和服务税收分类与编码（试行）》，并在新系统中增加了商品和服务税收分类与编码相关功能。使用新系统的增值税纳税人，应使用新系统选择相应的商品和服务税收分类与编码开具增值税发票 | |

续表

| 项目 | 内容 | 出处 |
| --- | --- | --- |
| 发票开具的基本规定 | 纳税人应在互联网连接状态下在线使用新系统开具增值税发票，新系统可自动上传已开具的发票明细数据。纳税人因网络故障等原因无法在线开票的，在税务机关设定的离线开票时限和离线开具发票总金额范围内仍可开票，超限将无法开具发票。纳税人开具发票次月仍未连通网络上传已开具发票明细数据的，也将无法开具发票。纳税人需连通网络上传发票数据后方可开票，若仍无法连通网络的需携带专用设备到税务机关进行征期报税或非征期报税后方可开票。<br>纳税人已开具未上传的增值税发票为离线发票。离线开票时限是指自第一份离线发票开具时间起开始计算可离线开具的最长时限。离线开票总金额是指可开具离线发票的累计不含税总金额，离线开票总金额按不同票种分别计算。<br>纳税人离线开票时限和离线开票总金额的设定标准及方法由各省、自治区、直辖市和计划单列市国家税务局确定。<br>按照有关规定不使用网络办税或不具备网络条件的特定纳税人，以离线方式开具发票，不受离线开票时限和离线开具发票总金额限制 | 《中华人民共和国增值税暂行条例》<br><br>税总便函〔2017〕127号 |
| 汇总开具 | 一般纳税人销售货物、提供加工修理修配劳务和发生应税行为可汇总开具增值税专用发票。汇总开具增值税专用发票的，同时使用新系统开具《销售货物或者提供应税劳务清单》，并加盖发票专用章 | 税总便函〔2017〕127号 |
| 转登记纳税人发票的开具 | 转登记纳税人可以继续使用现有税控设备开具增值税发票，不需要缴销税控设备和增值税发票<br><br>转登记纳税人自转登记日的下期起，发生增值税应税销售行为，应当按照征收率开具增值税发票；转登记日前已作增值税专用发票票种核定的，继续通过增值税发票管理系统自行开具增值税专用发票；销售其取得的不动产，需要开具增值税专用发票的，应当按照有关规定向税务机关申请代开 | 国家税务总局公告2018年第18号 |
| 任何单位和个人都应当按照发票管理规定使用发票，不得有下列行为： | （一）转借、转让、介绍他人转让发票、发票监制章和发票防伪专用品。<br>（二）知道或者应当知道是私自印制、伪造、变造、非法取得或者废止的发票而受让、开具、存放、携带、邮寄、运输。<br>（三）拆本使用发票。<br>（四）扩大发票使用范围。<br>（五）以其他凭证代替发票使用。<br>税务机关应当提供查询发票真伪的便捷渠道 | 《中华人民共和国发票管理办法》 |

续表

<table>
<tr><th>项目</th><th colspan="2">内容</th><th>出处</th></tr>
<tr><td>开具要求</td><td colspan="2">专用发票应按下列要求开具：<br>（一）项目齐全，与实际交易相符。<br>（二）字迹清楚，不得压线、错格。<br>（三）发票联和抵扣联加盖发票专用章。<br>（四）按照增值税纳税义务的发生时间开具。<br>对不符合上列要求的专用发票，购买方有权拒收</td><td>税总便函〔2017〕127号</td></tr>
<tr><td rowspan="4">不得开具增值税专用发票的情形</td><td colspan="2">向消费者个人销售货物、提供应税劳务或者发生应税行为的</td><td rowspan="4">《中华人民共和国增值税暂行条例》、税总便函〔2017〕127号</td></tr>
<tr><td colspan="2">销售货物、提供应税劳务或者发生应税行为适用增值税免税规定的，法律、法规及国家税务总局另有规定的除外</td></tr>
<tr><td>部分适用增值税简易征收政策规定的</td><td>增值税一般纳税人的单采血浆站销售非临床用人体血液选择简易计税的。<br>纳税人销售旧货，按简易办法依3%征收率减按2%征收增值税的。<br>纳税人销售自己使用过的固定资产，适用按简易办法依3%征收率减按2%征收增值税的</td></tr>
<tr><td colspan="2">纳税人销售自己使用过的固定资产，适用简易办法依照3%征收率减按2%征收增值税的，可以放弃减税，按照简易办法依照3%征收率缴纳增值税，并可以开具增值税专用发票。<br>法律、法规及国家税务总局规定的其他情形。<br>金融商品转让，不得开具增值税专用发票。<br>为自然人提供的保险服务不得开具增值税专用发票，可以开具增值税普通发票。<br>纳税人提供旅游服务，可以选择以取得的全部价款和价外费用，扣除向旅游服务购买方收取并支付给其他单位或者个人的住宿费、餐饮费、交通费、签证费、门票费和支付给其他接团旅游企业的旅游费用后的余额为销售额。<br>发票开具：选择上述办法计算销售额的试点纳税人，向旅游服务购买方收取并支付的上述费用，不得开具增值税专用发票，可以开具增值税普通发票</td></tr>
</table>

**续表**

<table>
<tr><th>项目</th><th colspan="2">内容</th><th>出处</th></tr>
<tr><td rowspan="3">不得开具增值税专用发票的情形</td><td colspan="2">教育部考试中心及其直属单位代为收取并支付给境外单位的考试费，不得开具增值税专用发票，可以开具增值税普通发票。<br>纳税人提供劳务派遣服务，选择差额纳税的，向用工单位收取用于支付给劳务派遣员工工资、福利和为其办理社会保险及住房公积金的费用，不得开具增值税专用发票，可以开具增值税普通发票。<br>纳税人提供人力资源外包服务，向委托方收取并代为发放的工资和代理缴纳的社会保险、住房公积金，不得开具增值税专用发票，可以开具增值税普通发票。<br>经纪代理服务，以取得的全部价款和价外费用，扣除向委托方收取并代为支付的政府性基金或者行政事业性收费后的余额为销售额。<br>发票开具：向委托方收取并代为支付的政府性基金或者行政事业性收费不得开具增值税专用发票，但可以开具增值税普通发票。<br>纳税人提供签证代理服务，以取得的全部价款和价外费用，扣除向服务接受方收取并代为支付给外交部和外国驻华使（领）馆的签证费、认证费后的余额为销售额。向服务接受方收取并代为支付的签证费、认证费，不得开具增值税专用发票，可以开具增值税普通发票。<br>纳税人代理进口按规定免征进口增值税的货物，其销售额不包括向委托方收取并代为支付的货款。<br>向委托方收取并代为支付的款项，不得开具增值税专用发票，可以开具增值税普通发票。</td><td rowspan="3">《中华人民共和国增值税暂行条例》、税总便函〔2017〕127 号</td></tr>
<tr><td rowspan="2">单用途商业预付卡（以下简称单用途卡）业务按照以下规定执行</td><td>单用途卡发卡企业或者售卡企业（以下统称售卡方）销售单用途卡，或者接受单用途卡持卡人充值取得的预收资金，不缴纳增值税。售卡方可按照规定，向购卡人、充值人开具增值税普通发票，不得开具增值税专用发票</td></tr>
<tr><td>销售方与售卡方不是同一个纳税人的，销售方在收到售卡方结算的销售款时，应向售卡方开具增值税普通发票，并在备注栏注明“收到预付卡结算款”，不得开具增值税专用发票</td></tr>
</table>

续表

<table>
<tr><th>项目</th><th colspan="2">内容</th><th>出处</th></tr>
<tr><td rowspan="6">不得开具增值税专用发票的情形</td><td>支付机构预付卡（以下简称多用途卡）业务按照以下规定执行</td><td>支付机构销售多用途卡取得的等值人民币资金，或者接受多用途卡持卡人充值取得的充值资金，不缴纳增值税。支付机构可按照规定，向购卡人、充值人开具增值税普通发票，不得开具增值税专用发票。<br>特约商户收到支付机构结算的销售款时，应向支付机构开具增值税普通发票，并在备注栏注明“收到预付卡结算款”，不得开具增值税专用发票</td><td>《中华人民共和国增值税暂行条例》、税总便函〔2017〕127号</td></tr>
<tr><td colspan="2">除规定不得开具增值税专用发票的情形外，选择简易计税办法可以开具增值税专用发票。<br>根据《国家税务总局关于发布〈房地产开发企业销售自行开发的房地产项目增值税征收管理暂行办法〉的公告》（国家税务总局公告2016年第18号）的规定，一般纳税人销售自行开发的房地产项目，其2016年4月30日前收取并已向主管地税机关申报缴纳营业税的预收款，未开具营业税发票的，可以开具增值税普通发票，不得开具增值税专用发票</td><td>国家税务总局纳税服务司关于下发“营改增”热点问题答复口径和“营改增”培训参考材料的函</td></tr>
<tr><td colspan="2">纳税人发生跨境应税行为免征增值税的，应单独核算跨境应税行为的销售额，准确计算不得抵扣的进项税额，其免税收入不得开具增值税专用发票</td><td>国家税务总局公告2016年第29号</td></tr>
<tr><td colspan="2">试点纳税人提供有形动产融资性售后回租服务，向承租方收取的有形动产价款本金，不得开具增值税专用发票，可以开具普通发票</td><td>国家税务总局公告2016年第23号</td></tr>
<tr><td colspan="2">一般纳税人销售自行开发的房地产项目，其2016年4月30日前收取并已向主管地税机关申报缴纳营业税的预收款，未开具营业税发票的，可以开具增值税普通发票，不得开具增值税专用发票。<br>一般纳税人向其他个人销售自行开发的房地产项目，不得开具增值税专用发票</td><td>国家税务总局公告2016年第18号</td></tr>
<tr><td colspan="2">实行增值税退（免）税办法的增值税零税率应税服务不得开具增值税专用发票</td><td>国家税务总局公告2014年第11号</td></tr>
</table>

续表

<table>
<tr><th>项目</th><th colspan="2">内容</th><th>出处</th></tr>
<tr><td rowspan="5">不得开具增值税专用发票的情形</td><td colspan="2">纳税人既销售免税的熊猫普制金币又销售其他增值税应税货物的，应分别核算免税的熊猫普制金币和其他增值税应税货物的销售额；未分别核算的，不得享受熊猫普制金币增值税免税政策。销售熊猫普制金币免税收入不得开具增值税专用发票</td><td>国家税务总局公告2013年第6号</td></tr>
<tr><td colspan="2">出口货物劳务除输入特殊区域的水电气外，出口企业和其他单位不得开具增值税专用发票</td><td>国家税务总局公告2012年第24号</td></tr>
<tr><td>增值税一般纳税人销售自己使用过的固定资产，属于以下两种情形的可按简易办法依3%征收率减按2%征收增值税，同时不得开具增值税专用发票</td><td>纳税人购进或者自制固定资产时为小规模纳税人，认定为一般纳税人后销售该固定资产。<br>增值税一般纳税人发生按简易办法征收增值税应税行为，销售其按照规定不得抵扣且未抵扣进项税额的固定资产</td><td rowspan="2">国家税务总局公告2014年第36号、国家税务总局公告2012年第1号、国税函〔2009〕90号</td></tr>
<tr><td colspan="2">一般纳税人销售自己使用过的固定资产，凡根据《财政部 国家税务总局关于全国实施增值税转型改革若干问题的通知》（财税〔2008〕170号）和财税〔2009〕9号文件等规定，适用按简易办法依4%征收率减半征收增值税政策（根据国家税务总局公告2014年第36号《国家税务总局关于简并增值税征收率有关问题的公告》；本项中“按简易办法依4%征收率减半征收增值税政策”，自2014年7月1日起修改为“按简易办法依3%征收率减按2%征收增值税政策”）的，应开具普通发票，不得开具增值税专用发票</td></tr>
<tr><td colspan="2">据《财政部、国家税务总局关于免征农村电网维护费增值税问题的通知》规定，对农村电管站在收取电价时一并向用户收取的农村电网维护费（包括低压线路损耗和维护费以及电工经费）免征增值税。鉴于部分地区农村电网维护费改由其他单位收取后，只是收费的主体发生了变化，收取方法、对象以及使用用途均未发生变化，为保持政策的一致性，对其他单位收取的农村电网维护费免征增值税，不得开具增值税专用发票</td><td>财税字〔1998〕47号</td></tr>
</table>

续表

| 项目 | 内容 | 出处 |
| --- | --- | --- |
| 不得开具增值税专用发票的情形 | 自2009年1月1日起，从事废旧物资回收经营业务的增值税一般纳税人销售废旧物资，不得开具印有“废旧物资”字样的增值税专用发票（以下简称废旧物资专用发票）<br>纳税人取得的2009年1月1日以后开具的废旧物资专用发票，不再作为增值税扣税凭证。 | 国家税务总局公告2008年第1号 |
| | 纳税人销售免税的有机肥产品，应按规定开具普通发票，不得开具增值税专用发票 | 财税〔2008〕56号 |
| | 纳税人销售免税的滴灌带和滴灌管产品，应一律开具普通发票，不得开具增值税专用发票 | 财税〔2007〕83号 |
| | 纳税人销售饲料级磷酸二氢钙产品，不得开具增值税专用发票；凡开具专用发票的，不得享受免征增值税政策，应照章全额缴纳增值税 | 国税函〔2007〕10号 |
| | 商业企业一般纳税人零售的烟、酒、食品、服装、鞋帽（不包括劳保专用部分）、化妆品等消费品不得开具专用发票<br>销售免税货物不得开具专用发票，法律、法规及国家税务总局另有规定的除外 | 国税发〔2006〕156号 |
| | 钻石出口不得开具增值税专用发票 | 国税发〔2006〕131号 |
| | 金融机构所属分行、支行、分理处、储蓄所等销售实物黄金时，应当向购买方开具国家税务总局统一监制的普通发票，不得开具银行自制的金融专业发票，普通发票领购事宜由各分行、支行办理 | 国税发〔2005〕178号 |
| | 增值税一般纳税人（以下简称一般纳税人）销售免税货物，一律不得开具专用发票（国有粮食购销企业销售免税粮食除外）。如违反规定开具专用发票的，则对其开具的销售额依照增值税适用税率全额征收增值税，不得抵扣进项税额，并按照《中华人民共和国发票管理办法》及其实施细则的有关规定予以处罚 | 国税函〔2005〕780号 |
| | 纳税人所销售的免税图书资料，应一律开具普通发票，不得开具增值税专用发票，已开具增值税专用发票的必须全部追回后，方可免税 | 国税函〔2005〕360号 |
| | 商业企业向供货方收取的各种收入，一律不得开具增值税专用发票 | 国税发〔2004〕136号 |
| | 《中华人民共和国增值税暂行条例》第21条规定，纳税人销售免税货物不得开具增值税专用发票。鉴于债转股企业投入到新公司的实物资产享受免征增值税政策，因此债转股企业将实物资产投入到新公司时不得开具增值税专用发票 | 国税函〔2003〕1394号 |
| | 对提货方会员单位或客户为非增值税一般纳税人的，不得开具增值税专用发票 | 国税发明电〔2002〕47号 |

续表

| 项目 | 内容 | | 出处 |
|---|---|---|---|
| | | 增值税一般纳税人（以下简称一般纳税人）销售免税货物，一律不得开具专用发票（国有粮食购销企业销售免税粮食除外） | 国税函〔2005〕780号 |
| | | 凡享受免征增值税的国有粮食购销企业，均按增值税一般纳税人认定，并进行纳税申报、日常检查及有关增值税专用发票的各项管理 | 国税函〔1999〕560号 |
| 免征增值税可开具专票 | 享受免征增值税的国有粮食购销企业 | 财政部、国家税务总局《关于粮食企业增值税征免问题的通知》（财税字〔1999〕198号）规定对属于一般纳税人的生产、经营单位从国有粮食购销企业购进的免税粮食，可依据购销企业开具的销售发票注明的销售额按13%的扣除率计算抵扣进项税额。为了保证粮食增值税政策的正确执行，现将国有粮食购销企业销售发票使用的有关问题通知如下：<br>（1）享受免税优惠的国有粮食购销企业可继续使用增值税专用发票。<br>（2）自1999年8月1日起，凡国有粮食购销企业销售粮食，暂一律开具增值税专用发票。<br>（3）国有粮食购销企业开具增值税专用发票时，应当比照非免税货物开具增值税专用发票，企业记账销售额为“价税合计”数。<br>（4）属于一般纳税人的生产、经营单位从国有粮食购销企业购进的免税粮食，可依照国有粮食购销企业开具的增值税专用发票注明的税额抵扣进项税额 | 国税明电〔1999〕10号 |

续表

<table>
<tr><th>项目</th><th colspan="2">内容</th><th>出处</th></tr>
<tr><td rowspan="2">免征增值税可开具专票</td><td>对进口铂金免征进口环节增值税</td><td>中博世金科贸有限责任公司通过上海黄金交易所销售的进口铂金，由上海黄金交易所主管税务机关按照实际成交价格代开增值税专用发票。增值税专用发票中的单价、金额和税额的计算公式为：单价 = 实际成交单价/（1+17%）<br>金额=成交数量×单价<br>税额=金额×17%<br>实际成交单价是指不含黄金交易所收取的手续费的单位价格</td><td>财税〔2003〕86号</td></tr>
<tr><td colspan="2">《财政部、国家税务总局关于粮食企业增值税征免问题的通知》（财税字〔1999〕198号）第一条规定的增值税免税政策适用范围由粮食扩大到粮食和大豆，并可对免税业务开具增值税专用发票</td><td>财税〔2014〕38号</td></tr>
</table>

## 四、增值税专用发票的作废、被盗、丢失（如表4-6所示）

**表4-6　增值税专用发票的作废、被盗、丢失**

<table>
<tr><th>项目</th><th colspan="2">内容</th><th>出处</th></tr>
<tr><td rowspan="2">增值税专用发票的作废</td><td>纳税人在开具增值税专用发票当月，发生销货退回、开票有误等情形，收到退回的发票联、抵扣联符合作废条件的，按作废处理；开具时发现有误的，可即时作废</td><td rowspan="2">同时具有下列情形的，为本条所称作废条件：<br>（1）收到退回的发票联、抵扣联，且时间未超过销售方开票当月。<br>（2）销售方未抄税且未记账。<br>（3）购买方未认证，或者认证结果为“纳税人识别号认证不符”“增值税专用发票代码、号码认证不符”</td><td rowspan="2">税总便函〔2017〕127号</td></tr>
<tr><td>作废增值税专用发票须在新系统中将相应的数据电文按“作废”处理，在纸质增值税专用发票（含未打印的增值税专用发票）各联次上注明“作废”字样，全联次留存</td></tr>
</table>

续表

<table>
<tr><th>项目</th><th colspan="2">内容</th><th>出处</th></tr>
<tr><td rowspan="2">被盗、丢失</td><td colspan="2">为方便纳税人，税务总局决定取消纳税人的增值税专用发票发生被盗、丢失时必须统一在《中国税务报》上刊登“遗失声明”的规定。<br>上述规定取消后根据《中华人民共和国发票管理办法实施细则》（国家税务总局令第25号公布，国家税务总局令第37号）修改第三十一条“使用发票的单位和个人应当妥善保管发票。发生发票丢失情形时，应当于发现丢失当日书面报告税务机关，并登报声明作废”的规定。发生发票被盗、丢失情形时，使用发票的单位和个人应当于发现被盗、丢失当日书面报告税务机关</td><td>国家税务总局公告2016年第50号、《中华人民共和国发票管理办法实施细则》</td></tr>
<tr><td>纳税人丢失增值税专用发票的，按以下方法处理</td><td>一般纳税人丢失已开具增值税专用发票的抵扣联，如果丢失前已认证相符的，可使用增值税专用发票发票联复印件留存备查；如果丢失前未认证的，可使用增值税专用发票发票联认证，增值税专用发票发票联复印件留存备查。<br>一般纳税人丢失已开具增值税专用发票的发票联，可将增值税专用发票抵扣联作为记账凭证，增值税专用发票抵扣联复印件留存备查。<br>一般纳税人丢失已开具增值税专用发票的发票联和抵扣联，如果丢失前已认证相符的，购买方可凭销售方提供的相应增值税专用发票记账联复印件及销售方主管税务机关出具的《丢失增值税专用发票已报税证明单》或《丢失货物运输业增值税专用发票已报税证明单》（以下统称《证明单》），作为增值税进项税额的抵扣凭证；如果丢失前未认证的，购买方凭销售方提供的相应增值税专用发票记账联复印件进行认证，认证相符的可凭增值税专用发票记账联复印件及销售方主管税务机关出具的《证明单》，作为增值税进项税额的抵扣凭证。增值税专用发票记账联复印件和《证明单》留存备查</td><td>税总便函〔2017〕127号</td></tr>
</table>

## 五、开具红字专票（如表 4-7 所示）

表 4-7　红字增值税专用发票的开具

| 项目 | 内容 | | 出处 |
|---|---|---|---|
| 开具红字专用发票 | 纳税人开具增值税专用发票后，发生销货退回、开票有误、应税服务中止等情形但不符合发票作废条件，或者因销货部分退回及发生销售折让，需要开具红字增值税专用发票的，按以下方法处理 | 购买方取得增值税专用发票已用于申报抵扣的，购买方可在新系统中填开并上传《开具红字增值税专用发票信息表》（以下简称《信息表》），在填开《信息表》时不填写相对应的蓝字增值税专用发票信息，应暂依《信息表》所列增值税税额从当期进项税额中转出，待取得销售方开具的红字增值税专用发票后，与《信息表》一并作为记账凭证。<br>购买方取得增值税专用发票未用于申报抵扣、但发票联或抵扣联无法退回的，购买方填开《信息表》时应填写相对应的蓝字增值税专用发票信息。<br>销售方开具增值税专用发票尚未交付购买方，以及购买方未用于申报抵扣并将发票联及抵扣联退回的，销售方可在新系统中填开并上传《信息表》。销售方填开《信息表》时应填写相对应的蓝字增值税专用发票信息 | 国家税务总局公告 2016 年第 47 号 |
| | | 主管税务机关通过网络接收纳税人上传的《信息表》，系统自动校验通过后，生成带有“红字发票信息表编号”的《信息表》，并将信息同步至纳税人端系统中 | |
| | | 销售方凭税务机关系统校验通过的《信息表》开具红字增值税专用发票，在新系统中以销项负数开具。红字增值税专用发票应与《信息表》一一对应 | |
| | | 纳税人可凭《信息表》电子信息或纸质资料到税务机关对《信息表》内容进行系统校验 | |

续表

| 项目 | 内容 | 出处 |
| --- | --- | --- |
| 开具红字专用发票 | 增值税小规模纳税人当期因代开增值税专用发票（含货物运输业增值税专用发票）已经缴纳的税款，在增值税专用发票全部联次追回或者按规定开具红字增值税专用发票后，可以向主管税务机关申请退还 | 国家税务总局公告2016年第47号 |
| | 税务机关为小规模纳税人代开专用发票，需要开具红字专用发票的，按照一般纳税人开具红字专用发票的方法处理 | 国家税务总局公告2016年第47号 |
| | 纳税人发生应税行为，开具增值税专用发票后，发生开票有误或者销售折让、中止、退回等情形的，应当按照国家税务总局的规定开具红字增值税专用发票；未按照规定开具红字增值税专用发票的，不得按照本办法第三十二条和第三十六条的规定扣减销项税额或者销售额 | 财税〔2016〕36号 |
| | 转登记纳税人在一般纳税人期间发生的增值税应税销售行为，未开具增值税发票需要补开的，应当按照原适用税率或者征收率补开增值税发票；发生销售折让、中止或者退回等情形，需要开具红字发票的，按照原蓝字发票记载的内容开具红字发票；开票有误需要重新开具的，先按照原蓝字发票记载的内容开具红字发票后，再重新开具正确的蓝字发票 | 国家税务总局公告2018年第18号 |
| | 一般纳税人在增值税税率调整前已按原适用税率开具的增值税发票，发生销售折让、中止或者退回等情形需要开具红字发票的，按照原适用税率开具红字发票；开票有误需要重新开具的，先按照原适用税率开具红字发票后，再重新开具正确的蓝字发票 | |
| | 开具成品油专用发票后，发生销货退回、开票有误以及销售折让等情形，应按规定开具红字成品油专用发票。<br>销货退回、开票有误等原因涉及销售数量的，应在开具红字增值税专用发票信息表中填写相应的数量，销售折让的不填写数量 | |
| | 红字增值税专用发票信息表中注明的应作转出的进项税额等于申报表中进项税额转出红字专用发票信息表注明的进项税额 | |

## 六、增值税专用发票开具后的抄税、报税（如表 4-8 所示）

表 4-8　增值税专用发票开具后的抄税、报税

| 项目 | 内容 | 出处 |
| --- | --- | --- |
| 抄税 | 抄税，是报税前用 IC 卡或者软盘抄取开票数据电文 | 国税发〔2006〕156 号 |
| 报税 | 报税，是纳税人持 IC 卡或者软盘向税务机关报送开票数据电文 | |
| | 安装税控装置的单位和个人，应当按照规定使用税控装置开具发票，并按期向主管税务机关报送开具发票的数据。<br>使用非税控电子器具开具发票的，应当将非税控电子器具使用的软件程序说明资料报主管税务机关备案，并按照规定保存、报送开具发票的数据。<br>国家推广使用网络发票管理系统开具发票，具体管理办法由国务院税务主管部门制定 | 《中华人民共和国发票管理办法》 |
| | 一般纳税人开具专用发票应在增值税纳税申报期内向主管税务机关报税，在申报所属月份内可分次向主管税务机关报税 | 国税发〔2006〕156 号 |
| | 因 IC 卡、软盘质量等问题无法报税的，应更换 IC 卡、软盘。因硬盘损坏、更换金税卡等原因不能正常报税的，应提供已开具未向税务机关报税的专用发票记账联原件或者复印件，由主管税务机关补采开票数据 | |
| | 纳税人应在互联网连接状态下在线使用新系统开具增值税发票，新系统可自动上传已开具的发票明细数据。纳税人因网络故障等原因无法在线开票的，在税务机关设定的离线开票时限和离线开具发票总金额范围内仍可开票，超限将无法开具发票。纳税人开具发票次月仍未连通网络上传已开具发票明细数据的，也将无法开具发票。纳税人需连通网络上传发票数据后方可开票，若仍无法连通网络的需携带专用设备到税务机关进行征期报税或非征期报税后方可开票。<br>纳税人已开具未上传的增值税发票为离线发票。离线开票时限是指自第一份离线发票开具时间起开始计算可离线开具的最长时限。离线开票总金额是指可开具离线发票的累计不含税总金额，离线开票总金额按不同票种分别计算。<br>纳税人离线开票时限和离线开票总金额的设定标准及方法由各省、自治区、直辖市和计划单列市国家税务局确定。<br>按照有关规定不使用网络办税或不具备网络条件的特定纳税人，以离线方式开具发票，不受离线开票时限和离线开具发票总金额限制 | 税总便函〔2017〕127 号 |

续表

<table>
<tr><th>项目</th><th colspan="2">内容</th><th>出处</th></tr>
<tr><td rowspan="4">报税</td><td colspan="2">征收机关采集专用发票存根联数据时，对使用 DOS 版防伪税控开票子系统（以下简称开票子系统）的企业，必须要求其报送专用发票存根联明细数据软盘（以下简称软盘）和 IC 卡；对使用 Windows 版开票子系统的企业，只要求其报送 IC 卡</td><td>国税发〔2003〕97 号</td></tr>
<tr><td colspan="2">对有主、分开票机且使用 DOS 版开票子系统的企业，征收机关必须要求其报送汇总软盘和汇总的主开票机 IC 卡，或所有软盘（软盘数量不小于开票机数量）和汇总的主开票机 IC 卡；对使用 Windows 版开票子系统的企业，征收机关必须要求其报送所有主、分开票机 IC 卡</td><td>国税发〔2003〕97 号</td></tr>
<tr><td colspan="2">征收机关通过报税子系统，对使用 DOS 版开票子系统企业报送的软盘数据和 IC 卡数据进行核对；对使用 Windows 版企业报送的 IC 卡中明细数据和汇总数据进行核对，两者一致的，存入报税子系统</td><td>国税发〔2003〕97 号</td></tr>
<tr><td colspan="2">纳税人必须自行保管增值税专用发票和税控 IC 卡，不得委托任何单位和个人代管</td><td>国税发〔2003〕97 号</td></tr>
<tr><td>未能正常报税的处理</td><td>征收机关对使用 DOS 版开票子系统企业报送的软盘数据和 IC 卡数据，通过报税子系统核对不一致的，区别不同情况处理</td><td>（1）因企业硬盘损坏等原因造成软盘中专用发票存根联份数小于 IC 卡的，必须要求企业提供当月全部专用发票存根联（或其他联，下同），通过认证子系统进行扫描补录，并经过报税子系统中的“非常规报税/存根联补录补报”采集。<br>（2）因企业更换金税卡等原因造成软盘中专用发票存根联份数大于 IC 卡（不含 IC 卡为零的情况）的，其软盘中所含专用发票存根联明细数据可经过“非常规报税/软盘补报”采集，但当月必须查明产生此种不一致情况的原因并采取措施解决。</td><td>国税发〔2003〕97 号</td></tr>
</table>

续表

| 项目 | 内容 | | 出处 |
| --- | --- | --- | --- |
| | | （3）因企业计算机型号不匹配造成IC卡中专用发票存根联数据为零的，根据系统提示，其软盘数据存入报税子系统或要求企业持专用发票存根联到征收机关通过认证子系统进行扫描补录，并经过报税子系统中的“非常规报税/存根联补录补报”采集。<br>（4）征收机关因企业软盘质量问题致使无法采集专用发票存根联数据的，必须要求企业重新报送软盘 | |
| 未能正常报税的处理 | 征收机关对使用Windows版开票子系统的企业因更换金税卡或硬盘损坏等原因，不能报税的，区别不同情况处理 | （1）因企业更换金税卡等原因造成企业实际开具专用发票存根联份数大于IC卡的，应要求企业提供当月全部专用发票存根联，通过认证子系统进行扫描补录，并经过报税子系统的“非常规报税/存根联补录补报”采集；如扫描补录有困难的，可以通过企业开票子系统传出报税软盘，并经过报税子系统的“非常规报税/软盘补报”采集。<br>（2）因企业硬盘、金税卡同时损坏等原因不能报税的，必须要求企业提供当月全部专用发票存根联，通过认证子系统进行扫描补录，并经过报税子系统的“非常规报税/存根联补录补报”采集 | 国税发〔2003〕97号 |
| | 纳税申报期结束后，征收机关必须运用报税子系统查询未申报企业，并要求其限期报税，以便采集专用发票存根联数据。<br>在专用发票存根联数据传入稽核系统前，对逾期来报税的企业，可经过报税子系统中的“非常规报税/逾期报税”采集 | | |
| | 征收机关对上月漏采的专用发票存根联数据，必须经过“非常规报税/逾期报税”采集 | | |
| | 对注销或取消增值税一般纳税人资格的企业当月开具的专用发票存根联数据，必须经过“非常规报税/注销一般纳税人资格企业报税”采集 | | |

续表

| 项目 | 内容 | | 出处 |
|---|---|---|---|
| 注意事项 | 伪税控企业发生下列情形，应到主管税务机关办理注销认定登记，同时由主管税务机关收缴金税卡和IC卡（以下简称两卡）。 | （1）依法注销税务登记，终止纳税义务。<br>（2）被取消一般纳税人资格。<br>（3）减少分开票机 | 国税发〔1999〕221号 |

## 七、小规模纳税人自开专用发票（如表4-9所示）

**表4-9　小规模纳税人自开专用发票情形**

| 项目 | 内容 | 出处 |
|---|---|---|
| 住宿业小规模纳税人自行开具增值税专用发票试点 | 月销售额超过10万元（或季销售额超过30万元）的住宿业小规模纳税人提供住宿服务、销售货物或发生其他应税行为，需要开具增值税专用发票的，可以自愿使用增值税发票管理系统自行开具。<br>试点纳税人销售其取得的不动产，需要开具增值税专用发票的，应当按照有关规定向税务机关申请代开。<br>试点纳税人应当就开具增值税专用发票的销售额计算增值税应纳税额，并在规定的纳税申报期内向主管税务机关申报缴纳。在填写增值税纳税申报表时，应当将当期开具增值税专用发票的销售额，按照3%和5%的征收率，分别填写在《增值税纳税申报表》（小规模纳税人适用）第2栏和第5栏“税务机关代开的增值税专用发票不含税销售额”的“本期数”相应栏次中。 | 国家税务总局公告2019年第8号 |
| 鉴证咨询业 | 全国范围内月销售额超过10万元（或季销售额超过30万元）的鉴证咨询业增值税小规模纳税人（以下简称试点纳税人）提供认证服务、鉴证服务、咨询服务、销售货物或发生其他增值税应税行为，需要开具专用发票的，可以通过增值税发票管理新系统自行开具，主管税务机关不再为其代开。<br>试点纳税人销售其取得的不动产，需要开具专用发票的，仍须向税务机关申请代开。<br>试点纳税人所开具的专用发票应缴纳的税款，应在规定的纳税申报期内，向主管税务机关申报纳税。在填写增值税纳税申报表时，应将当期开具专用发票的销售额，按照3%和5%的征收率，分别填写在《增值税纳税申报表》（小规模纳税人适用）第2栏和第5栏“税务机关代开的增值税专用发票不含税销售额”的“本期数”相应栏次中 | 国家税务总局公告2019年第8号 |

续表

| 项目 | 内容 | 出处 |
|---|---|---|
| 建筑业 | 建筑业小规模纳税人发生增值税应税行为，需要开具增值税专用发票的，可以自愿使用增值税发票管理系统自行开具。<br>自开发票试点纳税人销售其取得的不动产，需要开具增值税专用发票的，仍须向税务机关申请代开。<br>自开发票试点纳税人所开具的增值税专用发票应缴纳的税款，应在规定的纳税申报期内，向主管税务机关申报纳税。在填写增值税纳税申报表时，应将当期开具增值税专用发票的销售额，按照3%和5%的征收率，分别填写在《增值税纳税申报表》（小规模纳税人适用）第2栏和第5栏“税务机关代开的增值税专用发票不含税销售额”的“本期数”相应栏次中 | 国家税务总局公告2019年第8号 |
| 工业以及信息传输、软件和信息技术服务业 | 工业以及信息传输、软件和信息及时服务业小规模纳税人发生增值税应税行为，需要开具增值税专用发票的，可以自愿使用增值税发票管理系统自行开具。<br>试点纳税人销售其取得的不动产，需要开具增值税专用发票的，应当按照有关规定向税务机关申请代开。<br>试点纳税人应当在规定的纳税申报期内将所开具的增值税专用发票所涉及的税款，向主管税务机关申报缴纳。在填写增值税纳税申报表时，应当将当期开具增值税专用发票的销售额，按照3%和5%的征收率，分别填写在《增值税纳税申报表》（小规模纳税人适用）第2栏和第5栏“税务机关代开的增值税专用发票不含税销售额”的“本期数”相应栏次中 | 国家税务总局公告2019年第8号 |
| 小规模纳税人自开专用发票范围进一步扩大 | 将小规模纳税人自行开具增值税专用发票试点范围由住宿业，鉴证咨询业，建筑业，工业，信息传输、软件和信息技术服务业，扩大至租赁和商务服务业，科学研究和技术服务业，居民服务、修理和其他服务业。上述8个行业小规模纳税人发生增值税应税行为，需要开具增值税专用发票的，可以自愿使用增值税发票管理系统自行开具 | 国家税务总局公告2019年第8号 |
| 注意 | 自2019年1月1日起，小规模纳税人发生增值税应税销售行为，合计月销售额未超过10万元（以1个季度为1个纳税期的，季度销售额未超过30万元，下同）的，免征增值税。<br>小规模纳税人发生增值税应税销售行为，合计月销售额超过10万元，但扣除本期发生的销售不动产的销售额后未超过10万元的，其销售货物、劳务、服务、无形资产取得的销售额免征增值税 | 国家税务总局公告2019年第4号 |

# 第五章　增值税专用发票虚开的判定

## 第一节　增值税专用发票虚开的相关规定

### 一、《中华人民共和国刑法（2017 年修正）》

第二百零五条　虚开增值税专用发票或者虚开用于骗取出口退税、抵扣税款的其他发票的，处三年以下有期徒刑或者拘役，并处二万元以上二十万元以下罚金；虚开的税款数额较大或者有其他严重情节的，处三年以上十年以下有期徒刑，并处五万元以上五十万元以下罚金；虚开的税款数额巨大或者有其他特别严重情节的，处十年以上有期徒刑或者无期徒刑，并处五万元以上五十万元以下罚金或者没收财产。

单位犯本条规定之罪的，对单位判处罚金，并对其直接负责的主管人员和其他直接责任人员，处三年以下有期徒刑或者拘役；虚开的税款数额较大或者有其他严重情节的，处三年以上十年以下有期徒刑；虚开的税款数额巨大或者有其他特别严重情节的，处十年以上有期徒刑或者无期徒刑。

虚开增值税专用发票或者虚开用于骗取出口退税、抵扣税款的其他发票，是指有为他人虚开、为自己虚开、让他人为自己虚开、介绍他人虚开行为之一的。

第二百零五条之一　虚开本法第二百零五条规定以外的其他发票，情节严重的，处二年以下有期徒刑、拘役或者管制，并处罚金；情节特别严重的，处二年以上七年以下有期徒刑，并处罚金。

单位犯前款罪的，对单位判处罚金，并对其直接负责的主管人员和其他直接责任人员，依照前款的规定处罚。

### 二、《全国人民代表大会常务委员会关于惩治虚开、伪造和非法出售增值税专用发票犯罪的决定》（主席令 1995 年第 57 号）

为了惩治虚开、伪造和非法出售增值税专用发票和其他发票进行偷税、骗税等犯罪活动，保障国家税收，特作如下决定：

虚开增值税专用发票的，处三年以下有期徒刑或者拘役，并处二万元以上二十万元以下罚金；虚开的税款数额较大或者有其他严重情节的，处三年以上十年以下有期徒刑，并处五万元以上五十万元以下罚金；虚开的税款数额巨大或者有其他特别严重情节的，处十年以上有期徒刑或者无期徒刑，并处没收财产。

有前款行为骗取国家税款，数额特别巨大、情节特别严重、给国家利益造成特别重大损失的，处无期徒刑或者死刑，并处没收财产。

虚开增值税专用发票的犯罪集团的首要分子，分别依照前两款的规定从重处罚。

虚开增值税专用发票是指有为他人虚开、为自己虚开、让他人为自己虚开、介绍他人虚开增值税专用发票行为之一的。

该规定已经被刑法第二百零五条替代。

## 三、《中华人民共和国发票管理办法（2010年修正）》（国务院令第587号）

第二十二条　开具发票应当按照规定的时限、顺序、栏目，全部联次一次性如实开具，并加盖发票专用章。

任何单位和个人不得有下列虚开发票行为：

（一）为他人、为自己开具与实际经营业务情况不符的发票；

（二）让他人为自己开具与实际经营业务情况不符的发票；

（三）介绍他人开具与实际经营业务情况不符的发票。

第三十七条　违反本办法第二十二条第二款的规定虚开发票的，由税务机关没收违法所得；虚开金额在1万元以下的，可以并处5万元以下的罚款；虚开金额超过1万元的，并处5万元以上50万元以下的罚款；构成犯罪的，依法追究刑事责任。

非法代开发票的，依照前款规定处罚。

## 四、最高人民法院印发《关于适用〈全国人民代表大会常务委员会关于惩治虚开、伪造和非法出售增值税专用发票犯罪的决定〉的若干问题的解释》的通知（法发〔1996〕30号）

根据《全国人民代表大会常务委员会关于惩治虚开、伪造和非法出售增值税专用发票犯罪的决定》（以下简称《决定》）第一条规定，虚开增值税专用发票的，构成虚开增值税专用发票罪。

具有下列行为之一的，属于“虚开增值税专用发票”：①没有货物购销或者没有提供或接受应税劳务而为他人、为自己、让他人为自己、介绍他人开具增值税专用发票；②有货物购销或者提供或接受了应税劳务但为他人、为自己、让他人为自己、介绍他人开具数量或者金额不实的增值税专用发票；③进行了实际经营活动，但让他人为自己代开增值税专用发票。

……

虚开增值税专用发票犯罪分子与骗取税款犯罪分子均应当对虚开的税款数额和实际骗取的国家税款数额承担刑事责任。

利用虚开的增值税专用发票抵扣税款或者骗取出口退税的，应当依照《决定》第一条的规定定罪处罚；以其他手段骗取国家税款的，仍应依照《全国人民代表大会常务委员会关于惩治偷税、抗税犯罪的补充规定》的有关规定定罪处罚。

## 五、最高人民检察院、公安部关于印发《最高人民检察院、公安部关于公安机关管辖的刑事案件立案追诉标准的规定（二）》的通知（法发〔2010〕22号）

第六十一条　虚开增值税专用发票或者虚开用于骗取出口退税、抵扣税款的其他发票，虚开的税款数额在一万元以上或者致使国家税款被骗数额在五千元以上的，应予立案追诉。

虚开刑法第二百零五条规定以外的其他发票，涉嫌下列情形之一的，应予立案追诉：

（一）虚开发票一百份以上或者虚开金额累计在四十万元以上的；

（二）虽未达到上述数额标准，但五年内因虚开发票行为受过行政处罚二次以上，又虚开发票的；

（三）其他情节严重的情形。

## 六、《最高人民法院关于虚开增值税专用发票定罪量刑标准有关问题的通知》（法〔2018〕226号）

各省、自治区、直辖市高级人民法院，解放军军事法院，新疆维吾尔自治区高级人民法院生产建设兵团分院：

为正确适用刑法第二百零五条关于虚开增值税专用发票罪的有关规定，确保罪责刑相适应，现就有关问题通知如下：

一、自本通知下发之日起，人民法院在审判工作中不再参照执行《最高人民法院关于适用<全国人民代表大会常务委员会关于惩治虚开、伪造和非法出售增值税专用发票犯罪的决定>的若干问题的解释》（法发〔1996〕30号）第一条规定的虚开增值税专用发票罪的定罪量刑标准。

二、在新的司法解释颁行前，对虚开增值税专用发票刑事案件定罪量刑的数额标准，可以参照《最高人民法院关于审理骗取出口退税刑事案件具体应用法律若干问题的解释》（法释〔2002〕30号）第三条的规定执行，即虚开的税款数额在五万元以上的，以虚开增值税专用发票罪处三年以下有期徒刑或者拘役，并处二万元以上二十万元以下罚金；虚开的税款数额在五十万元以上的，认定为刑法第二百零五条规定的“数额较大”；虚开的税款数额在二百五十万元以上的，认定为刑法第二百零五条规定的“数额巨大”。

以上通知，请遵照执行。执行中发现的新情况、新问题，请及时报告我院。

最高人民法院

2018年8月22日

## 七、《国家税务总局关于纳税人取得虚开的增值税专用发票处理问题的通知》（国税发〔1997〕134号）

最近，一些地区国家税务局询问，对纳税人取得虚开的增值税专用发票（以下简称专用发票）如何处理。经研究，现明确如下：

一、受票方利用他人虚开的专用发票，向税务机关申报抵扣税款进行偷税的，应当依照《中华人民共和国税收征收管理法》及有关法规追缴税款，处以偷税数额五倍以下的罚款；进项税金大于销项税金的，还应当调减其留抵的进项税额。利用虚开的专用发票进行骗取出口退税的，应当依法追缴税款，处以骗税数额五倍以下的罚款。

二、在货物交易中，购货方从销售方取得第三方开具的专用发票，或者从销货地以外的地区取得专用发票，向税务机关申报抵扣税款或者申请出口退税的，应当按偷税、骗取出口退税处理，依照《中华人民共和国税收征收管理法》及有关法规追缴税款，处以偷税、骗税数额五倍以下的罚款。

三、纳税人以上述第一条、第二条所列的方式取得专用发票未申报抵扣税款，或者未申请出口退税的，应当依照《中华人民共和国发票管理办法》及有关法规，按所取得专用发票的份数，分别处以一万元以下的罚款；但知道或者应当知道取得的是虚开的专用发票，或者让他人为自己提供虚开的专用发票的，应当从重处罚。

四、利用虚开的专用发票进行偷税、骗税，构成犯罪的，税务机关依法进行追缴税款等行政处理，并移送司法机关追究刑事责任。

## 八、国家税务总局关于《国家税务总局关于纳税人取得虚开的增值税专用发票处理问题的通知》的补充通知（国税发〔2000〕182号）

各省、自治区、直辖市和计划单列市国家税务局、地方税务局：

为了严格贯彻执行《国家税务总局关于纳税人取得虚开的增值税专用发票处理问题的通知》（国税发〔1997〕134号，以下简称134号文件），严厉打击虚开增值税专用发票活动，保护纳税人的合法权益，现对有关问题进一步明确如下：

有下列情形之一的，无论购货方（受票方）与销售方是否进行了实际的交易，增值税专用发票所注明的数量、金额与实际交易是否相符，购货方向税务机关申请抵扣进项税款或者出口退税的，对其均应按偷税或者骗取出口退税处理。

一、购货方取得的增值税专用发票所注明的销售方名称、印章与其进行实际交易的销售方不符的，即134号文件第二条法规的“购货方从销售方取得第三方开具的专用发票”的情况。

二、购货方取得的增值税专用发票为销售方所在省（自治区、直辖市和计划单列市）以外地区的，即134号文件第二条法规的“从销货地以外的地区取得专用发票”的情况。

三、其他有证据表明购货方明知取得的增值税专用发票系销售方以非法手段获得的，即134号文件第一条法规的“受票方利用他人虚开的专用发票，向税务机关申报抵扣税款进行偷税”的情况。

## 九、《国家税务总局关于纳税人善意取得虚开的增值税专用发票处理问题的通知》（国税发〔2000〕187号）

近接一些地区反映，在购货方（受票方）不知道取得的增值税专用发票（以下简称专用发票）是销售方虚开的情况下，对购货方应当如何处理的问题不够明确。经研究，现明确如下：

购货方与销售方存在真实的交易，销售方使用的是其所在省（自治区、直辖市和计划单列市）的专用发票，专用发票注明的销售方名称、印章、货物数量、金额及税额等全部内容与实际相符，且没有证据表明购货方知道销售方提供的专用发票是以非法手段获得的，对购货方不以偷税或者骗取出口退税论处。但应按有关法规不予抵扣进项税款或者不予出口退税；购货方已经抵扣的进项税款或者取得的出口退税，应依法追缴。

购货方能够重新从销售方取得防伪税控系统开出的合法、有效专用发票的，或者取得手工开出的合法、有效专用发票且取得了销售方所在地税务机关或者正在依法对销售方虚开专用发票行为进行查处证明的，购货方所在地税务机关应依法准予抵扣进项税款或者出口退税。

如有证据表明购货方在进项税款得到抵扣，或者获得出口退税前知道该专用发票是销售方以非法手段获得的，对购货方应按《国家税务总局关于纳税人取得虚开的增值税专用发票处理问题的通知》（国税发〔1997〕134号）和《国家税务总局关于〈国家税务总局关于纳税人取得虚开的增值税专用发票处理问题的通知〉的补充通知》（国税发〔2000〕182号）的法规处理。

## 十、《国家税务总局关于纳税人善意取得虚开增值税专用发票已抵扣税款加收滞纳金问题的批复》（国税函〔2007〕1240号）

广东省国家税务局：

你局《关于纳税人善意取得增值税专用发票和其他抵扣凭证追缴税款是否加收滞纳金的请示》（粤国税发〔2007〕188号）收悉。经研究，批复如下：

根据《国家税务总局关于纳税人善意取得虚开的增值税专用发票处理问题的通知》（国税发〔2000〕187号）规定，纳税人善意取得虚开的增值税专用发票指购货方与销售方存在真实交易，且购货方不知取得的增值税专用发票是以非法手段获得的。纳税人善意取得虚开的增值税专用发票，如能重新取得合法、有效的专用发票，准许其抵扣进项税款；如不能重新取得合法、有效的专用发票，不准其抵扣进项税款或追缴其已抵扣的进项税款。

纳税人善意取得虚开的增值税专用发票被依法追缴已抵扣税款的，不属于税收征收管理法第三十二条“纳税人未按照规定期限缴纳税款”的情形，不适用该条“税务机关除责令限期缴纳外，从滞纳税款之日起，按日加收滞纳税款万分之五的滞纳金”的规定。

国家税务总局

二〇〇七年十二月十二日

## 十一、《国家税务总局关于纳税人虚开增值税专用发票征补税款问题的公告》(国家税务总局公告2012年第33号)

现将纳税人虚开增值税专用发票征补税款问题公告如下：

纳税人虚开增值税专用发票，未就其虚开金额申报并缴纳增值税的，应按照其虚开金额补缴增值税；已就其虚开金额申报并缴纳增值税的，不再按照其虚开金额补缴增值税。税务机关对纳税人虚开增值税专用发票的行为，应按《中华人民共和国税收征收管理办法》及《中华人民共和国发票管理办法》的有关规定给予处罚。纳税人取得虚开的增值税专用发票，不得作为增值税合法有效的扣税凭证抵扣其进项税额。

本公告自2012年8月1日起施行。纳税人发生本公告规定事项，此前已处理的不再调整；此前未处理的按本公告规定执行。《国家税务总局关于加强增值税征收管理若干问题的通知》(国税发〔1995〕192号)第二条和《国家税务总局对代开、虚开增值税专用发票征补税款问题的批复》(国税函发〔1995〕415号)同时废止。

特此公告。

国家税务总局

二〇一二年七月九日

## 十二、《国家税务总局关于纳税人对外开具增值税专用发票有关问题的公告》(国家税务总局公告2014年第39号)

现将纳税人对外开具增值税专用发票有关问题公告如下：

纳税人通过虚增增值税进项税额偷逃税款，但对外开具增值税专用发票同时符合以下情形的，不属于对外虚开增值税专用发票：

一、纳税人向受票方纳税人销售了货物，或者提供了增值税应税劳务、应税服务；

二、纳税人向受票方纳税人收取了所销售货物、所提供应税劳务或者应税服务的款项，或者取得了索取销售款项的凭据；

三、纳税人按规定向受票方纳税人开具的增值税专用发票相关内容，与所销售货物、所提供应税劳务或者应税服务相符，且该增值税专用发票是纳税人合法取得、并以自己名义开具的。

受票方纳税人取得的符合上述情形的增值税专用发票，可以作为增值税扣税凭证抵扣进项税额。

## 十三、最高人民法院关于对《审计署关于咨询虚开增值税专用发票罪问题的函》的复函（法函〔2001〕66号）

国家审计署：

你署审函〔2001〕75号《审计署关于咨询虚开增值税专用发票罪问题的函》收悉。经研究，现提出以下意见供参考：

地方税务机关实施“高开低征”或者“开大征小”等违规开具增值税专用发票的行为，不属于刑法第二百零五条规定的虚开增值税专用发票的犯罪行为，造成国家税款重大损失的，对有关主管部门的国家机关工作人员，应当根据刑法有关渎职罪的规定追究刑事责任。

此复

最高人民法院

二〇〇一年十月十七日

## 十四、《最高人民检察院法律政策研究室关于税务机关工作人员通过企业以“高开低征”的方法代开增值税专用发票的行为如何适用法律问题的答复》（高检研发〔2004〕6号）

江苏省人民检察院法律政策研究室：

你室《关于税务机关通过企业代开增值税专用发票以“高开低征”的方法吸引税源的行为是否构成犯罪的请示》（苏检研请字〔2003〕第4号）收悉。经研究，答复如下：

税务机关及其工作人员将不具备条件的小规模纳税人虚报为一般纳税人，并让其采用“高开低征”的方法为他人代开增值税专用发票的行为，属于虚开增值税专用发票。对于造成国家税款损失，构成犯罪的，应当依照刑法第二百零五条的规定追究刑事责任。

此复

2004 年 3 月 17 日

## 十五、最高人民法院研究室《关于如何认定以日“2001 年 3 月 17 日挂靠”有关公司名义实施经营活动并让有关公司为自己虚开增值税专用发票行为的性质》征求意见的复函（法研〔2015〕58 号）

公安部经济犯罪侦查局：

贵局《关于如何认定以“挂靠”有关公司名义实施经营活动并让有关公司为自己虚开增值税专用发票行为的性质的函》（公经财税〔2015〕40 号）收悉。经研究，现提出如下意见：

一、挂靠方以挂靠形式向受票方实际销售货物，被挂靠方向受票方开具增值税专用发票的，不属于刑法第二百零五条规定的“虚开增值税专用发票”。

主要考虑：

(1) 由挂靠方适用被挂靠方的经营资格进行经营活动，并向挂靠方支付挂靠费的经营方式在实践中客观存在，且带有一定普遍性。相关法律并未明确禁止以挂靠形式从事经营活动。

(2) 虚开增值税专用发票罪是行政犯，对相关入罪要件的判断，应当依据、参照相关行政法规、部门规章等，而根据《国家税务总局关于纳税人对外开具增值税专用发票有关问题的公告》（国家税务总局公告 2014 年第 39 号），挂靠方以挂靠形式向受票方实际销售货物，被挂靠方向受票方开具增值税专用发票的，不属于虚开。

二、行为人利用他人的名义从事经营活动，并以他人名义开具增值税专用发票的，即便行为人与该他人之间不存在挂靠关系，但如行为人进行了实际的经营活动，主观上并无骗取抵扣税款的故意，客观上也未造成国家增值税款损失的，不宜认定为刑法第二百零五条规定的“虚开增值税专用发票”；符合逃税罪等其他犯罪构成条件的，可以其他犯罪论处。

主要考虑：

（1）虚开增值税发票罪的危害实质在于通过虚开行为骗取抵扣税款，对于有实际交易存在的代开行为，如行为人主观上并无骗取扣税款的故意，客观上未造成国家增值税款损失的，不宜以虚开增值税专用发票罪论处。虚开增值税专用发票罪的法定最高刑为无期徒刑，系严重犯罪；如将该罪理解为行为犯，只要虚开增值税专用发票，侵犯增值税专用发票管理秩序的，即构成犯罪并要判处重刑，也不符合罪刑责相适应原则。

（2）1996年10月17日《关于适用〈全国人民代表大会常务委员会关于惩治虚开、伪造和非法出售增值税专用发票犯罪的决定〉的若干问题的解释》虽然未被废止，但该解释制定于1997年刑法施行前，根据我院《关于认真学习宣传贯彻修订的〈中华人民共和国刑法〉的通知》(法发〔1997〕3号）第五条“修订的刑法实施后，对已明令废止的全国人大常委会有关决定和补充规定，最高人民法院原作出的有关司法解释不再适用；但是如果修订的刑法有关条文实质内容没有变化的，人民法院在刑事审判工作中，在没有新的司法解释前，可参照执行。其他对于与修订的刑法规定相抵触的司法解释，不再适用”的规定，应当根据现行刑法第二百零五条关于虚开增值税专用发票罪的规定，合理选择该解释中可以继续参照适用的条文。其中，该解释中关于“进行了实际经营活动，但让他人为自己代开增值税专用发票”也属于虚开的规定，与虚开增值税专用发票罪的规定不符，不应继续适用；如继续适用该解释的上述规定，则对于挂靠代开案件也要以犯罪论处，显然有失妥当。

（3）《刑事审判参考》曾刊登“芦才兴虚开抵扣税款发票案”。该案例提出，虚开可以用于抵扣税款的发票冲减营业额偷逃税款的行为，主观上明知所虚开的运输发票均不用于抵扣税款，客观上使用虚开发票冲减营业额的方法偷逃应纳税款，其行为不符合虚开用于抵扣税款发票罪的构成要件，属于偷税行为。2001年福建高院请示的泉州市松苑绵涤实业有限公司等虚开增值税专用发票案，被告单位不以抵扣税款为目的，而是为了显示公司实力以达到在与外商谈判中处于有利地位的目的而虚开增值税发票。我院答复认为该公司的行为不构成犯罪。

以上意见供参考。

二〇一五年六月十一日

## 第二节　应受行政处罚行为的构成

本章所指的虚开，是指行政处罚意义上的虚开。在定义行政法意义上的虚开时，首先应了解应受行政处罚行为的构成。

### 一、应受行政处罚的行为

应受行政处罚的行为，是指行为人违反行政法，行政机关应当按照行政法对其做出行政处罚的行为。《行政处罚法》第二十七条还有一个概念“不予行政处罚”，是指虽然有行政违法行为，但是基于法定情况而不予行政处罚。从应受行政处罚行为的实质内涵来看，其有别于以行政权力行使为主要内容的行政行为，应受行政处罚的行为通常具有以下特点：

#### （一）行政相对人做出的行为

应受行政处罚的行为，仅限于行政管理过程中行政相对人做出的行为。这一特点将非行政管理过程中的行为以及非行政相对人做出的行为排除。例如，国家机关、国有企事业单位中的工作人员有失职违法行为，而被其所属的单位给予的记过、记大过、降级、留职、留用察看、开除等处分，因其不属于狭义行政法上行政管理过程中的行为，应属行政处分而非行政处罚。行政管理过程中的行为，如果不是行政相对人做出的，也不属于应受行政处罚行为的范畴。例如，当行政主体违反法律、行政法规等规定，实施了滥用职权、超越权力边界、不遵守法定程序等违法行为，也不属于应受行政处罚的行为，而是“违法行政行为”；所要承担的不是行政处罚责任，而是其他形式的行政责任。①

#### （二）违反行政法的行为

认定应受行政处罚行为的前提是，行政相对人违反了行政法上的义务。具体而言，包括法律规定某一情境下行政相对人须为一定行为而未为，即对“作为义务”的违反，以及法律规定某一情境下行政相对人不能为却为之，即对“不作为义务”的违反。两种违反模式都属于应受行政处罚行为的表现

① 姜明安．行政违法行为与行政处罚［J］．中国法学，1992（6）．

形式。

需明确，只有违反行政法的行为，才可能受到行政处罚。如果一个行为虽然具有一定的危害性，但是并未违反行政法，也不属于应受行政处罚的行为。例如，行为人违背了民事合同的约定，侵犯合同相对人的权益或者危害合同相对人的利益，属于违反民事法律的行为，不属于应受行政处罚的行为。

### （三）行政处罚主体应处以行政处罚的行为

应受行政处罚的行为，为行政相对行为人做出的、具有行政可罚性的行为。若行政处罚主体不应对其进行行政处罚，则不是应受行政处罚行为。所有构成犯罪的虚开行为，首先是应受行政处罚的虚开行为；当行为人的应受行政处罚的虚开行为构成犯罪时，刑事处罚已经吸收了应当给予的行政处罚。行为人的犯罪事实显著轻微，不需要追究刑事责任，但依法应当追究行政责任的，相关部门应及时将案件移送同级行政执法机关，有关行政执法机关应当依法做出处理。

## 二、判定应受行政处罚行为之四要件理论

应受行政处罚行为的构成要件，是指应当受到行政处罚的行为所必须具备的法定条件。① 我国传统刑法理论又深受苏联刑法学四要件的影响，因而大多学者主张，应受行政处罚行为的构成应包括主体要件、主观要件、客观要件、客体要件。② 即判断某一行为是否属于应受行政处罚的行为，需要从该行为的主体、客体、主观方面和客观方面四个角度进行分析，判定该行为是否应受行政处罚。

### （一）主体要件

主体要件在确立应受行政处罚行为中扮演着重要角色。主体是构成应受行政处罚行为的必备要素。行政处罚维护秩序和教育公民的功能，最终要通过对违反规定的行为人的惩戒来实现。应受行政处罚的主体要件，是指哪些主体能够成为应受行政处罚行为的行为人。一般来说，行为人应当具有判断行为是否不法的认识能力，并在此基础上具备控制自己行为的能力，具有承

---

① 江必新．论应受行政处罚行为的构成要件［J］．法律适用，1996（6）．

② 应松年．行政行为法——中国行政法治建设理论与实践［M］．北京：中国政法大学出版社，1992：472-475.

担行政处罚责任能力。实施了行政违法行为的自然人、法人或其他组织，都可以成为应受行政处罚行为的行为人。

具备责任能力是行为人对其违法行为承担责任的前提和基础。判断行为人是否具备受行政处罚之责任能力，一般以年龄及精神状况为标准，就其程度为适当划分。① 对自然人而言，责任能力的判断一般以人的精神健康状况和年龄大小为标准；对于法人或其他组织而言，其权利能力、行为能力和责任能力的状态基本是一致的，其控制者的行为能力是法人责任能力的重要标准。②

1. 年满 14 周岁

对于应受行政处罚行为的主体责任年龄问题，《中华人民共和国行政处罚法》第二十五条规定：不满 14 周岁的人有违法行为的，不予行政处罚，责令监护人加以管教；已满 14 周岁不满 18 周岁的人有违法行为的，从轻或者减轻行政处罚。

学理上将已满 18 周岁作为完全负行政责任的年龄标准，已满 14 周岁不满 18 周岁作为从轻或减轻负行政责任的年龄，不满 14 周岁作为不负行政责任的年龄。可见行为人的年龄年满 14 周岁，法律与学理通常将其视为能够理解、辨认行为和控制行为的人。作为具备行政责任能力的行为主体，其所实施的行为如果属于违反行政处罚规定的行为，才具有应受行政处罚的可能性。对于不满 14 周岁的行为人所实施的行为，即便其他三个方面要件符合也不会对其进行行政处罚。

2. 具备行政责任能力

单一的年龄层面，不足以判断行为人是否具有完全的行政责任能力。在是否具备行政责任能力问题上，除年龄因素外，行为人是否具备辨识能力也是重要的衡量因素。《中华人民共和国行政处罚法》第二十六条规定：精神病人在不能辨认或者不能控制自己行为时有违法行为的，不予行政处罚，但应当责令其监护人严加看管和治疗。间歇性精神病人在精神正常时有违法行为的，应当给予行政处罚。可见，行政处罚法和刑法在辨识能力问题上立场一致，处罚一个不知自己行为意义的精神病人，绝非行政处罚的本意。精神病

---

① 李震山．行政法导论［M］．台北三民书局股份有限公司，2010：423.

② 刘晓源，李良万．应受行政处罚行为构成要件的反思与重构——从“三要件”到“三阶层”［J］．福建江夏学院学报，2017，7（1）．

人或者间歇性精神病人在不能辨认、控制自己行为情况下所实施的行为，不属于应受行政处罚行为的范围。在不具备行政责任能力的情况下，即使行为人实施了违反行政法的行为，也不能追究其行政法律责任。

结合以上两个方面，可以根据行政责任能力的不同将行为人分为三类：第一种是完全行政责任能力人。凡年满 18 周岁且精神正常的人，为完全行政责任能力人。第二种是限制行政责任能力人。年满 14 周岁不满 18 周岁的未成年人和精神病人在不能完全辨认和控制自己行为时，如果实施了违反行政法行为，应当承担行政法律责任，但应当从轻或者减轻处罚。以上两种行为人符合应受行政处罚行为的主体要件，在满足其他三项要件的情形下，应受行政处罚行为成立。第三种是无行政责任能力人。不满 14 周岁的未成年人，完全不能辨认和控制自己行为的精神病人，以及法律明文规定的有严重生理缺陷的人，不具备行政责任能力，即便实施了违反行政法的行为，也不承担行政法律责任。

**（二）主观要件**

主观要件在刑法体系中有较为详细的划分，具体包括直接故意、间接故意、过于自信的过失和疏忽大意的过失等。行政处罚的有关规定对主观要件的要求与刑法基本一致。应受行政处罚行为的主观要件是行为人行为时的主观心理状态，也叫应受行政处罚行为的过错。从行政处罚的有关规定来看，应受行政处罚行为主观要件的划分并不像刑法那样细致，可以概括为故意和过失两类，主要是对“故意”要素的规定。例如，我国《治安管理处罚法》明确规定，故意干扰无线电业务正常进行的要给予行政处罚。①

可知且知而放任或希望危害结果发生者，为故意；可知而因为疏忽大意不知而产生危害结果者，为疏忽大意的过失；可知且知而轻信能够避免危害结果发生，但实际发生危害结果，为过于自信的过失。在四要件理论下实施行政处罚时，行政机关必须将行为人的主观状态纳入考量范畴。并非只要行为人发生了行政法所禁止的作为或不作为就会被施以行政处罚，还要考虑到行为人在主观方面是否存在故意或过失。如果行为人客观上发生了违反行政

---

① 《治安管理处罚法》第二十八条：违反国家规定，故意干扰无线电业务正常进行的，或者对正常运行的无线电台（站）产生有害干扰，经有关主管部门指出后，拒不采取有效措施消除的，处五日以上十日以下拘留；情节严重的，处十日以上十五日以下拘留。

处罚法的作为，但主观上并没有故意或过失，就不符合主观要件，其行为也不构成应受行政处罚的行为。具体哪些应受行政处罚行为的主观要件为故意，哪些应受行政处罚行为的主观要件为过失，应当予以具体分析。

1. 故意

所谓故意，是指明知自己的作为或不作为会发生危害结果，并且希望或者放任危害结果发生的一种心理态度。

故意包括认识因素和意志因素。

故意的认识因素主要是指行为人知道或应当知道自己的作为或不作为会发生危害结果。具体包括以下几个方面：①对行为对象的认识；②对作为或不作为性质的认识。对作为或不作为性质的认识一般不包括违法性认识；③对危害结果的认识。

意志是指希望或放任危害结果发生的心态。希望的心态，是指行为人积极追求危害结果发生的心理态度，为直接故意；放任的心态，是指行为人虽不积极追求，但不排斥危害结果的发生，对于危害结果的发生与否持无所谓的态度，为间接故意。这里需要指出的是，意志有一个可控的因素在内，如果行为人不可控制和抗拒行为的实施、危害结果的发生，则不应被认定为应受行政处罚的行为。

2. 过失

所谓过失，是指行为人应当预见到自己的行为会发生危害结果，但是因为疏忽大意而没有预见；或者已经预见到自己的行为会发生危害结果，但是轻信能够避免，以至于发生危害结果的心态。

第一，疏忽大意的过失，是指行为人应当预见到自己的行为可能会发生某种危害结果，因为疏忽大意而没有预见，导致危害结果发生的主观心态。

第二，过于自信的过失，是指行为人已经预见自己的行为会发生危害结果，但轻信能够避免，以致发生危害结果的主观心态。过于自信的过失情况下，行为人通常基于现有的条件或者自己的能力，自信认为危害结果不会发生。

**（三）客观要件**

应受行政处罚行为的客观要件，是指行政相对人违反了行政法律规范要求的作为或不作为义务以及产生的危害后果。只符合主体要件而不具备客观要件，无法将主体与客体要素连接起来，不构成应受行政处罚的行为。

1. 应受行政处罚行为的作为和不作为

客观行为通常可以划分成作为与不作为两类，都是行为的表现形式。行政处罚主要从作为和不作为两个方面对行为予以规制。

第一，应受行政处罚行为的作为。所谓作为，是指行为人在其意志和认识的基础上，为一定的身体动作。应受行政处罚行为的作为，是指行政法禁止行政相对人实施某种身体动作，但是行为人在其意思和认识的基础上，实施了行政法禁止的身体动作。在行政处罚体系中，对行为的规制更多为对行为人积极作为行为的规制。例如，行政法禁止携带管制刀具到公共场合，但是行为人偏偏携带管制刀具到公共场合。

第二，应受行政处罚行为的不作为。所谓不作为，是指行为人具有特定作为义务，但是在认识和意志的基础上，不履行该义务。所谓应受行政处罚行为的不作为，是指行政法规定了行为人具有履行实施某特定作为行为的义务，但是在具备认识和意志的基础上，不予履行该义务。

2. 危害后果

客观要件不仅仅包含行为，有时单纯的行为并不是行政处罚规范的对象，只在造成一定后果时才会触发行政处罚。此时，行为产生的危害后果也是必备要素。关保英认为，应受行政处罚行为的危害结果包括危害行政管理秩序和具体损害结果。①

### （四）客体要件

有教材认为，所谓应受行政处罚行为的客体，是指应受行政处罚行为所侵犯的并由行政法所保护的具体社会关系，即特定的行政管理秩序。某些应受行政处罚行为除侵犯行政管理秩序之外，尚需要考虑具体的损害结果。如有关环境保护和资源管理，对法人的行政处罚一般要考虑违法行为的社会危害程度。② 故所谓应受行政处罚行为的客体，是指受行政处罚行为侵害的具体行政法规所要保护的利益。

## 三、判定应受行政处罚行为之三阶层理论

在行为人意图保护更大的法益或者行为人没有违法性认识的情形下，严

① 关保英. 行政处罚法新论［M］. 北京. 中国政法大学出版社，2007：81.

② 孙秋楠. 受行政处罚行为的构成要件［J］. 中国法学，1992（6）.

格遵循四要件理论对符合要件的行为进行行政处罚，容易造成片面追求处罚的一致性而牺牲个案正义的情况。因此，完全借鉴刑法四要件犯罪论体系所构建的“应受行政处罚行为”的构成要件，其合理性与科学性遭受诸多质疑。一些学者经过反思，通过对形形色色行政不法行为加以提炼，运用概念行政法学，综合相对人的各色不同行为和不同立法规定，提炼出应受行政处罚行为之中的法益违法性以及有责性等内容，① 提出三阶层学说，即应受行政处罚行为的构成要件应当包括该当性、违法性以及有责性三个判定标准。只有当行为人行为同时符合这三个条件时，才能予以行政处罚。这一判定标准正为德国、奥地利、希腊、荷兰、葡萄牙以及我国台湾地区所沿用。②

**（一）构成要件该当性**

刑法上构成要件的该当性称为构成要件符合性，一般包括行为、结果、因果关系、主体身份等内容。应受行政处罚行为构成要件中的该当性，是指自然人、法人和其他组织的行为符合行政处罚法律规范所规定的客观和主观构成要件。③ 此处的客观构成要件是外在于行为人的构成违法事实的不法构成要件（如行为主体、实行行为、行为结果、侵害客体、因果关系等）。主观构成要件则是指行为人实施行政不法行为时主观的内心要素，包括故意和过失。故意是指行为人明知自己行为会发生构成要件的事实，仍然希望或者放任其发生的主观心态。过失包含疏忽大意的过失和过于自信的过失。疏忽大意的过失是指行为人应当预见到自己的行为可能会发生构成要件的危害结果，由于疏忽大意而没有预见，因而发生危害结果的主观心态；过于自信的过失是指行为人明知自己的行为可能会发生构成要件的危害结果，而轻信能够避免的主观心态。必须要说明的是，三阶层体系的主观构成要件与刑法故意、过失的理解基本一致，但存在一定的差异。

我们认为，构成要件该当性还应当包括主体要件和客体要件，这里不做展开。

---

① 熊樟林、孟星宇．概念行政法学的传统、挑战及重估——以应受行政处罚行为的成立要件为例［J］．北京行政学院学报，2013（6）．

② 王世洲．罪与非罪之间的理论与实践——关于德国违反秩序法的几点考察［J］．比较法研究，2000（2）．

③ 刘晓源、李良万．应受行政处罚行为构成要件的反思与重构——从“三要件”到“三阶层”［J］．福建江夏学院学报，2017，7（1）．

### （二）违法性（法律上的价值衡量）

刑法上的违法性主要包括不具有正当防卫、紧急避险、法令行为等违法性阻却事由。当某一行为符合构成要件第一阶层的该当性时，只能说该行为具备违法性的高度可能或是初步违法性，但不足以得出行为具有违法性，最终是否违法还需判断是否存在违法性阻却事由。“因合致行政罚构成要件即显示该行为具有违法性，其仅适用于通常情况。在一定的条件下，合致科处行政罚之法定构成要件的行为在法律上仍被允许；于此，其原先之违法性被排除，盖就此行为存在所谓的正当化事由。”①

这里对违法性的判断，主要是探究行为人的行为是否与法律规范的价值定位产生冲突。如果该行为明显与法律规范的价值对立冲突，此时既符合构成要件的该当性又不具有阻却事由，则该行为具有违法性。需要说明的是，虽然我国《行政处罚法》没有规定违法性阻却事由，但是违法性判断应当是实质性评价。无论是在刑法理论中还是在行政法理论中，尤其是在我国《行政处罚法》并不完备的当下，违法性评价必定是一个超越形式正义的权力运行过程。② 与此相反，如果行为人的行为与法律规范的价值相吻合，则该行为不具有违法性。例如，行为人虽然违反了某个行政法法律规定，但其行为是为保护更大的法律价值，或者说行为人明知自己的行为将会保护更大的法律价值时，与整体法律规范蕴含的价值并不冲突，我们就认为不宜进行行政处罚。这里所说的保护更大的法律价值，应当限于保护他人或社会更大的法律价值，如果是保护自己的更大的法律价值，应从有责性的期待可能性层面分析。

行为人的行为符合构成要件的该当性、违法性，则行为人的行为应受行政处罚的概率就非常高。但是法不强人所难，还需要考量行为人的行为是否有免于法律谴责的特殊情况。

### （三）有责性

有责性，是指行为人基于特殊情况，虽然行为已经符合了构成要件的该当性、违法性，但是基于特定事由，法律上不宜予以谴责。即便行为人的行为符合构成要件第一阶层的该当性和第二阶层的违法性，并不一定能推断该

---

① 廖义男．行政罚法［M］．台湾元照出版社，2007：85.

② 熊樟林．应受行政处罚行为的构成要件［J］．南京大学法律评论，2015（2）．

行为应受行政处罚。只有行为同时具备可责难性时，构成要件才真正完整，行为才应当受到行政处罚。对有责性的理解，主要包括期待可能性和违法性认识两方面。

1. 期待可能性

所谓期待可能性，是指基于特定情况，我们难以期待行为人在当时不违反该行政法规范，通俗一点讲，法不强人所难。“社会难以期待处境特别艰难的行为人其按照法律规范而行为，即使法律没有规定排除责任的事由，但根据常情和常理仍排除行为人的责任。”① “期待可能性是于具体个案中通过利益衡量的方式，判断可否期待义务人履行其本于行政契约或行政法规所产生的公法义务，如可以期待当事人履行其义务，则公法义务不受影响；反之，公法上义务则会因为期待可能性理论而受到限缩。”② 负有法律义务的行为人，应当按照规定履行义务，但是由于主客观条件因素的限制，无法期待行为人按照规定的义务做出行为时，行为人不应当承担不履行义务的责任。具体到行政处罚法层面，如果结合当时具体的特殊情况，行为人在行为时只能实施违法行为，不能期待其实施其他合法行为，则能成为阻却责任事由，行为人不应受到行政处罚。

2. 违法性认识

违法性认识，是指行为人在实施构成要件行为时，能够意识到自己的行为是受到行政法律规范否定性评价的。行为人只有在具备这一认识后，才有期待其不实施违法行为的可能性。但是在特殊情况下，行为人不具有对相关法律的认知可能，即没有可非难性，此时应阻却行政处罚。

一般来讲，不知法或者错误地理解法律，不宜作为免责的事由。罗马的法律谚语云：“不知法律不能免除刑责。”这一谚语在法律规定较少、体系较为简明的背景下，为公民创设了知法的前提和义务。但是，在信息和科技高度发达的现代社会，法律规范的事项日益增多、专业性更加突出，公民虽然仍应当知法，但不宜过于苛求公民的知法能力。在很多情况下，连专业的法律人士对法律的理解尚不甚准确，何况是未经专业法学教育的普通民众。在

---

① 刘晓源，李良万．应受行政处罚行为构成要件的反思与重构——从“三要件”到“三阶层”［J］．福建江夏学院学报，2017，7（1）．

② 叶庆元．期待可能性于行政法上之适用［M］//城仲模．行政法之一般法律原则，三民书局，1999：312.

面对专业的法律问题时，很难理所当然地推断每个公民都能认识到自身行为的合法与否。

“在现代刑法理论中，被广泛接受的见解是：没有责任就没有犯罪。处罚没有违法性认识的行为，就是处罚没有非难可能性的行为，这必然会带来一些问题：一方面，行为人是在缺乏对规范及其效果的预见可能性的情况下，受到了刑罚的‘意外’打击，惩罚难以令行为人本人信服，行为人会认为自己只是因为‘不走运’而受到处罚，预防犯罪的效果难以实现。另一方面，国家在个人的规范意识欠缺的场合动用刑罚，这样的做法可能难以得到公众的认同。”① 倘使出现行为人无法预料或不可避免的客观情形，其主张因不具有违法性认识可能性从而阻却责任是值得肯定的。② 因此我们必须要考虑行为人违法性认识的可能性程度。违法性认识的可能性高低不仅要从行为人自身的客观条件判断（如行为人的年龄、教育程度、职业身份、生活环境等），还要结合其所接受的资讯信息进行判断。结合以上主客观因素后，如果行为人做出的行为仍然属于基于特殊原因，根本不可能有违法性认识，或者基于信赖保护而实施了违反行政法规范的情形，则不宜给予行为人行政处罚。例如，行为人基于同类行为之前被认定合法的判例而做出举动，或者一个行为的连续状态已经被行政机关认定为合法行为（但是行政机关认定错误），行为人信任了行政机关的认定而实施后续的连续行为。

三阶层都符合的概率>只符合前两个阶层的概率>只符合第一个阶层的概率。通俗来讲，符合了第一个阶层，通常符合后面两个阶层，不符合的情况少见；符合前两个阶层，通常也符合最后一个阶层，不符合的情况罕见。

## 第三节　增值税专用发票虚开的定义过程

定义增值税专用发票虚开（以下简称虚开）是一个繁琐的过程。既要建立在现有法律基础之上，又要遵循基本的定义方法和定义要求。

### 一、虚开定义的基本要求

给虚开定义，是寻找虚开特有属性的过程。定义虚开的基本要求，也是

① 周光权．刑法总论［M］．北京：中国人民大学出版社，2016：234.
② 吴学斌．规范责任论视野下违法性认识与违法性认识的可能性［J］．清华法学，2009（2）．

定义虚开的基本方法：是、否、有、无。我们将虚开设为S，虚开的特有属性设为P。

**（一）是：只要为虚开行为，即具备该属性（所有S都是P）**

所有构成虚开的行为，都具有该特有属性；若“有的虚开行为不具备该特有属性”，则该定义项错误。

如果定义项不符合该要求，则犯了定义项外延小于被定义项外延的逻辑错误，会出现漏网之鱼。

**（二）否：只要不是虚开行为，就不具备该属性（所有非S都不是P）**

所有不构成虚开的行为，都不具备该属性；如果“有的非虚开行为也具备该属性”，则该定义项错误。

若定义项不符合该要求，则犯了定义项的外延大于被定义项外延的逻辑错误，会伤及无辜。

**（三）有：只要具备该属性，就是虚开行为（所有P都是S）**

所有具备该特有属性的行为，都是虚开行为；若“有的具备该特有属性的行为并非虚开行为”，则该定义项错误。

若定义项不符合该要求，则犯了定义项的外延大于被定义项外延逻辑错误，会伤及无辜。

**（四）无：只要不具备该特有属性，就不是虚开行为（所有非P都不是S）**

所有不具备该特有属性的行为，都不是虚开行为；若“有的不具备该特有属性行为依旧是虚开行为”，则该定义项错误。

若定义项不符合该要求，则犯了定义项的外延小于被定义项外延的逻辑错误，会出现漏网之鱼。

需要注意的是：（一）、（四）为同一命题，（二）、（三）为同一命题，因为命题和其逆否命题是同一命题。

## 二、虚开定义的基本方法

法律规则的结构一般为“行为模式+法律后果”，一个完整的法律规则应该满足以下条件：

当且仅当具备某特有属性时，符合该规则的行为模式；当且仅当符合该行为模式时，则承担该法律规则对应的法律后果。

特有属性、行为模式、法律后果三者互为充分必要条件。对虚开的定义，是指对虚开行为的构成要件的解释，即虚开在主体、主观方面、客体、客观方面需要符合的条件。符合定义项的，经过价值考量和有责性评价，应承担虚开的法律后果。

**（一）若符合虚开的定义，则承担虚开对应的法律后果**

行为虽符合虚开的定义项，但纳税人承担的相应法律后果明显不合常理，则该定义项错误。

例如，某税务处理决定书称纳税人某项业务资金流和发票流不一致，涉嫌虚开。就此我们需要判断，将“资金流和发票流不一致”作为虚开的定义项是否正确。简单的办法是找相同或类似情况，即“虽然资金流和发票流不一致，但让其承担虚开的法律后果显然不合理”。假设A公司销售货物给B公司并据实开具了增值税专用发票，价税合计11300万元，B公司以银行承兑汇票支付了货款。该银行承兑汇票系W公司开出，最终A公司取得该款系银行从W公司账户上扣除的，这属于资金流不一致。但以此认定A公司为B公司虚开了价税合计11300万元的增值税专用发票显然不合理。

**（二）若不符合虚开的定义，则不宜承担虚开对应的法律后果**

行为虽然不符合虚开的定义，但行为显然属于虚开且应承担相应的法律后果，说明该定义项错误。

例如，某专家认为，三流不一致是虚开。不符合三流不一致的唯一情况就是三流一致。那么三流一致的情况下是否可能是虚开?

假设A、B公司没有任何交易，A公司为B公司开具了价税合计1130万元的增值税专用发票。正好张三欲借给李四1130万元，为掩盖A公司虚开的事实，张三将款项转给了A公司，A公司转给了B公司，B公司转给了李四。至此，张三和李四之间借贷关系成立；同时，A公司向K公司销售价税合计1130万元的货物。于是，A公司先将货物发送给B公司，由B公司将货物转发给K公司。B公司发货给K公司时，A公司对K公司声称货物已经发出，K公司签收。

该例中，A、B公司之间虽三流一致，但明显系虚开且应承担相应的法律后果。当A公司享有增值税税收优惠政策或存在票货分离时，必然导致国家增值税税款流失。

综上所述，以“三流不一致”来定义虚开明显不妥。

**（三）若应承担虚开对应的法律后果，则符合虚开的定义**

若行为明显侵害发票管理秩序，同时侵犯税收征管秩序，显然为虚开。如依据定义项不能认定其为虚开；则定义项错误。

例如上例，A公司行为明显冲击了发票管理秩序，可能威胁国家税款，显然为虚开；而依据“三流一致”的定义项，A公司行为反而不能被认定为虚开。

也就是说，以“三流不一致”来定义虚开是不合适的。

**（四）明显不宜被考量虚开的行为，应通过虚开的定义项排除**

一个即使不进行综合法益考量也不宜进行否定性评价的行为，不应认定为虚开；否则会伤及无辜，进而冲击交易安全。

动态交易安全是现代商品经济的基本要求。当行为明显不宜定性为虚开时，应通过定义项予以排除。

例如，张三拟销售一批货物给B公司，但张三和A公司协商，以A公司的名义销售给B公司。该例中，不宜将A公司的行为认定为虚开，因为一旦将A公司的行为认定为虚开，B公司将承担进项不能抵扣的损失。这种认定将冲击交易安全。

## 三、虚开的定义

虚开的定义，是对虚开的构成要件符合性的界定，即对虚开的主体要件、主观要件、客观要件、客体要件进行界定。

**（一）虚开的主体要件**

虚开的主体为一般主体，即单位、自然人、其他组织。具体而言：

一是为他人虚开：一般主体，但是直接实施该行为的人只能是具备开票条件的单位、自然人或其他组织；利用国家机关代开，或指使、教唆为他人虚开的，可以为任何主体。

二是让他人为自己虚开：一般主体。

三是为自己虚开：在目前金税工程条件下，通常是指虚开农产品收购发票，但不限于此。

四是介绍他人虚开：一般主体。

### （二）虚开的主观要件

1. 虚开的主观要件是否包括过失

国家税务总局公告2016年第47号文规定："一、增值税一般纳税人开具增值税专用发票（以下简称专用发票）后，发生销货退回、开票有误、应税服务中止等情形但不符合发票作废条件，或者因销货部分退回及发生销售折让，需要开具红字专用发票的，按以下方法处理。"

故行为人在没有主观故意的情况下，开具与真实交易不符的发票，且没有相关规定允许这样开票的，应被定性为错开；发现错开时符合作废条件的，应作废；不符合作废条件的，应当开具红字发票。

虚开的主观要件只能是故意，不包括过失。

2. 虚开的故意

虚开的故意包括两个层面，即认识层面和意志层面。

（1）认识层面

一是认识到开具的对象是发票（或具有发票性质的凭证），而不是支票、汇票、本票等其他。

二是认识到"虚"，即认识到所开具的发票与真实交易不符，且没有相关规定要求或允许这样开具发票，即需认识到依法不能这样开具发票。如果行为人有合理的理由认为应当这样开具发票，即使开具了与实际交易不符的发票，也不宜将其认定为虚开，充其量为错开。

需要说明的是，认识层面与实际交易不符，是指一方明知对方不可能以合同相对性约束自己，己方也不可能以合同的相对性来约束对方；如果一方并无缔约的真实意思，却知道对方可以借助合同相对性就发票记载事项约束己方或己方可以合同相对性就发票记载事项来约束对方，依旧是真实交易。主要包括：一方虚设义务而受合同相对性约束；一方真设义务而明知对方不会要求己方履行该义务但对方可以要求以合同相对性约束己方；一方虚享权利（没有行使权利的意思）但却可以基于合同相对性要求对方履行相应的义务；一方真设权利却明知实际享受权利的为幕后人，后者主要包括明知对方存在前者情况的情况。

一方虚设义务而受合同相对性约束，主要有两种情况：①受票方不需要货物，让他人挂靠己方取得发票。在这种情况下，受票方并无需要货物的意思，但设定的付款义务由受票方承担，合同相对性约束在开票方和受票方之间。②开票方无意销售货物给对方，只是他人为开票挂靠在其名下。在这种情况下，尽管开票方并无销售的意思，但是设定的发货义务由开票方承担，合同相对约束在开票方和受票方之间。

一方真设义务而明知对方不会要求自己履行该义务但对方可以合同相对性约束己方。例如，运输部门明知对方很可能不会坐车甚至根本不可能去坐车，但依旧向对方出售车票。

一方虚享权利却可基于合同相对性要求对方履行对应的义务。例如，李四买了高铁票，虽然李四不想乘坐高铁，但依旧享有坐高铁的权利。

真实交易的本质是权利义务的存在，而不是权利义务的具体履行。倘若以权利义务的具体履行来判定虚开，税法则会冲击民商法领域，干预私法主体之间对权利义务的处理。

只有明知双方均无缔约意思，才能判定为没有真实交易。如果一方有真实缔约意思，另一方误以为没有真实缔约意思，且另一方自认为双方均无真实缔约意思，应以虚开未遂论处。

三是认识到该虚开行为会损害对应的客体。行政法和刑法的故意行为，最重要的界定标准是行为人明知自己的行为，必然或可能损害对应的客体。如果行为人没有认识到行为会损害对应的客体，应当排除其故意。对虚开而言，应对纳税人实施虚开行为会损害发票管理秩序推定为明知。一般情况下，虚开增值税专用发票应当推定行为人损害了禁止抵扣利益；虚开普通发票罪，应当推定行为人损害了税前扣除利益。

（2）意志层面

虚开故意的意志层面主要是指希望或放任开具与实际交易不符的发票，分直接故意和间接故意。

当行为人确信自己所欲开具的发票与实际交易不符且缺乏相应特殊规定时，行为人依旧开具与实际交易不符的发票，应属于明知自己的行为必然危害发票管理秩序，而依旧为之的心态，属直接故意。

虚开的间接故意，主要是指对开票负有监管职责的相关人员或直接开具发票的人员，对是否有真实交易并不在乎。此时行为人的心态应该为放任心态，即无论是否危害发票管理秩序都无所谓。

持直接故意的行为人，通常熟悉和了解交易本身的情况；持间接故意的行为人，通常并不了解交易本身情况。

需要说明的是，如果实际交易已经发生，行为人基于对交易方向的错误判断而开具了与实际交易不符的发票，不宜被认定为虚开，应以错开处理。

**（三）虚开的客观要件**

虚开的客观要件，是指违反发票管理的相关规定，开具与真实交易不符的发票或介绍他人开具与真实交易不符的发票。

1. 发票的开具违反相关规定

行为人虽然开具了与真实交易不符的发票，但依据相关规定，可以这么开具或者应当这样开具，不得被认定为虚开。为方便发票管理，国家税务总局、财政部、海关总署在其职权范围内规定，在特定情况下，行为人应当或可以开具与实际交易不符的发票（或类似发票的凭证），行为人依据相应规定开具与真实交易不符的发票，不得被判定为虚开。这是信赖保护原则的基本要求。最常见（但不限于）的有以下几种情况：

（1）还本销售

《增值税若干具体问题的规定》的通知（国税发〔1993〕154号）：（三）纳税人采取以旧换新方式销售货物，应按新货物的同期销售价格确定销售额。纳税人采取还本销售方式销售货物，不得从销售额中减除还本支出。

（2）折扣销售

国税函〔2010〕56号：纳税人采取折扣方式销售货物，销售额和折扣额在同一张发票上分别注明是指销售额和折扣额在同一张发票上的“金额”栏分别注明的，可按折扣后的销售额征收增值税。

未在同一张发票“金额”栏注明折扣额，而仅在发票的“备注”栏注明折扣额的，折扣额不得从销售额中减除。

折扣销售的发票时，权利义务已经确定了和发票记载金额不符，这里依旧属于特殊规定。

（3）海关进口增值税专用缴款书

海关进口增值税专用缴款书以开具给申报人为原则，以开具给委托人或双抬头为例外。即任何情况下，开具给申报人均是合法的，只有在具备真实代理关系（这里的代理包括了挂靠、隐名代理）的情况下，方可开具给委托人或双抬头。

当然，实务中有开具给申报人而被判定为虚开的，我们认为，应予以纠正。

(4) 同时符合以下条件的代购

根据财政部、国家税务总局《关于增值税、营业税若干政策规定的通知》(财税字〔1994〕第026号)第五条规定：代购货物行为，凡同时具备以下条件的，不征收增值税，不同时具备以下条件的，无论会计制度规定如何核算，均征收增值税。(一)受托方不垫付资金；(二)销货方将发票开具给委托方，并由受托方将该项发票转交给委托方；(三)受托方按照销货方实际收取的销售额和增值税额(如系代理进口货物则为海关代征的增值税额)与委托方结算货款，并另外收取手续费。

2. 在违反规定的情况下，发票的开具与实际交易不符

第一，没有实际交易是否是指开票方或受票方就发票上记载事项，没有相应的权利义务关系。

即使开票方或受票方就发票上记载事项有相应的权利义务关系，也未必不是虚开。最典型的是：票货分离的虚开、为他人代开、让他人为自己如实代开、第三方取得发票。

开票方或受票方就发票上记载事项，是否有相应的权利义务关系，关键在于发票上所记载的事项的权利义务关系，其合同相对性必须在发票抬头的购买方和销售方。

也就是说，即使存在真实交易，如果真实交易的合同相对方不是发票抬头上的购买方和销售方，依旧与实际交易不符，但是另有规定的除外。

第二，没有实际交易是否包括“只有一方具有真实缔约意思”的情况？笔者认为，一方真意保留(只有一方具有真实缔约意思)的情况下，合同依旧可以约束相对方。此时，应当认定双方之间具有真实交易。

实务中，比较常见的是开票方为开票而“谎称”自己为销售方，而“实际销售方”为幕后人；购买方以获得发票为目的，而“实际购买方”为幕后人，以及上下游同时真意保留的情况。例如：A公司打算虚开发票给C公司。为了掩盖，A公司找到B公司，告知B公司，其有一批货物销售给B公司，并帮B公司找好买家，B公司信以为真。于是，C公司支付款项给B公司，B公司支付款项给A公司后，最终A公司并未对C公司(或C公司认可的人发货)。A公司用伪造的送货单欺骗B公司说，已经发货给C公司了，C公司予

以确认。经查证，送货单上的货物根本不存在。

我们认为，只要B公司具有真实缔约意思，对A公司开给B公司的对应发票，B公司开给C公司的对应发票，均不宜作虚开处理，应对C公司按照逃税处理。

为了保障国家增值税款的征收，税法宜增加对应的视同销售处理。

挂靠销售时，如果发票由被挂靠方（名义上的销售方）向购买方开具，应当在挂靠人与被挂靠人之间做视同销售处理。例如：A以B公司的名义将货物销售给C，发票由B开给C，宜在A、B之间做视同销售处理。

挂靠购进时，如果发票开具给被挂靠人（名义上的购买方），应当在挂靠人与被挂靠人之间做视同销售处理。例如，李四以B公司的名义从A公司购进货物，发票由A公司开给B公司，宜在B公司与李四之间做视同销售处理。

除合同相对性可以约束开票方和受票方外，之所以将这种情况认定为真实交易，是因为具有缔约意思的一方，基于商业外观主义原则，只可能从形式上审查对方是否具有缔约意思，客观上难以调查相对方背后是否另有他人把控交易。此外，除《合同法》第四百零二条、第四百零三条外，在名义交易上的向对方同意的情况下，以谁的名义交易，合同相对性便约束在谁和谁之间，这是交易安全的根本。最后，即使是合同法第四百零二条、第四百零三条，也给予了第三人将合同约束在名义交易人之间的选择权。故而，从维护交易安全的角度出发，只有一方具有真实缔约意思，也应被认定为真实交易。若对其按照没有真实交易的虚开处理，则整个市场交易安全将受到威胁。

如此处理的目的是保障抵扣链条的连续性，同时捍卫交易安全，确保名义上谁和谁做生意，发票就开具在谁和谁之间。

第三，没有实际交易，是否包括“明知对方根本不会行使接受产品的权利”？

我们认为，存在真实交易的本质，是指开票方和受票方就发票记载事项存在对应的权利义务关系，至于对方是否实际去享受这个权利，税法不宜干涉。

例如，李回去火车站购买了1张高铁票，但其并未乘坐。是否乘坐火车是其权利，权利本身是存在的。基于这些存在的权利，对应义务也是存在的。

我们认为，这种情况依旧是真实交易。发票的开具是基于购销契约的收款权利，即使受领产品的义务履行减少，依应当按照收款权利开具发票。如果购买方放弃全部受领权利，而足额履行了付款的义务，是否应当开具发票？如果购买方让销售方遵从购买方的意思处置该批货物，应视为销售方对购买方的一种特殊交付方式，而不是所谓的购买方放弃受领权利，其本质仍是一种受领方式。

例如，A 公司销售给 B 公司一批货物，价税合计 113 万元，合同约定付款当天发货。刚刚付款，B 公司发现自己不再需要该批货物，但 A 公司不同意退款，B 公司也不愿意承担过多的运费成本和仓储成本，更不愿意起诉。B 公司告知 A 公司，放弃受领这批货物的权利，A 公司可以自行处理该批货物。该例中，有三个问题：

问题一：如果发票尚未开具，A 公司是否需要开具发票？

问题二：如果缔约当时，销售方即明知购买方可能不会受领该批货物，是否需要开具发票？

问题三：如果发票已经开具，而购买方放弃受领货物的权利，销售方是否需要开具红字发票或作进项转出？

对于以上三个问题，可以首先书面征求税务机关的意见，再依据处理。

对于问题一、问题二，我们认为应当开具对应的发票；对于问题三，不宜要求开具红字发票和做进项转出。理由是销售方并未同时放弃对应的收款权利。

第四，没有实际交易，是否包括“明知对方根本不会行使接受款项的权利”？

*《发票管理办法》第十九条规定：销售商品、提供服务以及从事其他经营活动的单位和个人，对外发生经营业务收取款项，收款方应当向付款方开具发票；特殊情况下，由付款方向收款方开具发票。*

我们认为，只要销售方的收款权利已经发生，只要权利还存在，发票开具就应以收款权利对应的金额为准（除非同时放弃了收货权利）；至于销售方是否行使该权利，不宜作为判定虚开的依据。一旦双方协议降低了收款权利对应的金额（如债务重组、司法调解、债务部分或全部豁免），尚未开具发票的，应按发票开具当时收款权利对应的金额为基础开具发票；如果已经开具发票，应要求销售方开具对应红字发票，购买方作进项转出。

一是防止购销双方通过债务重组、司法调解等放弃部分或全部收款权利，达到虚开所要达成的目的。例如，A 公司销售给 B 公司一批货物，价税合计 113 万元，发票开具为 113 万元。然而，因纠纷经司法调解，B 公司只需支付 58 万元即了结双方的债权债务关系。在这种情形下，税法应规定开具对应的红字发票和做相应进项转出；否则，易导致以此类方式来规避虚开。

二是防止通过虚假订金、定金等，达成虚开所要达到的目的。例如，A 公司开具给 B 公司价税合计 113 万元的专用发票，B 公司支付了定金 5 万元。案发后，A 公司或 B 公司才予以红冲和作进项转出。我们认为，即使对应的发票记载的权利义务为真实意思表示，在受票方最终确定不需要履行 108 万元的付款义务时，应当做进项转出处理。

3. 开具与实际交易不符的发票，应当排除单价正确的金额少开（含应开而未开）

行为人的其他开票事项符合，但开票数量和开票金额小于实际交易金额时，不属于虚开发票；行为人不开具发票，也不属于虚开发票。

例如，A 公司销售了价税合计 113 万元的货物，货物数量为 100；如果行为人只开具了货物数量为 10 金额为 11.3 万元的发票，我们认为不属于虚开。如果行为人不仅少开金额，而且开具的单价也不符，应认定为行政法意义上的虚开。

**（四）虚开的客体要件**

虚开的客体要件是国家的发票管理秩序。除另有规定外，发票的开具应建立在发票抬头购买方和销售方具有对应真实交易的基础之上。

1. 保障国家的禁止抵扣利益

防止开票方借助增值税税收优惠（含财政补贴）、票货分离等，虚开发票致使增值税税款流失。这类虚开通过不当抵扣、退税导致国家税款损失。

在手工发票时代，不乏通过直接逃避申报的虚开导致增值税税款流失。在目前金税工程下，这种虚开方式难以导致国家税款流失。因为很快就会被发现，在下游需要做进项转出。

另外，虚开的上游企业，也可能通过破产申报导致国家增值税税款损失（虚开可抵扣税款发票，包括虚开可以抵扣的消费税发票）。

骗取出口退税最重要的手段是让他人为自己虚开增值税专用发票。

需明确，对于虚开可抵扣类发票（或凭证），重要的不是看发票本身是专用发票还是普通发票（虚开增值税专用发票、用于骗取出口退税、抵扣税款发票罪的虚开对象，必须是可抵扣税款发票，但虚开的对象是可抵扣税款发票未必就应当定性为“虚开增值税专用发票、用于骗取出口退税、抵扣税款发票罪”），而是看行为人的抵扣（或退税）行为，是否基于真实交易，对发票抬头的销售方（或其他代收税款机构）承担对应的真实缴纳税款义务（且该义务以发票作为链接和公示）。否则，除法律另有规定，发票抬头上的购买方不得抵扣。这是国家的禁止抵扣利益所在。国家的禁止抵扣利益，旨在尽量确保发票抬头上的购买方所抵扣的税款，销售方（或法律规定的其他代收方）足额收取，保障抵扣链条的连续性。

具体体现为：

一是当依据发票（含其他出口退税、抵扣税款的凭证）应当由真实销售方代收税款时，发票抬头上的购买方应当基于真实交易而负有对发票抬头上的销售方支付对应的税款义务；

二是当依据发票（含其他出口退税、抵扣税款的凭证）由海关或其他机构代收税款时，应基于真实交易而对海关或其他机构负有支付对应的税款义务；

三是法律、行政法规另有规定的，从其规定，如农产品收购发票等。

基于此，下列情况不宜被认定为侵犯禁止抵扣利益：A 公司销售给 B 公司一批货物，但开具了品名不符的发票，但是发票记载税额或换算税额真实。在这种情况下，受票方本身就是“基于对真实销售方（或其他代收税款机构）承担对应的真实缴纳税款义务（且该义务以发票作为链接和公示）”。

伪造代理合同，从而让申报人之外的主体取得增值税专用缴款书而抵扣的，我们认为也应当以虚开论处（虚假代理的虚开）。

2. 保障国家禁止税前扣除利益的实现

在企业所得税、土地增值税等税种中，国家征收税款乃是基于特定的销售额减去允许税前扣除的金额，按照适用税率计算应缴纳的税款。正是由于税前扣除有一定限制，国家才得以实现企业所得税、土地增值税等税款收益。

在票货分离、核定征收、走逃、所得税税收优惠情况下，虚开发票可虚增受票方税前扣除事项，进而损害国家税款收益。

基于刑法的谦抑性，虚开行为单纯侵犯国家禁止税前扣除利益而可能让企业所得税处于可能流失的危险状态时，才宜以虚开发票罪入罪。

3. 保障税款的正常分配

不会导致税款流失的虚开，通常也会导致税款在不同地区的异常流转。例如，长沙的A公司为上海的B公司虚开了价税合计113万元的增值税专用发票，B公司予以抵扣。假定上游企业就虚开的发票足额申报缴纳了税款且不影响税款缴纳能力，且上游没有核定征税、没有票货分离、没有税收优惠，也会导致上游的主管税务机关多征收税款而下游主管税务机关少征收税款，扭曲税款的分配关系，损害下游税务机关的利益。

在上述情况下，如果虚开的开票方和受票方同属于一个税务机关管辖，且虚开不影响上游企业的税款缴纳，则不会产生这种影响。

4. 维护经济秩序

虚开发票通常会导致虚增利润、职务侵占、粉饰报表等情况。

不应孤立地看待虚开行为的四个要件，实务中情况比较复杂。本书认为，符合条件的主体，在明知（自认为）开票方和受票方就发票记载事项均没有对应缔约意思的情况下，依旧开具或接受并利用或介绍他人开具（或接受他人接受并利用）对应发票的，即为虚开，法律法规另有规定的除外。

## 第四节　虚开增值税专用发票的类型

根据虚开的根源、行为模式、法律后果以及对税款抵扣的影响等因素，虚开可被分为不同种类。

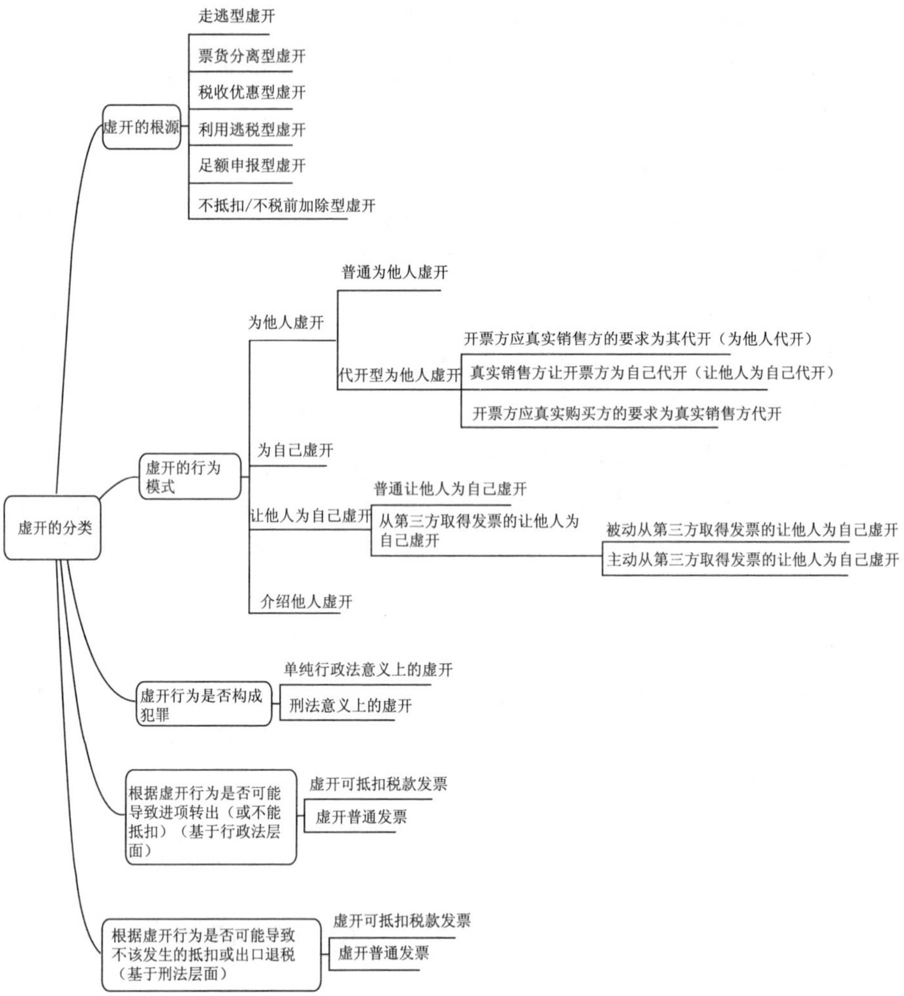


**图 5-1　虚开的分类**

## 一、根据虚开的根源进行分类

本节根据虚开根源的不同，对虚开进行分类。这样分类有助于判断虚开导致的税款流失或税款处于可能流失危险状态的最大金额。

### （一）走逃型虚开

走逃型虚开，又被称为“暴力虚开”，是指行为人完成虚开后，并不申报税款，或者申报而并不缴纳税款。

这类虚开的特点是：行为人通常注册多家公司，且通常利用他人的身份证进行注册，之后密集实施虚开行为。

在金税工程下，单纯不申报的走逃型虚开通常难以导致国家税款损失。因为这类虚开很快就会被发现，受票方会被要求做进项转出和调增所得税。

**（二）票货分离型虚开**

票货分离型虚开，是指对于虚开发票的交易，开票方存在对应的真实交易，而实际购买方不需要发票，开票方将该笔真实交易对应的发票转开给其他人。这种虚开通过李代桃僵、偷梁换柱的方式，逃避对虚开发票的税款申报，使下游企业可以抵扣进项税额或（和）税前扣除。

票货分离型虚开的典型模式：A 公司将货物销售给李四，李四不需要发票，于是 A 公司将发票开具给 B 公司，见图 5-2。

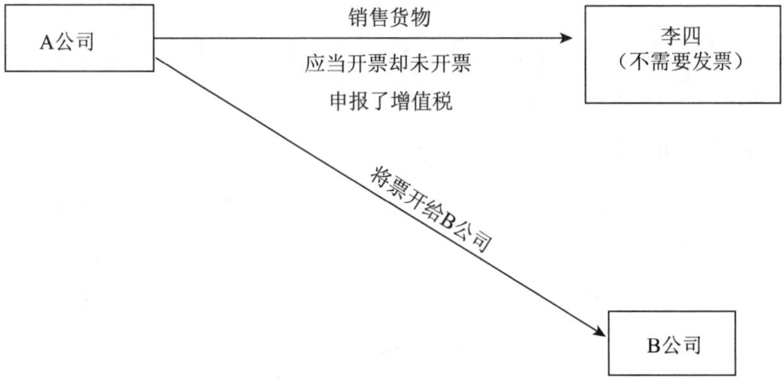


**图 5-2　票货分离虚开典型模式**

当然，实务中还有一种票货分离，即开票方本应给受票方开具不能抵扣的项目，转而为其开具能够抵扣的项目，这种情况比较少见。

**（三）税收优惠型虚开**

所谓税收优惠型虚开，是指开票方利用税收优惠政策，或者类似税收优惠政策的特殊政策（如核定征税、财政补贴、保税制、农产品收购发票等）实施的虚开行为。这种虚开的特点是行为人通过税收优惠政策或者类似税收优惠政策的特殊政策，就虚开的发票不足额申报缴纳税款。

### （四）利用逃税型虚开

利用逃税型虚开，通常是指对虚开的发票，开票方存在对应的真实交易，而实际购买方不需要发票。开票方逃避纳税申报而不易被迅速发现。

行为人利用逃税形成的留抵税额虚开增值税专用发票，或者利用未开具发票的销售部分（可以逃避申报），对外虚开发票。

一般来说，这种虚开行为与税款损失或税款处于可能流失的危险状态存在因果关系。

### （五）足额申报型虚开

足额申报型虚开，是指行为人虽然虚开发票，但是足额申报缴纳税款，包括用真实交易的进项予以抵扣。如果行为人的这种虚开不影响其缴纳税款，不宜作为犯罪处理；如果行为人的这种虚开影响其缴纳税款，应当将其无力缴纳的增值税欠税金额作为国家税款处于可能流失的危险状态处理。

在下游企业已经予以抵扣或作为税前扣除的情况下，如果行为人通过破产保护逃避因为虚开而欠缴的税款，对该部分税款应当认定为国家流失税款。

### （六）不抵扣/不税前扣除型虚开

对于下游企业不抵扣或不作为税前扣除凭证型虚开，不宜对受票方按照虚开增值税专用发票罪入罪；但是，如果受票方将其作为税前扣除凭证的，应当考量其对企业所得税税款的影响而决定是否以虚开普通发票罪入罪；受票方既不予以抵扣，也不予以做税前扣除凭证的，不宜将其作为犯罪处理；虚开普通发票而不予做税前扣除的，不宜将其作为犯罪处理。

## 二、根据虚开的行为模式进行分类

根据虚开的行为模式不同，可以分为为他人虚开（包括普通型为他人虚开、代开型为他人虚开）、为自己虚开、让他人为自己虚开、介绍他人虚开。

### （一）为他人虚开

为他人虚开，是指开票方明知自己和受票方就发票记载事项均无设立对应的民事权利义务关系的真实意思表示，依旧为其开具发票的行为，但另有规定不依据真实交易开具发票的除外。教唆、指使他人为他人虚开的，也是为他人虚开。

根据对税款影响的不同，为他人虚开可分为普通型为他人虚开、代开型为他人虚开。根据行为模式的不同，代开型为他人虚开可分为应实际销售方要求为他人代开、让他人为自己代开、基于实际购买方的要求为实际销售方代开。

1. 普通型为他人虚开

普通型为他人虚开，是指受票方不存在对应的购进，没有从实际销售方取得对应发票的为他人虚开。包括：

开票方与受票方不存在真实交易，他人与受票方也不存在真实交易而未开具对应发票。

例如，A 公司虚开给 B 公司价税合计 113 万元的某类钢材，A 公司与 B 公司之间没有真实交易，他人与 B 公司之间就发票记载事项也不存在真实交易，也没有给 B 公司开具发票的情况。

这里需要注意的是，如果他人与受票方存在真实交易而未开具发票，应当属于代开型为他人虚开。

开票方与他人存在真实交易而没有开票，转而将对应发票开具给受票方的，也属于普通型为他人虚开，系票货分离型虚开。

2. 代开型为他人虚开

代开型为他人虚开在实务中非常普遍，主要是实际购买方购买货物应当取得发票而未取得发票，进而主动或被动从第三方取得发票，或者实际销售方销售货物未开具发票，进而让他人代自己开具发票给实际购买方。代开型虚开主要包括以下三种情形：

（1）开票方应实际销售方的要求为其代开（为他人代开）

例如，B 公司销售货物给 C 公司，B 公司本应开具发票，但是并未开具发票，而是让 A 公司代自己开具发票给 C 公司。A 公司代 B 公司开具发票，这里评价的是 A 公司即 A 公司为 C 公司虚开发票。

（2）实际销售方让开票方为自己代开（让他人为自己代开）

例如，B 公司销售货物给 C 公司，B 公司本应开具发票，但是并未开具发票，而是让 A 公司代自己开具发票给 C 公司。

这里评价的是 B 公司，可以理解为 B 公司教唆、指使 A 公司虚开发票给 C 公司。

在上述两种情况下，开票费由实际销售方承担。

（3）开票方应实际购买方的要求为实际销售方代开

例如，C 公司从 B 公司购进货物，但是并未取得对应的发票，进而让 A

公司为自己开具与实际购进项目一致的发票。A 公司因此为 C 公司开具了与实际购进一致的发票（但是销售方却不是 A 公司）。

这里评价的是 A 公司，A 公司为 B 公司虚开，开票费由 C 公司承担。

**（二）为自己虚开**

为自己虚开，是指行为人为自己虚开发票。为自己虚开通常见于以下情况：

（1）行为人虚开农产品收购发票。

（2）行为人自己设立在税收洼地的公司，为自己的其他公司虚开发票。

（3）行为人利用自己享有税收优惠政策的公司，为自己的其他公司虚开发票。

（4）行为人利用自己公司的票货分离、破产保护、核定征税等情况，为自己的其他公司虚开发票。

（5）行为人为了虚增销售额、虚增利润等目的而在自己的多个公司之间对开、环开发票。

**（三）让他人为自己虚开（见图 5-3）**

国税发〔1997〕134 号规定：

一、受票方利用他人虚开的专用发票，向税务机关申报抵扣税款进行偷税的，应当依照《中华人民共和国税收征收管理法》及有关法规追缴税款，处以偷税数额五倍以下的罚款；进项税金大于销项税金的，还应当调减其留抵的进项税额。利用虚开的专用发票进行骗取出口退税的，应当依法追缴税款，处以骗税数额五倍以下的罚款。

二、在货物交易中，购货方从销售方取得第三方开具的专用发票，或者从销货地以外的地区取得专用发票，向税务机关申报抵扣税款或者申请出口退税的，应当按偷税、骗取出口退税处理，依照《中华人民共和国税收征收管理法》及有关法规追缴税款，处以偷税、骗税数额五倍以下的罚款。

我们认为，从法定意义来说，让他人虚开的“让”应当包括：容许、听任他人虚开给自己发票，并且予以利用该虚开的发票的行为，但是法律另有规定的除外。让他人为自己虚开，包括以下两种情况：

1. 普通让他人为自己虚开

普通让他人为自己虚开是指行为人让他人为自己虚开发票，行为人不仅与开票方没有对应的真实交易，与其他方也缺乏对应的未开具发票的真实交易。

该类让他人为自己虚开，属于纯粹无货虚开。

2. 从第三方取得发票的让他人为自己虚开

所谓从第三方取得发票的让他人虚开，是指行为人实际购进货物并未取得实际销售方开具的发票（实际销售方并未开具对应的发票），行为人主动或被动从销售方之外的第三方取得发票的行为。

基本模型是：C 公司从 B 公司购进货物，但是 C 公司并未取得 B 公司开具的发票，而是取得 A 公司开具的发票。具体包括两种情况：

（1）被动从第三方取得发票的让他人为自己虚开

例如，C 公司从 B 公司购进货物，但是 C 公司并未取得 B 公司开具的发票，而是由 B 公司让 A 公司为 C 公司虚开了与该真实交易对应的发票，开票费由 B 公司承担。

（2）主动从第三方取得发票的让他人为自己虚开

例如，C 公司从 B 公司购进货物，但是 C 公司并未取得 B 公司开具的发票，因为事前说好不开发票。于是，C 公司自行找 A 公司为自己虚开与真实交易对应的发票。

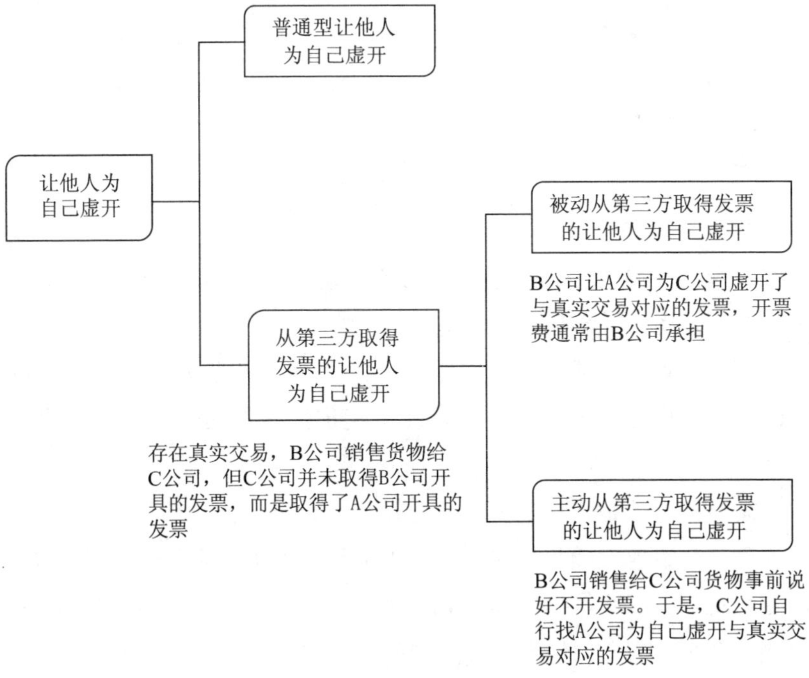


**图 5-3　让他人为自己虚开**

**（四）介绍他人虚开（见图 5-4）**

介绍他人虚开，是指非基于职务行为的，为虚开牵线搭桥、穿针引线。

介绍他人虚开主要包括两种情况。

例一：李四发现 A 公司有票源，而 B 公司需要发票。因为担心 A、B 公司脱离自己独立进行操作，李四让 A 公司为 B 公司虚开了专用发票，由自己交给 B 公司。

在这种情况下，李四实际上担任了介绍他人虚开的角色。李四从 B 公司收取开票费之后，向 A 公司支付“A 公司虚开给 B 公司的开票费”。

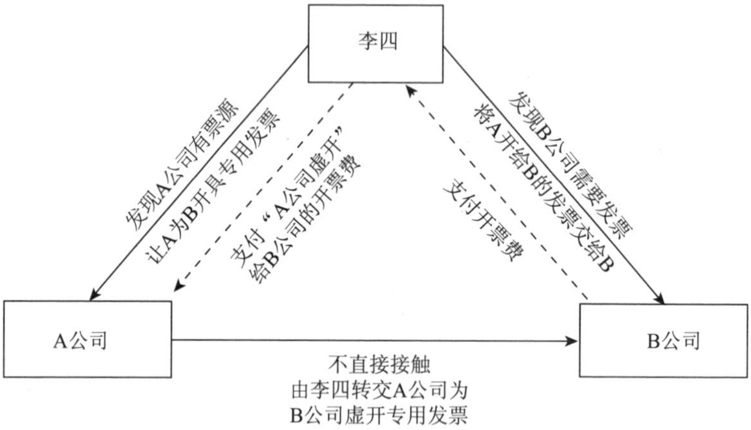


**图 5-4　介绍他人虚开**

例二：李四发现 A 公司有票源，而 B 公司需要发票。于是，李四介绍 A、B 公司认识，让其自行谈判虚开事宜。

雇工接受主管领导或雇主的指示，为雇主找寻开票方或受票方，进而达成虚开的，不宜作为介绍他人虚开处理，其定性需根据雇主的行为模式予以判定。

这里需要指出的是，让他人为自己虚开，以虚抵虚同等金额的为他人虚开，其本质和介绍他人虚开一样。例如，B 公司让他人为自己虚开了税额 100 万元的专用发票，以此作为进项抵扣，而后为 C 公司开具了税额 100 万元的专用发票，其实质与介绍他人虚开一样。

这里简单介绍关于以虚抵虚的双向虚开（同等金额范围内的既有让他人

为自己虚开，又有为他人虚开）。需注意，实务中的以虚抵虚的双向虚开并未按照介绍他人虚开处理。之所以将其放在介绍他人虚开章节进行陈述，是考虑到其本质上等同于介绍他人虚开。

同等金额范围内的以虚抵虚双向虚开，是指既让他人为自己虚开，又为他人虚开，且为以虚抵虚，在同等税额范围内考察。

具体示例如下：A 公司虚开给 B 公司，B 公司又虚开给 C 公司，该虚开链条中税率和税额相同，并以虚抵虚。如果实际需票方为 C 公司，我们认为其本质上等同于 B 公司介绍 A 公司虚开给 C 公司。

实务中，在 A、C 公司本身就有虚开往来或彼此认识的情况下，如果涉嫌 A 公司虚开给 B 公司，B 公司虚开给 C 公司，且需票方为 C 公司而非 B 公司，基本上可以判定是错误指控。因为 A 公司可以直接虚开给 C 公司。

如果需票方一开始为 B 公司，而介绍方为 C 公司。发票虚开后，次月纳税申报期结束之前，B 公司不需要发票了，将发票回开给了介绍方 C 公司。在这种情况下，在刑法层面，我们认为应当认定 A 公司直接虚开给 C 公司（犯意转化），对 B 公司按照 A 公司虚开给 C 公司的从犯处理。

## 三、根据虚开是否构成犯罪分类

根据虚开行为是否构成犯罪，虚开可分为单纯行政法意义上的虚开和刑法意义上的虚开。这种区分非常重要，关系一个行为在已经构成虚开的情况下，是否涉嫌刑事犯罪，以及税务机关程序上如何处理。

### （一）单纯行政违法行为（简称行政违法行为）与行政犯罪行为的界限

刑法的严厉性，使得对其适用应当相当谨慎。而对于行政违法行为与行政犯罪行为的区分，是罪刑法定原则的基本要求，即违反行政法的行为在何种情况下予以刑事评价。目前理论界有如下三种学说：

1. 质的区分说

该学说认为，行政违法行为与行政犯罪行为的区别在于所侵害法益的不同，即行政犯罪行为侵犯了刑法所要保护的法益，而行政违法行为侵害了行政法所要保护的利益。

这点在虚开方面也有体现，例如，不会导致国家税款流失的虚开增值税专用发票，不宜作为虚开增值税专用发票罪处理。

2. 量的区分说

该学说认为，行政违法行为与行政犯罪行为的区别主要在于程度不同，即行为的情节与造成的后果的程度不一样。

量的区分说并非空穴来风，我们看看虚开普通发票罪的追诉标准。

《最高人民检察院、公安部关于公安机关管辖的刑事案件立案追诉标准的规定（二）的补充规定》规定：

虚开刑法第二百零五条规定以外的其他发票，涉嫌下列情形之一的，应予立案追诉：

（一）虚开发票一百份以上或者虚开金额累计在四十万元以上的；

（二）虽未达到上述数额标准，但五年内因虚开发票行为受过行政处罚二次以上，又虚开发票的；

（三）其他情节严重的情形。

3. 质量区分说

该学说的观点是，需要从质和量两个方面予以区分行政违法行为与行政犯罪行为。

就虚开增值税专用发票的行政违法行为与行政犯罪行为来看，两者的区分不仅在于侵犯的法益（是否侵害增值税税款）不同，而且有量的区别。即使虚开行为导致了国家增值税税款损失，也未必构成该罪，如虚开500元税额的一张增值税专用发票，明显属于行政违法行为。

**（二）单纯行政法意义上和刑法意义上虚开的区分**

法律之所以通常禁止虚开，是因为保障增值税或消费税等可抵扣税款（即防止通过虚开的发票抵扣而导致增值税税款、消费税税款损失）、保障企业所得税、个人所得税、土地增值税等税款的征收（保障税前扣除的真实性，即防止通过虚开的发票进行税前扣除而导致所得税税款损失）、保障税款的正常分配（防止增值税、所得税税款不在不同税务机关之间异常流转）、维护经济秩序（防止通过虚开发票来虚增利润、职务侵占、粉饰报表等）。

1. 虚开的危害

为准确界定划分，这里需简单说明不同情况下虚开的影响。

（1）抵扣导致税款流失或处于可能流失的危险状态

例如，A公司为B公司虚开了价税合计113万元（其中税额13万元）的专用发票，在A公司存在对应票货分离、增值税税收优惠、通过破产规避缴纳虚开出去发票上所载税款等特殊情况下，可能会导致13万元的增值税税款流失或最大导致13万元的增值税税款处于可能流失的危险状态。

这里需要注意的是，下游企业不仅仅多抵扣了13万元的增值税税款，如果该发票用于税前扣除，也可能导致25万元的所得税税款流失或处于可能流失的危险状态（下游企业如果是房地产开发公司，也可能导致土地增值税税款的损失）。

这里将法律所要保护的防止基于虚开的发票抵扣而导致税款流失或处于流失的危险状态的利益命名为：禁止抵扣利益。行为人通过骗取出口退税，导致税款流失或处于可能流失的危险状态的，也属于对禁止抵扣利益的侵犯。因为抵扣本身就是一种退税，即间接退税（从应当交还或交给国家的税款中扣除）。

另外，在受票方进行差额计税的情况下，虚开普通发票导致受票方计算销售额时少计算销售额，应属于禁止税前扣除利益范围。

（2）税前扣除导致所得税税款流失或处于可能流失的危险状态

例如，A公司为B公司虚开了价税合计113万元（其中税额13万元）的普通发票，B公司用作税前扣除凭证。该行为可能导致25万元的所得税税款流失或处于可能流失的危险状态，但是不会导致增值税税款流失，甚至可能会导致多缴纳增值税税款。因为开具发票的开票人也需缴纳税款。当然，如果系票货分离、增值税税收优惠、通过破产规避对虚开出去的发票的税款缴纳等特殊情况，未必会导致多缴纳增值税税款，但是增值税税款不会受到损失。

我们将法律所要保护的防止基于虚开的发票作税前扣除导致税款流失或处于流失的危险状态的利益命名为：禁止税前扣除利益。另外，受票方进行差额计税的情况下，虚开普通发票导致受票方计算销售额时少计算销售额，我们认为应当属于禁止税前扣除利益范围。

（3）虚开导致国家税款在不同税务机关之间的异常流转

例如，A公司为B公司虚开了价税合计113万元（其中税额13万元）的专用发票，上游企业足额缴纳了增值税税款，足额申报缴纳了所得税，且没有欠税。此时国家增值税税款、所得税税款一般不会流失（这里暂不考虑广告费扣除等依据销售额而增加的扣除，即使存在金额也很小）。

但是，该例中，导致上游税务机关多征收了13万元的增值税、25万元的所得税；而下游税务机关少征收了13万元的增值税、25万元的所得税。影响了税收在不同地区的分配。

但是，这种情况下的虚开，一旦被发现，必然导致多征收税款；尤其是增值税，实际上通常也会导致多征收所得税。这是因为虚开一旦被发现，下游企业抵扣的税款应当做进项转出，所做的税前扣除也需要做纳税调增处理。

在行为人只予以抵扣而不做税前扣除的情况下，会导致增值税税款在不同税务机关之间的异常流转；在行为人只做税前扣除而不予抵扣（或根本无法抵扣，如虚开的可抵扣发票之外的发票）的情况下，会导致企业所得税税款在不同税务机关之间的异常流转；在行为人既予以抵扣，也进行税前扣除的情况下，会导致所得税税款、增值税税款在不同税务机关之间的异常流转。

我们将法律所要保护的防止通过虚开的发票导致税款在不同税务机关之间的异常流转称为分配利益。

（4）虚开扰乱经济秩序

例如，通过虚开发票虚增利润和销售额、骗取银行贷款、职务侵占、贪污等。

在这种情况下，一般有其他法律规定予以调整。虚开行为不过是完成其他违法犯罪行为的手段而已，属于牵连行为。

我们将法律所要保护的防止通过虚开发票导致危害经济秩序称为经济秩序利益。

2. 侵犯不同利益的法律评价

（1）侵犯禁止抵扣利益的法律评价

在这种情况下，虚开行为的危害最为严重。因为这种虚开不但侵害禁止抵扣利益，且通常同时侵害禁止税前扣除利益、分配利益，甚至侵犯经济秩序利益，应严厉打击。

增值税是国家最重要的税种之一。2017年最新数据显示，我国增值税在全部税收中占比接近40%，为第一大主体税种。通过虚开发票抵扣增值税（以及消费税）的行为应被严厉打击。

这里需要说明的是，尽管逃税罪也是保护国家税收利益，包括虚开罪名所要保护的利益；但是虚开行为有时会导致国家税款处于可能流失的危险状态，我们很难评价该行为是否导致了国家税款损失，且这样的虚开让逃税变得非常容易。综上所述，我们认为，应对虚开行为尤其是虚开可抵扣发票的行为予以重罪规范。

（2）侵犯禁止税前扣除利益的法律评价

在行为人虚开普通发票，或行为人虽然虚开专用发票，但只是将其用作税前扣除的凭证时，可能导致所得税税款的流失或处于可能流失的危险状态，但是增值税税款不会因此流失。

此外，这种虚开通常还会侵犯分配利益，且让逃税变得更加容易。这种虚开虽未必直接导致所得税税款流失，但可能会导致企业所得税税款处于可能流失的危险状态，有时甚至侵犯经济秩序利益，故应将这种虚开行为单独予以刑法规制。

（3）侵犯分配利益的法律评价

如果行为人通过一定方式保障国家的禁止抵扣利益和禁止税前扣除利益，其行为只侵犯了分配利益。对于这种虚开行为，我们认为不必予以刑法规制。主要理由如下：

a. 该行为一旦被发现，通常会导致国家税款多征收。

b. 对导致国家税款流失的首次逃税行为可在接受处罚之后免于追诉，何况此类虚开行为不会导致税款流失。

c. 50 万元的罚款足以惩戒。

d. 即使此类行为同时侵犯了经济秩序利益，也有其他法律予以调整，牵连行为通常不必均予以评价。

（4）侵犯经济秩序利益的法律评价

虚开如果只扰乱经济秩序的话，通常会伴随国家税款的增加。我们认为这种情况下不宜对虚开行为予以刑事评价，理由如下：

a. 如果此类虚开行为只是为了虚增利润、虚假报表，则对虚增利润、虚假报表等本身予以规制足以防止危害。

b. 如果此类虚开行为是为了贪污、职务侵占、骗取银行贷款，则可由对应的行政法律或刑法调整。

c. 如果行为人的行为不会导致任何税收征管方面的危害，则不必予以刑事处罚。

d. 如果虚开只扰乱了经济秩序，在此类虚开行为同时构成其他罪名情况下，不宜再对其予以处罚（包括行政处罚）。

3. 行政法意义上的虚开和刑法意义上的虚开的区分

（1）质的区分（如表 5-1 所示）

虚开质的区分，是指根据虚开行为危害的法益来区分其属于单纯行政法意义上的虚开还是刑法意义上的虚开。

a. 侵犯禁止抵扣利益：通常会侵犯禁止税前扣除利益、分配利益，有时亦侵犯经济秩序利益。

b. 侵犯禁止税前扣除利益（不包括禁止抵扣利益的情况）而导致企业所得税处于可能流失的危险状态：通常会侵犯分配利益，有时也侵犯经济秩序利益。

c. 侵犯分配利益（不包括抵扣利益和税前扣除利益）：有时也侵犯经济秩序利益。

d. 侵犯经济秩序利益：仅指侵犯经济秩序利益。

**表 5-1 虚开侵犯的法益**

| 法益种类 | 具体侵犯的法益及评价 | | | | |
|---|---|---|---|---|---|
| 虚开侵犯的法益 | 禁止抵扣利益 | 禁止税前扣除利益 | 分配利益 | 经济秩序利益 | 是否对虚开行为纳入刑法评价 |
| 侵犯禁止抵扣利益 | 侵犯 | 通常侵犯 | 通常侵犯 | 有时侵犯 | 纳入 |
| 侵犯禁止税前扣除利益（不包括抵扣利益的情况） | 不侵犯 | 侵犯 | 通常侵犯 | 有时侵犯 | 对企业所得税产生不利影响时纳入 |
| 侵犯分配利益（不包括抵扣利益和税前扣除利益） | 不侵犯 | 不侵犯 | 侵犯 | 有时侵犯 | 不纳入 |
| 单纯侵犯经济秩序利益 | 不侵犯 | 不侵犯 | 不侵犯 | 侵犯 | 不纳入（考量其他法律调整，即由其他法律调整和规范） |

侵犯禁止抵扣利益>侵犯禁止税前扣除利益而导致企业所得税处于可能流失的危险状态（但并未侵犯抵扣利益）>侵犯分配利益（但并未侵犯禁止抵扣利益和禁止税前扣除利益）>单纯侵犯经济秩序（考量其他法律调整，即已由其他法律调整和规范）。

对侵犯禁止税前扣除利益（未侵犯抵扣利益）而导致企业所得税处于可能流失的危险状态的，应将虚开行为纳入虚开发票罪评价；侵犯禁止税前扣除利益但保障了企业所得税税款不流失（未侵犯禁止抵扣利益）、侵犯分配利益（未侵犯禁止抵扣利益和禁止税前扣除利益）、单纯侵犯经济秩序（考量其他法律调整，即由其他法律调整和规范）的虚开行为，不应纳入刑法评价。

（2）量的区分

虚开行为并非只要是侵犯禁止抵扣利益、侵犯禁止税前扣除利益（但是并未侵犯禁止抵扣利益）就入罪，而是需要考量侵犯的程度。

《最高人民检察院、公安部关于公安机关管辖的刑事案件立案追诉标准的规定（二）》第六十一条规定：虚开增值税专用发票或者虚开用于骗取出口退税、抵扣税款的其他发票，虚开的税款数额在一万元以上或者致使国家税款被骗数额在五千元以上的，应予立案追诉。

虚开普通发票罪的追诉标准：

《最高人民检察院、公安部关于公安机关管辖的刑事案件立案追诉标准的规定（二）的补充规定》第六十一条之一：虚开刑法第二百零五条规定以外的其他发票，涉嫌下列情形之一的，应予立案追诉：

（一）虚开发票一百份以上或者虚开金额累计在四十万元以上的；

（二）虽未达到上述数额标准，但五年内因虚开发票行为受过行政处罚二次以上，又虚开发票的；

（三）其他情节严重的情形。

（3）质、量综合考量

只有虚开行为可能会危害禁止抵扣利益或（和）禁止税前扣除利益（影响企业所得税），并达到追诉标准时，才进行刑事评价。

虚开行为侵犯禁止抵扣利益且达到追诉标准的，应符合虚开增值税专用发票、用于骗取出口退税、抵扣税款发票罪的构成要件。虚开行为没有侵犯禁止抵扣利益，但侵犯禁止税前扣除利益而导致企业所得税处于可能流失的危险状态且达到追诉标准的，应符合虚开普通发票罪的追诉标准。

对虚开增值税专用发票、用于骗取出口退税、抵扣税款发票罪的追诉标准和量刑档次，应按照虚开所致国家增值税税款流失或可能流失的危险状态的最大金额确定。

对虚开普通发票的追诉标准和量刑档次，应按照虚开所导致的企业所得税税款流失或可能流失的危险状态的最大金额确定。

需明确，根据虚开的法律后果对虚开行为分类，并非指虚开行为完成一定会承担对应的法律后果，而指从构成要件符合性上予以评价，即到底符合单纯的行政法意义上的虚开的构成要件，还是符合刑法意义上的虚开的构成要件。构成要件符合，是否要承担相应的法律后果，还需考量是否为保护更大的法益以及是否存在特殊免责情况。

## 四、行政法意义上的分类

在行政法层面上，根据虚开是否可能导致进项转出（或不能抵扣或不能退税），可以将虚开分为虚开可抵扣税款发票与虚开普通发票两类。这种区分的意义在于，在虚开可抵扣发票的情况下，也可能导致进项转出的发生；而虚开普通发票，不可能导致进项转出。当虚开的对象为可抵扣税款发票时，我们称为虚开可抵扣税款发票；当虚开可抵扣税款发票之外的其他发票时，我们称为虚开普通发票。

### （一）可抵扣税款发票种类（如表5-2所示）

表5-2　可抵扣税款发票（凭证）

| 抵扣凭证种类 | 进项税金额 | 备注 | 出处 |
| --- | --- | --- | --- |
| 增值税专用发票 | 注明的税额 | | 《中华人民共和国增值税暂行条例》第八条、财税〔2016〕36号附件一、财税〔2017〕37号 |
| 海关进口增值税专用缴款书 | 注明的税额 | | |
| 完税凭证（代扣） | 注明的税额 | | |
| 农产品销售发票 | 买价×扣除率 | | |
| 农产品收购发票 | 买价×扣除率 | 目前没有单独的农产品收购发票，收购农产品时一般使用增值税普通发票 | |
| 向小规模纳税人购进农产品取得的专用发票 | 注明的金额×扣除率 | | 财税〔2017〕37号 |
| 机动车销售统一发票 | 注明的税额 | 机动车销售统一发票为电脑六联式发票：第一联为发票联，是购货单位付款凭证；第二联为抵扣联，是购货单位扣税凭证；第三联为报税联，车购税征收单位留存；第四联为注册登记联，车辆登记单位留存；第五联为记账联，销货单位记账凭证；第六联为存根联，销货单位留存 | 财税〔2016〕36号附件一、税总便函〔2017〕127号 |

续表

| 抵扣凭证种类 | 进项税金额 | 备注 | | 出处 |
| --- | --- | --- | --- | --- |
| 纳税人支付的道路通行费 | 收费公路通行费增值税电子普通发票上注明的增值税额 | 纳税人支付的高速公路通行费 | 2018年1月1日至6月30日，暂未能取得收费公路通行费增值税电子普通发票：<br>高速公路通行费可抵扣进项税额＝高速公路通行费发票（不含财政票据）上注明的金额÷（1+3%）×3% | 财税〔2017〕90号 |
| | | 纳税人支付的一级、二级公路通行费 | 2018年1月1日至12月31日，如暂未能取得收费公路通行费增值税电子普通发票：一级、二级公路通行费可抵扣进项税额＝一级、二级公路通行费发票（不含财政票据）上注明的金额÷（1+5%）×5% | |
| | | 即2018年7月1日起，高速公路通行费不再作为抵扣凭证；2019年1月1日起一级、二级公路通行费不再作为抵扣凭证 | | 财税〔2017〕90号 |
| 纳税人支付的桥、闸通行费 | 暂凭取得的通行费发票上注明的收费金额按照下列公式计算可抵扣的进项税额：<br>桥、闸通行费可抵扣进项税额＝桥、闸通行费发票上注明的金额÷（1 + 5%）×5% | | | |

续表

| 抵扣凭证种类 | 进项税金额 | 备注 | 出处 |
| --- | --- | --- | --- |
| 委托方加工收回应征消费税的消费品，需要抵扣消费税的 | 凭对应的《代扣代收税款凭证》抵扣消费税 | | 国税发〔2006〕49号 |
| 纳税人外购应征消费税的消费品，需要抵扣消费税的 | 凭对应的增值税专用发票抵扣消费税 | | |
| 出口转内销证明 | 注明的税额 | | 国家税务总局公告2013年第65号 |

### （二）虚开可抵扣税款发票

行政法意义上，虚开抵扣税款发票，可能导致进项税额转出。例如，A公司销售给B公司一批不可以抵扣税款的货物，但是却虚开为可以抵扣税款的货物。如果该发票已经抵扣，将会导致进项转出的法律后果。

行政法意义上的虚开可抵扣税款发票包括刑法意义上的虚开可抵扣税款发票，但是不都是刑法意义上的虚开可抵扣税款发票，还有一些单纯行政法意义上的虚开可抵扣税款发票。

### （三）虚开普通发票

虚开的发票为可抵扣税款发票之外的发票，是为虚开普通发票。虚开普通发票既不存在因为虚开不能抵扣的情形，也不存在因为虚开而导致进项转出的情形。

## 五、刑法意义上的虚开可抵扣税款发票和虚开普通发票

基于真实交易，发票抬头上的购买方对发票抬头上的销售方（或其他代收税款机构）承担对应的缴纳税款义务（该义务以发票作为链接和公示）。即使虚开的对象为增值税专用发票（或可抵扣税款发票），也不宜认定为虚开可抵扣税款发票。因为在这种情况下的虚开，不会发生不该发生的抵扣或出口

退税。

从交易本身来看，购买方若不享有发票记载的税额或计算的税额的退税权利（基于抵扣原理），而通过虚开发票（假定发票记载事项为真）诈取了发票记载的税额或计算的税额的退税权利，为虚开可抵扣税款发票。因为这种虚开行为可能导致不该发生的抵扣或出口退税。

需明确，无论是“基于真实交易（发票抬头上的购销双方）”，还是“从交易本身来看”，均指发票抬头的购买方是否对发票抬头上的销售方（或其他代收税款方）基于真实交易负有税款支付义务而享有对应的退税权利（基于抵扣原理）；考量的对象仅限于开票方与受票方（或其他代收税款方）之间（即发票抬头上的购销双方或购买方与其他代收税款方）。

如果虚开的发票本身无法用于抵扣税款，也不能作为计算出口退税金额依据，则不可能导致不该发生的抵扣或出口退税，不得认定为虚开抵扣税款发票。如果虚开的发票会导致购买方销项税额抵减增加，是否应认定为虚开可抵扣税款发票？我们认为，这种情况不宜认定为虚开可抵扣税款发票，原因在于：①这种情况对增值税税款的影响和企业所得税一样，若以此认定虚开可抵扣税款发票，则所有无货虚开基本都会被认定为虚开可抵扣税款发票。②销项税额抵减，尽管会产生进项税额抵扣一样的后果，但基本原理不同。③小规模纳税人也存在差额计税的情况，其原理和一般纳税人的差额计税原理一样。④如果将这种情况认定为虚开可抵扣税款发票，将导致无法区分刑法第二百零五条和第二百零五条之一。

另外，委托方加工收回应征消费税的消费品，需要抵扣消费税的，凭对应的代收代缴消费税凭证抵扣消费税；纳税人外购应征消费税的消费品，需要抵扣消费税的，凭对应的增值税专用发票抵扣消费税。

**（一）虚开可抵扣税款发票**

虚开可抵扣税款发票（凭证）最大的特点，是受票方并未基于真实交易对发票抬头的销售方（或其他代收税款机构）承担对应的缴纳税款义务（且该义务以发票作为链接和公示），而通过虚开发票可以诈取发票记载的税额或计算的税额的退税权利。

该类虚开行为，用于虚开的发票包括增值税专用发票、农产品收购发票、农产品销售发票、税控机动车销售统一发票、代扣代缴增值税完税凭证、出口转内销证明、收费公路通行费发票、代扣代收税款凭证（消费税）、海关进口消费税专用缴款书、增值税（或消费税）税款缴纳等。需明确，外购应税消费品的抵扣也是以增值税专用发票抵扣。这里，即使虚开的对象为可抵扣税款发票，如果行为人与开票方存在这样的对应关系：发票抬头上购销双方有真实交易没有开具其他发票，基于该真实交易，购买方的确可以抵扣进项税额，不宜认定为虚开可抵扣税款发票（如变名虚开）。因为这种情况不可能侵犯禁止抵扣利益。如果行为人不打算抵扣或根本无法抵扣（如受票方为小规模纳税人），也不宜在刑法上认定其为虚开可抵扣税款发票。

虚开可抵扣发票（凭证）行为，会导致相当严重的法律后果。根据《刑法》第二百零五条的规定，该罪名在刑法修正案八之前的最高刑期为死刑，刑法修正案八实施之后，最高刑期为无期徒刑。

虚开可抵扣税款发票（凭证）行为是公安和税务机关打击的重点虚开行为，也是经济犯罪中案发率很高的行为。

**（二）虚开普通发票**

虚开普通发票是指从发票抬头的购销双方来看，不可能发生不该抵扣的税款抵扣（或退税）虚开行为。虚开普通发票在实务中查处不多，但也有因虚开普通发票而入罪的。需明确，即使虚开的对象为增值税专用发票或其他可抵扣税款凭证，但若行为人基于真实交易可以享受对应的退税（抵扣）权利，不宜在刑法上认定为虚开可抵扣税款发票。

我们认为，刑法第二百零五条之一的虚开发票罪，要件应当包括侵犯禁止税前扣除利益而导致企业所得税处于可能流失的危险状态，否则不宜入罪。

《刑法》第二百零五条之一规定：虚开本法第二百零五条规定以外的其他发票，情节严重的，处二年以下有期徒刑、拘役或者管制，并处罚金。单位犯前款罪的，对单位判处罚金，并对其直接负责的主管人员和其他直接责任人员，依照前款的规定处罚。

《最高人民检察院、公安部关于公安机关管辖的刑事案件立案追诉标准的规定（二）的补充规定》第六十一条之一：虚开刑法第二百零五条规定以外的其他发票，涉嫌下列情形之一的，应予立案追诉：

（一）虚开发票一百份以上或者虚开金额累计在四十万元以上的；

（二）虽未达到上述数额标准，但五年内因虚开发票行为受过行政处罚二次以上，又虚开发票的；

（三）其他情节严重的情形。

显然，虚开可抵扣税款发票（凭证）和虚开普通发票在面临刑事程序的时，其追诉标准和刑罚幅度，不处于同一档次，前者的法律后果远重于后者。

## 第五节　为他人虚开的判定

为他人虚开是指开票方明知自己和受票方就发票记载事项均无设立对应民事权利义务关系的真实意思表示，依旧为其开具发票的行为，但法律法规另有规定的除外。教唆、指使他人为他人虚开的，也是为他人虚开。为他人虚开的判定，是指为他人虚开在构成要件符合性上的判定。

为他人虚开分为普通型为他人虚开和代开型为他人虚开两种类型。前者是指受票方不存在“对应的购进没有从实际销售方取得对应发票”的为他人虚开；后者是指受票方存在“对应的购进没有从实际销售方取得对应发票”的为他人虚开。两种情况对国家税款的影响不同，在分析其对税款的影响时，应区别对待。让他人为自己如实代开的，应按照指使、教唆为他人虚开处理，具体见图 5-5 所示。

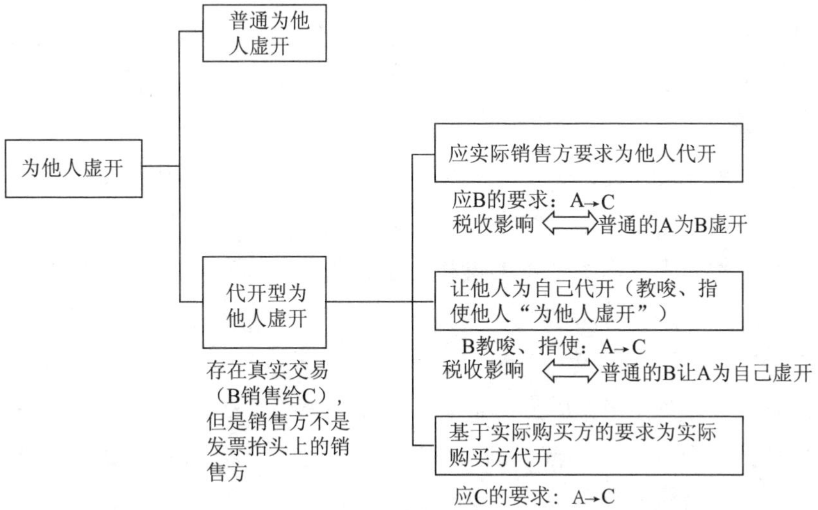


**图 5-5　为他人虚开分类**

本节所指的货物流、资金流，除特别说明外，一般是指权利义务指向的方向。

## 一、为他人虚开的主体要件

为他人虚开的主体是一般主体，通常是具有自行开具发票条件的单位、其他组织或个人。在借助代开（让税务机关代开），或教唆指使别人为他人虚开的情况下，为他人虚开的主体可为没有自行开票能力的主体。

那么，如果行为人不具备独立的开票资格，对具有开票资格的主体诈称“非购买方”为购买方，行为人能否独立构成为他人虚开的主体？

1. 案例一

例如，张三入住酒店是个人行为，但张三对酒店诈称系 B 公司的职务行为，要求酒店开具增值税专用发票给 B 公司，B 公司取得该发票后予以抵扣税款。该例中，显然不能认定酒店为 B 公司虚开发票。那么，能否认定张三为为他人虚开的主体？

2. 案例二

A 公司系开票公司，B 公司系需票公司。王五指示 A 公司为 B 公司虚开价税合计 11300 万元的增值税专用发票。该笔业务中，王五收取 B 公司 5 个点的开票费，并支付给 A 公司 4 个点的开票费，赚取 1 个点的利差。王五切断了 A、B 公司之间的联系，防止他们之后跳开自己进行交易。该行为属于为他人虚开吗？王五为为他人虚开的主体吗？我们来看案例二的衍变。

衍变一：

A 公司系开票公司，B 公司系需票公司。王五让 A 公司将价税合计 11300 万元的增值税专用发票虚开给自己经营的 K 公司，并且支付给 A 公司 4 个点的开票费；然后王五以 5 个点的价格，虚开给 C 公司。上下游发票的开具事宜相同。

衍变二：

A 公司系开票公司，B 公司系需票公司。假设王五直接介绍 A 公司为 B 公司虚开价税合计 11300 万元的增值税专用发票，B 公司支付 A 公司 4 个点的开票费，并给王五 1 个点的介绍费。

我们认为，案例一中张三不宜被认定为为他人虚开的主体，案例二中王五也不宜被认定为为他人虚开的主体。

案例一中，作为开票方的酒店，认为自己与受票方之间存在与发票记载事项一致的真实交易。该笔发票的开具，不宜认定为虚开。对于受票方 B 公司用该发票抵扣税款与税前扣除的行为，宜作逃税处理。

对于案例二，我们认为应作为介绍他人虚开处理，行为人王五不构成为他人虚开的主体。因为，在只有一个开票方、一个受票方、一个开票方向的情况下，同一个主体不可能既为他人虚开，又让他人为自己虚开，且本例中无论认定为他人虚开还是让他人为自己虚开，都难以为行为定性。更重要的是，例二中王五的虚开行为对国家税款的影响与介绍他人虚开一样，与为他人虚开、让他人为自己虚开对国家税款的影响截然不同。

## 二、为他人虚开的主观要件

为他人虚开的主观方面只能是故意，既包括直接故意，也包括间接故意。直接故意是指丌票方已经知道或应当知道，开票方与受票方就发票记载事项均确定没有设立对应的权利、义务关系的真实意思，依旧为受票方开具发票，但依据其他规定做特殊开票处理的除外。

虚开的间接故意是指开票方知道或应当知道，开票方与受票方就发票记载事项可能没有设立对应的权利义务的真实意思，抱着是否有真实交易都无所谓的态度，依旧为受票方开具发票；而后经查证，开票方与受票方就发票记载事项没有真实交易，但法律法规另有规定的除外。

### （一）为他人虚开的直接故意的构成

1. 开票方明知就发票记载事项，与受票方没有对应的缔约真实意思

（1）开票方明知真实交易不发生在开票方与受票方之间，不阻却为他人虚开的故意

行为人虽然就发票记载事项，明知存在缔约的真实意思，但明知缔结的契约关系并非在开票方与受票方之间，不阻却虚开的故意。例如，A 公司为 B 公司开具价税合计 113 万元某型号钢材的增值税专用发票，但 A 公司明知 A 公司与 B 公司之间就发票记载的 113 万元的该型号钢材并无对应的缔约意思，而是与李四就该笔钢材有对应的缔约意思，不阻却 A 公司虚开的故意。

简单而言，开票方虽然知道自己存在发票记载的 113 万元该型号的对应购销合同，但明知合同相对性并非在 A 公司与 B 公司之间，不阻却虚开的故意。

需明确，如果开票方知道受票方与他人存在真实交易，受票方在真实交易中应取得发票而未取得发票，按照真实购进事项为受票方据实开具发票，

不宜认定为普通为他人虚开，应认定为为他人虚开中的代开型为他人虚开，并按照为他人代开来评价税款影响。

(2) 开票方与受票方之间客观上不存在真实交易，但开票方误以为两者间存在发票记载事项的真实交易，阻却虚开的故意，按错开处理

最常见的是要求酒店开某公司抬头的发票，经查证，受票方只是为了获取发票来抵扣或做税前扣除。

在错开的情况下，客观上无法以合同相对性来约束开票方与受票方。如果客观上能够以合同相对性约束开票方与受票方，不属于错开，应认定开票方与受票方存在真实交易。

一般而言，开票方知道其与受票方之间是否存在缔约关系；但是，有些情况下，开票方只能做形式审查，典型的有酒店的发票开具、大宗交易的发票开具等。

*2. 开票方明知就发票记载事项，受票方与开票方双方均没有设立对应权利义务关系的真实意思*

开票方如果没有对应的缔约意思，但是知道受票方是真意表达，应当阻却虚开的成立。

如果开票方很清楚自己有缔约的真实意思，但明知对方没有缔约的真实意思，是否阻却虚开的故意?

除“受票方的真意保留太过明显，且自己也无意基于契约关系约束对方”外，其余情况不宜判定为虚开；尽管民法上将明知对方为真意保留的意思表示视为无效意思表示，但我们认为依旧应当阻却虚开的故意，理由是：①契约效力和契约成立是两回事，不应基于契约的效力问题界定虚开。一旦合同无效、被撤销，行为人也难逃被认定虚开，交易安全会被冲击。②在己方为真意表达，明知对方并非真意表达的情况下，合同未必确定无效，甚至合同很可能正常履行。最典型为因欺诈、胁迫、重大误解订立的合同。如果被欺诈、胁迫以及产生重大误解一方没有通过程序让合同归于无效，合同依旧对双方产生约束。当然，我们认为真实交易的判定应基于合同的成立而并非是合同的效力。

受票方的真意保留太过明显，而己方也无意以契约关系约束对方，不阻却虚开的故意。

3. 开票方虽然开具了与实际交易不符的发票，但基于法律或一般理解，容易产生应当这样开的判断，应阻却虚开的故意

虽然行为人对合同相对性的判断正确，但行为人基于合理的理由认为发票就应当这么开具（开具和合同相对性不一致的发票），应当阻却虚开的故意。最常见的错开情况是在发票到底该由谁开具给谁的问题上，基于错误的理解而开具给不具有合同相对性的一方。实务中主要基于“三流一致”而开具发票。例如，行为人误认为资金流的相对方是真实交易的相对方，进而开具对应的发票，不宜认定为虚开（主要是受长期以来“三流一致”错误思想的影响）。

另外，假设A公司与B公司的实际交易金额为113万元，基于某些规定，应当将发票开具给C公司，行为人将发票开具给了C公司，不得因此认定虚开。

需明确，当一笔交易，法律就如何开具发票规定比较含糊或容易对人产生误导，行为人因此就开票方向、开票金额产生错误认识，进而开具不符合规定原意或与实际交易不符的发票，阻却虚开的故意，应作废或冲红后重新开具发票。

**（二）为他人虚开的间接故意**

实务中存在这样的情况，行为人并不关心真实交易的相对方是谁，甚至无法判断是否有真实交易，即开具发票。例如，李四向A公司购买一批货物，开票时，一会说是B公司购买的，一会说是C公司购买，A公司未经核实，即把发票开给C公司。经查证，实际购买货物的不是C公司，而是B公司。这里A公司对开票方与受票方之间是否存在真实交易持放任态度，若构成虚开，应当属于间接故意的为他人虚开。

为他人虚开的间接故意，主要有以下几种情况：

1. 开票方对于开票方与受票方之间，就发票记载事项是否具有真实缔约意思，持无所谓态度

需明确，如果开票方基于合理事项，可以确信合同相对性发生在开票方与受票方之间，则阻却虚开的故意。在间接故意的情况下，通常受票方既没有与开票方签订合同，也没有对公款项的支付（如果是对私支付款项，有正当理由等同于对公支付），也没有与受票方的相关工作人员对接。一般而言，有对公支付款项（或货单）与合同，足以排除间接故意；至于是否构成直接

故意，另当别论。

另外，基本的形式审查，应以商业外观主义、行业惯例为基础，不宜对开票方做出过分的要求；否则会增加交易成本，影响交易安全。

2. 经查证，所开具发票的确与实际交易不符

行为人就发票记载事项在开票方与受票方之间是否存在对应的真实交易，不经最基本的形式审查，就开具了发票；经过查证，发票抬头上的销售方和购买方就发票记载事项确无真实交易。

需明确，如果法律法规另有规定可这样开具发票，行为人基于特殊规定开具与实际交易不符的发票，不得认定为虚开；由于特殊规定含混模糊，行为人认为应当开具某种与真实交易不符的发票，并基于此信任开具发票，应阻却虚开的故意，判定为错开。

最后，就为他人虚开的故意需要重点说明：行为人为他人虚开，不仅需认识到缺乏真实交易，还需对自己的行为可控。如果行为人对自己的行为不可控，应阻却虚开的故意（意志层面）。

## 三、为他人虚开的客观要件

为他人虚开的客观要件，是指为他人虚开客观上的表现。

为他人虚开，具体体现为发票抬头上的开票方和受票方均无设立发票记载事项的权利义务的真实意思，开票方为受票方开具了发票，但是法律法规另有规定的除外。为他人虚开的客观要件包括以下几点：

### （一）开票方与受票方之间就发票记载事项，缺乏真实交易

这里所说的真实交易，是指设立、变更、终止发票记载事项权利义务的真实意思表示。既包括无任何真实交易，也包括虽然开票方与受票方之间存在真实交易，但是真实交易与发票记载事项不符。

如果开票方与受票方均无缔约的真实意思，但是开票方很清楚，受票方可以要求其履行义务而自己难以拒绝时，阻却为他人虚开。

### （二）若第三方与受票方就发票记载事项存在真实交易，开票方为实际购买方开具对应的发票，则应认定为代开型为他人虚开

代开型为他人虚开与普通型为他人虚开对国家增值税税款的影响不一致。在普通型为他人虚开的情况下，通常税款损失是因为开票方未就虚开的发票

足额缴纳税款以及受票方足额抵扣；在代开型为他人虚开的情况下，税款损失是因为真实交易的销售方未申报缴纳税款以及开票方未就虚开的发票足额缴纳税款。

如果受票方就发票记载事项与他人存在真实交易，此时应当考虑：

（1）如果受票方要求开具对应的发票，但并未告知开票方与第三方存在对应的真实交易，开票方的行为应认定为普通型为他人虚开。

（2）如果受票方要求开具对应的发票，且提供了充分的证据证明开票方与第三方存在对应的真实交易，开票方的行为应认定为代开型为他人虚开。

（3）如果受票方与第三方存在对应的真实交易，受票方的相对方（即真实交易的卖方）要求开票方就该笔真实交易为其开具发票，不宜判定为他人虚开，应当认定为代开型为他人虚开。

**（三）开票方与受票方存在真实购销关系，发票单独计算价格的虚开**

假设 A 公司销售给 B 公司一批钢材，不含税价格为 100 万元，B 公司一开始并没有要求开具发票，后来索要发票。A 公司要求 B 公司另外支付 5 个点的开票费。于是，B 公司支付 5 万元开票费给 A 公司，A 公司为 B 公司开具了价税合计 113 万元的发票。

在这种情况下，不宜认定为以 5 万元的开票费为他人虚开价税合计 113 万元的发票，而应认定存在 105 万元的真实交易，发票开具为 113 万元，认定虚开 8 万元的价税合计。

**（四）如果相关税法规定要求在没有真实交易的情况下开具发票，依据该规定开具发票的，不得认定为虚开**

虽然开票方开具的发票与实际交易不符，但依据其他规定，可以这样开具发票的，客观上不构成虚开。

## 四、为他人虚开的客体要件

为他人虚开的客体，是行为人在没有其他规定支持的情况下，开具与真实交易不符的发票，所损害的社会关系。为他人虚开的客体，主要是国家的发票管理秩序。

为他人虚开的客体要件，并不等于虚开增值税专用发票罪的客体要件或虚开普通发票罪的客体要件。我们认为，虚开增值税专用发票罪中的为他人虚开侵害的客体应包括侵犯禁止抵扣利益而让国家可抵扣税款处于可能流失的危险状态，为他人虚开普通发票罪侵害的客体应包括侵犯禁止税前扣除利益而让企业所得税处于可能流失的危险状态。

## 五、为他人虚开的鉴别

### （一）合同解除

合同签订后，由于某些原因，双方协议解除合同或法院、仲裁机构裁判解除合同，合同不再履行；已经履行的予以返还原物、退还款项、赔偿损失等。只要发票开具当时的缔约真意与发票记载事项吻合，就不宜认定为虚开，即以发票开具当时的合同情况来开具对应的发票。

例如，A 公司销售给了 B 公司某固定资产，价税合计 1130 万元，B 公司先行支付了 100 万元的定金，A 公司发货后开具了增值税专用发票。由于 B 公司迟迟没有付款，A 公司诉请法院解除合同并没收定金，法院支持了 A 公司的诉请，B 公司退还货物。这种情况不宜认定 A 公司为 B 公司虚开。

需要说明的是，A 公司应将发票红冲，B 公司应做进项转出处理；但即使 A 公司没有将发票红冲、B 公司没有做进项转出，也不宜按照虚开处理。违反其他规定的，按照其他规定处理。

实务中罕见以合同解除为掩饰手段而为他人虚开的情况，但是当行为人以合同解除来抗辩虚开时，需重点审查以下几点：

1. 开票方情况

如果开票方就所开具的发票足额申报缴纳了增值税税款或用真实交易的进项抵扣，则基本可以排除以合同解除来掩饰虚开。因为开票方没有盈利，并且以合同解除来掩饰虚开成本太高。

2. 审查有无伪造送货单掩饰资金走向的行为

在正常解除合同的情况下，资金回流是明面上的，会计账册一般能体现。当然，这并不绝对（但只要资金公对公打回，基本上可以排除虚开）。需重点审查有无伪造送货单、物流记录。如果行为人伪造送货单或物流记录且没有合理解释，通常应考虑为他人虚开。

3. 成本核算

如果合同解约成本高昂，原则上应当考虑真实解约。

4. 冲红意向

如果开票方在案件被发现之前，有意让受票方配合发票的红冲，应当考虑真实解约。

司法实务中对虚开的认定通常依赖口供。在这类情况下，应严格核实同步录音录像资料。

**（二）司法调解或债务重组**

合同签订后，销售方已发货，购买方收到相应的货物。但由于货物质量、款项支付等原因双方对簿公堂。经法院主持调解，两方达成低于已开具发票金额的付款调解协议。

假如A公司销售给B公司一批货物，价税合计1130万元，A公司发出货物后，B公司由于资金困难，迟迟未足额付款。截至一审开庭，B公司总共支付了200万元的货款。经法院调解，双方达成调解协议，调解协议约定：B公司于调节协议生效之日起10日内再支付给A公司700万元，双方的权利义务即履行完毕。

实务中，以司法调解或债务重组来虚开的情况极其少见，但是一旦出现则通常难以区分。但可以从以下几个方面重点审查：

1. 减让价格合意形成的时间

在司法调解或债务重组的情况下，价格减让合意形成的时间一定在合同履行过程中，通常在发票开具后（如果发票开具前已经同意减让价格，应按减让后的价格开具对应的发票）。

以司法调解或债务重组来虚开，价格减让合意形成的时间通常是在合同缔结前，至少应在发票开具前。

2. 利润区间的不同

在司法调解或债务重组情况下，缔约价格通常与同类业务的利润区间价格一样，即使价格远高于同类业务市场价格，也有合理的解释。

以司法调解或债务重组来虚开，缔约价格一般远高于同类业务利润区间的价格。

3. 减让价格有正当理由

在司法调解或债务重组情况下，价格减让通常是因为购买方支付困难，或销售方举证困难。

以司法调解或债务重组来虚开，价格减让的理由通常非常牵强。

**（三）司法实践中举证不足而被判为没有发货或没有合同关系**

案例一

A公司销售给B公司一批货物，价税合计113万元，没有签订书面合同。B公司支付了5万元定金后，A公司发货并开具增值税专用发票。B公司见A公司送货单不规范，于是不打算支付这笔款项。后A公司诉至法院，要求B公司支付货款。法院以A公司不能证明已发货判决A公司败诉。

案例二

A公司销售给B公司一批货物，价税合计113万元，没有签订书面合同，A公司发货后，开具了增值税专用发票。B公司见A公司送货单不规范，于是不打算支付这笔款项。后A公司诉至法院，要求B公司支付货款。法院以A公司不能证明合同关系存在判决A公司败诉。

在案例一中，法院以不能证明已发货而驳回原告诉请；而在案例二中，法院直接以不能证明合同关系存在而驳回原告诉请。

实务中，通过诉讼途径以法院驳回诉请来掩盖虚开的情况极其罕见。司法实践中一旦发现受票方支付了低于所能抵扣税款的费用，应当综合考虑是否存在以诉讼掩盖虚开事实的情况。可从以下几个方面重点审查：

第一，开票方所负担的诉讼成本是否大于所收取的款项。如果大于，一般可以排除这种可能。

第二，开票方是否为履约做了准备，受票方是否有需要。另外，我们认为，只要能证明存在这种可能性，即应排除虚开，以维护交易安全。

第三，诉讼是否为双方事前筹划好的。如果是缔约后尤其是发票开具后，因一方或双方基于合同本身的因素而诉讼，则排除虚开；如果是之前筹划，仅通过诉讼掩盖发票交易的事实，则为虚开。

**（四）延长销售链条的应开而未开**

延长销售链条的应开而未开，极易与票货分离的为他人虚开混淆，实务中并不少见。

票货分离的虚开模型：

销售方向：A公司→李四（没有开具发票）

发票方向：A公司→B公司

资金流：李四→A公司

B 公司→A 公司→B 公司（扣除开票费，余额通常通过一个或多个第三方账户回到 B 公司或 B 公司的控制人账户）

货物流：A 公司→李四

延长销售链条的应开而未开

销售方向：A 公司→B 公司→李四

发票方向：A 公司→B 公司

资金流：李四 →B 公司→A 公司

货物流：A 公司→李四（直发）或 A 公司→B 公司→李四

为详细说明这种情况，举例说明：

李四以 B 公司名义向 A 公司购买货物。合同由 B 公司与 A 公司签订，货款由 B 公司支付给 A 公司，发票由 A 公司开给 B 公司。

发货的方向：

一是 A 公司发货给 B 公司，B 公司发货给李四。

二是 A 公司直接发货给李四（指示交付）。

1. 票货分离的虚开，有时三流方向和延长销售链条的应开而未开完全一致

（1）资金流的选择

既然在票货分离的情况下，李四本应将钱打给 A 公司，由于 A 公司也要给 B 公司资金回流，于是，A 公司指示李四将货款直接打给 B 公司作为 A 公司对 B 公司的回流，在这样的情况下，资金方向为李四 →B 公司→A 公司。

（2）货物流

无论是票货分离的虚开，还是延长销售链条的应开而未开，货物流可以是：A 公司→李四（直发）或 A 公司→B 公司→李四。

这里，票货分离的虚开，“三流方向”和延长销售链条的应开而未开可以一致；而且，正常交易时，“三流方向”也可与票货分离的虚开一致。

2. 票货分离的虚开与延长销售链条的应开而未开的区分

要区分票货分离的虚开与延长销售链条的应开而未开，可从以下几个方面把握。

（1）合同相对性的指向（以上例说明）

票货分离的虚开：合同相对性约束在 A 公司与李四之间，李四与 B 公司不会就缔约进行磋商，也不会委托他人和 B 公司磋商或安排。

延长销售链条的应开而未开：合同约束在于 A 公司与 B 公司之间、B 公

司与李四之间，通常 B 公司与李四会直接磋商或由他人代为磋商缔约事项。

（2）具体判断

区分票货分离与延长销售链条的应开而未开的最重要的依据：如发生违约纠纷，看谁该起诉谁，违约之诉的原告、被告是谁。

通常来说，违约之诉的原告、被告是真实交易的合同相对方，这种判断比较准确。

**（五）还本销售**

还本销售是企业销售货物后，一定期限内将全部或部分销货款一次或分次无条件退还给购货方的一种销售方式。

国税发〔1993〕154 号规定："纳税人采取还本销售方式销售货物，不得从销售额中减除还本支出。"

还本销售形似虚开，尤其是还本支出，可能会被误判为资金回流。

我们认为，还本销售与虚开有明显区别，应重点审查以下几个方面：

一是账目上是否明确记载退回购买方的资金。如果会计账册明确记载退回购买方的资金，基本上可以排除虚开；如果会计账册没有记载退回购买方的资金，尤其当证据显示开票方掩盖该支出，则基本上可以排除还本销售。

二是看支出的合理性。还本销售的支出通常是基于融资、产品宣传等需要，行为人很难合理解释虚开的资金回流。

三是看支出的时间、定价差额。例如，行为人开具的发票金额为 1000 万元，次日即还本 900 万元，则很可能不是还本销售，尤其当账册并未记载这个支出时。

以上几方面尤以账目上是否明确记载退回购买方的资金为重。

**（六）合同未履行结束**

假设 A 公司销售给 B 公司一批货物，价税合计 1300 万元。合同签订后，A 公司依约发送货物给 B 公司并开具了对应的增值税专用发票，B 公司支付了 1200 万元的货款后，由于某些原因暂缓支付货款。

该例易被认定为 A 公司为他人虚开，实务中应与为他人虚开区分，重点审查以下几点：

一是尚未收取余款是否有正当的理由。如有正当理由，基本可以排除虚开；如果无合同约定等正当理由，应审查会计账册是否做应收处理。

二是如果账册已做应收处理，基本可以排除虚开。如果账册已做坏账处理，则应考虑是否进行过必要的催收；如果进行过必要的催收，基本可以排除虚开。

三是如果开票人表面上收取了货款，但将部分款项退回受票方，且无正当理由的，明知受票方有能力支付而未打算让受票方支付的，应考虑虚开；行为人通过其他方式虚假收款、且无正当理由，明知受票方有能力支付而未打算让受票方支付的，应当考虑虚开。

以上考量中，只要行为人提供证据证明，发票开具时受票方和开票方约定的交易价格为发票记载金额，即使尚未足额支付货款，对尚未足额支付货款予以掩盖，或虚假支付，也不宜认定为虚开。

### （七）合同变更

假设 A 公司销售给 B 公司一批货物，价税合计 1600 万元。合同签订后，A 公司依约发送货物给 B 公司并开具了对应的增值税专用发票，B 公司支付了 1200 万元的货款后，由于某些原因双方协商变更价款为 1500 万元。

该类交易有时可能被认定为为他人虚开，实务中应予以区分，防止冲击交易安全。我们认为应重点审查以下几点：

1. 协商变更的时间节点

协商变更的合意形成于发票开具前的，发票应当按照变更后的合同内容开具；协商变更的合意形成于发票开具后的，不应因协商变更合同而判定虚开。

2. 协商变更合同的原因

即行为人是否基于合理理由协商变更合同。

3. 协商变更的情况，是否体现于账册中

例如，协商减少了付款，是否调整相应的应收账款；协商减少发货，是否在账册中有所体现。

## 六、为他人虚开判定的综合审查

### （一）审查行为动机

虚开本身是一种违法行为，认定前宜先审查行为人的动机。

为他人虚开通常基于以下动机：

1. 帮忙或用于职务侵占、抽逃出资、套现

在这种情况下，行为人法律意识淡薄，但受票方通常足额支付了开具发票上的税额，甚至支付相应的所得税税款，起码保障票面上的增值税税款。或者下游纳税人虽然没有足额支付税款给上游，但基于正当理由或可靠的证据，确信上游纳税人能足额负担增值税税款而不影响增值税税款缴纳能力，甚至确信上游纳税人能同时负担所得税税款并且实际缴纳。

经过查证，如发现上游纳税人足额申报缴纳虚开出去的发票上的税额(含用进项予以抵扣)，不宜作虚开增值税专用发票罪处理；如同时保障了所得税税款的申报缴纳，不宜作为犯罪处理。需明确，票货分离的虚开，就票货分离部分，应当认定为没有申报，做犯罪处理。

2. 赚取开票费

当行为人以赚取开票费而不是开票费差价为动机时，通常为票源地虚开，多数情况下金额巨大。

当行为人以赚取开票费为目的时，重点审查行为人就开具出去的发票的税款申报的处理：

（1）行为人是否存在票货分离（含挂靠购进后不开票）。

（2）开具的发票是否存在增值税税收优惠政策（含财政补贴以及类似于优惠政策的农产品收购发票开具）。

（3）审查行为人是否有不开票收入的存在。

（4）审查行为人是否存在其他类似的虚开行为。

**（二）审查货物是否交付**

有资金回流或只收取与日常开票费相当的费用，未必一定是虚开，支付出去的资金可能是借款、还款以及其他资金往来，应优先审查是否有货物交付。

需明确，如果证明有货发出，则通常可靠；而无货证明，通常并不可靠。因为消极事实通常很难举证，不宜仅凭口供来认定。

实务中，证明发货的证据主要有物流单据、供述、系统记载、盘存等。

审查货物是否交付时，应注意以下几个方面：

（1）发货未必由发票抬头上的销售方亲自发出，可由他人发出。

（2）直接收货人未必一定是发票抬头上的收货方，可以是购买方认可或指定的第三人。

（3）发票抬头上的买卖双方可能都未见过货物，但是不能以此认定没有交付货物。因为，长链指示交付在实务中很常见。

（4）在指示交付的情况下，行为人有时误以为没有一对一的发货就是虚开而伪造物流单据，司法实务中应仔细审查。

（5）存在货物的流转，未必不是虚开；没有货物的流转，也未必是虚开，需要具体情况具体分析。应重点审查发票开具时，双方是否有交付对应货物的真实意思表示。

**（三）审查资金给付**

在虚开情况下，通常不会真实地支付款项。要么直接支付开票费，要么以资金回流的方式完成虚假支付。直接支付开票费实务中不多见，这里重点介绍对资金回流的审查。并非销售方的款项退回购买方或购买方关联人的账户就是资金回流。

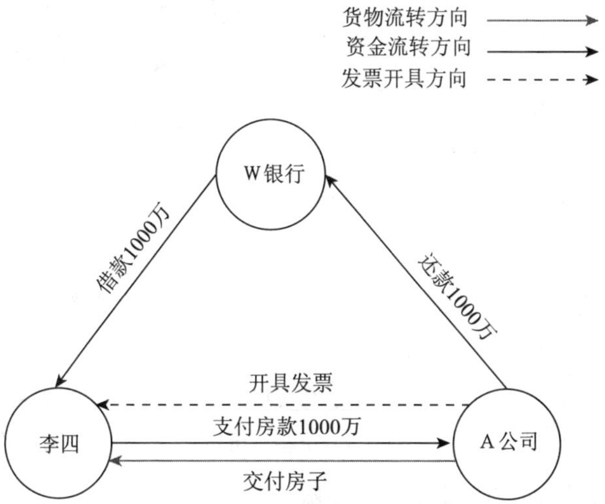


**图 5-6　资金流转方向**

例如，李四向 A 公司购买了一套房子，支付房款 1000 万元，正好 A 公司以此房款归还 W 银行贷款 1000 万元，李四向 W 银行借款 1000 万元。这显然不是资金回流，见图 5-6。

再如，A 公司销售给 B 公司一批货物，A 公司收到货款后，将该批货款出借给 B 公司或偿还对 B 公司的欠款。这显然不是资金回流，见图 5-7。

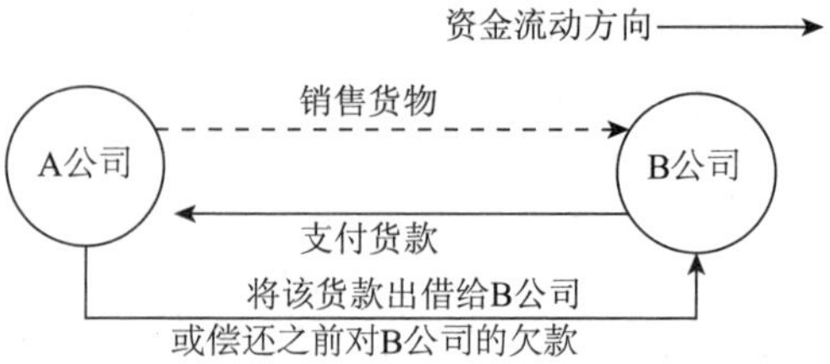


**图 5-7　事例中的资金流转方向**

我们认为，资金回流应符合以下几个条件：

1. 开票方和受票方均有回流的意思

如果开票方或受票方有一方并未有资金回流的意思，不宜被认定为资金回流。在这种情况下，开票方或受票方出现发票抬头上的销售方付款给发票抬头上的购买方可能存有其他因素。

2. 发票开具当时，已确定回流是付款的附带条件

如果发票开具当时并无回流之意思，而在发票开具后产生回流意思，应要求冲红发票，不宜判定为资金回流；如果购买方付款后，基于其他因素而退回资金的，不宜认定为资金回流。

3. 回流缺乏正当理由

如果发票抬头上的销售方汇款给发票抬头上的购买方有正当理由，不宜认定为资金回流。

4. 回流到受票方或受票方的实际控制人，汇款方需为发票抬头上的销售方或销售方的实际控制人（且需要开票方实际负担）

如果发票抬头上的销售方汇款给发票抬头上的购买方之外的人，不宜认定为资金回流。例如，B 公司给 A 公司付款时，A、B 公司确定 A 公司收款后将款项转汇非 B 公司实际控制的李四账户。

如果汇款方和发票抬头上的销售方无关，即使汇款至发票抬头上的购买方，也不宜认定为资金回流。

5. 金额与约定开票费吻合

一般而言，支付货款的金额-资金回流金额=约定的开票费金额，即便存在差异，也不会悬殊太大。

另外，资金回流一般通过隐蔽账户进行，如果过于明显，则应审查是否存在隐情。

# 第六节　让他人为自己虚开的判定

让他人为自己虚开，是指除另有规定或报销等特殊情况外，受票方明知开票方与受票方均没有就发票记载事项设立对应权利义务关系的真实意思表示，依旧接受开票方开具的发票并加以利用的行为。

## 一、让他人为自己虚开的主体

让他人为自己虚开的主体可以是企业、个人或其他组织，这点与为他人虚开的主体要件明显不同。

让他人为自己虚开的主体，是否包含了发票抬头上的购销方（通常是购买方）之外的人？

下文以事例说明：

例一

张三入住酒店是个人行为，对酒店谎称系B公司的职务行为，要求酒店开具增值税专用发票给B公司。B公司取得该发票后予以抵扣税款。该例中，显然不能认定酒店为B公司虚开发票。那么，能否认定张三让他人（酒店）为自己虚开？

例二

A公司系开票公司，B公司系受票方，王五指示A公司为B公司虚开了价税合计11300万元的增值税专用发票。该笔业务中，王五收取了B公司5%的开票费，并支付4%的开票费给A公司。该例中，能否认定王五的行为为“让A公司为自己虚开”？

例二衍变一：

A公司系开票公司，B公司系受票方。王五让A公司将价税合计11300万元的发票虚开给自己经营的K公司，并且支付4%的开票费给A公司；后王五以5%的价格虚开给C公司。上下游发票的开具事宜一样，中间公司无票货分离、无欠税、无增值税税收优惠。

例二衍变二

A公司系开票公司，B公司系受票方。假设王五介绍A公司为B公司虚开价税合计11300万元的增值税专用发票，B公司支付给A公司4%的开票费并付给王五1%的介绍费。

我们认为，例一中张三不宜认定为让他人为自己虚开的主体，例二中的王五也不宜认定为让他人为自己虚开的主体。

## 二、让他人为自己虚开的主观要件

让他人为自己虚开的主观要件只能是故意，既包括直接故意，也包括间接故意。直接故意是指受票方已知或应当知道，受票方与开票方就发票记载事项均未设立对应的权利、义务关系的真实意思，受票方依旧接受发票并利用，但依据其他规定或特殊惯例做特殊开票处理的除外。

让他人为自己虚开的间接故意是指受票方知道或应当知道自己与开票方可能没有真实交易，依旧让开票方为自己开具增值税专用发票，受票方对自己与开票方是否存在真实交易持无所谓的态度。事后经查证，开票方与受票方之间确没有真实交易。

### （一）让他人为自己虚开的直接故意构成

*1. 受票方明知就发票记载事项，与开票方没有真实的缔约意思*

（1）受票方虽然知道存在真实交易，但明知真实交易不是发生在开票方与受票方之间，不阻却让他人为自己虚开的故意。例如，B公司从李四处收购货物，价税合计113万元。由于李四不能开具发票，李四提供了A公司开具给B公司的对应发票（代开）或者B公司自行让A公司为其开具对应的发票，不阻却虚开。

（2）虽然客观上开票方与受票方并无真实交易，但是受票方基于正当理由认为真实销售方是开票方或者受票方基于合理理由认为应当由开票方开具发票的，应当阻却虚开的故意。

实务中，缺乏判断真实交易的统一的标准，企业容易误认真实交易的标准。例如，以“三流一致”认定真实交易，进而让非真实销售方为自己开具发票的，这种情况不宜判定为虚开而应当认定为错开。

*2. 受票方明知就发票记载事项，受票方与开票方均无设立对应的权利义务关系的真实意思*

如果受票方明知自己没有对应的缔约意思，但知道开票方是真意表达，应阻却虚开的成立。

如果受票方很清楚自己有缔约的真实意思，但是明知对方意思表达不真实，是否阻却虚开的故意？

我们认为，除“开票方的真意保留太过明显或自己也无意基于契约关系约束对方”外，其余情况不宜判定为虚开，理由如下：

（1）契约效力和契约成立是两回事，不应基于契约的效力问题界定虚开。若一旦合同无效、被撤销，行为人被认定虚开，交易安全易被冲击。

（2）在明知己方真意表达，对方并非真意表达的情况下，合同未必无效，甚至可能正常履行。最典型的是，因为欺诈、胁迫、重大误解订立的合同，如果被欺诈胁迫以及产生重大误解一方没有通过程序让合同归于无效，合同依旧对双方产生约束。

开票方的真意保留太过明显，而己方也无意以契约关系约束对方，不阻却虚开的故意。

*3. 虽然受票方让开票方为自己开具与实际交易不符的发票，但基于法律或一般理解，容易产生应当让开票方为自己开票的判断，应阻却虚开*

例如，A公司与B公司的实际交易金额为113万元，但基于某些规定或一般理解，足以让B公司认为应由C公司为自己开具发票，而让C公司为自己开具了对应的发票，此时应阻却虚开的故意。

需明确，当一笔交易，法律上就如何开具发票规定比较含糊或容易产生误解，行为人就开票方向、开票金额产生错误认识，进而开具不符合规定原意或与实际交易不符的发票，阻却虚开的故意，应当作废或冲红后重新开具发票。

开票方和受票方税务局对如何开票存在争议，开票方税务局认为不是虚开，而受票方税务局认为是虚开。在这种情况下，应站在当时当事人的角度考虑问题。

### （二）让他人为自己虚开的间接故意

实务中存在这样的情况，行为人并不关心真实交易的相对方是谁，甚至无法判断是否有真实交易，即开具发票。

让他人为自己虚开的间接故意，主要包括以下几点：

*1. 受票方就双方发票记载事项是否存在真实的缔约意思，持无所谓的态度*

需明确，如果受票方基于合理事项，可以确信合同相对性发生在开票方与受票方之间，则阻却虚开的故意。在间接故意情况下，通常受票方既没有与开票方签订合同，也没有对公款项的支付（对私支付款项有正当的理由的等同于对公支付），也没有与受票方相关工作人员有相应的对接。一般来说，有对公支付款项、合同的存在，足以排除间接故意，至于是否构成直接故意，另当别论。

另外，基本的形式审查，应以商业外观主义、行业惯例为基础，不宜对受票方做出过分的要求；否则会徒增交易成本，影响交易安全。

2. 经查证，让他人为自己开具的发票确与实际交易不符

行为人就发票记载事项在开票方与受票方之间是否存在对应的真实交易，不经最基本的形式审查，让他人为自己开具发票，且经过查证，发票抬头上的销售方和购买方确就发票记载事项无真实交易。

需明确，如果另有规定可以这样开具发票，行为人基于特殊规定开具与实际交易不符的发票，不得认定为虚开；行为人基于特殊规定的含混模糊，认为应当开具某种与真实交易不符的发票，并且基于信任开具发票，结果由于规定含混或模糊而错开，应认定阻却虚开的故意，判定为错开。

最后，就为他人虚开的故意需要重点说明的是：行为人让他人为自己虚开，不仅缺乏对真实交易的认识，而且对自己的行为可控。如果行为人对自己的行为不可控，应判定阻却虚开的故意（意志层面）。

## 三、让他人为自己虚开的客观要件

让他人为自己虚开的客观要件，是指让他人为自己虚开的客观表现。

让他人为自己虚开，具体体现为：发票抬头上的开票方和受票方均无设立发票记载事项的权利义务的真实意思，受票方让开票为自己开具发票，但是法律法规另有规定的除外。对为他人虚开的客观要件应注意以下几点：

### （一）受票方与开票方之间就发票记载事项，缺乏真实交易

这里所说的真实交易，是指设立、变更、终止发票记载事项的权利义务真实意思表示。缺乏真实交易既包括无任何真实交易，也包括虽然开票方与受票方之间存在真实交易，但与真实交易与发票记载事项不符。

如果受票方与开票方均无缔约的真实意思，但是受票方很清楚，己方可以要求履行义务而对方难以拒绝时，阻却虚开。

另外，如果受票方明知难以拒绝开票方要求自己履行对应义务，也阻却虚开的成立。例如，不可撤销的服务合同，受票方即使放弃享受服务，也不

得要求退款，阻却虚开的成立。

**（二）受票方与开票方之间就发票记载事项缺乏真实交易，且没有特殊惯例与特殊规定支撑**

海关总署、财政部、税务总局或某些省级税务机关对发票方向有特殊规定，而纳税人依据特殊规定开具与实际不符的发票的，不得判定为虚开。

某些单位职工费用报销发票抬头上的开票方与受票方通常没有真实的权利义务关系，但是对应的款项由受票方负担。

**（三）受票方购买货物没有从实际销售方取得发票，进而让他人为自己虚开该部分对应发票的，应认定为代开型让他人为自己虚开**

代开型让他人为自己虚开也称为从第三方取得发票，包括主动从第三方取得发票和被动从第三方取得发票。

主动从第三方取得发票，是指受票方找实际销售方之外的主体开具与相应购进相符的发票；被动从第三方取得发票，是指实际销售方让他人代自己开具相应销售的发票。

在主动从第三方取得发票的情况下，受票方承担开票费，自行联系开票方，自行谈判；被动从第三方取发票的情况下，实际销售方承担开票费，自行联系开票方，自行谈判。

主动从第三方取得发票定性为让他人为自己虚开。实务中，被动从第三方取得发票如何定性？

我们认为，被动从第三方取得发票依旧是让他人为自己虚开，但国税发〔1997〕134号第二条规定：

在货物交易中，购货方从销售方取得第三方开具的专用发票，或者从销货地以外的地区取得专用发票，向税务机关申报抵扣税款或者申请出口退税的，应当按偷税、骗取出口退税处理，依照《中华人民共和国税收征收管理法》及有关法规追缴税款，处以偷税、骗税数额五倍以下的罚款。

在实务中予以处理的时候，基于信赖保护原则，应考虑〔1997〕134号第二条规定。

**（四）受票方无票购进货物，单独支付开票费让实际销售方为自己开具发票的虚开**

例如，B公司从A公司购进一批货物，不开票价格为100万元。购销行为完成后，B 公司让 A 公司开具发票，A 公司要求 B 公司支付 5%的开票费。于是，A 公司为 B 公司开具了价税合计 113 万元的增值税专用发票。

这种情况下，该行为不宜认定为以 5 万元的开票费让他人为自己虚开价税合计 113 万元的发票，而应认定存在 105 万元的真实交易，发票开具为 113 万元，认定 8 万元价税合计的虚开。

## 四、让他人为自己虚开的客体要件

让他人为自己虚开的客体，是行为人在没有其他规定作为支持的情况下，让他人为自己开具与真实交易不符的发票，所损害的社会关系。为他人虚开的客体，主要是国家的发票管理秩序。

之所以将符合规定让他人为自己开具与实际经营不符的发票排除在虚开之外，是因为该开票行为不但不会损害国家的发票管理秩序，反而维护了国家的发票管理秩序。

让他人为自己虚开的客体要件，并不等于虚开增值税专用发票罪的客体要件或虚开普通发票罪的客体要件。我们认为，虚开增值税专用发票罪中的让他人为自己虚开侵害的客体应包括侵犯禁止抵扣利益而让国家可抵扣税款处于可能流失的危险状态，让他人为自己虚开普通发票罪侵害的客体应包括侵犯禁止税前扣除利益而让企业所得税处于可能流失的危险状态。

## 五、让他人为自己虚开的鉴别

让他人为自己虚开的内容与为他人虚开的鉴别重叠，这里只对重点予以介绍。

### （一）合同解除

站在受票方角度审查让他人为自己虚开与合同解除的区别较站在开票方角度审查为他人虚开与合同解除的区别还是有所不同。

例如，B 公司从 A 公司购进一批货物，价税合计 1130 万元，B 公司先行支付 100 万元的定金。合同签订后，A 公司为 B 公司开具价税合计 1130 万元的增值税专用发票。A 公司先行发货后，B 公司发现货物质量严重不合格，于是拒收货物。B 公司要求 A 公司双倍返还定金，在双倍返还定金之前，B 公司拒绝配合 A 公司冲红发票的要求。在该例中，B 公司看似以 100 万元的价格购买价税合计 1130 万元的增值税专用发票，但显然不宜认定 B 公司让 A 公司为自己虚开。

实务中罕见以合同解除为掩饰手段让他人为自己虚开的情况。当行为人以合同解除来抗辩虚开时，需重点审查以下几点：

1. 受票方是否需要该批货物

如果受票方确需要该批货物，且没有证据证明受票方对该批货物的需要在开票之前有从其他主体购进的情况。一般而言，应考虑为真实交易下的合同解除。

当然，不能以受票方不需要该批货物判定其为虚开，因为受票方可能系单纯的贸易公司。

2. 考察受票方的资金走向以及是否伪造入库单

在真实交易合同解除的情况下，即使存在开票方退回受票方货款，受票方账面上也会体现该资金走向；而在虚开发票情况下，该资金走向通常不会体现在账面上。

在真实交易合同解除情况下，受票方不会伪造入库单；如果受票方伪造入库单，一般应考虑为让他人为自己虚开发票。

3. 考察受票方的成本

如果受票方解约的成本很高，基本上可以排除以解除合同掩饰虚开的可能。

### （二）代购、挂靠购进以及延长购进链条的购进与让他人为自己虚开

实务中，挂靠购进与票货分离的虚开容易混淆，应严格区分以保障交易安全和法律的正确实施。

最常见的代购或挂靠购进以及延长购进链条的购进为：W 需要从 A 公司购进产品，但基于某些原因，自己不愿意或客观上难以从 A 公司购进，于是，W 以 B 公司的名义或委托 B 公司以 B 公司名义购进后交付给 W，或让 B 公司从 A 公司购进后再销售给 W。

这种情况下的代购、挂靠购进以及延长购进链条的购进实务中非常容易区别，难以区别的是，人为操纵缺乏商业实质意义的代购、挂靠购进以及延长购进链条的购进与让他人为自己虚开。这里的人为操纵包括受票方（B 公司）操纵、受票方与开票方合谋操纵以及受票方与第三方合谋操纵。

受票方操纵，是指当 W 为不需要发票的主体时，受票方（B 公司）让 W 以 B 公司的名义从 A 公司购买或 B 公司以 B 公司名义代 W 购买或 B 公司从 A

公司处购买后销售给W。需特别注意：在受票方操纵的情况下，尽管受票方取得A公司的发票，但对W未开具发票未申报纳税，通常价格低于W从A公司直接购进的价格。在单纯受票方操纵的情况下，开票方A公司不知情，A公司自认为销售给B公司。

而在受票方与开票方合谋操纵的情况下，受票方与开票方均知情。例如，A公司正常销售给W，由于W不需要发票，A、B公司合谋操纵，让W从B公司购买或以B公司名义从A公司购买或B公司以B公司名义从A公司购买，但是B公司并未对W开票和报税。在开票方与受票方合谋操纵的情况下，开票方一定会和W接触，甚至禁止B与W接触，主要为把控客户资源。

受票方与第三方合谋操纵的情况比较复杂，主要是指A公司上游公司员工或B公司的挂靠人操纵，例如，李四把控客户，对A公司声称货物销售给了B公司，B公司与A公司签订了购销合同，然后在李四操纵下将货物低价销售给W（B公司未对W开具发票，也未报税）。在第三方操纵的情况下，需要B公司配合，实际上为B公司与第三方合谋操纵。

我们认为，以上情况均不宜认定为虚开。因为在上述情况下，至少有一方具有购销的真实意思表示。

实务中，如何将代购、挂靠购进以及延长购进链条的购进与票货分离的让他人为自己虚开区分？

我们认为，可按以下步骤审查：

第一步：审查受票方是否与最终需货方磋商。

如果受票方与最终需货方磋商并决定最终价格，则排除票货分离的虚开。

经审查，如未发现受票方与最终需货方磋商并决定最终价格，则进入第二步审查。

第二步：审查开票方是否与最终需货方磋商。

如果开票方并未与最终需货方磋商甚至根本不认识最终需货方，则排除票货分离的虚开。

经审查，如未发现受票方与最终需货方磋商并决定最终价格，但发现开票方与最终需货方磋商并最终决定最终价格，则进入第三步审查。

第三步：审查交易的透明度。

如果开票方与受票方之间的资金往来透明，货物走向透明，应排除票货分离的虚开。这里的透明是指相应的资金往来和货物走向，在会计账簿上应体现均体现。

经审查，如未发现受票方与最终需货方磋商并决定价格，但发现开票方与最终需货方磋商并决定价格，且交易透明度不高，应进入第四步审查。

第四步：审查口供。

审查口供主要审查以下几个方面：

（1）审查行为人自认为的合同相对性指向，判断其是否与发票方向一致

如果行为人基于合理的理由认为合同相对性与发票方向一致，一般应当排除票货分离的虚开。

（2）审查行为人如何认识真实交易

这里重点审查在行为人自认为合同相对性方向与发票方向不一致的情况下，行为人以什么理由让开票方给自己开具发票。

这里的审查主要是考虑行为人是否基于错误的理解而并未将合同相对性作为真实交易的判定依据。

（3）审查行为人让开票方为自己开具发票的理由

在行为人明知开票方与自己没有真实交易的情况下，需要审查行为人是否基于对某些模糊规定的错误理解而自认为应当这样开具发票。

通过以上的审查，基本上可以确定是否为票货分离的虚开，但还应审查以下方面以确保少错判。

（4）审查犯罪动机、犯意达成、开票费和资金回流

如果行为人的行为经过上述审查，犯罪动机、犯意达成、供述中的开票费与资金回流与客观证据吻合，一般可以解除怀疑。

**（三）如何区分上游的挂靠、代销、长链销售与第三方取得发票**

上游的挂靠、代销、长链销售，通常是基于货源方不能自行开具发票或缺乏其他资质，以其他主体的名义销售或让其他主体以其名义销售或货源方先销售给开票方，开票方再销售给受票方。

例如，李四意欲销售一批货物给 B 公司，但是由于 B 公司购进货物需要专用发票。于是，李四以 A 公司的名义销售给 B 公司，或者让 A 公司以 A 公司名义销售给 B 公司。实务中，这种情况下的挂靠、代销相对容易识别。

实务中还存在人为操纵的缺乏商业实质意义的挂靠、代销、长链销售，这种操纵包括开票方操纵、开票方与受票方合谋操纵、开票方与第三方合谋操纵。

开票方操纵，是指开票方与货源方合谋，让货源方以自己的名义销售给受票方，或者以开票方的名义代货源方销售给受票方，或者货源方先销售给开票方，开票方再销售给受票方。在这种情况下，开票方收取的利润小于依法应当申报税款的税款金额，但是站在受票方的角度来看，完全是一个正常交易。

开票方与受票方合谋操纵，通常操作方法是将货物由货源方销售给受票方的关联人，受票方的关联人再销售给开票方，开票方再销售给受票方；或受票方的关联人购进货物后以开票方的名义销售给受票方或让开票方以开票方的名义销售给受票方。

开票方与第三方合谋操纵，最常见的是受票方的采购人员或关联人员背着受票方以开票方的名义将货物销售给受票方，或让开票方以开票方的名义销售给受票方，或先行销售给开票方，开票方再销售给受票方。

我们认为，不能以缺乏商业实质为由判定为虚假交易进而认定为虚开。那么如何界定上游的挂靠、代销、长链销售与第三方取得发票？我们可以按照以下四个步骤：

第一步：审查受票方是否与货源方磋商。

如果受票方与货源方没有磋商，则排除票货分离的虚开。

如果经审查，发现受票方与货源方磋商并决定从货源方购进的价格，则进入第二步审查。

第二步：审查开票方是否与货源方磋商。

如果开票方与货源方磋商，则排除票货分离的虚开。

如果经审查，发现受票方与货源方磋商，且开票方没有与货源方磋商，则进入第三步审查。

第三步：审查交易的透明度。

如果开票方与受票方之间的资金往来透明，货物走向透明，应当排除从第三方取得发票。这里的透明，是指相应的资金往来和货物走向，应当体现在会计账簿上。

如果经审查，发现受票方与货源方磋商，且开票方没有与货源方磋商，交易透明度不高，应进入第四步审查。

第四步：审查口供。

口供审查内容与鉴别代购、挂靠购进以及延长购进链条的购进与让他人为自己虚开的要点一致，但是应当基于是否从第三方取得发票来考量。

## 第七节　介绍他人虚开和为自己虚开的判定

介绍他人虚开，是指明知两方之间就拟开具发票事项均无设立对应权利义务关系的真实意思，而依旧介绍其开具或接受发票的行为。介绍，是指为两方穿针引线、牵线搭桥。另外，我们认为，以虚抵虚而将进项传递给下游的行为，其性质和介绍他人虚开一样，但从行为形式上却是双向虚开。为自己虚开，是指行为人明知就发票抬头上的开票方和受票方之间无设立对应权利义务关系的真实意思，自行开具发票的行为。

### 一、介绍他人虚开的判定

#### （一）介绍他人虚开的主体

介绍他人虚开的主体为一般主体，既可以是单位，也可以是个人。

实务中需要注意，雇佣关系的存在并不影响介绍他人虚开的成立；只要是独立行为，均可构成介绍他人虚开。

#### （二）介绍他人虚开的主观方面

介绍他人虚开的主观方面为故意，既可以是直接故意，也可以是间接故意。

介绍他人虚开的直接故意为确信两方之间就拟开具发票事项均无设立对应权利义务关系的真实意思，而希望其开具或接受发票，进而予以介绍的心态。

介绍他人虚开的间接故意为确信两方之间就拟开具发票事项均无设立对应权利义务关系的真实意思，并基于行为人了解的情况下，其认识的目的很可能为虚开发票，行为人基于放任心态而介绍认识的心态。

我们认为，实务中应对介绍他人虚开的间接故意严格把关，判断介绍他人虚开的间接故意，应严格基于客观证据。

#### （三）介绍他人虚开的客观方面

无论是《发票管理办法》还是《刑法》，都将介绍他人虚开规定为一个独立的实行行为。然而，法律这样规定导致的问题是，对介绍虚开普通发票的行为、介绍非法买卖增值税专用发票的行为、介绍买卖伪造的增值税专用发票的行为该如何适用法律？是根据罪刑法定原则，无论情节、后果多么严重都不构成犯罪，还是进行扩大解释，情节、后果严重者也构成虚开发票罪？如认为不构成犯罪，无疑将放纵罪犯，与新设虚开发票罪、严惩危害增值税专用发票制度犯罪的宗旨相悖；如扩大解释为构成犯罪，又似有违罪刑法定原则，同样的介绍行为，为什么在相邻的几个法条之间规定不同？①

实务中，对何为独立的介绍行为，何为开票方或受票方一方的共犯，经常混淆。这里的介绍，应定义为为了使被介绍人之间的非法行为得以实现，而在被介绍人之间进行引荐、沟通、撮合的行为。介绍他人虚开的介绍行为，实务中表现为两种形式：一是介绍拟接受虚开发票的一方与拟为他人虚开的一方认识，让其自行协商；二是行为人让开票方将发票开给行为人指定的受票方。实务中，相比第二种情况，第一种情况更为少见。在第一种情况下，虚开可能会绕过介绍人。

我们认为，同一行为中被介绍人中的开票方和受票方均为多人的，应以本罪的自然人单独犯罪定罪处罚。

对被动应单一受票方邀请为其找寻开票方或应单一开票方邀请为其找寻受票方的介绍人，构成犯罪的，应认定为共同犯罪的从犯。理由如下：第一，尽管刑法规定虚开犯罪的四种实行行为，但是实行行为之间本身是可以构成共同犯罪的；第二，刑法分则应受总则的约束；第三，如果不将这种情况认定为共同犯罪，很容易导致罪责刑失衡；第四，在这种情况下，针对邀请其的单一开票方或单一受票方而言，本身就可以构成共同犯意之下的故意犯罪（如构成犯罪）。

### （四）客体

介绍他人虚开的客体为国家的发票管理秩序。

## 二、为自己虚开的判定

### （一）主体要件

一般主体。

① 王焕平．介绍行为的刑法评价［J］．法学杂志，2015（6）．

## （二）主观要件

为自己虚开的主观要件是故意，即明知拟开具发票的抬头的购销双方之间并无真实的购销关系。

## （三）客观要件

为自己虚开的客观方面，主要包括以下两种情况：

1. 非同一控制下的为自己虚开

非同一控制下的为自己虚开，是指行为人虚开的发票抬头上的购销双方，非受同一主体控制。就目前而言，非同一控制下的为自己虚开，目前仅限于虚开农产品收购发票。

2. 同一控制下的为自己虚开

同一控制下的为自己虚开，包括行为人虚开的发票抬头上的购销双方为同一法律主体的为自己虚开，以及行为人虚开的发票抬头上的购销双方非同一法律主体但受同一主体控制的虚开。前者见于同一法人机构设立有不同的分支机构，不同的分支机构分别为不同的纳税登记主体情况；后者见于关联企业之间的虚开。

## （四）客体要件

为自己虚开的客体为国家的发票管理秩序。

# 第六章　虚开的根源

## 第一节　概况介绍

虚开发票一方也需申报税款，为什么仍有虚开发票的行为？本节将基于增值税税款的影响来解析虚开增值税专用发票的根源。实际上，无论是虚开增值税专用发票，还是虚开增值税普通发票，不仅对增值税有影响还会对所得税产生影响，见图 6-1。

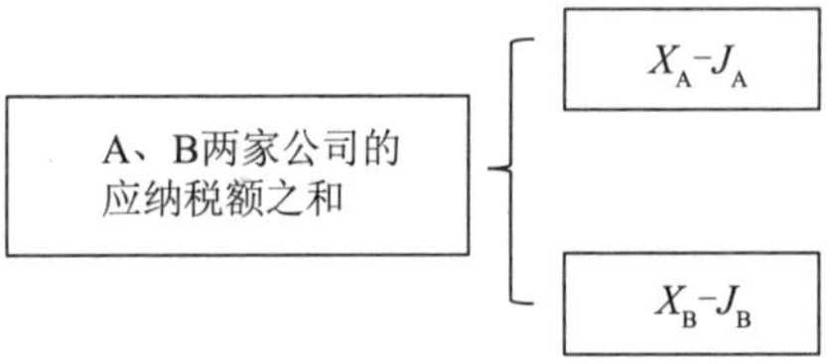


**图 6-1　正常情况下，A、B 两家公司的应纳税额**

虚开增值税专用发票的根源在于，开票方无须实际足额缴纳受票方所能抵扣的税款。同理，受票方税前扣除减少的所得税应纳税额，开票方并不实际增加缴纳对应的所得税税款增值税一般纳税人扮演着代收代垫税款的角色，即代国家征收税款，再足额交还国家，代收的增值税税款为销项税额；增值税一般纳税人同时扮演代垫税款的角色，即代最终消费者暂时垫付税款，代垫的增值税税款为进项税额。如果产品继续于生产流通，则予以退税。应足额交还国家的税款与国家应退还的代垫付税款的差额，为结算金额，即应纳税额。

## 一、一般情况下，虚开增值税专用发票对国家增值税税款的影响

### （一）正常情况下，两家公司的应纳税额（见图6-2）

增值税一般纳税人应纳税额的计算公式为应纳税额＝销项税额－进项税额。

设A、B公司正常情况下的应纳税额为 $Y_A$、$Y_B$，销项税额分别为：$X_A$、$X_B$，进项税额分别为 $J_A$、$J_B$，$X$ 为虚开税额，则A、B两家公司的应纳税额分别为：

$$Y_A = X_A - J_A$$
$$Y_B = X_B - J_B$$

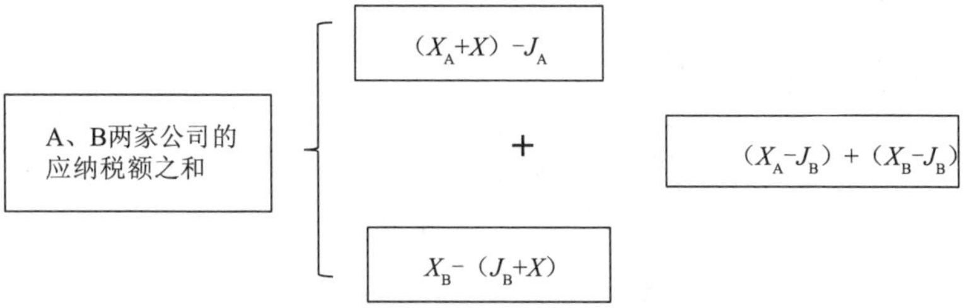


**图6-2　一般情况下，虚开发票A、B两家公司应纳税额之和**

A、B两家公司的应纳税额之和 $Y_A+Y_B$ 正好等于（$X_A-J_A$）+（$X_B-J_B$）。

### （二）一般情况下的虚开对国家增值税税款的影响

设虚开的税额为X元，即A公司为B公司虚开了税额 $X$ 元的增值税专用发票，B公司进行抵扣，设虚开后A、B公司应纳税额的值分别为 $Y_{A虚}$，$Y_{B虚}$。

$Y_{A虚}$＝（$X_A+X$）$-J_A$，因为A公司需对为他人虚开的发票申报销项税额，所以，虚开的销项变为（$X_A+X$）。

$Y_{B虚}=X_B-$（$J_B+X$），因为A公司为B公司虚开税额 $X$ 元的增值税专用发票，A公司虚开的销项就是B公司虚抵的进项，所以B公司的进项税额变为（$J_B+X$）。

故A、B两家公司的应纳税额之和 $Y_{A虚}+Y_{B虚}$ 等于（$X_A-J_A$）+（$X_B-J_B$）。

可以看出，一般情况下，虚开增值税专用发票不会导致国家增值税税款损失。因为，一般情况下，下游纳税人多抵扣多少税款，上游纳税人就会多

缴纳相应税款，国家增值税税款不会流失。

也即一般情况下，虚开增值税专用发票无利可图，也不会导致国家增值税税款损失。根据现行的国家税务总局公告 2012 年第 33 号，虚开发票一旦败露，很可能导致多缴纳税款。

那么，在什么情况下，虚开增值税专用发票有利可图，可能会导致国家增值税税款损失？下文将作详细介绍。

## 二、中间环节专用发票开具、抵扣设计的漏洞

### （一）中间环节专用发票开具、抵扣的法律关系

假设 A 公司销售给 B 公司一批货物，价税合计 113 万元。A 公司向 B 公司开具了价税合计 113 万元的增值税专用发票（含增值税 13 万元）。B 公司亦是一般纳税人。其权利义务关系如图 6-3 所示：

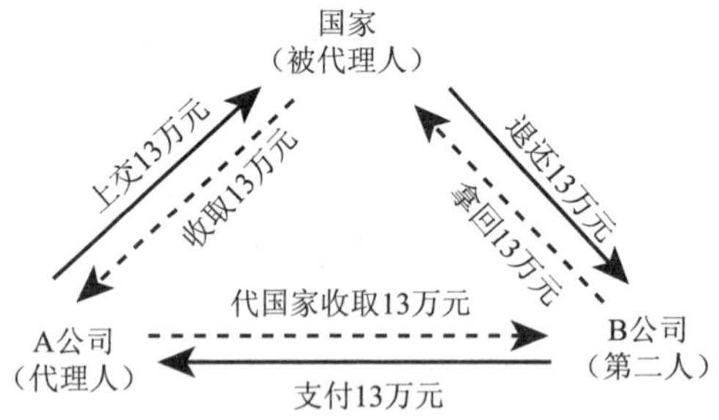


**图 6-3　增值税抵扣链条中间环节的权利义务关系**

注：该虚线箭头代表权利，箭头指向对应的义务人（付款人）；实线箭头代表义务，箭头指向对应的权利人（收款人）。

1. 国家和 A 公司之间是代理和被代理的关系

国家是被代理人，A 公司是代理人。A 公司代国家收取 B 公司的 13 万元增值税税款。国家委托 A 公司代其征收 13 万元的增值税税款（预先垫付的增值税税款），A 公司应将代收的税款足额交还国家。

2. A 公司和 B 公司之间是代理人和相对人的关系

A 公司享有收取 B 公司 100 万元货款权利时，同时享有代国家向 B 公司收取 13 万元增值税税款的权利（这种代收相对于 B 公司是权利，同时是对国家应当履行的义务），A 公司行使该权利视为国家行使该权利。B 公司在承担

对 A 公司支付 100 万元货款的义务时，同时负有向 A 公司交付 13 万元增值税税款的义务，对 A 公司履行该义务视为对国家履行了该义务。

3. B 公司和国家之间是被代理人与第三人之间的关系

当 A 公司代国家收取 B 公司应交的税款时，即视为国家收取该部分税款。当 B 公司购进的货物用于生产经营时，国家负有退还这 13 万元增值税税款的义务。B 公司享有要求国家退还 13 万元增值税税款的权利，退还的方式为在应交还 B 公司代收的国家税款中扣除（抵扣）。

如果 A 公司将代收的款项卷走潜逃，除非有证据证明 B 公司与 A 公司之间恶意串通，否则国家不得以此拒绝对 B 公司履行退税义务（即不得以此禁止抵扣）。

国家对 B 公司的退税义务，基于 A、B 公司之间存在真实交易且 B 公司对 A 公司的税款支付义务发生（并非是实际履行）。制度存有漏洞。

**（二）中间环节增值税专用发票开具、抵扣的漏洞**

由图 6-3 可知，制度设计存有漏洞，即作为代理人的 A 公司可能和 B 公司恶意串通。A 公司实际并无对 B 公司收取货款及对应税款的权利，二人恶意串通诈称对应的权利义务真实（凭据为增值税专用发票等），从而让 B 公司获得退税权。另外，A 公司作为代理人未必可靠，即使没有恶意串通，也可以损害国家增值税税款利益。

根据图 6-3，有以下几种可能：

1. A、B 公司具有真实交易关系，但 A 公司代收增值税税款后潜逃

在这种情况下，国家退还 B 公司相应的税款而未能从 A 公司收到相应的税款，国家税款流失。

销售方卷走代收的增值税税款潜逃，税务机关通常以走逃票甚至以《已证实虚开通知单》令下游纳税人做进项转出。税务机关轻则要求下游纳税人补缴税款（即认定为善意取得虚开的增值税专用发票），重则要求下游纳税人补缴税款及滞纳金（既不认定善意，也不认定恶意），更严重的是认定下游为恶意取得虚开的增值税专用发票并将其移送司法机关。

那么实际情况如何？

假设主体 K（公司、自然人、个体户，简称为主体 K）拟销售一批货物给 B 公司，主体 K 不愿意开具对应的增值税专用发票或根本无法开具增值税专用发票。但如果不开具对应的发票，买家则不愿意购买货物。A 公司系一

家开票公司，本想从事代开发票的业务，无奈风险太大，而且客户也未必愿意接受代开的发票，于是以下几种操作模式应运而生。

模式一：主体K销售给B公司并依法给B公司开具增值税专用发票后，主体K让A公司为自己虚开对应的增值税专用发票（主体K只能是一般纳税人）。

实务中常见这种情况，但因此导致B公司进项转出的并不多见。需注意，在这种操作模式下，A、B公司间不具备真实交易（但K、B公司间存在真实交易），发票不开具在A、B公司间，B公司没有法律风险，K公司涉嫌让他人为自己虚开，A公司涉嫌为他人虚开。

模式二：主体K销售给B公司后，让A公司代开对应的增值税专用发票给B公司。

这种情况属于典型的恶意从第三方取得虚开的发票，在实务中比较常见。在这种情况下，对国家税款的影响与普通型让他人为自己虚开对国家税款的影响明显不同。

恶意从第三方取得发票，导致国家税款流失或处于可能流失的危险状态。因为，真实销售方（非开票方）应申报而未申报销项税额。普通型让他人为自己虚开，导致国家税款流失或处于可能流失的危险状态，是由于虚假销售方（开票方）未足额申报缴纳虚开发票上的增值税税额。

在这种操作模式下，A、B公司间不具备真实交易，发票开具在A、B公司之间，主体K、A、B公司均存在法律风险。主体K涉嫌为他人虚开中的让他人为自己代开。A公司涉嫌为他人虚开中的为他人如实代开。B公司涉嫌让他人为自己虚开中的恶意从第三方取得虚开的增值税专用发票。

由于风险很大，主体K一般不会采用这一操作模式。

模式三：主体K先将货物销售给A公司，A公司再将货物销售给B公司，A公司代国家收取税款后，直接卷款潜逃。

这种情况非常多见，即A公司是开票公司，利用长链交易规避虚开，将代收的国家税款卷走潜逃。通常情况下，税务机关会将A公司认定为走逃企业，进而要求下游的B公司做进项转出、补缴税款。

以上三种模式，前2种主体K、A公司均涉嫌虚开，主体K通常不会选择。

实务中单纯的走逃票一般是第三种情况，我们不宜将其认定为虚开，否则威胁市场交易安全。当然，主体K也可能挂靠于A公司名下，或者让A公司代销该批货物。在这种情况下，A公司实际上直接卷走应交还国家的税款。我们认为，对A公司应以涉嫌逃避追缴欠税罪移交司法机关。

2. 当主体K挂靠A公司以其名义和B公司签约，实务中通常称B公司善意取得虚开的增值税专用发票

如果主体K足额支付增值税税款，A公司为正常经营的公司时，国家增值税税款不会流失。在这种情况下，A公司极少被认定虚开。

然而，如果主体K并未足额支付增值税税款，或A公司是开票公司，或A公司享有增值税税款优惠（含地方性财政补贴），国家增值税税款可能受到威胁。

但下游的B公司是无辜的。因为作为市场交易主体，只需要判断形式上的交易相对方即可，无须审查对方背后是否存在挂靠关系。

当然，主体K直接委托A公司代销产品，也可能产生同样的税款影响。当主体K为自然人时，依据税法规定，主体K的代销行为甚至不能作视同销售处理。

我们的观点是，对主体K、A、B公司均不宜做虚开处理，而应对K公司的应开而未开进行处理。因为，现代交易的实质是权利义务的设立、变更和终止，而非直接交付的一致。否则，现代金融制度、民商法制度、物权法的指示交付、占有改定、简易交付，以及为第三人利益签订的合同和由第三人履行的合同、代理制度都将土崩瓦解。

在这种情况下，主体K与A公司之间、A公司与B公司之间均存在真实交易。如果A公司卷走代收的税款潜逃，应以逃避追缴欠税罪移交司法机关。

3. B公司以自己的名义（或主体K以B公司的名义）购买产品，A公司给B公司开具增值税专用发票

实务中常见这种情况，有较大争议。具体情形是：

主体K欲向A公司购买商品，且不需要发票。于是，主体K委托B公司代购（价格更低但B公司不开具发票），或B公司先从A公司采购，再以更低的价格销售给主体K而不开具发票（差额部分相当于取得对应发票的代价），或主体K直接以B公司名义从A公司采购（B公司补贴主体K部分金额）。在这种情况下，国家增值税税款必然流失。因为，货物最终到了主体K手中，而发票没有退出抵扣链条。

实务中这种情况处理方法不同，既有作为虚开处理的，也有不作为虚开处理的。

我们认为，不宜将这种情况作为虚开处理。因为，税法的违法判断只能基于纳税人已选择的交易模式，而不能干预纳税人对交易模式的选择。只要纳税人对税收的处理基于其选择的模式且符合税法规定即可。该情况下应将B公司与主体K交易做销售处理，即认定B公司销售给主体K（公示形式上所有权的转移）。

4. 享有增值税税收优惠的代理人A公司，和相对人B公司恶意串通，伪造具备真实权利义务的证据，侵吞增值税税款

需补充的是，虽然农产品收购发票表面上不是税收优惠，但本质上与税收优惠类似，即据以抵扣的税款，无须足额向国家缴纳。

这是典型的虚开，危害大，应作为严厉打击对象。

5. 代理人A公司和相对人B公司恶意串通，伪造真实权利义务的证据，开票后不报税，走逃

这种情况主要见于手工发票时代，金税工程下比较少见（目前这种情况的虚开增多是因为受票方当月即可抵扣。需要说明的是，受票方并不希望开票方开票后不报税而潜逃）。在这种情况下，开票方本质上是实行诈骗行为。这一行为客观上难以导致国家增值税税款处于可能流失的危险状态，B公司原则上也想不到A公司开票后不申报潜逃。我们认为，在这种情况下，国家增值税税款不会实际流失乃是基于B公司认识和意志之外的因素。因认识和意志之外的因素导致侵害该罪名所要保护的法益的，以未遂论。

综上，我们将中间环节的虚开根源简单归类：一是开票方就发票项下的交易，享有增值税税收优惠；二是开票方开票后不申报而直接潜逃或申报后潜逃；三是挂靠购进而取得对应的进项，进而为他人虚开。

## 三、终端环节增值税专用发票开具、抵扣的法律关系分析

### （一）终端环节基本法律关系分析

一阶段完成后，A、B公司、国家均未收取税款收益，一直循环往下延伸，直到该货物到最终购买者（即退出增值税流通领域时）。为进一步说明，假定C公司将货物以339万元的价格销售给李四（开具普通发票或不开具发票），李四将该批货物用于最终消费，国家开始享受增值税税款权利（见图

6-4)：①李四将39万元增值税税款交给C公司，C公司将39万元增值税税款交给国家。②C公司购进该批货物时已经支付26万元的增值税税款。

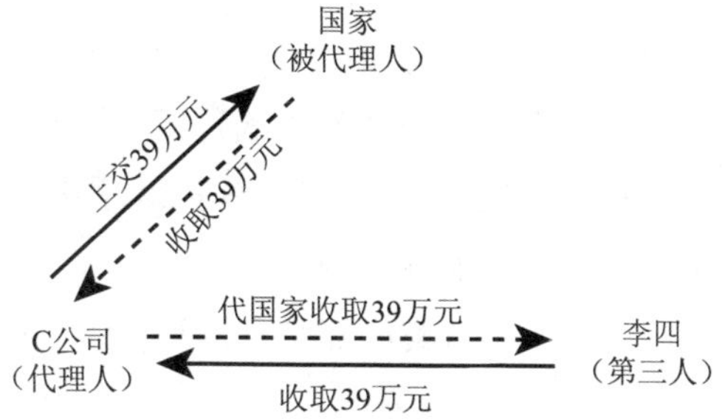


**图 6-4　增值税抵扣终端环节权利义务关系**

图6-4中，C公司收取39万元的增值税款后，将税款全额上缴国家（同时取得国家退回其预先垫付的26万元增值税税款）。此时，国家不必将39万元增值税税款退还李四，因为货物在增值税领域的流通到此为止。国家享受的增值税税款正好等于不含税购买价和税率的乘积，即339万元/（1+13%）×13%=39万元。

**（二）制度设计的两个不足**

一是即货物明明到终端应实现税款，纳税人却谎称没有进入终端，进而导致国家增值税税款损失。这是票货分离的虚开。例如，当C公司将货物销售给李四，不开发票，谎称销售给了D公司。另外，李四未必是自然人。当李四为企业时，可能将不能抵扣的项目开为能抵扣的项目，也可能是李四取得的发票本身不能抵扣。

需明确，在票货分离的虚开中，开票方不可能有骗取税款的目的，但却是税款损失的源泉，危害大。

二是货物进入终端，纳税人所属员工与下游纳税人串通。例如，C公司的销售人员（实际控制销售的人员）将货物给李四，却和D公司恶意串通，对C公司谎称销售给D公司。

这是典型的票购剥离，我们认为不应认定虚开，应认定D公司应开而未开；否则就冲击市场经济交易安全，与增值税的中性原则和现代商业的外观原则背道而驰。

## 四、基于虚开增值税专用发票对国家增值税税款的影响分析虚开的根源

1. 开票方就发票项下的事项，享有增值税税收优惠

例如，虚开农产品收购发票（农产品收购发票并非真正意义的税收优惠，只是其抵扣税款不用足额缴纳）、即征即退、各种财政补贴等。

2. 开票方开票后不申报或虚假申报直接走逃

手工开票时代较多，近年来这类虚开又有抬头。

3. 票货分离

广义的票货分离是指将不能抵扣的项目开成能抵扣的项目，或本应将发票开给不能抵扣的对象转而开具给能抵扣的对象。狭义的票货分离仅指后者，如成品油公司、加油站、超市。

这里的票货分离不仅见于内销货物的票货分离，也见于进口货物的票货分离。进口货物的票货分离见于伪造进口代理协议，将海关专用发票缴款书开具给名义申报人之外的人（即被代理人）。

4. 正常经营积累富余进项的虚开

实务中这种情况比较少见，我们认为不宜作为虚增值税专用发票罪处理。因为任何正常经营的进项，都是国家对企业的负债。企业此时的虚开行为不可能导致国家增值税税款损失，通常只会导致增值税税款异常流转。

5. 逃税而不申报未被发现产生的多余进项，进而虚开

和票货分离的最大区别是，票货分离的未开票销售必须处理，否则很容易被发现。这类虚开，可不处理。在这种情况下，导致国家税款损失的是逃税行为，我们认为不宜以虚开增值税专用发票罪论处。

6. 没有富余进项而足额缴纳税款的虚开

这种虚开实务中并不少见，如如实代开等。

另外，笔者认为，代开本质上也是一种虚开，为他人代开本质是为他人虚开。让他人代开，本质上是让他人为自己代开，但是对税款的控制有所不同。

挂靠购进而取得对应的进项，进而为他人虚开。在这种情况下，如果对应的销项容易被发现，应当判定为“票货分离的虚开”；如果对应的销项难以被发现（易逃避申报），应当判定为“逃税而不申报也不会被发现产生的多余

进项，进而虚开”。

## 第二节　票货分离型虚开的原因和预防

狭义的票货分离型虚开，是指实际购货方不需要发票，销售方对实际购货方应开而未开具发票，转而将发票开给需要发票的其他人；广义的票货分离型虚开，还包括行为人销售不能抵扣的产品甲给购买方，发票却给购买方开具能够抵扣的产品乙。本节重点介绍狭义的票货分离型虚开，因为“营改增”后，“行为人销售不能抵扣的货物甲，发票却是开具能够抵扣的货物乙”的情况已经非常少见。

### 一、票货分离虚开的原理

熟悉票货分离型虚开的原理，有助于查处和预防这类虚开。

#### （一）狭义的票货分离虚开

上文提及，C 公司本应给李四开普通发票（或虽不开发票，但做无票销售申报），可李四根本不需要发票。对 C 公司而言，即使不给李四开普通发票，也难逃无票申报。

既然开与不开都会申报，开具给李四普通发票与开具给 D 公司增值税专用发票，C 公司成本不会增加。那么，开给谁经济上更划算呢？很显然，开给 D 公司经济上更划算。

因为开给李四，李四拿到普通发票也没用；而开给 D 公司，D 公司可以抵扣 39 万元的增值税税款（即少缴纳 39 万元的增值税税款），C 公司还可以收取一些开票费，如开票费点数为 5 个点，则可以收取 16. 95 万元的开票费。

任何销项虚开（为自己开具农产品收购发票也可被认为是销项虚开），其虚开的根本原因无非两种情况：①就虚开发票上的税额，不必足额缴纳；②虽需就虚开发票上的税额足额缴纳，但受票方可抵扣的税额远大于开票方所要缴纳的税额。即开票方所需要缴纳的税款小于受票方所能抵扣的税额。

在票货分离情况下，开票方不需就虚开的发票缴纳任何增值税税款（替代申报），而受票方却足额抵扣相应的增值税税款；产品进入终端消费环节，国家本应在这一环节实现增值税税款（抵扣链条终止）而不必退税，但因票货分离的虚开，抵扣链条继续延伸而需退税给 D 公司。

### （二）狭义的票货分离虚开之外的票货分离虚开

用于个人消费（视同个人消费）的不仅有自然人，还包括一般纳税人，狭义的票货分离虚开之外的票货分离虚开，是指“将不能抵扣的项目开为可抵扣的项目给购买方”，具体情形为：

A公司销售给B公司一批货物（甲货物），B公司购进甲货物是不能抵扣的，于是A公司给B公司开具可以抵扣的乙货物。这种票货分离的虚开，受票方增加了可抵扣的税款，而开票方却没有增加对应的应纳税额，故国家增值税税款会损失。

另外，如果A公司销售给B公司不能抵扣的货物甲，但并未给B公司开票，而是将票开给C公司（C公司可以抵扣甲货物的发票，或者对C公司变名开具为能抵扣的货物乙），这也属于狭义的票货分离的虚开。狭义的票货分离的虚开涉嫌刑事犯罪。

## 二、票货分离虚开的转换

假定A公司销售价税合计113万元的货物给不需要发票的消费者张三。A公司并未给张三开票，也未进行不开票销售申报，而是将该发票开给B公司作为替代申报，且开具的为增值税专用发票。该例中，如果A公司不予开具任何发票，A公司难逃不开票销售申报。

A公司销售方向：A公司→张三。

A公司发票方向：A公司→B公司。

为典型的票货分离虚开。

假设A公司销售给张三的价格为价税合计$W$元，A公司开给B公司的发票价税合计也为$W$元，税率为$r$。该例中，A公司并未增加应纳税额，而B公司减少了应纳税额$W/(1+r)\times r$。

案例转换如下：

### （一）A、B公司主导下：A公司先销售给B公司（正常开票），B公司销售给张三（不开票也不申报）

由于B公司销售给张三不开票也不申报，故在B公司销售给张三这一环节，国家增值税税款损失了。假定B公司销售给张三的价格为$K$元，税率为$r$，那么国家增值税税款损失为：$K/(1+r)\times r$。

当 $K$ 等于 $W$ 时，实际上和票货分离达成的税收效果一样（在票货分离虚开的情况下，当实际虚开税额大于开票方销售给散户的价格时，超过部分不能被判定为票货分离的虚开）。

这里不难看出，票货分离的虚开，可以插入销售环节逃税来达到同样的目的。

**（二）B 公司主导下，先从 A 公司购进（正常取得进项发票），然后再平价或低价卖给张三**

A 公司销售给张三，价税合计 113 万元，B 公司拟让 A 公司为自己虚开 113 万元的增值税专用发票，A 公司不同意。

于是，B 公司告知张三，可以从 B 公司购买同样货物，会更便宜。但 B 公司不给开票，张三同意。

假设 B 公司从 A 公司购进货物，价税合计 113 万元，而 B 公司销售给张三的价格为 110 万元。在这种情况下，相当于 B 公司以 3 万元的价格取得了价税合计 113 万元的增值税专用发票。

当然，张三挂靠在 B 公司名下，以 B 公司的名义购买，或 B 公司为张三代购，也会出现同样的情况。

因此，任何票货分离的虚开，都可能通过先将货物卖给受票方，而后受票方卖给原开票方的买家来达成同样的目的，即通过变更交易模式，达成虚开目的。既然变更了交易模式，如何开票和纳税只能建立在变更后的交易模式基础上，票货分离的虚开经调整交易模式后，演变成逃税。

## 三、票货分离虚开的预防

国家增值税税款的实现环节在于：当产品销售给终端消费者时，国家不必再退还相应的增值税税款，而国家不必退还的增值税税款即为国家实现的增值税税收收益。而票货分离中，纳税人本来就销售给了最终消费者，通过虚开发票，让国家误以为货物并未销售给最终消费者而是继续在生产经营环节流通，故国家在不该退税时退税（即抵扣）；而在票货分离转换为逃税的环节中，插入一道销售环节，插入后中间方将产品销售给最终消费者而并未申报税款。

故对票货分离的虚开，最重要的预防措施为：保障终端销售的足额征税。

具体应包括以下几点：

**（一）建立并完善非购买方直接收取产品的备案制度**

当销售方为一般纳税人并给购买方开具增值税专用发票，而销售方并未对购买方直接发货的情况下，应通过系统上传物流情况，并提供对应的发货凭据复印件等电子资料；直接转移货权、简易交付、占有改定等其他非直接发货的情况下，同样需备案，并由购买方电子确认。

这样做的主要目的是方便追踪货源。我们认为，甚至可以进一步覆盖，只要是对一般纳税人销售货物且对购买方开具增值税专用发票的，均应建立货物产品发出备案记录；当销售对象为服务、无形资产、不动产时，应当就服务提供情况进行备案。

为降低管理成本，交易金额低于一定金额的销售，可以不备案。对备案事项，除非有证据证明可能涉嫌虚开或逃税，否则备案数据只有购销双方可以查询。

**（二）完善进销项比对制度**

目前，金税工程三期下的进销项比对工作已非常完善。对受票方取得的增值税专用发票，缺乏对应的销售申报，也没有相应的库存生产耗用记录的，应重点核查。

**（三）完善对应当开具发票而未开具发票的举报制度**

提高应开票而未开票的举报奖励制度。对消费者购买产品，销售方应开票而未开票，消费者举报后予以高额奖励，奖金从罚款中支付。另外，可普及有奖发票。

我们认为，凡收取对价而交付产品的，无论基于挂靠、代理、信托还是其他法律关系，均应按销售处理。

## 第三节　税收优惠型虚开的成因与预防

税收优惠型虚开占了虚开相当大的比重。基于增值税的税收优惠，使开票方就开具出去的发票，不必足额缴纳对应的增值税税款而下游可以足额抵扣，进而让虚开有利可图。

## 一、增值税税收优惠产生虚开的基本原理

重新回顾增值税抵扣链条中的中间链条，我们会理解国家对受票公司退还的增值税税款，乃是基于开票公司对国家负有代国家收取受票方应交增值税税款的义务。在这个链条中，开票方将代收的增值税税款交还国家，国家退还受票方应退税款，如此一直向终端销售者传递，从而确保实现国家对最终消费的增值税普遍征收的目的。

在增值税抵扣链条中，无论是开票方还是受票方，都不过代国家征收增值税税款、代最终消费者预先垫付增值税税款，起着代征代缴代垫付的作用，增值税对其而言不过是过路财神。

经过这样的传递，到最终消费者手中购买后，不再对最终消费者予以退税，进而确保了一个产品，无论经历多少个环节、无论产品有多少个组成成分，也无论产品组成成分来自多少个地区，该产品所有环节、所有成分的增值税应纳税额之和正好等于：终端消费者购买价格/（1+终端销售增值税税率）×终端销售增值税税率。

当开票方实际缴纳国家代征税款小于实际代征税款，而国家给开票方实际退还的金额为其为最终消费者垫付的税款，国家增值税税款势必会减少。存在真实交易时，差额部分相当于国家给开票方的财政补贴；当不存在真实交易时，差额部分相当于开票方骗取的国家财政补贴。

### （一）增值税即征即退（或先征后退，以下均简称即征即退）

一般来说，增值税即征即退的项目均要求独立核算；不能独立核算的，按照以下公式计算用于即征即退的进项税额：

无法划分的进项税额用于即征即退或先征后退的部分=当月无法划分的全部进项税额×当月即征即退或先征后退销售额/当月全部销售额（营业额）。

我们设当月全部进项税额为 $J_{全}$，当月即征即退或先征后退销售额为 $S_{即}$，当月全部销售额为 $S_{全}$。即征即退项目的销项税额为 $X_{即}$，进项税额为 $J_{即}$，设税负率超过 $c$ 的部分，国家对其实行即征即退；或者对其应纳税额即征即退 $t$ 的比例。

1. 即征即退方式为税负率超过 $c$ 的部分，国家对其实行即征即退

当 $(X_{即} - J_{即}) \leqslant S_{即}c$ 时，国家无须退还增值税税款。

则当（$X_{即}-J_{即}$）> $S_{即}c$ 时，国家应当退还的增值税税款为（$X_{即}-J_{即}$）$-S_{即}c$。如果是对超过部分按照一定比例退还，则乘以对应的比例即可。

2. *即征即退方式为对其应纳税额即征即退比例 $t$*

在这种情况下，国家应当退还的增值税税款为（$X_{即}-J_{即}$)$t$，该公式在（$X_{即}-J_{即}$）大于零的情况下适用。

**（二）可以开具增值税专用发票的免税**

可以开具增值税专用发票的免税，免的是应纳税额，而不是销项税额。我国增值税中，免税而可以开具增值税专用发票的，主要包括国有粮食购销机构销售粮食。

可以开具专票的免税实际上是对税负率超过0%的部分实行即征即退。其实质为将本应交还给国家的增值税税款，国家令其可以据为己有，相当于取得了对应的财政补贴，金额等于应纳税额。

**（三）农产品收购发票**

农产品收购发票，本意是解决农民生产农产品支付的进项无法抵扣而采取的替代措施，但是却会导致据以抵扣的进项税额，国家并未直接收取。

这里有一个非常严重的问题，即容易导致企业虚开该类发票。

另外，尽管小规模纳税人按照3%的征收率对外开具专用发票，但是抵扣方的抵扣金额却远远超过3%，也容易导致此类虚开。

行为人虚开农产品收购发票，其可以抵扣的进项税额本身并未承担，故有利可图。例如，A公司为B公司虚开了税额260万元的增值税专用发票，收取了开票费60万元。A公司为自己虚开了税额260万元的农产品收购发票予以抵扣为B公司虚开而产生的销项税额。该例中，A公司的虚开并未承担任何成本，却收取了60万元的开票费；B公司虽然支付了60万元的开票费，但是抵扣了260万元的税额。国家税款损失而A、B公司均获利。

其他增值税税收优惠政策与虚开关系较小，这里不做介绍。

## 二、税收优惠型虚开的预防

我们认为，增值税对于企业来说是过路财神，生产经营项目既不应当负担增值税，也不应当享有增值税。

我们认为，应当对增值税税收优惠政策做一定的调整，具体如下：

### （一）取消增值税“即征即退、先征后退”的税收优惠政策

增值税的“即征即退、先征后退”以及类似“先征后返、即征即返”增值税税收优惠政策，本质上是财政补贴。

这类税收优惠风险较大，容易引发行为人虚开甚至以更加隐蔽的方式逃避税收，导致国家增值税税款损失。示例如下：

示例一

A公司对W产品享有即征即退100%的增值税税收优惠政策。这种情况下，容易导致A公司以W产品为他人虚开，因为虚开产生的应税税额，国家会足额退还。相当于上游纳税人的虚开不承担成本，但是下游纳税人却足额抵扣增值税税款。上游纳税人获取开票费收益，下游纳税人获取税款收益。

示例二

A公司对W产品享有即征即退100%的增值税税收优惠政策。如果A公司销售给B公司W产品提高收费1130万元（价税合计），而B公司销售给A公司的非税收优惠产品中，提高收费1100万元。该例中A、B公司的行为必然导致国家增值税税款损失。然而实务中却很难查证，且即使查证，定性也非常困难。因为税收上的违法性判断不得基于当事人的定价本身。

故我们认为，不宜保留增值税的“即征即退、先征后退”以及类似“先征后返、即征即返”增值税税收优惠政策。如果确需对特殊行业予以鼓励，可采用与销售额脱钩的财政补贴方式。

### （二）将免税项目严格限制在面向终端消费者的销售情况，禁止享有免税项目者开具增值税专用发票

免税项目可以开具增值税专用发票等同于即征即退100%的增值税税收优惠政策，本质上为财政补贴。

免税而可以开具增值税专用发票会产生即征即退100%的增值税优惠政策一样的效果，容易导致欺诈。

免税而不允许开具增值税专用发票，如果下游为一般纳税人，必然导致国家多征收增值税税款，从而加重企业的负担。

另外，为了应对增值税的累退性，即使针对面向终端消费者销售的免税政策，也应当限制免税优惠的范围，并设立免税上限。

### （三）改进农产品的抵扣政策

目前的农产品购进的抵扣政策，值得商榷。我们认为，对于从无法抵扣进项的农产品销售者购进农产品，可采取核定抵扣的方式予以抵扣进项税额。

企业自开农产品收购发票，而农产品收购发票并无向税务机关缴纳相应的增值税税款且可以足额抵扣。尽管一定程度上解决了农户的进项不能抵扣问题，但是企业由于开具可以抵扣的发票不需要对抵扣的发票上的税额（或计算的税额）缴纳税款，必然导致这类虚开泛滥。

## 第四节　走逃型虚开的成因与预防

该类虚开在金税工程三期下，很难对国家税款造成危害，因为很快就会被发现而受票方不得不做进项转出。

### 一、走逃型虚开的概念

走逃型虚开，也称暴力虚开，是指虚开增值税专用发票的开票方，就虚开的增值税专用发票，不予申报税款或虽申报但不缴纳税款直接走逃的一种虚开。走逃型虚开具有以下特点：

#### （一）开票方不申报虚开出去的发票或虽申报但不缴纳税款而径直走逃

实务中，由于金税工程三期的上线，讨论虚假申报的意义不大，故主要讨论为他人虚开发票后不予申报或申报后不缴纳税款而直接走逃的情况。

1. 不申报而直接走逃

例如，A公司为一空壳公司。2018年2月，大量为他人虚开增值税专用发票，他人当月予以申报抵扣。A公司的实际控制人收取大量的开票费后，对虚开的发票不作纳税申报，直接走逃。

在实务中，不申报而直接走逃的虚开，通常很难真正危害国家增值税税款。因为次月受票方需做进项转出，司法实践中应区别对待该类案件。

2. 申报但不缴纳税款而径直走逃

例如，A公司为一空壳公司。2018年2月，大量为他人虚开增值税专用发票，他人当月予以申报抵扣。A公司的实际控制人收取大量的开票费后，对虚开的发票做了纳税申报，但未处理应纳税额。

申报但不缴纳税款的走逃型虚开明显不同于不申报的走逃型虚开。因为，根据国家税务总局公告 2016 年第 76 号规定，在不申报的情况下，受票方次月需做进项转出；而申报后不缴纳税款直接走逃的虚开，并不适用国家税务总局公告 2016 年第 76 号的规定。

**（二）通常不用自己的真实身份注册公司**

行为人通常盗用他人的身份信息注册公司，然后以该公司名义为他人虚开。

2017 年 7 月 10 日，深圳市场稽查局破获一起冒用公民身份虚假登记企业的案件，现场查获涉嫌虚假登记的营业执照 55 份、涉嫌非法倒卖的居民身份证 14 张。

**（三）通常注册大量公司，频繁更换作案地点**

行为人通常注册大量公司，开具发票后即走逃；频繁更换地点反复作案。

经笔者了解，目前已查获的走逃型虚开案件，几乎均为大量注册公司开票的情况。

## 二、基于增值税基本原理的初步解析

**（一）基本原理解析**

基于增值税抵扣链条中间环节的权利义务可以看出：

第一，只要国家对销售方享有收取增值税税款的权利，购货方就享有向国家拿回相应增值税税款的权利。

但国家对销售方享有收取增值税税款的权利有时难以得到保障，而购货方享有的从国家拿回相应增值税税款的权利则有充分保障。

第二，只要销售方负有对国家上缴增值税税款的义务，国家就有向购货方支付相应增值税税款的义务。

国家无法逃避对购货方的义务（只要交易真实且凭证符合相关规定），而销售方可轻松逃避对国家的义务。

也就是说，增值税抵扣链条中间环节中该代理关系的设置是建立在权责发生制基础上的，即国家对购货方的退款义务既不需要销售方实际收取购货方的相应款项，也不需要国家已经收取销售方对应的款项，而是建立在基于购销双方之间的交易真实性基础上。只要是真实交易，国家只有在对销售方的收款权利能可靠实现的情况下，才不会有损失。

**（二）中间环节保障国家增值税税款的模式**

目前，增值税制度中间环节的逻辑是，只要销售方对购货方基于真实交易而享有真实收款权利，则国家对购货方的收款权利就有保障，国家对购货方的退税就不会吃亏。

中间环节要如何才能保障“退还给购货方的税款，能够从销售方足额收取”？有以下几种方式：

1. 基于销售方对购货方的实际收款来保障收款

即只有购货方对销售方实际付款，才允许购货方抵扣。已经失效的国税发〔1995〕15号规定：

（二）商业企业购进货物（包括外购货物所支付的运输费用），必须在购进的货物付款后才能申报抵扣进项税额，尚未付款或尚未开出、承兑商业汇票的，其进项税额不得作为纳税人当期进项税额予以抵扣。

（三）一般纳税人购进应税劳务，必须在劳务费用支付后，才能申报抵扣进项税额，对接收应税劳务，但尚未支付款项的，其进项税额不得作为纳税人当期进项税额予以抵扣。

增值税一般纳税人违反上述规定的，按偷税论处，一经查出，则应从当期进项税额中剔除，并在该进项发票上注明，以后不论其货物到达或验收入库，或支付款项，均不得计入进项税额申报抵扣。

这种做法未必能很好地保障国家税款的征收，却难免冲击经济秩序。

（1）冲击经济秩序

难免存在这样的情况，即购售企业之间具有真实交易，因债务重组、司法调解或销售方放弃部分权利等合法原因导致购货方未足额支付款项给销售方，但销售方却足额缴纳所开具发票上的增值税税款。这种情况若不允许购货方抵扣（或不允许购货方足额抵扣），很显然会导致国家多征增值税税款，加重企业的负担、破坏增值税中性。

（2）即使实际足额付款也未必能保障国家税款

难免存在这样的情况，即购销企业之间具有真实交易，购货方足额支付款项给销售方，但销售方卷款潜逃。在这种情况下，国家增值税税款依旧得不到保障。

例如，某地大量散户销售货物给B公司等，散户本欲让税务机关代开发票，但由于不能抵扣，故销售价格非常不理想。假如散户以1030万元的价格销售给购货方，购货方未必愿意，因为不能开具增值税专用发票（实际成本1000万元），散户的利润也很少（即使不算所得税至多30万元）。于是，销售方让散户将货物销售给自己而不开具发票（假定价格1100万元），然后销售方销售给购货方（价格1120万元），并正常开具发票。这样的交易很容易促成。因为散户愿意销售给销售方（售价为1100万元），而购货方也愿意从销售方购买（因为实际成本只有1120万元）。销售方开具增值税专用发票后，直接卷款潜逃而不向税务局报税，当然也不缴纳。

（3）难以判断他人之间的真实交易、他人对他人的“实际付款”

最常见的是通过资金回流让外界误以为实际付款，有些通过现金提款的方式回流，实务中极难判断。

2. 基于销售方对国家的实际付款来保障国家税款

这种做法显然不妥。因为当相对人将款项支付给代理人时，相当于已支付给被代理人，以代理人未对被代理人履行义务来拒绝对相对人履行义务显然不合理。

3. 付款直接跳过销售方，由购货方直接缴纳至国家管控的账户，缴纳多少抵扣（退还）多少

这一方式的基本原理：既然销售方代收购货方的应交税款转交给国家未必可靠，与其中间转手，还不如由购货方直接交给国家。

这里涉及的问题是，如果受票方均直接把钱交给国家，那么国家必须及时退还应退还的税款，否则会占用企业大量的资金而不利于经济的良性发展。

在这种方式下，每个一般纳税人在登记为一般纳税人时，均应设立一个主管税务机关掌控的专用账户Z账户。

当销售方开具增值税专用发票之后，将票面信息上传到系统中。购货方接到发票之后，应当就发票记载上的进项税额向Z账户打入相应的款项，如果发票属于现行可抵扣的发票范围，购货方凭借付款记录和发票核验信息向下游税务机关申请自动及时退款。

如果企业将发票下的产品用于不能抵扣项目，则不予退款；如果发票下的产品因用途改变等因素需做进项转出，企业则应自行申报补缴税款。

这种做法的核心是，增值税税款不经企业向上游税务机关缴纳税款，向下游税务机关申请退税。

4. 基于销售方对购货方的收款权利（即基于真实交易）

这种方式的基本思路是购货方基于真实交易负有对销售方的付款义务，销售方基于对购货方的真实收款权利而对国家负有付款义务。三方关系确立均以权责发生制为基础，这是目前增值税制度的设计。

但是问题在于：实务中，发票抵扣（退税）时，税务机关不会事先审查是否为真实交易，实际上也很难审查（既增加征税成本，也会增加交易成本）。抵扣实务中，唯一审查的就是是否开具了发票。即将开具增值税专用发票视为存在真实交易而予以抵扣。即使购销企业之间没有真实交易，销售方只要为购货方开具了增值税专用发票，购货方就能获得国家的退税；而国家对购货方退税后，销售方直接逃避对国家的缴款义务。

## 三、基于真实交易退税的国家税款保障

增值税一般纳税人的本质是代国家征收税款，代最终消费者预先垫付税款，环环相扣，直到链条延伸至消费环节，国家不再退税。

产品无论经历多少环节，由多少个组成部分，组成部分来自多少个地区和国家，理论上该产品所有组成部分所有环节的增值税应纳税额之和正好等于终端不含税售价×终端产品的税率。例如，王某购买了一部手机价格为4520元，该手机所有组成部分在所有流通环节的增值税应纳税额之和为4520元/（1+13%）×13%＝520元。

要保障国家税款，应做到：一是代理人可靠；二是权责发生制的推行。

### （一）代理人可靠

国家选择销售方代为征收税款，是建立在假定代理人可靠的基础上。

当销售方位于境外，不宜再由销售方代收增值税税款，实务中选择海关代收增值税税款；对在中华人民共和国境外的单位或者个人，在境内未设立经营机构而在境内提供应税劳务的，以其境内代理人代收增值税税款；在境内没有代理人的，以购买方为扣缴义务人，而该类单位或个人在境内销售服务、无形资产或不动产的，购买方直接把税款交给国家。

在国内增值税征收过程中，如何确定代理人是否可靠？显然，代理人应当维护被代理人的利益，这是代理制度的基础。

1. 作为代理人的销售方有动力代为征收购货方应当支付的增值税税款

只有当作为代理人的销售方（销售方）有强烈的愿望收取代收购货方应

当支付的增值税税款时，国家对销售方（销售方）的收款才有保障。如果销售方不代收这笔钱，销售方就要自己补上这笔钱。

在设立增值税现行制度时，假定作为代理人的销售方一定会代为征收购货方应支付的增值税税款。但现实并非如此，代国家征收增值税税款未必能给代理人（销售方）带来实际利益。

重要的是，代理人可能直接走逃，或以他人的名义设立公司而走逃。

2. 作为代理人的销售方如没有代为征收税款，会补贴缴纳税款

理论上如此，代理人必须代收税款。

但实践中，代理人有可能走逃，甚至以他人的名义设立，这种情况很难找到真正的主体。

3. 作为代理人的销售方代收税款后，会足额上缴国家

国内购销业务让销售方代收款项的重要原因是，假定（代理人）代收税款后足额上交国家不会走逃。

这一假设难以成立。

4. 作为代理人的销售方，不会与购买方恶意串通欺骗被代理人（国家）

现行增值税制度的基础，是假定作为代理人的销售方不会欺骗国家。即基于真实交易开具发票，使销售方对购买方享有收款权利，进而“国家对购买方退税时，国家对销售方的收款权利也有保障”。

然而国家对购货方的退税，是建立在真实交易基础上，且抵扣时判断真实交易的依据很简单（增值税专用发票）。这就难以避免购销双方恶意串通，开具发票后国家对购货方予以退税，等国家向销售方收缴税款时，销售方逃之夭夭。

在实务中，有的代理人只是空壳公司，与购买方恶意串通，骗取国家的退税（基于真实交易的退税，曰抵扣）。在这种情况下，代理人并无对购买方收款的意愿。

不得不提的是，代理人（一般纳税人）除以走逃的方式逃避对国家上缴代征的税款义务外，还可能通过增值税税收优惠、进项虚开、票货分离、挂靠购进获取进项等方式逃避应当支付给国家的代收款项。

**（二）权责发生制**

1. 权责发生制简介

权责发生制与收付实现制相对应，是指以收款权利和付款义务的发生作

为确定本期收入和费用的标准，而不考虑货币资金在本期是否实际收到或付出。

也就是说，要素的时间确认，特别是收入和费用的时间确认，是以权利已形成或义务（责任）已发生为标准。权责发生制中的权，通俗地说，就是依据合同或者法律，组织或个人有收获某项资产的权利，只要获得该权利，就应确认为收入，而不论是否已经实际收取；权责发生制中的责，指组织或个人已经承担了某项交付义务，只要该项义务发生，无论是否实际支付，均作为支出核算。

示例如下：

2017 年 3 月，A 公司向 B 公司销售某批货物，货物售价 100 万元（假定不考虑增值税等税收）。合同约定货到付款，A 公司于 2017 年 3 月交货，B 公司实际支付货款的时间是 2018 年 1 月。

（1）权责发生制下，A 公司应当于 2017 年 3 月确认 100 万元的收入；B 公司应当于 2017 年 3 月确认 100 万元的支出。

（2）收付实现制下 A 公司应当于 2018 年 1 月确认 100 万元的收入，B 公司应当于 2018 年 1 月确认 100 万元的支出。

权责发生制整体相对科学，尤其是会计核算中对资产的定义和收入的确认增加了“相关经济利益很可能流入企业”的限制，对负债的定义和费用的确认增加了“与该义务有关的经济利益很可能留出企业”的限制。

2. 权责发生制的基础

权责发生制应建立在适用对象具有良好信用体系基础上，即权利与义务一般都能得到实现或偿付。会计准则对收入的确认条件中有一项为“相关经济利益很可能流入企业”。当然，对负债的确认也应要求：“相关经济利益很可能流出企业”。权责发生制在企业可以顺利地推行，根源在于企业作为自主经营、自负盈亏的经济主体，有充分的动力控制和权利义务的风险衡量，并尽量确保所有的权利都能如预期一般实现；而义务承受方，为获得权利或降低违约损失，也会尽量履行义务。例如，A 公司向 B 公司销售一批货物，以发货获得收取 B 公司对价的权利，如合同约定 2019 年 2 月付款。A 公司在确定该收款权利为 2019 年 2 月时，一般会充分考量 2019 年 2 月收回该款项的概率和风险，并采取适当措施保障该权利的实现。否则，A 公司不会发货。当 A 公司发货后，B 公司通常也会积极履行付款义务以避免违约损失。另外，合同法上也有同时履行抗辩权、不安抗辩权、先履行抗辩权等设计以确保权利义务的可靠性。

## 四、权责发生制在增值税领域的运用及问题（这里仅分析与暴力虚开相关的部分）

### （一）权责发生制在增值税领域的运用

在增值税抵扣链条中间环节权利义务关系中，购买方可抵扣时，即国家对购买方的退税义务发生时，购买方何时可以抵扣？

《增值税暂行条例》第8条规定：

纳税人购进货物、劳务、服务、无形资产、不动产支付或者负担的增值税额，为进项税额。

下列进项税额准予从销项税额中抵扣：

（一）从销售方取得的增值税专用发票上注明的增值税额。

（二）从海关取得的海关进口增值税专用缴款书上注明的增值税额。

（三）购进农产品，除取得增值税专用发票或者海关进口增值税专用缴款书外，按照农产品收购发票或者销售发票上注明的农产品买价和11%的扣除率计算的进项税额，国务院另有规定的除外。进项税额计算公式：

$$进项税额=买价\times扣除率$$

（四）自境外单位或者个人购进劳务、服务、无形资产或者境内的不动产，从税务机关或者扣缴义务人取得的代扣代缴税款的完税凭证上注明的增值税额。

准予抵扣的项目和扣除率的调整，由国务院决定。

明确的是，购买方的抵扣基于与销售方存在真实购销关系，并且对销售方具有真实的付款义务。

那么，为什么购买方对销售方的付款义务是真实的，购买方就可以享受国家对其退税的权利？这里的逻辑是，当购买方对销售方的付款义务产生时，视为购买方取得销售方的款项；且销售为对国家的税款交付义务同时发生，并视为国家已取得销售方的款项。当抵扣和税款申报在同月的情况下，尚可理解；但即使如此，依旧有大量的走逃票发生。目前，抵扣可以在取得发票的当月予以抵扣，这可能会助长走逃型虚开。

### （二）权责发生制运用在增值税税款征收方面的问题及对策

权责发生制必须建立在完备的社会信用基础之上，而这种信用基础在增值税征管领域相对薄弱。

1. 权利义务对应性的重要性

一般而言，权利义务对应非常重要，即 A 的权利同时是 B 的义务，A 的义务同时是 B 的权利。如此，A、B 均有动力考量权利义务的风险并采取对应措施保障权利的实现。增值税一般纳税人在销售货物时，代收增值税税款。简单而言，就是代收税款，而购买方的一般纳税人支付税款。对纳税人的退税，不应建立在纳税人已存纳税义务的基础上，而应当建立在纳税人已经实际交纳税款基础上。

权责发生制的基础是权利义务的彼此对应。当第三人代为行使权利时，亦应保障代理人的可靠性，并尽量保障权利义务可以对应。从增值税抵扣链条中间环节权利义务关系中，可以看出：

一是销售方对购买方享有权利，并基于此权利而对国家承担义务，但是购买方不对销售方享有权利。

二是国家对销售方享有权利，并基于此权利而对购买方承担义务，但是销售方对国家不享有权利。

三是购买方对国家享有权利，并基于此而对销售方负有义务，但就事项本身不对购买方享有权利。

在该三角关系中，销售方充当隐名代理的角色。

2. 值得商榷的设计部分

在正常的间接代理中，若购买方知道销售方代理国家收取税款，则合同直接约束国家与购买方。在这种情况下，最佳的方式是购买方直接将税款缴纳给国家，国家直接从购买方收取该部分增值税税款。

假如退税关系约束购销双方，即由销售方退还税款给购买方而不是缴纳给国家，国家再退税给销售方。因为，购买方会采取措施保障销售方把收取的税款退还给自己。而在目前的制度设计下，购买方客观上无法采取措施保障该增值税税款足额交还国家，且缺乏动力。

3. 对策

我们认为，应允许受票方将增值税税款直接交到上游税务机关，缴纳多少抵扣多少。在具体操作层面，为避免与现行增值税规定冲突，可通过设立一般纳税人专用账户方式解决。即一般纳税人设立专用的增值税税款账户，下游对应方直接将该税款打入该专用账户。该专用账户由税务机关和企业共同掌控，下游对应方将增值税税款打入该账户，抵扣时以付款凭证和增值税专用发票申请抵扣。

# 第七章　虚开增值税专用发票对国家增值税税款的影响

## 第一节　简单示例引发的思考

实务中，常有这样的结论：虚开增值税专用发票，虚开的发票抵扣（虚抵）多少增值税税额，国家增值税税款即损失多少。果真如此吗？实际上，在金税工程下，虚开增值税专用发票的开票方，就其所虚开的发票，通常难逃增值税税款申报。在很多情况下，尽管下游受票方因多抵扣少缴纳增值税税款（进项税额增加），上游开票方通常会因虚开增加应纳税额（销项税额增加）。

### 一、普通长链虚开示例的思考

普通长链虚开，是指最终受票方为普通的让他人为自己虚开的长链虚开（并非基于真实交易从第三方取得发票）。

#### （一）示例一

A 公司给 B 公司虚开税额为 1300 万元的增值税专用发票，B 公司给 C 公司虚开税额为 1300 万元的增值税专用发票，C 公司给 D 公司虚开税额为 1300 万元的增值税专用发票……Y 公司给 Z 公司虚开税额为 1300 万元的增值税专用发票，Z 公司当期只有 11300 万元的销售（其中税额 1300 万元），均销售给终端消费者。Z 公司对该 11300 万元的销售，共产生销项税额 1300 万元（无增值税税收优惠），除让 Y 公司为自己虚开的 1300 万元税额的专用发票外，Z 公司无其他进项税额。

经查证，A、B、C、D、E、F、G……Y 公司 25 家公司间均无真实交易，所涉嫌虚开部分仅为上段所指出的虚开。A 公司为 B 公司虚开增值税专用发票后，没有申报缴纳增值税税款而走逃。

该例中，国家增值税税款的损失，根据“以虚开的发票的抵扣税额作为增值税税款损失”计算，即从 B 公司到 Z 公司 25 家公司，每家虚抵了 1300 万元，国家增值税税款共损失 32500 万元。

然而，从 A 公司到 Z 公司，所有的真实销售金额只有 11300 万元，最多只需要缴纳 1300 万元的增值税税款。为何凭空多计算出 31200 万元的损失？原来，从 A 公司到 Y 公司 25 家公司，由于本身没有真实交易，当然也不存在纳税义务，也就无所谓销项税额，故这些公司都不应计算销项税额。该例中，A 公司没有就虚开的销项税额申报缴纳，而从 B 公司到 Y 公司的 24 家公司，在进项税额转出时，没有做冲红处理（即销项税额予以剔除）。24 家公司（每家 1300 万元）因没有冲红总共多计算了应纳税额 31200 万元。

理论上，对为他人虚开的增值税专用发票，应强制其做冲红处理；对让他人为自己虚开的增值税专用发票，应一律要求其做进项税额转出处理。

**（二）示例二**

假如示例一中的 A 公司未走逃，而就虚开的 1300 万元税额的增值税专用发票，足额缴纳了 1300 万元的增值税税款，会出现什么情况？

A 公司无真实交易而无纳税义务，所以 A 公司多缴纳了 1300 万元的增值税税款，A 公司所在的主管税务机关因此多收了 1300 万元的增值税税款。Z 公司的主管税务机关少收了 1300 万元的增值税税款。因为 Z 公司并未基于真实交易代垫增值税税款，却享受了 Z 公司主管税务机关的退税（即抵扣）。简单而言，Z 公司应将代收的 1300 万元增值税税款足额缴纳给其主管税务机关，其主管税务机关应退还其基于真实交易代垫的增值税税款；但 Z 公司并无基于真实交易而代垫增值税税款，仅基于虚开发票而享有其主管税务机关的退税（该 1300 万元的退税冲抵了应上缴给 Z 公司主管税务机关的代收增值税税款），故 Z 公司的主管税务机关少收了 1300 万元的增值税税款（因虚开发票抵扣而少收 Z 公司代收的 1300 万元的增值税税款）。

从 B 公司到 Y 公司，其应纳税额没有改变，因为虚开的销项与虚开的进项相等（且为以虚抵虚），应纳税额不变。

也即，在 A 公司足额缴纳其虚开的增值税专用发票上税额的情况下，国家增值税税款没有流失。但是，本应由 Z 公司主管税务机关收取的增值税税款，由 A 公司的主管税务机关收取了。如果 A、Z 公司的主管税务机关不是同一个主管税务机关，则导致国家增值税税款在不同税务机关之间异常流转。

### （三）一般情况下普通虚开增值税专用发票对国家增值税税款的影响

实务中，虚开的链条可能远不止几十家，为表述方便，设 $A_1$公司为 $A_2$公司虚开税额 $X$ 元的增值税专用发票，$A_2$公司为 $A_3$公司虚开税额 $X$ 元的增值税专用发票，$A_3$公司为 $A_4$公司虚开税额 $X$ 元的增值税专用发票……$A_{n-1}$公司为 $A_n$公司虚开税额 $X$ 元的增值税专用发票。

1. 当从 $A_2$到 $A_{n-1}$均以虚抵虚，这些公司的应纳税额均不会受影响

以虚抵虚，是指以让他人为自己虚开的税额，用于抵扣为他人虚开的税额。在这种情况下，$A_2$到 $A_{n-1}$公司，进销项金额同等增加，应纳税额不变，相当于介绍他人虚开的效果。

在这种情况下，若受票方 $A_n$公司不抵扣，则国家增值税税款没有损失；若开票方 $A_1$公司就虚开的发票足额申报缴纳增值税税款且不影响税款缴纳能力，则国家增值税税款也没有损失。

进一步延伸，不难发现，在虚开链条中，只要其中任一环节的销项虚开足额申报缴纳增值税税款而不影响增值税税款缴纳能力，则整个下游链条的虚开就失去意义，国家增值税税款不会损失；其中任何一个环节虚开的进项税额不予抵扣，则整个上游链条的虚开失去意义，国家增值税税款不会损失。

实际上，任何一个环节的不抵扣，相当于以虚抵虚的虚开链条结束；任何一个环节的销项足额缴纳税款而不影响增值税税款缴纳能力，如果其非链条的第一个环节，相当于该环节不予以抵扣，整个虚开链条不可能让国家增值税税款损失；如果链条的第一个环节足额缴纳了增值税税款而不影响增值税税款缴纳能力，整个虚开链条当然不可能让国家增值税税款流失。也就是说，在以虚抵虚的长链虚开中，在同等税额范围内，任何一个环节不抵扣增值税税款或按照抵扣税款金额足额缴纳增值税税款且不影响增值税税款缴纳能力，整个虚开链条都不可能导致国家增值税税款损失。

在链条中，实际上只有 A*n* 公司可能具有骗取国家增值税税款的目的，在此之前的公司，通常不可能有骗取国家增值税税款的目的；对国家实际税款损失，由于很难对整个链条进行完整查证，故实务中通常难以查证国家增值税税款流失，能确定的只有国家增值税税款处于可能流失的危险状态的最大金额。

2. 从 $A_2$到 $A_{n-1}$未必都是以虚抵虚

这种情况非常复杂，下文示例分析说明。

（1）示例一

假设 $A_1$、$A_2$、$A_3$三家公司相互之间并无真实交易往来。经查证，$A_1$公司有100万元税额的无票销售（销售给不需要发票的消费者）。但即使不开票，该无票销售也难逃无票申报，故 $A_1$公司将100万元税额的销售开具增值税专用发票给 $A_2$公司替代申报。$A_2$公司当期有200万元税额的真实销售，其中100万元税额的销售系销售给一般纳税人，并依法开具了增值税专用发票；另外100万元税额的销售系无票销售给不需要发票的终端消费者。但即使不开具发票，该100万元税额的销售也难逃无票申报，故 $A_2$公司将该100万元税额的销售开具增值税专用发票给 $A_3$公司以替代申报。$A_3$公司当期正好有100万元税额的真实销售缺乏抵扣，于是就用 $A_2$公司虚开过来的发票抵扣。假设三家公司无其他交易，这一系列虚开导致的国家增值税税款损失金额是多少？

基于真实交易：$A_1$公司应缴纳增值税税款100万元，$A_1$公司也的确缴纳了增值税税款100万元；$A_2$公司应缴纳增值税税款200万元，但是 $A_2$公司实际只缴纳增值税税款100万元；$A_3$公司应缴纳增值税税款100万元，但 $A_3$公司并未缴纳增值税税款。综合以上，这一系列虚开导致国家增值税税款损失200万元，如表7-1所示。

**表7-1　示例一中虚开增值税专用发票对国家增值税税款的影响**　单位：万元

| | 实际缴纳的增值税税额 | 基于真实交易应缴纳的增值税税额 | 国家增值税税款（差额） |
|---|---|---|---|
| $A_1$公司 | 100 | 100 | 0 |
| $A_2$公司 | 100 | 200 | -100 |
| $A_3$公司 | 0 | 100 | -100 |
| 合计 | 200 | 400 | -200 |

假设一：$A_1$公司虚开的100万元税额的增值税专用发票中，只有50万元是票货分离的虚开，另外50万元是自行缴纳的增值税税款，那么国家增值税税款损失为150万元。

假设二：如果 $A_1$公司100万元虚开税额中30万元是票货分离的虚开，另外70万元是自行缴纳的增值税税款，则国家增值税税款实际上只损失130万元，具体如表7-2、表7-3所示。

**表 7-2 假设一情况下虚开增值税专用发票对国家增值税税款的影响**

单位：万元

| | 实际缴纳的增值税税额 | 基于真实交易应缴纳的增值税税额 | 国家增值税税款（差额） |
|---|---|---|---|
| $A_1$公司 | 150 | 100 | 50 |
| $A_2$公司 | 100 | 200 | -100 |
| $A_3$公司 | 0 | 100 | -100 |
| 合计 | 250 | 400 | -150 |

**表 7-3 假设二情况下虚开增值税专用发票对国家增值税款的影响**

单位：万元

| | 实际缴纳的增值税税额 | 基于真实交易应缴纳的增值税税额 | 国家增值税税款（差额） |
|---|---|---|---|
| $A_1$公司 | 170 | 100 | 70 |
| $A_2$公司 | 100 | 200 | -100 |
| $A_3$公司 | 0 | 100 | -100 |
| 合计 | 270 | 400 | -130 |

（2）示例二

$A_1$、$A_2$、$A_3$公司 3 家公司相互间并无真实交易往来。经查证，$A_1$公司有 100 万元无票销售并未申报税款，即使无票销售不开发票也难逃无票申报，故 $A_1$公司将 100 万元的无票销售开具增值税专用发票给 $A_2$公司替代申报；同时，$A_1$公司正常开发销售软件产品（假定当期无该类产品真实销售），享受软件产品的增值税税收优惠政策。对销售软件产品实际税负超过 3%的部分享有即征即退的增值税税收优惠政策，$A_1$公司为 $A_2$公司虚开该类软件产品，税额 1600 万元，该软件产品 $A_1$公司无进项抵扣。$A_2$公司当期销售产品增值税应纳税额 1700 万元，用从 $A_1$公司取得的增值税专用发票予以抵扣。同时，$A_2$公司为 $A_3$公司虚开了税额 700 万元的无税收优惠增值税专用发票（$A_3$公司真实交易的增值税应纳税额为 700 万元），破产清算时 $A_2$公司有 680 万元无力缴纳的增值税欠税以破产保护处理。另经查证，$A_1$公司破产清算有 300 万元的增值税欠税以破产保护处理。假如没有其他的票货分离、增值税税收优惠、基于破产保护的增值税欠税处理，三家公司无其他业务。试计算这一系列虚开对国家增值税税款的影响。

$A_1$公司实际应纳税额为100万元；$A_2$公司实际应纳税额为1700万元；$A_3$公司实际应纳税额为700万元。

虚开后，$A_1$公司实际缴纳100万元，欠税300万元（破产保护处理）；$A_2$公司实际缴纳税额20万元（虚开的700万元税额发票中，680万元破产保护处理，20万元实际缴纳）；$A_3$公司实际缴纳增值税税款。

**表7-4　示例二中虚开增值税专用发票对国家增值税税款的影响**　单位：万元

| | 实际缴纳的增值税税额 | 基于真实交易应缴纳的增值税税额 | 国家增值税税款（差额） |
|---|---|---|---|
| $A_1$公司 | 100 | 100 | 0 |
| $A_2$公司 | 20 | 1700 | -1680 |
| $A_3$公司 | 0 | 700 | -700 |
| 合计 | 120 | 2500 | -2380 |

增值税税款损失金额为1700万元-20万元+700万元=2380万元。$A_1$公司为$A_2$公司虚开的100万元，直接计入损失，基于票货分离产生的损失；$A_1$公司为$A_2$公司虚开的1600万元，基于增值税税收优惠损失1300万元，基于破产保护损失300万元；$A_2$公司为$A_3$公司虚开的700万元，基于破产保护损失680万元。经过计算，总共损失2380万元，如表7-4所示。

## 二、代开型长链虚开的示例思考

代开型长链虚开，是指最终受票方存在真实交易而从第三方取得发票的长链虚开。

### （一）示例一

A公司虚开给B公司税额1300万元的增值税专用发票（开票后未申报税款即逃跑），B公司虚开给C公司税额1300万元的增值税专用发票，C公司虚开给D公司税额1300万元的增值税专用发票……Y公司虚开给Z公司税额1300万元的增值税专用发票，Z公司当期只有11300万元的销售，均销售给终端消费者。Z公司11300万元的销售，共产生销项税额1300万元，除让Y公司为自己虚开的1300万元税额的专用发票外，Z公司无其他进项税额。Z公司从$Y_1$公司（并非关联公司）购进了价税合计11300万元的货物，应取得发票而未取得。

在这种情况下，Z公司基于真实交易可以抵扣。所以，无论Z公司从真实销售方取得发票，还是从Y公司取得，其应纳税额都一样。

在这种情况下，决定税款是否损失、损失多少的因素有3个：①Z公司就取得的发票不予抵扣的税额大小；②真实销售方$Y_1$公司就无票销售申报缴纳了多少增值税税款；③A公司虚开给B公司税额1300万元的增值税专用发票，缴纳了多少增值税税款。

不应单纯依据虚抵税额来计算。若依据虚抵税额来计算，从B公司到Z公司25家公司，每家虚抵1300万元，计算增值税税款损失1300万元，外加真实销售方$Y_1$公司就真实销售的1300万元没有申报销项，国家增值税税款损失达33800万亿元。但这一系列交易中，国家增值税总体收益不应超过1300万元。那么，多出的32500万元从何而来?

原来，从B公司到Z公司25家公司，相互之间并没有真实交易，凭空计算了相应的销项税额；同时，Z公司基于真实交易，可以抵扣。

显然单纯以虚抵税额作为国家税款损失金额是错误的。

**（二）示例二**

我们转换条件，假如A公司给B公司虚开1300万元增值税专用发票并足额缴纳增值税税款；或真实销售方$Y_1$公司就真实销售的1300万元货款足额缴纳了增值税税款。

从B公司到Z公司25家公司，本身没有真实交易。故不存在增值税纳税义务，且均为以虚抵虚，对主管税务机关增值税税款不会有实质影响。

在A公司足额缴纳1300万元增值税税款的情况下，如果真实销售方未申报缴纳税款，即使Z公司抵扣，对税款的影响也只是：真实销售方$Y_1$公司的主管税务机关少收了1300万元的增值税税款，而A公司的主管税务机关多收了1300万元的增值税税款。该虚开行为导致国家增值税税款从$Y_1$公司的主管税务机关流转到了A公司的主管税务机关，即国家增值税税款在不同税务机关之间的异常流转。

真实销售方$Y_1$公司就真实销售的1300万元足额缴纳了增值税税款。真实销售方$Y_1$公司的主管税务机关并未少收税款，购买方Z公司即使不虚开也可以抵扣，不会对国家增值税税款产生负面影响。

如果按照虚抵税额来计算国家增值税税款损失，就会得出国家增值税款损失 32500 万元的结论。

显然，该算法错误。

**（三）一般情况下代开型虚开增值税专用发票对国家增值税税款的影响**

实务中，代开型虚开的链条可能很长，为方便表述，设 $A_1$公司为 $A_2$公司虚开税额 $X$ 元的增值税专用发票，$A_2$公司为 $A_3$公司虚开税额 $X$ 元的增值税专用发票，$A_3$公司为 $A_4$公司虚开税额 $X$ 元的增值税专用发票……$A_{n-1}$公司为 $A_n$公司虚开税额 $X$ 元的增值税专用发票。因为是代开型虚开，故假定 $A_n$公司从 $W$ 公司有对应税额 $X$ 元的真实购进，但未取得对应的发票。

1. 当从 $A_2$到 $A_{n-1}$均为以虚抵虚，纳税人的应纳税额不会受影响

以虚抵虚，是指以让他人为自己虚开的税额用于抵扣为他人虚开的税额。在这种情况下，$A_2$到 $A_{n-1}$公司，进销项金额同等增加，应纳税额不变，相当于起到介绍他人虚开的结果。

我们将中间的 $A_2$到 $A_{n-1}$环节的虚开，看作介绍他人虚开，直接理解为：$A_1$公司为 $A_n$公司虚开税额 $X$ 元的增值税专用发票，$A_n$公司从 $W$ 公司有对应税额 $X$ 元的真实购进，但并未取得对应的发票。

在这种情况下，$A_n$公司无论从真实销售方取得发票，还是从 $A_{n-1}$公司取得发票，都不会导致应纳税额的变化。故决定国家增值税税款损失与否、损失金额大小有三个因素：①W 公司对 $A_n$公司的销售，无票申报情况；②$A_1$公司为 $A_2$公司虚开的增值税专用发票，其增值税税款缴纳情况；③$A_n$公司从 $A_{n-1}$公司取得发票后抵扣情况。

如果 W 公司对 $A_n$公司的销售，进行了足额无票申报，则国家增值税税款不会损失；如果 $A_1$公司足额缴纳了为 $A_2$公司虚开的增值税专用发票票面税额（假定抵扣税额等于票面税额），国家增值税税款也不会损失；如果 $A_n$公司从 $A_{n-1}$公司取得发票不抵扣，则国家增值税税款也不会损失，具体如表 7-5 所示。

**表 7-5　一般情况下代开型虚开增值税专用发票对国家增值税税款的影响**

| 系列交易的应纳税额 | 情况 | 国家增值税税款 |
|---|---|---|
| $X$ | W 公司对 $A_n$ 公司的销售（税额为 $X$ 元）进行足额无票申报 | 无损失 |
| | $A_1$ 公司足额缴纳为 $A_2$ 公司虚开的增值税税款 | 无损失 |
| | $A_n$ 公司对从 $A_{n-1}$ 公司取得的发票不予抵扣 | 无损失 |

简单推导，即可发现：在 $A_n$ 公司之前的任何一个环节的销项虚开，只要足额缴纳了增值税税款，则该环节之后的虚开不可能导致国家增值税税款损失；$A_1$ 公司之后的进项虚开，只要有一环节不予以抵扣，则该环节之前的虚开没有意义，国家增值税税款不会流失。

显然，这与普通型虚开影响相同。

2. 当从 $A_2$ 到 $A_{n-1}$ 未必都是以虚抵虚

（1）示例一

假设 $A_1$、$A_2$、$A_3$ 三家公司相互间并无真实交易往来。经查证，$A_1$ 公司有 100 万元税额的无票销售（销售给不需要发票的消费者），该无票销售即使不开发票也难逃无票申报，故 $A_1$ 公司将 100 万元税额的销售开具增值税专用发票给 $A_2$ 公司替代申报。$A_2$ 公司当期有 200 万元税额的真实销售，其中 100 万元税额的销售系销售给一般纳税人，并依法开具增值税专用发票；另外 100 万元税额的销售系无票销售给不需要发票的终端消费者。该 100 万元税额的销售即使不开发票也难逃无票申报，故 $A_2$ 公司将该 100 万元税额的无票销售开具增值税专用发票给 $A_3$ 公司以替代申报。$A_3$ 公司当期正好有 100 万元税额的真实销售缺乏抵扣，于是就用 $A_2$ 公司虚开过来的发票抵扣了。

需注意：$A_3$ 公司当期正好有 100 万元税额的真实销售缺乏进项抵扣，因为其正好有 100 万元税额的购进（从一般纳税人 W 公司购进）未取得对应的增值税专用发票。假设三家公司无其他交易，试计算这一系列虚开导致国家增值税税款损失。

示例中，无论 $A_3$ 公司是从其真实供货方（W 公司）取得增值税专用发票，还是从 $A_2$ 公司取得增值税专用发票，其应纳税额不变。

假设真实销售方（W 公司）没有申报缴纳增值税税款，而 $A_3$ 公司足额抵扣，则虚开导致国家增值税款的损失为：

$A_1$ 公司应缴纳税款 100 万元，实际缴纳税款 100 万元；$A_2$ 公司应缴纳税款 200 万元，实际缴纳税款 100 万元；W 公司少申报 100 万元销项税额。国家增值税税款共损失 200 万元，具体如表 7-6 所示。

**表 7-6　案例一中虚开增值税专用发票对国家增值税税款的影响**

单位：万元

| | 实际缴纳的增值税税额 | 基于真实交易应缴纳的增值税税额 | 国家增值税税款（差额） |
|---|---|---|---|
| $A_1$公司 | 100 | 100 | 0 |
| $A_2$公司 | 100 | 200 | -100 |
| W 公司 | 未申报 | 100 | -100 |
| 合计 | 200 | 400 | -200 |

表面上看正好契合了虚抵的税额，实际上并非如此。

假设一：真实销售方就销售部分无票申报 60 万元，则国家增值税税款损失变为 140 万元，具体如表 7-7 所示。

假设二：$A_1$公司的票货分离税额只有 30 万元，真实销售方（W 公司）没有申报纳税，则国家增值税税款损失为 130 万元，具体如表 7-8 所示。

**表 7-7　假设一情况虚开增值税专用发票对国家增值税税款的影响**

单位：万元

| | 实际缴纳的增值税税额 | 基于真实交易应缴纳的增值税税额 | 国家增值税税款（差额） |
|---|---|---|---|
| $A_1$公司 | 100 | 100 | 0 |
| $A_2$公司 | 100 | 200 | -100 |
| W 公司 | 60 | 100 | -40 |
| 合计 | 260 | 400 | -140 |

**表 7-8　假设二情况下虚开增值税专用发票对国家增值税税款的影响**

单位：万元

| | 实际缴纳的增值税税额 | 基于真实交易应缴纳的增值税税额 | 国家增值税税款（差额） |
|---|---|---|---|
| $A_1$ 公司 | 170 | 100 | 70 |
| $A_2$ 公司 | 100 | 200 | -100 |
| W 公司 | 未申报 | 100 | -100 |
| 合计 | 270 | 400 | -130 |

（2）示例二

$A_1$、$A_2$、$A_3$三家公司相互间并无真实交易往来。经查证，$A_1$公司有100万元无票销售（销售给不需要发票的消费者），该无票销售即使不开发票也难逃无票申报，故$A_1$公司将100万元的销售开具增值税专用发票给$A_2$公司替代申报；同时，$A_1$公司正常开发销售软件产品（假定当期无该类产品真实销售），享受软件产品的增值税税收优惠政策，对销售软件产品实际税负超过3%的部分享有增值税即征即退政策。$A_1$公司为$A_2$公司虚开了该类软件产品，税额1600万元，该软件产品无进项抵扣。$A_2$公司当期销售产品增值税应纳税额1700万元，用从$A_1$公司取得的增值税专用发票予以抵扣。同时，$A_2$公司为$A_3$公司虚开税额700万元的增值税专用发票。$A_3$公司真实交易（从W公司购进）的增值税应纳税额为700万元，破产清算时有680万元的无力缴纳的增值税欠税以破产保护处理。另经查证，$A_1$公司破产清算有30万元的增值税欠税以破产保护处理。假如案例没有其他的票货分离、增值税税收优惠、基于破产保护的增值税欠税处理，三家公司无其他业务。试计算这一系列虚开对国家增值税税款的影响。

$A_1$公司实际应纳税额为100万元；$A_2$公司实际应纳税额为1700万元；$A_3$公司实际应纳税额为700万元（该应纳税额是由一般纳税人W公司购入税额700万元的货物而未取得增值税专用发票产生）。

虚开后，$A_1$公司实际缴纳100万元，欠税300万元（破产保护处理）；$A_2$公司实际缴纳税额20万元（虚开的700万元税额发票中，680万元破产保护处理，20万元实际缴纳）；W公司实际少缴纳增值税税款700万元，具体如表7-9所示。

**表7-9　示例二中虚开增值税专用发票对国家增值税税款的影响**　单位：万元

| | 实际缴纳的增值税税额 | 基于真实交易应缴纳的增值税税额 | 国家增值税税款（差额） |
|---|---|---|---|
| $A_1$公司 | 100 | 100 | 0 |
| $A_2$公司 | 20 | 1700 | -1680 |
| W公司 | 0 | 700 | -700 |
| 合计 | 120 | 2500 | -2380 |

增值税税款损失金额为1700万元-20万元+700万元=2380万元。对$A_1$

公司为$A_2$公司虚开的100万元，为基于票货分离产生的损失；对$A_1$公司为$A_2$公司虚开的1600万元，基于增值税税收优惠损失1300万元，基于破产保护损失300万元；$A_2$公司为$A_3$公司虚开的700万元，基于破产保护损失680万元。经过计算，总共损失2380万元。

需明确，绝大多数代开型虚开，其真实销售方通常并非是一般纳税人，而是小规模纳税人，以自然人居多。

## 三、不宜以虚抵税额作为国家增值税税款损失金额

之所以不宜以虚抵税额作为国家增值税税款损失金额，一是即使受票方依法抵扣增值税税款，国家增值税税款依旧可能流失；二是即使受票方依法不应而实际抵扣增值税税款，国家增值税税款也未必流失。

### （一）行为人可以不会导致受票方税款减少的方式规避该罪名而使国家税款流失

如果以受票方的主管税务机关的税款是否减少作为该罪名所要保护的法益，则明显不利于保障增值税税款。

因为在让他人为自己如实代开、为他人代开的情况下，受票方的主管税务机关的税款并未减少。而"为他人虚开"可以通过"为他人代开"的方式来完成，"让他人为自己虚开"可以"让他人为自己如实代开"来完成。

例如，A公司欲为B公司虚开，可以A公司名义为B公司代开来完成，B公司也可以A公司名义为自己如实代开来完成。

因此，倘若以受票方主管税务机关征收的税款是否减少来判断国家税款是否损失，损失多少的话，则整个虚开罪名都将被架空，该罪名对国家增值税税款的保障功能也将成为空谈。

再者，行为人可以以从第三方取得发票，或者虚开给虽然有真实交易，但不是从自己这里购买货物的一般纳税人的方式，不仅会造成税款流失，还会使受票方主管税务机关的增值税税款收益不减少。

### （二）明显不利于法益的保护，与该罪名设立的目的背道而驰

譬如：当A公司意欲为B公司虚开税额为130万元的专用发票（假定无税收优惠）并由B公司予以抵扣，B公司主管税务机关的税款减少了130万元。

A公司可以采取以下方式：

1. 足额缴纳130万元的税款或用真实交易的进项予以抵扣

在这种情况下，国家增值税税款不可能流失。尽管B公司因为虚抵而导致其主管税务机关损失了税款130万元，但是A公司的主管税务机关因此多收益了130万元的增值税税款，国家增值税总体税款没有流失。

2. A公司在最终破产环节以欠税的方式逃避

这种情况下，尽管B公司因为虚抵而导致其主管税务机关损失了税款130万元，但是A公司的主管税务机关并不能因此收到足额的130万元的增值税税款，国家增值税税款因此损失。

3. A公司让他人为自己虚开，虚抵其虚开出去的销项

由于A公司对其上游的开票方的税款是否足额缴纳处于不可控、不可知状态，故导致130万元的增值税税款处于可能流失的危险状态。

当然，根据既有进项虚开，又有销项虚开的从大数认定原则，还不如让他人再为自己虚开；而如果累计计算为虚开260万元的话，明显重复认定，因为该虚开最多导致130万元的增值税税款处于可能流失的危险状态。

如果以受票方的主管税务机关减少的税额收益，以虚开的票面金额作为虚开税额，明显不利于保障国家增值税税款；相反，还会鼓励犯罪。

### （三）与现行相关规定相抵触

依据国家税务总局、财政部相关规定要求，特殊情况下没有实际交易（或拟定实际交易）可开具增值税专用发票。如果说受票方多抵扣就是国家税款损失的话，很难解释“货物从本企业一个机构移送到另外一个机构用于销售作为视同销售处理”“赠予视同销售处理”“还本销售”“现金折扣”等情况。

## 四、虚开损失（增值税）界定的注意要点与虚开导致国家增值税税款处于可能流失的最大金额

虚开损失（增值税，下同），是指因虚开增值税专用发票行为而导致的国家增值税税款实际金额减少。

### （一）理解虚开损失注意要点

1. 虚开损失是指虚开增值税专用发票行为而导致的国家增值税税款的实际损失

实务中，大多数情况下很难测算虚开增值税专用发票行为导致的国家增值税税款的实际损失。确定一项虚开的损失，通常需要获取以下参数：

一是票源地的虚开模式（如是基于票货分离，还是基于增值税税收优惠欠税等）。

二是虚开发票最终用于抵扣真实交易产生的销项税额情况。有时票源地虚开增值税专用发票后，基于以虚抵虚，会不断延长虚开链条，需查证到最后一个虚开环节。

三是在代开情况下，尚需了解真实销售方的无票销售申报情况。

2. 损失的形成并非虚开增值税专用发票孤立因素所致

虚开增值税专用发票与国家税款损失具有因果关系，但非唯一之因。

实际上，虚开增值税专用发票导致国家增值税税款损失总是伴随其他必要条件，这些必要条件包括：

（1）票货分离

票货分离型虚开是所有虚开类型中危害最严重的虚开。在票货分离虚开中，开票方就虚开的发票，不需就其所开具的发票缴纳增值税税款，而受票方却能足额抵扣相应的增值税税款。

票货分离本质是一种“李代桃僵”的替代申报。本应在该环节退出抵扣链条，却因票货分离而重新进入抵扣链条，直接导致国家增值税税款的损失。

（2）增值税税收优惠

增值税税收优惠下的虚开，开票方就虚开的发票，不需就所开具的发票足额缴纳增值税税款，而受票方却很可能足额抵扣票面上的增值税税额。

增值税税收优惠的虚开在实务中很常见，尤其是带有类似税收优惠性质的农产品收购发票，系虚开极为重要的源头之一，危害非常大。实务中，部分企业利用税收洼地的财政补贴虚开增值税专用发票，侵吞下游税务机关的增值税税款。

（3）无力缴纳的增值税欠税

在开票方足额申报了税款，但无力缴纳增值税欠税时，由于开票方并未实际缴纳受票方所抵扣的增值税税款，故使增值税税款流失。

这种情况下的虚开，当虚开没有被发现，需通过破产保护来实现，危害相对上两种情况要小。

实务中，经常出现虚开后开票方未经申报或虚假申报直接走逃情况，要区别对待。如果虚开手法低级、易被发现，受票方进项转出难免，国家增值税税款实际上难以真正流失。如果虚开手法隐秘，难以被发现，则可能导致国家增值税款损失。

**（二）最大可能流失金额的引入**

1. 引入最大可能流失金额的原因

我们认为，行为人实施虚开行为，应在其意志和认识可能范围之内，对于国家增值税税款处于可能流失的危险状态承担责任。

刑法认定的犯罪金额，应当建立在行为人认识和意志可能的范围之内，认识和意志之外的金额，不应当作为行为人犯罪金额的根据。例如，行为人误以为某“西周古董”价值 100 万元（有鉴定证书），予以盗窃。案发后，经过鉴定，发现该“西周古董”实际价值 10 元（非西周物品）。对于行为人的盗窃金额，应当按照 10 元的既遂和 100 万元-10 元的未遂处理。

虚开增值税专用发票罪禁止的不是虚开增值税专用发票行为本身，而是禁止虚开增值税专用发票导致国家增值税税款处于可能流失的危险状态；虚开增值税专用发票罪告诉行为人，在虚开增值税专用发票时，应当经过调查了解或采取保障措施以保障国家增值税税款不会处于可能流失的危险状态。诚如，纵火罪禁止的不是纵火行为本身，而是纵火行为导致公共安全处于危险状态。纵火罪告诉行为人，在纵火的时候，应当保障公共安全；否则就以纵火罪论处。

危险犯对实害结果的发生，既可能是直接故意，也可能是间接故意。如纵火罪的成立，不需要行为人追求不特定人或特定多数人的生命财产的危害的目的，只要认识到了这种可能并且在认识到这种可能的情况下刑法禁止这种行为而依旧实施该行为的，即构成纵火罪；虚开增值税专用发票罪同样，无论行为人是否有骗取国家增值税税款的目的，也不论行为人是否追求国家增值税税款损失的后果，只要行为人认识到了自身的行为将会侵犯禁止抵扣利益而导致国家增值税税款流失可能，即应当予以入罪。

我们认为，行为人在实施虚开增值税专用发票行为时，应当充分调查或采取保障措施以保障国家增值税税款不会基于侵犯禁止抵扣利益而流失；否则，纳入虚开增值税专用发票罪评价。

进行虚开增值税专用发票导致国家增值税税款流失的因素分析，应当建立在整个抵扣链条的基础上。通常包括上游链条是否足额缴纳税款、下游是否足额抵扣，代开型虚开情况下还包括真实销售方是否进行无票销项申报。

行为人一旦实施虚开增值税专用发票行为，应当对整个上游、下游虚开链条可能导致的危险情况均承担责任；在代开型虚开情况下，还应当对真实销售是否进行无票销项申报承担责任；否则，一律按照最坏情况处理。对虚开行为导致的国家增值税税款处于可能流失的危险状态判定，应当建立在这些因素基础上：行为人已控或已知（以下简称已控已知）的范围内，均按照实际情况取值；行为人未控且未知（以下简称未控未知）的范围，均按照最坏情况处理。

虚开增值税发票罪应当对造成不同金额危险状态的虚开增值税专用发票行为予以区别对待，具体来说就是虚开增值税专用发票行为造成的国家增值税税款处于可能流失的危险状态的最大金额越大，量刑应当越重；虚开增值税专用发票行为造成的国家增值税税款处于可能流失的危险状态的最大金额越小，则量刑应当越轻；同等情况下，虚开增值税专用发票行为导致国家增值税税款处于可能流失的危险状态的最大金额，能够精确地体现虚开增值税专用发票罪的危害大小。我们认为，虚开税额不应当指虚开的发票的票面税额，而应当指虚开增值税专用发票行为造成的国家增值税税款处于可能流失的危险状态的金额。因为虚开增值税专用发票的票面税额与该罪名所要保护的法益的危害大小缺乏关联性。

行为人在虚开增值税专用发票时，如果经过调查了解或采取保障措施使国家增值税税款不流失的，应当在量刑上予以体现。故在认定虚开税额时，我们认为应当剔除，从而对行为人的“保障税款不流失”予以正面评价，进而保障该罪名所要保护的法益。

这里需要特别注意的是：本章的税款损失是建立在纯客观因素基础上，而国家增值税税款处于可能流失的危险状态的最大金额，是建立在主客观相统一的基础上。故可能会出现实际增值税税款损失大于国家增值税税款处于可能流失的危险状态的最大金额，这种情况相对少见。如果出现，按主观限制客观的原则予以处理即可。

2. 虚开导致国家增值税税款处于可能流失的最大金额可能小于该虚开行为实际导致的国家增值税税款损失

刑法评价的对象为行为人可控可知的范围。若行为人对自己的虚开行为采取了措施保障国家增值税税款不受损失，而由于过失或意外因素，最终该部分税款损失，不宜对行为人进行刑法上的谴责。

例如，销售方让开票方代开或受票方让他人为自己虚开，销售方（或受票方）支付大于所能抵扣的增值税税款以保障国家增值税税款不会流失，结果开票方自行侵吞了该款项而未缴纳给国家的，对开票方按照虚开增值税专用发票罪处理，对销售方、受票方不宜以该罪论处。我们认为，这些考虑一方面基于法律原理；另一方面考虑到尽量让行为人尽最大努力保障国家增值税税款不流失，从而实现虚开增值税专用发票罪设立的目的。

参考《上海高院二庭审判观点汇编》，对于为真实交易代开增值税专用发票是否构成相应犯罪的问题，需要区别情况处理。

第一，销售方向代开票方支付了票面所开具的增值税款，并且代开票方也依法如实向税务机关申报缴纳了相应税款的，不存在税款虚开和国家税款损失的事实，对销售方和代开票方均不宜以虚开增值税专用发票罪论处。代开票方应销售方要求向与销售方交易的购货方开具增值税专用发票的代开行为，如果违反其他相关管理规定的，按照相关规定处理。

第二，销售方向代开票方支付了票面所开具的增值税款，但代开票方通过让他人为自己虚开增值税专用发票申报抵扣逃避向税务机关缴纳相应税款的，销售方不存在税款虚开和侵犯国家税收利益的故意，不宜以虚开增值税专用发票罪论处。但代开票方让他人为自己虚开增值税专用发票和申报抵扣逃避缴纳相应税款的行为，具有税款虚开和造成国家税款损失性质，以虚开增值税专用发票罪论处。

第三，销售方向代开票方支付低于增值税款税款的开票费，代开票方向与销售方交易的购货方代开增值税专用发票的，票面所开具的增值税款数额虚假不实，具有虚开税款数额的性质，对销售方和代开票方均可以虚开增值税专用发票罪论处。

# 第二节　票货分离型虚开对国家增值税税款的影响

为了形象地介绍票货分离情况下虚开增值税专用发票对国家增值税税款的影响，我们以事例讨论及公式推导的形式展开论述。

假设A公司为B公司虚开增值税专用发票（A公司为开票方，B公司为受票方）。设其票货分离虚开的发票金额为$S$，票货分离的税额为$X$，$B$公司未予抵扣的税额为$V(0 \leqslant V \leqslant X)$，价税合计$L$。假设A、B公司正常开票时，各自的应纳税额分别为$Y_A$、$Y_B$，销项税额分别为$X_A$、$X_B$，进项税额分别为$J_A$、$J_B$，具体如表7-10所示。

**表7-10　A、B公司正常开票时各项数额**

| 主体 | 销项税额 | 进项税额 | 应纳税额 | A、B公司应纳税额之和 |
|---|---|---|---|---|
| A公司 | $X_A$ | $J_A$ | $Y_A=X_A-J_A$ | $Y_A+Y_B=(X_A-J_A)+(X_B-J_B)$ |
| B公司 | $X_B$ | $J_B$ | $Y_B=X_B-J_B$ | |

那么，如何确定票货分离的税额$X$？直接看虚开的税额中，有多少是用于对无票销售给不需要发票者的销售（本书认为：该销售即使不开票也难逃以无票申报计算销项；如果实务中法检认为不必受此限制，直接将替代申报税额作为票货分离虚开税额，按照本节的计算即可精确计算该类虚开对增值税税款的影响）的替代申报，该替代申报部分即为票货分离虚开部分。

本书计算虚开增值税专用发票的税款损失的基本假设是，虚开行为为短链虚开。然而，在实务中，短链虚开并不多见。在长链虚开的情况下，通常难以同时确定虚开链条的最终抵扣方和票源地。所以，在实务中，通常很难计算虚开导致增值税税款流失的实际金额。因此，我们建议实务中判定虚开增值税专用发票的危害性大小时，以虚开导致国家增值税税款处于可能流失的危险状态的最大金额（因为该金额能可靠计量）作为刑法上虚开税额的判断标准。

## 一、普通型票货分离的虚开造成国家增值税税款损失的计算

普通型票货分离的虚开，是指开票方为普通的为他人虚开、受票方为普通的让他人为自己虚开情况下的票货分离型虚开。

虚开后A公司增值税应纳税额依旧是$Y_A$，因为票货分离的虚开，开票方不可能就虚开的部分增加一分钱的增值税应纳税额。

当受票方B公司没有将虚开的发票用于抵扣时，则B公司的增值税应纳税额$=Y_B$；如果受票方B公司将虚开的发票足额抵扣税款，则B公司的增值税应纳税额$=Y_B-X$。假设受票方就票货分离的虚开部分不予抵扣的增值税税额为$V$($0\leqslant V\leqslant X$，虚开税额中不予抵扣的金额不可能为负数，也不可能大于该虚开税额本身)。假设虚开前A、B两家公司应纳税额之和为$Y_1$，虚开后的A、B两家公司应纳税额之和为$Y_2$。用虚开前A、B两家公司应纳税额之和减去虚开后的两家公司的应纳税额之和，差若为正数，即为票货分离情况下普通型短链虚开造成国家增值税税款损失的金额。

$$\begin{aligned}Y_1-Y_2&=(Y_A+Y_B)-\{Y_A+[X_B-(J_B+X-V)]\}\\&=(X_A-J_A)+(X_B-J_B)-\{(X_A-J_A)+[X_B-(J_B+X\\&\quad-V)]\}\\&=X-V\end{aligned}$$

由于($X-V$)元正好等于实际抵扣金额，所以国家增值税税款损失的金额即为实际抵扣的税款。

**(一)当受票方不予抵扣税款时($V=X$)**

当$V=X$时，虚开行为导致国家增值税税款损失的金额为$X-V=X-X=0$，即虚开行为对国家增值税税款没有影响，国家增值税税款收益没有增加也没有减少。另外，这种情况下的虚开行为对各自主管税务机关的增值税税款也没有影响。因为，开票方基于票货分离并未增加应纳税额(也不可能减少应纳税额)；受票方基于不予抵扣也并减少应纳税额(也不可能增加应纳税额)。

**(二)当受票方足额抵扣税款时($V=0$)**

当$V=0$时，虚开导行为导致国家增值税税款损失的金额为$X-V=X-0=X$。在这种情况下，虚开的税额即为国家税款损失的金额。不难理解，由于受票方足额抵扣了对应的增值税税款，而开票方并未就该抵扣的增值税税款缴纳增值税税款，而抵扣金额与虚开税额相等，故虚开的税额即为国家增值税税款损失金额。

**(三)当受票方部分抵扣时($0<V<X$)**

当$0<V<X$时。虚开行为导致国家增值税税款损失的金额为($X-V$)

元。由于受票方足额抵扣了对应的增值税税款，但是开票方并未就该抵扣的增值税税款缴纳增值税税款，故实际抵扣金额即为国家增值税税款损失金额。

### （四）小结

以上分析建立在短链虚开的基础上。受票方将虚开的增值税专用发票用于抵扣真实交易所产生的销项税额，导致其相应的应纳税额减少，而开票方却没有增加相应的应纳税额。故在普通型票货分离的短链虚开中，受票方实际抵扣多少，国家增值税税款即损失多少，具体如表 7-11 所示。

**表 7-11　普通型票货分离的为他人虚开对国家增值税税款的影响**

| 情况 | A 公司应纳税额 | B 公司应纳税额 | A、B 应纳税额之和 $Y_2$ | A、B 公司原本应纳税额 $Y_1$ | $(Y_1 - Y_2)$ | 对国家增值税税款的影响 |
|---|---|---|---|---|---|---|
| 当受票方不予抵扣税款（V=X） | $Y_A$ | $Y_B$ | $Y_A + Y_B$ | $Y_A + Y_B$ | 0 | 无影响 |
| 受票方足额抵扣税款（$V=0$） | $Y_A$ | $Y_B - X$ | $Y_A + Y_B - X$ | | $X$ | 损失 $X$ |
| 受票方部分抵扣（$0 < V < X$） | $Y_A$ | $Y_B - (X - V)$ | $Y_A + Y_B + X - X - (X - V)$ | | $X - V$ | 损失 $X - V$ |

## 二、普通型票货分离的虚开造成国家增值税税款处于可能流失的危险状态的最大金额的计算

上文关于普通型票货分离的虚开导致的国家增值税税款的损失分析是建立在短链虚开的基础上。然而，在实务中，短链虚开并不多见。在长链虚开的情况下，通常难以同时确定虚开链条的最终抵扣方和票源地。

此外，在同等金额范围内，无论虚开多少环节（以虚抵虚情况下），只要有一个环节足额缴纳了增值税税款，则该环节以及整个下游链条的虚开都不会导致国家增值税税款损失；只要虚开的下游中有一个环节不予抵扣增值税税款，则该环节以及整个上游链条的虚开都不会导致国家增值税税款损失。所以，不宜苛求虚开增值税专用发票罪的构成以增值税税款损失金额为前提。

譬如，A 公司为 B 公司虚开了税额 130 万元的增值税专用发票，B 公司为 C 公司虚开了税额 130 万元的增值税专用发票，C 公司为 D 公司虚开了税额

130万元的增值税专用发票……Y公司为Z公司虚开了税额130万元的增值税专用发票，直到Z公司才用于抵扣真实交易交易产生的销项税额。该虚开链条中，任何一个环节，只要补上虚开的130万元销项税额（在原应纳税额的基础上单独补上，即对虚开的发票就其票面税额足额申报缴纳)，则包括该环节以及下游虚开链条增值税税款都不会损失；或者受票方只要对虚开的130万元进项税额，作进项税额转出，则该环节以及上游虚开链条都不会导致国家增值税税款流失。

由于实务中实际的增值税税款损失金额通常难以被可靠地计量，所以，不宜以国家增值税税款的实际损失金额界定虚开增值税专用发票罪，而应以虚开导致国家增值税税款处于可能流失的危险状态的最大金额（因为该金额能可靠计量）作为虚开税额的判断标准。

需要补充说明的是，为他人虚开的行为人不可能存在骗取国家税款的目的，甚至除最后一个环节的进项虚开外（只能是单纯的进项虚开，即单纯的普通让他人为自己虚开)，行为人下游的其他环节都不具有骗取税款的目的；如果处于虚开链条末端的企业，延伸原本的虚开链条，为他人虚开，也难以认定具有骗取国家税款的目的。

我们将基于一定原理计算票货分离下的普通虚开增值税专用发票行为造成国家增值税税款处于可能流失的危险状态的最大金额。

### （一）开票方造成国家增值税税款处于可能流失的危险状态的最大金额的计算

对开票方而言，受票方是否将虚开的发票予以抵扣、抵扣多少，未必属于其已控已知的范围，甚至可以说通常不在其已控已知的范围。故我们对于受票方是否抵扣、抵扣多少，对于处于未控未知的范围的，按照最坏情况取值。设$V_{开}$为开票方开票当时（从保障法益的角度来看，其实可以将时间节点延后到次月申报期结束）已经基于合理理由确信受票方不会抵扣或采取合理措施确保受票方不会抵扣的金额。

在存在票货分离的情况下，开票方的虚开行为造成国家增值税税款处于可能流失的危险状态的最大金额为$X - V_{开}$。开票方应当提供充分的证据证明$V_{开}$的取值大于0，否则，$V_{开} = 0$(当然，$V_{开}$的取值范围为$0 \leqslant V_{开} \leqslant X$)。

### （二）受票方造成国家增值税税款处于可能流失的危险状态的最大金额的计算

对于受票方来说，开票方是否就虚开出去的发票缴纳了增值税税款、缴纳了多少增值税税款，未必属于其已控已知的范围，甚至可以说通常不在其已控已知的范围。故对于开票方是否缴纳了增值税税款、缴纳了多少增值税税款，在未控未知范围的，只能按照最坏情况取值。对于基于合理理由确信或采取了保障措施的开票方会缴纳增值税税款的部分，应当从该金额中予以扣除。

估算受票方接受他人虚开造成国家增值税税款处于可能流失的危险状态的最大金额时，应当首先考虑是否存在票货分离；对于开票方是否存在票货分离，受票方通常处于未控未知状态。但是存下以下情况时，可以认为受票方基于合理理由认为开票方不存在对应的票货分离：

一是基于发票记载事项本身，对应货物向不需要发票的个人消费者（或视同个人消费的主体）销售的可能性微乎其微。例如，发票记载事项为大型运输飞机、远洋大型船舶。

二是受票方向开票方支付的开票费大于等于所能抵扣的增值税税款。在这种情况下，受票方通常不会有骗取国家增值税的目的，支付开票费通常是为了让上游就虚开出去的发票足额缴纳相应的增值税税款（如果有相应的证据证明受票方支付该费用的目的就是让上游就虚开出去的发票足额缴纳相应的增值税税款更好）。

三是受票方通过充分了解，或基于行业特点或其他因素，足以确信开票方不存在对应的票货分离。

在确定票货分离的情况下，由于开票方就虚开的增值税税额不可能缴纳增值税税款，故而，受票方实际抵扣的金额，既是增值税税款实际损失的金额，也是其让国家增值税税款处于可能流失的危险状态的最大金额，均为 $X-V$；如果受票方提供充分的证据证明，开票方就某部分虚开税额，受票当时足以确信不会存在票货分离且会缴纳对应的增值税税款（$X_{受}$），应当剔除该部分金额。此时虚开导致国家增值税税款处于可能流失的危险状态的最大金额为 $X-X_{受}-V$。

### （三）介绍方造成国家增值税税款处于可能流失的危险状态的最大金额的计算

假设张三介绍 A 公司虚开给 B 公司税额 $X$ 元的增值税专用发票。一般情况下，张三对 A 公司是否存在票货分离、是否足额缴纳增值税税款并不清楚、关心，对下游的 B 公司是否抵扣也不清楚、关心。对于行为人张三应控应知而未控未知的范围，一律按照最坏情况取值；对其已控已知的范围，按照实际情况取值。张三介绍 A 公司虚开给 B 公司税额 $X$ 元的增值税专用发票造成国家增值税税款处于可能流失的危险状态的最大金额的金额为：（$X-X_{介}-V_{介}$）元。$X_{介}$ 是指介绍方基于合理理由确信开票方就虚开的发票会缴纳税款的部分，$V_{介}$ 是指介绍方基于合理理由确信受票方就取得的虚开的发票不会抵扣的金额，$X_{介}$ 以及 $V_{介}$ 的取值范围均为大于等于0且小于等于虚开税额 $X$。介绍方需要提供充分的证据证明 $X_{介}$ 或 $V_{介}$ 的取值大于零，否则，$X_{介}=0$，$V_{介}=0$。

实际上，在票货分离情况下，$X_{介}$的取值一般为 0（取值 0 是常态，取值大于 0 需要提供证据证明），而 $V_{介}$的取值实务中通常也为 0，因为介绍方通常不会关注受票方是否抵扣。

## 三、代开型票货分离的虚开造成国家增值税税款损失的计算

代开型票货分离的虚开，是指发票开具方系为他人如实代开且开票方存在票货分离的虚开。

假设 A 公司为 B 公司虚开增值税专用发票（A 公司为开票方，B 公司为受票方）。假设其票货分离虚开的发票金额为 $S$ 元，税额为 $X$ 元，价税合计 $L$ 元。A 公司进项税额、销项税额、应纳税额分别为 $T_A$、$X_A$、$Y_A$，B 公司的进项、销项、应纳税额分别为 $J_B$、$X_B$、$Y_B$。真实销售给 B 公司货物的公司为 C 公司，在正常开票情况下，其进项税额为 $J_C$，销项税额为 $X_C$，应纳税额为 $Y_C$。

A 公司的增值税应纳税额原本为 $Y_A=(X_A-J_A)$。

B 公司的增值税应纳税额原本为 $Y_B=X_B-J_B$。

C 公司的增值税应纳税额原本为 $Y_C=X_C-J_C$。

### （一）代开型票货分离的虚开造成国家增值税税款的损失的总公式推导

假设 C 公司对让他人为自己如实代开的部分，进行无票申报的税额为 $N$，

B 公司就虚开的进项中没有抵扣的金额为 $V$，则虚开对国家增值税税款的影响为：

虚开后 A 公司的应纳税额依旧为 $Y_A$；

虚开后 B 公司的应纳税额变更为 $X_B-(J_B-V)=Y_B+V$；

虚开后 C 公司的应纳税额变更为 $Y_C-X+N$；

$(Y_A+Y_B+Y_C)-[Y_A+(Y_B+V)+(Y_C-X+N)]=X-N-V$。

代开型票货分离的虚开对国家增值税税款的影响为（$X-N-V$）元，$N$、$V$ 的取值范围均为大于等于 0，且小于等于虚开税额 $X$。

另外，在销售方本身存在增值税税收优惠的情况下，还需要减除销售方基于增值税税收优惠本身不需要缴纳的增值税税款。

**（二）受票方足额抵扣时（$V=0$）**

当受票方足额抵扣时，该虚开造成国家增值税税款的损失金额为 $X-N$。

也就是说，若受票方足额抵扣，票货分离虚开税额减去代开方就代开部分无票申报缴纳的增值税税款部分，差额即为该虚开对国家增值税税款的影响金额。

**（三）真实销售方未就代开部分进行无票申报缴纳增值税税款时（含用真实交易的进项予以抵扣）（$N=0$）**

当代开方未就代开部分进行无票申报缴纳增值税税款时（含用真实交易的进项予以抵扣）时，该虚开造成国家增值税税款的损失金额为 $X-V$。

也就是说，如果真实销售方并未就代开部分进行无票申报缴纳增值税税款时，受票方实际抵扣多少，国家增值税税款就损失多少。

**（四）当受票方 B 公司足额抵扣，且真实销售方未就代开部分进行无票申报缴纳增值税税款时（用真实交易的进项予以抵扣也属于缴纳税款）**

在这种情况下，$N=0$ 且 $V=0$，虚开税额就是国家增值税税款损失金额。

**（五）受票方 B 公司不予抵扣的税额或真实销售方 C 公司中就代开部分无票申报的金额等于 $X$，则国家增值税税款不会因此流失**

具体推导如下：

由于 $N$、$V$ 两个参数的取值范围均为大于等于 0，且小于等于虚开税额 $X$。故只要 $N$ 或 $V$ 中任何一个等于 $X$，则（$X-N-V$）必然不大于 0。

当$N+V\geqslant X$时，则$X-N-V\leqslant 0$，国家增值税税款没有损失，国家增值税税款收益甚至可能增加。

### （六）小结

在代开型票货分离虚开下，虚开行为对国家增值税税款的影响为 X-N-V，N、V 两个参数的取值范围均为大于等于 0，且小于等于虚开税额 X，具体如表 7-12 所示。

**表 7-12　代开型票货分离的虚开增值税专用发票对国家增值税税款的影响**

| 情况 | A 公司应纳税额 | B 公司应纳税额 | C 公司应纳税额 | A、B、C 公司应纳税额之和 $Y_2$ | A、B、C 公司原本应纳税额 $Y_1$ | $(Y_1-Y_2)$ | 对国家增值税税款的影响 |
| --- | --- | --- | --- | --- | --- | --- | --- |
| 总公式（$0\leqslant V\leqslant X$，$0\leqslant N\leqslant X$） | $Y_A$ | $Y_B+V$ | $Y_C-(X-N)$ | $Y_A+Y_B+V+Y_C-(X-N)$ | $Y_A+Y_B+Y_C$ | $X-N-V$ | $X-N-V$ |
| 受票方足额抵扣税款（$V=0$） | | $Y_B$ | $Y_C-(X-N)$ | $Y_A+Y_B+Y_C-(X-N)$ | | $X-N$ | $X-N$ |
| 真实销售方未进行无票申报时（$N=0$） | | $Y_B+V$ | $Y_C-X$ | $Y_A+Y_B+V+Y_C-X$ | | $X-V$ | $X-V$ |
| 受票方足额抵扣税款且真实销售方未进行无票申报时（$V=0$ 且 $N=0$） | | $Y_B$ | $Y_C-X$ | $Y_A+Y_B+Y_C-X$ | | $X$ | $X$ |

## 四、代开型票货分离的虚开造成国家增值税税款处于可能流失的危险状态的最大金额的计算

代开型票货分离的虚开导致国家增值税税款损失为$X-N-V$，$N$、$V$两个参

数的取值范围均为大于等于0，且小于等于虚开税额 $X$；故对于代开型票货分离的虚开造成国家增值税税款处于可能流失的危险状态的最大金额的计算也以此为基础。

### （一）开票方造成国家增值税税款处于可能流失的危险状态的最大金额的计算

对于 $N$、$V$ 两个参数取值，开票方未必已控已知，所以，$N$、$V$ 的取值应当在扣除开票方可控可知的金额后，做最坏状态处理。对 $N$、$V$ 两个值应先取值最小值0，然后减除已控已知范围真实销售方对应无票申报的金额 $N_{开}$，减除已控已知范围受票方不予抵扣金额 $V_{开}$。故代开型票货分离虚开的开票方造成国家增值税税款处于可能流失的危险状态的最大金额 $=X-N_{开}-V_{开}$，公式中 $N_{开}$、$V_{开}$ 两个参数的取值范围均为大于等于0，且小于等于虚开税额 $X$。实务中要证明 $N_{开}$、$V_{开}$ 大于0通常很困难。如果没有充分的证据证明 $N_{开}$、$V_{开}$ 大于0，则 $N_{开}$、$V_{开}$ 直接取值0。

### （二）真实销售方造成国家增值税税款处于可能流失的危险状态的最大金额的计算

对于真实销售方来说，$N$ 的取值是已控已知的，故 $N$ 按照实际情况取值，而 $V$ 先按照最坏情况取值。$V$ 取值0，然后减除已控已知范围受票方不予抵扣金额 $V_{销}$，故代开型票货分离虚开的真实销售方造成国家增值税税款处于可能流失的危险状态的最大金额 $=X-N-V_{销}$。

当然，实务中真实销售方并不关心开票方是否有票货分离。在这种情况下，除非有相反证据足以证明真实销售方基于合理理由确信或采取保障措施保障开票方不存在票货分离；否则，直接按照票货分离计算真实销售方造成国家增值税税款处于可能流失的危险状态的最大金额。如果有充分的证据证明就某一部分发票，销售方在开票方开票当时足以确信该部分虚开税额，开票方不会存在票货分离且会缴纳增值税税款（$X_{销}$），我们认为应当剔除该部分税额，即上述公式中再减除 $X_{销}$（$X_{销} \leqslant X$）。

### （三）受票方造成国家增值税税款处于可能流失的危险状态的最大金额的计算

对于受票方来说，$V$ 的取值是已控已知的，故 $V$ 值按照实际情况取值，

而 $N$ 应先按照最坏情况取值，即 $N$ 应先取最小值 0，再扣除已控已知范围真实销售方就相应货物进行无票申报税额 $N_{受}$。所以，代开型票货分离虚开的受票方造成国家增值税税款处于可能流失的危险状态的最大金额 $=X-V-N_{受}$。以上参数的最大取值范围均为大于等于零，小于等于 $X$。

如果受票方提供证据证明就某部分虚开税额，受票当时足以确信或采取措施保障开票方不会存在票货分离会缴纳增值税税款（$X_{受}$），我们认为应当剔除该部分税额，即再减除 $X_{受}$。

**（四）介绍方造成国家增值税税款处于可能流失的危险状态的最大金额的计算**

对于介绍方来说，$N$、$V$ 两个参数的值未必都在其已控已知范围内，故均先按最坏情况取值，即 $N$、$V$ 先取最小值 0，然后再扣除已控已知范围真实销售方就相应货物无票申报税额 $N_{介}$，减除基于合理理由或采取保障措施认为受票方不会抵扣的金额 $V_{介}$。故代开型票货分离虚开的介绍方造成国家增值税税款处于可能流失的危险状态的最大金额 $=X-N_{介}-V_{介}$。

如果介绍方提供证据证明就某部分虚开税额，介绍当时开票方不会存在票货分离会缴纳增值税税款（$X_{介}$），我们认为应当剔除该部分税额，即再减除 $X_{介}$。

## 第三节　增值税税收优惠情况下的虚开对国家增值税税款的影响

增值税税收优惠对国家增值税税款产生不利影响，乃是因为受票方所能抵扣的增值税税款，开票方按照基于优惠政策可以不予足额缴纳，既包括上游的可以少缴纳，又包括下游的可以多抵扣（如农产品销售发票）。

本节所指的增值税税收优惠，是指行为人就其开具出去的增值税专用发票，实质上不必额缴纳其票面上记载的全部税款（或依据计算可以抵扣的增值税税款），但是不包括基于票货分离、基于破产保护导致的情况。该类税收优惠不仅包括增值税免税（可以开具增值税专用发票的免税，但是绝大多数情况下的免税不允许开具增值税专用发票）、增值税即征即退、先征后退、财政补贴等典型的增值税税收优惠，也包括非优惠情况下的农产品收购发票、农产品销售发票等。在抵扣链条中，除非销售对象系终端消费者，否则低税率、免税的增值税税收优惠政策对国家税款没有实质损害。前者（低税率）不会对国家增值税税款产生影响，不得开具专用发票的免税反而会导致国家多征收增值税税款。

假设A公司为B公司虚开增值税专用发票（A公司为开票方，B公司为受票方）。设其虚开的发票金额为$S$，剔除票货分离部分后剩余的虚开税额$X$后为$H$（注意，该虚开税额既包括税收优惠下的虚开，也包括单纯欠税导致的虚开）。

假设在A、B公司正常开票时，各自的应纳税额分别为$Y_A$、$Y_B$，销项税额分别为$X_A$、$X_B$，进项税额分别为$J_A$、$J_B$（由于已经剔除了票货分离部分虚开对国家增值税税款的影响，故原增值税应纳税额依旧采用原值），如表7-13所示。

**表7-13　A、B公司正常开票时各项数额**

| 主体 | 销项税额 | 进项税额 | 应纳税额 |
| --- | --- | --- | --- |
| A公司 | $X_B$ | $J_B$ | $Y_A$ |
| B公司 | $X_B$ | $J_B$ | $Y_B$ |

我们的计算依旧建立在短链虚开的基础上，即假定受票方将取得的虚开的增值税专用发票，用于抵扣真实交易产生的销项税额。

在计算增值税税收优惠情况下的虚开造成国家增值税税款损失的时候，应当先行剔除票货分离的虚开对国家增值税税款的影响，再考虑增值税税收优惠对国家的增值税税款造成的损失。例如，行为人虚开税额3000万元，其中有票货分离虚开1100万元，则应先行计算1100万元票货分离部分的虚开对国家增值税税款的影响。

计算增值税税收优惠情况下的虚开对国家增值税税款的影响，之所以要剔除票货分离的影响，乃是为了防止重复计算。例如，A公司销售给散户A软件价税合计2000万元，该销售如果不对散户开具发票，则难以逃避无票申报。故A公司不对散户开票也不做无票申报，转而将该笔发票开具给了B公司。经查证，A公司当月虚开A软件产品专用发票税额3500万元。该发票对税负超过3%的部分，享有即征即退的增值税税收优惠政策。我们在考虑该优惠政策下的虚开对国家增值税税款造成的损失时，应当先行剔除2000万元票货分离的部分。如果当月 A 公司虚开税额只有 1200 万元，则 1200 万元全部按照票货分离的虚开处理，不需要再考虑增值税税收优惠政策下虚开对国家增值税税款造成的损失。

对于票货分离部分的虚开，在计算基于增值税税收优惠情况下的虚开对国家增值税税款造成损失时，直接比照非虚开予以剔除。计算完之后，再加上票货分离的虚开对国家增值税税款造成的损失即可。

## 一、非代开税收优惠型虚开造成国家增值税税款损失的计算

非代开税收优惠型虚开，是指开票方为普通的为他人虚开、受票方为普通的让他人为自己虚开情况下的税收优惠型虚开。

设存在税收优惠的虚开增值税专用发票中（已经剔除了票货分离的部分），剔除票货分离部分后的虚开税额为 $Q$，开票方就虚开出去的专用发票，需要实际缴纳增值税的金额为 $Z$（$Z$ 的最大取值为 $X$）基于增值税税收优惠，$A$ 公司就虚开的发票不需要缴纳的增值税税款 $X_{优}$。假定受票方实际抵扣的部分为 $D$，不予抵扣的税额为 $V_{优}$。

该部分国家增值税税款损失金额为 $D-Z=(Q-V_{优})-(Q-X_{优})=X_{优}-V_{优}$，$X_{优}$ 和 $V_{优}$ 的取值范围均为大于等于 0 且小于等于 $Q$。

### （一）当受票方不予抵扣增值税税款时（$V_{优}$ 取值 $Q$）

此时，由于 $V_{优}$ 取值 $Q$，国家增值税税款损失金额为 $X_{优}-Q$。由于 $X_{优}\leqslant Q$，故国家增值税税款收入增加 $Q-X_{优}$。由于 $(Q-X_{优})=Z$，故在这种情况下，开票方因为虚开多缴纳多少税款，国家税款收益就增加多少。

### （二）当受票方足额抵扣增值税税款时（$V_{优}$ 取值为 0）

此时，由于 $V_{优}$ 取值为 0，故国家增值税税款损失金额为 $X_{优}$ 元。也就说，在这种情况下，开票方基于增值税税收优惠政策可以少缴纳的税款，即为国家增值税税款损失。

### （三）当受票方部分抵扣增值税税款时

由于国家增值税税款损失为 $X_{优}-V_{优}$，故当“$X_{优}\geqslant V_{优}$”时，国家增值税税款收入不会增加，但可能减少；“$X_{优}\leqslant V_{优}$”时，国家增值税税款不可能减少，反而可能增加。

### （四）国家增值税税款损失的推导公式

设开票方、受票方不虚开情况下的增值税应纳税额分别为 $Y_A$、$Y_B$，不难推出，虚开后开票方的实际应纳税额变更为 $X_A+(Q-X_{优})-J_A=(X_A-J_A)+(Q-X_{优})=Y_A+(Q-X_{优})$，因为销项实际申报缴纳增加。

受票方的实际应纳税额变更为 $X_B-[J_B+(Q-V_{优})]=(X_B-J_B)-(Q-V_{优})=Y_B-(Q-V_{优})$，因为进项税额抵扣增加。

开票方、受票方虚开前的应纳税额之和减去虚开后的应纳税额之和差为税款损失：

税款损失金额 $=(Y_A+Y_B)-\{[Y_A+(Q-X_{优})]+[Y_B-(Q-V_{优})]\}=X_{优}-V_{优}$。

由于虚开出去的发票即使存在真实交易，增值税税款缴纳不可能超过 $Q$ 且或小于 0（就涉及增值税税收优惠部分），故 $0\leqslant X_{优}\leqslant Q$；接受发票一方实际抵扣的税额不可能超过 $Q$ 或小于 0（就涉及增值税税收优惠部分），故 $0\leqslant V_{优}\leqslant Q$。

另外，理论上存在受票方增值税税收优惠情况下，让他人为自己虚开，但是这种可能性微乎其微。因为这种情况下取得虚开进项的成本明显过高。如果实务中真的出现，可以实际还原没有虚开情况的受票方的实际应纳税额，减去虚开情况下的增值税应纳税额。

## 二、普通型税收优惠型虚开造成国家增值税税款处于可能流失危险状态的最大金额的计算

在长链虚开情况下，通常难以同时确定虚开链条的最终抵扣方和票源地。但是，对于虚开造成国家增值税税款处于可能流失的危险状态的最大金额的计算，只需要考虑行为人可控可知的范围，这在实务中取证非常简单。与票货分离的虚开一样，开票方不可能有骗取国家增值税税款的目的，故将虚开作为目的犯不太妥当；最终受票方通常也难以确定，不宜要求客观上导致国家增值税税款流失作为入罪标准。

相对来说，以虚开行为导致国家增值税税款处于可能流失的危险状态的最大金额作为虚开税额相对较为科学。当虚开行为不可能导致国家增值税税款损失时，我们认为应当排除虚开增值税专用发票罪的适用。

### （一）开票方造成国家增值税税款处于可能流失的危险状态的最大金额的计算

对开票方而言，其受票方是否将虚开的发票予以抵扣、抵扣多少，未必属于其已控已知的范围。故我们对于受票方是否抵扣、抵扣多少，在其非可控可知的范围内，只能按照最坏情况取值。

对于开票方造成国家增值税税款处于可能流失的危险状态的最大金额，依旧按照 $X_{优}-V_{优}$来推算；只是不再按照实际抵扣金额取值，而是按照开票方基于合理理由和行为足以确信受票方不会抵扣的金额取值。开票方无法举证证明自己基于合理理由和行为足以确信受票方不会抵扣部分或全部金额的，$V_{优}$直接取值 0。

设开票方基于合理理由和行为足以确信受票方不会抵扣的金额为 $V_{优开}$，则开票方造成国家增值税税款处于可能流失的危险状态的最大金额为 $X_{优}-V_{优开}$；除非开票方自行证明 $V_{优开}$大于 0，否则 $V_{优开}$直接取值 0。

### （二）受票方造成国家增值税税款处于可能流失的危险状态的最大金额的计算

对于受票方来说，开票方是否就虚开出去的发票缴纳了增值税税款、缴纳了多少增值税税款，未必属于其已控已知的范围。故对于开票方是否缴纳了增值税税款、缴纳了多少增值税税款，属于受票方未控未知范围，只能按照最坏情况取值。对于可以合理预计的开票方会缴纳增值税税款的部分，应当从该金额中予以扣除。

故在公式 $X_{优}-V_{优}$中，原则上应当将 $X_{优}$直接取值 $Q$。当有证据证明受票方基于合理理由确信开票方就虚开出去的增值税专用发票会缴纳部分税款的，应当扣减该金额，但是扣减的金额不得大于 $Q$。

### （三）介绍方造成国家增值税税款处于可能流失的危险状态的最大金额的计算

在介绍他人虚开的情况下，介绍人对开票方增值税税款的缴纳、受票方是否抵扣，一般均为未控未知。在这种情况下，直接对 $X_{优}$取最大值 $Q$，对 $V_{优}$取最小值 0。为了表述方便，可以先假定该危险状态的最大金额为 $Q$，介绍方提供证据证明 $X_{优}<Q$ 的，其差额部分（$X_{优介}$）可以剔除，即介绍人基于合理

理由确信开票方会缴纳的增值税税款，从 $Q$ 中予以扣除，最大扣除金额为 $Q$；介绍方提供证据证明基于合理理由确信 $V_{优}>0$ 的，大于部分（$V_{优介}$）也可以从 $Q$ 中扣除（最大取值为 $Q$），即介绍人基于合理理由确信受票方不会抵扣的部分，可以从导致国家增值税税款处于可能流失的危险状态的最大金额中予以扣除。

故介绍方造成国家增值税税款处于可能流失的危险状态的最大金额为 $Q-V_{优介}-X_{优介}$。

## 三、代开型税收优惠型虚开造成国家增值税税款损失的计算

代开型税收优惠的虚开，是指发票开具方系为他人如实代开且开票方存在税收优惠情况下的虚开。

假设 $A$、$B$ 公司正常开票时，各自的应纳税额分别为 $Y_A$、$Y_B$，销项税额分别为 $X_A$、$X_B$，进项税额分别为 $J_A$、$J_B$（由于已经剔除了票货分离部分虚开对国家增值税税款的影响，故原增值税应纳税额依旧采用原值）。经查证，$B$ 公司就发票记载的事项，实际上从 $K$ 公司有对应金额、税额的购进。在这种情况下，我们分析虚开造成国家增值税税款损失的金额。设存在税收优惠部分的虚开增值税专用发票（已经剔除了票货分离的部分），剔除票货分离部分后的虚开税额为 $Q$，开票方就虚开出去的专用发票需要实际缴纳增值税的金额为 $Z$（$Z$ 的最大取值为 $X$），基于增值税税收优惠，$A$ 公司就虚开的发票不需要缴纳的增值税税款为 $X_{优}$。

$A$ 公司增值税应纳税额原本为 $Y_A=(X_A-J_A)$；在税收优惠的情况下，虚开后 $A$ 公司的增值税应纳税额为 $Y_A+(Q-X_{优})$。

$B$ 公司的增值税应纳税额：无论是 $C$ 公司开给 $B$ 公司，还是 $A$ 公司开给 $B$ 公司，$B$ 公司的增值税应纳税额均为 $Y_B=X_B-J_B$（足额抵扣）。

$K$ 公司的增值税应纳税额原本为 $Y_K=X_K-J_K$；虚开后，由于 $C$ 公司并未做对应的无票销售申报，故 $C$ 公司的增值税应纳税额为 $(X_C-Q)-J_C=Y_C-Q$。

### （一）代开型税收优惠的虚开造成国家增值税税款的损失的推导

假设 $C$ 公司对让他人为自己如实代开的部分，进行无票申报的税额为 $N_{优}$，$B$ 公司就虚开的进项没有抵扣的金额为 $V_{优}$，则虚开对国家增值税税款的影响为：

虚开后 $A$ 公司的应纳税额依旧为 $Y_A+(Q-X_{优})$。

虚开后 B 公司的应纳税额变更为 $X_B-(J_B-V_{优})=Y_B+V_{优}$。

虚开后 C 公司的应纳税额变更为 $Y_C-Q+N_{优}$。

A、B、C 三家公司虚开前后的应纳总税额之差为 $(Y_A+Y_B+Y_C)-[Y_A+(Q-X_{优})+(Y_B+V_{优})+(Y_C-Q+N_{优})]=X_{优}-N_{优}-V_{优}$。

由此可见，由于原始的税款损失在于销售方应当申报而未申报缴纳税款，故先假定增值税税款损失为 $Q$ 元，减去开票方实际缴纳的税款 $Z$，减去销售方无票申报的税款 $N_{优}$，减去受票方不予抵扣的增值税税款 $V_{优}$，结论为 $Q-Z-N_{优}-V_{优}$。由于 $Q-Z=X_{优}$，故代开型票货分离的虚开对国家增值税税款的影响为 $X_{优}-N_{优}-V_{优}$，三个参数的取值范围均为大于等于零且小于等于 $Q$。

**（二）当受票方足额抵扣时（$V_{优}=0$）**

当受票方足额抵扣时，虚开造成国家增值税税款损失的金额为 $(X_{优}-N_{优})$ 元。

也就是说，若受票方足额抵扣，开票方基于增值税税收优惠不需要缴纳的虚开税额减去代开方就代开部分无票申报缴纳的增值税税款部分的差额，即为虚开对国家增值税税款的损失金额。

**（三）真实销售方未就代开部分进行无票申报缴纳增值税税款时（含用真实交易的进项予以抵扣）（$N=0$）**

当代开方未就代开部分进行无票申报缴纳增值税税款时（含用真实交易的进项予以抵扣），虚开造成国家增值税税款损失的金额为 $(X_{优}-V_{优})$ 元。

也就是说，如果真实销售方并未就代开部分进行无票申报缴纳增值税税款，则开票方基于增值税税收优惠政策就虚开部分不予缴纳的税额减去受票方就该部分虚开不予抵扣的税额的差额，即为国家增值税税款损失的金额。

**（四）当受票方 B 公司足额抵扣，且真实销售方未就代开部分进行无票申报缴纳增值税税款时（用真实交易的进项予以抵扣也属于缴纳税款）**

在这种情况下，$N_{优}$ 和 $V_{优}$ 取值均为零，开票方基于增值税税收优惠政策就虚开部分不予缴纳的税额即为国家增值税税款损失金额。

## 四、代开型税收优惠型虚开造成国家增值税税款处于可能流失的危险状态的最大金额的计算

代开型税收优惠的虚开导致国家增值税税款损失为 $X_{优}-N_{优}-V_{优}$，三个参

数的取值范围均为大于等于0且小于等于虚开税额$X$。对于代开税收优惠型虚开造成国家增值税税款处于可能流失的危险状态的最大金额的计算也以此为基础。

### （一）开票方造成国家增值税税款处于可能流失的危险状态的最大金额的计算

对于$N_{优}$、$V_{优}$两个值，开票方通常未控未知，所以，$N_{优}$、$V_{优}$的取值应当在扣除开票方可控可知金额后，做最坏状态处理，即$N$、$V$两个值先取最小值0，减除已控已知范围真实销售方对应无票申报的金额$N_{优开}$，减除已控已知范围受票方不予抵扣金额$V_{优开}$。故代开型票货分离虚开的开票方造成国家增值税税款处于可能流失的危险状态的最大金额$=X_{优}-N_{优开}-V_{优开}$，其中$N_{优开}$、$V_{优开}$两个参数的取值范围均为大于等于0且小于等于虚开税额$Q$。实务中要证明$N_{优开}$、$V_{优开}$大于0通常很困难，如果没有充分的证据证明$N_{优开}$、$V_{优开}$大于0，则$N_{优开}$、$V_{优开}$直接取0值。

### （二）真实销售方造成国家增值税税款处于可能流失的危险状态的最大金额的计算

对于真实销售方来说，$N_{优}$的取值是已控已知的，故$N_{优}$值按照实际情况取值，$X_{优}$、$V_{优}$应先按照最坏情况取值，故$X_{优}$取值$Q$，$V_{优}$取值0。减除已控已知范围受票方不予抵扣金额$V_{优销}$，以及开票方就虚开的发票会缴纳的增值税税款$X_{优销}$，故代开型票货分离虚开的真实销售方造成国家增值税税款处于可能流失的危险状态的最大金额为$Q-N_{优}-V_{优销}-X_{优销}$。

### （三）受票方造成国家增值税税款处于可能流失的危险状态的最大金额的计算

对于受票方来说，$V_{优}$的取值是已控已知的，故$V_{优}$值按照实际情况取值，而$X_{优}$、$N_{优}$应先按照最坏情况取值，即$N_{优}$先取最小值0、$X_{优}$取值$Q$，再扣除已控已知范围真实销售方就相应货物进行无票申报的税额$N_{优受}$、开票方就虚开的发票缴纳的增值税税款$X_{优受}$。所以，代开型票货分离虚开的受票方造成国家增值税税款处于可能流失的危险状态的最大金额为$Q-V_{优}-N_{优受}-X_{优受}$。以上参数的最大取值范围均为大于等于零，小于等于$Q$。

### （四）介绍方造成国家增值税税款处于可能流失的危险状态的最大金额的计算

对于介绍方来说，三个参数 $X_{优}$、$N_{优}$、$V_{优}$ 值通常是未控未知的，故均先行进行最坏情况下取值，即 $X_{优}$取最大值 $Q$，$N_{优}$、$N_{优}$取最小值0。扣除已控已知范围真实销售方就相应货物无票申报税额 $N_{优介}$，减除基于合理理由认为受票方不会抵扣的金额 $V_{优介}$、开票方就虚开的发票缴纳的增值税税款 $X_{优介}$。故代开型票货分离虚开的介绍方造成国家增值税税款处于可能流失的危险状态的最大金额为 $X-N_{优介}-X_{优介}-V_{优介}$。

## 第四节　欠税情况下虚开增值税专用发票对国家增值税税款的影响

本节介绍欠税情况下虚开增值税专用发票对国家增值税税款的影响，以剔除票货分离部分后的虚开税额为基础，不再重复计算税收优惠不予抵扣的部分。

### 一、欠税情况下普通型虚开增值税专用发票造成国家增值税税款损失的计算

设剔除票货分离后的税收优惠部分依税收优惠政策应当缴纳的增值税税款为 $I$ 元，非税收优惠部分受票方实际抵扣的金额为 $E$ 元（此处 $E$ 元是已经剔除了票货分离和税收部分的金额），非税收优惠部分不予抵扣部分金额为 $B$ 元（此处 $B$ 元是已经剔除了票货分离和税收部分的金额）；税收优惠的虚开税额依旧是 $Q$ 元，非税收优惠部分虚开税额为 $R$ 元，开票人基于破产保护而不必缴纳的增值税税款为 $G$ 元（$0 \leqslant G \leqslant I+R$）。需要注意的是：这里的 $G$ 元，不仅包括非税收优惠因为破产保护而不予缴纳的增值税税款，也包括税收优惠部分（剔除了票货分离部分）中应当缴纳而基于破产保护不予缴纳的税款。

假设 A、B 公司正常开票时，各自的应纳税额分别为 $Y_A$、$Y_B$，销项税额分别为 $X_A$、$X_B$，进项税额分别为 $J_A$、$J_B$（由于已经剔除了票货分离部分虚开对国家增值税税款的影响，故原增值税应纳税额依旧采用原值）。我们的计算依旧建立在短链虚开的基础上，即假定受票方将取得的虚开的增值税专用发票，用于抵扣真实交易产生的销项税额。

### （一）总公式的推导

虚开前开票方 A 公司实际应当缴纳的应纳税额（已经剔除了票货分离部分）为 $Y_A$，虚开情况下基于增值税税收优惠部分应当缴纳的增值税税款为 $I$。

虚开前 B 公司应纳税额（这里不再考虑税收优惠，因为税收优惠部分的不予抵扣在计算税收优惠导致的税款损失时已经计算；票货分离部分也已经剔除）为 $Y_B$。

虚开后 A 公司实际应纳税额为 $Y_A+I+R-G$；$G$ 的取值范围为大于等于 0 且小于等于 $R+I$。

虚开后 B 公司应纳税额为 $Y_B-(R-B)$。

我们用虚开前的增值税应纳税额，减去虚开后的实际应纳税额，正数即为国家增值税税款损失金额：

$$[(Y_A+I)+Y_B]-\{[Y_A+I+R-G]+[Y_B-(R-B)]\}=G-B$$

这里说明一下 $G$ 的取值范围，之所以其取值范围为大于等于 0，小于等于 $(I+R)$，乃是因为超过 $(I+R)$ 的破产保护的欠税金额本身就应当受到保护，无所谓损失。

欠税下的普通虚开增值税专用发票造成国家增值税税款的损失金额为开票人基于破产保护而不必缴纳的增值税税款减去非税收优惠部分不予抵扣部分。

### （二）非税收优惠部分虚开不予抵扣增值税税款时（$B$ 取值 $R$）

这种情况下，国家增值税税款损失金额为 $G-R$，国家增值税税款损失是否基于欠税的破产保护发生，取决于欠税金额是否大于非税收优惠部分虚开税额。如果大于则为损失，小于则为国家增值税税收收益。

### （三）非税收优惠部分虚开足额抵扣增值税税款时（$B$ 取值 0）

当税收优惠部分虚开足额抵扣增值税税款，对应的不予抵扣部分为 0，即 $B$ 取值 0。此时，开票人基于破产保护而不必缴纳的增值税税款中 $R$ 取值即为国家增值税税款损失金额。

即在剔除票货分离、增值税税收优惠情况下，如果受票方足额抵扣，那么开票方基于破产保护而免于缴纳的增值税欠税，在其特定取值范围内即为国家增值税税款损失。

## 二、欠税下的普通型虚开增值税专用发票造成国家增值税税款处于可能流失的危险状态的最大金额的计算

从理论上来说，查证基于破产保护而免于缴纳的增值税欠税，并在此基础上计算欠税下的普通型虚开增值税专用发票造成国家增值税税款损失是科学的。然而，实务中，绝大多数查证的虚开尚未进入破产清算程序，倘若一定要等到破产清算后确证有基于破产保护而导致的虚开损失，很明显不利于国家增值税税款的保护。

那么，我们需要一个可靠的标准来界定这个虚开行为可能导致多少金额的虚开销项进入破产保护程序，并以行为人的可控可知为基础。即欠税下的虚开增值税专用发票导致国家增值税税款处于可能流失的危险状态的最大金额。

### （一）开票方造成国家增值税税款处于可能流失的危险状态的最大金额的计算

在公式 $G-B$ 中，$G$ 对于开票方来说是已控已知的，故理论上 $G$ 应当按照实际情况取值。通常来说，虚开被查处时，开票方并非破产清算结束。为此，需要一个替代的参数来代替，这个参数我们选择：

案发当时，扣除开票方所欠职工的工资和劳动保险费用后，开票方无力缴纳的增值税欠税（用字母 $U$ 表示）。即假设开票方破产而虚开未被发现，其虚开的专用发票有多少税额会基于破产保护而逃避，以此来判定该虚开可能导致国家增值税税款处于可能流失的危险状态的最大金额。$U$ 的取值范围为大于等于0，小于等于（$I+R$）。因为超过（$I+R$）的破产保护的欠税金额其本身就应当受到保护，无所谓损失。

故欠税情况下的虚开，导致国家增值税税款处于可能流失的危险状态的最大金额为 $U-B_{开}$，$B_{开}$是指开票方基于合理理由确信受票方不会抵扣的金额。

### （二）受票方造成国家增值税税款处于可能流失的危险状态的最大金额的计算

在 $G-B$ 中，$B$ 是已控已知的，故 $B$ 按照实际情况取值。对于 $G$ 来说，由于其中 $I$ 部分在计算税收优惠虚开造成国家增值税税款处于可能流失的危险状态的最大金额时已经考虑，故不再重复。这里的推导基础应该建立在 $R-B$ 基

础上。

故受票方造成国家增值税税款处于可能流失的危险状态的最大金额为 $R-B-R_{受}$，$R_{受}$ 为受票方基于合理理由确信开票方就非税收优惠部分缴纳的增值税税款(不会降低开票方的增值税税款缴纳能力)。

### (三) 介绍方造成国家增值税税款处于可能流失的危险状态的最大金额的计算

在 $R-B$ 的基础上，由于介绍方对 $R$、$B$ 通常处于未控未知的状态，故先将 $R$ 取最大值，$B$ 取最小值。即介绍方造成国家增值税税款处于可能流失的危险状态的最大金额 $=R-R_{介}-B_{受}$，其中 $R_{介}$ 为介绍方基于合理理由确信开票方就无税收优惠部分虚开的专用发票会缴纳的税款部分(不会降低开票方的增值税税款缴纳能力)，$B_{受}$ 为介绍方基于合理理由确信受票方不会抵扣的部分。

## 三、代开型欠税的虚开造成国家增值税税款损失的计算

代开型欠税的虚开，是指发票开具方为他人如实代开且开票方存在无力缴纳增值税欠税情况的虚开。

假定上例中，受票方 B 公司，就该部分虚开存在从第三方 S 公司对应的购进，应当取得发票而没有取得发票。故 A 公司为 B 公司虚开了该发票。

A 公司的增值税应纳税额原本为 $Y_A+I=(X_A-J_A)+I$。

B 公司的增值税应纳税额原本为 $Y_B=X_B-J_B$。

S 公司的增值税应纳税额原本为 $Y_S=X_S-J_S$。

### (一) 代开型欠税的虚开造成国家增值税税款损失

设 S 公司对让他人为自己如实代开的部分，进行无票申报的税额为 $N_{欠}$，

虚开后 A 公司实际应纳税额为 $Y_A+I+R-G$；$G$ 的取值范围为大于等于 0 且小于等于 $R+I$。

虚开后 B 公司实际应纳税额为 $X_B-(J_B-B)=Y_B+B$。

虚开后 S 公司实际应纳税额为 $Y_S-(R-N_{欠})$。

假设虚开前 A、B、S 三家公司应纳税额之和为 $Y_1$，虚开后的 A、B、C 三家公司应纳税额之和为 $Y_2$。用虚开前 A、B、S 三家公司应纳税额之和减去虚开后的三家公司的应纳税额之和，若为正数，即为国家增值税税款损失金额。

$Y_1-Y_2=(Y_A+I+Y_B+Y_S)-\{(Y_A+I+R-G)+(Y_B+B)+[Y_S$

$-(R-N_{欠})]\}=G-B-N_{欠}$

**(二)受票方足额抵扣时($B=0$)**

当受票方足额抵扣时，该虚开造成国家增值税税款的损失金额为（$G-N_{欠}$）元。

也就是说，若受票方足额抵扣，开票方基于破产保护不需要缴纳的虚开税额减去代开方就代开部分无票申报缴纳的增值税税款部分，差额即为该虚开对国家增值税税款的损失金额。

**(三)真实销售方未就代开部分进行无票申报缴纳增值税税款时（含用真实交易的进项予以抵扣）($N_{欠}=0$)**

当代开方未就代开部分进行无票申报缴纳增值税税款时（含用真实交易的进项予以抵扣）时，该虚开造成国家增值税税款的损失金额为($G-B$)元。

也就是说，如果真实销售方并未就代开部分进行无票申报缴纳增值税税款时，则开票方基于破产保护就虚开部分不予缴纳的税额减去受票方就该部分虚开虚开中不予抵扣的税额差额即为国家增值税税款损失金额。

**(四)当受票方B公司足额抵扣，且真实销售方未就代开部分进行无票申报缴纳增值税税款时（用真实交易的进项予以抵扣也属于缴纳税款）**

这种情况下，$B$和$N_{欠}$取值均为零，开票方基于破产保护就虚开部分不予缴纳的税额即为国家增值税税款损失金额。

## 四、代开型税收优惠的虚开造成国家增值税税款处于可能流失的危险状态的最大金额的计算

代开型欠税的虚开导致国家增值税税款损失为（$G-B-N_{欠优}$），对代开型欠税的虚开造成国家增值税税款处于可能流失的危险状态的最大金额的计算以此为基础。

**(一)开票方造成国家增值税税款处于可能流失的危险状态的最大金额的计算**

对于$B$、$N_{欠}$两个值，开票方通常未控未知，所以，$B$、$N_{欠}$的取值应当在扣除开票方已控已知的金额后，做最坏状态处理。$B$、$N_{欠}$两个值先取值最小值0，再减除已控已知范围真实销售方对应无票申报的金额$N_{欠开}$，且减除已

控已知范围受票方不予抵扣金额 $B_{欠开}$。故代开型税收优惠虚开中的开票方造成国家增值税税款处于可能流失的危险状态的最大金额为 $G-N_{欠开}-B_{欠开}$。

**（二）真实销售方造成国家增值税税款处于可能流失的危险状态的最大金额的计算**

对于真实销售方来说，$N_{欠}$ 的取值是已控已知的，故 $N_{欠}$ 值按照实际情况取值。对于 $G$，计算税收优惠的时候，已经考虑了 $I$ 部分，这里不予重复计算，故以 $R-B-N_{欠}$ 进行推演。

$R$、$B$ 先按照最坏情况取值，故 $B$ 取值 0，再减除已控已知范围受票方不予抵扣金额 $B_{销}$，以及开票方就虚开的发票缴纳的增值税税款 $R_{销}$。代开型欠税虚开的真实销售方造成国家增值税税款处于可能流失的危险状态的最大金额为 $R-N_{欠}-B_{销}-R_{销}$。

**（三）受票方造成国家增值税税款处于可能流失的危险状态的最大金额的计算**

对于受票方来说，$B$ 的取值是已控已知的，故 $B$ 值按照实际情况取值。对于 $G$，计算税收优惠时，已经考虑了 $I$ 的部分，这里不予重复计算，以 $R-B-N_{欠}$ 进行推演。

对 $N_{欠}$ 取值 0，再减去受票方已控已知范围内的真实销售方予以对应无票申报缴纳的税款 $N_{受欠}$，以及开票方就虚开的发票缴纳的增值税税款 $R_{受}$。

代开型欠税虚开的受票方造成国家增值税税款处于可能流失的危险状态的最大金额为 $R-N_{受欠}-B-R_{受}$。

**（四）介绍方造成国家增值税税款处于可能流失的危险状态的最大金额的计算**

对于受票方来说，$G$、$B$、$N_{欠}$ 三个参数的取值通常都是未控未知。对于 $G$，计算税收优惠时，已经考虑了 $I$ 部分，这里不予重复计算，故而以 $R-B-N_{欠}$ 进行推演。

设介绍方已控已知范围内的真实销售方予以对应无票申报缴纳的税款 $N_{介欠}$，以及减去开票方就虚开的发票缴纳的增值税税款 $R_{介}$，减去介绍方可以合理确定受票方不会抵扣的税款 $B_{介}$。

介绍方造成国家增值税税款处于可能流失的危险状态的最大金额为 $R-$

$N_{介欠} - R_{介} - B_{介}$。

## 第五节　相对复杂虚开对国家增值税税款的影响

在长链虚开中，常见的是既为他人虚开，又让他人为自己虚开。

### 一、开放式既为他人虚开，又让他人为自己虚开对国家税款的影响

开放式既为他人虚开，又让他人为自己虚开，是指行为人为他人虚开的对象与让他人为自己虚开的对象非同一主体，常见的为 B 公司让 A 公司为自己虚开，同时 B 公司为 C 公司虚开。

**（一）以虚抵虚的既为他人虚开，又让他人为自己虚开**

在上下游税率相同且无增值税税收优惠情况下，同等税额的既让他人为自己虚开，又为他人虚开，本质上等同于介绍他人虚开。

在上下游税率相同且无增值税税收优惠的情况下，同等税额范围内，供票方（销项虚开方）与需票方（进项虚开方）本有往来的，通常由供票方直接虚开给需票方，见图 7-1。

前面所说的既为他人虚开，又让他人为自己虚开，见于 A 公司为供票方而 C 公司为需票方，A 公司与 C 公司缺乏往来，需 B 公司牵线搭桥，或通过双向虚开（既有销项虚开，又有同等金额的进项虚开）串联，但凡 B 公司老板不担心 A 公司跳过自己和 C 公司独立交易，就不会出现“A 公司先虚开给 B 公司，B 公司再虚开给 C 公司”。在 A 公司与 C 公司本身有往来的情况下，只可能出现 C 公司需要发票，取得发票后又不要发票，于是开回给 B 公司，即 A 虚开给 C（发票需求方），C 再虚开给 B。

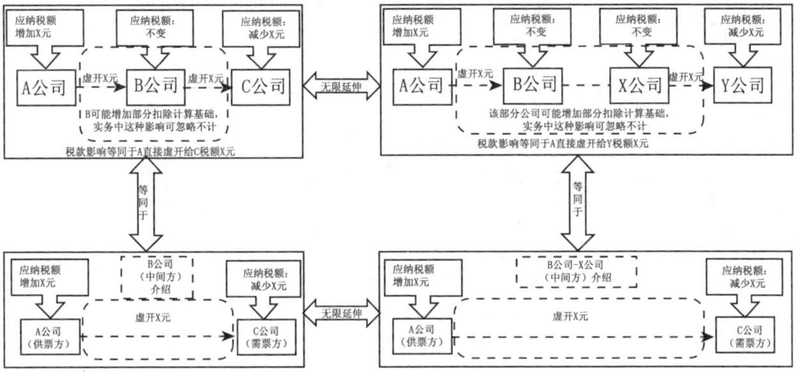


图 7-1　以虚抵虚的即为他人虚开，又让他人为自己虚开

### （二）既让他人为自己虚开，又为他人虚开对国家税款影响的通用算法

以虚抵虚的既为他人虚开，又让他人为自己虚开多见于开票公司。非基于以虚抵虚的既让他人为自己虚开，又为他人虚开，应分别计算让他人为自己虚开与为他人虚开对国家税款的影响，再相加计算。当然，行为人以虚抵虚的既为他人虚开，又让他人为自己虚开，以及行为人以虚抵虚的既为自己虚开，又为他人虚开对国家税款的影响，也可以采用“分别计算国家税款影响金额，再对计算出的金额予以相加”的方法。

1. 例一

A 公司为自己虚开农产品收购发票税额 130 万元，又为他人虚开税额 300 万元的增值税专用发票。计算该虚开对国家增值税税款的影响，应计算为自己虚开农产品收购发票税额 130 万元的金额，再加上为他人虚开税额 300 万元增值税专用发票的金额。

130 万元的农产品收购发票的虚开，应认定造成国家税款可能流失的最大金额为 130 万元；而为他人虚开的 300 万元，假定其中 130 万元的部分用虚开的农产品收购发票进行抵扣，另外 100 万元用票货分离的方法处理，A 公司自己缴纳 70 万元的增值税税款而不影响税款缴纳能力。则为他人虚开的部分的 130 万元不得重复计算，为他人虚开部分造成国家税款可能流失的危险状态的为 100 万元。

行为人为自己虚开、为他人虚开造成国家增值税税款处于可能流失的危险状态的最大金额为 230 万元（130 万元+100 万元）。即受票方多抵扣了 300 万元，开票方多缴纳了 70 万元的增值税税款，最多只能让 230 万元的增值税税款处于可能流失的危险状态，如表 7-14 所示。

**表 7-14　例一中虚开行为对国家增值税税款的影响**

| 项目 | 金额 | 国家增值税税款处于可能流失的危险状态的金额 |
|---|---|---|
| 为自己虚开农产品收购发票税额 | 130 万元 | 130 万元 |
| 为他人虚开税额（300 万元） | 130 万元（用为自己虚开的收购发票抵扣） | 0（不重复计算） |
| | 100 万元（以票货分离方式虚开） | 100 万元 |
| | 实际缴纳税额 70 万 | 0 |
| 合计 | | 230 万 |

2. 例二

A 公司为让他人为自己虚开税额 130 万元的增值税专用发票，抵扣了真实交易产生的销项税税额；同时又为他人虚开了税额 100 万元的增值税专用发票，用票货分离方式处理其中的 10 万元而不影响税款缴纳能力。

该例中，A 公司让他人为自己虚开税额 130 万元应认定造成国家增值税税款处于可能流失的危险状态的金额为 130 万元，为他人虚开税额 110 万元的增值税专用发票应认定造成国家增值税税款处于可能流失的危险状态的金额为 100 万元。A 公司的虚开行为造成国家增值税税款处于可能流失的危险状态的最大金额为 230 万元（130 万元+100 万元）。

简单而言，B 公司真实交易部分多抵扣了 130 万元；而为他人虚开的部分中，受票方多抵扣 110 万元而开票方只多缴纳 10 万元的增值税税款，所以为他人虚开造成国家增值税税款处于可能流失的危险状态为 100 万元，两项相加为 230 万元，如表 7-15 所示。

表 7-15 例二中虚开增值税专用发票对国家增值税税款的影响

| 项目 | 金额 | 造成国家税款可能处于流失的危险状态的金额 |
| --- | --- | --- |
| 让他人为自己虚开（130万元） | 130 万元 | 130 万元 |
| 为他人虚开（110 万元） | 虚开 100 万元 | 100 万元 |
| | 10 万元（以票货分离的方式虚开），缴纳了 10 万元税款 | 0 万元 |
| 合计 | | 230 万元 |

### （三）典型错误做法

只要为受票方抵扣了，均认定为税款损失，导致多环节补缴税款。这种错误应尽力避免。

例如，A 公司为 B 公司虚开税额 130 万元的增值税专用发票，B 公司为 C 公司虚开税额 130 万元的增值税专用发票，B 公司以虚抵虚。实务中可能出现，C 公司补缴 130 万元的增值税税款，B 公司也补缴 130 万元的增值税税款。该虚开行为导致国家增值税税款处于可能流失的最大金额为 130 万元，结果补缴了 260 万元的增值税税款。

假设 A、B 公司均无任何真实交易，实际上只要 C 公司做进项转出，国家增值税税款足以挽回。

## 二、闭合式长链虚开

闭合式长链虚开即一般所说的对开、环开。

对开模型：A 公司虚开给 B 公司，B 公司回开给 A 公司。

环开模型：A 公司虚开给 B 公司，B 公司虚开给 C 公司……X 公司虚开给 Y 公司，Y 公司虚开给 A 公司。

审查闭合式长链虚开应当注意以下几点：

### （一）对开模型和环开模型，只有在同一犯意控制之下才能认定为闭合式长链虚开；否则，对最后完成闭环的虚开行为应按另起犯意考察

同时分析非同一犯意控制之下的对开和环开模型，将不利于进行真实的对开、环开评价。例如，A 公司虚开税额 130 万元的增值税专用发票给 B 公司，因为案发而让 B 公司给 A 公司回开税额 130 万元的增值税专用发票。

这将导致虚开增值税专用发票罪被架空。

**(二)闭合式长链虚开仅仅限于以虚抵虚情况**

闭合式长链虚开仅限于以虚抵虚情况，否则应分开测算其对国家增值税税款的影响。例如，A、B 公司当期真实销售入账产生的销项税额为 130 万元，无票销售换算的税额为 130 万元；假设两家公司当期均无进项税额，两家公司分别向对方虚开税额 130 万元的增值税专用发票，均以票货分离处理。

B 公司正常开票时，各自应纳税额均为 260 万元；对开后，各自应纳税额均为 130 万元，国家增值税税款损失了 260 万元。

以对开、环开来直接认认定国家增值税税款是否损失不可靠。在这种情况下，直接拆分方可正确计算，见表 7-16。

**表 7-16 闭合式长链虚开对国家增值税税款的影响** 单位：万元

| | 不虚开情况下应纳税额 | 分别向对方虚开的税额 | 对开之后应纳税额 | 国家增值税税款损失 |
|---|---|---|---|---|
| A 公司 | 260 | 130 | 130 | 130 |
| B | 360 | 130 | 130 | 130 |
| 合计 | | | | 260 |

**(三)闭合式虚开仅仅限于发票项目相同**

虽然存在对开或环开，但是发票项目迥异，应分别测算其对国家增值税税款影响的金额。

例如，A 公司就 W 项目享有即征即退 100%的税收优惠政策，A 公司就该项目给 B 公司虚开税额 130 万元的增值税专用发票，B 公司抵扣了非税收优惠项目虚开产生的销项税额；B 公司就 K 项目享有即征即退 100%的税收优惠政策，B 公司就该项目给 A 公司虚开了税额 130 万元的增值税专用发票，A 公司抵扣非税收优惠项目虚开产生的销项税额。毫无疑问的是，A、B 公司的虚开行为各自导致了国家 130 万元的增值税税款处于可能流失的危险状态，而不是说对开不影响国家增值税税款。

**(四)原则上应当分开计算再汇总**

分开计算再将计算结果相加，适用各种情况，原则上应采用这种方法。当然，证据确凿的同一犯意的相同项目的以虚抵虚的对开、环开，在税额相同范畴内，可以相互冲抵。

## 三、不同类型虚开并存对国家增值税税款的影响

行为人可能既为他人虚开，又让他人为自己虚开；介绍他人虚开，又为自己虚开，应当分别测算不同类型的虚开影响，然后相加。

行为人的同一虚开行为中，既有票货分离又有增值税税收优惠政策、走逃情况的，应按顺序依次计算，逐步剔除，最后相加，精确计算虚开行为对国家增值税税款的影响。应先计算票货分离下虚开、税收优惠下虚开、欠税下虚开导致国家增值税税款处于可能流失的危险状态的最大金额，再将三者相加。国家税款损失的金额计算也是如此。

# 第八章　刑法基础知识

## 第一节　刑法的概念、任务和机能

### 一、刑法的概念

刑法是规定犯罪及其刑事法律后果的法律规范。犯罪所引发非刑事法律后果的法律规范，不属于刑法的范畴，例如，律师法中有对故意犯罪而被判处刑罚的人不得从事律师执业的规定，该规定不属于刑法范畴。只有规定罪刑关系的法律规范才属于刑法范畴，刑法对社会主体参与、从事社会生活的利益都予以保护。

刑法通过预防犯罪来保护法益，在所有法律部门中，其制裁手段——刑罚最为严厉，强制力最强。

### 二、刑法的性质

刑法作为重要的部门法，具有以下法律性质：

**（一）特定性**

刑法只规范罪—刑关系，即规定什么是犯罪以及对犯罪处以什么刑罚以及如何执行刑罚，规制内容的特定性是其区别于其他法律规范的关键。

**（二）严厉性**

刑法的制裁手段是刑罚，相较于其他法律严厉得多。刑罚往往以剥夺人身自由或者政治权利，甚至生命的方式加以惩治。其他法律通常不采用这些方式。触犯民法的后果通常是赔礼道歉、赔偿损失等；而单纯违反行政法的后果，最严厉的处罚是行政拘留，时间较短，最长为 15 天，数违法行为并罚最长为 20 天。

**（三）广泛性**

刑法保护的法益是广泛的，既包括公民的个人法益，也包括国家法益和社会法益。其中公民的个人法益主要包括公民的人身权、财产权等；国家法益则是国家层面的利益，如国家的统一完整、国家政权的稳定等；社会法益主要是包括社会秩序、公共秩序等。触犯不同法益的罪名，分别被规定于刑法各章节中。

## 三、刑法的任务

刑法的任务是指刑法承担的职责，《中华人民共和国刑法》第二条规定：中华人民共和国刑法的任务，是用刑罚同一切犯罪行为作斗争，以保卫国家安全，保卫人民民主专政的政权和社会主义制度，保护国有财产和劳动群众集体所有的财产，保护公民私人所有的财产，保护公民的人身权利、民主权利和其他权利，维护社会秩序、经济秩序，保障社会主义建设事业的顺利进行。

## 四、刑法的规制机能

米尔·柯丹“声音隔离”（Acoustic Separation）的思想实验指出，法律规范必然包含两组不同的指引，一是指向公众的行为规范；二是指向裁判者的裁判规范。不少学者就行为规范机能和裁判规范机能的分离有不少争论，本书对此不作讨论。

刑法的规制机能，是指刑法通过规定什么样的行为构成犯罪，以及该行为应当处何种刑罚，以及对刑罚的具体适用（含免予处罚），明确国家对某类行为的规范性评价。刑法规范既是行为规范，也是裁判规范。

### （一）刑法作为行为规范的机能

刑法的行为规范机能，是指刑法通过规定某类行为为犯罪，并规定处以一定的刑罚，告知人们不得实施该类行为，否则将面临被认定为犯罪且被判处、执行刑罚的法律后果。

尽管行为规范机能和裁判规范机能在一定程度上分离，但是刑法作为行为规范的机能之所以能实现，并非基于行为人对法律条文的字面意思的机械理解，而是基于对某类行为法院裁判结果的合理预测，即这样做会不会被定罪量刑。

对刑法的解释应确保实现刑法的行为规范机能，而不宜解释得让人们无所适从。

例如，A公司操纵了一宗交易，交易发生后，A公司为B公司开增值税专用发票。原检方认为：A公司开给B公司增值税专用发票的行为系虚开，发票应由A公司开给C公司。问题是，如果A公司将增值税专用发票开给C公司，原检方也可以认为：A公司开给C公司增值税专用发票的行为系虚开，发票应由A公司开给B公司。在这种情况下，司法机关对刑法的解释明显导致刑法作为行为规范的机能无法实现。

**（二）刑法作为裁判规范的机能**

当行为面临被司法人员裁定是否构成犯罪、是否应当科处刑罚、科处何种刑罚、刑罚的轻重时，刑法既是裁判者定罪量刑的依据，也是对法外定罪量刑权力的禁止。

刑法作为裁判者的定罪量刑的依据，并非机械地按照法律条文的字面意思适用法律，而应通过一定的法律解释方法解释法律。裁判者适用刑法之时，对刑法的良好解释可以促进刑法作为行为规范的机能更好地实现。

2006年4月21日晚10时，被告人许某来到天河区黄埔大道某银行的ATM取款机取款。当其取出1000元后，发现银行卡账户只被扣了1元，于是许某连续取款5.4万元。当晚，许某回到住处，将此事告诉同伴郭某。两人随即再次前往提款，反复操作多次。后经警方查实，许某先后取款171笔，合计17.5万元；郭某则取款1.8万元。事后，二人各携赃款潜逃。

该案中，法官可以对什么是盗窃予以解释，进而消除公众的质疑，因为在公众看来，许某按照取款程序取款，怎么就成了盗窃呢？

为了说服公众，这里可以对盗窃罪进行提炼：行为人以非法占有为目的，明知其违背他人意愿、秘密转移控制状态的行为损害他人的财产或财产性利益，而依旧实施该行为进而取得该财产或财产性利益的控制状态，是盗窃。同时，可以对秘密进一步阐释，即秘密的三性。

当场性，即转移控制状态的过程中（强调时间节点）不知道财产或财产性利益正处于被转移控制状态；相对性：即转移控制状态过程中被害人（强调秘密所针对的人）不知道财产或财产性利益正处于被转移控制状态；主观性：行为人自认为在转移控制状态过程中被害人不知道财产或财产性利益在被转移控制状态。该案中，许某以非法占有为目的，认为自己的行为会导致银行的财产（或财产性利益）在违反银行意愿的情况下秘密转移控制状态给自己，依旧实施该行为；进而取得该财产（或财产性利益）的控制状态，是盗窃无疑。

对公众所关心的“许某按照取款程序取款，怎么就成了盗窃呢?”，法院可做一定的论证。即行为的合法，是建立在一定条件基础上的，当条件发生重大变化，继续实施该行为会严重损害法益时，行为人应进行基本的法益衡量。例如，正在打靶的人，靶标前突然误入一人。行为人应为确保该人的生命安全而暂停打靶行为，不能无视误入者的生命安全而继续打靶。这种情况下，不因打靶是合法行为而阻却故意杀人罪。又如，行为人应约对某住户的防盗窗进行电焊，欲开工时，发现住户煤气泄漏。显然，行为人不能再进行电焊作业，否则将严重危害公共安全。不因单纯看电焊行为是合法行为而阻却纵火罪。

这些类型化的解释，有助于公众在遇到类似情况时决定自己该不该做，以及如何做。

我们认为，刑法作为行为规范的机能，依赖行为人对行为可能面临的刑事判决的合理预测；而刑法作为裁判规范的机能，依赖法院合理地解释法律；而法律适用中合理地解释法律又有助于刑法作为行为规范的机能更好地实现。

## 第二节　刑法的基本原则

刑法的基本原则，是指贯穿刑法始终的普遍性、全局性原则。我国刑法明文规定了三个刑法基本原则，即罪刑法定原则、平等适用刑法原则、罪责刑相适应原则。尽管法益保护原则未直接规定于我国刑法中，但我国《刑法》第二条、第十三条对此均有所体现。

### 一、罪刑法定原则

#### （一）罪刑法定原则的概念

《刑法》第三条后半段规定：法律没有明文规定为犯罪行为的，不得定罪处刑。其经典表述为“法无明文规定不为罪，法无明文规定不处罚”。

#### （二）罪刑法定原则的理论基础

罪刑法定原则的理论基础是分权学说和心理强制学说，其思想基础为民主主义和尊重人权主义。

民主主义要求，国家的重大事务应由国民决定，而重大事务包括什么是犯罪、对犯罪该处以什么幅度的刑罚。国民决定的方式是通过代议机关制定刑法来确定的，不宜由司法机关肆意决定。

为顺应尊重人权主义要求，保障公民的自由，应让公民能够事先知道自己行为的性质、预测自己行为的法律后果（尤其是刑罚这种严重的法律后果）。

**（三）罪刑法定原则的具体要求**

1. 禁止不利溯及

罪刑法定原则的本质是适用行为当时的法律的原则（行为之后的法律对行为人更加有利的，适用行为后的法律）。

禁止不利溯及，是基于一种信赖保护，即基于现行有效的法律，行为人安排自己的行为，并根据现行有效的法律预测自己行为的法律后果。不可能要求行为人遵守立法机关尚未公布的法律，也不可能要求行为人根据立法机关尚未公布的法律预测自己行为的法律后果。倘若依据行为之后的法律，对行为人做出了比依据行为当时的法律更加不利的处理，则难以让国民对现行有效的法律充分信任和遵守，难以发挥法律的行为指引功能；倘若依据先行的法律，行为系合法行为，而根据事后的法律行为被认定为非法，则国民无自由可言。

至于行为之后的法律对行为人更加有利的，适用行为后的法律，乃是考虑将刑法的处罚范围降到最低限度，更加充分地保障国民的自由。

2. 排斥习惯法

由于习惯法难以被归纳为一类规则，不具有罪刑规范的明确性、稳定性，行为人难以根据习惯法判断自己行为的性质及预测其法律后果，缺乏预测可能性。倘若以习惯法作为定罪量刑的依据，罪刑法定原则将荡然无存。

3. 禁止不利类推

根据罪刑法定原则要求，只有在刑法条文的文义射程之内的行为方可适用该条文定罪量刑。当刑法的适用可以超过刑法条文的文义射程解释刑法并入罪时，公众对自己行为的预测基本不可能。而类推解释是超过刑法文义射程的解释，即需要判断的具体事实与法律规定的构成要件事实有点相像，但却不是该构成要件的事实。

如果允许类推解释入罪，任何行为都可能入罪，因为任何行为都可能和刑法规定的构成要件事实相似。

4. 刑法法规的适当性

刑法法规的适当性，包括刑法的明确性、禁止不确定刑、禁止处罚不当罚的行为。

禁止不确定刑是指禁止绝对不定（期）刑。绝对不定（期）刑，是指虽然明确规定某类行为系犯罪，但是没有规定该犯罪的量刑幅度或规定的量刑幅度明显过宽。对某类行为的刑罚规定一定幅度并不违反该规则，因为犯罪的情节、具体危害后果、行为人的主观恶性等可能不同，刑法也无法给定一个非常精确的刑期，只能给予一定的幅度，剩余的交由法官自由裁量。

禁止处罚不当罚的行为，主要考虑刑罚是最严厉的制裁手段，应保持补充性和谦抑性，故而立法者只能将具有处罚依据或者说值得处以刑罚的行为规定为犯罪。

5. 刑法明确性

刑法明确性，是指刑法条文应清晰明确而不易产生歧义，让人能明白什么是犯罪行为，让人具有预测自己行为法律后果的可能性。我们认为，刑法明确性应包括三方面内容，构成要件的明确性（具体分则条文）、犯罪构成的明确性、刑事司法的明确性。

**（四）关于刑法明确性**

简单以刑法条文的清晰明确界定刑法的明确性，脱离实际。因为立法的表达不可能详尽，法律条文的适用绝对不是机械套用条文字面意思，应有一套规范的适用理论。在适用理论中，最为重要的莫过于犯罪构成和构成要件。另外，刑事司法的明确性也非常重要。

1. 犯罪构成的明确性

应明确什么是犯罪、认定犯罪构成的基本逻辑和方法，以最大限度地保障国民的自由。并非行为符合刑法分则的具体罪名条文的构成要件就一定构成犯罪；有时，甚至法律需要行为人去做符合刑法分则的具体罪名条文的事情。下面以案例进行说明。

李四开车不慎翻车昏迷，一只手被卡住；此时，山上一块巨石朝李四滚来，如果李四此时无法脱身，必然被砸。张三路过，试图抱开李四，但由于李四的手被卡住，无法抱开他。于是，张三当机立断，用携带的刀砍掉李四被卡住的那只手，然后抱住李四离开危险区域。该案中，张三的行为显然符合刑法第二百三十四条故意伤害罪的构成要件，但是不宜对张三定罪量刑。

犯罪构成的明确性，要求作为人在面对这种情况时，能够预测自己的行为是否构成犯罪。尽管张三意识到自己的行为符合刑法第二百三十四条故意伤害罪的构成要件，但是犯罪构成的明确性让张三意识到“虽然这个行为符合故意伤害罪的构成要件，但由于行为保护更优越的法益而不应定罪”。

2. 构成要件的明确性

构成要件的明确性，是指刑法分则规定的行为模式应非常清晰。刑法分则的行为模式，本质是对行为的类型化的处理结果，这种类型的处理抽象为概念：罪名。

构成要件的明确性，要求对罪名的定义应当符合定义规则，而不单指条文本身的字面意思。一般而言，条文本身只是给出定义项的过程，应就条文给出的定义项抽象出更加清晰、易懂而没有歧义的定义项。

《刑法》第二百零五条　虚开增值税专用发票或者虚开用于骗取出口退税、抵扣税款的其他发票的，处三年以下有期徒刑或者拘役，并处二万元以上二十万元以下罚金；虚开的税款数额较大或者有其他严重情节的，处三年以上十年以下有期徒刑，并处五万元以上五十万元以下罚金；虚开的税款数额巨大或者有其他特别严重情节的，处十年以上有期徒刑或者无期徒刑，并处五万元以上五十万元以下罚金或者没收财产。

单位犯本条规定之罪的，对单位判处罚金，并对其直接负责的主管人员和其他直接责任人员，处三年以下有期徒刑或者拘役；虚开的税款数额较大或者有其他严重情节的，处三年以上十年以下有期徒刑；虚开的税款数额巨大或者有其他特别严重情节的，处十年以上有期徒刑或者无期徒刑。

虚开增值税专用发票或者虚开用于骗取出口退税、抵扣税款的其他发票，是指有为他人虚开、为自己虚开、让他人为自己虚开、介绍他人虚开行为之一的。

单从条文，我们很难知道什么是“虚开增值税专用发票或者虚开用于骗取出口退税、抵扣税款的其他发票”，什么是“为他人虚开、为自己虚开、让他人为自己虚开、介绍他人虚开”。那么我们看看《最高人民法院关于适用〈全国人民代表大会常务委员会关于惩治虚开、伪造和非法出售增值税专用发票犯罪的决定〉的若干问题的解释》（法发〔1996〕30号）规定：

根据《决定》第一条规定，虚开增值税专用发票的，构成虚开增值税专用发票罪。具有下列行为之一的，属于虚开增值税专用发票：

（1）没有货物购销或者没有提供或接受应税劳务而为他人、为自己、让他人为自己、介绍他人开具增值税专用发票；

（2）有货物购销或者提供或接受了应税劳务但为他人、为自己、让他人为自己、介绍他人开具数量或者金额不实的增值税专用发票；

（3）进行了实际经营活动，但让他人为自己代开增值税专用发票。

这一司法解释进一步明确了虚开增值税专用发票罪的概念。然而，对什么是“没有货物购销”“没有提供或接受应税劳务”，实务中也有争议。有时错误的理解严重威胁交易安全，甚至有时致使纳税人不知道该如何开票。

《刑法》第二百六十四条　盗窃公私财物，数额较大的，或者多次盗窃、入户盗窃、携带凶器盗窃、扒窃的，处三年以下有期徒刑、拘役或者管制，并处或者单处罚金；数额巨大或者有其他严重情节的，处三年以上十年以下有期徒刑，并处罚金；数额特别巨大或者有其他特别严重情节的，处十年以上有期徒刑或者无期徒刑，并处罚金或者没收财产。

第二百六十七条　抢夺公私财物，数额较大的，或者多次抢夺的，处三年以下有期徒刑、拘役或者管制，并处或者单处罚金；数额巨大或者有其他严重情节的，处三年以上十年以下有期徒刑，并处罚金；数额特别巨大或者有其他特别严重情节的，处十年以上有期徒刑或者无期徒刑，并处罚金或者没收财产。

第二百六十三条　以暴力、胁迫或者其他方法抢劫公私财物的，处三年以上十年以下有期徒刑，并处罚金；有下列情形之一的，处十年以上有期徒刑、无期徒刑或者死刑，并处罚金或者没收财产。

单从这三个条文而言，我们很难理解盗窃罪、抢夺罪、抢劫罪，因为缺少对“盗窃”“抢夺”“抢劫”的定义（实务中更多的是诈骗和盗窃的混淆）。在这种情况下，需提炼刑法分则规定的定义项，以便公众迅速明白是盗窃罪、抢夺罪还是抢劫罪，从而规范和指引人们的行为。提炼不仅能真正发挥规范作用，而且有助于简化刑法条文。

当然，构成要件的明确性，重要的是有一套严密的体系，确保能准确、清晰地给出定义项，即对任何刑法分则，均可提炼其主体要件、主观要件、客观要件、客体要件（即侵犯了什么法益）。

构成要件的明确性，必须建立在体系思维的基础上，确保罪名的协调，确保定义和划分符合规则，确保符合该罪名设立的目的；否则，再高大上的理论都会导致公众失去预测可能性。

3. 刑事司法的明确性

刑事司法的明确性，是指刑事起诉和刑事判决应对行为构成犯罪的理由进行充分说理。

例如，法庭上针对A焦点进行辩论，而法院实际用以定罪量刑的依据是B理由，甚至用以定罪量刑的B理由可能从未出现正卷上。再如，法庭上争论资金流一致是否构成虚开，而实际上即使辩护方推翻了资金流不一致即为虚开的论点，法院可能以货物流不一致的理由判定虚开成立；尽管货物流不一致即为虚开的理由也站不住脚。

刑事司法的明确性不能落实，会让罪刑法定原则沦为空谈。所以，我们认为，控方用于指控的理由，应在法庭上公开辩论，裁判者也应当主动释明、引导。定罪量刑的理由（含事实和法律）未经充分法庭辩论，按照剥夺辩护权发回重审，并追究相关人员的责任。

刑事司法的明确性保障不能落实，罪刑法定原则实际上也难以真正贯彻，庭审也会沦为形式。

## 二、平等适用刑法原则

法律不能使人人平等，但是法律面前人人平等。平等适用刑法原则，是指刑法面前人人平等，即刑法规范在根据其规定应适用的所有场合，都应严格适用。

我国《刑法》第四条规定：对任何人犯罪，在适用法律上一律平等。不允许任何人有超越法律的特权。

平等适用刑法体现在四个方面：

1. 平等地保护法益

对刑法所要保护的法益，都要平等地保护。

2. 平等地认定犯罪

对实施犯罪行为的任何人，都要必须严格依照刑法认定犯罪。

3. 平等地裁量刑罚

对任何犯罪人，都要严格按照事实和法律定罪量刑。

4. 平等地执行刑罚

对任何判处刑罚的人，都必须严格依照法律规定执行刑罚。

## 三、罪责刑相适应原则

罪责刑相适应原则的基本含义是刑罚的轻重应与所犯罪行以及刑事责任的大小相匹配。简单而言，罪责刑相适应原则，是指罪重则刑重，罪轻则刑轻；责重则刑重，责轻则刑轻。

罪责刑相适应原则贯穿于刑事立法、司法、刑罚适用的全过程。立法上，要求立法者对不同危害行为、不同犯罪情节规定不同的量刑幅度，构建合理的刑罚体系；司法上，要求裁判者对行为人的量刑不仅要和罪名相适应，也要和犯罪情节、危害后果、行为人的人身危险性相适应；在刑罚执行上，要求根据犯罪分子的改造程度、人身危险程度，合理运用减刑、假释等制度。

最高人民法院为规范量刑而制定的量刑指导意见，有力推动了罪责刑相适应原则在司法领域的贯彻。

## 四、法益保护原则

法益是指法律所要保护的利益。李斯特指出："所有的法益无论是个人利益，还是共同社会的利益，都是生活利益。"这些利益的存在不是法秩序的产物，而是社会生活本身。法律的保护将这些利益上升为法益。

法益保护原则，要求对法益的保护应当贯穿于刑事立法、司法的全过程。根据张明楷教授的观点，这里对法益保护原则对于立法上和司法上的要求做简单的介绍。①

### （一）法益保护原则在立法上的要求

一是刑法必须将严重侵犯法益或侵犯重大法益的行为规定为犯罪，尽可能保护法益。

二是刑法只能将侵犯法益的行为规定为犯罪。

### （二）法益保护原则对刑事司法的要求

一是对犯罪构成要件的解释结论，必须以法条的保护法益为指导，而不

① 张明楷．刑法学（第五版）[M]．北京：法律出版社，2016年：63-66.

能停留在法条的字面含义上。

二是侵犯法益的行为同时保护另一法益时，需通过法益的比较衡量，即侵犯法益的行为是否救济了另一同等或更高价值的法益，判断行为是否存在正当化事由。

三是以具体法条的保护法益是否受到侵害为标准判断犯罪的既遂与未遂（本书认为，行为侵犯了具体法条所要保护的法益，但是认识和意志之外的因素保护了更大的法益的，属于未遂）。

四是共同犯罪实际上是二人以上共同造成法益侵害，因此，必须将共同犯罪视为一种特殊的不法状态。

需明确，“侵犯法益（具体罪名所要保护的法益）的行为同时保护另一法益时，需通过法益的比较衡量，即侵犯法益（具体罪名所要保护的法益）的行为是否救济了另一同等或更高价值的法益，判断行为是否存在正当化事由”中的“同时保护另一法益”应建立在“行为人明知自己的行为必然或可能保护另一法益”的基础上。如果是认识和意志之外的因素，导致客观上保护另一同等法益或更高价值的法益，不应出罪，可以考虑以未遂论处。

本书对虚开增值税专用发票罪的解释，遵从张明楷教授的法益保护原则。“以具体法条的保护法益是否受到侵害为主要标准判断犯罪的既遂与未遂”。

## 第三节　犯罪的概念和特征

### 一、犯罪的概念

应从形式和实质两个方面理解犯罪的概念。

#### （一）犯罪的形式概念

从形式上看，犯罪是指违反刑事法律应当受到刑事处罚的行为。

对规定具体罪名的刑法分则，不直接表述为不能为什么行为，而是表述为做了什么行为将受到什么样的刑罚处罚。如刑法第一百二十七条规定：盗窃、抢夺枪支、弹药、爆炸物的，或者盗窃、抢夺毒害性、放射性、传染病病原体等物质，危害公共安全的，处三年以上十年以下有期徒刑；情节严重的，处十年以上有期徒刑、无期徒刑或者死刑。刑法并未直接规定“不能盗窃、抢夺枪支、弹药、爆炸物，或者盗窃、抢夺毒害性、放射性、传染病病原体等物质而危害公共安全”，而是规定“盗窃、抢夺枪支、弹药、爆炸物的，或者盗窃、抢夺毒害性、放射性、传染病病原体等物质，危害公共安全的”应当判处的刑罚。

进一步剖析，犯罪是指违反刑事义务而应当受到刑事处罚的行为。刑事义务，是指刑事法律上规定的行为人必须履行的约束其行为的任务。① 刑事义务可以从刑法分则中抽象出来。例如，《刑法》第一百一十六条规定：破坏火车、汽车、电车、船只、航空器，足以使火车、汽车、电车、船只、航空器发生倾覆、毁坏危险，尚未造成严重后果的，处三年以上十年以下有期徒刑。该条的刑事义务可以抽象为“禁止危害公共安全的破坏交通工具行为”，破坏交通工具罪是违反了该义务而应当受到刑法处罚的行为。

应注意，不应受刑罚处罚与免于刑罚处罚是两个不同的概念。不应受刑罚处罚，是指行为人的行为根本不构成犯罪；而免于刑罚处罚，是指行为人的行为已经构成犯罪，但是基于犯罪情节较轻、自首、立功等特殊情况，在构成犯罪的前提下，免于刑罚处罚。

只有当一行为违反了刑事义务（符合刑法分则的具体构成要件）时才可能构成犯罪。如果一行为虽具有严重的社会危险，但刑法上没有将该类行为规定为犯罪，则不构成犯罪。例如，拐卖成年男子的行为，也具有严重的社会危害性，但依据我国现行刑法规定，不构成犯罪。

**（二）犯罪的实质概念**

犯罪的实质，是对刑法分则所要保护的法益实施的具有侵害性或威胁性，从综合法益考虑具有社会危害、对行为人也应进行非难的行为。

这里的法益，也就是客体，包括公民的个人法益、国家法益和社会法益。犯罪实质概念的意义为，它为刑法划出了一道法治国家的根本界限：行为不是因为单纯违反刑法规范，只有当同时触犯刑法所要保护的实质内容，才应受刑罚处罚。

犯罪的实质是行为人的行为对刑法所要保护的法益的冲击，具体表现在两个方面：

一是行为人所欲实施的行为在其意志和认识范围之内具有侵害该罪名所要保护的法益的可能，且已开始准备或着手。这是指直接故意犯罪，即行为

① 冯军. 刑事责任论［M］. 北京：法律出版社，1996：38.

人所设想的行为（脑中的剧本）一旦实施完毕，会危害法益；而且这种设想根据科学法则可能实现（在判断根据科学法则是否可能实现时，应进行类型化处理）。另外，这里需要强调的是，行为已经着手，基于意志以外的因素没有侵犯该罪名的法益的，构成未遂，但这种意志以外的因素对正常人来说不可能系意志以外的因素，不宜纳入评价范围。

二是行为人实施的行为已侵害该罪名所要保护的法益。

在间接故意、过失犯罪的情况下，必须有该罪名所要保护的法益已经被侵犯方能构成该罪。（对危险犯，危险必须已经发生；对实害犯，实害必须已经形成）

虽然行为人侵犯某罪名所要保护的法益，但基于行为人意志和认识之外的因素，保护了更高层面或价值更大的法益的，我们认为应以未遂论处。虽然行为人侵犯某罪名所要保护的法益，但在行为人意志和认识之内的因素，保护了更高层面或价值更大的法益的，应阻却违法性，按无罪处理。

**（三）我国刑法中规定的犯罪概念**

我国《刑法》中的犯罪概念将犯罪形式概念和实质概念相融合，既彻底贯彻罪刑法定原则以限制入罪，又指出“社会危害性”这一犯罪的本质特征。

《刑法》第十三条规定：一切危害国家主权、领土完整和安全，分裂国家、颠覆人民民主专政的政权和推翻社会主义制度，破坏社会秩序和经济秩序，侵犯国有财产或者劳动群众集体所有的财产，侵犯公民私人所有的财产，侵犯公民的人身权利、民主权利和其他权利，以及其他危害社会的行为，依照法律应当受刑罚处罚的，都是犯罪，但是情节显著轻微危害不大的，不认为是犯罪。

该条中所规定的“国家主权、领土完整和安全”“人民民主专政的政权和社会主义制度”“社会秩序和经济秩序”“国有财产或者劳动群众集体所有的财产”“公民私人所有的财产”“公民的人身权利、民主权利和其他权利”就是刑法所保护的法益（客体）；根据刑法所要保护的法益将犯罪进行分类，便是犯罪的实质；“依照法律应当受刑罚处罚”则是犯罪形式概念的体现。

另外，该条“但是情节显著轻微危害不大的，不认为是犯罪”充分体现了犯罪概念的实质。

## 二、犯罪的基本特征

根据我国《刑法》第十三条的规定，犯罪行为具有三个基本特征：刑事违法性、社会危害性、应受刑罚处罚性。本书在介绍这三个特征时，按照形式逻辑梳理，并结合三阶层研究进行变通，使之能与司法实践中的犯罪构成相契合。

### （一）刑事违法性

1. 刑事违法性简介

违法行为有多种，有单纯违反民事法律规定的民事违法行为；有单纯违反行政法律规定的行政违法行为；有触犯刑法的刑事违法行为。刑事违法性的本质是违反刑事义务，只有违反刑事义务才可能构成犯罪。

行为无论有多大的危害，只要没有违反刑事义务，则不能认定为犯罪，这是罪刑法定原则的要求。

如何界定刑事违法性？判断行为人的行为是否符合刑法分则具体罪名的犯罪构成，若符合则具备刑事违法性；若不符合，则不具备刑事违法性。刑事违法性的本质是构成要件符合性。具体判断标准包括四个要件：主体要件、主观要件、客观要件、客体要件。

刑事违法性的本质是行为人实施了刑法分则规定的行为，这一行为损害该罪名所要保护的客体。

刑法分则包括：行为模式（主体、主观、客观）、法益（客体）、刑罚三个部分，行为模式中的实行行为分为具备定型性的实行行为和不具备定型性的实行行为两种。不妨看看以下两则刑法分则条文：

《刑法》第一百四十条　生产者、销售者在产品中掺杂、掺假，以假充真，以次充好或者以不合格产品冒充合格产品，销售金额在五万元以上不满二十万元的，处二年以下有期徒刑或者拘役，并处或者单处销售金额百分之五十以上二倍以下罚金。

这里的实行行为具备定型性，即“生产者、销售者在产品中掺杂、掺假，以假充真，以次充好或者以不合格产品冒充合格产品”，欲认定行为人构成“生产、销售伪劣产品罪”，必须具备该定型的行为形式，否则不构成该罪。

《刑法》第二百三十二条　故意杀人的，处死刑、无期徒刑或者十年以上有期徒刑；情节较轻的，处三年以上十年以下有期徒刑。

该条文不具体规定杀人的方式，只要明知自己的行为必然或可能导致非法（非正当程序或战争等特殊情况）剥夺他人生命权的，就可以认定为故意杀人。

一般而言，行为具备刑事违法性，通常具备社会危害性和应受刑罚处罚性。尽管行为具备刑事违法性通常就具备社会危害性；但也有例外，所以还需考察行为是否具备社会危害性。

2. 刑事违法性的展开

以行为作为调整对象的法律，其法律规则的基本逻辑结构为“行为模式+法律后果”。刑事违法性进行深入剖析，其实质为行为人的具体行为符合刑法分则规定的行为模式的全部充分必要条件。

例如，《刑法》第二百三十二条规定的行为模式包括了 A、B、C、D 四个属性，行为人的行为正好具有这四个属性，那么行为人的行为就符合《刑法》第二百三十二条的构成。

我们根据刑法理论对刑事违法性进行逻辑三段论展开：

刑法分则规定了某种行为模式，该行为模式抽象为一个概念（罪名），概念的定义项属性为 A、B、C、D。

（1）凡符合该概念定义项的行为都符合概念的构成要件符合性，该行为就应纳入社会危害性（违法性）考察。

（2）某行为是符合该概念（罪名）定义项的行为。

（3）所以，该行为符合该概念（罪名）的构成要件符合性。

（4）所以，该行为就应被纳入社会危害性（违法性）考察。

此外，（3）、（4）之间省略了一个三段论，（3）、（4）之间完整的表达应是：所有符合该概念（罪名）的全部构成要件（定义项）的行为，都应当纳入社会危害性（违法性）考察；该行为是符合该概念（罪名）的全部构成要件的行为，所以该行为应被纳入社会危害性考察。

《刑法》第二百零二条规定：以暴力、威胁方法拒不缴纳税款的，处三年以下有期徒刑或者拘役，并处拒缴税款一倍以上五倍以下罚金；情节严重的，处三年以上七年以下有期徒刑，并处拒缴税款一倍以上五倍以下罚金。

该规定的行为模式“以暴力、威胁方法拒不缴纳税款”，可将其抽象为一个概念，即“抗税罪”；然后提炼出“抗税罪”这一概念的定义项，凡符合“抗税罪”这个概念的定义项（全部构成要件）的行为，均被认定符合抗税罪的构成要件符合性，应被纳入社会危害性（违法性）考察。

3. 刑事违法性的基本思维

刑法分则某具体条文的行为模式→抽象为某个概念（罪名）→提炼定义项。凡符合某分则行为模式（这里称作 A 行为模式）全部属性（定义项）的行为都符合该罪名的构成要件，凡覆盖该罪名的构成要件的行为，都应进入社会危害性考量（法益综合考量）。

W 行为是符合某分则行为模式（和定义项吻合）全部属性（定义项）的行为，所以 W 行为符合该分则罪名的构成要件；因为 W 行为符合该分则罪名的构成要件，所以 W 行为应进入社会危害性考量（法益综合考量）。

其中，A 行为模式的全部属性是对比的标准，W 行为是需要具体用来比对的对象；符合则继续，不符合则终止。

具备刑事违法性，即满足构成要件符合性。构成要件符合性，是具体行为的属性与行为模式的属性（定义项）比对的过程，构成要件符合性既不是构成要件（行为模式所拥有的属性）本身，也不是具体行为的属性本身，而是具体行为与构成要件之间的比对属性。

4. 构成要件是否包括犯罪客体

很多观点认为，犯罪客体不是构成要件的范围，理由是：①犯罪客体的意义已经被包含在犯罪概念中。犯罪的一般客体的意义被包含在犯罪的一般概念中；犯罪的同类客体的意义被包含在同类犯罪的概念中；各种具体犯罪客体的意义被包含在各个具体犯罪的概念中。②犯罪客体是指被侵犯的社会关系，但要确定某行为是否侵犯了社会关系以及侵犯了什么样的社会关系，并不能由犯罪客体来解决，而要通过犯罪客观要件、主体要件和主观要件综合反映出来。①

我们认为，该观点不成立。理由如下：

既然“犯罪的同类客体的意义被包含在同类犯罪的概念中；各种具体犯罪客体的意义被包含在各个具体犯罪的概念中”，那不同类的客体对应不同类犯罪的概念，不同类罪名犯罪客体必然存在差异，并且同类犯罪不同罪名的具体客体经常差别巨大，那么犯罪客体就必须纳入构成要件的范围。因为构成要件的本质是定义项，而定义项的本质是某概念具有而其他概念不具有的

---

① 张明楷．论犯罪构成［J］．北京：中南政法学院学报，1987（4）．

特征。

原观点显然混淆了需要比对的具体行为和行为模式的概念，构成要件是指行为模式的定义项的要素（就好比四川人这个概念的定义项：具有四川户籍、人），而具体的行为是用来比对行为模式，就好比具体的对象（需要比对，是否同时“具备四川户籍”“人”这两个特征）。具体行为比对构成要件，就好比是具体对象比对四川人概念中的“四川户籍”“人”两个特征。诚然，通常可以根据主体、主观方面、客观方面得出具体行为的具体客体。我们通常很难直接根据分则规定的主体、主观、客观直接得出作为行为模式的定义项，必须以客体约束。

例如，虚开增值税专用发票罪，我们不可能根据分则规定的主体、主观方面、客观方面直接得出该罪名所要保护的客体之一“国家的总体可抵扣税款收益”。因为，有些虚开增值税专用发票的行为不可能损害“国家的总体可抵扣税款收益”。也即，即使行为人符合分则规定的虚开增值税专用发票罪的全部主体、主观方面、客观方面要件，行为人也未必损害“国家的总体可抵扣税款收益”。再如，上游足额缴纳可抵扣税款而不影响税款缴纳能力的虚开、下游不予抵扣税款的虚开、无优惠对开的以虚抵虚虚开等情况根本不会导致国家可抵扣税款损失，但分则不可能逐一规定这些具体的客观情况，而让裁判者在具体行为已符合该罪名的“主体要件、主观要件、客观要件”的情况下，再次比对是否可能损害“国家的可抵扣税款总体收益”。

另外，构成要件中的客体对区分此罪彼罪、有罪无罪特别重要，有时对判断既遂未遂也特别重要。

况且，我国的犯罪既遂未遂标准通说采用构成要件齐备标准。以具体法条的保护法益（直接客体）是否受到侵害为标准判断犯罪的既遂与未遂，显然犯罪构成要件应当包括犯罪客体。

**（二）社会危害性**

1. 社会危害性介绍

符合刑法分则规定的行为，一般有社会危害，且一般有严重社会危害的，故被规定在分则中。但存在例外，虽然行为人的行为符合刑法分则的构成要件，但行为人的行为在认识和意志范围内保护了更优越的法益，或者法律不宜禁止，甚至应鼓励这种特定情况下的行为。

然而，通说认为，社会危害性是指行为本身有害，这一解释难以令人信服。因为，未必只有犯罪才有社会危害性，“如果社会危害性既能回答犯罪是什么，又能回答为什么是犯罪，那么刑事违法性之必要性何在？”①

我们认为，对社会危害性的解释，重点在其出罪功能，其独立于刑事违法性而存在。行为人的行为触犯了刑法分则的条文、损害了该罪名所要保护的法益，该行为基于法益的综合衡量也有社会危害性，方能入罪。故社会危害性是指“该行为基于法益的综合衡量也是有社会危害性的”。如果该行为基于法益的综合衡量对社会有益，刑法不宜禁止，甚至应予以保护、鼓励，则尽管行为人触犯了刑法分则的具体条文（即具备刑事违法性），也应出罪。

另外，正当防卫、紧急避险等行为，看似符合刑法分则的具体条文；实际上，这种行为非但不为法律所禁止，反而为法律所鼓励。

我们认为，犯罪的社会危害性，本质为三阶层中的违法性（法益的综合衡量）。

2. 社会危害性在既遂未遂方面的思考

通说认为，直接故意犯罪中，行为人开始着手实施犯罪，因意志之外的原因导致犯罪未得逞（即没有符合刑法分则的全部构成要件）是未遂。由此不难推导出：直接故意犯罪中，行为人已经开始着手实施犯罪，因为意志之外的原因导致实际侵害该罪名所要保护的客体（或法益）的未遂。这是通说中的未遂，是构成要件方面的未遂，以构成要件为标准，或者直接说以该罪名所要保护的客体（或法益）是否被实际侵害为标准。

那么，是否可能存在构成要件已经齐备的未遂？我们认为，应该存在。因为，既然意志以外的因素导致没有实际损害该罪名所要保护的客体（或法益）被认定为未遂，那意志以外的因素导致保护同等法益或更大法益或产生法律所不禁止甚至鼓励的结果为何是未遂？

我们认为，可以考虑引入“违法性层面（法益综合评价，或按我国刑法语境，可以叫作“社会危害性层面”）的未遂”概念，即行为人意志和认识之外的因素导致好的结果可以认定违法性层面的未遂（既然意志以外的没有产生危害都可以认定未遂，为什么意志以外的因素做了好事反而不能认定未遂?）。但是仅限于“如果在意志和认识之外，这么做是违法阻却事由”；否则会导致荒谬的结论。

① 陈兴良．刑法的知识转型［M］．北京：中国人民大学出版社，2012：217.

一般而言，行为人的行为同时具备了刑事违法性和社会危害性，通常也具备应受刑罚处罚性。

### (三) 应受刑罚处罚性

行为人的行为具备刑事违法性和社会危害性，通常也具备应受刑罚处罚性，但为防止不应受非难的行为人被入罪，还应考虑一问题有没有例外?

我们认为，特殊例外有以下两种情况:

1. 缺乏期待可能性

期待可能性理论认为，如果基于具体情况，不能期待行为人实施其他合法行为，就不宜对行为人的行为进行非难，也就不存在刑法上的责任。例如，因自然灾害、被拐卖或者其他客观原因而流落外地，为生活所迫而与他人结婚的重婚行为，因缺乏期待可能性，可以出罪。

我们认为，应当慎重利用期待可能性出罪，因为每个人都会为犯罪找到理由。

2. 缺乏违法认识可能性

一般而言，判定一个人有罪，无须考虑是否认识到该行为系违法行为。但是，基于某些特殊情况，缺乏违法认识的可能，不具备可罚性。但这种情况极其罕见。

行为人的行为，具备刑事违法性，一般也具备社会危害性，具备刑事违法性而不具备社会危害性的概率很低，情况很少。行为人的行为同时具备刑事违法性、社会危害性，通常也具备应受刑罚处罚性，同时具备刑事违法性、社会危害性而不具备应受刑罚处罚性的概率更低，情况更少。

## 第四节　违法和行为是否是纯客观的

只要法益受到损害，并且该损害可以归因于人的身体动静，除存在违法阻却事项，即为违法行为。且违法阻却事项，也是建立在纯客观的基础上。这就是“违法是客观的，责任是主观的”观点。该观点认为:

第一，三阶层中的构成要件符合性仅包括主体、客观两个方面，即法益已受侵害（包括实际受到侵害或面临威胁），并对法益受到的侵害进行归因、结果归属判断。(简单而言，该侵害在刑法意义的判定由这一主体决定。)

第二，三阶层中的违法性，是指在已判定该侵害在刑法意义上属于该主体导致的基础上，评价被侵害的法益是否值得保护，以及是否保护了更加优越的法益（或至少同等法益）或者整体是否应该被法律所禁止。

第三，三阶层中的有责性，是指侵害人导致的上述侵害是否值得责罚（是否缺乏期待可能以及违法认识可能），以主观来限制客观（三阶层中包括故意、过失、特殊目的），或是否存在特殊免责事由（主要是缺乏期待可能性、缺乏违法认识可能性），以及侵害人是否有刑事责任能力。

我们将上述表述进行简化处理：

“刑法所禁止的坏结果是不是这个家伙导致的（不法），如果是，看是否该承担刑事责任、该承担哪些部分的坏结果的刑事责任（责任）。”该观点将犯罪构成分为两个阶层：不法和有责，不法是构成要件符合和违法性的合并。基于此，该观点认为，行为本身是纯客观的，脱离了主观的身体动静依旧是行为。

不可否认的是，纯客观的不法论，对冲破我国的口供中心主义，限制处罚范围有着重要的意义。但我们认为纯客观的不法论的逻辑根基是错误的，且有难以克服的缺陷。

## 一、违法是纯客观的理论根基（或理由）介绍

这里的理论根基（或理由）指其逻辑起点。

客观违法论，是指不管行为人的主观情况如何，只要客观上法律所要保护的法益受损就是违法。这样，无责任能力的人引发的侵害也具有违法性，允许对其进行正当防卫。客观违法论的 4 点理由，[①] 具体如下所示：

一是违法性的实质是对法益的侵害与威胁，而行为是否侵害或威胁了法益，与行为人的主观能力以及有无故意、过失没有关系。如前所述，精神病人杀害他人的行为与正常人杀害他人的行为，在侵害了他人生命这一点上没有任何差异。

二是采取客观的违法论，有利于合理区分违法性与有责性，不至于从总体上判断行为构成犯罪。

三是客观的违法性有利于解决刑法的诸多问题。例如，采取客观违法论，对精神病人的杀人、伤害行为等可以顺理成章地制止乃至防卫。

---

① 张明楷：刑法学（第五版）［M］．北京：法律出版社，2016：109-110.

四是即使承认主观的违法要素（如目的、未遂犯的故意等），也不影响客观的违法论的成立。

以上四个理由中，唯一具有说服力的是第三点，其他都难以构成真正的理由。对此，我们简单评述如下：

1. 关于第一个理由

第一个理由的逻辑：因为结果一样，所以对产生结果的原因的法律评价也一样。这一理由不成立。实际上，导致同一结果的原因不同，法律评价往往不同，如故意伤害致人死亡和故意杀人既遂、过失致人死亡，法律上的评价并不一样。

例一

某纵火现场，歹徒抓着小孩的手指，用小孩的手指来按动打火机点火。如果按照不法是客观的理论，小孩的手指动作也会被判定违法。

例二

李四去 ATM 取款，取了 2 万元，账户上却只扣了 1 元钱。如果李四不知道账户只扣除了 1 元钱，能说李四行为违法吗?

如果李四明知取款 2 万元却只扣除 1 元钱，性质就会完全不同，差别仅仅在于主观状态。

2. 关于第二个理由

相反，客观违法论容易导致总体判定有罪无罪，甚至严重冲击罪刑法定原则。

当侵害被归责于某一具体主体后，此时并未确定该主体的身体动静具体涉及什么罪名，而罗列一大堆可能的罪名，然后比较被侵害的法益是否值得保护、是否保护更加优越的法益（或同等法益）或基于法秩序的考虑不宜被法律所禁止。在这种情况下，不法判断完毕，此人涉嫌什么犯罪都没法查清楚。难道公安机关发刑事拘留通知时，要列出一长串涉嫌的罪名?

客观违法论的最大危害：冲破了罪刑法定原则。因为，一旦割裂主客观，提取个罪的定义项基本上不可能。

例如，李四在集市上，见张三坐在地上无精打采。李四拿走张三的包，刚走几步即被警察发现。

如果不将主观要素纳入考虑，无法说明李四的行为性质。

从客观上看，李四拿走张三的包，这在刑法上毫无评价意义，只有结合主观才有评价意义。

如果李四具有非法占有的目的，并自认为张三不知情，符合盗窃罪的构成要件。

如果李四具有非法占有的目的，并认为张三缺乏基本的保护能力，进而明目张胆地拿包，符合抢夺罪的构成要件。

如果李四具有非法占有的目的，并认为张三具有保护能力，但料定李四不敢反抗，符合抢劫罪的构成要件。

需明确，本书并未认为客观的违法论的定罪不考虑主观，而是说客观的违法论明显地割裂了主客观。

3. 关于第四个理由

客观违法论的最大问题是未遂方面，因为没有出现对应法益侵害的结果。

客观违法论认为没有法益造成实质侵害，客观上实施的行为具有侵害法益的紧迫危险，才能认定未遂；主观上虽有犯意，客观行为没有侵害法益的任何危险时，应当认定为不能犯，不以未遂犯论处。问题是如果主观上具有犯意，客观上实施的行为有侵害法益的危险性，但尚未达到侵害法益的紧迫地步，如何定性？更重要的是，不法阶层不考虑主观，由于没有考察主观而实际法益损害并未发生，那么如何判定行为威胁何种法益？

例如，张三意欲杀死李四而开枪，没有打中，被警察制服。由于李四并未死亡甚至并未受伤，在不考察主观的情况下如何确定张三开枪这一行为威胁具体法益？

再者，这里侵犯的法益是分则个罪保护的法益，还是刑法范围的任何法益？很显然，只能是刑法分则个罪保护的法益。因为如果是刑法范围的任何法益，那么“自认为杀死大熊猫就能杀死李四，进而杀死大熊猫的，也应当被认定为故意杀人未遂”。这让人无法接受。

那么如何判定“没有侵害法益的任何危险”？实际上，这一概念根本不可能被精确定义。

一是客观违法论者要将行为时存在的所有客观事实（包括查明的客观事实）作为判断资料，而不是以行为人计划的内容作为判断资料。

按这一说法：“甲扣动扳机时，乙移动了身体，甲的子弹没有打中乙”，则应被认为不能犯。因为，近距离对着移开的身体开枪，不可能危害对面人的生命权。

二是客观违法者认为：“要对客观事实进行一定程度的抽象（舍弃细微的、对危险判断通常不起关键作用的具体事实）。”

考虑到上述问题，有学者又提出：“要对客观事实进行一定程度的抽象（舍弃细微的、对危险判断通常不起关键作用的具体事实）”，然而实务中很难判断什么是“细微的、对危险判断通常不起关键作用的具体事实”，什么是“一定程度的抽象”。我们看看客观违法论者列举的例子：

“甲扣动扳机的时候，乙移动了身体，甲的子弹没有打中乙。”首先可以肯定的是，乙移动了身体肯定不是对危险判断不起关键作用的具体事实，因为身体移开了枪口和没有移开枪口，危险显然是不一样的，甚至相差巨大。至于什么是细微的事实，客观违法论者也没有给出明确的标准，这样容易对未遂随意出罪。再者，客观违法论者将这个案例中的客观事实抽象为“甲朝乙的头部射击”，而实际上“甲朝乙的头部射击”是甲大脑中的事实，并非客观事实，客观事实是甲没有朝乙的头部射击。最后，如果错把刚刚死的人当作活人开枪射杀，是否也要将“刚刚死的”也作为“细微的、对危险判断通常不起关键作用的具体事实”，进而抽象为“对着活人开枪”？

三是客观违法论者认为：“对没有发生侵害结果的原因进行分析，考察具备何种要素时会发生侵害结果，在行为当时具备这种要素的可能。”

客观违法论者举例对比：

例一及分析：甲拦路抢劫，但行人（被害人）身无分文。没有发生侵害结果的原因，是行人没有随身携带财物。但是，行人随身携带财物的可能性非常大，故应认定甲的行为成立抢劫未遂，而不能认定不能犯。

例二及分析：甲以杀人故意向人开枪，但射击的是早已死亡的尸体。甲的行为没有发生死亡结果，是因为甲射击的是尸体。但是不存在尸体变成活人的可能性，甲的行为成立不能犯。

我们认为，上述的分析不成立。因为这些案例采取不同的标准从而得出不同的结论。在第一个案例中，客观违法论者将行为对象类型化而没有特定化；第二个案例中，客观违法论者将行为对象特定化而没有类型化。

我们将两个分析标准进行调换，即将第一个案例的行为对象特定化（而不是类型化），将第二个案例中的行为对象类型化（而不是特定化），会得出相反的结论：

例一特定化而非类型化分析：由于被抢劫对象没有带钱，而欲让这个对象通过时空倒流带着钱给甲抢劫，现实中不可能成立，故应对甲认定为不能犯而不是未遂。

例二类型化而非特定化分析：由于被枪击的对象，很可能是活人，故甲的行为有危险性，应认定为未遂而不是不能犯。

两个案例如果都将犯罪对象作特定化分析，则两个都是不能犯；如果都将犯罪对象作类型化分析，则两个都是未遂。

至于邮政部门的临时清扫工误认为自己是工作人员而私自开拆、隐匿或毁弃邮件的行为，如果按照类型化分析，也有危险：即邮政部门工作的人，很可能是邮政工作人员，故私自开拆、隐匿或毁弃邮件的行为构成对对应罪名所要保护的法益的威胁；如果特定化，则不可能有危险，因为时光无法倒流。

实际上，客观违法论者的四个理由中，较具说服力的为第三个理由，下文将分析这一理由。

## 二、以对精神病人（以及其他不负刑事责任能力的人）的正当防卫来支持客观违法论站不住脚

### （一）以能否对精神病人进行正当防卫的说法非常有煽动性

客观的违法论认为，判断犯罪的成立与否，首先应依据客观的情况来认定犯罪成立与否，借以排除法官的判断的恣意性。客观的违法论认为，“在对行为的违法性进行评价时，不考虑行为人的主观能力，对于客观上违反了法律的行为，认定其违法。客观的违法论认为无责任能力者也存在违法行为，应当承认对实施了这种违法行为的人的正当防卫。而且，如果将这种立场贯彻到底，动物、自然力所造成的侵害也是违法的”。① 对违法是客观的理论，最具欺骗性的就是拿正当防卫说事，即“因为不法是客观的，所以才能对精神病人的侵害正当防卫”。

作为社会公众，如果不承认违法是客观的，则无法对精神病人的侵害正当防卫，将来遇到精神病人侵犯自己怎么办？故公众很容易接受这一观点。

① ［日］前田雅英．刑法总论讲义［M］．曾文科，译．北京：北京大学出版社，2017：22.

**（二）客观违法论者提出正当防卫的“法益衡量说”用来解释对精神病人“防卫”的有限性**

客观违法论者应该已经想到了对精神病人暴力攻击的“防卫”不能与暴力犯罪一样。为解释对精神病人的“防卫”的有限性，故提出“正当防卫需要进行法益衡量”的看法，以此自圆其说。

有相关学者陈述指出，“如为了保护笼中一只鸟而杀害盗窃犯，不管具有多大的必要性也不得认定为正当防卫。这是法益衡量决定的①”，并以此得出正当防卫都需要法益衡量。我们认为，客观违法论者很可能以此来说明对缺乏主观故意或过失情况下的损害的防卫应考虑法益衡量，以此自圆其说。然而，这不成立。理由如下：

1. 以归谬来证成（即反证法）必须建立在排中律的基础上

例如，只有两个答案 A、B，有且只有一个正确，那么只需要证明其中一个错误，则另一答案必然正确。如何证明另一答案错误？简单而言，假定这个答案正确，会得出相互矛盾或荒谬的结论，则该答案错误。

简单而言，我要么是四川人，要么是上海人（不能两个都不是，也不能两个都是）。在这一前提下，如果证明我不是四川人，那我肯定就是上海人；如果证明我不是上海人，那我肯定就是四川人。然而，如果前提是我是中国人（没有限定在四川人和上海人范围内），那么以下推理就不成立：

“证明了我不是四川人，就证明我是上海人”“证明了我不是上海人，就证明我是四川人”。

因为我还有可能是河北人、辽宁人、江苏人……

客观违法论者所举案例充其量证明“有的正当防卫需要进行法益衡量”，而不能因此证明“所有的正当防卫都需要法益衡量”。

客观违法论者列举的案例甚至不能说明“有的正当防卫需要法益衡量”，只能说明“有的正当防卫不能击毙侵害人”。

2. 对暴力侵害法益的不法行为（尤其是暴力威胁人身安全的不法行为），法益衡量说明显不符合实际

当行为人面临远强于自己的侵害者给予自己的不法侵害，或者防卫人对

① 张明楷．刑法学（第五版）［M］．北京：法律出版社，2016：198.

暴力侵害人身安全的防卫考虑法益衡量，脱离实际。

当正当防卫需要法益来确定如何防卫时，无异于要求每个人都是强者；更重要的是，只要侵犯的力量足够强大，强大到可以让被侵害对象根本无法进行法益衡量，则正当防卫将会失去作用。

当侵害者以暴力侵害法益，尤其是以暴力威胁人身安全时，除非每个人都足够强大，否则要求其通过法益衡量进行点到为止的防卫，脱离实际。在这种情况下，正当防卫应以足以制止侵害为标准，即使对侵害人的打击远超过所侵害的法益，也是侵害人咎由自取。因为，不法是意志和认识范围之内的，侵害人意志和认识范围内本可避免这种侵害进而避免被正当防卫。而且，侵害人也能预料到防卫可能对其造成的损害，而依旧愿意陷入这种风险，纯属咎由自取。需明确，刑法规定特殊防卫的情形，是指规定情况下可以特殊防卫，应指专用于消除特定情况下防卫人的顾虑，并未说其他情况下不可以特殊防卫。

在暴力威胁法益尤其暴力威胁人身安全的情况下，适用不退让原则，可以进行特殊防卫。因此，如果不法不用考虑认识和意志因素，则意味对缺乏认识和意志的侵害适用不退让原则并可以进行特殊防卫，那么可以这样吗?

**（三）以对精神病人（以及其他不负刑事责任能力的人）的正当防卫来支持客观违法论不成立**

违法是客观的理论，最具欺骗性的就是拿正当防卫说理，即“因为不法是客观的，所以才能对精神病人的侵害正当防卫”，以此对公众形成一种心理导向“如果你不承认行为和违法是客观的，你就该被精神病人（以及其他不负刑事责任能力的人）打杀”。故而，公众很容易接受这个观点。

客观的违法论进而得出这样的结论，对所有侵害，无论侵害方的侵害是否在认识和意志之内，都可以予以正当防卫。

由于正当防卫针对不法侵害，故为对精神病人的侵害实行正当防卫。不法只需考虑客观，而不问主观是否有故意或过失，甚至按照日本前田雅英的说法，动物、自然力所造成的侵害也是违法的（也可以对之正当防卫）。

我们假定不法是纯粹客观，看能否对以下情况的“侵害人”进行正当防卫。在看下面案例之前，需明确：对暴力侵害人身安全的行为，正当防卫有一非常重要的原则，即“不退让原则”，而紧急避险不适用该原则。

例如，李四驾驶一辆骑士十五世，正打算下车，突然精神病人张三拿着刀向他冲来。后面几个全副武装的精神病科医生大声对李四喊：“快躲进车里，那是精神病人。”在这种情况下，李四有两种选择：

一是警告精神病人，警告不听就开车撞张三或从车里拿刀砍张三。

二是躲进车里（骑士十五世是防弹车）。

如果对精神病人可以正当防卫，此时李四警告无效后可以选择直接撞张三。这很难被接受。

在上述案例中，如果允许进行“正当防卫”，明显是不能接受的。对正当防卫所要求的不法，无需考虑主观是非常荒谬的。那么，对精神病人的侵害能不能进行正当防卫?

我们认为，只要不是明知对方是没有任何认识和控制行为能力的精神病人，都可以展开正当防卫。

没有任何认识和控制行为能力的精神病人发动侵害时，该精神病人本身是一种致害源，是一种正在发生的危险。对于这种危险，如果明知对方是精神病人，应首先考虑躲避，如无法躲避；可以进行紧急避险。其中，避险的方式，包括对精神病人的打击（即使如此，也应优先采用防御性方式）。然而，这种避险需要法益衡量吗?

我们认为，对危及人身安全的危险源，当确有必要直接针对危险源采攻击性方式打击危险源来避险时，无须考虑法益衡量（绕开致害源、防御性方式打击致害源、攻击性方式打击致害源不涉及危险源的不法），只有以损害致害源之外的法益作为避险手段，不是必须对致害源进行攻击性方式打击时才必须严守法益衡量原则。对紧急避险不适用不退让原则，这是与正当防卫最大的区别，紧急避险中能退让必须退让。例如：A 驾车外出度假，13 岁半的李四，持刀要砍 A。A 先行警告李四，李四不理睬。在这种情况下，如果 A 可以驾车逃离，应首选驾车逃离，而不是直接开车撞李四。如果无法逃离怎么办？如果此时 A 有防御性方式，避免这种损害，必须优先选择防御性方式；只有必须采取进攻性方式时，才能选择进攻性的方式（例如，A 配有枪支，可以打伤李四，应首选打伤李四让其丧失进攻能力）。

当缺乏意志或认识能力的人被作为侵害他人的工具时，只有必须打击该“缺乏意志或认识能力的人”才能避免侵害时，才能打击该“缺乏意志或认识能力的人”，不适用不退让原则。

在德国刑法中，对“缺乏意志或认识能力的人”正在发起的侵害，对其防卫采取了限制原则。德国刑法认为可以正当防卫，但是必须在无法躲避时，方可进行防卫，且在能采取防御性防卫时，应采取防御性防卫。

**（四）无须客观违法论足以解释精神病人（以及其他不负刑事责任能力的人）的侵害问题**

实务中，我们很难判断一个攻击者是否为完全没有没有认识和控制行为能力的人。只要不是明知攻击者是完全没有认识和控制行为能力的人，就大可放心地正当防卫，不必因此而恐慌。

紧急避险并非只能采取伤害第三方法益的方式，也可以在必要时直接打击致害源。

如果只要针对致害源的打击都不属于紧急避险，那么我们很难解释对动物攻击、纯粹物体侵害的紧急避险。

而客观违法论者，的确将这种情况解释为正当防卫。其正当防卫的对象非常宽泛，甚至包括对动物攻击、纯粹物体侵害、自然力的侵害。

## 三、不法是纯客观的吗？

### （一）示例分析

例一：李四想制造事端报复社会。于是李四用汽车将王五制作的炸药运至一座大楼停车库，然后用手机信号引爆，第一次未引爆成功；李四不罢休，将放在家里的其他炸药运到停车库，再次用手机信号引爆时被保安发现。事后知炸药都是沙子。

如果不法是客观，李四的行为显然不宜入罪。因为客观上李四只是引爆沙子，不可能实际侵害法益。这样的结论让人无法接受。

例二：张三意欲毒杀李四一家，于是半夜张三携带氯气罐，向李四家里投放氯气。投放大量氯气后，张三关窗户时不小心触发了自动报警装置。警察迅速赶到，抓了张三现行。警察检查房间时，发现房间里的一只猫被毒死，没有人。原来，李四一家人外出度假，躲过一劫。

如果不法是客观的，那么本例中的不法就是杀猫，张三的行为不构成犯罪。没人能接受这样的结论。

**(二) 脱离主观的客观在刑法中没有意义**

如果脱离主观考察客观，人每时每刻做出的行为均与案件有关。例如，某地发生一起爆炸案，若不先考虑主观因素，则根本无法侦查案件。因为，所有案发现场附近的人都做了与案件有关的行为。

如果不法纯粹客观，那就无法办案。无论理论上多么高大上，在审查不法时，都会迅速带入主观；否则，根本没法审查。

行为只能考察属于认识和意志支配范围之内的身体动静，这种认识不仅为对身体动静本身的认识，也包括对这种身体动静带来的危害结果的认识。

## 四、行为

无论是不法还是违法，讨论的都是行为不法或行为违法。在构建犯罪论体系时，行为具有连接构成要件、违法性和有责性的机能。什么是行为?

关于行为论，目前主要有四种学说:

**(一) 自然行为论**

自然行为论认为，行为是由有意的（指意思所引起的）举动引起的外界变更。该学说的典型代表是李斯特。

自然行为论很难说明不作为的行为。更重要的是，很难说明行为人对身体动静所引发的后果缺乏认识可能性的情况。

**(二) 社会行为论**

社会行为论认为，行为是指具有社会意义的人有意的身体动静。这种行为论的典型代表人是修米特。

社会行为论很好地说明了不作为的问题，但是无法说明忘却犯的问题。例如，行为人忘记给铁路扳道岔。

**(三) 目的行为论**

目的行为论由德国的冯·维巴提出。目的行为论认为，人带着目的行动，即使犯罪时，也是基于想犯罪的目的。选择自己的行为并加以控制从而导致实现犯罪。

目的行为论难以解释过失的行为，甚至难以解释间接故意的犯罪。

**(四) 人格行为论**

人格行为论由日本的团腾重光博士所提倡。人格行为论认为，行为是作为“行为人人格的主体性现实化”的身体动静，既包括生物学的基础，也包括社会的基础。前者表明行为是人的身体动静，后者表明行为在人格和环境的相互作用下实施。

人格行为论最重要的贡献是故意的作为或不作为。过失的作为或不作为都展示了行为人的人格，都是刑法上的行为；而故意和过失之外的身体动静，如反射动作、绝对受强制的身体动静不属于行为。

德意志的考夫曼表达了相似的见解，他下了这样的定义：“人的行为是能够由意思支配的（因此能够归责于行为人），伴有（广义的）因果性结果的有责的、有意义的现实性的形成。”

我们支持人格行为论，这较符合我国司法实践，无论是刑法意义上、行政法意义上、民法意义上。

## 五、刑法上的行为

犯罪从形式上看，是指符合构成要件的违法的、有责的行为。

我们认为，刑法意义上的行为，也只能是认识和意志范围（含应当预见而因为疏忽大意没有预见）之内的身体动静，行为人的身体动静缺乏认识和意志中的任何一个因素（认识包括应当认识和可能认识），充其量是事件，而不是行为。一个完整的刑法上的行为，包括构成要件方面、违法性方面、有责性方面。

### （一）主观方面

行为一定是包括主观方面的，否则不是行为，充其量是事件。主观方面不仅可能与构成要件有关，也和违法性和有责性有关。主观方面包括意志层面和认识层面。

1. 意志层面

刑法的行为的意志层面必须具备对自己的身体动静能够控制，不能控制的身体动静，不是行为。例如，人体的心肌细胞的电子运动。

在故意犯罪的行为中，行为的意志层面还包括希望或放任危害结果发生的心理态度。在希望的心理态度下，行为人积极追求危害结果的发生，犯意坚决、坚定、明显。放任，是一种纵容状态，表明虽然行为人不追求危害结果的发生，但对危害结果的发生持无所谓的态度。

实际上，希望或放任不仅针对危害结果，也可能针对非危害结果。例如，行为人追求或放任轻法益被打击时，同时追求或放任一个更大的法益的被保护，这在实务中也很常见。

2. 认识层面

认识层面既包括对身体动静本身、行为性质、行为对象等行为客观方面的认识，也包括对危害结果的认识。刑法意义的认识层面，不仅包括已经认识到，而且包括应当认识到、可能认识到。根本不可能认识到的因素，不应纳入刑法定性的考虑，但量刑时可以考虑（往轻的方面考虑）。

在故意犯罪构成要件符合性的层面，定性（定罪本身）只能建立在明知的基础上，而对定性之外的因素，未必故意（实际上，通常不是故意），可能是过失，但是一定在可能认识的范围之内。强奸致人死亡的，对死亡的结果则是过失，但一定在可能认识的范围内，否则不宜归责（例如，李四强奸了张雪，结果张雪闷闷不乐，打算去海南调整一下心态。结果张雪乘坐的飞机出事了，张雪死了。这显然不能认定强奸致人死亡）。而对过失犯罪而言，行为人对危害结果的认识并非一定建立在明知的基础上。

请见《刑法》的两个规定：

第十四条　明知自己的行为会发生危害社会的结果，并且希望或者放任这种结果发生，因而构成犯罪的，是故意犯罪。

故意犯罪，应当负刑事责任。

第十五条　应当预见自己的行为可能发生危害社会的结果，因为疏忽大意而没有预见，或者已经预见而轻信能够避免，以致发生这种结果的，是过失犯罪。

过失犯罪，法律有规定的才负刑事责任。

3. 认识和意志贯穿于犯罪构成的全过程

在构成要件方面，不考察主观的故意或过失，无法判定到底符合哪个罪名的构成要件。

在违法性层面，对保护了更优越的法益或实际结果并非法律所应禁止是否在意志和认识范围之内，对定罪有明显区别。行为人的行为因为认识和意志之外的因素而导致更优越的法益被保护或出现法律不禁止的结果，不阻却违法。

在有责性层面，实务中通过有责性出罪的可能性非常低，主要包括期待可能性和违法认识可能性。

### （二）客观方面

刑法的行为的客观方面，不仅包括构成要件符合性的客观方面，如犯罪对象、行为对象、危害结果、具体的身体动静、行为环境，还包括是否保护了更大的法益的违法性方面的考虑因素。

### （三）犯罪客体

犯罪客体是指刑法分则具体罪名所要保护的法益，并非一定涵盖在行为的客观方面。按照我国目前的通说，在犯罪未遂的情况下，行为并未实际侵犯该罪名所要保护的法益，或者该罪名所要保护的法益虽然受到侵害但与行为之间缺乏刑法意义上的因果关系。

### （四）犯罪主体

犯罪主体不同，在其他情况相同的情况下，行为性质可能不同，是否构成犯罪，以及此罪与彼罪方面也可能不同。

因此，我们认为，认识和意志范围之内的身体动静才能是行为，离开认识和意志，不是行为，充其量是事件。既然违法或不法针对行为，那么不法或违法就不可能纯客观，认识和意志范围之外没有违法或不法。

## 六、用以割裂主客观的其他案例、理由

### （一）13岁小孩单独杀人，20岁的甲为其望风

该案例不能说明主客观割裂的必要性，反而说明主客观不能割裂的重要性。因为，对13岁小孩单独杀人，不认定构成犯罪，并非因为其主体要件不符，而是因为主观要件不符。

法律规定刑事责任年龄，是因为立法者认为这一年龄以下的人，不具备刑法意义上控制和认识自己行为的能力（不符合犯罪的主观要件）。而并非是该年龄的人不能作为犯罪的主体，这也能解释为什么有些国家有恶意补足年龄的规定。我们认为，我国可以引入恶意补足年龄制度，从而弥补刑事责任年龄方面的缺陷。

下面对上述案例进行分析：

1. 案例本身犯罪构成分析

（1）甲的行为符合故意杀人罪的构成要件（构成要件符合性）

甲符合故意杀人罪的主体要件，主观明知自己的行为会导致他人生命权

被非法剥夺，客观上实施了该行为，客体上损害生命权这个法益。

（2）违法性阶层

考察甲的行为是否存在这种情况：在认识和意志范围保护更大的法益，或者出现法律所不禁止的结果等违法阻却事由。例如，甲发现13岁的小孩（枪法准）要杀的人是欲引爆写字楼炸弹的李四。13岁的小孩为了不让李四的同伙发现，让25岁的甲望风，自己提枪进去。结果13岁的小孩成功阻止了一场灾难，甲存在违法阻却事由（正当防卫）。

（3）有责性

假如不存在违法阻却事由，要看甲是否有特殊免责事由，例如，欠缺违法性认识、欠缺期待可能性。实际上，该案中，一旦符合构成要件符合性、违法性，至少就故意杀人罪来说，基本上不存在特殊出罪事由。

2. 构成要件分析

部分人在这里可能会产生误解，认为只有亲自杀人才是故意杀人。实际上，故意杀人罪是典型的实行行为难以定型的罪名。无论行为人是否亲自动手，只要明知自己的行为会导致他人死亡（并且在明知的情况下禁止实施该行为），依旧实施该行为的，就是故意杀人。法律不必规定故意杀人需要亲历亲为，也不必规定刀劈、斧砍还是枪击等具体形式，甚至抽烟等方式都可以故意杀人。

退一步，即使亲自直接杀人的主体要件不符合，也不影响甲构成故意杀人罪，且可独立定罪，只需要遵循主客观相统一原则即可。更何况，本案中的实施主体是人，不存在主体不符的情况，实际上是主观要件不符。

再者，即使直接杀人的不是人，依旧不影响甲构成故意杀人罪。例如，动物园，一老虎朝张三扑来，被玻璃挡住。李四意欲杀死张三，远距离用反器材枪打坏玻璃，老虎冲出咬死张三。李四依旧构成故意杀人罪。

该例中，立法者否认了13岁的犯罪主观要件，按照13岁小孩欠缺对应主观要件进行处理。即13岁小孩和甲主观不一致，不认定共犯，按各自主客观范围界定即可。

### （二）关于15岁的甲抢夺，25岁的乙销赃的案例

我们认为，如果乙认为甲已经满16岁，而甲实际上只有15岁，则涉嫌掩饰、隐瞒犯罪所得、犯罪所得收益罪的未遂；如果乙知道甲只有15岁，不构成涉嫌掩饰、隐瞒犯罪所得、犯罪所得收益罪。

这里只分析“乙知道甲只有15岁，不构成涉嫌掩饰、隐瞒犯罪所得、犯罪所得收益罪”。乙要构成该罪，首先需确定所收购的东西为犯罪所得，且明知为犯罪所得。

而15岁的小孩抢夺，是否应先定性抢夺罪，而后判决不承担责任？答案是否定的。因为，这意味着判决可以认定在缺乏刑法认可的主观要素的情况下定罪而同时判决不承担刑事责任。这显然是荒谬的。也许有人认为这是完全没有辨认和控制自己行为能力的情况，而15岁的甲未必如此。问题是：因为立法直接认定15岁这个年龄不具有辨认和控制自己行为能力（至少在抢夺罪方面），也就是说判决书不能认定甲具有辨认和控制自己行为能力（至少在抢夺罪方面），立法不承认刑事责任年龄以下存在人的刑法意义上的主观状态。

再者，即使承认刑事责任年龄以下的人存在刑法意义的主观状态，其主观状态其实很难确定，否则就不会规定为不负刑事责任。既然难以确定主观状态，那么法官根据什么来认定抢夺罪？不可否认的是，即使相同的客观要件，其主观要件不同则涉嫌的罪名也不同。法院总不能认定犯罪而不负刑事责任，同时判决书声称“具体什么罪名，本院也不知道”。

**（三）关于刑法不允许精神病人杀人等类似问题**

有观点认为，如果违法需要考虑客观，则相当于刑法允许精神病人杀人。然而，仔细想一想，实际犯了一个低级的逻辑错误：刑法上不构成犯罪，并不等于刑法允许。

例如，刑法没有将疯狗的咬人规定为犯罪，不等于刑法允许疯狗咬人，更不是说刑法授权疯狗咬人。

同理，刑法并未将一般行政违法行为规定为犯罪，但不等于刑法允许行为人进行一般行政违法行为，更不等于刑法授权行为人为一般行政违法行为。

任何割裂主客观的理论，尽管形式上看起来很美，实际司法实务中不可能深入人心。因为每一个人都保留了人与生俱来的理性思维，而这些理性思维能力通常在司法实践中不断增强。

我国并不具备刑法的客观主义的基础，这种特定的刑法理论并不符合我国实际。

# 第五节 犯罪构成

犯罪构成，是指行为符合什么样的条件构成某罪。我国的犯罪构成没有采用四要件学说，只是个罪的构成要件采用四要件学说。本书采用三阶层学说，但是在构成要件符合性中，考虑我国司法实践实际情况以及四要件本身的高效率优势，直接以符合四要件作为构成要件的符合。

## 一、我国目前理论中的三阶层介绍

尽管三阶层犯罪构成理论已经被我国刑法学界普遍接受，但是三阶层中构成要件符合性、违法性、有责性等方面仍有争议。这里介绍两种三阶层观点：

### （一）基于客观违法论的三阶层介绍

该观点认为，在法益侵害发生（包括实际侵害和威胁法益）情况下，首先进行归因判断，查明该侵害应该归因于谁的行为（指意志和认识之外的纯粹的身体动静），即构成要件符合；然后判断是否有违法阻却事由（违法性）；再判断该情况是否该承担责任（有责性，这里的有责性判定包括构成要件范围内的故意、过失）。

客观违法论者将构成要件符合、违法性合并为不法，认为犯罪构成仅仅包括不法和责任。

我们将合并后的二阶层内容简单表述为刑法所禁止的法益侵害是谁导致的，是否要承担刑事责任。

1. 构成要件符合性

客观违法论的构成要件符合性，只包括行为主体、行为的纯客观方面，而不考虑主观方面。即特定的危害结果发生，该危害结果能够归因于某人（即由某人的作为或不作为来形成）。

危害结果→对危害结果归因（因果关系判定）→危害结果的归属。

简单而言，即这个不好的结果在刑法意义上由谁导致的。

2. 违法性

客观违法论者认为违法性阶层包括法益的实际侵害或危险（这种危险用来解释未遂），具体包括罪名本身所保护的法益，以及是否保护了更大的法益。

从“因法益的阙如阻却违法的事由”看，应包括罪名本身所保护的法益侵害。

在违法性阶层中，主要为是不是侵犯了该罪名要保护的法益、综合法益考量上如何。

3. 有责性

在有责性阶层，该观点将行为的故意、过失、违法认识可能性、期待可能性、刑事责任能力、目的和动机都纳入考察范围。

**（二）承认主观违法要素的三阶层**

该观点认为，行为人的故意和过失，也是构成要件的范围。本书对该三阶层的介绍以周光权教授的《刑法总论》（第三版）为基础。

1. 构成要件符合性

该观点认为，构成要件符合性方面，包括行为的主体、客观方面、主观方面。从周光权教授的观点来看，构成要件是指符合刑法分则个罪全部构成的要件，行为人的行为一旦和刑法分则的全部要件相符，即符合了该罪名的构成要件。

周光权教授的构成要件符合性可以通俗地表达为：行为符合了刑法分则某罪名的构成（但这里剔除了客体要件），如果没有例外（例外就是欠缺违法性、欠缺有责性）就定该罪。

2. 违法性

在该观点中，违法性阶层，包括法益的实际侵害或危险（这种危险是用来解释未遂的），具体包括罪名本身所保护的法益，以及是否保护了更大的法益。

从“被害人承诺”的违法阻却事由来看，这里应包括对罪名所要保护的法益是否受到侵犯的判断。

简单而言，违法性，是指行为人的行为有没有侵犯该罪名所要保护的法益，有没有虽然侵犯了该罪名所要保护的法益但行为本身不宜被法律禁止甚至应当鼓励的情况。

3. 有责性

主要包括责任无能力、欠缺违法性认识、期待不可能。

本书认为，有责性考察是指有没有特殊的情况让行为人不宜被刑法责难。

## 二、三阶层理论值得商榷的地方

三阶层理论的普及不可谓不广，影响不可谓不深远，然而三阶层理论仍有一些值得商榷的地方。

### （一）具体犯罪所要保护的法益（客体）没有放在构成要件符合性而是放在违法性中考察欠妥

既然不同类罪名所要保护的客体不同，甚至同类罪名所要保护的客体也通常有区别，那么客体必然要成为构成要件的组成部分。

1. 构成要件中剔除客体要件乃是因为混淆了行为模式和具体行为

行为模式是具体行为是否符合分则某罪名的标准，而具体行为则是适用该标准的具体对象。适用对象符合该标准，才能锁定具体行为涉嫌哪个罪名。

刑法调整的对象只能是行为，其规范的逻辑结构为：行为模式（抽象为一个概念，分则中直接抽象为罪名）+法律后果。例如，刑法第三百八十二条规定：战时拒绝军事征收、征用，情节严重的，处三年以下有期徒刑或者拘役。其中，“战时拒绝军事征收、征用，情节严重的”为具体行为模式（定义项，不过刑法条文中的定义项需要提炼，而不能完全按照字面意思来理解，这就是刑法解释的意义），将这一行为模式抽象为一个概念，即“战时拒绝军事征收、征用罪”。

例如，四川人就是拥有四川户籍的人。其中四川人是概念，后面的“拥有四川户籍的人”是定义项。李四想知道自己是不是四川人，李四就看自己是否符合四川人概念的定义项“拥有四川户籍的人”。删除客体要件相当于混淆了“拥有四川户籍的人”和李四，前者是四川人概念的定义项（标准），后者是具体需要检验是不是四川人的检验对象。

剔除犯罪客体要件，是因为三阶层理论者认为：可以通过行为的主体、主观、客观推导出犯罪的客体。然而，即使能够通过行为的主体、主观、客观推导出犯罪客体，也不等于通过主体要件、主观要件、客观要件能够直接推导出客体要件。所以，并非具体行为符合构成要件的主体要件、主观要件、客观要件，就一定符合该分则的客体要件。

2. 符合刑法分则规定主体要件、主观要件、客观要件，未必符合客体要件

因为立法者不可能将符合客体要件的全部细节一一规定。例如，虚开增值税专用发票罪，即使符合了《刑法》第二百零五条规定的虚开增值税专用发票罪的主体要件、主观要件、客观要件，也未必侵犯该罪名所要保护的客体。

当然，单纯的罪与非罪问题，尚可放在违法性阶层处理，问题是客体本身涉及此罪与彼罪呢？

3. 犯罪客体有时是区分此罪与彼罪的重要条件

如果构成要件中欠缺具体客体，有时则难免无法识别此罪与彼罪。无法识别此罪与彼罪，何谈构成要件符合性？符合哪个罪名的构成要件？

4. 缺乏犯罪客体作为构成要件的参考，主观要件、客观要件符合性审查根本不可能

在主观方面，行为人的认识不仅包括行为本身的行为对象等外在的认识，还包括对犯罪客体的认识，即行为侵犯什么法益，只有这样，主观才有意义。例如，故意杀人罪，主观认识中只有是否认识到自己的作为或不作为可能导致剥夺他人的生命权才有意义。离开了生命权，主观认识没有任何意义。

客观方面，尤其是犯罪后果，只有思维导向客体，客观方面才有意义。例如，判断一个罪名是否构成故意杀人罪，尤其是未遂的情况下，只有思维导向生命权，我们才能知道应当将哪些客观的要素纳入审查。尤其是实行行为非定型化的罪名，这显得尤其重要。

**（二）将刑事责任能力纳入有责性不妥**

一是将无刑事责任者纳入有责性考察不尽合理。理由是行为人没有刑事责任能力，则没有构成要件的故意或过失，直接纳入构成要件考察即可。因为刑法规定其为无责任能力，不是因为人有多特殊，也不是认为具有刑法的故意或过失而给予的特殊待遇，而是认为无刑事责任能力者欠缺辨认和控制自己行为能力，缺乏犯罪所要的故意和过失。

二是将无刑事责任纳入主观构成要件，既符合理论，也能很好地解决一些奇案。例如，13 岁的人单独杀人，20 岁的人望风，只要认为 13 岁的人欠缺主观要件就不难解决。

三是对于精神病人或未满 14 岁的小孩，不可能先去考察构成要件的其他

方面、违法性，再在有责性中出罪，而直接以没有故意或过失，从构成要件符合性上阻断。

**（三）将构成要件完全客观化操作中难以实行，实务上也行不通**

1. 构成要件中排除一切主观要素，会导致判定是否符合构成要件的工作量很大

因为，人体内每个红细胞和白细胞的动静、每个动作电位、每个电子离子的动静都需要在不考虑主观性的基础上纳入构成要件符合性中予以归因、判定结果归属。例如，某地发生了一起凶杀案，该地的所有人的所有细胞分子、电子、离子都得作为行为进行考察，甚至南京发生的案例还需要对远在大洋彼岸的美国人呼吸空气（可能呼吸的空气经过大自然运动到了案发现场）作为本案的行为来考察，看有无因果关系（归因）。

这加重了司法工作者的工作量，显然没有必要。故应直接剔除不知道案情相关人、直接剔除认识和意志之外的身体动静（如白细胞运动、细胞的动作电位）。

2. 冲击罪刑法定原则

一个罪名区别于其他罪名，必然有其他罪名所不具备的特征。因为构成要件的本质就是罪名的定义项，而定义项就是一个概念所拥有而其他概念所没有的特征。

显然，缺乏四要件中任一要件，都难以提炼个罪的定义项，这可能是目前难以区分很多简单罪名的原因。

毫无疑问，因为满足某一个客观要件的罪名可能不止一个，通常是多个。那么，构成要件符合性，到底符合哪个罪名的构成要件？这不符合人的正常思维模式，司法实务中基本上不可能接受。

## 三、本书中的三阶层结构

根据麦耶的体系，构成要件符合性与违法性的关系是，行为符合构成要件就可以推定行为也是违法的，构成要件符合性是违法性的认识根据。①

本书支持麦耶的观点，原因很简单，假如公安机关要找的嫌疑人名叫韩雪儿，上海人，性别女，30~40 岁。肯定不是先把所有的女性搜索出来，再

① ［日］大塚仁．犯罪论的基本问题（1982）［M］．冯军，译．北京：中国政法大学出版社，1993：37.

从年龄为30~40岁的人中查找韩雪儿；而是先查找身份证名字叫作韩雪儿的人，确定哪些是上海的，再核对年龄和性别。同理，我们也可认为，同时具备构成要件符合性和违法性的行为，可以推定行为是有责的。本书中三阶层中各阶层的选择遵循一个原则：行为符合构成要件就可以推定违法，不违法是小概率情况；行为符合构成要件又具备违法性，就推定有责，非有责的情况是更小概率情况。

对构成要件符合性，周光权教授认为是行为具有刑法分则所规定的个罪的具体相符合的性质。笔者支持这种观点。既然如此，构成要件符合性应包括刑法分则规定的个罪的全部特征，方能作为罪刑法定原则最重要的保障。因为构成要件符合性之后是社会危害性的考察和责任的考察，不涉及对行为具体方式的考察，而行为具体方式是罪行法定原则中最重要的东西。凡不符合构成要件符合性，无论危害多大，均不构成该罪；凡符合构成要件符合性，应进入违法性和有责性考察。

**（一）构成要件符合性（四要件符合）**

本书的构成要件符合性，采用四个要件全部比对，即比对具体的行为是否符合刑法分则规定的个罪的主体要件、主观要件、客观要件、客体要件。

具体行为过了构成要件符合性这一关，说明行为人的行为侵犯了该罪名所要保护的法益。除非该行为在其意志和认识范围内保护更加优越的法益或行为本身为法律所不禁止甚至鼓励；否则，该行为就是违法的，就具有社会危害性。

以四个要件全部比对，较符合我国司法实践，实务中已经应用了多年。

行为人的行为具有构成要件符合性，不符合违法性的可能性非常小。因为，刑法分则本身对有巨大社会危害的行为进行类型化提炼，正是因为这种行为通常有巨大的社会危害，所以才被规定为某个罪名。

**（二）违法性（基于特殊情况没有社会危害性）**

行为符合刑法分则的全部构成要件，则该行为人的行为侵犯了该罪名所要保护的法益。这种行为通常具有严重社会危害性而为法律所禁止。

但也有例外，所以需要考察是否存在这样的情况：尽管这一行为损害了该罪名所要保护的法益，但行为保护了更优越的法益，或这类行为不应被法律所禁止甚至应鼓励（如紧急避险），则刑法不能将其作为犯罪处理。

如果没有上述所说的例外情况，即说明行为人的行为损害了该罪名所要保护的法益，并且该行为也没有保护更优越的法益，也不属于法律不宜禁止甚至应该鼓励的行为。在这种情况下，说明行为具有社会危害性，符合违法性。

行为人的行为符合违法性，通常应受到刑法的责备，不被刑法责备的概率很低，但也可能有罕见的不宜被责备的情况。

**（三）有责性（极其罕见的免责情形）**

有责性考察，是看行为人是否存在极其特殊的免责情况，即行为人的行为虽已符合刑法分则的构成要件且具有社会危害，但基于特殊情况，刑法不宜责备行为人的行为。

这种情况非常罕见，主要包括欠缺违法认识可能性、期待可能性。为防止肆意出罪，笔者认为，刑法可以规定，以上述理由出罪的，可以规定要求逐层报最高法批准。

## 四、构成要件符合性介绍（四要件）

构成要件符合性，也叫作构成要件该当性，是指行为符合刑法分则规定的某个罪名的全部特征。行为如果具有构成要件符合性，如未保护更大的法益、没有特殊的不可责难原因，即构成该罪。犯罪包括故意犯罪（含直接故意犯罪和间接故意犯罪）和过失犯罪（含疏忽大意的过失犯罪和过于自信的过失犯罪）。由于虚开增值税专用发票罪是故意犯罪，故这里重点介绍故意犯罪。

四要件包括主体要件、主观要件、客观要件、客体要件。

主体要件是指什么类型的人才能独立构成该罪。一般来说，个罪不对犯罪主体做特别限制，但有些罪名只能由特定身份独立构成（如贪污罪）。犯罪的主体包括单位和个人。

主观要件，是指构成个罪的心理态度，包括故意和过失。故意是指明知自己的行为会发生危害社会的结果，并且希望或者放任这种结果发生的心理态度。故意包括直接故意和间接故意。所谓过失，是指行为人应当预见自己的行为可能发生危害社会的结果，因为疏忽大意而没有预见，或者已经预见而轻信能够避免，以致发生这种结果的心理态度。过失包括疏忽大意的过失和过于自信的过失。

客观要件是指导致该罪名的法益侵害的行为人认知和意志范围的基本要素的综合。认知和意志范围之外的要素不得作为罪名定性的要素。

客体要件，是指某特定罪名所要保护的法益。

构成要件的主体要件、主观要件、客观要件、客体要件与具体行为的主体、主观方面、客观方面、客体是不同的概念，前者是比对的标准，后者是需比对的对象。行为人的行为特征比对符合全部构成要件，就涉嫌该罪。

**（一）直接故意**

直接故意犯罪，是指明知自己的行为必然或可能损害该罪名所要保护的法益，而根据已知情况，行为人不宜实施该行为以避免该危害结果的发生，行为人为追求该结果的发生而实施该行为的心理态度。行为人明知自己的行为必然会发生危害社会的结果，而依旧实施该行为的，也视为希望该损害发生。

具体到个罪中的直接故意，也可以表述为：明知自己的行为必然或可能损害该罪名所要保护的客体，而希望该损害发生的心理态度。

具体包括以下两种：

一是明知自己的行为可能损害该罪名所要保护的法益，而实施该行为的目的乃是积极追求该损害的发生。

二是明知自己的行为必然损害该罪名所要保护的法益，而依旧实施该行为的（在这种情况下，即使行为人的目的不是追求该损害的发生，也应当认定希望该损害的发生）。

直接故意犯罪的构成要件符合性，建立在行为人所设想的行为（即脑中的剧本，有时简称“脑中剧本”或“剧本”）的基础上。直接故意的本质是行为人脑中剧本有危害，并积极导演该剧本而追求该罪名所要保护的法益（客体）的损害。

界定直接故意时，最重要的是剧本内容中认识和意志范围之内的行为一旦实施完毕，则必然或可能损害该罪名所要保护的客体。

如果剧本内容中认识和意志范围之内的行为即使实施完毕也不可能损害该罪名所要保护的法益，不得判定为对该罪名所要保护的法益的危害故意。

例如，行为人李四意欲杀死张三，认为念一百遍金刚咒可以杀死张三（诅咒死），于是念了一百遍金刚咒。该例中，李四脑中的剧本是“念一百遍金刚咒诅咒死活人”。该剧本本身不可能侵害《刑法》第二百三十二条所要保护的生命权。该剧本中行为人支配的身体动静即使开始实施、即使实施完毕，也不构成故意杀人罪。

剧本中对类型化的因素认识错误，并且基于这种认识错误，即使实施完毕也不会危害该罪名所要保护的法益的，不构成该罪。例如，行为人脑中剧本认为白糖对一般人而言就是传说中的砒霜，于是用白糖来毒杀李四，不构成故意杀人罪（然而，如果剧本中知道白糖不是砒霜，只是现实中把白糖当作砒霜。以此毒杀李四，按照故意杀人未遂处理）。

在评价共同致害情况下，这也非常重要。

例如，行为人李四认为白糖对正常人毒性很大，少量就足以致人死亡。于是，李四打算在张三的水杯里放少量的白糖来毒死张三，并将自己的想法告诉王五，让王五和自己一起合作杀死张三。王五也告诉李四：白糖的毒性的确很大，少许就能足以杀死张三。于是，王五和李四决定共同毒杀张三，王五去家里拿白糖。其实，王五深知少量白糖毒杀人的想法很荒谬。于是，王五拿来少许砒霜，告诉李四说是白糖。而后，李四悄悄将自认为的白糖（其实是砒霜）投入张三水杯中，张三喝之后迅速死亡。

该例中，由于李四脑中的剧本即使实施完毕也不可能损害故意杀人罪所要保护的法益，故李四没有故意杀人的故意，和王五的故意杀人行为不构成共犯。

认定“剧本中的行为一旦实施完毕必然或可能损害该罪名所要保护的法益”的要素中的致害工具、致害对象等关键性客观要素，应进行类型化处理；类型化处理的剧本中的客观情况，需现实中可能被行为人误认为特定的情况。

例如，行为人认为秦始皇还活着，意欲杀死秦始皇，开弓射箭射杀，错把表演秦始皇的演员或其他人杀死了，构成故意杀人罪；即使晚上错把秦始皇雕像当作秦始皇活人，依旧是故意杀人罪（未遂）。只要行为人意欲射杀的对象是活的人，那脑中的剧本的射杀对象就应该类型化为活人，而无须考虑秦始皇是否还活着。当然，如果认为秦始皇还活着，射杀秦始皇的雕像可以射杀还活着的秦始皇，因为脑中的剧本是“射杀雕像来射杀活人”，剧本支配下的作为或不作为无害，即使实施也不构成故意杀人罪。

根据现有科学因果法则，剧本本身的认识和意志支配下的行为可能完成。

例如，行为人意欲杀死太阳上的人。根据科学法则，行为人是不可能杀死太阳上的人的，因为太阳上不可能有人。

又如，行为人意欲用弓箭在中国境内射死正在美国白宫的美国总统。目前科学技术下，该剧本无法完成。

脑中剧本所认知的客观情况决定主观范围的认定。剧本应当充分考虑行为人认知范围之内的情况。

例如，张三知道李四患有血友病，弓箭射李四的脚就会导致他死亡，故而打算以弓箭射李四的脚来杀死李四。观看剧本时，应考虑张三是否知道李四有血友病这个因素。

相反，如果张三不知道李四患有血友病，而认为李四是阿喀琉斯转世，认为弓箭射他的脚就会导致他死亡。在这种情况下，张三用弓箭射李四的脚只成立故意伤害罪；即使李四真的死亡了，也不构成故意伤害致人死亡罪。在这种情况下，张三脑中剧本所认知的客观情况，最多只能导致张三伤害的结果，故故意范围只能限定在伤害范围内。

**（二）间接故意（要件方面）**

间接故意是指行为人知道自己的行为可能发生危害社会的后果，而根据已知的情况，行为人此时不能实施该作为或不作为，而行为人却不在乎危害结果是否发生，依旧实施该行为的心理态度。也可以表述为：行为人明知自己的作为或不作为可能产生危害社会的后果，放任其发生的心理态度。

行为人脑中有多个剧本，但对符合刑法分则某罪名的剧本，却不是积极追求，而是发生与否都无所谓。

举例说明，行为人脑中有 A、B、C 三个剧本。在这三个剧本中，行为人积极追求的是 A 剧本的效果，但对 B、C 剧本并不追求，也不排斥，发生与否都无所谓，更重要的是 B、C 两个剧本很可能发生。根据行为人已知情况，行为人不宜再实施该行为以避免该危害结果的发生。

结果 C 剧本上演了，而且 C 剧本符合刑法分则某犯罪构成的全部条件。当然，也可能 A、B、C 三个剧本分别符合刑法分则不同罪名的犯罪构成全部条件。

需明确，直接故意是直接追求危害结果，所以只要行为开始威胁法益即应当进入刑法评价；而间接故意必须是对应的危害结果实际发生才能进入刑法评价。

另外还有非常重要的一点，无论是直接故意还是间接故意，即使认识到了危害结果可能发生而追求而放任，必须是知道情况后不宜为该行为才能进入故意评价。例如，李四明知张三要坐飞机，张三可能在去机场的路上被车撞死，为让张三在去机场的路上遇交通事故而死，李四给张三承诺可以送他机票。王五得知后，表示愿意帮李四承担一半的机票款，希望张三死亡。不过李四仅仅是基于概率期望张三去机场的路上遇到车祸，而王五直接背着李四开重型卡车在张三去机场的路上撞死张三。本案中，不应对王五和李四认定为故意杀人的共犯，应对王五的行为单独评价为故意杀人行为。

**（三）客观要件**

客观要件，是指对法益实施侵害的行为事实的主要要素的总和，通常包括侵害对象、危害结果、实行行为、因果关系等，也包括犯罪工具。

1. 分则规定的客观要件，很多时候并不具体

（1）实行行为定型化的客观要件

分则中对具体行为方式做了具体规定，如《刑法》第二百零一条对逃税罪规定如下：

纳税人采取欺骗、隐瞒手段进行虚假纳税申报或者不申报，逃避缴纳税款数额较大并且占应纳税额百分之十以上的，处三年以下有期徒刑或者拘役，并处罚金；数额巨大并且占应纳税额百分之三十以上的，处三年以上七年以下有期徒刑，并处罚金。

扣缴义务人采取前款所列手段，不缴或者少缴已扣、已收税款，数额较大的，依照前款的规定处罚。

对多次实施前两款行为，未经处理的，按照累计数额计算。

有第一款行为，经税务机关依法下达追缴通知后，补缴应纳税款，缴纳滞纳金，已受行政处罚的，不予追究刑事责任；但是，五年内因逃避缴纳税款受过刑事处罚或者被税务机关给予二次以上行政处罚的除外。

其客观要件规定非常细致："采取欺骗、隐瞒手段进行虚假纳税申报或者不申报，逃避缴纳税款数额较大"以及"经税务机关依法下达追缴通知后，补缴应纳税款，缴纳滞纳金，已受行政处罚的，不予追究刑事责任；但是，五年内因逃避缴纳税款受过刑事处罚或者被税务机关给予二次以上行政处罚的除外"。

（2）实行行为没有定型化的客观要件

相当一部分罪名的实行行为没有定型化。如故意杀人罪：刑法不规定具体方式，只要行为人知道自己的行为会导致他人生命权被非法剥夺，就不得

实施该行为。

2. 分则规定的客观要件，不需要行为人亲自实施

（1）对于实行行为没有定型化的客观要件

对实行行为没有定型化的客观要件，只要行为人知道自己的作为或不作为将发生危害社会的后果，并且基于这种后果判断，行为人不宜再进行该类行为，行为人依旧实施该行为的，就可构成该罪。直接故意犯罪中，行为人实施该行为开始威胁法益，就符合构成要件；对间接故意犯罪、过失犯罪，需要分则要求的法益损害（包括实害和危险）发生才能构成该罪。

例如，对于故意杀人罪，只要行为人认知自己的行为可能导致他人生命权被非法剥夺，基于这种认知应停止该行为而依旧实施该行为的，是故意杀人，哪怕这 杀人的动作是其他人甚至动物所为。

（2）对于实行行为定型化的客观要件

对实行行为定型化的客观要件，是指客体（该罪名所要保护的法益）遭受对应具体形式的侵害才能予以入罪，并非要求行为人必须亲手实施该行为才能入罪。

例如，刑法第一百四十条的“生产、销售伪劣产品罪”就是一个典型的实行行为定型化罪名，具体为“生产者、销售者在产品中掺杂、掺假，以假充真，以次充好或者以不合格产品冒充合格产品”，构成该罪名。其要件并非一定要行为人亲自实施该行为，但要求法益的被侵害模式基于这样的模式。

例如，15 岁的张三借用他人身份证注册公司，公司只做一件事情，那就是“在产品中掺杂、掺假，以假充真，以次充好或者以不合格产品冒充合格产品”，用于销售。如果 20 岁的王五明知张三如此，依旧给予大力帮助，王五的行为亦构成“生产、销售伪劣产品罪”

**（四）客体要件**

犯罪客体是我国刑法所保护的具体利益，在确定罪与非罪、此罪与彼罪时具有极其重要的意义。

我国刑法分则依据客体的不同将犯罪分为十类，对区分不同种类的罪名极度重要。例如，行为人意欲杀死张三而对张三的住宅放火，当即被公安抓获，根据犯罪客体认定行为人构成故意杀人罪和纵火罪的想象竞合犯。

另外，犯罪的直接客体在区分同类罪名不同个罪时，也具有重要的意义。例如，如果将盗窃罪单纯理解为侵害财产权，容易与侵财罪混淆。如果将该

罪名的客体进一步提炼，就会很容易区分。

通说认为，犯罪客体包括三个方面：犯罪的一般客体、犯罪的同类客体、犯罪的直接客体。

犯罪的一般客体是指任何犯罪都会侵犯的客体，即我国刑法所保护的社会主义社会关系的整体。

犯罪的同类客体，是指同类犯罪所共同侵犯的客体。例如，危害公共安全罪的，其同类客体为公共安全。行为虽然和该罪名的主体、主观、客观要件均符合，但是认识和意志范围之内不侵犯公共安全这个客体的，不得认定该类罪名中的任何一个罪名。

犯罪的直接客体，是指个罪所侵犯的客体，包括单一客体和复合客体。行为只有在其意志和认识范围之内能侵犯该罪名所要保护的直接客体时，才能构成该罪。

直接客体在构成要件中占据着其重要的地位。因为，很多时候可以通过找寻客体而清晰地定义此罪彼罪，尤其是同类罪名中。

犯罪客体和犯罪对象是两个概念，犯罪客体实际上是刑法所要保护的法益，而犯罪对象是指行为所侵害的具体对象。

**（五）直接故意犯罪中，对具体罪名构成要件比对是用行为人脑中的剧本来比对构成要件**

直接故意犯罪中，无论行为人是否开始着手，无论行为人是否最终完成其所设想的行为（脑中剧本），其定性均建立在按照行为人实施的行为参照脑中的剧本进度已开始威胁法益时已确定的剧本为比对素材。

1. 行为人脑中的剧本已经开始上演

如果行为人脑中的剧本尚未开始上演，那仅仅是剧本，仅仅是思想而已，不是行为。这种情况下刑法还不宜介入。

2. 开始上演的进度按剧本进度来看，已经让法益面临威胁

如果根据剧本判断，剧本上演的进度让法益面临迫在眉睫的威胁，已属于着手了。这种情况下因为意志以外的因素没有危害该法益的，构成未遂。简单而言，即行为人已经开始实施符合刑法分则所规定的行为属性的具体行为。

如果行为人的行为尚未达到让法益面临迫在眉睫的威胁，但已让法益面

临威胁。在这种情况下，应认定为预备。具体表现为行为人尚未开始实施符合刑法分则所规定的行为属性的具体行为，但已为实施符合刑法分则所规定的行为属性的具体行为准备工具、制造条件，且这种准备工具、制造条件需让法益面临威胁，否则连预备都够不上。

例如，行为人意欲雇凶杀害某富豪，脑中有一个剧本：先努力赚 100 亿元，然后雇凶杀害该富豪，逃离。于是，行为人开始努力学习知识，开设公司。努力学习知识、开设公司很显然不能认定为该犯罪的预备行为，因为距离行为人着手实施雇凶杀人行为尚远。那么，如何判断犯罪预备的准备工具、制造条件？我们认为，一般应以该准备工具、制造条件具有特定针对性来作为判断标准；否则，任何人都可轻易入罪。例如，甲路过李四家就可轻易被认定为杀人的犯罪预备。

3. 剧本的上演引发对法益受到侵害的担心

这里所说的“剧本的上演足以引发对法益受到侵害的担心”，是指剧本一旦开始上演达到需刑法评价时，则按照剧本本身进行刑罚评价。但下列情况难以引发“对法益受到侵害的担心”。

一是行为人因为行为人意料以外的因素介入没有实际侵犯该罪名所要保护的法益，且这种意料以外的因素的介入只要是正常人都会知道必然发生。我们认为，在这种情况下，该行为不纳入构成要件评价范围。例如，行为人赤手空拳进入白宫意图抢劫美国总统，结果被安保人员阻止。在这种情况下，行为人被阻止对行为人来说是意外，但对任一正常人而言，这都不算意外，而属意料之中。在这种情况下，李四进入白宫抢劫美国总统的行为不被纳入刑法评价。

二是行为人具体实施行为过程中，因为对行为要素的行为对象、行为工具、行为环境等因素认识错误导致没有实际侵犯该罪名所要保护的法益，并且这种认识错误只要是正常人都不会发生。我们认为，在这种情况下，该行为不被纳入构成要件范围评价。例如，行为人错把流动的水当作枪，意欲以此射杀李四。行为人错把流动的水当作枪射杀李四的行为不纳入故意杀人罪的评价。

如果行为人意料以外的因素其他正常人也未必都能预料到，行为人对行为要素的认识错误其他正常人也可能认识错误，不因此影响该罪名的定性。

不过在我国刑法中，没有“剧本的上演足以引发对法益受到侵害的担心”的相关规定。只要脑中的剧本开始实施并按照剧本本身进度来看让法益面临迫在眉睫的威胁，就构成犯罪。因意志以外的因素导致犯罪没有得逞的，按犯罪预备或未遂处理。

4. 认识和意志支配之下的现实行为对剧本的变更

既然脑中剧本是定性的决定性因素，那么如何处理行为人基于认识意志之下的现实行为对剧本的变更？

由于对脑中剧本的定性已由行为开始威胁法益时决定了，那么行为开始威胁法益后，对行为人基于认识意志之下的现实行为对剧本的变更如何处理？

例如，行为人意欲枪杀李四，正在扣动扳机时，顾虑到杀人所面临的刑事责任，决定砍掉李四一根拇指。然后行为人砍掉了李四一根拇指。该例中，行为人停止了故意杀人剧本的继续演出，另起了一个故意伤害的剧本。

又如，张三意欲杀死李四，于是持枪在 50 米外射击李四，结果李四腿部中枪，非常痛苦。张三于心不忍，放弃继续射杀，而将李四送往医院救治，最终李四得救。在这种情况下，由于李四的剧本基于自己的意志和认识在同一罪名内改变了剧本，故我们认为，应当按照前面的剧本定性，而根据改变后的剧本予以量刑。假如行为人发现李四腿部中枪，放弃继续射杀，而任其自生自灭。在这种情况下，应把张三让李四自生自灭的心态并入剧本之中。如果张三误认为李四只是轻微伤，实际上一枪击中了李四的心脏（就是瞄准心脏设计的）。一枪击中心脏本身就是之前张三的意志、认识范围内的演出，后续的认识错误不修正剧本本身，依旧是故意杀人罪。如果张三意欲射杀李四，结果一枪击中李四的手臂。张三庆幸只是击中手臂，于是放弃射杀，并迅速离开。李四因为血友病死亡（死亡之时才知道是血友病）。这种情况下的剧本不应当包括李四因为血友病死亡，因为在其认识可能行为之外。

我们认为，在同一个罪名构成要件内，放弃尚未实施完成的作为或不作为，或者对已经完成的作为或不作为有效阻止该罪名所要保护的法益的侵害的，应当纳入剧本的调整考虑中。另起剧本的，按照另起的剧本定性；加重相同法益侵害的改变剧本，按照加重法益侵害的剧本定罪量刑，后面的剧本吸收前面的剧本。

**（六）间接故意犯罪、过失犯罪，客观情况中属于行为人认知、意志范围的可以在归因中进行比对**

1. 间接故意犯罪的比对

行为人以间接故意实施犯罪，客观上发生危害后果的，以行为人意料中发生危害后果进行比对。由于行为人本身就是放任心态，意料之中的危害结果本身就是其剧本范围，故直接意料之中的情况比对构成要件。

行为人对结果持放任态度，只能对放任范围之内的结果进行要件比对。例如，行为人意欲打死一只野兔，野兔旁边有一只大熊猫，行为人对打死大熊猫持放任心态。结果一枪打过去，那个所谓的大熊猫根本不是大熊猫，而是披着大熊猫外饰的人，不能认定行为人构成间接故意杀人罪。

2. 过失犯罪的比对

过失犯罪的比对仅限于过失因素的范围，即行为人应当预料到、已经预料到而轻信能避免的后果范围内比对。根本无法预料到，不成立犯罪；应在间接故意中比对的，应当在间接故意中比对。

## 五、违法性（法益综合考量）

违法性，是指行为站在整个法律体系角度考察也是有害的，即存在社会危害性。

行为人的行为符合四要件，就已经说明行为人的行为侵犯了该罪名所要保护的法益，一般都具有社会危害性，例外情况是小概率。

那么有哪些例外情况？那就是，行为人的行为虽然侵犯了该罪名所要保护的法益，但是在其意志和认识范围保护了更优越的法益，或这种行为本身不为法律所禁止甚至应该被法律鼓励。

一般认为，下列情况下，即使侵犯了该罪名所要保护的法益，也不应当予以入罪，具体包括正当防卫、紧急避险、职务行为、义务冲突、被害人承诺、自救行为。

我们认为，违法阻却事由还包括救助他人的行为。

能够认定正当防卫的行为，其被打击对象受损的法益，是否可以考虑在防卫当时不属于刑法的保护范围（换句话说，人人得而诛之），以此震慑认识范围、自由意志之内的侵害法益者，尤其是震慑暴力侵犯人身自由、公共安全的犯罪？是否可以考虑直接以不符合构成要件（客体不值得保护故没有侵犯客体）而出罪？值得探究。

在被害人承诺成立的情况下，该罪名对应的客体不需要刑法保护。我们认为应直接在构成要件上以犯罪客体不具备而直接剔除。认定构成要件不符，不必在违法性阶层进行考虑。

## 六、有责性

行为人的行为符合了刑法分则的构成要件，又没有违法阻却事由，通常应受刑法责备，但有时需考虑特殊情况。

因和虚开联系甚微，这里不对违法认识可能性、期待可能性问题做介绍。

实际上，符合违法性而具备有责性这一关点极其罕见，缺乏展开讨论的意义。笔者认为，有责性中可增加“信赖保护”。关于信赖保护问题，在介绍虚开增值税专用发票罪时专门介绍。

# 第九章　虚开增值税专用发票罪

## 第一节　虚开增值税专用发票罪的构成要件

由于虚开增值税专用发票罪很难遇到法益综合考量的情况，有责性阶层所包括的特殊免责事由在实务中很罕见，故本节直接以四要件介绍虚开增值税专用发票罪。

### 一、虚开增值税专用发票罪的由来

1994年1月1日，《增值税暂行条例》实施，增值税专用发票成为计征增值税和抵扣税款的重要凭证。由于制度监管上的漏洞，一些不法分子在经济利益的诱惑下，大肆虚开、盗窃、伪造、倒卖增值税专用发票，严重破坏了增值税税收征管体系和新税制的推行，导致国家增值税税款的巨额损失。为此，1994年6月3日，最高人民法院和最高人民检察院联合发布《关于办理伪造、倒卖、盗窃发票刑事案件适用法律的规定》，并于当日开始实施。

该文件第二条规定：以营利为目的，非法为他人代开、虚开发票金额累计在50000元以上的，或者非法为他人代开、虚开增值税专用发票抵扣税额累计在10000元以上的，以投机倒把罪追究刑事责任。

由于投机倒把罪在司法实践中被不恰当地泛用，成为一个“口袋罪”。据此，全国人大常委会于1995年10月30日颁布了《关于惩治虚开、伪造和非法出售增值税专用发票犯罪的决定》。该文件第一条规定：

虚开增值税专用发票的，处三年以下有期徒刑或者拘役，并处二万元以上二十万元以下罚金；虚开的税款数额较大或者有其他严重情节的，处三年以上十年以下有期徒刑，并处五万元以上五十万元以下罚金；虚开的税款数额巨大或者有其他特别严重情节的，处十年以上有期徒刑或者无期徒刑，并处没收财产。有前款行为骗取国家税款，数额特别巨大、情节特别严重、给国家利益造成特别重大损失的，处无期徒刑或者死刑，并处没收财产。

虚开增值税专用发票的犯罪集团的首要分子，分别依照前两款的规定从重处罚。

虚开增值税专用发票是指有为他人虚开、为自己虚开、让他人为自己虚开、介绍他人虚开增值税专用发票行为之一的。

《关于惩治虚开、伪造和非法出售增值税专用发票犯罪的决定》为专门惩治和预防此类行为提供了明确的法律依据。

1997 年修订后的《刑法》吸收了《关于惩治虚开、伪造和非法出售增值税专用发票犯罪的决定》中关于该罪的规定，并做了以下补充：

第一，规定了单位犯本罪的处罚；第二，将虚开用于骗取出口退税、抵扣税款凭证的其他发票与虚开增值税专用发票罪并列于同一个条文中。《最高人民法院关于执行〈中华人民共和国刑法〉确定罪名的规定》将《刑法》第二百零五条规定为一个罪名，即虚开增值税专用发票、用于骗取出口退税、抵扣税款发票罪。

鉴于实践中对“出口退税、抵扣税款的其他发票”的理解不一，为统一认识和理解，全国人大常委会第十九次会议（2005 年 12 月 29 日）对“出口退税、抵扣税款的其他发票”，做出了立法解释，即出口退税、抵扣税款的其他发票，是指除增值税专用发票以外的，具有出口退税、抵扣税款功能的收付款凭证或完税凭证。①

2011 年 2 月，第十一届全国人大常委会第十九次会议通过了《中华人民共和国刑法修正案（八）》，该修正案第三十二条删除了虚开增值税专用发票、用于骗取出口退税、抵扣税款发票罪的第二款（死刑）。自此，该罪名的死刑规定被废除；同时在《刑法》第二百零五条增加一条，作为《刑法》第二百零五条之一，虚开发票罪。

由于虚开增值税专用发票、用于骗取出口退税、抵扣税款发票罪，最常见的为虚开增值税专用发票罪，为表述方便，本书一般以虚开增值税专用发票罪表述。

## 二、主体要件

本罪的主体为一般主体，单位和个人均可构成本罪。

---

① 全国人大常委会法制工作委员会刑法室．中华人民共和国刑法条文说明、立法理由及相关规定［M］．北京：北京大学出版社，2009：410.

### （一）单位犯罪成立的条件

一般认为，单位犯罪，必须具备以下几点：

1. 单位必须是合法成立。
2. 必须是单位意志的体现，按照单位的决策程序做出。
3. 非法利益归属于单位所有。
4. 需要刑法明文规定为单位犯罪。

另外，需明确，全国人大常委会关于《中华人民共和国刑法》第三十条的立法解释为：公司、企业、事业单位、机关、团体等单位实施刑法规定的危害社会的行为，刑法分则和其他法律未规定追究单位刑事责任的，对组织、策划、实施该危害社会行为的人依法追究刑事责任。

### （二）既有单位犯罪，又有自然人犯罪的处理

单位责任人员在实施单位犯罪的同时，其个人又犯与单位犯罪相同之罪的，应数罪并罚。

司法实践中，行为人既有个人实施的虚开增值税专用发票行为，又有单位犯罪的虚开增值税专用发票罪的，一般予以数罪并罚。

总体来说，实务中对虚开增值税专用发票罪的主体要件，基本没有争议。

## 三、主观要件

虚开增值税专用发票是故意犯罪，没有争议。然而，实务中就故意的内容未必明确。我们认为，虚开的主观层面包括认识层面和意志层面，认识方面包括对行为性质的认识，以及对危害结果的认识；意志方面指行为人的行动自由。

### （一）明知开票方与受票方之间没有真实交易

虚开增值税专用发票罪，行为人需明知开票方与受票方之间就发票记载事项没有真实交易。另外，根据《最高人民法院关于适用〈全国人民代表大会常务委员会关于惩治虚开、伪造和非法出售增值税专用发票犯罪的决定〉的若干问题的解释》的规定，有货物购销或者提供或接受了应税劳务但为他人、为自己、让他人为自己、介绍他人开具数量或者金额不实的增值税专用发票，这种情况下的虚开，仅仅是针对超过实际交易数量或金额的开票。行为人的主观故意是：行为人对超过部分，明知开票方与受票方之间就超过部分没有真实

交易虚开。

1. 不得将错开界定为虚开

如果行为人基于错误认识，误认为开票方与受票方之间就发票记载事项，存在对应的真实交易，即使事后查明没有真实交易，也不宜认定为虚开，应判定为错开。应要求其重新开具或取得发票，见图 9-1。

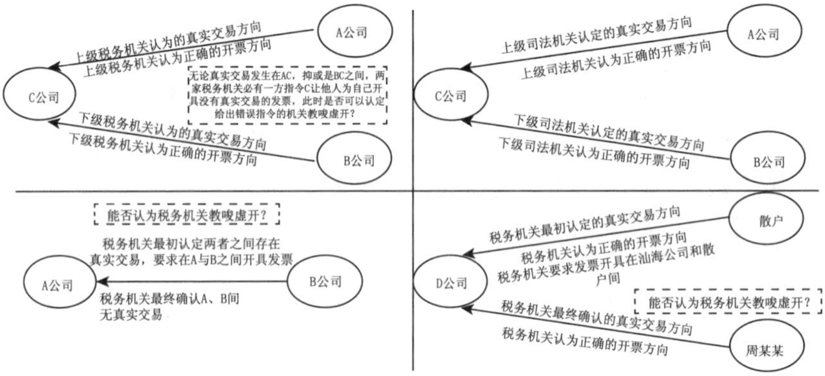


**图 9-1 错误认为真实交易的发票开具**

如果纳税人错判交易方向就是虚开，那么税务机关或司法机关错判了交易方向，岂非强令他人虚开？

实务中错判交易方向最常见的原因是，错把真实交易当做产品、现金的直接交付，即以传统“三流一致”为据。这对纳税人产生了误导作用。例如，B 公司从 A 公司购入一批货物，A 公司让 K 公司代自己发货给 B 公司（或 B 公司的客户）。实务中有可能基于“三流一致”观点认为真实交易在 K 公司和 B 公司之间，进而让 K 公司开票给 B 公司。

非但交易方向可能被错误判定，有时甚至有无真实交易也可能被错误判定。例如，行为人让渡市场份额，向税务机关咨询行为人是否需要开票缴税。

2. 明知发票抬头的购销双方就发票记载事项均无设立对应权利义务的真实意思

我们认为，只有明知开票方和受票方双方的实际控制人就发票记载事项均无对应缔约的真实意思表示时，才可能构成虚开。

即使一方控制人没有缔约的真实意思表示，但认为另外一方实际控制人具有缔约的真实意思表示，也阻却虚开的故意。

因为，当认为一方为真实表意时，即使行为另一方为虚假表意，除非存在通谋，虚假表意一方也知道契约客观上约束双方。

例如，A公司销售一批货物给B公司，即使A公司为虚假表意，但若认为B公司为真实表意，则合同也可能约束在A公司与B公司之间。

3. 在开票方与受票方之间存在真实交易的情况下，需明知开票数量或金额与实际交易不符

虽然行为人认为是虚开，但误以为开票数量和金额与交易相符（例如，误以为只是品名不符），不宜认定为本罪。

例如，A公司的负责人告诉员工张三，A公司欲开给B公司价税合计1130万元的增值税专用发票；并告诉张三，实际销售给B公司的是a产品，而发票开具的是b产品，除品名更换外，其他都与实际交易相符。张三信以为真，于是协助负责人完成该虚开。实际上，根本没有真实交易，该负责人欺骗了张三。

我们认为，在这种情况下，不宜认定张三构成虚开增值税专用发票罪。因为张三缺乏一种故意，即“在开票方与受票方之间存在真实交易的情况下，需明知开票数量或金额与实际交易不符”。

### （二）明知开票方与受票方之间没有真实交易的发票开具或接受行为损害发票管理秩序

有些情况下，尽管行为人明知开票方与受票方之间没有真实交易，但依据法律、行政法规、规章或规范性文件，要求纳税人可以或必须根据特殊规定开具或接受发票，而特殊规定并非要求按照真实交易开具发票。例如，纳税调整的开票、同一建筑集团内部企业之间的第三方开票（国家税务总局公告2017年第11号）、还本销售、包装物押金等特殊情况。故虚开不仅要求行为人明确认识到开票方与受票方之间就发票记载事项没有真实交易，而且要求行为人没有基于对特殊规定的理解而产生就应当这样开票的认识。

当行为人基于特殊规定认为就应这样开具或接受发票时，即使开错了，也不宜认定为虚开，应判定为错开。因为行为人欠缺损害发票管理秩序的主观故意。

1. 需明知不应这样开具发票

即使行为人明知开票方与受票方之间不存在对应的真实交易，但是行为

人基于特殊规定理解或特别实务惯例（如报销开票），认为就应开具发票，也应阻却虚开的故意。

税法中，有时需对发票的开具做出特殊规定。在这种情况下，行为人必须遵循该规定。如果该规定相对比较模糊，导致行为人错误开具发票的，不宜认定为虚开。

例如，海关增值税专用缴款书，《国家税务总局、海关总署关于进口货物征收增值税、消费税有关问题的通知》（国税发〔1993〕155号）规定：

申报进入中华人民共和国境内的货物均应缴纳增值税、消费税。进口货物的收货人或办理报关手续的单位和个人，为进口货物增值税、消费税的纳税义务人。

第八条　纳税人购进货物或者接受应税劳务（以下简称购进货物或者应税劳务）支付或者负担的增值税额，为进项税额。

《国家税务总局关于纳税人进口货物增值税进项税额抵扣有关问题的通知》（国税函〔2007〕350号）规定：

近接部分地区咨询，纳税人进口货物报关后，境外供货商向国内进口方退还或返还的资金，或进口货物向境外实际支付的货款低于进口报关价格的差额，是否应当作进项税额转出。现明确如下：

纳税人从海关取得的海关进口增值税专用缴款书上注明的增值税额准予从销项税额中抵扣。因此，纳税人进口货物取得的合法海关进口增值税专用缴款书，是计算增值税进项税额的唯一依据，其价格差额部分以及从境外供应商取得的退还或返还的资金，不作进项税额转出处理。

例如，李四以A公司的名义申报进口一批货物，海关进口增值税专用缴款书开给A公司，并由A公司抵扣。在这种情况下，即使事后认为缴款书不宜开给A公司，只要当事人认为缴款书应开给A公司，也不宜认定A公司虚开（我们认为，必须这样开具）。

2. 为什么主观故意中必须有“需明知发票不应这样开具”？

假设行为人实施某民事行为后，有A、B两种开票方式。行为人选择A，税务机关或司法机关认为，选择A方式错误，应选择B方式，所以A方式是虚开；行为人如果选择B，税务机关或司法机关也可能认为，选择B方式错误，应选择A方式，所以B方式是虚开。实际上，行为人没有权利不选择。以此认定虚开，法律的行为指引机能将荡然无存，交易安全也将受到威胁。

我们认为，行为人基于对特殊规定的理解，在文义射程或基本法理内认为就应这样开具，即使因理解错误而导致发票开具错误，也不应判定为虚开。

### （三）需明知虚开行为会导致国家可抵扣税款处于可能流失的危险状态（或损失）

《刑法》第十四条　明知自己的行为会发生危害社会的结果，且希望或者放任这种结果发生，因而构成犯罪的，是故意犯罪。

1. 需要明知虚开行为会导致国家可抵扣税款处于可能流失的危险状态（或损失）

行为人的故意，不仅包括对行为性质的认识，也包括对危害后果的认识。即使行为人认识到自己在虚开增值税专用发票，但并未认识到该虚开行为可能导致国家增值税税款处于可能流失的危险状态，不应成立虚开增值税专用发票罪的故意。

但是，需明确，虚开增值税专用发票罪为抽象危险犯，只要行为人认识到自己虚开发票的对象系可抵扣税款发票且系税额开具多于实际交易计算的税额，就被推定为明知虚开行为会导致国家可抵扣税款处于可能流失的危险状态（或损失），但行为人可提供相反证据推翻。本书在分析虚开增值税专用发票对国家增值税税款的影响时，已经考虑主观上的“明知虚开行为会导致国家可抵扣税款处于可能流失的危险状态（或损失）”。

2. 需明知虚开行为导致国家可抵扣税款处于可能流失的危险状态系侵犯国家的禁止抵扣利益所导致

禁止抵扣利益，是指国家只允许纳税人在真实购进并承担代垫付税款义务（且该代垫付的税款由开票方或其他法定代收税款方代为收取）的情况下，才能享有退税（间接退税是指抵扣）的权利；否则，不得退税。如果行为人认为开票方与受票方存在真实交易，并认为自己就该真实交易承担了代垫付税款的义务，进而虚开增值税专用发票，即使该虚开行为导致可抵扣税款损失，也不宜判定为虚开增值税专用发票罪。因为，只有禁止抵扣利益能将虚开普通发票与虚开可抵扣税款发票区分开。

例如，A公司为B公司虚开增值税专用发票，A公司认为，A、B公司之间存在真实交易，B公司承担了代垫付税款的义务，且该代垫付的税款由A公司代为收取，该代垫付的税款与其自认为的真实交易计算出来的税额一致。

我们认为，在这种情况下，即使虚开行为导致可抵扣税款处于可能流失的危险状态，也不宜认定为虚开增值税专用发票。

假设 A 公司销售给 B 公司不含税价格 1000 万元的增值税专用发票，单价 1 万元，数量 1000，税率 13%，税额 130 万元，货物品名 a。行为人为逃避其他可抵扣税税款（如消费税），单价变更为 1000 元，数量变更为 1 万，货物品名变更为 b。这种情况也不宜认定为虚开增值税专用发票罪。

另外，虚开增值税专用发票罪的认识层面，还包括对发票本身的认识，但实务中极少犯这种错误，因为行为人有义务了解虚开的发票是否系可抵扣税款发票。

**（四）虚开增值税专用发票的意志因素**

虚开增值税专用发票罪的意志因素是指行为人在明知自己的行为会发生危害结果的情况下，决定是否实施该行为的心理态度，包括希望和放任。

本书在分析虚开增值税专用发票对国家增值税税款的影响时，已考虑主观上的意志因素，可直接适用。但需特别注意下列情形：

*1. 开票方虽然意识到受票方可能抵扣，但轻信受票方不会抵扣，缺乏虚开故意中的意志层面*

这主要见于受票方以欺诈等手段，让开票方确信受票方不会抵扣情形。例如，A 公司存在票货分离，B 公司让 A 公司开具虚开税额 200 万元的增值税专用发票用以套现。A 公司担心国家增值税税款流失，于是叮嘱 B 公司不得抵扣。B 公司答应绝不抵扣，并让 A 公司查看纳税申报表。A 公司让 B 公司先认证，并监督其次月不抵扣（次月不抵扣，除非存在总局规定的特殊情形，否则不能再抵扣），B 公司次月的确没有抵扣。然而，过了该月，B 公司以会计失职为由悄悄申报抵扣了。

我们认为，A 公司虽然意识到 B 公司可能抵扣，但轻信受票方不会抵扣，缺乏虚开故意中的意志层面，不宜认定为虚开增值税专用发票罪。

*2. 受票方向开票方支付了不低于所能抵扣税款的费用（以及代开发票的销售方支付给开票方不低于所能抵扣的税款的费用）*

我们认为，当受票方支付了不低于所能抵扣税款的费用（以及代开发票的销售方支付给开票方不低于所能抵扣的税款的费用），基本上可以确定，受票方（或销售方 ）不希望也不放任国家增值税税款流失，而以自己的实际行为确保国家增值税税款不损失。即使事后查明国家增值税税款损失，也不宜将受票方的行为（或销售方）入罪。

## 四、客观要件

虚开增值税专用发票罪的客观要件，是指行为的作为或不作为、行为对象、危害后果及因果关系。

### （一）作为或不作为

虚开增值税专用发票罪，无论是作为还是不作为，均可构成本罪。作为是指明知拟开具的发票抬头的购销双方之间就发票记载的数量、金额（本书认为，用税额表达更加准确）缺乏真实交易，而依旧为他人虚开、为自己虚开、让他人为自己虚开、介绍他人虚开。

不作为的虚开，是指负有制止义务的开票主体，明知没有真实交易开具发票而不制止。例如，A 公司的会计误以为 A 公司销售给 B 公司一批货物，于是给 B 公司开具对应的增值税专用发票。开票之前，A 公司领导已经和 B 公司负责人协商取消了该笔交易。该发票项目，A 公司享有即征即退 100%的增值税税收优惠。A 公司领导明知已取消该笔交易，明知会计人员陷入错误认识而开具发票但不制止，B 公司接受该发票并抵扣。我们认为，这里的 A 公司领导应被认定为不作为的虚开增值税专用发票。不作为的虚开增值税专用发票，也受“为他人虚开、为自己虚开、让他人为自己虚开、介绍他人虚开”四个具体行为的限制。

1. 行为人的行为需构成虚开

如果行为人的行为不构成虚开，就不可能构成虚开增值税专用发票，更不可能构成虚开增值税专用发票罪。如果连学生都不是，那肯定就不是大学生。

实务中，禁止这样的评价：因为该行为导致国家税款流失，所以它是虚开，而应首先考察是否系虚开。如果不是虚开，即使税款流失，也不宜判定为虚开增值税专用发票罪。因为导致国家税款减少的，不仅虚开，也包括税收筹划、逃税、避税等行为。

2. 虚开的对象需为增值税专用发票

行为人虚开的发票，需为可抵扣税款发票。即使行为人的虚开行为造成国家可抵扣税款处于可能流失的危险状态，甚至造成国家可抵扣税款损失，但行为人虚开的发票本身不可抵扣税款，我们认为也不宜认定为该罪。例如，在差额计税下，行为人虚开发票，导致可抵扣税款损失，但虚开的发票本身并不具有抵扣税款的功能。

3. 虚开的方式仅限于数量或金额

虽然行为人实施了虚开增值税专用发票的行为，但如果虚开的发票的税额与实际交易相符，也不宜认定为虚开增值税专用发票。

例如，A 公司与 B 公司存在真实交易，真实交易的货物为 a 货物。但 a 货物不能抵扣，于是 A 公司为 B 公司开具了可抵扣的 b 货物增值税专用发票。我们认为，这种情况也不符合增值税专用发票罪的构成要件。

**（二）虚开增值税专用发票行为导致国家可抵扣税款流失或处于可能流失的危险状态**

1. 关于国家可抵扣税款流失

虚开增值税专用发票行为导致国家可抵扣税款流失，是指该虚开增值税专用发票行为相比没有虚开行为而言，导致国家可抵扣税款的实际减少金额。

在实务中，相当多情况下，难以查证国家可抵扣税款实际减少的金额，因为通常难以同时确定最终受票方和票源地。

2. 关于国家可抵扣税款处于可能流失的危险状态

国家可抵扣税款处于可能流失的危险状态，是指行为人实施的虚开增值税专用发票行为，虽不确定国家可抵扣税款是否实际流失，但可判定可抵扣税款有流失的可能。

实务中，可以精确计算国家可抵扣税款处于可能流失的危险状态的最大金额。

**（三）虚开增值税专用发票行为导致国家可抵扣税款流失或处于可能流失的危险状态，乃是因为侵犯国家的禁止抵扣利益**

虽然行为人实施了虚开增值税专用发票的行为，且虚开增值税专用发票的行为导致了国家可抵扣税款损失，但国家可抵扣税款损失并非因为侵犯国家的禁止抵扣利益，也不宜认定为虚开增值税专用发票罪。

即当受票方与开票方之间，就所抵扣的税款，受票方的确承担了代垫付税款的义务，且该带垫付税款应由开票方代为收取，行为人改变数量、单价而税额不变，虚开增值税专用发票，导致国家可抵扣税款损失的，不宜认定为该罪。例如，A 公司本应开具品名为 a 的增值税专用发票给 B 公司，但 a

需缴纳 K 税种，故变名虚开不需缴纳 K 税种的增值税专用发票给 B 公司，导致 A 公司少缴纳 K 税种税款的，应认定 A 公司逃税，而不宜认定其虚开增值税专用发票罪。

## 五、客体要件

我们认为，虚开增值税专用发票罪为复杂客体，包括三个客体：发票管理秩序、禁止抵扣利益、国家可抵扣税款总体收益。

### （一）发票管理秩序

只要增值税专用发票的开具或接受，违反国家对增值税专用发票的管理规定，即为侵犯发票管理秩序。实务中，对侵犯发票管理秩序这一客体，基本没有争议。

需要说明的是，虽然行为人的开票行为与实际交易不符或没有实际交易，但依法应这样开具的，不侵犯发票管理秩序。

### （二）禁止抵扣利益

禁止抵扣利益，是指以下情况下发票抬头上的购买方不得抵扣增值税税款：购买方无代垫税款的义务，或者虽然购买方存在代垫税款的义务，但并非由发票抬头上的销售方（或法律规定的其他代收税款方）代收，法律法规另有规定的除外。

行为人虚开增值税专用发票的行为，只有在侵犯国家的“禁止抵扣利益”时，才能构成该罪；否则，即使该行为导致国家增值税税款流失，即使虚开与实际交易的数量或者金额不符的发票并因此导致国家税款损失，也不宜认定为该罪。

### （三）国家可抵扣税款总体收益

国家可抵扣税款总体收益，是指国家可抵扣税款的总体入库金额。如果行为人的行为只导致受票方主管税务机关税收收入减少，而同步导致开票方主管税务机关税收收入相应的增加，国家总体可抵扣税款并未减少的，不宜认定为构成虚开增值税专用发票罪。

例如，A 公司为 B 公司虚开税额 130 万元的增值税专用发票，B 公司给 A 公司支付 150 万元用以保障 A 公司就虚开出去的增值税专用发票的税款缴纳。A 公司将 150 万元中的 130 万元，用以缴纳虚开出去的专用发票上的税额，不宜认定构成虚开增值税专用发票罪。

## 第二节　虚开增值税专用发票罪所要保护的税款问题

全国人大常委会法制工作委员会刑法室编写的《〈中华人民共和国刑法〉条文说明、立法理由及相关规定》指出，“利用增值税专用发票侵吞国家巨额税款的犯罪活动已经达到十分猖獗的地步，对国家新税制的改革和正常运行构成严重威胁。”虚开增值税专用发票是利用增值税专用发票侵吞国家巨额税款最为直接、最为严重的一种犯罪行为，故将虚开增值税专用发票行为设立为一个罪名，用以保障国家新税制的推行，保障国家增值税税款不流失。

虚开增值税专用发票罪的设立，到底是为保障国家总体增值税税款不会流失，还是为保障受票方主管税务机关的增值税税款不会减少？实务中，有时将受票方主管税务机关的税款减少当作国家增值税税款的损失金额，不仅容易打击无辜，也不利于保障国家增值税税款的征收，与设立该罪名的目的背道而驰。

### 一、实务中有时将受票方主管税务机关的税款减少当作国家增值税税款的损失金额

以下提供部分判决摘录。从中可以看出，实务中，仍旧有法院认为：受票方主观税务机关的税款减少（实际抵扣金额）就是国家增值税税款的损失金额。

案例一

被告人李某指使任某以××××棉业有限公司的名义向某市××纺织有限公司等27个受票单位开具增值税专用发票519份，共计金额50260485.54元，税金6533863.21元，并已全部认证抵扣，除被告人李某已上缴税款717705.49元，仍造成国家税款损失5816157.72元。

案例二

公诉机关指控并经本院审理查明：被告单位××××机械有限公司于2010年11月至2012年2月，出于抵扣税款之目的，在无实际货物交易的情况下，由被告人邢某决定，通过丁某、孙某（均另案处理）介绍，以支付开票费的方式，让××××金属材料有限公司为其虚开增值税专用发票6份，价税合计人民

币 372090.72 元，其中税款 54064.46 元，已由被告单位××××机械有限公司向税务机关申报抵扣，造成国家税款损失人民币 54064.46 元。

案例三

被告人常某作为被告单位常某公司、侯某公司、晟晖公司的实际经营人，将其中虚开的 339 份增值税专用发票予以抵扣，抵扣税款 7235025.08 元，造成国家税款损失 7235025.08 元，其中常某公司抵扣税款 4539502.95 元，造成国家税款损失 4539502.95 元；侯某公司抵扣税款 2127013.83 元，造成国家税款损失 2127013.83 元；晟晖公司抵扣税款 568508.3 元（其中有三份发票未抵扣，未抵扣的税额为 35354.91 元），造成国家税款损失 568508.3 元。

案例四

2015 年 7 月，巩某在无实际货物交易的情况下，从××公司向其经营的××公司虚开增值税专用发票 89 份，价税合计 10247000 元，其中税款 1488880.45 元，抵扣 5 份，抵扣税款 84911.88 元，造成国家税款损失 84911.88 元。

2015 年 8—11 月，巩某在无实际货物交易的情况下，从××公司、××公司、××公司向其经营的××洗煤厂虚开增值税专用发票 205 份，价税合计 22518000 元，其中税款 3271846.2 元，抵扣 196 份，抵扣税款 3144622.24 元，造成国家税款损失 3144622.24 元。

2015 年 9—11 月，巩某在无实际货物交易的情况下，从富××公司向其经营的××公司虚开增值税专用发票 105 份，价税合计 12182600 元，其中税款 1770121.5 元，税款已抵扣，造成国家税款损失 1770121.50 元。

案例五

2015 年 3 月以来，被告人李某通过姜某（另案处理）以支付增值税专用发票金额 5%~7%的价格为××公司从××××实业有限公司、成都××××贸易有限公司、成都××××商贸有限公司、北京××××商贸有限公司、北京××××商贸有限公司、北京××××商贸有限公司购得虚开的增值税专用发票共计 554 份，发票金额共计 6432.88398 万元，税额 934.692474 万元，李某向姜某支付了购买增值税专用发票的款项共计 346.4669 万元。后李某安排代账会计龚某、李某 2 等人将上述购买的增值税专用发票全部开给××××公司，并全部抵扣增值税税款，造成国家税收损失 934.692474 万元（已补缴税款 608.142344 万元）。

案例六

经查，上诉人田某在负责××××纺织厂日常管理期间，两次安排财务人员到税务局对××××棉花经营有限公司向该厂开具的10份增值税专用发票进行认证抵扣，抵扣税额为128936.50元，因该骗取抵扣税款行为造成国家税款损失128936.50元。

从这些判决可以看出，有些法官将抵扣税款等同于国家税款损失金额。

## 二、虚开发票抵扣的金额未必是国家税款损失金额

毫无疑问，普通的为他人虚开和让他人为自己虚开，受票方以虚开的发票实际抵扣税款的金额，的确等于受票方主管税务机关增值税税款收入减少的金额。

这里忽略了两个非常重要的因素：

### （一）受票方主管税务机关即使少收了税款，国家增值税税款也未必流失

在金税工程下，开票方虚开出去的发票，通常难免增值税纳税申报。故很多时候，开票方或多或少的会多缴纳增值税税款。因为无真实交易，纳税人原本没有增值税纳税义务，显然因虚开而多缴纳了增值税税款。

例如，A公司原本增值税应纳税额为200万元，B公司原本增值税应纳税额为200万元。A公司为B公司虚开税额100万元的增值税专用发票，B公司进行抵扣。

B公司的应纳税额变为100万元（200万元-100万元），B公司的主管税务机关税款收益减少了100万元。然而，A公司的应纳税额可能增加。如A公司就虚开部分的税额如实申报缴纳税款，则A公司的主管税务机关增加增值税税款收益100万元。实际上，国家增值税税款并未损失。

当然，实务中，虚开发票的开票方未必足额缴纳税款，也可能完全不缴纳。

1. 增值税应纳税额计算

增值税一般纳税人应纳税额的计算公式为：应纳税额=销项税额-进项税额，上游开具的发票，既是上游的销项税额，也是下游的进项税额。

当上游公司虚开给下游公司增值税专用发票时，下游增加对应进项税额时，上游也会增加对应的销项税额。也就是说，下游因为多抵扣进项税额而减少多少应纳税额，上游通常就会因为多增加销项税额而增加相应的应纳税额。简单而言，下游少缴纳多少税款，上游就会多缴纳对应的税款。国家总体增值税税款不会流失。

假设A、B公司不虚开情况下应纳税额分别为$Y_A$、$Y_B$，销项税额分别为：$X_A$、$X_B$，进项税额分别为$J_A$、$J_B$，则A、B公司的应纳税额分别为：

$$Y_A = X_A - J_A$$

$$Y_B = X_B - J_B$$

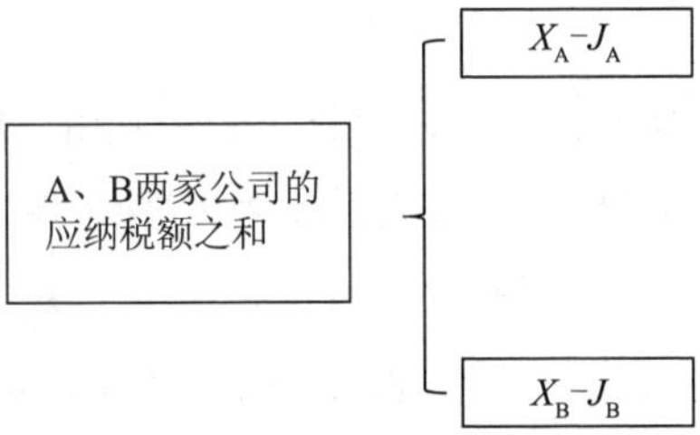


**图 9-2　A、B 公司不虚开情况下的应纳税额**

故A、B公司的应纳税额之和$Y_A + Y_B$等于（$X_A - J_A$）+（$X_B - J_B$），见图9-2。

2. 一般情况下普通型虚开对国家增值税税款的影响

假设虚开的税额为$X$元，即A公司为B公司虚开了税额$X$元的增值税专用发票，B公司进行抵扣。虚开后A、B公司应纳税额的值分别为$Y_{A虚}$、$Y_{B虚}$。

$Y_{A虚}$=（$X_A + X$）－$J_A$。

因为A公司需对为他人虚开的发票申报销项税额，故虚开后的销项变为（$X_A + X$）。

$Y_{B虚}$=$X_B$－（$J_B + X$）。

因A公司虚开的销项就是B公司虚抵的进项，故B公司的进项税额变为（$J_B + X$）。

故A、B公司的应纳税额之和$Y_{A虚} + Y_{B虚}$也正好等于（$X_A - J_A$）+（$X_B - J_B$），见图9-3。

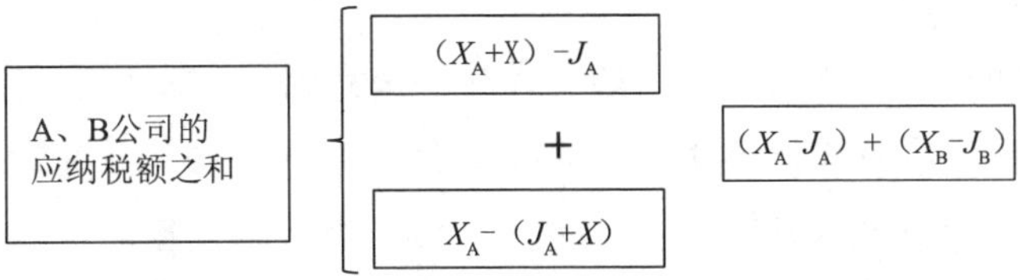


**图 9-3　虚开后 A、B 公司应纳税额之和**

实际上，正常经营积累富余进项的虚开、逃税不申报未被发现产生的多余进项进而虚开、无富余进项而足额缴纳税款的虚开，通常不会导致国家增值税税款损失。

### （二）代开型虚开中，受票方主管税务机关的增值税税款收益都不会减少，但国家税款可能流失

例如，K公司销售给B公司价税合计1130万元的货物，K公司让A公司代自己开具价税合计1130万元的增值税专用发票给B公司。该例中，无论是K公司自行开票给B公司，还是A公司开票给B公司，B公司的主管税务机关的增值税税款收益都未减少。因为，无论是基于虚开的发票来抵扣的，还是基于K公司开过来的发票来抵扣，对B公司的主管税务机关的增值税税款收益没有影响。

实际上，上例中，国家增值税税款处于损失的危险不在于B公司的抵扣，而主要在于K公司的无票销售应申报而未申报（如果A公司足额缴纳虚开发票的税款且不影响增值税税款缴纳能力或者B公司不抵扣，国家增值税税款不会损失）。

## 三、不能单纯根据受票方主管税务机关税款收益减少来判断国家增值税税款损失金额

### （一）行为人采取不会导致受票方主管税务机关税款减少的方式规避该罪名进而导致国家税款损失

如果以受票方的主管税务机关的税款是否减少来作为该罪名所要保护的法益，则明显不利于保障增值税税款的征收。

因为在让他人为自己如实代开、为他人代开的情况下，受票方的主管税务机关的税款并未减少。

而“为他人虚开”均可以“为他人代开”的方式来完成，“让他人为自己虚开”均可以“让他人为自己如实代开”来完成。

例如，A公司为B公司虚开，可以A公司为B公司代开完成，B公司可以A公司为自己如实代开完成。

因此，倘若以受票方的主管税务机关的税款是否减少来判断国家税款是否可能损失，则整个虚开罪名将被架空，该罪名对国家增值税税款的保障功

能将沦为空谈。

再者，行为人可以以从第三方取得发票，或以虚开给虽有真实交易但不是从自己这里购买货物的一般纳税人的方式，也会造成税款流失而受票方主管税务机关税款收益并未减少的结果。

例如，B公司从K公司购进价税合计1130万元（税额130万元）的货物。K公司让A公司代自己开具了价税合计1130万元（税额130万元）的增值税专用发票，A公司票货分离换算的增值税税额大于130万元（假定无其他虚开）。则B公司的主管税务机关的增值税税款收益并未减少，但是国家增值税税款损失了130万元。

**（二）明显不利于保护法益，与该罪名设立的目的背道而驰（不利于鼓励已经或将要完成虚开行为的行为人采取保障国家税款的行为）**

例如，当A公司欲为B公司虚开税额130万元的增值税专用发票（假定无税收优惠）并由B公司抵扣。毫无疑问，B公司主管税务机关的税款减少了130万元。

A公司可以采取以下方式：

*1. 足额缴纳130万元的税款或用真实交易的进项抵扣*

在这种情况下，倘若不影响A公司的增值税税款缴纳能力，国家增值税税款不会流失。

因为尽管B公司因为虚抵而导致其主管税务机关损失了税款130万元，但是A公司的主管税务机关因此多收益了130万元的增值税税款，国家增值税总体税款没有流失。

*2. A公司在最终破产环节以欠税的方式逃避*

在这种情况下，尽管B公司因为虚抵而导致其主管税务机关损失了税款130万元，但是A公司的主管税务机关并不能因此足额收到130万元的增值税税款，国家增值税税款因此损失。

*3. A公司让他人为自己虚开，虚抵掉自己虚开出去的销项*

由于A公司对其上游的开票方的税款是否足额缴纳处于未控未知状态，故导致130万元的增值税税款处于可能流失的危险状态。

当然，根据既有进项虚开又有销项虚开的从大数认定原则，还不如让他人再为自己虚开；如果累计为虚开260万元，明显重复认定。因为该虚开最多导致 130 万元的增值税税款处于可能流失的危险状态。

如果以受票方的主管税务机关减少多少应纳税额来认定，明显不利于保障国家增值税税款；相反，还鼓励犯罪。

## 四、国家税款损失是指国家总体的可抵扣税款而并非是受票方主管税务机关税款收益的减少

实务中，尽管虚开的增值税专用发票已被抵扣，但由于开票方足额缴纳了增值税税款，国家总体增值税税款并未减少。对此不予起诉的、判决无罪的案例也逐渐增加，学界也予以认同。

### （一）《试论虚开增值税专用发票的客观表现形式》张磊 熊欣慰

在处理“为他人虚开行为”时，应当注意几个问题：一是要从行为人的虚开行为判断其是否有偷骗税款或便利他人偷骗税款的目的。如果没有偷骗税款或便利他人偷骗税款的目的，不应认定为犯罪。在处理增值税纳税业务时，一般纳税人若偷骗税款，须同时具备两个条件：①增值税专用发票的受票人对某一份发票的抵扣联所载税额进行抵扣。②开票人对同一份发票的记账联所载税额不进行纳税申报，或者申报数额少于抵扣联所载数额。

只要具备以上两个条件，即使没有造成国家税款流失，也要认定为虚开增值税专用发票及其他专用发票罪。

笔者认为，票货分离、税收优惠（含税收洼地的财政补贴）、破产保护（存在因虚开而产生的无力缴纳的增值税欠税）情况下，即使申报了，依旧可能导致国家税款损失或让国家税款处于可能流失的危险状态。另外，即使具备了两个条件，国家增值税税款也未必处于可能流失的危险状态。

### （二）刑事审判参考也有印证

何涛虚开增值税专用发票一案中，最高人民法院裁定认定何涛虚开增值税专用发票给国家利益造成的实际损失为 498 万余元，扣除其已向国家缴纳的税款 67 万余元。

当已经向国家缴纳的税款不小于所抵扣的税款时，国家增值税税款也就不可能损失。

需明确，虽然增值税为中央和地方共享税，但中央占 75%。上游的税务机关将税款缴纳给国家和下游的税务机关将税款缴纳给国家，没有实质的区分意义。再者，国家设立虚开增值税专用发票罪的目的，不是保障地方之间

税款的分配问题，而是保障国家增值税税款不流失。既然允许将开票方缴纳的增值税税款从国家税款损失中予以扣除，则可以认为增值税税款的损失并非等同于受票方抵扣的税款，而是国家整体税款。

**（三）依据国家税务总局相关规定，企业在某些情况下虽无交易但可开具发票，或者虽有交易，但开具超过交易金额发票**

认为没有真实交易的抵扣就是国家税款损失，显然说不过去。依据国家税务总局相关规定，以下几种情况，相关法律主体可开具增值税发票。

（1）还本销售的专用发票开具。

（2）现金折扣的情况。

（3）包装物押金超过一年或逾期没有退回的情况。

（4）交易取消、债务重组、达成法庭调解而不能冲红发票的情况下。

（5）大量视同销售情况下的专用发票的开具、分支机构发票的开具。

（6）国家税务总局公告2017年第11号规定的情况。

**（四）检察院的不起诉案例**

以下列举的检察院不起诉案例，虽然下游予以抵扣，但由于上游足额缴纳了增值税税款，国家增值税税款不会损失，故不予起诉。

无罪辩点4：主观上没有骗取国家税款的目的，没有造成国家税款损失，没有犯罪事实。

不起诉理由：2013年6月，××市运输有限公司应××市国税局分局工作人员的要求，为帮助该局完成第二季度税款征收任务，与××物资有限公司、××金属材料有限公司在没有真实运输业务的情况下，虚开运输业增值税专用发票共计40份（价税合计2724214.05元，税款合计269967.1元），并收取价税合计8%的费用。××市运输有限公司于2013年6月将应缴税款205807.97元向××市国税局全部予以缴纳。2013年6月27日，××金属材料有限公司将收到的10份发票全部抵扣，抵扣税款49261.17元；××物资有限公司将30份发票中的17份抵扣，抵扣税款117338.01元，另13份发票在案发后由公司收回并提交给公安机关，该公司共计抵扣税款166599.18元。且××市运输有限公司2013年6—7月未在××市领取交通运输扶持资金。案发后，被起诉人丁某某退回人民币217937元，均暂扣在公安机关。

本院认为，××市运输有限公司、丁某某的上述行为，主观上没有骗取国家税款的目的，且没有造成国家税款损失，没有犯罪事实。依照《中华人民共和国刑事诉讼法》第一百七十三条第一款的规定，决定对××市运输有限公司、丁某某不起诉。

**（五）法院判决**

1.〔2015〕泰中刑二终字第00150号

笔者支持该案的判决理由，但对是否构成虚开，笔者认为还有待商榷。

在税率为17%的情况下，支付14.53%的开票费，相当于下游对上游开具的发票足额支付了相应的税款，这种情况不可能导致国家增值税税款流失。

2.〔2016〕川15刑终110号、〔2016〕川15刑终113号

代开的税款影响和虚开类似，A公司为B公司代开，类似于A公司为B公司虚开。不同的是，代开的税款损失在于真实销售方的未申报缴纳税款、代开方也未申报缴纳税款。当然，如果受票方没有抵扣，税款不会损失；即使受票方抵扣了，只要真实销售方申报或开票方足额申报缴纳了税款，国家税款就不会流失。

综上所述，虚开增值税专用发票案件中的国家税款损失，应指国家总体可抵扣税款的损失，而非单指受票方主管税务机关的税款收益减少。

## 第三节　虚开增值税专用发票罪行为犯、目的犯、结果犯、危险犯问题

虚开增值税专用发票罪，实务中争议转大，主要有行为犯说、目的犯说、结果犯说、危险犯说四种观点。

### 一、行为犯说

**（一）行为犯不可能是行为完成就构成犯罪**

不能想当然地认为：“行为犯就是行为（认识和意志范围内的作为或不作为）完成就构成犯罪。”在德、日的三阶层犯罪构成体系中，尚可将行为犯理解为行为完成即犯罪构成体系符合构成要件符合性。因为，德、日的三阶层犯罪构成体系中，构成要件中并不审查具体行为对相应罪名的法益是否侵犯，而具体行为对相应罪名的法益是否侵犯的审查放在违法性阶层。故在三阶层犯罪构成体系中，可能存在行为完成即构成要件符合，但构成要件符合未必

就构成犯罪。

而在四要件中，构成要件不仅要审查具体行为的主体、主观、客观方面，还需审查具体行为指向的客体（直接客体，相当于三阶层犯罪构成体系中的具体罪名所要保护的法益）。

三阶层：构成要件符合性→违法性（罪名所要保护的法益、综合法益考量）→有责性；四要件：主体、主观、客观、客体。

在三阶层犯罪构成体系中，不可能存在行为完成就构成犯罪，行为完成至多具备构成要件符合性；四要件犯罪构成体系中，不可能行为完成就构成犯罪，还必须考虑犯罪客体。如果语境中的行为本身就包括客体，那行为犯的定义明显多余。

刑法的日的是保护法益（客体）。直接故意犯罪中，脑中的剧本内容必须指向具体罪名所要保护的客体，否则不构成该罪。在间接故意犯罪和过失犯罪中，行为人的行为必须实际侵犯该罪名所要保护的客体，否则不构成该罪。

故行为人不可能行为完成就构成犯罪。

**（二）行为犯是犯罪完成形态的概念**

行为犯，是指行为构成直接故意犯罪的前提下，行为人的作为或不作为一旦完成，则作为该罪名构成要件的危险或实害同时发生（构成既遂）。

危险犯既可以是构成要件的概念，也可以是犯罪完成形态的概念，且相互依存。当危险作为具体罪名的直接客体时，危险犯是构成要件的概念。正因为危险是具体罪名的构成要件，意志和认识范围内行为一旦导致危险发生，犯罪即告既遂，所以危险犯同时也是犯罪完成形态的概念。

结果犯（实害犯）既可以是构成要件的概念，也可以是犯罪完成形态的概念，且相互依存。当实害作为具体罪名的直接客体时，实害犯（结果）是构成要件的概念。正因为实害是具体罪名的构成要件，意志和认识范围内行为一旦导致实害发生，犯罪即告既遂，所以结果犯（实害犯）同时也是犯罪完成形态的概念。

行为犯既可以为危险犯，也可以为结果犯，但不是构成要件的概念，其作为犯罪形态缺乏独立评价的意义。所谓的行为犯多数应理解为抽象危险犯，少数应理解为侵害犯，不应该承认单纯行为犯的概念。

简单而言，行为犯，是指在行为本身构成直接故意犯罪的前提下，行为人的行为一旦完成就构成该罪名的既遂。

### (三) 虚开增值税专用发票罪不可能是行为犯

虚开增值税专用发票罪是否是行为犯，关键要考察虚开行为一旦完成，法益的侵害是否必然发生。

要回答虚开增值税专用发票是否是行为犯，首先须了解虚开增值税专用发票罪的直接客体。虚开增值税专用发票罪的客体必然包括国家的发票管理秩序、可能包括国家的禁止抵扣利益、国家可抵扣税款总体收益。

那么，是否虚开行为完成的同时就必然损害国家的发票管理秩序？答案是否定的。根据《刑法》第二百零五条的规定，虚开行为包括为他人虚开、为自己虚开、让他人为自己虚开、介绍他人虚开。毫无疑问，介绍他人虚开的行为完成后，国家发票管理秩序未必一定受到破坏。实际上，绝大多数情况下，介绍行为完成到发票开出都有一段时间。

另外，虚开行为完成距离国家的禁止抵扣利益和国家可抵扣税款总体收益的危险状态和实害发生，都有时间间隔，故虚开增值税专用发票罪不可能是行为犯。

尽管本书对虚开增值税专用发票罪采用抽象危险犯说，但虚开行为完成距离危险发生依旧有时间间隔，甚至有较长的时间间隔。

## 二、目的犯说

目的犯，是指行为构成某罪名的构成需要行为人的特定目的，缺乏该目的就不构成该罪。虚开增值税专用发票罪的目的犯说，认为虚开增值税专用发票罪需具有骗取国家可抵扣税款的目的，离开该目的不构成该罪。

目的犯学说的逻辑是既然虚开增值税专用发票罪设立的目的是为保障国家可抵扣税款不流失，那么没有该目的就不应该认定构成该罪。

### (一) 目的犯说的逻辑显然不成立

缺乏侵害法益的目的，并不意味着行为人的主观故意中没有对该法益的侵害，最典型的是危险犯和间接故意犯罪。

例如，行为人破坏汽车刹车的目的，可能只为娱乐，并无让汽车颠覆或冲撞的目的，但行为人在破坏汽车刹车时知道或应当知道该行为可能导致汽车颠覆或冲撞。

又如，张三意欲开枪射杀兔子，张三知道开枪很可能打到旁边的李四。

张三最终开了枪，结果打中李四致其死亡。显然，张三触犯的是间接故意杀人罪。张三并没有杀人的目的，他的目的是打兔子。

显然，虚开增值税专用发票罪是目的犯的逻辑是立不住脚的。因为，没有骗取税款的目的，并不代表没有意识到国家税款会流失或处于可能流失的危险状态。

**（二）如果虚开界定为目的犯，遗漏危害最大的票源地虚开，也会遗漏介绍他人虚开以及等同于介绍虚开的中间链条的以虚抵虚的虚开，且严重违反罪责刑相适应原则**

1. 遗漏危害最大的票源地虚开，也会遗漏介绍他人虚开以及等同于介绍虚开的中间链条的以虚抵虚的虚开

例如，A 虚开给 B，B 虚开给 C，C 虚开给 D……X 虚开给 Y，假定虚开的税额均为 1.3 亿元。在该虚开链条中，如果 A 公司足额申报缴纳税款，则整个虚开链条不会导致国家税款损失；一旦虚开被发现，则必然导致多缴纳税款。但对 A 公司是否足额申报缴纳税款，下游纳税人很难知情和控制。

如果 A 公司通过票货分离、税收优惠、破产保护等环节规避税款的缴纳（税控系统开具的发票，难逃申报，但可能通过票货分离、税收优惠、破产保护等方式规避），在该长链虚开中，实际上需用虚开的发票来骗取税款的只有实际经营的 Y 公司，在此之前的环节都没有骗取税款的目的。然而，正是 B、C、D、E……X 公司的双向虚开行为，起到传达票源信息的作用，相当于介绍他人虚开。B、C、D、E……X 公司的行为与介绍 A 公司虚开给 Y 公司的行为的作用性质相同。介绍他人虚开尚且需要入罪，对 B、C、D、E……X 公司以没有骗取税款目的而不定虚开专用发票罪显然体系上自相矛盾。

作为导致税款流失的票源地虚开的 A 公司，及链条下游纳税人（除最后一个抵扣方可能有骗取税款目的外）均不可能有骗取税款的目的，对此按照没有骗取税款目的不认定该虚开增值税专用发票罪，则会导致虚开盛行。

有人认为，A 公司到 X 公司环节的虚开，其收取开票费来源于骗取的国家增值税税款，故可认定其为具有骗取国家税款的目的。我们认为，这一理由不成立。一是因为以是否收取开票费来界定是否具有骗取税款的目的，进而决定入罪出罪非常危险——行为人也可以不收开票费。二是开票费未必来源于国家可抵扣税款，可能来源于国家所得税税款，且几乎所有开票费均可解释为来源于所得税税款。三是由于实务中很难同时查到票源方和最终受票

方，难以判断国家可抵扣税款是否已经流失，当然就难以判断骗取税款的目的是否存在。也就是说，虚开发票者，基本上均可以主观上没有骗取税款目的，客观上没法证明增值税税款流失出罪。四是即使同时查到了票源方和最终受票方，最终受票方也可以抗辩：让他人为自己虚开的目的也是为他人虚开，并无骗取税款的目的。

增值税是一个环环抵扣，交叉稽核的税种。上游虚开了多少，通常就会多申报多少税款，是否导致税款实际被骗，实务中难以查清。

2. 严重违反罪责刑相适应原则

例如，A 公司虚开给 B 公司，B 公司虚开给 C 公司……U 公司虚开给 V 公司，A 是票源地，中间环节都是传递虚开链条的开票公司。开票公司本身不可能有骗取税款的目的，故如果虚开增值税专用发票罪是目的犯，充其量只有 U 公司、V 公司受到虚开专用发票罪名的处罚。

**（三）目的犯将极大刺激虚开行为**

1. 刺激票源地虚开

假设 A 公司作为票源地，以票货分离或基于增值税税收优惠，虚开给 B 公司增值税专用发票。B 公司本身就是开票公司，B 公司再虚开给 C 公司……A 公司的虚开行为具有极大的危害，是虚开的根源所在。B 公司不可能有骗取税款的目的，甚至之后的公司都不会有骗取税款的目的。

如果 A 公司抗辩说：知道 B 公司没有骗取税款的目的，所以虚开给 B 公司，以此类推，逐一抗辩。

如此，只要抗辩是开给开票公司的，就可以脱罪。这里有一个更加危险的倾向：如果 K 公司接受他人虚开，为了抗辩不具有骗取税款的目的，谎称自己给 Y 公司虚开（这个很容易），导致 Y 公司被冤枉……

如果虚开增值税专用发票罪是目的犯，只要继续虚开，就不会构成该罪（虚开增值税专用发票罪），而被以轻罪处理。

2. 刺激开票公司、介绍他人虚开的虚开行为

目的犯也会极大地刺激开票公司虚开、介绍他人虚开的虚开行为，因为他们不可能有骗取税款的目的，即使收了开票费也可抗辩为针对所得税收取的开票费。

3. 容易导致进项虚开的不当抗辩

当 A 公司让他人为自己虚开，明明是其要抵扣税款，却可以抗辩称为 B

公司虚开。以此证明A公司没有骗取税款目的，且确信B公司没有骗取税款的目的。

另外，如果虚开增值税专用发票罪是目的犯，即使虚开行为案发后，也只需继续向下虚开就可以逃避打击。如果让下游不抵扣，则完全符合主观上没有骗取国家税款的目的，客观上也无法证明国家增值税税款流失（因为绝大多数时候难以证明）。

## 三、结果犯说

结果犯，实质为实害犯，以具体实害结果作为构成要素的犯罪。从犯罪完成形态来看，结果犯需要实害行为导致实害结果发生才能构成既遂。需强调，实害犯作为构成要素的直接故意犯罪中，只需行为人脑中的剧本系追求该罪名规定的实害结果，具体构成犯罪无须实害结果的发生（行为人已着手实施构成要件的行为，因意志以外的因素未导致实害结果发生的，是未遂）。

结果犯说认为，虚开增值税专用发票罪以国家税款实际流失作为必要的构成要件。

当然，如果增值税专用发票罪需以国家税款实际流失作为必要的构成要件，则该罪名的既遂必然需要虚开增值税专用发票的行为导致国家税款实际流失。

我们认为，虚开增值税专用发票罪不是结果犯。因为，行为人并不在意国家税款是否流失，且国家增值税税款是否实际损失通常难以查证。

1. 行为人通常并不在意国家税款是否流失

虚开导致国家税款（可抵扣税款）流失，终端受票方和票源地的开票方需同时具备一定条件，通常票源地的开票方和终端受票方并不认识，甚至难以同时查证。

例如，A公司虚开给B公司，B公司虚开给C公司，C公司虚开给D公司……X公司虚开给Y公司。Y公司作为终端受票方，抵扣了真实交易产生的销项。虚开过程中，A到X这些公司并不关心下游任何一个环节是否用于抵扣真实交易产生的销项，而B公司到Y公司也不关心A公司是否存在票货分离等导致税款流失的情况。

基本上可以确定，涉嫌虚开增值税专用发票罪的行为人，并不积极追求国家增值税税款流失的后果。如果需以实害结果作为虚开增值税专用发票罪的构成要件，该罪名几乎都是间接故意犯罪。只有导致国家增值税税款流失才能认定构成该罪，但这明显脱离实际，因为国家增值税税款是否实际损失通常难以查证。

2. 国家增值税税款是否实际损失通常难以查证

实务中，很难同时查证票源地和终端受票方，故客观上难以查证国家增值税税款是否实际损失；再者，虚开抵扣链条任何一个中间环节没有抵扣或足额缴纳增值税税款都可以保障国家增值税税款不流失。

既然行为人基本不会追求国家增值税税款的损失，故只能是间接故意。间接故意下，如果是结果犯，需查证国家税款实际流失才能定罪。由于国家增值税税款是否实际损失通常难以查证，结果犯说架空了虚开增值税专用发票罪。

## 四、危险犯说

从构成要素来看，危险犯，是指以该罪名所要保护的法益处于危险状态作为构成要件的犯罪。从犯罪完成形态来看，危险犯需要具体行为导致该罪名所要保护的法益处于危险状态才能构成既遂（已经实害的话，实害是危险的现实化，也是既遂）。作为构成要件的危险，是指脑中剧本的危险，当行为人已着手实施构成要件的行为，由于意志以外的因素导致没有发生危险的，是未遂。

脑中的剧本不一定要实害才能构成纵火罪，只要脑中的剧本有危害公共安全的危险即可。纵火罪的既遂，不需发生实害，只要纵火行为让公共安全处于危险状态，即告既遂。由于意志以外的因素不可能危害公共安全的，是未遂。例如，行为人在加油站纵火，但加油站正好没有油，如果这种情况下，不可能让公共安全处于危险状态，则应被判定为未遂。

本书认为，虚开增值税专用发票罪是危险犯，即行为人认识到其虚开行为必然或可能导致国家可抵扣税款处于可能流失的危险状态，依旧实施该行为。

### （一）虚开增值税专用发票罪是危险犯的理由

1. 虚开行为人通常并不希望导致国家税款损失，而国家税款实际损失通常难以查证

对开票方而言，链条的下游是否抵扣，并不关心；对终端受票方而言，

是否存在票源地虚开，也不关心。对中间方及其介绍虚开的行为而言，既不关心是否存在票源地，也不关心终端受票方是否抵扣。

2. 行为人的认识和意志可清晰识别国家税款是否处于可能流失的危险状态

对票源地虚开而言，只要认识到可能存在终端受票方抵扣税款而依然开票，则国家税款可能流失，即可判定为国家增值税税款处于可能流失的危险状态。

对终端受票方而言，只要认识到发票可能来自票源地而依旧抵扣，则国家税款可能流失，即可判定为国家增值税税款处于可能流失的危险状态。

对介绍他人虚开、中间链条的虚开，只要认识到发票可能来自票源地或终端受票方可能抵扣，即可判定为国家增值税税款处于可能流失的危险状态。

概括来说，行为人只要没有举证证明其经过调查或采取防范措施保障国家可抵扣税款不流失，则推定行为人认识到自己的虚开行为将会导致国家的可抵扣税款处于可能流失的危险状态。

3. 危险犯不仅有利于更好地保障国家可抵扣税款（通常是指增值税），也有利于贯彻罪责刑相适应原则

对行为人采取措施，保障国家增值税税款不流失的，可以认定不构成该罪；相对方由于国家增值税税款不可能流失在其意志之外，应认定为未遂。例如，A公司为B公司虚开税额1300万元的增值税专用发票，会有几种不同情况：

情况一：B公司进行抵扣，A公司就虚开的增值税专用发票足额缴纳了1300万元的增值税税款（B公司对此不知情）。这里，国家增值税税款不可能处于可能流失的危险状态，在A公司的认识范围内，却在B公司的意志之外。所以应当认定A公司不构成虚开增值税专用发票罪，B公司构成虚开增值税专用发票罪的未遂。

情况二：A公司用票货分离的手段对虚开出去的税额1300万元的增值税专用发票不缴纳任何税款，B公司惧怕法律制裁不进行抵扣（A公司不知情）。这里，国家增值税税款不可能处于可能流失的危险状态，在B公司的认识范围内，却在A公司的意志之外。故认定B公司不构成虚开增值税专用发票罪，而对A公司按照虚开增值税专用发票罪的未遂处理。

情况三：A公司就虚开的发票足额缴纳税款或B公司不进行抵扣，在A、

B 公司协商范围之内，对 A、B 公司均不认定虚开增值税专用发票罪。

另外，行为人实施了虚开行为，对采取了措施保障国家增值税税款不流失的部分，从涉案金额中剔除。例如，A 公司为他人虚开税额 1300 万元的增值税专用发票，其中针对该虚开缴纳了 1200 万元的增值税税款且不影响增值税税款缴纳能力。我们认为，虚开税额中应剔除该 1200 万元。站在 A 公司角度，该虚开导致国家增值税税款处于可能流失的危险状态的最大金额为 100 万元。又如，A 公司以票货分离的方式为 B 公司虚开税额 1300 万元的增值税专用发票，B 公司对其中 1200 万元不进行抵扣，只抵扣 100 万元。认定 B 公司虚开税额时，应剔除 1200 万元而只认定 100 万元。因为，站在 B 公司的角度，该虚开导致国家增值税税款处于可能流失的危险状态的最大金额为 100 万元。

**（二）虚开增值税专用发票罪是具体危险犯还是抽象危险犯**

本书对具体危险犯与抽象危险犯的区分采用判断方式说。根据该学说，抽象危险犯，是指由于某类行为在绝大多数情况下都会使该罪名所要保护的法益处于或必将处于危险状态，所以刑法规定只要该行为实施完毕，就推定该行为让该罪名所要保护的法益已经处于或必将处于危险状态，司法机关无须证明该危险状态的状态，但有相反证据足以推翻的除外。

具体危险犯，是指行为人的行为并非一旦完成通常都会使该罪名所要保护的法益处于或将来必然处于危险状态，故刑法规定即使该行为已经完成，也需结合具体情况考察该行为是否真的使该罪名所要保护的法益处于危险状态。

在抽象危险犯中，司法机关不需要证明危险状态的存在；行为人自行证明危险状态不存在，否则行为实施完毕推定为危险状态存在。在具体危险犯中，司法机关需证明危险状态的存在，否则认定危险状态不存在。

本书对虚开增值税专用发票罪采用抽象危险犯说，即需要行为人证明危险状态不存在；否则，认定危险状态存在。

1. 虚开增值税专用发票罪应当认为是抽象危险犯的理由

（1）司法实践的必要性

实务中，倘若将虚开增值税专用发票罪界定为具体危险犯，则行为人将拒不提供账册。在这种情况下，司法机关客观上通常难以查明危险状态的存在。

如果虚开增值税专用发票罪界定为抽象危险犯，行为人将积极提供相应的证据证明自己的虚开增值税专用发票行为没有让国家增值税税款处于可能流失的危险状态。

（2）保障法益的需要

虚开增值税专用发票行为本就为法律所禁止，倘若行为人意欲实施该禁止的行为而不想构成该罪，行为人当采取措施保障国家增值税税款不流失，并保留相应的证据，有利于实现该罪名设立的目的。

（3）绝大多数进入刑事诉讼的虚开增值税专用发票行为导致国家税款处于可能流失的危险状态

实际上，绝大多数虚开增值税专用发票行为基于票源地的虚开且最终由终端受票方抵扣了真实交易产生的销项税额，故国家增值税税款处于可能流失的危险状态。当开票费小于所能抵扣的税款时，通常并未采取保障国家增值税税款不流失的手段，因为成本上不划算。

例如，虚开税额 130 万元的增值税专用发票，而开票费 20 万元，开票方只收到 20 万元的开票费，很难想象去采取措施保障 130 万元的增值税税款不流失。因为这通常意味着开票方得缴纳 130 万元税款。

单纯的上游足额缴纳税款（或用真实交易的进项予以抵扣）而不影响税款缴纳能力或下游不予抵扣、或对开环开等特殊情况，在实务中比例毕竟非常小。

既然绝大多数虚开增值税专用发票行为都会让国家可抵扣税款处于可能流失的危险状态，那么完全可以合理推定，虚开增值税专用发票行为会让国家增值税税款处于可能流失的危险状态。如果行为人认为其虚开增值税专用发票行为没有让国家增值税税款处于可能流失的危险状态，应自行举证证明。

2. 虚开增值税专用发票罪作为抽象危险犯的注意事项

（1）注意虚开行为的完成时间节点

虚开增值税专用发票导致国家税款处于可能流失的危险状态，并非基于发票开具和抵扣行为完成。我们认为，应将时间节点延迟到次月的纳税申报期结束。在次月的纳税申报期结束之前，开票方足额申报缴纳税款且不影响增值税税款缴纳能力的，不认定为该罪；受票方在次月的纳税申报期结束前，让开票方足额申报缴纳税款且不影响增值税税款缴纳能力的，可以不认定为该罪。

另外，不得以受票方在次月申报期结束而未抵扣认定受票方不欲抵扣。受票方在认证后的抵扣期没有抵扣或认证期间没有认证，且不存在国家税务总局规定的特殊的可在超过抵扣期或超过认证期的特殊情况的，可以判定为受票方没有抵扣的意图。当然，有其他证据证明受票方压根不打算抵扣的，也可认定受票方不欲抵扣。

（2）危险判断的基准

我们认为，判定构成要件的危险，应在行为人可控可知的范围内；对实际危险状态的判定，应当建立在其可控可知链条的各自上（或下）一个环节为限，具体是：

对开票方而言，以其不可控的邻近第一个受票方为限。例如，A 公司虚开给 B 公司（B 公司不在 A 公司可控可知范围内），B 公司虚开给 C 公司……X 公司虚开给 Y 公司。实际危险状态的界定建立在 A、B 公司之间，即使后面的 Y 公司不抵扣，也认定危险状态存在；否则，会导致只要案发，就开给下家而让下家不抵扣，上游的定性都得改变而认定为未遂。

对受票方而言，以其不可控的邻近第一个开票方为限。例如，B 公司让 A 公司（A 公司不在 B 公司可控可知范围内）为自己虚开增值税专用发票，实际危险状态的界定在 A、B 公司之间，即使 A 公司前面的公司缴纳了税款，也认定危险存在。否则，会导致只要 A 公司的上游有一个环节缴纳了税款，下游都得改变认定而成为未遂。

介绍他人虚开、双向虚开的时候，以其不可控的邻近的第一个上游、下游和介绍方作为判定基础。

## 第四节　虚开增值税专用发票罪虚开税额的确定

虚开增值税专用发票罪的犯罪金额的判定，在实务中争议不小，尤其是既为他人虚开又让他人虚开的情况。准确界定虚开税额和税款损失，有利于实现该罪名设立的目的和贯彻罪责刑相适应原则。

### 一、以案例反思“以虚开的专用发票的票面税额认定为虚开税额”的观点

A 公司为 B 公司虚开价税合计 2260 万元（其中税额 260 万元）的增值税

专用发票，B公司予以抵扣。该虚开由介绍人张三介绍而成。且看当事人各自的选择：

## （一）A公司的选择

### 1. 足额缴纳260万元的增值税税款

选择一：如果A公司足额缴纳260万元的增值税税款而不影响A公司的增值税税款缴纳能力，则国家的增值税税款不可能流失。

选择二：如果A公司足额缴纳260万元的增值税税款，但因此导致A公司存在130万元的增值税欠税，则国家增值税税款处于可能流失的危险状态的最大金额为130万元。

选择三：如果A公司足额缴纳260万元的增值税税款，但因此导致A公司存在250万元的增值税欠税，则国家增值税税款处于可能流失的危险状态最大金额为250万元。

选择四：如果A公司足额缴纳260万元的增值税税款，但因此导致A公司存在260万元的增值税欠税，则国家增值税税款处于可能流失的危险状态最大金额为260万元。

实务中，第一种情况下，有可能出罪或不认定构成虚开增值税专用发票罪，而其他情况基本上都是按照虚开税额260万元来认定，实际量刑相差无几。这样显然有悖罪责刑相适应原则。

### 2. 缴纳小于260万元（用真实交易产生的进项予以抵扣视为缴纳）的增值税税款

选择一：假定A公司缴纳10万元的增值税税款而不影响A公司的增值税税款缴纳能力，则国家增值税税款处于可能流失的危险状态的最大金额为250万元。

选择二：假定A公司缴纳80万元的增值税税款而不影响A公司的增值税税款缴纳能力，则国家增值税税款处于可能流失的危险状态的最大金额为180万元。

选择三：假定A公司缴纳240万元的增值税税款而不影响A公司的增值税税款缴纳能力，则国家增值税税款处于可能流失的危险状态的最大金额为20万元。

选择四：假如行为人在上述税款缴纳的基础上，又存在一些无力缴纳的增值税欠税。

前三种情形对虚开增值税专用发票罪所要保护的法益危害程度差异巨大，但量刑基本一致，显然有悖罪责刑相适应原则。对于同时存在无力缴纳的增值税欠税，该如何判定该行为对法益的侵害程度？

**（二）B 公司的选择**

选择一：B 公司支付 A 公司全部款项，让 A 公司就虚开增值税专用发票上的税额缴纳给税务机关。

选择二：B 公司支付 A 公司部分款项，让 A 公司就虚开增值税专用发票上的税额缴纳给税务机关。

选择三：B 公司在次月纳税申报期结束前，将 A 公司虚开的增值税专用发票中已抵扣的进项全部转出。

选择四：B 公司在次月纳税申报期结束之前，将 A 公司虚开的增值税专用发票中已经抵扣的进项部分转出。

选择五：B 公司足额抵扣，不采取任何措施。

实务中，除选择一可能不认定为虚开增值税专用发票罪以外，其他情形通常均按照票面税额认定虚开。后四种情况对法益的危害程度很不一样，差距甚大，但量刑基本一致，显然有悖罪责刑相适应原则。

**（三）介绍人的选择**

选择一：介绍人支付 A 公司全部款项，让 A 公司将虚开增值税专用发票上的税额缴纳给税务机关。

选择二：介绍人支付 A 公司部分款项，让 A 公司将虚开增值税专用发票上的税额缴纳给税务机关。

选择三：介绍人监督 B 公司在次月纳税申报期结束前，将 A 公司虚开的增值税专用发票中已经抵扣的进项全部转出。

选择四：介绍人监督 B 公司在次月纳税申报期结束前，将 A 公司虚开的增值税专用发票中已经抵扣的进项部分转出。

选择五：介绍后不管，完全放任危险状态的发生。

实务中，除第一种情形可能不认定为虚开增值税专用发票罪以外，其余情形通常均按照票面税额认定虚开。实际上，后四种情形对法益的危害程度很不一样，差距甚大，但量刑基本一致，显然有悖罪责刑相适应原则。

## 二、“以虚开的专用发票的票面税额认定为虚开税额”的观点对罪责刑相适应原则的冲击

在其他条件一致的情况下，行为对具体罪名所要保护的法益威胁越大，量刑应越重。而“以虚开的专用发票的票面税额认定为虚开税额”却易导致悖论，甚至导致危害与量刑倒挂。

例一：A公司为B公司虚开税额1300万元的增值税专用发票，A公司就虚开的1300万元的增值税专用发票，其中的1295万元由A公司老板以个人的资金缴纳增值税税款，5万元以票货分离的方式处理。

例二：A公司为B公司虚开税额900万元的增值税专用发票。由于虚开的项目享有即征即退10%的税收优惠政策，虚开项下无进项。A公司申报缴纳了增值税税款，国家退还了缴纳的10%（90万元）。

例三：A公司为B公司虚开税额100万元的增值税专用发票。A公司采用票货分离的方式，对该虚开出去的专用发票上的税额，不缴纳税款。

“以虚开的专用发票的票面税额认定为虚开税额”的话，按量刑轻重的排序为：例一>例二>例三。然而，例一中A公司的虚开行为让国家增值税税款处于可能流失的危险状态的最大金额为5万元。例二中A公司的虚开行为让国家增值税税款处于可能流失的危险状态的金额为90万元。例三中A公司的虚开行为让国家增值税税款处于可能流失的危险状态的最大金额为100万元。故按危害性大小的排序：例三>例二>例一。

按量刑轻重的排序：例一>例二>例三。

按危害大小的排序：例三>例二>例一。

“以虚开的专用发票的票面税额认定为虚开税额”导致危害大的虚开的量刑，明显轻于危害小的虚开的量刑，这和罪责刑相适应原则相冲突。

## 三、实际案例解读

“以虚开的专用发票的票面税额认定为虚开税额”的观点相关问题在以下案例中暴露无遗，上海高院的判决对该问题的研究向前推进了一大步。

### （一）案情介绍

被告人刘××在无注册资金的情况下，于1999年10月虚假注册成立了××公司，刘任法定代表人。2000年3—12月，刘××经他人介绍，在无货物购销

的情况下，采取按发票面额收取开票费的方法，为他人虚开增值税专用发票税额 14.8 万元，受票公司已将上述发票向税务部门申报抵扣。

为弥补进项发票的不足，刘××虚构××市万达工贸发展有限公司、××市江川实业有限公司等 11 家单位为供货方，为自己虚开增值税专用发票共计 162 份，虚开税额计人民币 2117746.86 元，并全部向税务机关申报抵扣。

在虚开增值税专用发票过程中，刘××曾向上海市税务机关纳税人民币 2.5 万余元。案发后，刘××的家属退赔税款人民币 2 万元。

一审认定虚开税额 226 万元，二审以被告人刘××虚开的进项和销项中较大的进项数额来认定其虚开的数额，不再将其为他人虚开的销项 14.8 万余元重复计算。

**（二）相关解析**

1. 关于销项虚开大于进项虚开时以销项虚开的税额认定虚开税额的理由

在《虚开增值税专用发票犯罪数额及损失的认定——刘国良虚开增值税专用发票案》中，作者指出：“每个环节缴纳和抵扣增值税的数额，要以货物在此环节增值的多少来决定。一般来说，为他人所开具的销项增值税专用发票的数额总是大于让他人为自己开具的进项增值税专用发票的数额，否则就不存在货物增值和纳税问题，也不可能向税务机关申报并抵扣。因此，在处理虚开增值税专用发票案件时，对于为他人虚开销项增值税专用发票，为了掩盖其犯罪事实，又让他人为自己虚开进项增值税专用发票的，往往只按较大的销项发票计算虚开的数额。”

我们认为该观点值得商榷，理由如下：

一是每个环节缴纳和抵扣增值税的税额，与货物在该环节的增值额并无多少关系。

增值税并非对增值额征收，而是对产品进入终端消费环节的消费者征收的税款，一般纳税人不过代政府征收税款，代最终消费者预先垫付税款。当上下游税率一致且上下游均为国内一般纳税人时，增值税形式上看起来是对增值额征收的税款；当上下游税率不一致，或者进口、出口货物时，增值税的应纳税额显然不等于根据增值额计算的税额。

二是为他人所开具的销项增值税专用发票的数额（税额）未必总大于让他人为自己开具的进项增值税专用发票的数额，尤其购入高税率产品生产低税率产品时；并且，即使购销平价，也可能存在纳税问题。例如，购入低税率的产品生产高税率的产品，即使购销平价，也应缴纳增值税。

增值税的抵扣问题，与是否存在增值额并无关系，只要纳税人购进货物并非用于消费或视同消费，其进项税额均应允许抵扣。例如，行为人购进货物生产的产品，遭受了灾害，其进项税额依旧予以抵扣。

三是即使以上理由正确，也无法得出“在处理虚开增值税专用发票案件时，对于为他人虚开销项增值税专用发票，为了掩盖其犯罪事实，又让他人为自己虚开进项增值税专用发票的，往往只按较大的销项发票计算虚开的数额”。

笔者认为，这里引出一个重要原则：虚开税额并非是虚开增值税专用发票的票面税额的机械相加，这是重大的进步。

2. 关于进项虚开大于销项虚开时以进项虚开的税额认定虚开税额的理由

（1）理由一：销项虚开通常大于进项虚开

原文如下：

“由于行为人为他人所虚开的销项增值税专用发票非常分散，加上取证上的困难，有时并不能够查证每一笔虚开的销项税额，这就会出现行为人虚开的进项税额大于其为他人虚开的、已经查证的销项税额的情形。在这种情况下，由于具体销项税额难以查证，而事实上的销项应大于已经查证的进项数额。所以，为了正确反映案件的客观事实，应以行为人自己为自己、让他人为自己虚开的进项增值税专用发票税款的数额计算。”

我们认为，在手工开票时代，难以查证开具出去的销项税额。而在目前金税工程三期下，不可能出现这种情况。当然，能够查证开具出去的销项税额并不等于能够查证虚开的销项税额，但“事实上的销项应大于已经查证的进项数额”是与事实相悖的。在以虚抵虚情况下，虚开的进项税额通常不小于销项税额或基本持平。因为为他人虚开的发票，自己也需申报增值税税款；如果销项税额大于进项税额，会导致虚开人自己交纳税款。

（2）理由二：进项虚开为销项虚开做准备

行为人让他人为自己虚开进项增值税专用发票后，因种种原因来不及虚开销项增值税专用发票，对这种有证据证明虚开的销项确实小于他人为其虚开进项的情况，也应以较大的进项数额认定为虚开数额，因为在这种情况下仍然存在行为人为他人虚开销项的危险性。《刑法》规定“让他人为自己虚开”也是虚开增值税专用发票犯罪行为的一种。

我们赞同该观点，需指出：既然产生“为他人虚开销项的危险性”即可认定进项虚开的税额，为什么不可以基于税款流失的危险性来界定虚开税额？

3. 从大数原则的理由

上述作者认为，“需要强调的是，对于在不具有真实交易情况下的虚开增值税专用发票行为，由于虚开行为人不存在向国家缴税的义务，因此，虚开的数额只以销项或进项中较大的数额计算即可，不应将虚开的销项和进项累计计算。因为，销项和进项累计计算可能使认定虚开增值税款的数额超过货物价款的17%，这与作为一种流转税性质的增值税的实际情况不符。”

我们认为，“具有真实交易情况下的虚开增值税专用发票行为，由于虚开行为人不存在向国家交税的义务”是事实，但却不足以得出从大数原则。当然,“销项和进项累计计算可能使认定虚开增值税款的数额超过货物价款的17%，这与作为一种流转税性质的增值税的实际情况不符”引出一个重要原则，即虚开增值税专用发票罪的虚开税额认定应以国家增值税税款处于可能流失的危险状态的最大金额为准。

但从大数原则存在矛盾，以虚抵虚既有为他人虚开（销项虚开），又有让他人为自己虚开或自己为自己虚开（进项虚开），只选择销项虚开进项虚开二者之中的大数，毫无疑问鼓励已经销项虚开的开票公司，继续让他人为自己虚开；或者已经进项虚开的人，继续为他人虚开。

**（三）从大数原则的问题**

1. 不利于实现该罪名设立的目的

从大数原则适用于无实际经营行为的情况，然而该原则不利于虚开增值税专用发票罪设立的目的：保障国家可抵扣税款。

（1）间接于鼓励已为他人虚开的实施让他人为自己虚开

例如，B公司为C公司虚开价税合计2260万元（税额260万元）的增值税专用发票，C公司已经抵扣，B公司面临以下选择：

一是B公司自己缴纳260万元的增值税税款，在这种情况下，国家增值税税款不可能损失。

二是B公司只有200万元，为保障国家税款少流失，缴纳了200万元增值税税款，让A公司为自己虚开了税额60万元的增值税专用发票。

三是B公司缴纳100万元的增值税税款，让A公司为自己虚开税额160万元的增值税专用发票。

四是B公司让A公司为自己虚开价税合计2260万元（税额260万元）的增值税专用发票。

以上四种选择中，国家增值税税款处于可能流失的危险状态的最大金额分别为：0元、60万元、160万元、260万元。如果选择从大数原则，至少后三个选择的结果都是认定虚开税额260万元，量刑档次都在10年以上。

（2）相当于鼓励已经实施进项虚开的实施销项虚开

例如，B公司让A公司为自己虚开价税合计2260万元（税额260万元）的增值税专用发票，已申报抵扣。B公司面临以下选择：

一是不再为他人虚开，在这种情况下，国家增值税税款不可能损失。

二是为他人虚开税额20万元的增值税专用发票。

三是为他人虚开税额220万元的增值税专用发票。

四是为他人虚开税额260万元的增值税专用发票。

以上四个选择中，国家增值税税款处于可能流失的危险状态的最大金额分别为0元、20万元、220万元、260万元。如果选择从大数原则，至少后三个选择的结果都认定虚开税额260万元，量刑档次都在10年以上。

2. 适用范围有限，无法处理复杂情况

实务中，完全没有真实交易的开票公司并不多，部分开票公司有挂靠行为。例如，B公司为开票公司，但在其为他人开具的发票中，既有纯粹的为他人虚开，也有挂靠开票（挂靠情况下，不宜认定为虚开，否则会危及整个交易，且法理上说不通）。

实际上，单纯的为他人虚开，如果行为人不存在无力缴纳的增值税欠税，也不存在增值税税收优惠和票货分离，则虚开不可能导致国家增值税税款损失。我们需要一个普适性的方法判定虚开税额，以保障该罪名设立的目的的实现和贯彻罪责刑相适应原则。

## 四、虚开增值税专用发票虚开税额的确定

我们认为，应以虚开行为人导致国家增值税税款处于可能流失的危险状态的最大金额作为虚开税额（以下简称最大可能流失标准），以虚开导致国家总体增值税税款减少金额作为国家税款损失金额。

实务中，在绝大多数情况下很难同时查证虚开的票源方和终端受票方，难以判定国家增值税税款实际损失金额。因此，迫切需要一个足以衡量法益

遭受侵害程度的指标。最可靠的指标莫过于以虚开行为人导致国家增值税税款处于可能流失的危险状态的最大金额作为虚开税额。理由如下：

**（一）相比更为合理**

无论是虚开的票面税额的单纯相加，还是从大数原则，都难以反应国家可抵扣税款受损程度。单纯相加明显不合理，有时甚至远大于整个链条的增值税应纳税额之和的数倍；而从大数原则无助于保护法益，且难以运用于复杂情况，违反罪责刑相适应原则。

**（二）最大可能流失标准有助于实现该罪名设立的目的**

根据最大可能流失标准界定虚开税额，有助于行为人采取积极措施，保障国家增值税税款不流失，进而实现该罪名设立的目的。

例如，A 公司为 B 公司虚开税额 260 万元的增值税专用发票，如以最大可能流失金额为虚开税额，可鼓励 A 公司或 B 公司尽最大努力避免国家增值税税款处于可能流失的危险状态。当 A 公司开票后，意识到问题，就有可能在次月的纳税申报期内缴纳该税款或用真实交易的进项抵扣。

正常经营的公司，在为他人虚开时，就会衡量是否可能导致无力缴纳的增值税欠税。

如果单纯以票面税额为基础界定虚开税额，行为人注定首选票货分离的方式，无疑会导致国家增值税税款损失的危险程度明显加剧。试问：如果行为人花几百万元保障国家税款不流失或少流失，而量刑却和没有采取任何措施保障国家税款收益的行为人相近，谁还愿意为保障国家增值税税款收益而采取相应措施？这显然和设立该罪名的目的背道而驰。

**（三）足以应对各种复杂情况，且能体现法益遭受侵害的程度，有利于贯彻罪责刑相适应原则**

实务中，无论情况多么复杂，都不难计算出国家增值税税款处于可能流失的危险状态的最大金额。而国家增值税税款处于可能流失的危险状态的最大金额可以准确地反应法益遭受侵害的程度。法益侵害程度体现为具体的数字标准，用作量刑标准显然有利于贯彻责刑相适应原则。

例如，A 公司为他人虚开税额 2600 万元的增值税专用发票，A 公司自己缴纳税款 2590 万元，余下 10 万元通过票货分离处理；B 公司为他人虚开税额 39 万元的增值税专用发票，虽然申报但是 B 公司享有即征即退 100% 的增值税优惠，该虚开实际退还增值税税款 39 万元。假设 A、B 公司无其他虚开。显然，A 公司的虚开行为导致 10 万元的增值税税款处于可能流失的危险状态，而 B 公司的虚开行为导致 39 万元的增值税税款处于可能流失的危险状态。B 公司的虚开行为尽管票面税额小于 A 公司，但对国家可抵扣税额的危害远远大于 A 公司。故我们认为，应判定 A 公司虚开增值税专用发票税额 10 万元；判定 B 公司虚开增值税专用发票税额 39 万元。如此，有利于贯彻罪责刑相适应原则。

当然，这里存有一个问题，对 A 公司为他人虚开税额 2600 万元的增值税专用发票中，2590 万元部分该如何处理？我们认为，应当换算成票面不含税金额，考察期是否可能导致企业所得税税款处于可能流失的危险状态。如果导致国家所得税税款处于可能流失的危险状态，按照虚开发票罪和虚开增值税专用发票罪数罪并罚。

**（四）保持逻辑上的闭合性**

例如，A 公司为他人虚开税额 2600 万元的增值税专用发票，其中缴纳税款 2500 万元而不影响税款缴纳能力。A 公司仅为他人虚开税额 2500 万元的增值税专用发票且缴纳了税款 2500 万元而不影响税款缴纳能力可以基于国家增值税税款不可能流失不认定构成该罪，我们就有理由将虚开税额 2600 万元的增值税专用发票拆分为虚开税额 2500 万元的增值税专用发票和虚开税额 100 万元的增值税专用发票。

由此，可作一般推论：当虚开税额为 $X$ 元时，假定其他条件不变，行为人虚开 $K$ 元不可能导致国家增值税税款损失，我们可将虚开税额 $X$ 元拆分为虚开税额（$X-K$）元和虚开税额 $K$ 元。再者，受票方的进项虚开，尚且可以拆分为抵扣和不抵扣部分，基于同样的原理，也可对其他虚开予以拆分。

例如，B 公司让 A 公司虚开了税额 260 万元的增值税专用发票，其中 B 公司给 A 公司支付了 100 万元用于缴纳增值税税款。即使 B 公司对 260 万元全部抵扣，其中的 100 万元虚开部分也不可能导致国家增值税税款处于可能流失的危险状态，应从虚开税额中剔除。

**（五）有利于准确适用刑法**

刑法的评价对象是行为，行为是建立在行为人的可控可知范围基础之上。当然，行为人意志之外的因素导致法益没有受到侵害的，可从轻或减轻处罚。

以虚开增值税专用发票导致国家增值税税款处于可能流失的危险状态作为虚开税额，有利于精准地适用刑法。下文以事例进行说明。

例一：A 公司为 B 公司虚开税额 1300 万元的增值税专用发票，B 公司足额抵扣，A 公司自行支付 1300 万元的税款。对 A 公司而言，因该虚开导致国家增值税税款处于可能流失的危险状态的最大金额为 0 元，故对 A 公司不认定该罪；对 B 公司而言，基于 B 公司的脑中剧本，认定 B 公司的虚开导致国家增值税税款处于可能流失的危险状态的最大金额为 1300 万元。由于 A 公司的税款缴纳行为在其意志之外，也即国家增值税税款不可能流失在 B 公司意志之外，所以，判定 B 公司虚开税额 1300 万元未遂。

例二：A 公司为 B 公司虚开税额 1300 万元的增值税专用发票，A 公司采取票货分离的方式，B 公司并未抵扣。对 A 公司而言，因为该虚开导致国家增值税税款处于可能流失的危险状态的最大金额为 1300 万元，由于 B 公司不抵扣在其意志之外，故认定 A 公司虚开增值税专用发票税额 1300 万元未遂；而不予抵扣在 B 公司意志之内，故认定 B 公司不构成该罪。

综上所述，最大可能流失标准能很好地解决虚开增值税专用发票罪的虚开税额问题。我们建议以虚开行为导致国家增值税税款处于可能流失的危险状态的最大金额认定虚开税额。这里补充一点：对完全没有真实交易的既有销项虚开，又有进项虚开，如不存在增值税欠税也无增值税税收优惠，应按照虚开的进项税额认定虚开税额。因为在这种情况下，大于进项虚开的销项虚开，必然缴纳了相应的增值税税款。

## 第五节　虚开增值税专用发票罪与其他危害税收征管罪的关系

危害税收征管罪包括逃税罪，抗税罪，逃避追缴欠税罪，骗取出口退税罪，虚开增值税专用发票，用于骗取出口退税、抵扣税款发票罪，虚开发票罪，伪造、出售伪造的增值税专用发票罪，非法出售增值税专用发票罪，非法购买增值税专用发票、购买伪造的增值税专用发票罪，非法制造、出售非法制造的用于骗取出口退税、抵扣税款发票罪，持有伪造的发票罪。这里重点介绍其他罪名与虚开增值税专用发票罪的关系。

## 一、逃税罪与虚开增值税专用发票罪的关系

当行为人让他人为自己虚开，并以虚开的增值税专用发票抵扣真实交易产生的销项税额时，行为人的行为看似既符合逃税罪的构成要件，又符合虚开增值税专用发票罪的构成要件。

我们认为，在解释逃税罪时，应将以虚开增值税专用发票抵扣税款的逃税行为排除在外。即在行为人以虚开的增值税专用发票抵扣真实交易产生的销项税额的情况下，直接认定为虚开增值税专用发票罪，而不认定为逃税罪。相应的开票方，构成虚开增值税专用发票罪，而不是逃税罪的共犯。对于明知他人以虚开的增值税专用发票抵扣真实交易产生的销项税额而提供帮助的，以虚开增值税专用发票罪的共犯论处，而不是逃税罪的共犯。

这是因为，虚开增值税专用发票罪引发的税款流失远比一般的逃税更加容易、更加隐蔽，理应重处。故对虚开增值税专用发票罪，只要有导致可抵扣税款流失的危险就应入罪；如果危险现实化，量刑上适当从重。

即使如此，逃税罪与虚开增值税专用发票罪的让他人为自己虚开并予以抵扣是有显著区别。

一是让他人为自己虚开，并以虚开的增值税专用发票抵扣真实交易产生的销项税额，国家税款未必真的损失。因为对应的开票方可能多缴纳相应的增值税税款，甚至很多时候根本无法判断是否损失而只能确定国家增值税税款处于可能流失的危险状态；而逃税罪的构成要件需要国家税款实际损失。虚开增值税专用发票是典型的抽象危险犯，而逃税罪是典型的实害犯。

二是逃税罪有逃避国家税款缴纳的目的，行为人直接从国家税款收益中获利；而虚开增值税专用发票罪通常很难说有非法获取税收利益的目的，行为人未必能从国家税款收益中获利。

## 二、骗取出口退税罪与虚开增值税专用发票罪的关系

骗取出口退税罪是典型的结果犯（实害犯），行为人意欲实施的行为不会导致国家税款被骗的，不宜入罪。

### （一）骗取出口退税（增值税）

行为人意欲达成骗取出口退税（增值税）的目的，只能采取两种方式：一是虚报货物的品名，将低税率的货物虚报为高退税率的货物出口，这种情

况在实务中非常罕见；二是以虚开的增值税专用发票予以申报退税。

虚开增值税专用发票罪与骗取出口退税是牵连犯的关系。我们认为骗取出口退税行为系虚开增值税专用发票的事后不可罚行为。

因为出口退税所依据的增值税专用发票，用于骗取出口退税与用于抵扣税款，本质上并无太大区别，甚至用于骗取出口退税对国家的税款不利影响还小于用于抵扣。

1. 票虚而出口实

例如，行为人让他人为自己虚开价税合计11300万元的增值税专用发票，其中税额1300万元，出口货物的离岸价折算为人民币为20000万元（已剔除免税部分）。出口货物退税率为10%，出口货物征税率13%，征退税率差为3%（13%-10%）。假设留抵税额为600万元。当期为内销销售。

免抵退税额=20000万元×10%=2000万元。

免抵退税不得免征和抵扣税额为20000万元×（13%-10%）=600万元。

应纳税额=-700万元，加上留抵税额600万元，期末留抵税额1300万元，小于免抵退税额2000万元，应当退税1300万元，免抵税额为700万元，留抵税额予以用完。在该例中，国家实际支出税款1300万元。而如果用于抵扣内销的货物产生的销项税额，则国家实际支出税款1900万元，少支出的部分为600万元。

2. 出口虚票也虚

假设该20000万元的出口事项系虚构的，也会产生同样的效果。相比将虚开的增值税专用发票抵扣，国家反而增加600万元的税款收益。

3. 出口虚而票实

假设进项的1300万元并非虚开的增值税专用发票，则行为人消耗了1900万元的进项，获取了1300万元的退税款。相比抵扣，国家增加600万元税款收益。即该1900万元的进项税额，如果行为人抵扣，国家会少收1900万元的增值税税款；如果用于骗取出口退税，国家支出1300万元的增值税税款（但是少收1900万元的情况不会再出现）。

故对骗取出口退还增值税，一般不宜认定为骗取出口退税罪，而直接以虚开增值税专用发票罪定罪量刑即可。在没有虚开的情况下，行为人虚构出口事实而骗取国家退还增值税税款的，我们认为不宜以犯罪论处。因为根本无法骗取国家税款，国家反倒有收益，收益金额=虚构的出口货物离岸价×征退税率差。

**（二）骗取出口退税（消费税）**

对应征的消费税，原则上国内环节不退还，除非购买方用于连续生产应税消费品。故对虚构出口骗取国家退还消费税，应按骗取退税论处。不过按照最高院的法释〔2002〕30号，这种情况按照逃税罪论处。因为行为人骗取的消费税，基本上都缴纳了消费税；就算没有缴纳，也是买家代收而缴纳给国家。

我们认为骗取消费税出口退税，无论行为人是否缴纳了消费税税款，均应按骗取出口退税罪论处。

但对虚构出口骗取国家退还消费税，对应下家购进用于连续生产应税消费品而没有开具增值税专用发票罪的，不宜认定为本罪，因为在这种情况下国家税款不会损失。

**（三）《最高人民法院关于审理骗取出口退税刑事案件具体应用法律若干问题的解释》（法释〔2002〕30号）针对骗取增值税退税的分析**

1. 关于第一条

我们认为，第一条第三项较有实际意义，调整为“虚开增值税专用发票或伪造、非法购买其他可以用于出口退税的发票”似乎更合乎常理。

因为，行为人真实交易的增值税专用发票，即使不用于骗取出口退税，也可以用于正常抵扣。假设征退税率差为4%，税额为1000万元，行为人用于骗取出口退税，国家直接支出960万元；而用于抵扣，国家间接支出了1000万元。

2. 关于第二条

第二条第（三）项规定，“虽有货物出口，但虚构该出口货物的品名、数量、单价等要素，骗取未实际纳税部分部分出口退税款的。”

在进项税额真实的情况下，只有虚构出口货物的品名且影响出口退税率适用的情况下才能实现骗取退税。

这里针对“未实际纳税部分”进行简单阐述，《解释》的“实际纳税部分”应指进口缴纳增值税。而实际上从国内购进部分货物的增值税税缴纳与进口增值税税款缴纳并无本质区别，唯一不同的是国内购进的增值税税款由销售方代征；进口货物的增值税税款缴纳系海关代征。因为进口货物时，销售方在国外，这种情况下不可能由销售方代征。

## 三、虚开增值税专用发票罪与伪造、出售伪造的增值税专用发票罪

在金税工程下，出现伪造增值税专用发票且能成功抵扣的概率很低。

另外，伪造、出售伪造的增值税专用发票罪中的增值税专用发票应仅仅限于空白发票，伪造非空白增值税专用发票对增值税没有意义（实际上，就目前的金税工程来说，伪造空白增值税专用发票对增值税也没有意义）。

我们认为，该罪名的客体除国家发票管理秩序外，还应包括国家的增值税税款总体收益，且该罪名应为抽象危险犯（这点在手工发票时代尤其明显）。如果实施该行为不可能对国家增值税税款造成任何危险，不宜认定该罪名。

在目前的金税工程下，可考虑将其并入非法制造、出售非法制造的发票罪中。因为基于金税工程而无法完成抵扣，其社会危害与非法制造、出售非法制造的发票罪一致。

## 四、虚开增值税专用发票罪与非法出售增值税专用发票罪

非法出售增值税专用发票罪的立法理由是："增值税专用发票由国家税务机关依照规定发售，只限于增值税一般纳税人领购使用。除此之外，任何人和单位不得出售，对增值税专用发票必须进行非常严格的管理。非法出售增值税专用发票，不仅破坏了国家对增值税专用发票的管理，而且对虚开骗取国家税款的犯罪活动起到了推波助澜的作用。"① 可以看出，非法出售增值税专用发票罪的增值税专用发票只能是空白增值税专用发票，因为销售方向购买方依据真实交易开具对应的专用发票也是收取费用的。

另外，如果将非法出售增值税专用发票罪的增值税专用发票理解为开具后的发票，会导致虚开增值税专用发票罪与非法出售增值税专用发票罪混淆。

例如，A公司为B公司虚开100张税额10元的增值税专用发票，不构成虚开增值税专用发票罪，却反而构成非法出售增值税专用发票罪。另外，《最高人民检察院、公安部关于经济犯罪追诉标准的规定》第五十五条规定：非

---

① 全国人大常委会法制工作委员会刑法室．中华人民共和国刑法条文说明、立法理由及相关规定．[M]．北京：北京大学出版社，2009：416.

法出售增值税专用发票二十五份以上或票面面额累计在十万元以上的，应予追诉。这里的票面面额应当理解为非法出售的增值税专用发票的开票限额。一般来说，票面面额指的是定额发票，不存在定额的增值税专用发票。

我们认为，该罪名的客体除国家发票管理秩序外，还应包括国家的增值税税款总体收益，且该罪名应为抽象危险犯（这点在手工发票时代尤其明显）。如果实施该行为不可能对国家增值税税款造成任何危险，不宜认定该罪名。

在金税工程三期下，该罪名对税务机关及其工作人员仍有意义。一般纳税人将其领购的增值税专用发票非法出售给其他一般纳税人，不可能抵扣成功。我们认为其他人非法出售增值税专用发票的，应按照非法出售发票罪处罚。因为其社会危害性与非法出售发票罪的风险一样，不过该罪名的追诉起点过低。

## 五、虚开增值税专用发票罪与非法购买增值税专用发票、购买伪造的增值税专用发票罪

非法购买增值税专用发票、购买伪造的增值税专用发票罪中的“非法购买增值税专用发票”，人大法工委的解释是相对于依法领购而言的。根据国家有关规定，“购买增值税专用发票，必须符合一般纳税人的条件，而且须经税务机关认定并经过一定程序到税务机关领购。除此之外，禁止任何组织和个人私自购买增值税专用发票，凡是私自购买的，都是非法购买。”

如果将非法购买增值税专用发票罪的增值税专用发票理解为开具后的发票，会导致虚开增值税专用发票罪与非法购买增值税专用发票罪混淆。

在金税工程三期下，购买伪造的增值税专用发票没有对增值税税款造成危害的可能，可将其并入持有伪造的发票罪中。即使存在该行为，其社会危害也和持有伪造的发票罪的危害一样。

## 六、虚开增值税专用发票罪与非法制造、出售非法制造的用于骗取出口退税、抵扣税款发票罪，非法制造、出售非法制造的发票罪，持有伪造的发票罪

虚开增值税法罪与非法制造、出售非法制造的用于骗取出口退税、抵扣税款发票罪，非法制造、出售非法制造的发票罪，持有伪造的发票罪基本上

不会混淆，讨论的意义不大。

## 七、虚开增值税专用发票罪与虚开发票罪的区分

通说认为，虚开增值税专用发票罪与虚开发票罪的区分在于虚开的发票本身。

对此，值得商榷，理由如下：

**（一）如果行为人向小规模纳税人虚开增值税专用发票，如何处理？**

小规模纳税人不可能抵扣税款，认定虚开增值税专用发票罪不尽合理，认定无罪也不合适。如果行为人向小规模纳税人虚开普通发票入罪，而虚开增值税专用发票反而无罪，显然缺乏说服力。

**（二）如果行为人虚开发票用于差额计税的销项税额扣除，如何处理？**

如果以虚开的发票来区分，则必然导致矛盾：

虚开普通发票和虚开专用发票的社会危害明显不同，而刑期却一样，这显然难以令人信服。

我们认为，虚开增值税专用发票罪与虚开发票罪的区分要点在于：是否侵犯国家的禁止抵扣利益。具体表现在：虚开增值税专用发票的发票本身必须是可抵扣税款发票，且导致发票抬头上的购买方在没有基于真实交易而负担可抵扣税款（或视同负担了抵扣税款）的情况下，仅因虚开而可以抵扣；而虚开发票罪，应严格限制在侵犯国家的禁止税前扣除利益但并未侵犯禁止抵扣。

# 第六节 增值税专用发票虚开的风险防范和应对

## 一、日常虚开风险防范

我们认为，发票抬头上的购销双方任何一方的实际控制人基于合理理由认为开票方与受票方存在真实交易的，即使最终查明没有产品往来，也不宜认定为没有真实交易。所谓真实交易，不过意思表示基础上设立、变更、终止民事权利义务关系的过程。除非通谋的虚伪意思表示，否则交易双方设立的合同权利义务即告成立。

实务中的虚开风险防范主要包括三个方面，即内部层面的虚开风险预防、外部层面的虚开风险预防、人为设计交易模式的虚开风险预防。

### （一）内部层面的虚开风险预防

内部层面的虚开风险源自企业内部，包括企业实际控制人明知无真实交易而企业其他工作人员误认为有真实交易的虚开以及企业实际控制人不参与交易的虚开风险。

1. 企业实际控制人明知无真实交易而其他工作人员误认为有真实交易的虚开风险预防

这种情况常见于企业财会人员、采购人员、出纳人员，这类人员有可能在不知情的情况下卷入涉嫌虚开案件。为此，相关人员在日常工作中应有风险防范意识，养成良好的工作习惯。

（1）确立统一的审查标准

采用统一标准意义在于便利相关人员对交易真实性进行确认。

如果交易不符合之前的标准，需重点审查是否存在指示交付、简易交付、占有改定的交付方式，以及是否存在第三人履行或向第三人履行的约定，最好和实际负责交易的人核实。

（2）养成做电子工作日志的习惯

如果供述建立在记忆基础上，难免出错，且难免夹杂主观臆测。由于“实际上，讯问工作并不是单纯的一问一答式客观交流，而是带有很强的暗示性、诱导性，有的甚至存在明显的指供行为。”① 加之人的趋利避害本能，难免做出虚假陈述。例如，有些接受询问或讯问的人员，认为只要配合侦查人员的调查而做出侦查人员想要的陈述就没事了，故做出错误的陈述，尤其是面临取保候审的诱惑时，陈述的真实性大打折扣。

我们建议，对符合统一判断真实交易标准的交易，可以不做电子工作日志；对不符合统一判断标准的交易，经询问和核实确信系真实交易后，一定要制作电子工作日志，记录询问和核实过程及确信系真实交易的理由，必要时可对询问的过程进行录音。电子工作日志中一定要如实记录平常判断真实交易的标准、交易与判断标准的差距以及产生这种差异的原因等。记录完成后，妥善保存，并注意备份。

2. 企业实际控制人不参与交易的虚开风险预防

一般情况下企业实际控制人通常不参与交易，具体事宜常由采购经理和销售经理、财务经理负责。

企业实际控制人不参与交易涉嫌虚开风险主要包括两种情况：一是代理企业签约的人员为公司利益绕开企业实际控制人虚开，实务中罕见这种情况；二是代理企业签约的人员为私利而实施“虚开”。

在企业实际控制人不参与交易的情况下，代理企业签约的人员为私利实施虚开，在定性上实务中有一定争议。需特别注意的是，如果企业实际控制人参与审查交易的真实性，代理企业签约的人员欺骗企业实际控制人，无论欺骗行为是否与相对方串通，均不宜认定为没有真实交易。因为代理企业签约的人员仅传达企业实际控制人的意思。在企业实际控制人表意真实的情况下，实际构成单独虚伪表意的交易，不因此影响合同的效力。

企业实际控制人不参与交易而代理企业签约的人员为自己利益而实施“虚开”情况下，最重要的特点是企业实际控制人和企业均无非法获利。

对此，应做如以下三点：

一是当货物非由销售方发出或购买方收货情况下，交易合同可约定，交易相对方不得与购销人员有资金往来。如确需有资金往来，应函告原因；否则，将其约定为重大违约事项。

二是企业规章制度（制作员工签收记录，签字和指纹确认）应对上述要

① 刘静坤．证据审查规则与分析方法［M］．北京：法律出版社，2018：41.

求做出明确规定，并由法务或其他人员定期检查。

三是建立客户和供应商回访制度，尤其是第三方发货或第三方收货情况下，并要求负责回访的员工制作电子工作日志。

**（二）外部层面的虚开风险预防**

外部层面的虚开风险预防，是指对来自交易相对方的风险防范。来自外部层面的虚开风险，本身并非因为虚开而产生风险，而是防范误判为虚开。

外部层面的虚开风险，基本产生于第三方收发货情况，主要见于上下游存在挂靠、代理、单独虚伪意思表示，以及应评价为第三方的自己作为被挂靠人、代理人的交易等情况。基于这些交易而被认定为虚开的情况在实务中时有发生。简单介绍一些重要的防范手段：

1. 健全书面协议

在向第三方发货情况下，应在合同中明确约定。但是，实务中有些中小企业销售产品并不签订书面合同。在这种情况下，最好在发货时注明是代购买方发货。

代理他人采购、代理他人销售、让他人挂靠在自己名下时，除与相对方签订书面合同外，应尽量签订代理合同、挂靠合同，并努力使合同相对性方向（真实交易方向）与发票方向保持一致。

2. 建立健全出入库登记制度

企业应建立出入库登记制度，即使为第三方收发货或挂靠人、被代理人直发，也应纳入出入库登记中，保管好相应的收发货凭证。

3. 以契约形式禁止被代理人、挂靠人与第三方之间的资金往来

实务中，挂靠人可能收到被挂靠人打回的款项后，悄悄将该笔款项打给被挂靠人的下游企业。

例如，李四挂靠在B公司名下销售货物给C公司，B公司在收到货款扣除相应的税费后，会将相应的款项打给挂靠人李四，此时李四可能会秘密将钱打回给C公司。尽管我们认为不宜将这种情况认定为虚开，但为避免不必要的麻烦，建议杜绝这种情况的出现。

**（三）人为设计交易模式的虚开风险预防**

人为设计交易模式的交易，很容易被误判为虚假交易，进而将企业相应的开票行为定性为虚开，尤其是设计的交易模式本身缺乏商业实质时。

预防人为设计交易模式的虚开风险应重点关注以下三个方面：

1. 确保所设计交易模式的合同相对性真实

例如，原本交易为A销售给C，设计后的交易模式为A销售给B，B销售给C，设计方应确保合同相对性关系为“A销售给B”“B销售给C”。C公司作为买方的违约，基于买卖合同，只能由B公司起诉C公司；B公司为买方的违约，基于买卖合同，只能由A公司起诉B公司……

之所以有这一要求，是因为相当一部分司法人员不太熟悉税收筹划、避税与税收违法行为的区别。

2. 将交易设计过程制作档案，并完整保留

在交易设计过程中，从方案的提出，会议的召开讨论，到设计的理由记录，方案的执行均应根据事实制作档案。最为重要的是，要厘清设计后行为人自认为的交易方向是什么，以及开票是否基于自认为的真实交易方向。

以上是日常经营中虚开风险预防的要点。需强调的是，如果无法确定开具发票的方向和真实交易的方向，可以征求税务机关的意见并保留记录。我们认为，只要行为人根据自认为的真实交易方向和项目开具发票，即使开错也不宜将其评价为虚开。

## 二、税务阶段虚开风险防范

一般企业涉嫌虚开增值税专用发票时，税务机关会首先通知企业配合稽查。通常包括两个阶段，一是尚未做出相应的《税务处理决定书》和《税务行政处罚决定书》的稽查阶段；二是已做出相应的《税务处理决定书》和《税务行政处罚决定书》阶段。

### （一）尚未做出相应《税务处理决定书》和《税务行政处罚决定书》的稽查阶段

该阶段是企业救济的黄金阶段，尤其是税务机关尚未形成确定性意见之时。在这一阶段，税务机关一般能听取企业提供的申辩意见。一旦税务机关已形成确定性意见，很可能任何抗辩都是徒劳的。当然，在这一阶段提出抗辩意见也有一定风险，企业在确定是否抗辩前，应先考察稽查局是否中立。

在专业律师介入之前，以下几个方面需要注意：

1. 不要自己定性，陈述事实即可

企业只需陈述事实即可。重点陈述交易在谁和谁之间，基于什么理由确

信真实交易的存在。

例如，A公司认为和B公司有真实交易而开具专用发票给B公司。税务机关认为，A公司开给B公司增值税专用发票系虚开的增值税专用发票。企业需重点陈述：真实交易为什么在A、B之间，基于什么理由判断真实交易在A、B之间；如果真实交易不在A、B之间，企业应重点陈述基于什么特殊规定认为发票应当在A、B之间开具。

如果税务稽查询问企业对行为性质如何判断，应告知税务机关，企业只负责如实陈述事实，至于是否为虚开，交由税务和司法机关判断。

2. 基于开票当时的情况做出陈述

例如，企业开票当时认为真实交易系A公司销售给B公司，税务机关调查时，应重点陈述开票当时的判断。税务机关经过专业分析，认为真实交易应为K公司销售给B公司，在这种情况下：笔录中应强调，经过税务机关的专业分析后，才认为真实交易是K公司销售给B公司，一定要重点说明开票当时的交易方向判断；如果企业不同意税务机关认定的交易方向，可以要求稽查局出具相应的文书。

行为人开票当时按照自己认为的真实交易开票的，即使事后认为发票开具错误，也应认定为错开而不应认定为虚开。因为缺乏虚开的故意。

3. 如果预判稽查局缺乏中立性，不要过早亮出底牌

一般而言，税务稽查不至于缺乏中立性。当然，也不能排除特殊情况。

例如，稽查人员通过威逼利诱相关人员做出对企业不利的虚假陈述。如企业握有关键性证据尤其是客观证据，可在行政复议或行政诉讼时提出。

4. 提前准备纳税担保

如果企业认为未虚开，务必要提前准备纳税担保，有备无患。一旦稽查局不采信企业陈述，可及时进行行政复议。

如果上游企业的税务机关发出失控发票的文书或《已证实虚开通知单》，企业的主管税务机关要求做进项转出，企业应要求税务机关出具《税务处理决定书》。

**（二）税务机关已做出相应的《税务处理决定书》和《税务行政处罚决定书》**

除非《税务处理决定书》认定企业善意取得虚开的增值税专用发票；否

则，只要《税务处理决定书》或《税务行政处罚决定书》认定企业虚开税额达到250万元，一定要及时提起行政复议和行政诉讼。

在专业律师介入之前，需注意以下两点：

1. 在收到《税务处理决定书》之日起15日内提出相应的担保，并保留证据

国家税务总局的《纳税担保试行办法》附有担保文书的标准格式，企业应认真填写。填好后附上用于担保的相应财产的相关资料复印件，连同纳税担保书等文书，一并邮寄给稽查部门。邮寄的快递单上要注明：针对×××××号《税务处理决定书》的纳税担保资料。

2. 如果税务机关已将案件移送公安机关

企业应及时告知公安机关：案件即将进入复议程序，希望公安机关暂缓处理。因为复议或行政诉讼可能撤销虚开的认定甚至认定并非虚开。

另外，我们认为，构成善意取得增值税专用发票的，大多数都不是虚开，而是合同相对性方向和发票方向吻合的真实交易。

## 三、审查起诉之前的应对措施

有时涉嫌虚开的案件未经税务机关做出《税务处理决定书》和《税务行政处罚决定书》，而直接由公安机关处理。这一阶段，需特别注意以下几点：

**（一）如实回答经侦的提问，如实陈述事实**

无论如何也不要违背事实做出陈述，即如实回答当时是否认为存在真实交易、真实交易方向在谁和谁之间，以及为什么要这样开具发票。

如果遇到经侦提出自己无法解释的内容，只需按照开票当时内心真实想法和判断回答；即使当时的判断疏忽，也不要以回答问题时的判断替代发票开具当时的判断。

例如，行为人开票当时认为真实交易为A公司销售给B公司，并因此将发票在A、B公司之间开具。如果因经侦提醒认识到错误（如经经侦提问，认识到真实交易应是K公司销售给A公司），回答时应强调在经侦提问后认识到错误。开票当时认为真实交易为A公司销售给B公司，故发票由A公司开给B公司。

**（二）不要做任何定性的陈述**

如果侦查机关询问行为人对行为的性质如何判定时，应告知经侦，愿意

配合侦查机关如实陈述事实本身，至于定性问题（如是否是虚开），应由司法机关认定。

**（三）仔细核对笔录**

行为人一定要仔细核对笔录，对笔录与自己所说不符或可能引起歧义的地方，应修改或进行说明。

尽管讯问过程一般有同步录音录像，但在刑事审判实务中要看同步录音录像未必容易。

**（四）用于证明行为人无罪的证据，有时未必在侦查阶段提交**

除非能确定侦查人员没有形成先入为主的预判，否则不要轻易提交证明行为人无罪的证据。嫌疑人应尽快委托律师，在批捕阶段，将证明行为人无罪的证据提交给检察院。

当然，如果侦查机关并未形成先入为主的意见，或虽有一定的先入为主意见，但中立性较强，也可向侦查机关提交证明自己无罪的证据。但一定要确保证据真实、合法，并保留证据证明自己提交过该证据。

审查起诉之前最为重要的两个时间节点，一是公安机关做出立案决定之前，这种情况下侦查机关一般都能听取意见；二是批捕前后。不过，相当一部分涉嫌虚开案件，由于案情本身较为复杂，承办律师要在短时间内厘清案情通常不可能，除非行为人早有准备。一旦嫌疑人被批捕，难度将大大增加。

## 四、审查起诉阶段的注意事项

**（一）及时聘请辩护人**

辩护人可通过阅卷，从辩方角度全面掌握案件证据情况。司法机关对当事人定罪量刑必须以在案证据为基础。随着侦查阶段结束，进入审查起诉阶段，控方证据体系虽已趋于固定但未最终完善，此时是破解控方证据体系，寻找控方证据漏洞，为当事人减轻甚至摆脱刑责的最佳时机。辩护人在其中的作用尤为关键。第一，根据《刑事诉讼法》规定，辩护人是查阅案卷材料的唯一人选，即使当事人亦无权查阅；从身份角度而言，通过阅卷掌握控方证据非辩护人不能完成。第二，卷宗材料罗列各类证据，从中甄别、寻找控方证据体系漏洞，需有专业的辨别能力。从能力角度而言，只有具备专业法律技能的辩护人可以完成此项任务。

辩护人可制定最优方案，给予困境中的当事人最佳选择。辩护人作为专业的法律从业者，根据当事人的陈述及阅卷情况，有针对性地为当事人提供法律咨询，对案件走向进行预测评估，给予当事人实际有效的建议，最终在法律框架内为当事人追求最优结果奠定基础。这对被羁押当事人尤为重要。

辩护人可申请调取证据，构建罪轻或者无罪证据体系。司法实践中，控方乃至审判机关掌握的证据所反映的事实，与真实的客观事实往往有较大差距。避免司法裁判者被片面证据误导，是辩护人的天然职责。为此，法律赋予辩护人申请调取证据和自行调取证据的权力，通过辩方收集固定证据，动摇甚至推翻控方证据体系，是当事人维护自身合法权益最重要的途径。

**（二）接受讯问时注意事项**

与案件事实无关的事项可拒绝回答。如果讯问人员提问的内容偏离案件事实或与案件无关，可以拒绝回答。因为当讯问人提问无关问题时，往往是使用讯问技巧设置陷阱的开始。

接受讯问时遭遇威胁、欺骗可进行控告。进入审查起诉阶段，如果当事人被羁押，在监所内接受讯问，因场所问题，一般不会发生刑讯逼供问题。但仍有可能遭遇威胁、欺骗、引诱，在押当事人应及时向驻监所检察官反映，同时可委托律师、亲属向纪委驻讯问人所在单位纪检组进行控告。

改变供述应阐明合理理由。当事人对侦查阶段所形成的笔录有异议，在审查起诉阶段改变供述的，应向办案检察官说明需要改变供述的理由，如侦查阶段讯问遭受不法对待、侦查人员伪造笔录、记忆出现偏差等。

讯问结束后要仔细核对笔录。对一些关键的问题，当事人要仔细阅读记录的内容是否偏离其所要表达的本意，是否有当事人未表述内容出现在笔录中。如发现上述问题，应要求讯问人及时更正，如不及时更正可拒绝签名。

接受讯问时尽量避免主观判断和推测评价。对讯问提到“如何认识自己的行为?”“你当时是怎么想的?”等主观问题，尽量回避。

接受讯问要秉持客观全面原则。当事人在接受讯问时，一方面有如实供述的义务，如果供述被证伪，司法机关则有可能对当事人做出不利推定；另一方面要全面供述，在回答讯问时，讯问人如未提及对自己有利的事实，要及时补充。

**（三）是否选择认罪认罚**

当办案检察官讯问当事人何时自愿认罪认罚，当事人应如何选择？对此应针对不同情况做不同处理。

首先要了解什么是认罪认罚。我国刑事诉讼法规定，犯罪嫌疑人、被告人自愿如实供述自己的罪行，承认指控的犯罪事实，愿意接受处罚的，可以依法从宽处理。这是“坦白从宽”这一刑事政策在法律层面的明确。

认罪认罚对当事人的好处，一方面体现在实体上，即在刑事处罚上可以从宽处理；另一方面体现在程序上，当事人认罪认罚后，司法机关往往会适用速裁程序或简易程序，加快诉讼进程。对当事人的不利之处，主要在于一旦认罪认罚，审判机关对案件的审理可能会简化，最终判决事实认定不当或者适用法律错误的可能性提升。

如果是重罪案件，尤其是民刑交叉经济犯罪案件、涉税案件、职务犯罪案件等法律认定较为复杂的案件，如当事人选择认罪，建议选择不适用认罪认罚程序。一方面，不选择认罪认罚程序，不会影响对当事人坦白、自首等从宽量刑情节的认定；另一方面，通过司法机关对案件的详细审查和审理，容易发现案件中控方未发现的对当事人有利的事实和法律适用。